U0026375

牟宗三先生全集⑯

康德「判斷力之批判」（上）

牟宗三　譯註

《康德「判斷力之批判」》全集本編校說明

李淳玲

康德於1790年出版《判斷力之批判》(俗稱「第三批判」)一書,在此書中他藉「合目的性原則」來溝通「自由」與「自然」兩界。牟宗三先生在《心體與性體》第一冊對此作法曾評論道:「這固是一個巧妙的構思,但卻是一種技巧的湊泊,不是一種實理之直貫,因而亦不必眞能溝通得起來。」(頁175)因此,他在譯出康德的《道德底形上學之基本原則》、《實踐理性底批判》及《純粹理性之批判》之後,原無意再翻譯《判斷力之批判》。1980年代中葉,牟先生在台灣看到宗白華所譯的《判斷力批判》,深感宗譯本不能達意,遂興起翻譯此書之意。此後他陸續在台灣、香港兩地講授《判斷力之批判》,形成了一些看法,加以他自認爲年事已高,不再有心力撰寫大部頭的論著,只適合作翻譯工作,便集中精神翻譯此書,而於1991年完稿。牟先生的翻譯主要是以 J. C. Meredith 的英譯本爲底本。

臺灣學生書局分別於1992年10月及1993年1月出版此譯本之上、下冊,迄今未再版。此譯本除了康德原書之譯文之外,在上冊卷首還刊有牟先生所撰的長文〈以合目的性之原則爲審美判斷力之超越的原則之疑竇與商榷〉。在出書之前，此一長文已先在《鵝湖月刊》第17卷第10-12期(1992年4-6月)刊載。此外，上冊的〈譯者之言〉先刊載於《鵝湖月刊》第18卷第2期(1992年8月)；下冊的〈譯者之言〉先刊載於《鵝湖月刊》第18卷第7期(1993年1月)。

這次編校工作除了與《牟宗三先生全集》的體例統一之外，主要工作在簡別牟先生隨文譯釋時加入康德原著的字句，以〔 〕加以區別，而屬於康德原著的插入語則使用( )。此外，編校者在邊頁空白處標明普魯士學術院版《康德全集》的頁碼，以方便學者查對德文本或英譯本。

譯者之言（上）

《判斷力之批判》分兩部，一部是〈美學的判斷力之批判〉，一部是〈目的論的判斷力之批判〉。前者講「美」與「崇高莊嚴偉大」（此六字一整詞，普通以莊美譯之，不諦），後者講「自然的目的論」。「美」與「崇高偉大」以及「自然的目的論」，依康德，皆被攝屬於判斷力中來處理——作批判性的處理。判斷力是知性與理性之間的一種能力。把美學判斷與目的論的判斷收攝於判斷力中來處理，當然有其全系統中（全部認知機能之完整系統中）的一種深刻入微的洞見或識見。這是一般人很難想到或見到的。但是從判斷力處來處理美學判斷與目的論的判斷是從判斷力之什麼分際上來作此處理呢？康德的著眼點是在自然之千變萬化的種種型態以及此中之種種特殊法則之可以會通而歸於一這個分際上（不在知性範疇所規定的普遍法則下的機械自然或普遍自然——自然之通相這個分際上）來作此種處理。因此，此中所謂「判斷力」乃是指「反省或反照性的判斷力」而言，不指「決定性的判斷力」而言，因為我們不能拿著「美」或「崇高」或「自然目的」來對於「自然」作認知上的「客觀決定」。何以故不能以之作認知上的客觀決定？蓋以美、崇高、自然目的等並非是知識對象上的客觀實性。當我們對於現象的自然作認知的探究而能成一客觀性的決定判斷時，我們早已把這些特性抽掉了。因此，這些特性總只是主觀性的，它們只是我們的反省判斷力所加上去的。

但是加上去也得有一原則，並不是隨便妄加的。康德見到自然種種繁多的形態以及種種特殊的經驗法則之可以會通而爲一，如《易傳》所謂「見天下之至動而不可亂，見天下之至賾而不可惡」，這似乎默默之中必有一種「巧合目的」之合目的性或適宜性存焉。如是他提出「合目的性之原則」作爲反省判斷力之超越的原則。但是這超越的合目的性原則在應用於「美學判斷力」處，合目的性是主觀的合目的性，而在應用於「目的論的判斷力」處，合目的性是客觀的合目的性，這客觀的合目的性乃是反省判斷力上虛說的客觀的合目的性，此即是「自然目的」一概念所示之合目的性。

「主觀合目的性」原則在說明反省判斷力之表現爲審美判斷處是有問題的，關此，我有一長文論之，見卷首〈商榷〉文。客觀合目的性原則在目的論的判斷力之於有機物處是甚爲順適而顯明的。「自然目的論」一般認爲即是一種「自然神學」。但是康德在〈目的論的判斷力之方法學〉中表明此「自然的目的論」並不眞能成立一種神學，但只是一神學之預備或前奏。要想成立一眞正的神學，必須進至道德的目的論，此不能從「自然」層以立論，必須從「自由」處立論。道德的目的論完成道德的神學，即完成上帝存在之道德的證明。關於此部，很顯明，我們可以儒家「道德的形上學」衡量之或會通之。中國儒家傳統無神學，但有一「踐仁知天」或「盡心知性知天」之道德的形上學。康德的「道德的目的論」中之所說，儒家皆可贊同之。關於終極目的(最高目的即最高善或圓善)

之所說，儒家尤其贊同。因此，康德依據西方傳統，他以道德的目的論完成道德的神學，而我們則依據中國傳統，以道德的目的論來完成道德的形上學。道家亦無神學，但有一「玄智玄理表示『無』之智慧」之境界形態的形上學，此是由致虛守靜以養生之實踐之路入的。佛家亦無神學，但它有一識智對翻三德秘密藏圓教系統下的佛教式的存有論，此是由解脫之實踐工夫入。不管是道德的實踐，抑或是「致虛守靜」以養生（即養性）之實踐，抑或是佛家解脫之實踐，總皆是從主體入，故皆默契康德的「道德的神學」。康德明說只有「道德的神學」，並無「神學的道德學」，此即示從主體決定客體也。（「觀乎聖人則見天地」，並非「觀乎天地則見聖人」）。依此類推，儒家只有「道德的形上學」，並無「形上學的道德學」。佛家、道家並不可說「道德的形上學」，然玄智、玄理默成萬物為逍遙自在之存在，識智對翻決定一切法之或為「無明」或為「常樂」（「三千在理同名無明，三千果成咸稱常樂」），皆示從主體決定客體也。我本想作一長文以類通康德的「道德的神學」，然以此部思理較顯豁而集中，故順譯文讀者可自為之。好在關節處吾在譯文中皆有案語以點示之。讀者若稍熟練於儒、釋、道三教之義理規範，並反覆熟讀譯文，必能自為之也。

說到譯文，吾是據 Meredith 之英譯而譯成。關此譯文，吾曾反覆修改過好多次：先改其錯誤，後改其模糊不清，凡稍有疙瘩處必予以順通撫平。英文有三個翻譯，一是 Bernard 譯，二是 Meredith 譯，三是 Pluhar 譯。三個譯本皆有好處，亦皆有誤處或不諦當處。凡遇難通處，吾必三譯對刊。遇有專詞或名詞不諦當處，吾必對質德文原文。德文文法吾不懂，但康德所使用之專詞吾大體皆知。有時非專詞，但於行文上亦以名詞出之，Meredith 譯不諦或不顯明處，其他兩英譯反較明而較諦。凡此等處吾皆有注語以注之。三英譯之誤處大抵不在句法之看錯，而在代詞之看錯。康德原文那些代詞是很令人頭痛的。英譯亦常順之而以代詞譯之。中文代詞是單一直代，一看即明，不會弄錯。但英、德文無此方便，雖有性別，單數、多數之不同，但以名詞多端，不明其究代何者，故常出錯。吾於譯文皆以實字明指，雖多重複，然卻淸楚。即使用代詞，亦必順中文習慣，單一直代，決無錯雜多端者。我經過這樣多次的修改順通，故每句皆可明暢誦讀，雖絡索複雜，然意指總可表達。吾譯前兩《批判》時，未曾費多次修改工夫，故於譯文，以此譯爲較佳。但前兩《批判》，講習者多，故世人知之亦較多，雖不必眞懂。對此《第三批判》，講之者少，故知之亦少，尤其在中國，直同陌生。吾原無意譯此書，平生亦從未講過美學。處此苦難時代，家國多故之秋，何來閒情逸致講此美學？故多用力於建體立極之學。兩層立法皆建體立極之學也。立此骨幹導人類精神於正途，莫急於此世。然自《圓善論》寫成後，自覺尙有餘力。人不可無事，偶見大陸出版之宗白華先生所譯的《第三批判》於坊間，遂購得一本，歸而讀之，覺其譯文全無句法，無一句能達。宗白華先生一生講美學，又留德，通德文，何至如此？又想宗先生雖一生講美學，然其講法大都是辭章家的講法，不必能通康德批判哲學之義理。世之講美學者大抵皆然，以爲懂得一點文學，即可講美學，故多浮辭濫調，焉能望其契入康德之義理？吾有感於宗先生之不能盡此責，如是，遂取 Meredith 之英譯本逐句細讀，據之以譯成中文。首先，那九段引論即不好譯。抗戰期間，李長之好講文學批評，以為可以講康德之美學，遂想譯那九段引論，結果譯不出。吾當時亦不懂。只聞人言，康德欲以《第三批判》之審美判斷溝通「自然」與「自由」之兩界，遂略有憧憬，然不知其詳也。吾先譯出此〈引論〉，繼之再譯〈審美判斷之分析〉，初只想譯關於「美」之分析，不譯關於「崇高（莊嚴偉大）」之分析，以為中國傳統智慧對此方面甚有品題，故欲略之。後來終於全部譯出。繼之復將〈目的論的判斷力之批判〉譯出，如是，遂成上、下兩冊之全文。屈指算來，迄今已七年矣。

吾於此譯文雖費如許工夫，然譯成後，又想若不予以疏通，雖即譯成中文，人亦不懂，縱使明暢可讀，亦不易解，蓋以此概念語言太專門故，全部批判哲學之義理之最後的諧和統一太深奧故。以此，遂就審美判斷之超越的原則，即「合目的性之原則」，作一詳細的疏導與商榷，蓋以康德之述此原則實有不諦處故。疏釋已，遂就審美判斷之四相重述審美判斷之本性，然後依中國儒家之傳統智慧再作眞美善之分別說與合一說，以期達至最後之消融與諧一，此則已消化了康德，且已超越了康德，而為康德所不及。康德之以審美判斷溝通「自然」與「自由」之兩界，此實缺少了一層周折，他無我所說的合一說，審美判斷亦擔負不起此溝通之責任。吾名此長文曰〈商榷〉文，並將之列於卷首以作導引，可引導讀者去讀此譯文，並去接近康德之思理。讀者可不贊成吾之所說，然總可藉此以接近康德也。

讀者讀《現象與物自身》，可解吾如何依中國傳統智慧消化《第一批判》；讀《圓善論》，可解吾如何依中國傳統智慧消化《第二批判》；讀此〈商榷〉長文，可解吾如何依中國傳統智慧消化此《第三批判》。了解中西兩智慧傳統並非易事，此需要時間慢慢來。吾一生無他務，今已八十四矣。如吾對中華民族甚至對人類稍有貢獻，即在吾能依中國智慧傳統會通康德並消化康德。此非淺嘗者所能知也，亦非浮光掠影者所可輕議也。

時在民國八十一年初夏

目　次

（上册）

(下冊)

卷首

商榷：以合目的性之原則爲審美判斷力之超越的原則之疑竇與商榷

康德把美學判斷或審美判斷放在「判斷力之批判」中。判斷力之批判含有兩大部分，一部分是美學判斷力之批判，一部分是目的論的判斷力之批判。美學判斷力表現而爲審美判斷，目的論的判斷力表現而爲目的論的判斷。

判斷力一般，或一般說的判斷力，其功能就是把特殊者歸屬在普遍者之下。因此，康德云：「判斷力一般是『把特殊者思之爲含在普遍者之下』之機能」（Ⅳ.1）。此就是我們平常所謂「下判斷」之能力。如果普遍者（規律、原則、或法則）是給與了的，則「把特殊者歸屬於此普遍者之下」的那判斷力便是「決定性的判斷力」。但是，如果只是特殊者是給與了的，而普遍者則須爲此給與了的特殊者而被尋覓，如是，則判斷力便只是「反省的判斷力」（Ⅳ.1）。審美判斷力與目的論的判斷力皆屬反省的判斷力，而非決定性的判斷力。因此，審美判斷與目的論的判斷皆屬反省的判斷，而非決定的判斷。成功知識的判斷與決定道德善惡的判斷皆是決定性的判斷，而非反省的判斷。決定性的判斷，吾亦曾名之曰「有向判斷」，反省判斷則名之曰「無向判斷」。

但是反省判斷中之兩支亦甚有別。目的論的判斷雖是反省的，即對於自然不能形成一客觀地認知的決定判斷，然而卻亦並非全無向。依康德〈引論〉Ⅷ段所解，它雖不是客觀地決定性的有向，但卻是主觀地非決定性的有向者。至於審美判斷則全是無向者。因爲有此差別，所以它的原則似亦不能與目的論的判斷之爲反省判斷所有者同論。

A.確立反省判斷之超越原則之進路

康德從那裡想反省判斷之超越原則呢？他是從自然形態之多樣性以及管轄此多樣性的形態的種種特殊法則之需要統一以使經驗可成爲一聯貫統一的系統處入手。

康德〈引論〉第Ⅳ段Ⅳ.2說：

> 決定性的判斷力在知性所供給的普遍而超越的法則之下作決定活動，而這樣作決定活動的決定性的判斷力亦只是歸屬性的；法則已先驗地爲此決定性的判斷力而陳出（由知性而陳出），而此決定性的判斷力無須再爲其自己去設計一法則以便指導其自己使其自己能夠去把自然中之特殊者歸屬於普遍者之下。但是茲有如許繁多的「自然之形態」，亦可謂有如許繁多的「普遍而超越的自然概念之變形」，它仍擺在那裡不爲上說純粹知性所先驗地供給的諸法則所決定，而因爲此諸法則只接觸到自然（作爲感官對象的自然）之一般可能性之故，是故在那如許繁多的自然形態方面必須也需要有另一些法則。這另一些法則，由於是經驗的，它們很可是偶然的

（以我們的知性之觀點而論），但是，如果它們須被名曰法則（如關於某一種自然即特殊面的自然之概念之所需要者），則它們必須依據雜多底統一之原則（雖此原則尚不被知於我們），而被看成是**必然的**，因此，反省的判斷力，即，那「被迫使從自然中之特殊者上升到普遍者」這樣的反省的判斷力，實有需於一原則。此所需之原則，反省判斷力不能把它從經驗中借得來，因爲反省的判斷力所必須去作的恰就是去建立一切經驗的原則之統一於較高的（雖同樣亦是經驗的）原則之下，並因而由此去建立較高者與較低者間之系統的隸屬關係之可能性。因此，這樣一個不能由經驗借得來的超越的原則，反省判斷力只能把它當作一個法則**從其自身而給出**，並且把它當作一法則**給與於其自身**。反省的判斷力不能把此超越的原則從任何其他地區引生出（因爲若那樣，則它必應是一決定性的判斷力）。反省的判斷力亦不能把此超越的原則規立給自然，因爲「反省於自然之法則」之反省是使其自己**對準或適應於**自然，而並不是使自然**對準或適應於**如下所說那樣一些條件，即「依照這些條件，我們可努力去得到一自然之概念，這所努力以得的一自然之概念，就這些條件而言，乃是一完全偶然的概念」：並不是使自然對準或適應於如此云云的一些條件。

案：此段首句中所謂「知性所供給的普遍而超越的法則」即指範疇所表示的法則而言。範疇所表示的那些法則既是普遍性的，又是超越性的，此爲純粹知性所供給。康德即依此義而言「知性爲自然立法」。此所立之法，吾曾謂之爲類乎憲法之法，而非立法院所審核而通過或否決之適時隨事之法。此後者當該是康德所謂特殊的法則，此當由經驗所供給，因而亦是偶然的，知性所立的範疇這些形式而純粹的概念(法則性的概念)，吾人亦名之曰「存有論的概念」。決定性的判斷力在這些存有論的概念之下運作而下判斷(下決定性的判斷)所表象的是「自然之普遍的徵象」，也就是隨範疇之落實而來的一些「定相」(determinations)。但是在這些定相或普遍的徵象之下的「自然」又有無窮繁多的形態。這些變化多端的「自然之形態」，在這裡，康德亦說它們是「普遍而超越的自然概念〔範疇之爲決定自然之存有論的概念〕之變形」。這些無限繁多的「自然之形態」或無限繁多的「普遍而超越的自然概念之變形」必須由經驗來接觸。假定這些變化多端的「自然之形態」或「普遍而超越的自然概念之**變形**」也有其規律或法則，則這些規律或法則也必須是多樣而多端的；因此它們必須是一些特殊的自然法則，因而它們也必須由經驗而獲得，決不能爲純粹知性先驗地所供給；因此，它們也必須是偶然的，決不能像範疇所表示的法則那樣之爲必然的。偶然者「其反面是可能的」之謂，即「其不如此亦可能」之謂。依康德的思路說，它們是一些經驗的綜和，而範疇所表示的法則是先驗的綜和，故是必然的。這些表示經驗的綜和的特殊法則能不能逐步相聯貫而漸趨簡單化而統一起來呢？「統一」必有其所以能統一之「原則」。但是，這原則並未爲知性所供給，並非是先驗地給與了的，尚須有待於去尋找。誰去尋找，康德說「判斷力」去尋找。判斷力想把這變化多端的特殊法則統一起來，以使自然可以成爲一有聯貫的有條有理的系統，但卻並無一現成普遍的原則已被給與能使其作此決定的活動以成一決定性的判斷，因此，在此，判斷力是落了空，所謂落了空，即是表示它不能是一決定性的判斷力，它在此乃是一反省的判斷力。「反省」云者是判斷力在此對於變化多端，至繁至賾的自然現象作反省（非作決定）想去發見一原則以期能統一而有條貫，《易傳》所謂「見天下之至賾而不可惡也，見天下之至動而不可亂也」之謂。但是原則既未被給與，所以此「統一」也是偶然的。因此，判斷力所尋覓的原則乃是反省判斷力上的原則，而不是決定判斷力上的原則。

康德認定反省判斷力實有需於一原則。此所需之原則乃是一「超越的原則」。反省判斷力不能從經驗中得此超越的原則，因爲反省判斷力所必須去作的恰正是想去建立一切經驗原則之統一於一較高而仍是經驗的原則之下，並因而由此去建立較高者與較低者間之系統的關係之可能性。因此，此一不能來自經驗的超越原則，反省判斷力只能把它當作一法則**從其自身而給出**，並且把它當作一法則**給與於其自身**。這即表示說：此一超越的原則純是一個形式的，軌約的主觀原則。說它由反省判斷力**自身**而給出，這表示說：它不能由任何其他地區而引生出。若由其他地區引生出，則判斷力必應是一決定性的判斷力。說反省判斷力把此超越原則當作一法則由其自身而給出，給出來單**給與於其自己**，這表示說：並不是把它給出來**給與於自然**，替自然立法以去規定自然。由此兩義，康德遂引出一個很古怪而少見的詞語，即"heautonomy"一詞，此詞與"autonomy"不同。前者是自律之爲自己而律（把一法則自律地規劃給自己），而後者是自律之爲他而律（如知性爲自然立法，意志爲行爲立法）。（見〈引論〉V節V.7段）。

此一主觀而軌約性的形式的超越原則，康德說，只是以下所說之義，即：

> 因爲自然之諸普遍法則在我們的知性中有其根據（知性把這些普遍法則規立給自然，雖然它只依照其所有的普遍概念，當作「自然」看的那普遍概念〔如所謂範疇者〕，把這些普遍法則規立給自然），是故特殊的經驗法則，就其中那些不被這些普遍法則所決定者而言，它們必須依照一種**統一**而被看待：所謂一種**統一**是這樣的一種**統一**，即如：如果有一知性（雖不是我們人類的知性）它爲我們的諸認知機能底利便之故，已把那一種統一供給給那些特殊的經驗法則，如是，則那些特殊的經驗法則必應有這樣一種統一，有之以便去使那依照**特殊的自然法則**而有的一個「經驗之系統」成爲可能。（Ⅳ.3）

如此所說之義表示反省判斷力底超越原則是朝向著「**神性的知性**之設計」之假定而邁進的，如中國傳統儒家所想，是向著「道德的形上學」而透視的。

但是這種透視到「神性的知性」之假定，只是反省判斷力之假定，並不能客觀地假定之以決定什麼事。因此康德遂說：

> 如此所說之義並不須被認爲有這函義，即：這樣一種**知性**必須**現實地被假定**（因爲這只是反省的判斷力利用此理念爲一原則以有便於「反省之目的」，而並非有便於「決定什麼

> 事」）；但須寧只被認爲是如此，即：此反省判斷力實只是藉賴著此設想的知性，**單給其自己一法則**，而並不是**給自然一法則**。（Ⅳ.3）

B.反省判斷力以合目的性原則爲其超越的原則

如上說的「超越原則」叫做什麼原則呢？康德名之曰「自然之合目的性之原則」。反省判斷力即以此「合目的性原則」爲其超越的原則。什麼叫做「合目的性」？康德說明之云：

> 一對象之**概念**，當其同時含有**此對象底現實性**之根據時，它即被名曰此對象之「**目的**」。而「一物之與那『只依照目的而可能』的事物之構造或本性相契合」之契合便被名曰**此一物底形式之「合目的性」**。（Ⅳ.4）

案：此句之言「目的」以及言「合目的性」皆甚特別，此是通過亞里士多德之以四因說明一物之從潛能到現實之背景而言者，此是存有論地或宇宙論地言的「目的」。一對象之「概念」即一對象之如其爲一對象之「義」。此一對象之「義」如果它即含有此對象底現實性之根據，它即被名曰此對象之「目的」。此語甚有高致，而且甚有理趣。這是什麼意思呢？此言對象之現實性之根據，不從此對象外的他處或其他東西的外力找根據，而即在此對象本身之**所應是處**找其現實之根據，即是說，一物如其爲一物之所應是而完成其自己即實現其自己，即是其**目的**之達成。一物之「如其為一物之所應是」即以「其所應是」為根據，以「其為一物之義(概念)」為根據；「依其自己之所應是之義而完成其自己」，此即是說此一物之所應是之義即是此一物之現實性之根據。依一物所應是之義而實現(完成)其自己，此便是其**目的**之達成，故云：一物所應是之義，當其含有此一物底現實性之根據時，此應是之義即被名曰「目的」。此義說起來很咬口，但此種高度本自內在化的理趣卻很顯明，不難理解。你若明白《易傳》的終成義，明白孟子的「五穀不熟，不如稊稗，夫物亦在熟之而已矣」，甚至更往後溯，你若能明白孔子「君君，臣臣，父父，子子」之實義，則康德此種高度抽象化的概念思考便甚易明。此種概念思考的義理背景即是亞里士多德的四因說。四因說中的「目的因」，英文是"final cause"，吾有時根據《易傳》亦譯為「終成因」，此更切合"final"一詞之義。而德文之"Zweckmäßigkeit"(合目的性)，Meredith 譯為"finality"，實較其他兩譯譯為"purposiveness"為佳，更富學院性。此種分解性的抽象思考，中國人不擅長，但卻極富有此種理趣，而卻以較具體的詞語出之。例如「五穀不熟，不如稊稗」。既是穀就應完成其為一棵穀。完成其自己，即是實現其自己，即是其目的之達成。如果它不能完成其自己，它連稊稗都不如，眞是廢物、棄物。孟子只說「夫物亦在熟之而已」。熟即是完成其自己。英哲懷悌海名此曰一物之「客觀化」，或曰一物之「滿足化」。此是宇宙論地或存有論地說的客觀化、滿足化，不是認識論地說的客觀化，亦不是人生欲望的滿足化。孔子說君君、臣臣，亦如此。君君亦即：君就要像君的樣子，即應如君之義而成其為君；臣臣意即：臣即應如其爲臣之義而成其爲臣。父父、子子亦然。此皆合乎康德概念思考所說的「目的」之義。

任何一物若與依此目的義而可能的事物之本性相契合，這種相契合便被名曰此一物底形式（形相）之「合目的性」。一物底形相千變萬化，有各種形態，但若它無論怎樣變，它總與「依照目的而可能」的事物之本性相契合，這便是它的合目的性，那就是說，它無論怎樣變，它總不離譜，而有其聯貫的脈絡。這種抽象說的「合目的性」若用在此處反省判斷力之「反省於種種特殊自然形態以及聯貫此繁多形態的種種特殊自然法則」之反省上，便成此反省判斷力之「超越的原則」。故康德云：

> 判斷力底原則，就「經驗法則一般」下的自然中的事物之形式而言，便即是「自然之在其複多性中之合目的性」。換言之，因著「合目的性」這個概念，自然被表象爲好似有一種知性已含有經驗法則底多樣性底統一之根據。（Ⅳ.4）

案：以「合目的性原則」爲反省判斷力之一超越的原則即表示反省判斷力要透視到「神智」以爲繁多的自然形態之根據。此一原則之確立是由繁多的自然形態以及其特殊的經驗法則之反省默察而悟入，故其**切義**似乎於反省判斷力之表現而爲「**目的論的判斷**」方面更爲顯明，也就是說，於「**上帝存在之自然神學的證明**」方面最爲顯明。但是「判斷力之批判」主要地是在衡量審美判斷力，故確立反省判斷力之原則主要地亦當是就審美判斷力而說，至少在這方面亦當同樣是切合而顯明的。然而通觀康德的全文，其如上那樣悟入而確立的合目的性原則卻正在審美判斷方面甚不切合，亦不顯明，至少看起來甚難索解。

以上所錄康德原文是其說「合目性原則」之綱領。〈引論〉下文 V 節正式標題為：「自然之形式的合目的性之原則是判斷力之一超越的原則」。其文甚長，正式反覆申說此綱領中之函義，並舉「自然走最短線」、「自然無跳躍」、「繁多變化可統一於少數原則」諸規律（亦曰形上智慧之金言）為例以明此「合目的性原則」。讀者可反覆細讀。此 V 節中主要點睛式的醒目文句如下：

〔……〕因此，判斷力是被迫著把如下所說之義採用之為一先驗原則以為其自己之指導，即：那「對人類的洞見而言，在諸特殊的（經驗的）自然法則中是偶然的」者，卻仍然在此諸般自然法則之綜和於一本自可能的經驗中，含有法則之統一性——這統一性是深奧難測的，然而卻是可思議的，因為這樣的統一性無疑對我們而言是可能的：判斷力即被迫著把如此所說之義採用之為一先驗的原則以為其自己之指導。結果，因為在一綜和中的法則之「統一性」（此統一性在符合知性之一必然的目的中，即在符合知性之一需要或需求中，為我們所認知，雖然同時亦被確認為是偶然的：這樣的統一性）是被表象為「對象之合目的性」（在這裡說是「自然之合目的性」），是故這判斷力，即，在關於可能的（猶待被發見的）經驗法則下的事物中只是**反省**的，這判斷力，它必須在關於可能的經驗法則中，依照一對我們的**認知機能**而言的「合目的性之原則」，來看待自然或思維自然。這合

> 目的性之原則在上文所已述及的那些「判斷力之格言〔金言〕」中找到其表示。現在「自然之合目的性」這一超越的概念既不是一「自然之概念」，亦不是一「自由之概念」，因爲它並沒有把什麼東西歸屬給對象，即歸屬給自然，它但只表象一**獨特的模式**，我們必須依此模式去進行我們的對於自然之對象之反省，反省之以便去得到一貫通地相互連繫的經驗之全體。自然之合目的性這一超越的概念既只是表象我們之「反省自然對象」之一獨特模式，是故它只是判斷力之一「**主觀原則**」，即是說，是判斷力之一「**格言**」。爲此之故，恰似「眷顧我們」的那幸運的機遇一樣，當我們遇見那純然經驗法則下的系統性的統一時，我們也會很**欣慰而高興**（恰當地說實只是舒解缺無之困）；雖然在我們方面沒有任何能力去**領悟**或**證明**這樣的系統性的統一之**存在**，然而我們卻必須必然地要去**假定**這樣的統一之**當有**。（V.4）

案：此中說到「當我們遇見那純然經驗法則下的系統性的統一時，我們也會很欣慰而高興」，此欣慰高興之點出即預伏 VI 節中說「**快樂之情**與自然底合目的性之概念相聯合」。「自然之合目的性」關聯著我們的認知機能使我們的認知機能（想像與知性等）可從事於這系統性的統一（如自然中存有一種「種與類間的隸屬關係」可爲我們所理解）而又**僥倖而有效**，這眞可謂幸運之至。這種**幸運**，康德名之曰「自然之適合於我們的認知機能」之「**適合性**」。

> 這種適合性是先驗地爲判斷力所預設，其預設之也，是爲其依照經驗法則而反省自然而預設之。但是知性卻始終客觀地認這種「適合性」爲偶然的，那只是判斷力始把這種「適合性」當作「超越的合目的性」，即當作一種「關涉於主體之認知機能」的超越的合目的性，而歸屬給自然。(Ⅴ.5)

關聯著認知機能而說的「自然之適合於認知機能」之適合性，即「自然之超越的合目的性」，正是反省判斷力之先驗原則。「這樣說來，判斷力也爲自然之可能性被裝備以先驗原則，但只是依一主觀的關注或顧慮而被裝備以先驗原則。藉賴著其如此被裝備的先驗原則，判斷力並非把一法則當作 autonomy 規劃給自然，而是把一法則當作 heautonomy 而規劃給其自己，以指導其對於自然之反省。此所規劃給其自己的法則可以叫做是**自然底特殊化之法則**(此特殊化是就經驗法則而論者)。此法則不是一個『先驗地被認知於自然中』的法則，但判斷力卻在一自然秩序之興趣中採用了此法則。」(Ⅴ.7)

由此第Ⅴ節中之申說，康德即進而至第Ⅵ節，正式標題爲「快樂之情與自然底合目的性之概念之相聯合」。由第Ⅴ節中所說的「當我們遇見經驗法則下的系統性的統一時，我們也會很欣慰而高興」，讀者當知依據「合目的性之原則」來反省自然，覺得自然是如此之美好，如此之有條有理而可讚嘆，心中自然可感到一種快樂。但這種快樂之情正是「上帝存在之物理神學的證明」之所宣示者，因此，那合目的性之原則正切合於「上帝存在之物理神學的證明」，亦切合於「目的論的判斷」，而在這原則下所觀的自然正是牧師傳道之所讚美者，而這所讚美的世界之美好不必是「**審美判斷**」所品題之「**美**」，而快樂之情亦不必是審美判斷中之「**愉悅**」。這正是《第三批判》關於審美判斷之超越原則之**最大的疑竇**。康德混漫爲一而論之，故我通貫全文，始終找不到「合目的性原則應用於審美判斷」之切義究竟在那裡。現在，我於此第Ⅵ節之言快樂之情之與合目的性之概念相聯合，不必有所引述，讀者順讀原文可明。我們現在即進而詳觀第Ⅶ節「自然底合目的性之美學的表象」，看合目的性原則如何與美學判斷有關。

C. 自然底合目的性之美學的表象

那「在一對象之表象中純然是主觀的」者，即是說，那「構成此表象之〔只〕涉及主體而不涉及客體」者，便即是此表象之美學的性格。（Ⅶ.1）

但是那「不能變成一認知之成素」的一個表象底主觀面卻正是與此一表象相連繫的那**快**或**不快**；因爲通過快或不快，我於這表象底對象一無所認知，雖然這快或不快它很可以是某一認知或其他認知之作用之結果。現在，一物之合目的性，當其被表象於我們之對於此物之**知覺**中時，決無法是對象自身之一**性質**（因爲合目的性這類性質並不是一個可被覺知的性質），雖然它可以從事物之一認知中而被推斷出。因此，在如下所說那樣的合目的性中，即，「這合目的性它先於一對象之認知而即存在，而且甚至不爲認知之目的去使用一對象之表象，此合目的性猶仍是直接地與此對象之表象相連

> 繫」，這樣的合目的性中，我們有那「屬於此對象之表象」的**主觀性質**，此主觀性質不能夠變成一知識之構成成分。因此，我們只由於對象之表象直接地被伴偶以**愉快之情**之故，我們始把「**合目的的**」這個形容詞應用於對象上；而此被伴偶以愉快之情的表象自身即是合目的性之一「**美學的表象**」。唯一的問題是這樣一種「合目的性之表象」究竟是否存在？(Ⅶ.2)

案：此段文中之首句無問題，因爲快或不快不能變成一認知之成素，這甚顯然。次一句說「一物之合目的性」無法是對象自身之一性質，因爲「合目的性」不是一個可被**覺知**的性質，這亦甚顯。再往下說，這樣的合目的性它先於一對象之認知而即存在，而且甚至不爲認知之目的去使用一對象之表象，此合目的性猶仍是直接地與此對象之表象相連繫。在這樣云云的合目的性中，我們有那「屬於此對象之表象」的主觀性質，即快樂之情這一主觀性質，而此一主觀性質又不能變成一知識之構成成分。這籠統地說亦無問題。但最後一句「因此，我們只由於對象之表象直接地被伴偶以愉快之情之故，我們始把『合目的的』這個形容詞應用於對象上；而此被伴偶以愉快之情的表象其自身即是合目的性之一美學的表象」。這「因此」之連接說的太快，把「合目的的」這個形容詞應用於引起愉快之情的對象之表象上，這也可以，但說「而此被伴偶以愉快之情的表象其自身即是**合目的性**之一**美學的表象**」這一最後的歸結卻大有問題。從「因此」說到這裏，這其中豈無滑轉乎？豈不說得太快乎？除非那「美學的表象」太廣泛而籠統，如牧師傳道家說這世界有條有理，處處「絲絲入扣」，若非有一上帝在那裏作設計，焉能如此之美麗與巧妙！但這並非普通所說的審美品味中的「美學的表象」。審美判斷表示「美學的表象」，但牧師傳道並非想作美學的表象，他只想證明上帝的存在。因此，康德這句歸結語中所謂「合目的性」是切合於「目的論的判斷」或「上帝存在之物理神學之證明」的，並不切合於「審美判斷」。

試看「這枝花是美的」這一美學判斷。在這一「自然之美」之對象中，有什麼「合目的性」存於其中呢？這一審美判斷表象什麼「合目的性」呢？人人見美的花皆有一愉快之感，這愉快之感與康德所說的「合目的性」有什麼關係呢？我百思不得其解！我不知合目的性原則在這裏究竟如何了解其切義。我每看到康德於美學判斷處說合目的性原則時輒感困惑，我找不到它的切義究竟在那裏。我甚至懷疑它在這裏根本沒有切義。那只是「上帝存在之物理神學的證明」之滑轉與混漫。如「花」這一自然之美是如此，於詩詞文學作品之藝術之美亦如此。如「西風、古道、瘦馬。小橋、流水、人家。斷腸人在天涯。」「天蒼蒼，野茫茫，風吹草低見牛羊。」「四圍山色中，一鞭殘照裡。遍人間煩惱塡胸臆，量這般大的小車兒如何載得起！」「朝飛暮捲，雲霞翠軒；雨絲風片，烟波畫船。錦屏人忒看得這韶光賤。」凡此，於文學是最美的文學作品（詩詞）；於風光是最美的風光，康德所謂「美的景色」（beautiful view，花是美的對象 beautiful object）。「合目的性」原則如何進入這些「美的表象」呢？如康德所論的「合目的性」原則，以及藉賴此原則所說的「自然底特殊化之法則」，如果這原則或這法則進入這些美的對象或美的風光中，則這些美的對象或風光早就不美了。所以我們很難就這些美的對象或景色說「合目的性」之原則。但是康德畢竟仍是就此種美的表象說愉快之情以及合目的性之原則：

> 如果愉快之情這愉快，它離開任何它所可有的**涉及於一概念**（為一確定的認知之目的涉及於一概念）之**涉及**，而只與直覺底「**一個對象底形式**」之**攝取**相連繫，則這層意思並不能使表象可涉及於對象（客體），但只使之可涉及於主體。在這樣情形中，愉快除只表示對象之符合於那「當其有所表現乃只有所表現於反省判斷力」中的**認知機能**外，它一無所表示。夫愉快既除表示對象之符合於反省判斷力中的諸認知機能外，它別無所表示，是故它亦只能表示對象之一「**主觀的形式的合目的性**」。（Ⅶ.3之首兩句）

案：首句所說之愉快之情，即不為確定的認知之目的而涉及任何概念，而只與「一對象底形式之直覺的攝取」相連繫，這樣的愉快之情，它並不能使此中之表象可涉及於對象（客體），但只使之可涉及於主體。此首句似無問題。因為愉快而既與概念無關，又與確定的認知無關，而只與「對象底形式」之直覺的攝取有關，則自可說此種愉快並不能使其所與有關的「形式之攝取」中之表象為涉及對象者，但只可使之涉及於主體——涉及主體方面之某種狀況。什麼狀況？康德說這種愉快只表示對象之符合於反省判斷力中的諸認知機能（想像與知性）之自由表現或遊戲表現，除此以外，它別無所表示。夫既如此，是故它亦只能表示對象之一「主觀的形式的合目的性」。案：此詞是很難索解的，即難得其審美判斷中之落實的切義。此詞中仍有對象之合目的性，但這合目的性並不像目的論的判斷那樣從對象方面或自然方面，對反省判斷力，而說，但只是對反省判斷力，從主體方面之認知機能之自由表現而說。從這方面說對象之合目的性是表示對象之符合於反省判斷力中的認知機能之自由表現（非認知中受拘束的表現），這就是說，對象很適合於我們的自由表現的想像與知性，而我們的這樣表現的想像與知性也很順適而自在，因此感到一種愉快，而這愉快又與目的論判斷中因無窮繁多的自然形態之得到統一而感欣慰高興又不一樣，因此，康德名之曰「對象之主觀的形式的合目的性」。「主觀的」者就主體之認知機能而言也，非就自然（對象）方面繁多之統於一而言也；「形式的」者空無實際內容但就對象之形式之適合於認知機能之自由表現而言也。字面作如此了解。但是對審美以及此中之愉快而講這麼一個「合目的性」爲其超越的原則，亦可謂**刻而鑿矣**。我很難得其切義。我不知對象（如花之形式）之這麼一種合目的性究竟於「美」有何**切義**？是因花這個對象之依其目的而可能而然呢？抑或是因其適合於主體之認知機能而然呢？如果是前者，則花之美是目的論的判斷，而不是審美判斷。如果是後者，則我很難了解反省判斷中主體之認知機能之自由表現究竟於我之直感花之美或景色（風光詔光）之美有什麼作用或有多少作用。此則太**迂曲**而**離歧**以至切合不上「美」。吾每看至此語或類乎此者眞有語意分析家所謂「你究竟意謂什麼？」（What do you mean？）之感。

「不涉及概念」的想像力中的「形式之攝取」之所以凸顯是需要和那「將直覺關涉到概念」的想像力之能力相比對而顯的。誰能作此比對呢？康德說，反省判斷力能之。康德說：若無反省判斷力把前者拿來和此後者相比對，則那前者決不會出現。因爲有反省判斷力來作此比對，我們遂可說前者是當作反省判斷看的審美判斷（形式之攝取——直覺的攝取與認知無關），而後者（想像力將直覺關涉到概念）則是決定性的判斷之形成確定的認知，而想像力亦是認知的想像力。而前者之想像之不涉及概念，無認知規律以馭之，是自由的想像力。此種自由的想像力實即是無利害關心地、不依待於概念地對於一對象之「形式」之直覺的攝取、直接的感攝。由此兩種想像力之比對而顯其不同，這是可以的。因爲一開始即分兩種判斷，這是可以接受的。但是康德接著此種比對，下文即說：

> 現在，如果在此比對中，作爲「先驗直覺之機能」的想像力，藉賴著一**特定表象**，非有意地〔非意匠設計地〕被致使和那作爲「概念之機能」的**知性**相一致，而且一愉快之情亦因其如此和知性相一致而遂被引起，如是，則對象必須被看成是對反省判斷力而言的「**合目的者**」。一個對反省判斷力而言的反省判斷是一個關於「**對象之合目的性**」的**美學判斷**，此一美學判斷並不依靠於任何現存的對象之概念，且亦並不供給一對象之概念。（Ⅶ.3）

案：此兩整句即有問題。此中所說的「合目的性」，我不能了解其與美學判斷，如花之美、韶光之美，究竟有何關係。「自由的想像，藉賴著一特定表象〔如不關心地只對於對象之形式之攝取這種表象〕，非有意地，意即非意匠設計地，很自然地和作爲『概念之機能』的知性相一致，而且亦因此一致，遂有一愉快之情被引起」，這如何便可視對象爲反省判斷力上的「合目的者」？即使可視之爲合目的，也是在目的論的判斷上可，而不是在審美判斷上可。這「合目的」很難與「花之美」拉上關係。自由想像力非有意地和「知性」相一致，吾亦不知其與「美」究竟有何關係。「天蒼蒼、野茫茫，風吹草低見牛羊」，此中之美感，吾不知其與「對象之合目的性」究竟有何關係？認知機能，自由想像力非有意地和知性一致，縱使是反省判斷上的，在這裡究竟有何作用？說之有何意指？當然「作此詩」的人，或「感此花是美」的人並非**白癡**，或**愚鈍無知**，但這也不能反過來就足以證明其**知性**在此美感上有什麼作用。審美、藝術創造，當然須有自由想像力，此爲人所盡知，但此時想像力不作認知機能看，因此說其與知性相一致亦失意指。吾亦常想，爲什麼「朝飛暮捲」單與「雲霞翠軒」相連？爲什麼「雨絲風片」單與「烟波畫船」相連？此中似乎也不能說沒有「知性」作用，但是在如此相連所烘托出的韶光之美中尋求知性之作用，這豈不是太穿鑿了嗎？這豈不等於說「詩人並非白癡」？所以在此種美感處說「對象之合目的性」，說自由想像力和知性相一致，以明此合目的性爲一「主觀的形式的合目的性」，這乃是完全無意義的，至少亦是失其意指的（意即：無恰當的切合性）。因此，康德接著此種失意指的「主觀形式的合目的性」遂有以下失意指的結語：

> 當一對象之**形式**（形式是對反於對象底表象之**材料**如**感覺**者），在純然「反省於對象」之**反省動作**中，不顧及由對象而被得到的任何概念，而被評估爲這樣一個對象之表象中的

一種愉快之根據時，則此種愉快亦被判斷成是必然地與此對象之表象相結合者，因而它亦不只對「接受此形式」的主體〔人〕而爲愉快，且亦對一切作判斷的「人一般」而爲愉快。〔案：此言「愉悅於美」之愉悅有普遍性，但如此論其普遍性則穿鑿，此將在後文論及審美判斷之普遍性與必然性以及關此之推證時，將詳論之。〕如是，此對象便被名曰「美」；而「藉賴著這樣一種愉快(因而也具有普遍妥效性的愉快)而去下判斷」這種下判斷之機能便被名曰「審美品味」(taste)。因爲既然愉快之根據被使只處於對一般反省而言的「**對象之形式**」中，因而結果，並不處於「對象之任何**感覺**(**材料**)中，且亦並不牽涉那「可以某事或他事爲目的」的**任何概念**，是故反省中的對象之表象(其條件是普遍地先驗有效者)是與什麼相諧和一致呢？曰：它乃正是與主體中的「判斷力之經驗使用一般」中的「**合法則性**」(即想像與知性之**統一**)相諧和一致，而且**單只**與此中之合法則性相諧和一致，除此以外，別無其他。而因爲對象與主體之機能之此種相諧和一致是**偶然的**，是故它遂惹起或招致了就主體之認知機能而言的對象方面的「一種合目的性」之表象。(Ⅶ.3)

案：此最後兩「因爲……是故……」句綜結前述，完全是穿鑿而難尋其意指。吾不知「反省中的對象之表象」與主體中的「判斷力之經驗使用一般中的**合法則性**」(此**合法則性**即是**想像與知性之統一**)相諧和一致，這與審美品味之直接感到此花(反省中的對象之表象）為美有何關係？這太穿鑿了！而由於此種相諧和一致是**偶然的**，如是遂想到就主體之認知機能而言的對象方面的「一種合目的性」之表象，這合目的性之表象與審美品味之直接感到此花為美更無關係，以此為審美判斷之超越原則更是穿鑿！

康德之為反省判斷力尋找超越原則之入路是循諸特殊法則之統一之路而入的。由此統一而感到欣慰高興，更由此而想到自然對象之合目的性，由此想到愉快之情與自然之合目的性之相聯合。如是，遂泛指合目的性原則為反省判斷力之超越的原則。此本切合於「目的論的判斷」，更亦切合於「上帝存在之物理神學的證明」。我想此是康德想反省判斷力之超越的原則之**最原初的洞見**。但切合於「目的論的判斷」者並不能切合於審美判斷。精察的康德何以如此混漫而無簡別？這也許是不自覺地滑轉。如是，遂顯出於審美方面穿鑿難解之困境。

美學判斷涉及兩方面。一是美學判斷當作審美品味之判斷而涉及於「美」。另一是由於它亦可從一「較高級的理智的情」而發出，如是，這種由較高的理智之情而發的美學判斷遂涉及於「崇高」（莊嚴而偉大）。康德於此第Ⅶ節最後一段文說：

> 但是，從對於事物（不管是自然物抑或是藝術品）底形式之反省而生起的愉快之感不只表示對象方面的一種合目的性（所謂對象是指其依照自然之概念關聯於主體中的反省判斷力而言的，不只表示這樣說的對象方面的一種合目的性），且反過來，它亦表示主體方面的一種合目的性，此乃在關於對象之**形式**或甚至**無形式**中回應自由之概念者。（Ⅶ.7）

反省判斷力中的對象方面之合目的性是就美學判斷之作爲審美品味之判斷中的「美」而言者，此固已難解，已如上言。至於剋就由較高級的理智之情而發的美學判斷之涉及於「崇高」而言合目的性，則這合目的性是表示主體方面的一種合目的性，此乃在關於對象之**形式**或甚至**無形式**中回應**自由之概念者**。此種主體方面的合目的性更難索解，幾乎很難說其有什麼意指。這也許是主體方面藉賴著上天之示警更適合於起「崇高莊嚴而偉大」之感吧！這種崇高之感當然是由更高級的道德之情而來。但是在這種主體方面說一種合目的性有什麼意義呢？

康德在此《第三批判》之〈序文〉中有如下之一段文可視爲是反省判斷力之超越的原則問題之綜括：

> 一個人所逢到的上說關於一原則（不管是主觀的或客觀的）的**困難**主要地是存在於那些「被名曰**美學的**〔直感的〕評估，且亦是『關涉於**美**與**崇高**（不管是自然的者抑或是藝術的者）』的評估」之評估中。但是在如此云云的諸評估之情形中，一「判斷力底原則」之**批判的探求**是此判斷力之一批判中最重要的一項工作。因爲雖然如此云云的諸評估其自身對於事物之知識並無一點貢獻，然而它們仍然完全屬於知識之機能，並且它們依照某一先驗原則又能證明此知識之機能之**直接地**有關於快或不快之情，而其如此證明之卻亦並未將其所依之先驗原則和那「能夠是意欲機能之決定根據」者相混擾，蓋因爲意欲機能是那「在理性之概念中有其先驗原則」者。**那些美學的**〔直感的〕**評估**以及關於美與崇高之評

估雖然是如上之云云，可是自然之邏輯的評估卻立於一不同的立場。自然之邏輯的評估討論或處理這樣一些情形，即在這些情形中，經驗可於事物中呈現或展現一「合法則性」；自然之邏輯的評估所討論或處理的這樣的一些情形，知性之一般性的概念（屬感觸界之一般性的概念）不再足以使之爲可理解或可解明；而在這樣的一些情形中，判斷力可以爲「自然物之涉及於不可知的超感觸者這種涉及之之原則」而求助於其自己，而且實在說來，判斷力亦必須使用這樣一種「涉及之原則」，雖然其使用之是只注目於其自己以及自然之知識而使用之。因爲在這樣的一些情形中，爲那存在於世界中的東西之認知而應用這樣一個先驗原則這種應用既是可能的又是必然的，而且同時它復亦開出了那些「有利於實踐理性」的許多展望。但是在這裡，對於快或不快之情卻並無直接的關涉。可是這一點確然即是判斷力之原則中的一個謎，這個謎迫使在「批判」工作中對此判斷力而言的一各別部門〔即目的論的判斷力之批判一部門〕成爲必然的，因爲沒有什麼東西能夠阻止那依照概念而形成的邏輯的評估（由此所依照的概念，沒有直接的結論可被推到快或不快之情）之如此樣地被處理，即其被處理是連同著對於其限制所作的批判的陳述，依一「附屬於哲學之理論的〔知解的〕部門」之附屬物之方式，而被處理。〔案：如此被處理的邏輯的評估即隱指「目的論的判斷」而言。〕

案：此段文前半段美學的評估說美學判斷，自然底合目的性之美學

的表象;後半段自然之邏輯的評估說目的論的判斷,自然底合目的性之**邏輯的表象**。爲反省判斷力尋求超越的原則之「困難」是在美學判斷方面,不在目的論的判斷方面。康德已意識到此中之困難,但他卻始終未意識到其所說之合目的性原則只切合於目的論的判斷,而卻並不切合於美學判斷,不但不切合而已,而且根本上它在美學判斷方面失其意指。他未覺察到由其說自然之合目的性原則之入路之只適合於目的論的判斷者泛概括美學判斷而爲言,這其中有一種混漫與滑轉:混漫是混漫兩種判斷之分際而言一相同的超越的原則,滑轉是由目的論的判斷中之合目的性之原則滑轉到美學判斷中的主觀而形式的合目的性,而不知於美學判斷處說此主觀而形式的合目的性之難索解,不但難索解,且根本失其意指。他只說解明一「如此複雜」之問題難免有「**隱晦**」處,要求讀者之原諒。〈序文〉中承上引文而言曰:

> 現在,這當作一美學判斷之機能看的審美力〔品鑒力〕之研究,由於其並不是意在審美力〔品鑒力〕之**形成與培養**而被從事(它在將來將一如其在過去,仍可獨立不依於其如何被形成以及如何被培養這樣的探討,而自行其常然),但只由於其被引向於其**超越面**而被從事,因此之故,在關涉於審美力之培養與形成方面之任何缺陷,我覺我可以得到寬縱的評論。但是在那一切有關於超越面者方面,那必須預備受到最嚴格的考查之檢驗。可是就在這裡,我也敢希望:「解明一其本性如此纏夾複雜之問題」這解明之之困難亦可爲其解決上某種很難避免的**隱晦要求原諒**,假若原則底陳述之正確性

> 已證明有所需要的一切清晰時。我承認：「從這一原則〔即所陳述的合目的性原則〕引生出判斷力之現象〔案：當即引生出反省判斷力之表現爲美學判斷力之現象〕」這種引生之模式並無其他處，即「論題是由概念而成認知」之其他處，所正當地要求的那一切明晰，對於這一切明晰，我相信：事實上，我在本書之第二部中〔即〈目的論的判斷力之批判〉這一部分中〕已達到之矣。

案：此段說：解明美學判斷中之超越原則（合目的性原則）是很困難的，所以難免有隱晦處，故敢爲此要求原諒。實則不只隱晦，根本有滑轉與混漫。康德在要求原諒時，是有「假若」之條件的，即「假若原則底陳述之正確性已證明有所需要的一切清晰時」。但就是這個「假若」有問題。「原則底陳述之正確性」十分清晰，但其清晰是在目的論的判斷方面，而不在美學判斷方面。在此後一方面是十分失指的，不但不清晰而已。

D. 判斷力之擔負：溝通自然與自由之兩界

最後，我們考慮到這個問題，即：何以把美學判斷與目的論的判斷都放在「判斷力」處講，因而遂以「判斷力之批判」賅攝之呢？判斷力本是認知機能，其本身即含在「知性」中，故康德亦以「判斷之能」解知性。但同時他亦把它們拉開，把判斷力從知性中獨立出來，如是，遂成知性、判斷力與理性這三種知識機能或能力。在邏輯中，知性立概念，理性立原則，判斷力則依據原則下判斷，使各概念勾連於一起，康德亦說判斷力使「從知性過轉到理性」為可能，這也就是康德所說的「歸屬」之作用，即「把特殊者歸屬於普遍者之下」之歸屬作用。這當然都是就知識機能而說其在決定性的知識方面之作用。但判斷力這一知識機能有其「成確定知識」的決定性的表現，亦有其「不成確定知識」的非決定性的表現。審美判斷與目的論的判斷即是其非決定性的表現。其決定性的表現，康德名之曰「決定性的判斷力」；其非決定性的表現，康德名之曰「反省或反照的判斷力」。反照云者因為我們不能把「美」與「目的」視為自然對象之存在的構成成分，因此，它們於認知對象之實性毫無助益。它們只是主觀的反照。反省或反照，吾亦曾名之曰「無向」。無向云者，以其不依待於概念，故於對象方面之決定無任何指向也。凡依概念而決定者皆有定向，如依量、質、關係等概念而指向於對象之量性、質性、關係性而決定之，依道德法則而決定行為之善與惡亦然，此皆曰決定性的判斷，或曰有向判斷，由有向的或決定性的判斷力而成者。

對於「判斷力」作如此分別當然可以，把審美判斷視作**反照的判斷力**之表現，雖然亦可，但顯得嶄而迂曲，即比「視目的論的判斷為反照的判斷力之表現」為更嶄而迂曲，即是說，在「目的論的判斷」方面這樣視之較顯豁而自然，因為目的論的判斷是「自然之合目的性之邏輯的表象」，康德本視之為「附屬於哲學之理論的（知解的）部分」之附屬物，因而說合目的性原則是它的超越原則，亦比較切合。但是在審美判斷方面則無如此之顯豁與自然。因為**審美力**並不是一知識機能。其判斷作用是**品鑒**而並不是知識判斷（對於主詞予以確定的論謂，謂之判斷或命題），故根本不能是知解部之附屬物，因而說合目的性原則是它的超越原則，這根本不切合，且亦失意指。以此之故，若把審美判斷亦視作**反照判斷力之表現**（判斷力仍視作知識機能），則顯得甚爲穿鑿而迂曲。

康德何以如此重視判斷力，審美判斷與目的論的判斷俱由此判斷力來處理？蓋其原初的洞見即在想以此**判斷力**來溝通兩界也。康德於〈引論〉之第Ⅲ節標題爲：「判斷力之批判當作連繫哲學之兩部分於一整體中之方法或手段」，而第 IX 節則標題爲「知性之立法與理性之立法這兩層立法藉賴着判斷力而有結合。」此第 IX 節文之首段如下：

> 知性先驗地爲那「作爲一感取之對象」的自然規立法則，這樣，我們便可以在一可能經驗中對於自然有一知解的〔理論的〕知識。理性先驗地爲自由以及自由之特種因果性，即爲那在主體中作爲超感觸者，規立法則，這樣，我們便可以有一純粹地實踐的知識。在這一層立法下的自然概念之界域以及在另一層立法下的自由概念之界域因着那「使超感觸者與現象〔感觸物〕區以別」的那巨大的鴻溝而截斷了那一切交互的影響，即「它們兩者各依其自己之原則可施之於另一方」的那交互的影響。自由之概念在關於「自然之知解的〔理論的〕認知」這方面不決定任何事，而自然之概念在關於「自由之實踐的法則」這方面亦同樣不決定任何事。如是，要想去架起一個「從此一界域過渡到另一界域」的橋樑，這並不是可能的。話雖如此，可是雖然依照自由之概念（並依照此自由概念所含的實踐規律）而成的那「**因果性**」

> 其決定根據在自然中並無地位，而感觸的東西也不能決定主體中之超感觸的東西，然而逆反過來卻是可能的。(當然實不是在關於自然知識中可逆反過來，而是在關於那「由超感觸的東西而發生並與感觸的東西有關」的那後果中而可逆反過來)。〔案：意即：雖然自然中感觸性的東西不能決定自由中超感觸性的東西，然而由超感觸性的東西而產生的後果卻落在自然界而與感觸性的東西有關。〕實在說來，此所說的逆反過來的那情形實函在經由自由而成的因果性之概念裡，此經由自由而成的因果性之作用，在其符合於自由之形式法則中，產生「結果」於世界中。但是，「原因」這個字，在其應用於超感觸的東西上，只指表這樣一個根據，即：這根據它把自然中諸事物之因果性決定到這樣一個結果，即「既符合於自然事物之專有的自然法則，而同時復又與理性底法則之形式原則相吻合」這樣的結果。如此樣的「根據」，雖其可能性不可滲透，然而它仍然可以完全清除那「它被斷定要去捲入」的那矛盾之責難。(Ⅸ.1)

案：此段說：自然界與自由界雖兩不相干，然而經由「自由」而成的因果性(即意志之因果性)，它亦有它的產生結果之作用。它是在符合於自由之形式法則(即道德法則)中產生結果於世界中。這就是說，它所產生的結果是落在自然界而爲可感觸者。這也就是康德所常說的「自由之特種因果性」，其原因屬超感觸界，而其結果卻屬感觸界而爲自然界之現象。這就開啓了從感觸的自然現象**倒返回去**而通至超感觸者之可能。超感觸者(自由)是原因，是根據，

「它把自然中諸事物之因果性（即自然之因果性、水平的因果性）決定至這樣一個結果，即此結果既符合於自然事物之專有的**自然法則**，而同時復又與理性底法則之**形式原則**相吻合」。有如此意義或作用的超感觸的原因或根據，康德說：「雖其可能性不可滲透，然而它仍然可以完全清除那『它被斷定要捲入』的那矛盾之責難。」所謂「不可滲透」即是「不可直覺」；雖不可直覺，然而卻可思議，即是說並無什麼矛盾處。

既然把全部自然界可以基於一個**超感觸的根據**上，則全部自然界即可統屬於一超感觸的根據，這在康德當然就是「**道德的神學**」之所完成，也就是「目的論的判斷」之所完成，而在中國就是儒家道德的形上學之所完成。因此，康德接上文即說下文：

> 依照自由之概念而來的結果是「終極目的」（final end），此「終極目的」是應當實際存在著的（或說此「終極目的」之於感觸世界中之顯現是應當實際存在著的），而說到這一點，我們須於自然中預設該目的底可能性之條件（即是說，須於作爲感觸世界之一**存有**即作爲**人**的那**主體**底**自然**或**本性**中預設該目的底可能性之條件）。此條件之如此被預設是先驗地而且用不著顧及實踐之事而即爲**判斷力**所預設。**判斷力**這一機能，以其所有的「自然之一合目的性之概念」，它把那「自然概念」與「自由概念」間的**媒介概念**供給給我們——這一媒介概念使「從純粹知解的〔知性之立法〕轉到純粹實踐的〔理性之立法〕爲可能，並使「從依照自然之概念而有的合法則性轉到依照自由之概念而有的終極目的」爲可

能。因爲通過那個媒介概念，我們認識了那「只能在自然中且在與自然之法則相諧和中被實現」的**終極目的**之可能性。(Ⅸ.2)

案：由自由意志而來的特種因果性中之「果」即是「終極目的」。此終極目的，道德地說，即是純德意義的最高善，即依無條件命令而行的那道德的善；而本體宇宙論地講或客觀而絕對地講，依儒家，即是天命不已之創生萬物，依西方基督教的傳統，便是上帝之創造萬物，此時此終極目的便可依《易傳》之「**終成**」義而譯爲「終成目的」。依康德，反照判斷力之「自然之合目的性」這一超越原則便可提供一媒介概念把自然概念與自由概念勾連起來通而爲一整體，使「從純粹知解的〔知性之立法〕轉到純粹實踐的〔理性之立法〕」爲可能，並使「從依照自然之概念而有的**合法則性**轉到依照自由之概念而有的**終極目的**」爲可能。因爲通過這媒介概念，我們認識了那「只能在自然中且在與自然之法則相諧和中被實現」的那終極目的之可能性。

康德即因判斷力有此媒介作用，遂如此看重反照判斷力而把審美判斷與目的論的判斷皆歸於其下。但是說到以「自然之合目的性」爲此反照判斷力之超越的原則時，此超越原則之媒介作用在「目的論的判斷」方面甚爲**顯豁而切合**，而在審美判斷方面則甚**不顯豁**，亦**不切合**。我們不能說「花」之美合什麼目的，也很難說其通於由自由而來的**終極目的**。而終極目的之作爲結果而實現於自然中也很難就是審美判斷中所品鑒之美的對象或美的景色。要不是「美」之意義太廣泛，與自然神學家證明上帝存在時所讚美的世界之美混而爲一，則便就是有一種滑轉。若是前者，則只是目的論的判斷就可，審美判斷斷無獨立的意義。但是在康德，審美判斷確是獨立的一種，與目的論的判斷根本不同，且是判斷力之批判中最**本質的**一部。可是它的超越原則又與目的論的判斷同，如是遂成纏夾不清。他說的是審美判斷，到說其超越原則是合目的性之原則時，卻又依目的論的判斷或自然神學之思路去說，遂顯得不切合而失意指；他說的是目的論的判斷之超越原則，卻又滑轉到審美判斷上去，而不知此兩者中之「愉悅之情」不同，其所愉悅之對象（「美」與「無限繁多之特殊法則之幸運的統一」）亦不同。如是，若就反照判斷力之表現爲審美判斷而言，這很不足以作爲自然概念與自由概念間的媒介，那就是說，它**擔當不了這個責任**。說「美」**是善之象徵**，這也只是這麼一說而已，並無嚴格的一定性。若照儒家的「道德的形上學」說，「誠者物之終始，不誠無物」，誠體從自由直貫下來，而徹至於自然，這也用不著以**判斷力**來作媒介。以反照判斷力作媒介來溝通兩界，這想法太**迂曲而不順適**，太**生硬而不自然**。一言以蔽之，曰「鑿」而已矣。因此，關於審美判斷以及其超越的原則必須重述。在作此重述以前，先檢討審美判斷之**不依待於概念**而卻又有普遍性與必然性，再進而檢討「審美判斷之辯證以及其解決」之問題。

E. 審美判斷之不依待於概念的普遍性與必然性

康德依照一般判斷之四種邏輯功能，即質、量、關係、程態之功能，而說審美判斷之四相（四機要）。第一相是質相，即說審美判斷之質：審美是離開任何**利害關心**，藉賴著一種愉悅或厭憎，而評估一「對象」或一「表象之模式」，這種評估之之機能。一種「離開任何利害關心」的愉悅之對象便被名曰「美」。審美是對於一對象之無任何利害關心的欣賞。此無問題。

說到審美之第二相即量相，則說：美是那「**離開概念**當作一普遍的愉悅之對象而被表象」者。或：美是那「離開概念而普遍地令人愉悅」者。這便費思量。「愉悅於美」有普遍性，但這普遍性卻又不依靠於任何概念，這便難解。因爲普通判斷之量性(普遍性，主詞外延之全量)是**依靠概念**而然的。今既無待於概念而卻又有普遍性，這將如何而可能呢？首先，這普遍性必不是概念方式下的普遍性，然則它是**什麼意義**的普遍性？這是首先應當注意而予以說明的。以下介述康德之說明。

> 美是那「**離開概念**當作一普遍的愉悅之對象而被表象」者。此一定義是由上說之「美是一種離開任何利害關心的愉悅之對象」之定義而來者。因爲當任何人意識到其愉悅於對象在他是獨立不依於任何利害關心時，則他不可避免地也要把這對象看成是這樣一個對象，即這對象含有一「愉悅之根據」，此一根據是對一切人而言者，即一切人皆可據之以愉悅此對象。蓋既由於這愉悅並不基於主體之任何**性好**(或任何其他審愼的**利害關心**)，但只這主體在關於「他所給與於對象」的喜歡中，他感到他自己是**完全自由**的。是故他找不到「其主觀的自我所可單獨與之發生關係」的那**個人的私自情況**以爲其愉悅之理由。因此，他必須視這愉悅爲基於那

> 「他亦可預設之於任何其他人身上」者；而因此，他必須相信：他有理由要求每一人皆有一**同樣的愉悅**。依此，他於說及**美的東西**時，必將如此說及，即：儼若「美」眞是一對象之**性質**，而這判斷亦儼若眞是**邏輯的**（因著對象之概念而形成一對象之認知），雖然它實只是**美學的**，而且它實亦只含有「對象底表象之**只涉及於主體**」。因爲它仍帶有這類似於邏輯判斷之**類似性**，所以它始可被預設爲對一切人而有效。但是此一普遍性不能由概念而發出。因爲從概念裏，茲並無過轉到快或不快之情之過轉（除在純粹實踐法則之情形中，但是實踐法則隨身帶有一種利害關心；而這一種利害關心卻並不能附著於純粹的審美判斷）。結果是：審美判斷，連同著其伴隨的「遠離或解脫一切利害關心」之意識，它必須含有一種「對一切人有效」的要求，而且它含有這要求亦必須離開那附著於對象上的普遍性而含有之，那就是說，在審美判斷處，茲必須伴隨之一「要求於**主觀的普遍性**」之要求。（§6）

案：審美判斷是對於美之欣賞愉悅，這一種欣賞愉悅是對於對象之靜觀冥會無任何利害關心，這是審美判斷之「質」相。既無任何利害關心，是故亦無任何感性的性好之偏傾與由概念而決定的道德的善之定向。這裡顯出主體在愉悅於美中是**四無傍依**而**灑脫自在**的，這就是康德所說的「主體在關於『他所給與於對象』的喜歡中，他感到他自己是**完全自由的**」。完全自由而無任何偏傾或定向，是故主體便找不到「其主觀的自我所可**單獨**與之發生關係」的那個人的

私自情況以爲其**愉悅之理由**。這就是說，愉悅於美之愉悅並無「單屬於我而不屬於他」之獨特的主觀的理由或根據。因此，這愉悅必有相當的**共通性**，即就人類而言的**普遍性**。我們可以把這愉悅預設之於任何他人身上。我們必須相信：我們有理由要求每一人皆有一同樣的愉悅。現在試問這「理由」何在呢？

在答此問題以前，康德先重述愉悅於美與愉悅於適意及愉悅於善三者之不同（§7），繼之再進而說明「在一審美判斷中愉悅之普遍性只被表象爲主觀的」（§8）。關此主觀的普遍性，康德有如下之說明：

> 見之於一審美品味之判斷中的那美學判斷底普遍性之特殊形式是一很有意義的特徵，其爲有意義的特徵確然不是對邏輯學家而言，而是對**超越的哲學家**而言。它要求著超越的哲學家費許多的辛勞去發見它的**根源**，但是轉而它也明朗了我們的認知機能之一特性，這一特性，若無此分析，必仍然不被知於我們。
>
> 首先，一個人必須把以下之義牢記於心，即：因著審美品味之判斷（品評「美的東西」所作的審美品味之判斷），「愉悅於一對象」之愉悅是被歸給每一個人的，然而卻又不須基於一概念而被歸給每一個人（若必須基於一概念而被歸給每一人，則所愉悅之對象必應是善的東西，而不是美的東西）；又必須把這一點牢記於心，即：此「要求於普遍性」之要求是「我們所由以說一物爲美」的那判斷之如此本質的一個因素以至於：設若此要求眞不呈現到心上來，則人們決

> 想不到去使用「美」這個詞語，但只成是這樣的，即那「用不著概念而使人愉悅」的每一東西此時必只被算作是「適意的」而已。因爲在關於「適意者」中，每一人皆被允許有其自己之意見，而無人堅持旁人必同意其對於「適意者」之審美品味之判斷，而此堅持旁人之同意卻是關於「美者」之審美品味之判斷所必須總是如此者。關於「適宜者」之審美品味，吾可以名之曰「官覺底**審美品味**」；關於「美者」之審美品味，則名之曰「反照底**審美品味**」。前者其下判斷只是私人的判斷，而後者之判斷則顯然地是屬一般有效性的判斷（公衆的判斷，有效於每一人者）。但此兩者皆同樣是對於一對象之美學的判斷（不是實踐的判斷）。所謂對於一對象之美學的判斷意即就一對象之表象之關聯於**快或不快之情**而對於此對象**作美學的判斷**〔作審美品味之判斷〕。（§8中之文）

案：關於「美的東西」之審美品味之判斷是「屬於一般有效性」的判斷，亦曰公衆的判斷，乃有效於每一人者。此就是不基於概念亦與認知無關的反照審美判斷之**主觀的普遍性**。

> 在只由概念而形成一對象之評估中，一切美之表象盡成泡影。因此，茲不能有這麼一個規律，任何人可依之以被迫去承認任何物爲美。「一套衣服，一所房舍，或一枝花是否爲美」這乃是這樣一種事，即：在此事上，一個人拒絕讓其判斷爲任何**理由**或**原則**所搖動。我們需要以我們自己的眼來看

一個對象，恰似我們的愉悅依靠於「感覺」。但是，如果依據如此之所說，我們名一對象爲美，則我們實相信我們自己是以**普遍的聲音**來說話，並要求每一人底同聲贊同，然而卻沒有**私人的感覺**會對別人而爲決定的，除其只對觀察者及對此觀察者之喜悅而爲決定的外。

現在，在這裡，我們可以見到：在審美判斷中，除在關於那「不爲概念所媒介」的愉悅中的一種**普遍的聲音**被設定外，再沒有什麼其他東西可被設定；結果也就是說，除只有一「能夠同時被認爲對每一人而有效」的美學判斷底**可能性**被設定外，再沒有什麼其他東西可被設定。審美判斷本身並不**設定**每一人皆同意(因爲那只是一邏輯地普遍的判斷始有資格去作這種設定，蓋因爲它能提出理由來)；審美判斷但只把此種同意**歸給**每一人，當作規律之一例而把它歸給每一個人，就此規律而言，審美判斷爲之尋求確定，但不是由**概念**爲之尋求確定，而是由他人之**同聲贊同**爲之尋求確定。因此，普遍的聲音只是一「理念」——研究其所基依的根據在此暫押後。一個自信在作審美判斷的人他事實上是否依照「普遍的聲音」這個理念而下判斷，這或可是一不確定之事；但是「此理念是那被默會於其判斷中者，因而結果，其判斷應是一審美之判斷」，這一點卻是被宣明或顯示了的：其被宣明顯示是因著他使用「美」這一詞語而被宣明顯示。他自己個人能只從其意識到屬於「適意」與「善」的每一東西可與那仍剩留給他的一種「愉悅」〔不關心的愉悅，愉悅於美之愉悅〕分別開這一方面而確定這一點；他實能如此確

> 定這一點，而亦只爲其能如此確定之，他始可把「每一人之同意」許諾給其自己。「每一人之同意」這一要求乃是「在這些條件下他必亦有**理由**〔有保證〕去作之」的一個要求，設若他不時常違犯這些條件，也不因其違犯這些條件遂至作了一個錯誤的審美判斷。〔案：所謂**這些條件**即指能分別適意、善與美這三者之愉悅之不同而言。〕（以上俱屬§8中之文）

然則審美判斷之要求每一人皆同意，這要求之**理由**或**根據**是什麼呢？康德§9中答覆此問題。§9之正式標題是：在一審美判斷中，「快樂之情先於對象之評判抑或對象之評判先於快樂之情」一問題之研究。康德認爲此問題之解決是審美判斷之關鍵。因此値得認眞注意。他認爲在審美判斷中，不能是快樂之情先於對象之評估，因爲若如此，則那只是「芻豢悅口」之快樂，屬「適意於官覺」之「適意之情」，而不是「愉悅於美」之愉悅。

> 因此，那正是特定表象中心靈狀態易有的那「普遍的可被傳通」之「**可傳通性**」，作爲審美判斷之**主觀條件**，才必須是根本的，而且它必須以「快樂於對象」爲其後果。但是，除認知以及附屬於認知的表象可普遍地被傳通外，再沒有什麼東西能夠是普遍地被傳通的。因爲表象，只有當它是附屬於認知的，它才是客觀的，而亦「單只這表象是客觀的」這一點它始給表象一普遍的涉指點，以此普遍的涉指點，每一人底表象力始不能不相諧和而趨一致。如是，如果關於「一表

象之普遍的可傳通性」的那判斷，其法定根據須只是主觀的，即是說，須被思議爲獨立不依於**任何對象之概念**，則此決定根據除是一種**心靈狀態**外，不能是任何別的東西，這心靈狀態就是那「呈現其自己於諸表象力〔想像與知性〕之相互關係中」的心靈狀態，其呈現其自己於諸表象力之相互關係中是正當此諸表象力把一特定表象關涉到認知一般時。因著此一特定表象而有表現活動的諸認知力〔諸表象力〕在這裡是從事於一**自由的活動表現**〔一自由的遊戲〕，因爲沒有確定的概念把它們限制於一特殊的認知規律上。因此，在此特定表象中的心靈狀態必須是這樣一種心靈狀態，即它是對認知一般而言的一特定表象中的**諸表象力底自由遊戲之感**中的一種心靈狀態。〔……〕

因爲審美判斷中表象模式之主觀的普遍可傳通性是離開任何確定概念之預設而自存，是故它除是呈現於想像與知性之**自由遊戲**中的**心靈狀態**外不能是任何別的東西（所謂想像與知性是就其存在於相互諧和一致中，如**認知一般**所需要者那樣，而言）。因爲我們意識到此適宜於「認知一般」的**主觀關係**（即想像與知性之相互諧和一致之關係）必須是對每一人而有效，因而亦必須是普遍地可傳通的，其爲對每一人而有效以及其普遍地可傳通恰如任何**決定性的認知**那樣之爲對每一人而有效及普遍地可傳通，此決定性的認知總是基於那種**主觀關係**以爲其**主觀條件**的。

現在對於一對象，或對於「一對象所由以被給予」的那表象，我們可有一種純主觀的（美學的）評估，此純主觀的

（美學的）評估是先於「感快樂於對象」之快樂的，而且它亦是諸認知機能之諧和中此種「感快樂於對象」之快樂之基礎。又上說評估對象這種評估之主觀條件之普遍性亦形成那種愉悅，即「我們把它拿來與我們所謂之是『美的』那對象之表象相連繫」的那種愉悅，之普遍的主觀妥效性之唯一基礎。（§9）

言至此，很顯明，康德是以美學評估之主觀條件之普遍性（即諸認知機能在其自由活動或遊戲中之相互諧和一致之心靈狀態之普遍可傳通性）形成「愉悅於美」之愉悅之普遍的主觀妥效性之唯一基礎。那就是說，美學判斷之普遍性，「愉悅於美」之愉悅之普遍性，實是基於自由遊戲活動的想像力與知性之諧和一致這種**普遍地可傳通的心靈狀態的**。因爲這種心靈狀態是普遍地可傳通的，即任何人皆須在此種心靈狀態中去審美，是故審美判斷以及此中之愉悅雖是發自於獨個判斷或單個人，然而卻猶有普遍性，對每一人而有效。此普遍性不由概念而來，亦非決定性的認知判斷之普遍性。它單是反照判斷之普遍性，即不依於概念，無任何利害關心的自由遊戲的想像與知性之諧和一致這種普遍可傳通的**心靈狀態**所發之**審美判斷之主觀的普遍性**。

「能去傳通一個人的心靈狀態之傳通，縱使這所傳通的心靈狀態只存在於我們的諸認知機能之方面，這『能去傳通』之傳通亦伴隨之一快樂」，這一事實乃是一很容易從「人類之自然的性癖於社交生活」而被證明的一種事實，即是說，是很容易經驗地而且心理學地被證明的一種事實。但是我們在這裡所想的是要求某種比這更多的東西。在一審美判斷中，為我們所感到的快樂是當作「必然的」而被要求於〔或被歸給於〕每一其他人者，這恰像是當我們說某物為美時，這美是被看成是對象之一特質，這一對象之性質好像形成對象之依照概念而來的本有決定之部分一樣，雖然美離開其任何「關涉於主體之情」之關涉，以其自身而言，什麼也不是。〔……〕

眼下我們須從事於這較輕易的問題，即：在一審美判斷中，我們依什麼路數來意識到諸認知力之一交互的主觀的共同一致呢？這共同一致是美學地因著感覺以及我們的純然內感而存在呢？抑或是理智地因著「我們的有意活動以使諸認知力有表現」之意識而存在呢？

現在，如果這引起審美判斷的特定表象眞是一個概念，這概念它把知性與想像力統一於對象之評估中以產生一對象之認知，如是，則此關係〔案：即諸認知力之交互一致之關係〕之意識必應是理智的(如《第一批判》所論及的判斷力之客觀圖式中之所說)。但是若如此，則判斷必不是在關涉於快與不快中被設置，因而也決不會是一審美判斷。但是，現在，審美判斷其決定對象是獨立不依於概念，在關涉於「愉悅」及「美之謂述」中，而決定之。因此，說到此中諸認知力間交互一致之關係之主觀的統一時，這統一除經由「感覺」之路以被知外，它決不能有他路去使其自己成為被知的。那刺激想像力與知性這兩種機能而使之生動活潑以致於

> 有這樣一種活動，即「這活動雖是**非決定性的**，然而幸虧有一特定表象故，它卻又是**諧和的**，即如屬於認知一般而爲認知一般所需要者那樣一種**諧和一致之活動**」：刺激之而使之生動活潑以至於有如是樣之活動者就正是上句所說的那「感覺」。那「感覺」之**普遍的可傳通性**即爲審美判斷所設定。〔……〕（以上俱屬§9中之文）

案：康德以上所說，不過是表示：愉悅於美是可以傳通的心靈狀態（自由遊戲中想像力與知性之諧和一致之心靈狀態）爲其主觀條件的；這主觀條件既可傳通，所以它有普遍性，因而伴隨這可傳通而起的快感亦有普遍性，即「愉悅於美」之愉悅有普遍性；因而結果審美判斷，如「花是美的」這一判斷，它雖發自獨個主體，又不依靠於任何概念，亦無任何利害關心，然而它卻猶有普遍性。如此辯說，雖可言之成理，然而總覺迂曲疏隔而不顯豁，穿鑿強探而不自然。首先，雖說離開任何概念（離開任何確定認知之概念），然而卻猶依待於自由遊戲中諸認知力之諧和一致這個心靈狀態之爲主觀條件：這主觀條件亦概念也。結果愉悅於美之普遍性還是有待於「概念」而然的。其次，以此主觀條件之遍效性來明「愉悅於美」之普遍性猶如說審美的人必須吃飯，必須不是白癡，以「吃飯」、「非白癡」之遍效性證明審美判斷之普遍性，這有何意指呢？最後，想像力與知性之諧和一致，這對審美而言，究竟有多少作用呢？強探而至此，豈不太斵而等於無話可說乎？

康德何以要強探至此？這與其以「合目的性原則」爲審美判斷之超越的原則有關。他說合目的性原則時既有滑轉或混漫，今說

「愉悅於美」之普遍性又是如此之穿鑿。他何以必穿鑿而強探至此?蓋爲的如此始可說審美判斷之第三相即關係相也。審美判斷之關係相即是「涉及目的」之關係相,即對象之「無目的的合目的性」之關係相也。此將解之如下。

F. 審美判斷之普遍性與審美判斷之關係相(無目的的合目的性)

康德於§10中論合目的性一般。他說:

> 讓我們以超越的詞語(即不預設任何經驗的東西如快樂之情之類者)來界定「目的」之意義。**一目的是一概念之對象,**當此概念被視爲是此對象之**原因**(被視爲是此對象底**可能性之眞實根據**)時;而一概念之在關涉於其對象中的**因果性**便是此概念之**合目的性**〔die Zweckmäßigkeit: finality: forma finalis→final form 合目的性的形式〕。

案:一概念應意許其有一實在性,即意許其有一眞實的存在物以相應之。如「穀」之概念即意許一穀之實物以相應之。此「相應之」之實物即是其「對象」。一概念即以「相應之」之對象之存在爲其目的,如果此概念便即是此對象之原因,也就是說,此概念便即是其對象底可能性之眞實根據。此如前B節藉「君君、臣臣、父父、子子」,以及「五穀不熟,不如稊稗」所解說的本體宇宙論的終成義之「合目的性」之意義。此種「合目的性」，此處便說爲是「一概念之在關涉於其對象中的因果性」。此種因果性顯然是直通於本體宇宙論的目的論意義的因果性。亦就是《中庸》所說「誠者物之終始，不誠無物」，以及〈乾〉、〈坤〉兩彖傳所示之本體宇宙論的終成義。

> 如是，不管什麼地方，凡有以下之情形的地方，即：「不只一對象之認知只通過此對象之概念始被思爲是可能的，且即當作一結果看的對象自身（對象之形式或眞實存在）亦是只通過此對象之概念始被思爲是可能的」這種情形之地方，我們就在那地方想像一目的。在這裏，結果之表象就是結果底原因之決定根據，而且這結果之表象是領先於結果底原因的。在關於一個「想保持其原有狀態之繼續」的主體之狀態中，一個表象底因果性之意識在這裏可以被說爲大體是去指示那被名曰「愉快」者；而「不快」則是這樣一種表象，即此表象它含有「把一些表象之狀態轉換成其反對面」這種轉換之之根據（即含有「阻礙或消除一些表象而令其不出現」這種阻礙之或消除之之根據）。（§10）

案：此中所說「結果之表象就是結果底原因之決定根據而且是領先於結果底原因」是就「反照判斷」而言的，不是就決定判斷而言的，亦不是如《中庸》、《易傳》之直貫下的構成意義（非只軌約意義）的終成義之所說。反照判斷中一概念之在關涉於其對象中之因果性所表示的合目的性當然是超越意義（不預設經驗意義的快樂之情)的合目的性，此就是康德所說的審美判斷之超越的原則。繼以上，康德進而說審美判斷中之無目的的合目的性以明審美判斷之關係相。

> 意欲機能，當其只通過概念而爲可決定的時，即是說，當其依照一目的之表象而去動作時，它必即是所謂「意志」。但是一對象，或一心靈狀態，或甚至一動作，雖然這些東西的可能性並不必然地預設「一目的之表象」，然而這些東西仍可被說爲是「合目的」的，其被說爲是「合目的」的，是只因爲「它們的可能性只有藉賴著於我們方面有一依照目的而成的基本因果性之假設而始爲可解釋以及可理解」之故而然，那就是說，是只因爲「它們的可能性只有藉賴著於我們方面有一這樣的意志，即那『依照某一規律之表象而已如此把這些東西規定好或制定好』這樣的一個意志之假設，而始爲可解釋以及可理解」之故而然。因此，當我們不把此「合目的性之形式」之原因定位於或置定於意志，然而我們卻只有因著把此合目的性之形式從一意志而引生出，始能使此合目的性之形式底可能性之說明對於我們自己爲可理解：當如此云云時，「合目的性」是很可以離開一目的而存在著的。現在，我們並不總是非用理性底眼光去看我們所觀察的東西不可(即是說，我們並不總是非依我們所觀察的東西之可能性去考慮我們所觀察的東西不可)，這樣，我們至少可以觀察「一形式底合目的性」，而且在對象中追踪此合目的性(雖只經由反省或反照而在對象中追踪之)，而卻用不著把

此合目的性基於一個目的上（基於一個當作「合目的的連繫」之材料看的目的上）。（§10）

案：此段文即在正式抽象地說明一對象，或一心靈狀態，或甚至一動作，離開一目的而仍可是「合目的」的，此即是審美中無目的的「合目的性」，此「合目的性」即是主觀的形式的合目的性。審美判斷是無待於任何概念的，因而亦不依靠於任何目的，即一對象之爲美並不是因其爲什麼目的而爲美：即依此義而說「無目的」，或「離開目的」，或「用不著目的」。然而審美中一對象或一表象，或一心靈狀態，或甚至一動作，其本身所以如此之可能性雖不依於一目的而然，然而它們仍可是「合目的」的，這就是審美判斷之「關係相」。說它們仍可是合目的的，即是說須把它們透視到一個目的論的基本因果性上去，即透視到一個超絕而絕對的意志（如神意）之假設上去。因爲這樣透視，始可說它們是合目的的。這又是把審美判斷混漫到或滑到目的論的判斷或上帝存在之自然神學的證明那裏去了。康德說：「我們並不總是非用**理性底眼光**去看我們所觀察的東西不可，即是說，我們並不總是非依我們所觀察的東西之**可能性**去考慮我們所觀察的東西不可」。這句話很好。我將在下文即說：美是氣化中之光彩，其爲美固非依什麼目的而爲美，且亦不須於美的對象，說其須依靠於一超絕的理性而爲合目的的。但是康德接這句話又說：「這樣，我們至少可以觀察一形式底合目的性，而且在對象中追蹤此合目的性（雖只經由反省或反照而在對象中追蹤之），而卻用不著把此合目的性基於一個目的上（基於一個當作合目的的連繫之材料看的目的上）」。此句前半句即是把審美判斷之事滑轉成目的論的判斷中之事，這是一種混漫，是康德之失察。審美判斷之超越原則中之一切隱晦俱繫於此。這是可以釐清的。至於後半句，即「而卻用不著」云云以後，則無問題。因此，審美判斷之「關係相」，一如其「量相」，必須另論。

康德於§11即正式具體地落於審美判斷上說此無目的的「合目的性」：

> 不管什麼時候，只要一目的被看成是愉悅之根源，則此目的總是表明一利害關心〔利害興趣〕以為關於一快樂底對象之判斷之決定根據。因此，審美判斷不能基於任何主觀的目的，以此主觀的目的作為其根據。但是任一客觀目的之表象，即任一依照「合目的的連繫」之原則而成的對象自身底可能性之表象，也不能決定審美判斷，結果也就是說，任何善之概念也不能決定審美判斷。因為審美判斷是一美學的判斷〔直感的判斷〕，而不是一認知的判斷，因而它亦並不與任何自然本性之概念或任何對象之內在或外在可能性（以此原因或彼原因而成者）之概念有關，它但只與諸表象力之當其為一表象所決定時之互相間之關係有關。
>
> 現在，此諸表象力互相間之關係，若當一對象被表述為美時，它即現存著，則此時它便被伴偶之以快樂之情。此快樂之情是因著審美判斷而被宣布為對每一人而有效；因此，一伴隨表象而來的那「適意」其不能含有審美判斷之決定根據一如「對象之圓滿」之表象或「善之概念」之表象之不能含有審美判斷之決定根據。這樣說來，我們只剩下一對象之表

象中的主觀的合目的性、而排除了任何目的（客觀的或主觀的）——因而結果也就是說，只剩下「一對象所由以被給予」的那表象中之赤裸的合目的性之形式（當我們意識及之時）。因爲單只這「排除了任何目的」的主觀的合目的性，即單只這赤裸的合目的性之形式，始能構成這愉悅，即「我們離開任何概念而評估之爲普遍地可傳通的」那種愉悅，因而也就是說，單只這主觀的合目的性，即赤裸的合目的性之形式，始能形成審美判斷之決定根據。

此§11節之正式標題爲：審美判斷底唯一基礎是一對象或「表象此對象」之模式底合目的性之形式。康德說此「合目的性之形式」是通過三種愉悅之比較而顯出的。愉悅於「適意」是「芻豢悅口」，是感性的愉悅；悅愉於「善」是「義理悅心」，是道德的愉悅。此兩者皆有所依待，即皆以目的爲愉悅之根源，前者依待於主觀的目的，以滿足官覺之感性爲目的；後者依待於客觀的目的，以滿足於道德的善爲目的。既皆有所依待，是故亦皆有利害關心。惟愉悅於美既無任何利害關心，是故亦無任何目的（主觀的或客觀的）。同時，愉悅於美之愉悅是審美判斷，而不是一認知的判斷。夫既如此，是故它亦並不與任何「自然之構造本性」之概念有關，亦不與任何對象之以此原因或彼原因而成的「內在或外在可能性」之概念有關，它但只與**諸表象力**之當其爲一表象所決定時之**相關的關係**有關。此在一特定表象中的諸表象力之相關的關係即是前文所說的**想像力與知性之諧和一致**之關係，惟此諧和一致不是決定的認知判斷中有概念規律以轄之的想像力與知性之諧和一致，而是**反照的審美**

判斷中**自由遊戲**的想像力與知性之諧和一致。

此種自由遊戲的想像力與知性間之諧和一致即存於審美判斷中，因此它必有一種快樂之情以伴之。此快樂心情既存於審美判斷中，是故它必有普遍性，即對每一人而有效。此即前文所說的審美判斷中的愉悅是以自由遊戲中的想像力與知性間之諧和一致之**心靈狀態**爲其**主觀條件**的。這心靈狀態是**普遍地可傳通**的，因此，審美中的愉悅亦對每一人而有效。康德即從這種諧和一致之心靈狀態說審美判斷之「無目的的合目的性」之**關係相**。一對象或一對象之表象模式之爲「美」既無任何利害關心，亦不依待於任何概念，是故其爲美必無從客體方面說的任何客觀的合目的性，它但只有從主體之心靈狀態方面說的主觀合目的性，即「排除了任何目的(主觀的或客觀的)之材料」的那赤裸的合目的性之形式。這樣說的主觀合目的性，赤裸的合目的性之形式只表示一對象或一對象之表象模式是在自由遊戲的想像力與知性之諧和一致之心靈狀態中呈現，即是說，它是離開任何目的而**自在而自然地**自適合於這種心靈狀態的，這就是它的**主觀的合目的性，赤裸的合目的性之形式**了。因爲單只這主觀的合目的性，單只這赤裸的合目的性之形式，單只「適合於這種心靈狀態」之**適合性**，始構成那「離開任何概念而又普遍地可傳通」的愉悅，始形成審美判斷之決定根據。因此康德於§11節標題爲：審美判斷底唯一基礎是一對象或表象此對象之表象模式底「合目的性之形式」。

不過這樣講的主觀合目的性、赤裸的合目的性之形式，究竟於審美有多少相干性實不能無疑。把審美判斷關涉於諸表象力(縱使是自由遊戲的表象力)間的諧和一致，這不但與審美無什麼關係，反而沖淡了審美。審美固須有自由的想像，但須與知性諧和一致，這便沖淡了審美。知性究竟有多少顯豁的作用於審美，這不能無疑。審美而須以此種諧和一致之心靈狀態以爲其主觀條件，這實在太穿鑿而迂曲，亦太學究氣。且與上§10節論「合目的性一般」中所說之「離開目的而仍可說合目的性」之一般原則合不攏。那原則是如此：「當我們不把此『合目的性之形式』之原因定位於意志，然而我們卻只有因著把此合目的性之形式從一意志而引生出，始能使此合目的性之形式底可能性之說明對於我們自己爲可理解：當如此云云時，『合目的性』是很可以離開一目的而存在著的。」難道花之爲美一定要從一意志而引生出，或靠一意志把它規定好或制定好，始能說明其離開一目的的「合目的性之形式」嗎？我看它既無合目的之必要，亦無須從一意志（神意）而**引出生**，或靠一意志把它**規定好**或**制定好**。蓋此皆屬目的論的判斷或自然神學中的話，與審美判斷無甚關係也。依此而言，依據一般判斷之關係之功能而說的審美判斷之「無目的的合目的性」之關係相亦須另論。

至於依據一般判斷之程態功能而說的審美判斷之主觀的必然性須邊以「共感」之理念爲其條件，這亦不必要，且與「不依待於任何概念」之義相違。故亦須另論。因而關於審美判斷之普遍性與必然性所作的推證亦有問題，即是說，亦不是切合恰當而必要的。茲且引康德之文以檢查之。

G. 審美判斷之普遍性與必然性之推證

康德首先聲明此推證是只就美學判斷之關於「純美」者而言，

並不就其關於「崇高」者而言。如是,康德進而於§31節論「審美判斷底推證之方法」云:

> 對於一特種判斷義不容辭地須去供給一「推證」,即須去供給「一合法性之保證」,這只當這判斷要求於「必然性」時始發生。甚至當這判斷要求主觀的普遍性,即要求每一人之同意時,亦然。然而這所說之如此之判斷並不是一「認知的判斷」,但只是一特定對象中的快樂或不快樂之判斷,即是說,只是一主觀的合目的性之認定,這所認定的主觀合目的性有一對每一人而有效的「通貫的妥效性」,而且由於這判斷是一審美品味之判斷,是故這所認定的主觀合目的性並不須基於事物之任何概念上。
>
> 現在,在適說之情形中,我們並不是要去處理一「認知之判斷」:我們既不是要去處理一理論的或知解的判斷,即基於「一自然一般」之概念(爲知性所供給的那「自然一般」之概念)上的知解判斷,復亦不是要去處理一(純粹的)實踐的判斷,即基於「自由之理念」(先驗地爲理性所給與的那自由之理念)上的實踐判斷。夫既如此,是故我們並非被請求先驗地去證成那「表象一物之所實是者」這樣一種判斷之妥效性,復亦非被請求先驗地去證成這樣的判斷,即「茲有某事,我應當去作之以便去產生之」這樣一種判斷之妥效性。結果,如果就判斷力一般而言,我們要證明一**單稱判斷**,即「表示一對象之形式底經驗表象之主觀合目的性」這樣的一**單稱判斷**之**普遍妥效性**時,我們所要作的那一切便是

去說明：某物只在其純然評估之形成中（用不著感覺或概念），而即能令人愉悅，這如何是可能的，並去說明：任何一人之愉悅如何可以對每一人宣稱爲一規律，恰如爲一認知一般之故而成的一對象之評估有其普遍的規律一樣。

現在，如果此普遍妥效性並不基於選票之收集以及來回問及旁人所有的感覺是何種感覺，但如其所是，只基於那「對於特定表象中的快樂之情下判斷」的主體〔個人〕之自發自律，即是說，只基於主體〔個人〕自己之審美品味，雖即只基於個人之審美品味，然而卻也並不是由概念而引生出：如果此普遍妥效性是如此云云時，則隨之而來者便是如此，即：這樣一種判斷（事實上即如審美判斷之所實是者這樣的判斷）便有一雙重的而亦是邏輯的特殊性。因爲第一，這樣的判斷先驗地有普遍的妥效性，但它卻並無依照概念而來的一種邏輯的普遍性，它但只有一單稱判斷之普遍性。第二，這樣的判斷有一必然性（此必然性必須不移地基於先驗的根據上），但這一必然性卻是一種「並不基於先驗的證明上」的必然性，可是經由這樣的必然性之表象，這樣的判斷必有力去加強這同意，即「審美判斷所要求於每一人之贊同」的那同意。

此兩邏輯的特殊性足以區別審美判斷與一切認知判斷之不同。如此樣的兩邏輯的特殊性之解明其自身將即足夠作爲此特異機能〔即審美機能〕之「推證」，設若我們在開始時抽掉審美判斷之一切內容，即是說，抽掉快樂之情，而只把「美學判斷之形式」拿來與那「爲邏輯所規劃」的客觀判斷之形式相比較時。

案：此四段文俱屬§31節「審美判斷底推證之方法」之文。此所謂「方法」者即進行「審美判斷之推證」之程序也。先要明審美判斷既不是一「基於自然概念上」的認知判斷，復亦不是一「基於自由理念上」的道德判斷，它但是一特定對象中的快或不快之情之判斷。「推證」者證成此審美判斷之普遍性與必然性使之爲合法之謂也。但是審美判斷既無任何利害關心，亦不依靠於任何概念(知解的或實踐的)，然則它如何能有普遍性與必然性呢？當我們分解地解明審美判斷之特殊性時，我們是消極地用「非此非彼」(既非亦非)之排拒方法(遮詮)來表示的。這排拒之方法(遮詮)，我們名之曰「內合」之方法。「內合」者「內切地合而近之」之謂也。這很好，很能顯審美判斷之特性。但是當康德以合目的性原則爲審美判斷之超越的原則，並環繞此超越的原則以自由表現(遊戲)中的想像力與知性之諧和一致之心靈狀態以及「共感」來說明審美判斷之量相、關係相與程態相，並進而依據此超越的原則來證成審美判斷之普遍性與必然性爲合法時，他是出乎其位地用「外離」之方法的。「外離」者「外開地離而遠之」之謂也。這「外開地離而遠之」便顯一「不切合相」。因這方法之不切合，所以他反不能顯審美之所以爲審美，反而沖淡了審美。正如朱子之言「性即理」不能顯孟子「即心言性」之性善論之道德性，反而減殺其道德性，因其把原初性善論之「性」轉成一泛存有論的存有之性之故也。

康德於§36節論「審美判斷之一推證之問題」中云：

要想去形成一認知的判斷，我們可以直接地把一「對象一般」之概念拿來與一對象之知覺相連繫，而那一「對象一般」之經驗的謂詞即含在該知覺中。在此路數中，一「屬於經驗」的判斷便可被產生。現在，此一「屬於經驗」的判斷是基於直覺底雜多之綜和統一底先驗概念之基礎上的，那直覺乃即是那「能夠使雜多被思爲是一對象之決定」者。〔案：一對象有直覺之雜多以實之，此即是此對象得到一具體的決定，否則它只是一抽象的對象，無直覺雜多以實之即定之者。〕那所謂先驗的概念即是範疇，這些作爲範疇的先驗概念是需要有一「推證」的，而這種推證已被提供於《純粹理性之批判》中。那推證能夠使我們解答這問題，即：「先驗綜和的認知判斷如何是可能的」這問題。依此而言，此問題是有關於純粹知性以及此純粹知性之理論的〔知解的〕判斷之先驗原則的。

但是，我們也可以直接地把一快樂之情（或不快之情）以及一種愉悅，即那「伴隨對象之表象而且合用於對象之表象，然而卻非對象之表象之一謂詞」的那種愉悅，拿來與一知覺相連繫。在此路數中，便有一判斷發生，這所發生的一種判斷乃是美學的判斷，而並非認知的判斷。現在，如果這樣一種美學的判斷不只是「感覺之判斷」，且是一形式的「反省或反照之判斷」（這一形式的反省或反照之判斷乃是那把此愉悅當作「必然的」而要求之於每一人者），如是，則某種東西必須居在此判斷之基礎地位以爲其先驗的原則。此先驗的原則，實在說來，可只是一主觀的原則，（設若一客觀的原則對此類判斷而言必應是不可能的時），可是，縱使是如此，這先驗的原則亦需要有一「推證」以使「一美學判斷如何能要求於必然性」這一點爲可理解。現在，使「美學判斷要求於必然性爲可理解」這一點乃即是那「處在我們眼前所要從事的問題，即審美判斷如何可能之問題，之基礎地位以爲根據」者。因此，此「審美判斷如何可能」之問題是有關於「美學判斷中的純粹判斷力之先驗原則」的問題。美學判斷並非是這樣的一些判斷，即如像「理論的〔知解的〕判斷」那樣者。在像理論的〔知解的〕判斷那樣的判斷中，判斷力必須只在知性之客觀的概念下去作歸屬活動，而且它亦必須服從一個〔其自身外的〕法則。美學判斷並非是這樣的者，它但只是這樣的一些判斷，即在此類判斷中，判斷力其自身主觀地就是其自己之對象，並亦同樣主觀地就是其自己之法則。

我們亦可把這問題這樣表示，即：今有一判斷，它只依據個人自己之於一對象（一「獨立不依於對象之概念」的對象）之快樂之情來評估這快樂爲一種「可附屬於一切他人方面的同一對象之表象上」的快樂，而且它之這樣評估這快樂乃是先驗地這樣評估之，即是說，它是用不著去等待或去看看他人是否亦有這同樣的心情，而即可如此評估之：今試問：這樣一種判斷如何是可能的？

審美判斷是綜和的，這是很容易看出的。因爲審美判斷已走出對象底概念之外，甚至亦走出對象直覺之外，而把那「根本不是一認知」的某種東西，即快樂之情（或不快之情），當作謂詞，而連接到那直覺上。但是，雖然這樣的謂詞（即這與表象相連繫的個人的快樂之謂詞）是經驗的，然而要想去見到「當論及這所要求於每一人的同意時，那些審美判斷是先驗的判斷，或欲被看做是先驗的判斷」這一層，我們仍然只須在那「被包含於『表示這些審美判斷之要求』的諸詞語中」者見到之，而不須走得太遠而遠過於此者始能見到之。因此《判斷力之批判》中審美判斷如何可能一問題是超越哲學中「先驗綜和判斷如何可能」這一般問題之一部分。

案：此四段文俱屬§36節「審美判斷之一推證之問題」中文，即是關於審美判斷的推證問題之性格之說明者。此中第二段末說：「美學判斷並非是像理論的〔知解的〕判斷那樣者。它但只是這樣的一些判斷，即在此類判斷中。**判斷力**其自身**主觀地就是其自己之對象**，並亦同樣**主觀地就是其自己之法則**」。此義即引論第Ｖ節Ｖ.7中“heautonomy”一詞之義，即「自律之爲自己而律」。“autonomy”是「自律之爲他而律」。在審美判斷中，反照的判斷力之自律是爲自己而律，這就是這裏所說的「判斷力其自身主觀地就是其自己之法則」。這與知性之自律之爲「自然」而律（而立法）不同，亦與自由意志之自律之爲「行爲」而律（而立法）不同。蓋因爲知性與意志之自律皆是客觀地爲他而律也。又在審美判斷中，反照判斷力之反照之自身主觀地即是美的對象或美的景色之呈現，並非是像認知判斷那樣去認知一外在的客觀對象也。這也就是這裏所說的「判斷力其自身主觀地就是其自己之對象」。「判斷力其自身主觀地就是其自己之對象並亦同樣主觀地就是其自己之法則」這表示是很好的。這種表示是「**內合性的表示**」。即只內在於審美判斷之自身而理解審美判斷之特殊性而並不須**外離地**出位而思之。

上面四段文中，當最後一段說審美判斷是綜和的判斷時，其中有云：「但是，雖然這樣的謂詞(即這與表象相聯繫的**個人的快樂**之謂詞)是經驗的，然而要想去見到：『當論及這所要求於**每一人的同意**時，那些審美判斷是先驗的判斷，或欲被看做是先驗的判斷』這一層，我們仍然只須在那『被包含於「表示這些審美判斷之要求」的**諸詞語中**』者見到之，而不須走得太遠而遠過於此者始能見到之。」這句話亦表示得很好，這亦是**內合的表示**。審美判斷之爲先驗的只存於**表示審美判斷之普遍的要求**的**諸詞語中**，而並不存於那遠離乎此者。(不過此語亦須看如何解釋。)但當論及合目的性原則時，康德又常是走上**外離的道路**。不但是把審美之對象掛搭於一意志之設計爲遠離，即以自由遊戲中的想像與知性間之諧和一致之心靈狀態爲審美判斷之主觀條件，或以「共感」爲審美判斷之主觀必然性之條件，亦是遠離。

因此，康德於§38節正式論「審美判斷之推證」云：

> 設承認在一純粹的審美判斷中「愉悅於對象」是與此對象底形式之純然的評估相連繫，如是，則那「我們在心中所覺其須與對象之表象相聯合」者沒有別的，不過就是對判斷力而言的**對象之主觀的合目的性**。現在，因爲，在關於評估活動之形式規律中，判斷力，離開一切材料(不管是感覺或概念)，只能被指向於判斷力之**一般使用之主觀的條件**(所謂

「判斷力之一般使用」意即並不限於或應用於某一特殊的**感覺模式**，亦不限於或應用於某一特殊的**知性概念**），因而也就是說，只能被指向於那種**主觀的因素**，即「我們預設之於一切人中」的那種主觀的因素（如一可能經驗一般所需要者那樣）：因爲判斷力只能被指向於其使用方面之如此云云的**主觀條件或因素**，是故隨之而來者便是：「一個表象」與「判斷力底這些主觀條件」之相一致〔相契合或相諧和〕必須允許被假定爲可以**先驗地有效於每一人**。換言之，我們有保證可以要求於每一人，在關於那些「有事於一感觸對象一般之評估」的諸認知機能之**關係**中，皆有此快樂或此**表象之主觀的合目的性**。

康德對此最後一句復附一底注云：

要想在對於一基於主觀根據的美學判斷要求普遍的同意中爲正當而有理〔爲合法〕，去作以下之兩假定便已足夠：(1)要假定：此美學判斷力之**主觀條件**，在那「有關於『爲了認知一般而在**判斷力**處有活動表現』的諸認知機能〔案：即想像力與知性這兩種機能〕間的關係」之事中，是於一切人爲**同一**的。此點必須是眞的，因爲若不然，則人們必不能溝通他們的表象，甚至亦不能溝通他們的知識。(2)還要假定：此美學判斷力必須只注意於「**此關係**」，（因而結果也就是說，須只注意於「判斷力之**形式條件**」），並且假定：此美學判斷力是**純粹的**，即是說，沒有夾雜之以「**對象之概念**」或夾雜之以「感覺」以爲其決定根據。如果在此第二假定這一點上有任何錯誤被造成，則這只能算是「一法則所給與於我們」的那權利之在一特殊情形上之不正確的應用，而並不是要廢除那權利之自身。

案：此兩假定之第二假定可，問題是在第一假定。此第一假定固可明認知力間的諧和一致之關係爲普遍地可傳通，對一切人爲同一，但以此爲審美判斷之主觀條件是眞有顯豁的相干性嗎？眞能切合於審美判斷力之**普遍性**與**必然性**嗎？眞能切合於「美」以及對於美之「愉悅」嗎？這不但不能切合於美以及對於美之愉悅，反而沖淡而疏離了美，此之謂「外離」。

康德已覺察到這種「推證」之困難，但他說此中之困難仍然不著邊，即皆不相干之談。他於§38節後附之以「注說」，如下：

那使此推證是如此容易者是這一點，即：它不須去證成一概念之客觀實在性〔如在知性範疇處之所爲者〕。因爲「美」不是一對象之概念，而審美判斷亦不是一認知的判斷。此推證所堅持的一切便只是這一點，即：我們有權去假定我們在我們自身中所見到的〔審美〕判斷力之主觀條件是普遍地呈現於每一人者，並進而又只是這一點，即：我們已正當地把特定對象〔案：即美之對象如花〕歸屬於此等主觀條件之下。「把特定對象歸屬於此等主觀條件之下」這一點無疑須面對好多不可避免的困難，但這些困難卻並不影響邏輯的判斷力。(因爲在邏輯判斷力處，作歸屬是在概念下作歸屬；

而在美學的判斷力處，作歸屬卻是在那「互相諧和於被表象的對象之形式中」的想像力與知性間之純然可感的感觸關係下作歸屬，在此種情形中，作歸屬可以很容易地證明是謬妄的或虛假的）。〔案：我不說在此種情形中作歸屬可謬妄而虛假，乃簡直是不相干，甚至是無所取義。〕雖然要面對好多不可避免的困難，但這決無礙於「〔審美〕判斷力指望於普遍同意」這一要求之合法性，這一要求實只是如此之一要求，即它不過等於說：那「依據主觀根據而對每一人有效」的那判斷活動之**原則是正確的**。〔案：這並非不正確，乃是不相干，失意指。〕因為說到那「有關於該原則下的歸屬之正確性」的困難與懷疑，這不過是對於一「美學判斷一般」方面的要求於此妥效性（即對每一人有效的妥效性）起懷疑，因而也就是說，對於該**原則本身**起懷疑，這種起懷疑也恰似**邏輯判斷力**在其原則下之歸屬也同樣可犯一些錯誤（雖不常犯且不易被引起），這些錯誤亦同樣能使**邏輯判斷力之原則**（客觀的原則）受懷疑。〔案：此所謂「邏輯的判斷力」是指「目的論的判斷力」而言，因此，遂有下文之進一步想。〕但是，如果問題是這樣的問題，即：「先驗地去假定全部自然是審美之對象之綜集這如何是可能的」這樣的問題，則這問題必應涉及**目的論**，因為「自然一定展示一些形式對我們的判斷力而言是**合目的的**」這一點必應被視為是「自然之一目的」（這所說的自然乃是「本質上屬於『自然之概念』」的那自然）。但是「一自然目的」之假定之正確性仍然是嚴重地可致疑的，而「自然之美」之現實存在在經驗上卻是昭然若揭的(顯明而無可疑的)。

我們並不是要把審美判斷基於目的論的原則上，但只說審美判斷之普遍妥效性基於自由想像與知性之諧和一致之主觀條件上，並說審美判斷是在此主觀條件下作歸屬，因而明其對象是主觀而形式地合目的的，這種「外離」之思考方式是與審美不相干的，且甚至對審美而言是失意指的。我們並不否認這種主觀條件是普遍地可傳通的，我們只說此種可傳通性與審美判斷之普遍性與必然性無關，不但無關，而且反而沖淡了審美之爲審美，減殺了審美判斷之審美性。

經過以上逐步的檢查，總癥結是在康德以「合目的性原則」爲審美判斷之超越的原則。康德用非此非彼之「內合」方式作審美判斷之分析本是很好的，但一旦說到審美判斷之超越原則爲合目的性之原則時，卻是用了「**外離**」之方式，種種刺謬睽隔均集中於此。以下再看康德如何說審美判斷之辯證。

H. 審美判斷之辯證以及其解決

康德講純粹理性之辯證甚順適而調暢，講實踐理性之辯證(德與福間的背反)便已甚無謂，到講審美判斷力之辯證及其解決時，不但無謂，且顯得可笑，眞有點像佛家所謂戲論。

康德於審美判斷力之辯證，開端先說「辯證」之通義云：

說到一判斷力之成爲辯證的，首先這判斷力必須是**推理化的**

〔必須是在**推理程序**中的〕；那就是說，這判斷力所有或所成的諸判斷必須要求有普遍性，而且其要求有普遍性必須是先驗地要求之，蓋因爲那所謂「辯證」即存於這要求有普遍性的諸判斷之對反中。因此，在感官之美學判斷（關於適意或不適意之美學判斷）之不可和解中，玆並無什麼辯證的事可言。而當每一人只訴諸其私人自己之審美品味時，則即使審美品味底諸判斷間有衝突，這亦並不形成審美品味之辯證，蓋無人想使其私人自己之判斷可成爲一普遍的規律。因此，所剩留給我們的那唯一「可影響於〔或有關於〕審美品味」的那一個辯證之概念就是一個在關於審美品味之原則中的「審美品味之批判」（非審美品味之本身）底「辯證之概念」。因爲在這裡，依據「審美判斷一般」底可能性之根據問題而言，互相衝突的概念是**自然地**而且亦是**不可避免地**要顯現出來。因此，超越的審美批判將含有那堪受「美學判斷力底辯證」之名的那一部分，其含有這一部分乃是只當「我們對於此美學判斷力底**原則**發見有背反，而此背反又足以使此美學判斷力之**合法性**爲可疑，因而亦致使其**內在的可能性**爲可疑」時，始然。（§55）

案：此所說的辯證之通義，是只當判斷是依照概念而成的判斷時始然。但是審美判斷並非是依照概念而成者，其普遍性與必然性亦非是依照概念而有者。因此，辯證之通義不能用於審美判斷以及其普遍性與必然性。審美判斷必須**別有慧眼**以論之，其普遍性與必然性亦必須**別有依據**，不能依據通常**概念之方式**以思之。吾原初就說康德之依據一般判斷之量、質、關係與程態以明審美判斷之特性,這只是方便用之以為竅門以說明審美判斷之本性之四機要,這只是**權用**,而非**實用**。但康德並未先明此義。因此,當他通過此四機要以明審美判斷之四相時,只於論審美判斷之「質」相時,為合「虛用」之義,即是所謂「內合」之方式,但當論及其量相、關係相與程態相時,俱不自覺地轉成「實用」,即吾所謂「外離」之方式。因此,遂有§56與§57兩節令人可怪可笑之戲論。§56節標題為「審美底背反之表象」,有如下之文:

> 審美之**第一常言**是含在以下之命題中,即:「每一人皆有其自己之審缺乏審美品味的人皆想在此命題之遮蓋下去使自己免於譴責。「每一人皆有其自己之審美品味」,此語只是以下之說法之另一表示,即:審美判斷之決定根據只是主觀的(即只是喜悅或痛苦),而此審美判斷之本身亦無權要求別人之必然的同意。
>
> 審美之**第二常言**是:「關於審美,茲並無爭辯可言」。即使那些「同意審美判斷有權去宣稱對每一人皆有效」的人們亦常依仗此常言。此常言等於說:縱使一審美判斷之決定根據是客觀的,然而這客觀的決定根據也不是可化歸於**確定的概念**的,因而就審美判斷本身而言,並沒有判決可以經由證明而被達到,雖然關於審美判斷之事,很可以容許我們**去爭吵**,而我們也很可以**有權去爭吵**。因為雖然爭吵(**口角** contention, quarreling)與**爭辯**(**辯說** dispute, controversy)有共同點,即皆意在使審美判斷可以經由其「**相互對反**」而得一

致，並亦意在使審美判斷之成爲一致爲產生自「相互對反」者，雖然是如此云云，然而爭吵〔口角〕與爭辯〔辯說〕亦究有不同，其不同乃在爭辯〔辯說〕亦希望由**確定的概念**作爲證明之根據以達至「一致」之結果，因而它亦採用**客觀的概念**作爲審美判斷之根據。但是當這一點被考慮爲不可能或不可實行的時，則爭辯〔辯說〕亦同樣被認爲〔被斷定爲〕不可能或不可實行。

在此兩常言之間，顯然有一居間的命題是漏掉了。這居間的命題是一個「確然未成爲諺語」的命題，然而它卻存在於每一人的心靈之背後。此居間之命題即是：「關於審美，茲可以有爭吵（雖然這不是一爭辯或辯說）。」但是此一命題即含著上第一命題之反對面。因爲如若於一事，爭吵可以被允許，則這便必有一和解之希望。因此，一個人於判斷上必須能夠有這樣的根據之可恃，即這些根據不只有一私人的有效性，因而亦不只是一些主觀的根據。而上面「每一人皆有其自己之審美品味」這個原則〔命題〕卻正直接地對反於「關於審美茲可以有爭吵」這個命題的。

因此，審美之原則顯示以下之背反：

1.正題：審美判斷並不基於概念；蓋若基於概念，它必容許有爭辯（容許有「藉賴著證明」的判決）。

2.反題：審美判斷須基於概念；蓋若不基於概念，儘管有判斷之差異。茲亦不能於此審美判斷之事中容許有爭吵（要求別人必然同意於此審美判斷）。

案：提出**爭吵**與**爭辯**之不同，想以此不同來明此背反並非眞矛盾，這便是**可笑之戲論**。康德於「§57審美底背反之解決」中云：

> 上列正反題兩原則實處於每一審美判斷之基礎地位，而且亦實只是前展示於分解部中的審美判斷之兩特殊性〔案：即§32與§33所說之審美判斷之主觀普遍性以及其不可證明性〕。此兩原則之衝突除用以下之辦法以解消之外，是沒有其他法解消之之可能的。我們可指明：在這類判斷中使對象所涉及的**概念**在美學判斷力底那兩格準〔或兩原則〕中並不是依同一意義而被理解的；在我們的評估中，此雙重意義或雙重觀點就我們的超越的判斷力說是必然的；縱然如此，可是由此兩不同意義或觀點之彼此混擾而發生出的假象實乃是一自然的幻象，因而亦是一不可避免的幻象。對於上列兩原則之衝突，我們除如此指明以解消之外，實並沒有其他解消辦法之可能。
>
> 審美判斷必須涉及**某種概念**或**其他概念**，因爲若完全無所涉及於概念，則去要求於對每一人而言的必然妥效性，這在審美判斷上，必應是**絕對不可能的**。但是，審美判斷並不是因此之故即須是依一概念而爲**可證明的**。因爲一概念它或者是**可決定的**，或者根本上既是未被決定的又是**不可決定的**。一個知性底概念，它若是藉賴著「從感觸直覺假借得來」的諸謂詞而爲可決定的，而那些假借得來的諸謂詞又能相應於該概念，則該概念便屬第一類之概念，即可決定的概念。但是**超感觸者**之超越的理性之概念〔案：即理念〕則屬第二類之

概念，即屬不被決定而且亦是不可決定的概念。此不可決定的第二類之概念實居於感觸直覺之基礎地位，因而亦是不能夠再進而成爲知解地〔理論地〕被決定的。

〔中隔四段〕

因爲「一判斷之普遍妥效性所必須有之以爲其基礎」的那**概念**在兩相衝突的判斷中固是依同一意義而被理解，可是有兩**個相對反的謂詞**來謂述它。因此，正題必應這樣說：「審美判斷並不基於**決定的概念上**」；而反題則必應這樣說：「審美判斷實基於一概念，然而這所基依的那概念卻是**一不決定的概念**（即是說，是現象底**超感觸的基體**之概念）；如是，在這正反兩判斷之間，必不會有衝突之可言。

案：審美判斷之普遍妥效性並不基於決定的概念上以爲其可證明之決定根據，因爲審美判斷並不是一認知的判斷，因而其所基依的那概念亦不是可有感觸直覺相應之以使其爲可決定的。它雖不基於這樣可決定的決定概念上，然而它卻必基於一不可決定（無感觸直覺以應之）的「超感觸者」之「理性之概念」（即理念）上。依其不基於決定的概念而言，它是不可證明的。依其基於一不可決定的「理念」而言，它雖不可爭辯，然而它實可爭吵，經由口角而期普遍的同意。康德以爲如此分辨即可解消審美判斷底原則之背反。案：此種解消實是可笑之戲論。我們當初說審美判斷之量相（普遍性即對每一人有效之普遍性）並不基於概念，這不基於概念是不基於任何概念，並非是單不基於決定的概念，而尚可基於一不可決定的理念上。若如此，那普遍性仍是有待而然的，雖不是有待於「**持**

之有故」的決定概念，然而卻是有待於「**言之成理**」的不決定的概念(超感觸者之理念)。既如此，審美判斷之遍效性雖不是經由可決定的概念而爲**可驗證的**(在此證明實即驗證)，但卻仍是經由不可決定的概念而爲**可推明的**(經由推斷而證明的)。如是，則仍是有待於某種概念的，這便與原初之「不依靠任何概念」相衝突。這便是對於審美判斷之外離式的表示，即「外開地離而遠之」之表示。這外離式的表示胥關鍵於其所說的合目的性之原則。由此主觀的形式的合目的性之原則，審美判斷必**遠離地掛搭於**「超感觸者」之理念上。此超感觸者之理念當即是所預設的「一超絕的知性(神智)之設計」之理念。這個理念對審美判斷而言，不是一個「**內合」的概念**，即不是一個「內切地合而近之以便決定而證明之」的概念；它但只是一個「外開地離而遠之，只是言之成理地不決定地推而明之而非持之有故地決定地證明之」的概念。這就是康德所說「審美判斷必須涉及**某種概念**或**其他概念**，因爲若完全**無所涉及於概念**，則去要求於對每一人而言的必然的妥效性，這在審美判斷上必應是絕對不可能的」這一整語之確實的意義。可是就是這一意義，遂使審美判斷以及審美判斷之普遍性成爲**有待於概念的**。正以其有待於一不決定的概念，故雖是主觀的，亦仍有**客觀相**，因爲它仍是在**推理程序**中的，即康德講辯證時首先所提出的「判斷力必須是**推理化的**」。但這正是違反審美判斷之本性的。審美判斷必須是「不在推理程序中」的**直感判斷**，它決不是一推理程序中的判斷。有美感而能下審美判斷的人亦非無理性，但他的理性既非邏輯的理性，亦非道德的理性，因此，他的審美判斷既非道德的判斷，亦非邏輯推理中的判斷。(把審美判斷一定要外離地掛搭於一不決定的概念上以爲其遍效性之基礎，這便是以**理性的眼光**看其**可能性**。但康德亦說我們並非到處皆用理性之眼光看一物（§10），因此，遂有「無目的的合目的性」之弔詭語。）審美判斷中的理性既非邏輯的，亦非道德的，是故它必須另論。它必不是通常所說的「理性」。「詩有別才，非關學問」。這「別才」中當然有理性，決非是粗野暴亂或癲痼愚昧；但它亦不是通常的理性，它當是一種智慧。這種智慧卻也不是聖哲的智慧，雖然聖哲的智慧並不排斥於它，不，甚至必須含有它。這一特種的智慧，或許我們可以用「妙慧」名之。有人云：「非妙慧者不能言感，唯古詩人乃可云怨」。案：此兩語甚美，可惜忘記其出處，亦不記何人所說，甚憾。凡「美的靈魂」皆有妙慧。審美判斷力（品鑒力）即是此妙慧之表現。康德所說的合目的性之原則以及環繞此原則所涉及的一切，以及其最後的目的「視美爲道德之象徵」（§59），皆是不相應的「外離」之論，皆不能相應此妙慧之品鑒而說審美判斷之特性。因此，審美判斷之分析必須重述。

I. 審美判斷底原則以及其特性底分析之重述

I.1　先聲

我們先聲明三義：

1.美與美感只對人類，即「既有動物性又有理性性」的人類，而言，不對「只有動物性而無理性性」的存有而言，亦不對「只有理性性而無動物性」的存有，即純睿智的存有，而言。此即是說，純動物無美感，純睿智的神亦無美感（或超美感），只動物與神間的人類始有美感。康德於§5節中申明此義云：

> 美之有意義是只對人類而有意義，即是說，只對那些「是動物性的同時又是理性性的」諸存有而有意義（不是對那些「只當作理性的存有看，即只當作睿智的存有看」的諸存有而有意義，但只對那些「作爲動物性的存有同時又作爲理性的存有」的諸存有而有意義）。

美與美感只對人類這獨特的存有而言始有意義，然則人類將如何凸顯出這美感（審美判斷）以及美之領域，其所凸顯的美與美感將有些什麼特性，這將在下文的分析中表明。

2.康德依一般判斷之質、量、關係，與程態而言審美判斷之四相，這只是權用之爲竅門以明審美判斷之本性。這種權用只是「虛用」，並非「實用」。因爲康德明說審美判斷並不依待於任何概念，然而一般判斷之四相卻皆有待於概念而然。惟康德之分析，只於審美判斷之「質」相合此「虛用」之義，吾名之曰「內合的表示」。但到說審美判斷之量相、關係相，與程態相時，卻不自覺地漸漸轉成「實用」，即漸漸轉成有待於概念，雖不是決定的概念，卻也是遙控的概念。吾名曰「外離的表示」。「外離」云者，對審美判斷而言，「外開地離而遠之」之謂也。「內合」者則「內切地合而近之」之謂也。是則於表示審美判斷之其他三相時，康德是依違於虛實之間而遊移不定，故有種種穿鑿歧出強探不自然之相出現，而此則胥由於其以合目的性原則爲審美判斷之超越的原則而然也。

3.不視「審美判斷力」之判斷力為由作為「認知機能」看的一般「判斷力」而轉來。審美固亦是一種判斷，但這判斷，通常名之曰「品鑒」或「賞鑒」，此即遠離一般認知意義之判斷力矣。故此品鑒或賞鑒是屬於「欣趣」（taste）或「品味」的，而不屬於認知的；即使它亦有「知」意，這也是品知，而非基於感性而有待於概念的認知；即使這「品知」即是直感，這直感也是品味之直感，而非知識中感性之直感。故審美判斷力之「品味」，吾人直接名之曰「審美力」，不再名之曰判斷力。對此審美力，若自其「品知」而言，吾人名之曰「**妙慧**」；若自其「直感」而言，吾人名之曰「**妙感**」。依此，審美判斷即是妙感妙慧之品鑒；若名之曰「反省反照的判斷」（自其非決定性的認知判斷而言），此名固可，但也只是妙感妙慧之品鑒之反照，故康德所云的「反照」，吾亦直接意解為「無向」，反照判斷即是「無向」判斷，此則即是康德所說的「靜觀默會」（§5節中首段云：「審美判斷簡單地說只是靜觀默會的」。）這樣，我們可以免除康德之糾纏於認知機能間所造成的種種不順適。

Ⅰ.2　審美判斷之超越的原則當該是「無相原則」。

審美判斷即是妙感妙慧之品鑒，品鑒即是靜觀默會。故「反照判斷」亦曰「無向判斷」。「無向」云者無任何利害關心，不依待於任何概念之謂也。有利害關心即有偏傾，偏傾於此或偏傾於彼，即有定向。而任何概念亦皆指一定向。康德詮表審美之第一相即質相為「獨立不依於一切利害關心」乃最為肯要之語，最切審美判斷之本性者。此一最中肯之本質即由非此非彼之遮詮而顯。故審美品鑒之反照即是一種無向之靜觀。無向即是把那「徼向」之「向」剝落掉，此則暗合道家所謂「無」之義。道家之「無」首先是遮「徼向」之有（徼向是在「有」中見），由此遮撥，始顯妙用之「無」（妙用是在「無」中見）。既顯「無」已，復由「無」之妙以保有之徼，此為道家玄智之全體。今審美品鑒中之不依於任何利害關心即是暗合遮徼向之有也。由此遮徼向之有始顯審美品鑒之妙慧。審美品鑒只是這妙慧之靜觀，妙感之直感。美以及美之愉悅即在此妙慧妙感之靜觀直感中呈現。故審美品鑒之超越原則即由其本身之靜觀無向而透示，此所透示之原則即相應「審美本身之無向」的那「無相原則」也。此無相原則既反身地形成審美品鑒之無向性，復超離地超化一切有獨立意義的事物之自相，如超化道德的善之善相，超化知識底眞之眞相，甚至亦超化審美品鑒中的美之美相。此無相原則之為超越的原則既由其「反身地內成」而顯，復由其「超離地自化化他」而顯。此一超越的無相原則（非合目的性原則）只由審美品鑒而透顯，此亦正合康德所說的「審美判斷之自律之為自己而律」之義，即“heautonomy”一詞之義。

此無相原則直接地切合於審美品鑒之「質」相，即其肯要的本質，現在再進而看其如何能切合於其他三相。

Ⅰ.3　審美判斷之普遍性是何意義的普遍性？

審美品鑒既獨立不依於任何利害關心，又獨立不依於任何概念，不管是決定的概念，抑或是不決定的概念，如是，它的普遍性顯然不是由概念而來。既不由概念而來，然而又可以說普遍性，說一妙慧妙感之普遍性，這一普遍性是何意義的普遍性，又是如何而可能呢？顯然這一普遍性不是量意義的普遍性，而是質意義的普遍性。因爲當初依一般判斷之質性、量性、關係性與程態性，而說審美判斷之四相時，本是**虛依**，而非**實依**，即一般判斷之四性皆依概念而然，而審美判斷之四相皆不依待於概念而然。康德不知注意此區別，雖於明第一相時合虛依之義，而於明其他三相時則又遠離而求有待於觀念，如是便又轉成不合虛依之義，而成爲實依。如是，遂於論審美判斷之辯證之時，又提出口角爭吵與爭辯辯說之無謂的分別以解決審美判斷之背反。此皆違反審美判斷之本性，不知諦審審美品鑒之普遍性實是一特種的普遍性，非一般意義的普遍性也。夫既無任何利害關心，又不依於任何概念，則即如此而觀之，審美只是一四無傍依的妙慧靜觀之「如」相，如相無向即是實相。此一實相本身即已函蘊著「不諍」（如《大智度論》說般若爲不諍法）。夫既「不諍」，焉有依待於概念之「然」與「不然」之辯耶？《大般若經》云：「實相一相，所謂無相，即是如相」。此就是實相之普遍性矣。同理，審美判斷之普遍性即是此「一相」之「一」也。然則此一不依待於概念的普遍性本是一十分特別的普遍性。吾名之曰「如相」性的普遍性。《維摩詰經》云：「一切皆如也，至於彌勒亦如也，一如無二如」。此即是「如」之普遍性。審美之普遍性亦正類乎此。西方哲學傳統無此理境，故大哲如康德者亦至此而窮。遂於論審美判斷之普遍性與必然性以及其超越原則時顯出種種穿鑿不實之相。

Ⅰ.4　審美判斷之必然性是何意義的必然性？

審美判斷之普遍性既即類乎「如」之「一」之普遍性，則其

「必然性」亦是類乎「如」之「一」之「必然」，非由概念而然者。此爲妙慧直感之無諍之所必函，沒有「然」與「不然」之更替之可能，只有一個妙慧之「然」之「無外」：「無外」之「然」實即必然。此非邏輯的必然，此後者由分析命題來決定；由分析命題而決定的必然有反面之「不可能」與之相對。亦非道德的必然，此由道德法則之命令而然，違犯此者便是罪惡。莊子云：「吾有待而然者耶？吾所待者又有待而然者耶？吾其蛇蚹蜩翼耶？惡識所以然，惡識所以不然。」(〈齊物論〉)。莊子是由此「惡識所以然，惡識所以不然」來表示「物化」之化境，人覺其甚美。若知一事之所以然，或知其所以不然，那便是在依待之因果關係中，這便不是化境。「俄而有無矣，而未知有無之果孰有孰無也」，這亦是把有無之對待化掉之化境。故亦顯得消遙自在而平齊一如。妙慧美感之必然即類乎此化境之無待。(平常所謂美醜相對之美不是此處所說「不依待於概念，無任何利害關心」之純美。)莊子固是講道家玄智之境界，不是在講美，但是他的化境固亦暗合「無相」之原則，故凡見此境者皆覺有輕鬆自在之美感，這亦是道家所以能開藝術境界之故。妙慧美感不是道家之玄智，亦如其不是佛家之般若智，但其所成之審美判斷之必然性亦可**類乎**「化境」之由「惡識所以然，惡識所以不然」而顯，故吾亦由此化境而喻解之，即純是內合的遮顯也。

Ⅰ.5 審美判斷之無關係相。

審美之普遍性與必然性如上解，但審美判斷卻並無一種遮顯的關係相。其無任何利害關心，不依待於任何概念之質相，以及其直接由此而顯的特種普遍性與必然性，在在皆正顯其無關係相，即超脫於「關係」之外。審美判斷之無待於目的正是剝除了目的之關係相；但是我們並不須進而再去顯示一無目的的關係相（合目的性），如康德之所爲。康德講一無目的的合目的性正是把審美外離地**掛搭**於一神意之設計之目的上，雖內在於審美本身無任何目的，但對象之所以爲美卻**外離而遙契地**掛搭於神意設計之目的而爲**合目的的**（主觀反照上之合目的的，非客觀決定之合目的的）。這正是**外離地**顯一非決定的關係相，此則非是。蓋其於關係依違於虛實之間故也。而此則由於其以合目的性原則爲審美之超越的原則之故也。種種不順適皆由於此。

Ⅰ.6　審美判斷無辯證之可言。

審美判斷既不依於任何概念，亦無任何利害關心，無有「然」與「不然」之對待，是故其本身只是自由自在四無傍依的靜觀妙慧之直感，因而其本身便是有類於《大智度論》所說之「不諍法」（佛以異法門說般若之爲不諍法，非如通常以一法門、二法門，乃至三、四、五、六等法門所說者之爲可諍法）。既爲「不諍法」，便無背反之可言。因爲康德原說判斷力之成爲辯證的，它必須是在**推理**中的判斷力（參看§55開頭句）。妙慧直感之品鑒力既不在推理中，它自無辯證之可言。這就是「不諍法」了。它不但是不可爭辯辯說，且亦不可口角爭吵。它不但不是那「依待於『決定的概念』以求**可驗證之證明**」者，且亦不是那「依待於『不可決定的概念』（超感觸者之超越的理念）以求**推明之證明**」者。康德認爲審美之正題不基於概念是不基於決定性的概念，而反題之必基於概念是必基於一不決定的概念，兩概念之意義不同，是故這背反是可解消的。這種強說背反實在是無謂的。當初說不依待於概念並不是單不依於「決定的概念」，而是不依於任何概念，並未隱含著說要依待於一不可決定的「超感觸者」之理念。今何以又強分辨出一個不可決定的概念以便說背反與夫背反之解決？此種強說之背反實違反審美之本性。因為審美之品鑒並不在**推理程序**中故。

康德何以要強說這種背反呢？這總為的要想把美的對象或美的景色**外離地掛搭**於一超絕的神意設計之目的上以便說其合目的性。以合目的性原則為審美判斷之超越的原則便是想把審美之對象遙依於一最高的理性上。康德說：「**合目的性**是很可以離開一**目的**而存在著的。」又說：「我們並不總是非用**理性底眼光**去看我們所觀察的東西不可（即是說，我們並不總是非依我們所觀察的東西之**可能性**去考慮我們所觀察的東西不可）。」這樣，我們至少可以觀察一形式底合目的性，而且在對象中追踪此合目的性（雖然只經由反省或反照而在對象中追踪之），而卻用不著把此合目的性**基於一個目的上**（基於一個當作「合目的的連繫」之**材料**看的目的上）。（§10）合目的性可以離開一目的而存在，這便是「無目的的合目的性」，亦即「用不著把此合目的性基於一個目的上（基於一個當作「合目的的連繫」之材料看的目的上）」。這當作「合目的的連繫」之材料看的「目的」便是內在於審美中、構成審美中之一成素的目的，所無的即是無這種目的。若不然，便是在審美中有目的，美是因為什麼目的而美。既因為什麼目的而美，便是合此目的便美，不合此目的便不美。如是，目的便成「合目的的連繫」之**材料**（之一**成素**）。這樣便違反於審美之質的本性。故**內合地**言此審美之本性必須把此種目的剝落掉，此蓋爲「無任何利害關心」所必函。可是雖無此種目的，然而仍可說審美之對象是「合目的的」，且可經由反省或反照而在對象（美的形式或形態）中追踪此對象之合目的性，即追踪其無目的的「合目的性」。此所追踪的無目的的合目的性就是主觀而形式的合目的性。這樣追踪之就是要把此合目的性**遠遠地**掛搭於神意上，一個純智的存有之最高的理性上（詳看§10節之第二段文）。這神意，這最高的理性存有之意志之依照目的而成的基本因果性早已把那合目的的形式如此**規定好**或**制定好**而使其成爲如此之「合目的」。這便是康德所以要強說一背反，強說一「必基於一不可決定的概念」的反題之故。這最後還是**外離地**要依靠於一不決定的概念，還是**反照地**用理性之眼光看那主觀而形式的合目的性，雖不是用決定概念中之理性眼光看之。因爲依康德，若不如此，那「合目的性」底可能性決不可解釋，亦不可理解。因此，總爲合目的性之原則故，始有此強說之背反。種種不順適胥由於此。說目的論的判斷中所反照之世界依靠於一最高的理性，這是可以的，然而於審美判斷中所反照之世界卻不必這樣爲之說一不切合的合目的性之原則以便把它迂曲地遙依於一最高的理性上。康德之所以這樣強說背反以及迂曲不順地把美的世界遙依於一最高的理性上，乃正是爲的想說「美是善之象徵」。這樣硬說是不行的。美與眞與善各有其獨立的意義，當然亦可有其相干性，但不是直接地相干，此中還有更多的層次分際之曲折，硬說是不行的，此則非康德之洞見所能及。康德當然有洞見，但未臻通透圓熟之境。現在，吾暫說以下之斷義：

美主觀地說是妙慧之直感，客觀地說是氣化之光彩，並不依於理性上。因爲是妙慧之直感，故與認知機能無關；因爲是氣化之光彩，不依於理性上，故合目的性原則爲不切。因此，下文先作眞、美、善之分別說，然後再作眞、美、善之合一說，最後再論此兩種說之關係以達最後之圓成。

Ⅰ.7 眞美善之分別說。

分別說的眞指科學知識說，分別說的善指道德說，分別說的美指自然之美與藝術之美說。三者皆有獨立性，自成一領域。此三者皆由人的特殊能力所凸現。陸象山云：「平地起土堆」。吾人可說眞美善三者皆是經由人的特殊能力於平地上所起的土堆：眞是由人的感性、知性，以及知解的理性所起的「現象界之知識」之土堆；善是由人的純粹意志所起的依定然命令而行的「道德行爲」之土堆；美則是由人之妙慧之靜觀直感所起的無任何利害關心，亦不依靠於任何概念的「對於氣化光彩與美術作品之品鑒」之土堆。

依康德，現象是對人而現，由人之感性所挑起或縐起而陳列於那作爲感性之形式的時空中，並由人之立法的知性以其所自供的範疇來決定之。這樣凸起的現象只是對人而言，並非對神而言。依康德，在上帝之神心面前只是「物之在其自己」(物如)，而並無現象可言。由人之感性所發的直覺是感觸的直覺，以時空爲其形式條件，而神心之面對「物之在其自己」是純理智的直覺，而並非感觸的直覺，亦不以時空爲條件。人之知性是曲折辨解的知性，即是說是使用概念的，而非直覺的；而神心之知性則是直覺的，而非辨解的。有如此這般的知性與如此這般的感性以及由如此這般的感性所發的感觸的直覺，始能有如此這般的「現象」，故客觀的現象全由人之感性與知性這特殊的「人能」所凸起，知識之「眞」全寄託在這凸起上。這對於神心而言是全無意義的，全消融於祂的「理智的直覺」與「直覺的知性」面前而爲「物之在其自己」。故凸起爲現象，而物之在其自己（物如）即爲「平地」。平地是對神心而言的。這神心依儒、釋、道即是無限心，康德認爲人不能有之，人亦無理智的直覺，故人永不能接觸到「物之在其自己」；但儒、釋、道三教則認爲人可以有之，人可以有智的直覺，此在儒家即爲良知明覺（一體的仁心）之感應，在道家即爲玄智，在佛家即爲般若智，故人可以接觸到物之在其自己，使之朗現於良知明覺、道心玄智、實相般若之面前。此時土堆即消融於平地而歸於平平之一如，現象之眞歸於平地之眞。

依康德，分別說的善即寄託在「道德的應當」之確立，此首先由人之純粹意志（自由意志）所決定。自由意志先依其所自立的道德法則命令吾人必須遵守之。但現實的人（人之現實的意念），常不遵守無條件的命令，故此命令在人處即表現爲一「應當」，對人之現實作意而言，則爲一綜和命題，因而遂即顯一「命令」相。命令、應當，都是對人而言的，這是由人之不安於現實而預設一純粹而自由的意志並關聯著人之現實的作意（意念）而凸起。這對神聖的意志而言是無意義的。在神聖的意志處無命令相，亦無應當相。**祂應當是**的**祂自會是**。但現實的人，人之現實的作意，則不能如此，他應當爲而卻不爲，這就於人與法則間顯一分裂相。道德的善即由此分裂而顯，亦即是寄託於此分裂相上的一個土堆。神聖的意志處，乃至神意處，無此分裂相，祂總是平平自如的。故對分裂之土堆而言，那「應當是即自會是」之平平自如即是平地。儒者「堯舜性之」，「自誠明謂之性」之聖境即預設此平地，不但預設之，而且通過實踐而可朗現之。陸象山說：「當惻隱自會惻隱，當羞惡自會羞惡，見親自會孝，見兄自會弟」云云，這也是說的聖境「性之」之平地。康德預設一自由意志，但卻只是「一設準」，而不是一呈現，因無智的直覺故。如是，此聖境「性之」之平地便永不能呈現，只可無限前進地向之而趨而永不能至。這就顯示康德分析之不盡以及其於道德實踐之無力。凡此詳見其關於道德哲學之諸書。關此，儒者之教至爲準當。釋、道兩家非由道德進路入，但其最高之理境亦可與此無違。

分別說的美由人之妙慧之直感那「在認知與道德以外而與認知與道德無關」的**氣化之光彩**而凸起。這一凸起遂顯美之爲美相以及「愉悅於美」之愉悅相。這一愉悅相既無任何利害關心，亦無混於「義理悅心」，且亦遠離於激情與嫵媚，自是一純美之愉悅，妙慧靜觀中直感於氣化之光彩之自在閑適之愉悅，如蘇東坡〈赤壁賦〉所說「唯山間之明月，江上之淸風，耳得之而爲聲，目遇之而成色，此造物者之無盡藏，而吾與子之所共適」，正是說的此美境。此美境之愉悅先由妙慧直感之無向而凸起，即由此凸起而顯一「無向」之美相，而此美相亦是一相。但既是「無向」，此一無向即函一「無相」之原則而越乎其自己，此一越乎其自己之原則雖**內合地**就「無向」而顯一美相，此爲無相原則之內用，然而同時亦越乎此「無向」而外離地可化掉此美相並可化掉一切相，此爲無相原則之外用。但須注意：此外離地化掉此美相以及一切相之外用，嚴格言之，只是客觀地或籠統地表示此無相之原則應有此一義，其實其內用之顯「美」相本是由於妙慧之靜觀直感而然。即是靜觀直感美而顯「美」相矣，則即顯一「住」相而安於此感美之閑適自得中，此是妙慧之本性。它必然地有那「順無向而內用」之內用，但不必然地有那「越乎此無向」的外用。那越乎此無向的外用是表示妙慧之靜觀之「提得起放得下」，並表示：於此提得起放得下之中，此妙慧靜觀離開其自己而復將無相之原則反身應用於其自己乃至應用於其他一切而皆通化之使之皆歸於無相。但此一提得起放得下之通化作用並非顯有「住」相的妙慧靜觀之自身之所能有，因爲它若能有或必然地函有，則不能顯「美」相，如是，便喪失了分別說的美之獨立的意義。妙慧審美本是一閑適的靜觀之「靜態的自得」，它本無「提得起放得下」之動態勁力，此後者是屬於道心之精進不已與圓頓之通化，乃屬另一來源者。此當於眞、美、善之合一說中顯之。但當道心之精進不已與圓頓之通化到「提得起放得下」而化一切相時即顯一輕鬆之自在相，此即暗合於作爲審美之超越原則的「無相原則」，亦即道心之藏有妙慧心。故此時亦可說爲審美之「無相原則」之外用。此外用即示審美之妙慧心即藏有道心，或至少亦不違於道心或暗合於道心。（未至此外用時，美與善常顯衝突相，如蘇東坡之與程伊川。）先暫說至此爲止。總之：

分別說的「眞」是生命之窗戶通孔，生命之「呼吸原則」，但只通至**現象**而止，未能通至**物如**，故雖顯「眞」之獨立意義，亦有其限制。

分別說的「善」是生命之奮鬥，生命之提得起，是生命之「精進不已之原則」，但亦只在**精進**中，未至**全體放下**之境，雖顯善之獨立意義，但亦常與其他如眞與美相頂撞，未臻通化無礙之境。

分別說的「美」是生命之「閑適原則」，是生命之灑脫自在。

人在灑脫自在中，生命始得生息，始得輕鬆自由而無任何畏懼，始得自由之翺翔與無向之排蕩。但此是妙慧靜觀之閑適，必顯一「住」相。若一住住到底，而無「提得起」者以警之，則它很可以**頹墮**而至於**放縱恣肆**（講美講藝術者常如此，遂失妙慧義，故云「非妙慧者不能言感」，蓋無妙慧之感只是感性之激情之感而已）。

Ⅰ.8 眞美善之合一說。

此所謂合一不是康德所說的「以美學判斷溝通自由與自然之兩界合而爲一諧和統一之完整系統」之合一，乃是於同一事也而即眞即美即善之合一。此一「合一」之妙境非西哲智慧所能及。吾人以爲美學判斷擔當不了康德所想的那責任，故其所說「合目的性」之原則全不切合；而審美之事既屬妙慧心（詩有別才，非關學問），故美的對象固非內合地決定於理性，且亦非外離地遙依於神智。像康德那樣硬牽合以說合目的性之原則，並最後說「美爲善之象徵」，這是說不通的，故有種種的窒礙與不順適。因此，吾人不能這樣硬說。康德之說之所以爲硬說，因少一回環故。因此，我們繼分別說，再進而作合一說。然後再看分別說中的眞、美、善與合一說中的眞美善間之關係爲如何。如是方可順適而調暢。

眞、美、善三者雖各有其獨立性，然而導致「即眞即美即善」之合一之境者仍在善方面之道德的心，即實踐理性之心。此即表示說道德實踐的心仍是主導者，是建體立極之綱維者。因爲道德實踐的心是生命之奮鬥之原則，主觀地說是「精進不已」（純亦不已）之原則，客觀而絕對地說是「於穆不已」之原則，因此其極境必是

「提得起放得下」者。「堯舜性之」是此境，「大而化之之謂聖」亦是此境。「天地之常以其心普萬物而無心，聖人之常以其情應萬事而無情」，亦是此境。道家玄智、佛家般若智皆含有此境。禪家「即心是佛，無心爲道」亦函此境。此龍樹中觀之所以必講「空空」，而天臺家十法成乘必殿之以「無法愛」也。惟釋道兩家不自道德心立教，雖其實踐必函此境，然而終不若儒聖之「以道德心之純亦不已導致此境」之爲**專當**也。蓋人之生命之振拔挺立其原初之根源惟在道德心之有「應當」之提得起也。此一「提得起」之「應當」亦合乎康德之「以實踐理性居優位」之主張，惟康德系統中未達此「合一」之境，以其不認人可有「純智的直覺」（玄智、般若智、良知明覺之性智），故吾人之亦永不能接觸到「物之在其自己」之「實相」也。（此事，依康德，惟上帝能之。）

依儒家內聖之教，吾人一切道德實踐惟在挺立「大體」以克服小體或主導小體，此是第一關，即「克己復禮」關。如此，吾人之生命始能不囿制於感性而自感性中解脫出來而顯其「大體」：「先立乎其大者，則小者弗能奪也」。此亦可曰「挺立」關。挺立出「大體」是分解的表示。但孟子又說：「充實而有光輝之謂大」。此「大」是崇高偉大之大，是綜和的表示。以仁義禮智存心，配義與道，謂之「充實」，「仁義禮智根於心，睟然見於面，盎於背，施於四體，四體不言而喻」，謂之「有光輝」。即充實，又有光輝，此之謂崇高偉大的大（綜和的大）。到此爲第二關。此第二關顯崇高之偉大相。顯「偉大」相即顯出道德之「道德相」。顯道德相即顯緊張相，勝利相，敵對相，令不若已者起恐懼心，忌憚心，厭憎心，甚至起譏笑心，奚落心，而日趨於放縱恣肆而不以爲恥，此如蘇東坡之於程伊川，小人之視道學爲僞學。此皆由於道德相（偉大相）未化除之故也。故孟子必說「大而化之之謂聖」。聖境即化境。此至不易。人需要「大」，既大已，而又能化除此「大」，而歸於平平，吉凶與民同患，「以其情應萬事而無情」，不特耀自己，望之儼然，即之也溫，和藹可親，此非「冰解凍釋，純亦不已」者不能也。到此境便是無相原則之體現。此爲第三關，即「無相」關（佛家所謂無相禪）。到此無相關時，人便顯得輕鬆自在，一輕鬆自在一切皆輕鬆自在。此即「聖心」即函有妙慧心，函有無相之原則，故聖人必曰「游於藝」。在「游於藝」中即函有妙慧別才之自由翺翔與無向中之直感排蕩，而一是皆歸於實理之平平，而實理亦無相，此即「灑脫之美」之境也。故聖心之無相即是美，此即「即善即美」也。

聖心之無相不但無此善相，道德相，即連「現象之定相」，即「現象存在」之眞相，亦無掉。蓋現象之存在由於對人之感性而現，而爲人之知性所決定。但聖心無相是知體明覺之神感神應，此神是「圓而神」之神，已超化了人之感觸的直覺與辨解的知性。因此，在此神感神應中，物是無物之物（王龍溪云：無物之物其用神）。無物之物是無「物」相之物，既無「物」相，自亦無「對象」相。無物相，亦無對象相，即是物之如相，此即康德所謂「物之在其自己」也，故聖心無相中之物是「物之在其自己」（物如）之物之存在，而非現象之物之存在，此即是「眞」之意義也。故聖心無相是「即善即美」，同時亦是「即善即眞」，因而亦即是「即眞即美即善」也。

王龍溪之四無即是此化境。四無者，「無心之心其藏密，無意之意其應圓，無知之知其體寂，無物之物其用神」。是則「體用顯微只是一機，心意知物只是一事」。心與知兩者是體是微，意與物兩者是用是顯。但既只是一機，只是一事，則亦可用莊子之語調而謂之曰：「俄而心意知物矣，而未知心意知物之果孰爲心孰爲意孰爲知孰爲物也」。此是化境中的心意知物，亦即是「即眞即美即善」之境也，此亦可用莊子之語調而謂之曰：「俄而眞美善矣，而未知眞美善之果孰爲眞孰爲美孰爲善也」。在此合一之化境中，不惟獨立意義的道德相之善相與獨立意義的現象知識之眞相被化掉，即獨立意義的妙慧別才之審美之美相亦被化掉。如「無聲之樂」，「但得琴中趣，何須琴上音」，「天下皆知美之爲美斯不美矣」，等等皆是表示分別說的獨立意義的美相被化除之境。現象知識之「眞」相被化除，即顯「物如」之如相之「眞」相。道德相之「善」相被化除即顯冰解凍釋之「純亦不已」之至善相。妙慧別才中審美之「美」相被化除，則一切自然之美（氣化之光彩）皆融化於物之如相中而一無剩欠。分別說中的美（氣化之光彩）對知識與道德而言爲多餘，然而在合一說中，則無所謂多餘。既無所謂多餘，則亦無所謂「剩」。既無剩，自亦無「欠」。無欠即一無欠缺，即示一切皆非分解地溶化於如相中而一是皆如，無一可廢。美的花固仍是花，而且是**非分解**的花。山間之明月，江上之淸風，固仍是其若是之淸風明月，而且是**非分解**的若是之淸風明月。只有如相中之物始**保住**此一切光彩而一無剩欠，蓋以其無光彩相故。如此始能說「即眞即美」。而如此之「眞」固即是明覺感應中無物之物之「如相之眞」也；而明覺之感應本即是至善的良知天理之自然流行，因而其中無物之物之如相之眞固即是「即善即眞」之眞，而同時亦即是「即眞即美」之美也。此化境中「即善即眞即美」之美即是莊子所謂「天地之美，神明之容」(《莊子・天下》篇)。德哲黑格爾(Hegel)說「藝術是上帝之形式」，此固近之，但尙不是莊子所說的「天地之美，神明之容」。因爲他缺少一非分別說的合一境，亦正如康德直說「美是善之象徵」之生硬，亦因其缺少一非分別說。上帝之形式即上帝之容。上帝那裏有容？要說上帝之容必須在非分別說之無相中而說那「即眞即善」的美，直就此美而說其容，此容即是莊子所說的「天地之美，神明之容」。非藝術之有相之美而可爲上帝之容也。依莊子，藝術是技，必「技也而進於道矣」，始可進至無美相之美。至此無相之美，則雖妙慧心而亦道心，雖道心而亦妙慧心，至此方可云「天地之美，神明之容。」蓋在此無相之境中，審美之品鑒力與創造藝術之天才力固皆溶化於至善之流行與如相之眞中而轉成合道心之妙慧心，含藏妙慧心之道心，而一是皆無相，而無論自然之美或藝術之美亦皆轉成「天地之美，神明之容」而亦歸於無相也。此即是美之即於眞，即於善。美固無可自恃，善亦無可自矜，而眞亦無可自傲。故美即於眞即於善，善亦可即於眞即於美，眞亦可即於美即於善。那裏有所謂科學萬能論，又那裏有所謂泛道德論？凡應有者皆盡有，一切皆可非分解地溶化而爲一，亦一切皆可分解地並存而不背。莊子云：「聖人懷之，衆人辯之以相示也。」(〈齊物論〉)。一切分別說皆是辯以相示，一切爭論皆在辯以相示中出現。故辯以相示必須如理如量，遵守批判衡量之矩矱。中國往哲之智慧特顯非分別說，極盡精微之能事。故那些玄語必須諦認，非可以其空玄而忽之也，亦非可以率爾之心而輕之也。

Ⅰ.9　分別說的眞美善與合一說的眞美善之關係。

分別說的眞、美、善既各有其獨立的意義，是三種各依人之主體能力而凸顯的土堆，是則三者可各不相干。美既非一認知對象之屬性，與現象之知識無關，則現象之知識亦無求於美，與美亦無關。眞屬於「自然」，善屬於「自由」，眞無求於善，善亦無求於眞。美無與於善之確立，善亦無與於美之對象或美之景色之呈現。是則三者可各不相干而自行其是，雖不必相衝突，亦不必相函。要想通過反照判斷力與決定判斷力之分別而說反照的審美判斷力所成之審美判斷可溝通自由與自然之兩界而使之諧和而爲一，這是作不到的。意志自由所決定出的「應當」，通過實踐，固可是一個「落在自然界」的結果，此一結果既服從自然之機械性，又可上通於智思界之自由，此種勾連，目的論的判斷可以盡其責，審美判斷是擔當不了的。康德依違於此兩者之間而欲以作爲審美判斷之超越原則的「合目的性之原則」把美之對象上通於智思界之自由意志（或神意或超越的理性），這在目的論的判斷方面較切合，而在審美判斷方面決不切合。然而康德卻並不以反照的目的論的判斷勾通兩界，而是以反照的審美判斷擔負此責，其以審美判斷擔負此責卻又依「目的論的判斷」或「上帝存在之自然神學的證明」之進路建立審美判斷之超越的原則，此即吾所謂依違於兩種判斷之間而游移滑轉混漫於其中，故有種種不順適之穿鑿與強探。那個「合目的性之原則」是建立不起來的。因爲自由意志所決定的「結果」固在自然中，然而此作爲自然現象的結果卻不必即是美，而此結果中所蘊藏的種種「美的形相」或「美的景色」，由妙慧之審美品味而凸現者，亦不必遙通於那智思界的自由意志，爲自由意志所早已**規制好**。那合目的性之原則是並不能把這些美的形相或美的景色通上去的。因此，我們在分別說的美中，美是並不依待於理性的。自由意志之理性只是其所決定的結果之本體宇宙論的**動力因**。而一結果之經由此動力因而**實現**於自然界中而爲一自然現象其本身之構造則固不只是一動力因所能使之然，實乃只是一「氣化之結聚」，此一結聚之何所是由知性之認知過程表露之。至於此氣化之結聚所**蒸發之種種美的形相或美的景色**則無與於此**知識構成之成素**，亦無與於此**知識對象構成之成素**，更難說這是一「意志」之所規制或制定，更難說它們是上通於睿智的存有或最高的理性而爲其所預定：總之這些美的形相或美的景色不是**理性之事**，而是**氣化之多餘的光彩**(所謂多餘意即無與於知識之構成，亦無與於道德之構成)。中國文學品題中所謂「詩有別才，非關學問」，意即非關於「理性之事」。在詩，這「別才」是審美品味(taste)與「天才」之結合；在自然之美，這「別才」則即是人之特有的妙慧與氣化之**多餘的光彩**之相遭遇。此非神心之所有，亦非純動物之所有(依康德)。凡此皆是分別說。若在非分別說中，則妙慧被吸納於道心，而光彩亦被溶化而歸於「平地」，此時只成一「即眞即美即善」之境地：眞是「物如」之存在，善是「天理」之平鋪，美是「天地之美，神明之容」，美無美相。因爲本是多餘之光彩而單爲人類之妙慧所遭遇(因此而形成藝術審美之獨立領域)，是故在人之全部精神生活之實踐過程中，這光彩可被溶化而歸於平地，而妙慧亦可被消融而歸於無聲無臭。因爲美本是一「閑適之原則」，其本身顯一靜觀之住相，它本不是一建體立極之主導之原則，是故它是必要的，又可被消融。

以上這一總說明意在表示美既是氣化之多餘的光彩，而又無關於理性，是故我們不能通過「合目的性之原則」硬說「美是善之象徵」，而審美判斷之辯證的背反亦多餘而無謂。我們只能說：分別說的美是合一說的美之象徵，分別說的眞是合一說的眞之象徵，分別說的善是合一說的善之象徵。其詳如下：

象徵者具體地有相可見之意。《易·繫》曰：「天垂象，見吉凶，聖人則之」。象徵之「象」即是「天垂象，見吉凶」之象。「上天之載無聲無臭」，是絕對的玄德，本無任何相可見。此亦即是荀粲所謂「蘊而不出」者，亦是陸象山所謂「平地」。但是天德固無盡藏以顯其妙用，但亦正因其自發之妙用（所謂天命不已），始有其「垂象」之必然，此是來布尼茲所謂「形而上的必然」。有「垂象」可見，始有種種的分別決定（吉凶）可言。此種無聲無臭之天命不已以及其必然的垂象，道家是以「無」與「有」表之（無名天地之始，有名萬物之母，故常無欲以觀其名，常有欲以觀其徼）。

「天垂象，見吉凶」可概括眞、美、善之三領域而言。於「眞」方面之垂象即是氣化之遭遇於吾人之感性與知性而成的「現象之存在」；於「善」方面之垂象則是氣化底子中人類這一理性的存有之經由其純粹而自由的意志決定其爲一「道德的存有」；於「美」方面之垂象，則是氣化底子中人類這一「既有動物性又有理性性」的存有經由其特有的妙慧而與那氣化之多餘的光彩相遇而成的「審美之品味」。於「現象之存在」處，顯一「認知的我」乃至「邏輯的我」；於「道德的存有」處，顯一「道德的我」；於「審美品味」處,顯一「美感的我」。這都是「聖人則之」中所立的事,亦是「開物成務」中所成的事。

既開出如此等之事,則此等事便返而使那無聲無臭的天命不已之「平地」成為彰顯可見者。經過這一彰顯,那無聲無臭之無盡藏之豐富內容即可**逐漸或圓頓地**朗現於吾人之面前。因此,吾人說那分別說的眞即是那無盡藏之「無相的眞」之象徵(有相可見的相);那分別說的善即是那無盡藏之「無相的善」之象徵;那分別說的美即是那無盡藏之「無相的美」(天地之美,神明之容)之象徵。

在分別說之下,眞、美、善各不相干,因此皆無面對面側目而視之緊張;而通過無相之原則,則蘇東坡與程伊川之衝突亦可被化解而歸於「默逆於心,相視而笑」。

人之渺然一身,混然中處於天地之間,其所能盡者不過是通徹於眞、美、善之道以立己而立人並開物成務以順適人之生命而已耳。張橫渠所謂「為天地立心,為生民立命,為往聖繼絕學,為萬世開太平」之弘願盡在於此矣。

序文（1790，第一版之序文） 167

「由先驗原則以成知識」這種知識之機能可被名曰「**純粹理性**」，而對於「此純粹理性底可能性以及其界限」之一般研究則被名曰「純粹理性之**批判**〔衡定〕」。如此名之是可允許的，雖然「純粹理性」一詞，如在我們的第一著作中使用此詞那樣，只意想去指明理性是指理性之**知解的使用**而言，又雖然此中並無意去把理性之作爲實踐理性之機能以及其作爲實踐理性時之特殊原則置於考慮之下。因此，所謂純粹理性之批判其爲一種研究乃是只從事於去研究「我們之先驗地知道事物這種知之之機能」者。因此，它使我們的諸**認知機能**成爲它唯一的關心者，因此遂致排除掉快或不快之情以及欲望〔或意欲〕之機能；而在諸認知機能之間，它又把它的注意力限於**知性**以及知性之**先驗原則**，遂致排除了**判斷力**與**理性**（此兩者亦是「屬於知解的認知」的機能），因爲它結果終於知道：除知性外，並無其他認知機能能夠去供給知識之先驗的**構造原則**。依此而言，那個批判它對於這些認知機能盡皆予以清理沙汰，沙汰之以便去查驗知性外的每一其他機能底可能要求——要求在清晰不雜的知識財產裡有一「發自其自己之根」的一分，看看這可能要求行不行。它對於這些認知機能作這樣的沙汰已，結果它所保留的沒有別的，不過就是範疇，即「知性先驗地把它當作一法則爲自然而規立之」的那範疇。〔先驗地爲**自然**而規立，此中所謂**自然**乃即是當作**現象之綜集**看的自然，而那現象之**形式**即**時間空間**也同樣是先驗地被供給者〕。它把一切其他純粹概念都斥逐之於**理念**之級位，這些理念對我們的「知解的認知」之機能而言是**超離**的（transcendent）：雖然它們並非無其用處，亦並非是多餘的，不過它們所盡的功能是某種作爲「**軌約原則**」的功能。因爲這些純粹概念（理念）一方面它們足以去抑制知性底**非分的虛僞自負**，一方面它們也足以去指引知性。何以見知性之虛僞自負？知性常是這樣的，即：它恃其能夠去供給「**它所能知的一切事物**底可能性之先驗條件」之故，它遂自以爲好像這樣它便已決定了那種界限，即如「**一切事物一般**底可能性之界限」那種界限，似的。它自以爲它能作如此之決定，它實不能作如此之決定，此即是其非分的虛僞自負也。那些作爲理念的純粹概念即足以抑制知性之此種虛僞自負而使其不過分。〔凡此皆見《第一批判・辯證部》〕。又那些作爲理念的純粹概念又如何來指引知性呢？曰它們在知性之研究自然中，依照一**完整性底原則**來指引它。此一完整性之原則由於其永遠爲知性而保留在那裡，是故它是永遠達不到的，因而它遂足以去提升或促進一切知識底終極目的。〔凡此亦皆見《第一批判・辯證部》。〕

168

知性就其含有**先驗地構造**的認知原則而言，它有其特殊的領域，而這一領域又是一個在我們的知識機能或能力中之領域。因此，恰當地說來，那正是這樣的**知性**它才是這批判，即依通途被名曰「純粹理性之批判」的這個批判，所想去確立之於安全而特殊的佔有其領域之佔有中，其如此確立之乃所以對抗一切其他競爭者而抵禦之也。同樣，**理性**只在關於「意欲機能」方面含有**先驗的構造原則**。這樣的理性它亦獲得了「**實踐理性之批判**」所指派給它的那所有物（那應有的特殊領域）。

現在，要說到**判斷力**。這判斷力它在我們的諸認知機能之次序中形成知性與理性之間的一中間項。那麼它亦得到了**獨立的先驗原則**乎？如果它得到了，那麼其所已得的先驗原則是**構造的**呢？抑或只是**軌約的**，因而實不能指示一**獨特的領域**？這些先驗原則眞可把一先驗的規律給與於那「作爲認知機能與意欲機能之間的中間項」的**快與不快之情**嗎？其給與之以先驗規律正像知性先驗地爲認知機能規立法則，理性先驗地爲意欲機能規立法則那樣嗎？這些論題正是現在《判斷力之批判》所要去研究的論題。

判斷力是一知識之機能，如其爲一知識之機能，它亦要求有獨立的原則。如果這樣的判斷力之批判的考察不各別地被處理時，則一對於**純粹理性**之批判，即是說，一對於我們的**依先驗原則而下判斷這下判斷之機能**之批判，必應是不完整的。〔這表示判斷力之批判的考察實需要各別地來處理。雖即需要各別來處理，〕但是判斷力底原則仍然不能在一純粹哲學之系統中形成一**各別的構成部分**以介於「知解分」與「實踐分」之間，但只當需要時，它可以隨時附加於此或附加於彼。〔判斷力之原則雖如此，而判斷力之批判仍須各別被處理，此何以故？〕蓋因爲，如果**純粹哲學之系統**有一天在**形上學**之通名下被完成（其充分而完整的成功旣是可能的，又是對「理性之活動於一切部門」之使用而言爲極端重要的），則對於此大廈之基地之批判的考察必須早已事先就那「獨立不依於經驗」的**原則**之能力〔即**先驗原則之能力**〕向下鑽深，鑽至其基礎之深處，蓋因爲若不如此，則恐怕某一部門坍塌下陷，便不可避免地隨之而有全體瓦解之虞也。

169 但是，須知，判斷力之正確使用是如此之必要而又是如此之普遍地需要者，如是，遂至於當我們說及健全的**知性**時，我們所意想的恰正是指這「判斷力」而言者。夫判斷力之正確的使用旣是如此者，則我們由此判斷力之本性便很容易推想到：一「**特屬於此判斷力**」的特殊原則之發見〔意即某種這樣的原則，即「判斷力所必須**先驗地含之於其自身者**」這樣的原則之發見〕必須是一「含有許多很大的**困難**」的工作。〔一特殊原則而說爲特屬於此判斷力，或說爲此判斷力必須先驗地含有之於其自身，何以故必須如此說呢？蓋因爲若不如此說，則判斷力必不會是這樣一個認知的能力，即「其特異的性格雖即就最普通的衡量評判而言亦是顯明的」，這樣一個認知的能力。〕我們很易推想「去發見一特屬於判斷力而爲此判斷力所先驗地含有之於其自身之特殊原則」之困難。蓋因爲此特殊原則是一個「必須不是從〔**已有的**〕**諸先驗概念**而被引生出」的原則，蓋由於這些〔已有的〕諸先驗概念是**知性之所有物**，而判斷力〔於此〕則只是被引向於這些先驗概念之應用。因此，判斷力必須它自己去供給一概念，而其自己所供給之概念恰當地說來乃是這樣一個概念，即由此概念，我們實**得不到事物之認知**，但判斷力其自身卻能把這一概念只當作一**規律**而使用之，但卻不把它當作一**客觀的規律**以備判斷力可以使其判斷適合之。何以故它不是一客觀的規律以備判斷力之判斷以適合？蓋因爲若是那樣，則另一「判斷力」復又是需要的，需要之以使我們能去裁決一情形〔或場合〕是否是一個「規律之應用」之情形。

一個人所逢到的上說關於一原則（不管是主觀的或客觀的）的困難主要地是存在於那些「被名曰美學的〔**直感的**〕，且亦關涉於**美**與**崇高**（不管是自然的者抑或是藝術的者）」之評估中。但是在**這些美學的評估之情形中**，一「判斷力底原則」之**批判的探求**是此判斷力之一批判中之最重要的一項工作。因爲雖然那美學的評估其自身對於事物之知識並無一點貢獻。然而它們仍然完全屬於**知識之機能**，並且它們依照某一先驗原則又能證明此知識之機能之**直接地**有關於**快或不快之情**，而其如此證明之卻亦並未將其所依之先驗原則和那能夠是意欲機能之決定根據者相混擾，蓋因爲意欲機能是那在**理性之概念**中有其先驗原則者。那些**美學的評估**雖然是如上之云云，可是**自然之邏輯的評估**卻立於一不同的立場。**自然**之**邏輯的評估**討論這樣一些**情形**，即在這些情形中，經驗可於事物中展現一「合法則性」；自然之邏輯的評估所討論的這些情形，知性之一般概念（屬感觸界之一般概念）不再足以使之爲可理解或可解明，而在這些情形中，**判斷力**可以爲「自然物之涉及於不可知的**超感觸者**這種涉及之之原則」而求助於**其自己**，而且實在說來，判斷力亦必須使用這樣一種「涉及之原則」，雖然其使用之是只注目於**其自己**以及**自然之知識**而使用之。因爲在這些情形中，爲那存在於世界中的東西之**認知**而應用這樣一個**先驗原則**這種應用既是**可能的**又是**必要的**，而且同時它亦開出了那些「有利於實踐理性」的許多展望。但是在這裡，對於**快或不快**之情卻並無**直接的關涉**。可是卻正是這一點確然即是判斷力之原則中之謎，這個謎迫使在此批判中對此判斷力而言的一**各別部門**成爲**必要的**，因爲沒有什麼東西能夠阻止那 170
依照**概念**而形成的**邏輯的評估**（由此所依照的概念裡，沒有直接的結論可被推到快或不快之情)**之如此樣地被處理**,即其被處理是連同著對於其**限制**所作的批判的陳述,依一「附屬於哲學之**理論的**〔知解的〕部門」之**附屬物**之方式,**而被處理**。〔案:如此被處理的邏輯的評估即隱指「目的論的判斷」而言。〕

現在這當作一美學判斷之機能看的**審美力**〔品鑒力〕之研究,由於其並不是意在審美力〔品鑒力〕之**形成**與**培養**而被從事(它將在將來一如其在過去,仍可獨立不依於其如何被形成以及如何被培養這樣的探討,而自行其常然),但只由於其被引向於其**超越面**而被從事,因此之故,在關涉於審美力之培養與形成方面之任何缺陷,我覺得我可以得到寬縱的評論。但是在那一切有關於**超越面者**方面,那必須預備受到最嚴格的考查之檢驗。可是就在這裡,我也敢希望:「解明一其本性**如此纏夾複雜**之問題」這解明之困難亦可爲其解決上某種很難避免的**隱晦**要**求原諒**,假若原則底陳述之正確性已證明有所需要的一切清晰時。我承認:「從那已陳述的原則而引生出判斷力之現象」這種引生之模式**並無**其他處,即「論題是由概念而成認知」之其他處,所正當地要求的那**一切明晰**,對於這一切明晰,我相信:事實上,我在本書之第二部中〔即〈**目的論的判斷之批判**〉這一部分中〕我已達到之矣。

如是,我以此來結束我的全部**批判工作**。要想盡可能從我的餘年裡,去抓住那尚可有利於工作的時間,我將從速進至**正辭斷義的部分**(doctrinal part)。顯然並無各別的**正辭斷義**之部分可爲「判斷力」而保留,因爲就判斷力而言,「批判」取代了「學理」(theory);但是由於隨哲學之區分成知解的與實踐的兩部分,而純粹哲學之區分亦如此,如是,則全部基地將爲**自然底形上學**與**道**

德底形上學這兩者所籠罩。〔依原文及 Bernard 譯：如是，則自然底形上學與道德底形上學將完整起那批判的工作；Pluhar 譯：如是，則那**正辭斷義學理主張**性的**事業**將由自然底形上學與道德底形上學而組成。〕

⊙ 97

引　論

171

I 哲學底區分

I.1 哲學可被說爲須含有概念所供給於我們的「**事物**之理性的認知」之原則（並不像邏輯那樣，只含有思想一般底形式之原則，而並無關於對象），而對於哲學，如這樣解釋之，則「把它分成**知解的**〔**理論的**〕與**實踐的**」這種通常所採用的分法是完全正確的。但是這樣一來，這便使概念方面的**種類上之差別**成爲定然而不可移的〔這所謂概念乃即是這樣的一些概念，即經由這些概念，那理性的認知底諸原則即可獲得其對象，其所獲得的對象乃即是那「被指派給這些概念」的對象：這便使這樣云云的概念方面的種類上之差別成爲定然而不可移的〕。因爲所謂一種區分總是預設：屬於「一門學問底不同部分之理性的認知」的**那些原則**是互相排斥的。如果此中之概念不是種類上有別的，則這些概念便不能使如此所說的那樣一種區分成爲正當的。

I.2 現在，茲只有兩類概念，而此兩類概念產生出關於其對象底可能性之兩類不同的原則。此所涉及的兩類概念便就是「自然」

之概念與「自由」之概念。經由「自然」之概念，則從先驗原則而來的「**知解的認知**」便變成可能的。但在關於知解的認知中，自由之概念，就此概念之自身而言，它不過表明一**消極的原則**(單只與自然相對反的一**單純的反題**之原則)，然而另一方面，就**意志之決定**而言，它卻建立起一些基本原則，這些基本原則擴大了意志活動之範圍，而正以此故，這些**基本原則**遂得被名曰**實踐的**。因此，哲學底區分，恰當地說來，實可分成兩部分，此兩部分依其原則而言是完全不同的，此即當作「**自然底哲學**」看的**知解**的一部分與當作「**道德底哲學**」看的**實踐的**一部分(因爲「理性之依自由之概念而來的實踐的立法作用」就是那被名曰「道德底哲學」者)。但是，迄今以往，在應用這些辭語於不同原則之區分中，以及連同著此不同的原則，復又在把這些辭語應用於哲學之區分中，詞義之最大的誤用曾流行著；因爲那依照**自然之概念**而爲實踐的者已被認爲同一於那依照**自由之概念**而爲實踐的者，這樣混同後，這便有這結果，即：在「知解的」與「實踐的」這兩項目下，一種區分自己被作成，然而由這所作成的區分，結果實並無區分可言(蓋以兩部分可有相同的原則故)。

172

I.3 意志(因爲此正是所說者)①是欲望〔或意欲〕之機能，而即如其爲欲望之機能，它恰是世界中種種自然原因之一，這一個自然原因是這樣一個原因，即它是因著**概念**而有活動的；而凡通過意志之效力或功能而被表象爲可能的者(或必然的者)便名曰實踐地可能的者(或必然的者)：如此名之，意在使其可能性(或必然性)與一「結果」之物理的可能性或必然性區別開，那所謂「有此物理的可能性或必然性」的結果，其原因之因果性並不是因著**概念**

而被決定——決定至使此結果被產生出來，而是像無生命的物質一樣，是因著**機械**，並像低等動物一樣，是因著**本能**，而被決定至有此結果。可是現在在這裡，關於實踐機能的問題，即是說，「意志因果性所由以得到其規律的那**概念**是一**自然之概念**抑或是一**自由之概念**」這個問題，是完全存而不決的。

〔譯註①〕：

案：此括號語，原文及其他英譯皆無。此是 Meredith 所加，顯是多餘的。

I.4 但是，究竟是自然之概念抑或是自由之概念，這自然與自由兩種概念之區別是本質地重要的。因爲設讓決定因果性的那概念是一自然之概念，如是，則〔決定行動的那〕原則便是**技術地實踐的**；但是設讓其是一自由之概念，如是，則那原則便是**道德地實踐的**。現在，在一理性學問底區分中，諸對象，即「爲其認知而需要不同的原則」的諸對象，其間的**差異**是每一事所依之以轉的差異。因此，**技術地實踐的原則**屬於知解的〔理論的〕哲學（關於自然之學問），而唯是那些**道德地實踐的原則**才形成哲學或學問之第二部分，即實踐的哲學（關於道德之學問）這一部分。

I.5 技術地實踐的規律（即一般技藝與技巧底規律，或甚至審愼底規律，審愼是當作一種技巧看的審愼，這審愼之技巧即是施影響力於他人以及他人之意志的技巧），就其原則基於概念而言，它們必須只被算作是知解哲學之**繫理**〔引申出的推論〕。因爲它們只接觸到依照自然之概念而來的事物之可能性，而此所謂依照自然之概念而來的事物不只是包括可發見於自然中的對目的而言的手段，且甚至亦包括意志之本身（作爲一欲望機能，因而亦即作爲一自然機能的意志之本身），只要當此意志是依據這些技術規律，因著自然的動力，而爲可決定的時。又這些技術地實踐的規律並不是被名曰「法則」者（如所謂物理法則），但只被名曰**箴言**（precepts）。所以如此是由於這事實，即：意志並不單只處於自然概念之下，且亦處於**自由之概念**之下。只在其處於**自由之概念**下，其原則始被名曰**法則**，而單只被名曰法則的這些原則，連同由這些原則而推出者，加在一起，始構成哲學底第二部分或**實踐部分**。

173　I.6 純粹幾何學底問題之解決並不被派給幾何學之一特殊的部分，土地測量術亦不應得「實踐的」之名，以之作爲一般幾何學底第二部分，以與純粹幾何學相對反；而機械的或化學的實驗術或觀察術亦同樣很少有權利或許根本無權利被算作自然科學之一實踐的部分；或又在精緻的、家庭的、農業的或政治的經濟學中的那所謂社交術、飲食之道，或甚至那關於獲得幸福之一般教導，或諸如爲幸福之故而有的性好之控制或情欲之節制等，亦很少有權利或根本無權利被名曰實踐哲學——更不要說把它們拿來形成哲學一般之第二部分。因爲於上面所說的那一切，它們皆不過含有一些技藝底規律，因而它們遂亦不過只是技術地實踐的，意即只是一種技藝，這技藝可以被引導去產生一個結果，這結果是依照自然的因與果之概念而爲可能的。由於因與果這些自然概念屬於知解的〔理論的〕哲學，是故上說的那一切等等是隸屬於那些「只爲知解哲學之繫理（即只爲自然科學之繫理）」的箴言的，因而它們不能在任何被名曰「實踐的」之特殊哲學裏要求有任何地位。另一方面，道德地實踐的箴言，即「完全基於**自由**之概念，以至完全排除了由**自然**取得根據以決定意志」這樣的諸道德地實踐的箴言，始足形成那完全特殊的一類箴言。這些箴言，也像爲自然所遵守的那些規律一樣，無有任何限制，直可被名曰「法則」——雖然它們不像自然所遵守的規律那樣基於感觸的條件而被名曰法則，而是基於一超感觸的原則而被名曰法則——而且它們也必須需要有一**各別的哲學部分**，這一各別的哲學部分可被派給它們以爲它們自己之所有，且由於其與**知解的部分**相對應，而得被名曰**實踐的哲學**。

I.7 因此，顯然經由哲學而被供給的那一些實踐箴言之綜集並不是因其是實踐的之故即足以形成哲學之一特殊的部門以與知解的部門相並列，蓋因爲儘管其原則完全從自然之知解的知識引生出（當作技術地實踐的規律從自然之知解的知識引生出），而它們亦仍可是實踐的——是故並不因其是實踐的之故即可形成一特殊的哲學部門以與知解部門相並列。那足以使這一些實踐箴言形成一特殊部門以與知解部門相並列的那**適當而足夠的原故**是**在**這些箴言之原則絕不從**自然之概念借得來**，自然之概念總是感觸地被制約的，因而結果它們是基於超感觸的東西上者，而此超感觸的東西乃僅只**自由**之概念藉賴着**自由之形式法則**始可使之成爲可認知的，因此，也就是說，那**適當而足夠的原故**是**在**那些實踐箴言是**道德地實踐的箴言**，那就是說，它們不只是此興趣或彼興趣中之箴言與規律，它們實乃是一些這樣的**法則**，即「獨立不依於先行的涉及——涉及於目的或意圖之涉及：獨立不依於這樣的先行涉及」的一些**法則**。

〔譯者案〕:

此引論共九節，每節中之文段皆標之以號數，此所標之號數如I. 1, I. 2等皆譯者所加，原文無。所以加此號數乃為徵引時之方便故。

174

II「哲學一般」之界域

II.1 我們的認知機能之依照原則而成的使用，以及隨同此使用而成的哲學，是與先驗概念之應用同其廣延的。

II.2 諸先驗概念總為達成對象底知識之目的(當此目的可能時)而關涉到對象，對於如此關涉到的「一切對象之綜集①」之區分可以按照我們的機能在達成對象底知識之目的方面之各種不同的勝任或不勝任〔足夠或不足夠〕而被作成。

〔譯註①〕:

「綜集」，德文原文是“Inbegriff”，此詞英文通常譯為“sum total”(綜集)，而Meredith則譯為“complex”，不切當，故照改為「綜集」。

II.3 諸概念，就涉及對象而言(不管對於對象之知識是否可能)，總有其「**場地**」(field)，此「場地」簡單地只為「此諸概念之對象對於我們的認知機能一般之關係」所決定。如此意義的場地之一部分，即「於其中對象之知識對我們是可能的」那一部分場地，就是「此諸概念以及所需的認知機能」之「**領土**」

（territory： territoriam）。如此意義的領土之一部分，即「此諸概念運用其立法權於其上」的那一部分領土，就是「此諸概念以及此諸概念之所專屬的認知機能」之「**界域**」（realm：ditio）。因此，諸經驗概念在那當作「一切感觸對象之綜集」看的**自然**中無疑有其「領土」，但是它們卻並沒有「界域」（只有一居住地：a dwelling place：domicilium），因爲雖然它們依照法則而被形成，可是它們自身卻並不是**立法性的概念**，而建基於它們上的那些規律卻又只是經驗的，因而也就是偶然的。

Ⅱ.4 我們的全部認知機能有兩個界域，即「自然概念」之界域與「自由概念」之界域，因爲「我們的全部認知機能〔隱指知性與理性〕先驗地規立法則」是通兩界而爲之的。如是，依照這個區別，哲學是可分成「**知解的**」〔理論的〕與「**實踐的**」這兩部分的。但是「哲學之『界域』所基以被建立」的那個「領土」，以及「哲學運用其立法權於其上」的那個「領土」，卻總仍然是限於一切可能經驗底對象之綜集，這一切可能經驗之對象被認爲不過只是一些**現象**，因爲若非然者，則就它們而言的「**知性之立法**」〔經由知性而成的立法〕乃是不可思議的。〔案：意即知性之立法作用只能爲「現象」立法，不能爲「物之在其自己」立法〕。

Ⅱ.5 藉賴著自然之概念以規立法則這「規立之」之職務是爲**知性**所執行，而且是**知解的〔理論的〕事**。「藉賴著自由之概念而規立法則」這「規立之」之職務是爲理性所執行，而且只是**實踐的事**。那只是在實踐範圍內，**理性**始能規立法則；在關於（自然之）知解知識中，理性只能（如經由知性依法則而被指示那樣）從特定法則中推演出法則之後果，此等後果仍然總是封限於自然。但我們不能逆反乎此而說：什麼地方規律是**實踐的**，如是理性就在那地方是**立法的**，蓋因爲那些實踐規律很可以是「**技術地實踐的**」。

Ⅱ.6 這樣說來，知性與理性各有其不同的法權以管轄這**同一的**「**經驗領土**」。但是這兩種法權其中任一種皆不干擾其他一種。因爲自由之概念很少騷擾自然之立法，一如自然之概念很少影響那通過自由之概念而來的立法。「去思議這兩種法權以及這兩種法權之所專屬的機能爲共存於同一主體內而無矛盾，這至少對於我們是可能的」，這一點已爲《**純粹理性之批判**》所表明，因爲該批判已因著檢查反對面的異議之**辯證的幻象**而把這些異議解決了〔弄清了〕。

Ⅱ.7 可是，此兩不同界域，雖然它們在其立法方面互不限制，然而它們在其感觸界中之**結果**方面卻不斷地互相限制，由是之故，此兩不同的界域遂不能形成一**整一界域**，此又是如何發生的呢？說明存於這事實，即：自然之概念無疑在直覺中表象其對象，但是其表象其對象並不是當作**物自身**〔物之在其自己〕而表象之，而是當作純然的**現象**而表象之，而自由之概念在其對象中表象那無疑是一**物自身**者，但它卻又不能使彼爲一物自身者爲**可直覺的**，因此，不管是自然之概念抑或是自由之概念，兩者皆不能對於其**作爲物自身的對象**（或甚至對於**作爲物自身**的**思維主體**）供給一知解的知識，或皆不能對於**超感觸的東西**（因物自身必應是超感觸的）供給一知解的知識。（說到超感觸的，此超感觸的東西之**理念**確然須被引出以爲一切那些經驗底對象底可能性之基礎，然而此理念自身卻永不能被升舉或擴大成爲知識。）

Ⅱ.8 因此，我們的全部認知機能是連同著一個**無界限**但同時也**不可達到**的「場地」而被呈現，那一無界限而不可達到的「場地」便即是**超感觸的東西之「場地」**，我們在此場地中找不到一片「領土」，因而在此場地上，我們也不能有知解認知之「界域」，不管是對知性之概念而言者，抑或是對理性之概念而言者。此場地我們實必須以**理念**佔有之，即依理性之**知解使用之興趣**一如依理性之**實踐使用之興趣**而以理念佔有之。但是在關涉於「出自**自由概念**」的法則中，我們除爲這些理念獲得**實踐的實在性**外，不能有任何別的實在性可得，依此，這所獲得的**實踐的實在性**不能把我們的**知解的認知**朝向「超感觸的東西」向前推進一點點，即使是一步也不能推進。

Ⅱ.9 依是，**雖然**自然概念之界域，作爲感觸界，與自由之概念之界域，作爲超感觸界，這兩者間存有一固定的鴻溝，遂致不可能從自然之概念之界域過渡到自由之概念之界域（即不可能藉賴理性之知解使用從自然概念之界域過到自由概念之界域），恰如它們兩界眞是這樣各別分開的兩個世界，其中之第一個無力影響於第二個：**雖然**是如此云云，**然而**自由概念之界域卻意想去影響自然概念之界域，那就是說，自由之概念意想把其法則所提薦的「目的」**實現於感觸界**；因而自然遂亦必須是能夠依如下所說之路數而被看待，即：在自然之形式之合法則性中，自然至少與「**諸目的**之可依照自由之法則而**被實現於自然中**」之**可能性**相諧和。因此，處於自然之基礎地位的**超感觸者**與那自由之概念在一實踐路數中所含有者，這兩者間必存有其**統一之根據**，而雖然此根據之**概念**於此根據自身既不能**知解地**亦不能**實踐地**達成一種知識，因而亦並無專屬此根據概念自己之**特殊的界域**，雖然是如此云云，然而此根據概念仍 176

然使「從依照此一界之原則而成的思想模式過轉到依照另一界之原則而成的思想模式」爲可能。

Ⅲ 判斷力之批判當作連繫哲學之兩部分於一整體中之方法或手段

Ⅲ.1 我們的諸認知機能能夠先驗地有所產生。所謂「批判」即是對於「我們的諸認知機能所先驗地產生者」有所處理。如此云云的一種批判，恰當地說來，它在關於對象方面是並無「界域」可言的；因爲**批判**並不是一套**主張**(doctrine 正辭斷義)，其唯一的職責是要去研究：設已注意及我們的諸認知機能之一般的擔負，如是則一套主張是否因著這些機能而爲可能的，而如果是可能的，則要研究其如何而可能。「批判」之領域擴及諸認知機能之一切要求，蓋意在把這一切要求制限之於其合法的範圍內。但是茲亦有哲學之區分之所不納者，即是說，假如其所含有的原則其自身既不適合於知解的使用，亦不適合於實踐的使用，像如此者即是哲學之區分之所不納者。此雖不被納於哲學之區分中，然而它仍可當作一主要部分而被允許進入於我們的**純粹認知機能一般**之「批判」中。

Ⅲ.2 自然之概念含有一切先驗的知解認知之根據，而且如我們所已見，此等自然之概念是基於知性之立法的權力的。自由之概念含有一切無感性制約的先驗實踐箴言之根據，而且此自由之概念是基於理性之立法的權力的。因此，知性與理性這兩種機能在其就**邏輯形式**而應用於不管什麼來源的原則之外，還在**其內容**中有其自

177 己之特屬的法權，而這樣，由於在此兩種法權之上不再有更進一步

的（先驗的）法權，是故哲學之區分成**知解的**與**實踐的**這兩部分遂被證明爲是正當的。

Ⅲ.3 但是在我們的較高級的認知機能之族系裡，茲仍然還有一居間項存於知性與理性之間。此居間項即是**判斷力**。關於此判斷力，我們可以很有理由地因著類比而臆斷說：如果它不含有一各別的權力以去**規立法則**，它可同樣仍然含有一「特屬於其自己」的**原則**，依據此原則，法則可以**被尋求**，雖然如此特屬於其自己的原則只是個**主觀的先驗原則**。此原則，縱使它沒有「專屬於它」的那對象之「場地」以爲其「界域」，然而它仍然可有某種或他種具有一定性格的「領土」，對於此類領土，恰巧單只是此原則可以有效。

Ⅲ.4 但是除以上的考慮外，茲猶有一進一步的根據（依類比而斷），依據此根據，則判斷力可以被使和我們的諸表象力之另一種排列成爲一致，而其和諸表象力之另一種排列成爲一致這一種一致顯似比其和諸認知機能之族系具有親屬關係爲有更大的重要性。因爲一切心靈機能可歸結爲三種，此三種不再允許有從一共同根據而來的任何進一步的引申，此三種便即是：**知識之機能，快與不快之情，欲望之機能**[①]。 178

〔**原註①**〕：**關於欲望機能，康德有長註如下：**

當一個人有理由設想有一種**關係**存於那些被用作經驗原則的「諸概念」與那「純粹的先驗認識底機能」這兩者之間時，則在考慮此關係之連繫中，同時試圖去給**這些概念一超越的定義**，這是很有價値的。所謂一「超越的定義」即是這樣一個定義，即它是經由**純粹範疇**而被作成，其如此被作成是只當這些

純粹範疇依其自身即足以指示當前所論之概念與其他概念有別時始然。這辦法是倣效數學家底辦法而作的，數學家讓他的問題之經驗論據爲不決定的，而只把這些經驗論據之關係置於純粹數學底概念下的**純粹綜和**中，這樣，他便一般化了他的〔問題之〕解答。我曾經爲採用一相似的辦法（見《實踐理性之批判·序文》，頁〔112〕）而被譴責，而於我所作的意欲或欲望機能之定義，亦曾被人覺得有錯誤。我在那裡界定意欲機能爲這麼一種機能，即這機能它**藉賴著〔或經由〕它的表象〔觀念〕，它即是那些表象〔觀念〕底對象之現實性之原因**。人們覺得這定義有錯誤，因爲純然的意願（wishes）必仍然只是些意欲（desires），而在這些意欲之情形中，任何人皆不想只藉賴著這些**意欲**或**意願**而要求能夠去使這些**意欲底對象**有存在。但是這指摘所證明的不過是人之生命中有意欲，因著這些意欲，人與其自己相矛盾。何以故？蓋因爲在這樣一種情形中，他只藉賴著他的**表象〔觀念〕**，用不著希望此表象之有效果，而即想望此表象底對象之產生，此即表明人在純然意欲中與其自己相矛盾〔有意欲某某之表象而又不希望此表象有結果出現，此即爲矛盾〕，因爲人在此時，他意識到他的那些**機械的力量**（如果我對於那些非心理學的東西可以如此名之時），即必應爲那表象所決定的那些機械的力量，是這樣的，即它們或是不等於「眞實化對象」之工作（因而不等於因著手段或工具之干與而眞實化對象之工作），或是它們被致送到那完全不可能的事上去，即如過去已作的事不能使之爲不作（不能逆轉那過去者 O mihi praeteritos, … etc.），或是它們能夠去消除那間隔，即使我們與「想望或期待時」分開的那間隔（具有不可容忍的延緩的那間隔）。現在，雖即如我們在這樣虛幻的意欲中，意識到我們的表象之作爲此表象之原因之無能（或甚至意識到我們的表象之徒然無益），雖即如此，然而在每一意願中，茲仍然包含有「**意願之作爲原因**」**之關涉**，因而也就是說，包含有**意願之因果性之表象**，而當這意願，如**渴望那樣**，是一種熱情時，其中包含有意願之作爲原因之關涉，包含有意願之因果性之表象，這尤其特別成爲**可識別的**。因爲這些熱情，由於它們足以使心臟膨脹，並足以使它遲鈍無能，因而遂足以耗竭其力量，是故它們實表明：一種緊張是因著表象〔觀念〕而保持其一再施影響於「心臟之力量」上，而心靈則基於「其當前的不可能性」〔另譯爲「〔意欲之〕不可能性」〕之承認，遂繼續不斷地復歸於頹墮並趨於疲軟無力。甚至對於大而眼見的不可避免的罪惡之厭憎之祈禱，以及那些「達到那『不可能用自然的方法而達到』的目的」的**許多迷信的方法**，凡此皆足證明「表象之因果的涉及於其對象」。這「表象之因果的涉及其對象」之因果性乃是這樣一種因果性，即：甚至於意識到「產生結果」之無能時，這因果性亦抑制不住那趨向於結果之緊張。但是爲什麼我們的本性必備有這麼一種癖好——「癖好於那自知無益的欲望」之癖好？爲什麼必如此，這乃是人類學底**目的論的問題**。那似乎是這樣的，即：設若在我們已保證我們的機能於產生一對象上之有能以前，我們不被定至去盡我們的力量之境，則我們的力量必將大部終歸無用。因爲我們通常只有因著試用我們的力量，我們始習知我們的力量。因此，徒然無益的欲望之虛僞欺詐性只是我們的本性中一**仁慈的意向**之後果。

Ⅲ.5 就**認知機能**而言，單只「知性」是**立法的**，如果知性這一機能，作爲知解認知之機能，是涉及自然者(此必應是如此，這樣知性可以依其自己之故而被思量以免於和欲望機能相混雜)，單只在關於自然(作爲現象的自然)中，我們始能藉賴著先驗的自然之概念(恰當地說來此等自然之概念實只是知性之純粹概念)去規立法則。就**欲望機能**之爲一較高級的機能而在自由之概念下運作著而言，單只「理性」始**先驗地**規立法則(因爲單只在理性中此自由之概念始有一地位)。現在，**快樂之情**立於知識之機能與欲望之機能之間，恰如**判斷力**居於知性與理性之間。因此，我們至少暫時可以假定：**判斷力**同樣含有其自己之一**先驗原則**，並可假定：**由於**快或不快是必然地與欲望機能結合於一起(不管它是和低級欲望連在一起而先行於它的原則，即在其原則之先即已存在，抑或與高級欲望連在一起而只因著道德法則始於其決定有那自外而來的改變)，**是故**判斷力將完成一種過轉，即從純粹知識之機能，即是說，從自然概念之界域，過轉到自由概念之界域，這樣一種過轉，恰如其在邏輯的使用中，它使「從知性過轉到理性」爲可能。

179

Ⅲ.6 因此，不管哲學之只可分成兩主要部分即知解部分與實踐部分，這一事實，亦不管我們關於「判斷力自己所特有的原則」所已說的那一切皆須被指派給哲學之知解部分，即皆須被指派給依照自然之概念而成的理性的認知，這一事實，以下那樣一種「純粹理性之批判」，即「上說的兩界諧一的那整系統被從事以前，它必須先要解決此全部問題〔即「從自然過轉到自由」之全部問題〕以便去實化該整系統之可能性」，**這樣的一種**「純粹理性之批判」，仍然須以三部分來構成，即以**純粹的知性之批判**、**純粹的判斷力之批判**、**純粹的理性**〔在自由概念下運作著的那較高級的欲望機能，即純粹意志這一實踐的理性〕**之批判**，這三部分來構成。知性、判斷力、理性〔較高級的欲望機能〕，這三種機能或能力之所以被名曰「純粹的」，是依據它們之皆爲「**先驗地立法的**」之故而始如此被名的。

Ⅳ 判斷力當作「法則所由以先驗地被規立」的一種機能看

〔當作「先驗地立法」的一種能力看的判斷力〕

Ⅳ.1 判斷力一般是「把特殊者思之爲含在普遍者之下」之機能。如果普遍者（規律，原則，或法則）是**給予了**的，則「把特殊者歸屬於此普遍者之下」的那判斷力便是**決定性的判斷力**。縱使這樣的一種判斷力是超越的，而且如其爲超越的，它復供給出先驗的條件，只有和這些先驗條件相符合，「歸屬於那普遍者之下」之歸屬始能被作成，縱使是如此云云，那判斷力仍是「**決定性的判斷力**」。但是，如果只是特殊者是給予了的，而普遍者則須爲此給予了的特殊者而被尋覓，如是，則判斷力便只是「**反省的**（reflective）**判斷力**」。

Ⅳ.2 決定性的判斷力在知性所供給的普遍而超越的法則之下作決定活動，而這樣作決定活動的決定性的判斷力亦只是歸屬性的;法則已先驗地爲此決定性的判斷力而陳出(由知性而陳出),而此決定性的判斷力無須再爲其自己去設計一法則以便指導其自己使其自己能夠去把自然中之特殊者隸屬於普遍者之下。但是茲有如許繁多的「**自然之形態**」,亦可謂有如許繁多的「**普遍而超越的自然概念之變形**」,它們擺在那裡不爲上說純粹知性所先驗地供給的諸法則所決定,而因爲此諸法則只接觸到自然(作爲感官對象的自然)之一般的可能性之故,是故在那如許繁多的自然形態方面必須也需要有**另一些法則**。這另一些法則,由於是經驗的,它們很可是**偶然的**(以我們的知性之觀點而論),但是,如果它們須被名曰**法則**(如關於「某一種自然」即特殊面的自然之概念之所需要者),則它們必須依據**雜多底統一之原則**(雖此原則尚不被知於我們)而被看成是**必然的**。因此,反省的判斷力,即,那「被迫使從自然中之特殊者上升到普遍者」這樣的反省的判斷力,實有需於一**原則**。此所需之原則,反省判斷力不能把它從經驗中借得來,因爲反省的判斷力所必須去作的恰就是去建立一切經驗的原則之統一於較高的(雖同樣亦是經驗的)原則之下,並因而由此去建立較高者與較低者間之系統的隸屬關係之可能性。因此,這樣一個不能由經驗借得來的**超越的原則**,反省的判斷力只能把它當作一個法則**從其自身而給出**,並且把它當作一法則**給予於其自身**。反省的判斷力不能把此超越的原則從任何**其他地區**引生出(因爲若那樣,則它必應是一決定性的判斷力)。反省的判斷力亦不能把此超越的原則**規立給自然**,因爲「反省於自然之法則」之**反省**是使其自己對準或**適應**於自然,而並不是使自然**對準或適應**於如下所說那樣一些條件,即「依照這些條件,我們可努力去得到一自然之概念,這所努力以得的一

180

自然之概念，就這些條件而言，乃是一完全偶然的概念」：並不是使自然對準或適應於如此云云的一些條件。

Ⅳ.3 現在，這所尋求的**超越的原則**只能是如下所說之義，即：「因為自然之諸普遍法則在我們的知性中有其根據（知性把這些普遍法則規立給自然，雖然它只依照其所有的普遍概念，當作『自然』看的那普遍概念〔如所謂範疇者〕，把這些普遍法則規立給自然），是故特殊的經驗法則，就其中那些不被這些普遍法則所決定者而言，它們必須依照一種**統一**而被看待：所謂一種統一是這樣的，即如：如果有一**知性**（雖不是我們人類的知性）它為我們的諸認知機能底利便之故，已把那一種統一供給給那些特殊的經驗法則，如是，則那些特殊的經驗法則必應有這樣一種統一，有之以便去使那依照特殊的自然法則而有的一個『經驗之系統』成為可能」。如此所說之義並不須被認為有這涵義，即：這樣一種**知性**必須**現實地被假定**（因為這只是反省的判斷力利用此理念為一原則以有便於「**反省之目的**」，而並非有便於「**決定什麼事**」）；但須寧只被認為是如此，即：此反省判斷力實只是藉賴著此設想的知性，單**給其自己**一法則，而並不是**給自然**一法則。

Ⅳ.4 現在，一對象之概念，當其同時含有此對象底**現實性**之根據時，它即被名曰此對象之**目的**。而「一物之與那『只依照目的而可能』的事物之構造或本性相契合」之契合便被名曰此一物底形式之「**合目的性**」。依此，**判斷力底原則**，就「經驗法則一般」下的自然中的事物之形式而言，便即是「自然之在其複多性中之合目的性」。換言之，因著「合目的性」這個概念，自然被表象為**好似**有一種**知性**已含有自然之經驗法則底多樣性底統一之根據。 181

Ⅳ.5 因此，**自然之合目的性**是一特殊的先驗概念，它只於反省判斷力中有其根據。因爲我們不能把像「自然之產品中自然之涉及目的」這類事歸給自然之產品，我們只能使用「自然之合目的性」這一概念，在關於自然中的現象之連繫(依照經驗法則而被給予的連繫)中，去反省自然之產品。復次，自然之合目的性這一概念完全不同於實踐的合目的性(人類技藝中者或甚至道德中者)，雖然無疑它是依照「類比於實踐的合目的性」之類比而被思的。

Ⅴ自然之形式的合目的性之原則是判斷力之一超越的原則

Ⅴ.1 一**超越的原則**是一個「我們經由之可先驗地表象一普遍條件」的原則，只有在如此被表象的普遍條件之下事物才能成爲我們的「認知一般」之對象。另一方面，一個原則，如若它先驗地表象這樣的條件，即「單在其下，對象，即『其概念須**經驗地被給與**』的那對象，更可進而成爲先驗地被決定的」這樣的條件：如若一個原則它先驗地表象如此云云之條件時，則它被名曰「**形而上的原則**」。這樣說來，當作**本體**看而且當作**可變化的本體**看的諸物體底認知之原則，如果它這樣來陳說，即：「此諸物體底變化必須有一原因」，如是，則它便是一「**超越的原則**」。但是，如若它肯斷說：「諸物體底變化必須有一**外在的**原因」，如果則它便是一**形而上的原則**。因爲，在前一情形中，物體只須通過**存有論的謂詞**(知性之**純粹概念**即範疇)而被思，例如被思爲**本體**(substance)，這樣思之以便能使命題可先驗地被認知；可是在第二種情形中，一物體（如空間中一運動物）之經驗的概念必須被引介進來以便去支持吾人之命題，雖然一旦一物體之經驗概念既經引出已，則「運動這一謂詞（即只藉賴一外在原因而成的運動這一謂詞）之應用於物體」可完全先驗地被見到。依此，如我即刻所要表明的，**自然**（在其經驗法則之繁多性中的自然）**之合目的性之原則**是一**超越的原則**。因為對象之概念，被視為立於此合目的性原則之下者，只是可能的**經驗認知一般**底對象之**純粹概念**，而並不包含有任何經驗的東西。另一方面，**實踐的合目的性之原則**，函在一自由意志底決定之觀念中者，則必是一**形而上的原則**，因為一欲望機能之概念，如意志之概念，須是**經驗地**被給與的，那就是說，它並不是被包含在超越的謂詞中的。但是縱然如此，這兩種原則皆不是經驗的原則，而是先驗的原則。因為對「謂詞與此兩原則下的諸判斷之主詞之經驗概念相綜和」而言，這並不需要有進一步的經驗，它們的綜和可以完全先驗地被理解或被領悟。 182

Ｖ.2 說「自然之合目的性之概念屬於超越的原則」，這從自然研究中我們所先驗地信賴的**判斷力之諸格言**看來是充分地顯明的，但這些「判斷力之格言」所與有關者實不過只是經驗之可能性，因而結果亦不過只是自然知識之可能性，但此所謂自然之知識之「自然」不只是一般意義的「自然」，且是為多樣的特殊法則所決定的「自然」。這些「判斷力之格言」很夠時常地雖只是散在地出現於形上學這門課程中。它們是一些屬於形上智慧之**金言**，且表現於若干規律中，這些規律之必然性不能由概念而被證明。以下即是這樣的一些規律，如：自然走最短路線（lex parsimoniae：the principle of parsimony 經濟原則）；但是自然亦並沒有跳躍，自然無論在其變化之相承中抑或在其各別不同的形態之啣接中，它皆不能有跳躍（lex continui in natura：the principle of continuity in nature：自然中的連續性之原則）；自然在經驗方面縱使有繁多的變化，然而這繁多的變化實是統一於少數原則之下的（principia praeter necessitatem non sunt multiplicanda：〔the principle that〕"principles must not be multiplied beyond necessity"：「原則必不可有超出必要以外的加多」之原則：案：此即奧坎剔刀之原則：不必要者勿加多。）

V.3 如果我們想去指出這些基本規律原則之根源，而且企圖依心理學的途徑去作此事，則我們直與這些規律或原則底意義背道而馳。因爲這些規律或原則所告知我們的，不是什麼東西實際發生，那就是說，不是依照什麼規律我們的判斷力現實地表現其功能，也不是我們如何在作判斷，而是我們應如何去作判斷；而且如若這些基本規律或原則只是經驗的，則我們也不能得到此「**邏輯的客觀必然性**」。因此，對我們的諸認知機能以及其使用（那顯然由此諸認知機能發散出的使用）而言的「**自然之合目的性**」是諸判斷之一**超越的原則**，因而它亦需要一**超越的推證**，藉賴著此超越的推證，此種下判斷之判斷活動之根據必須追溯到先驗的知識根源。

V.4 現在，設若一看經驗底可能性之根據，則我們所逢到的首要之事當然是某種必然性的東西，即是說，是一些普遍的法則，若離開這些普遍的法則，自然一般（作爲感取之一對象者）便不能被思想。這些普遍的法則是基於**範疇**上的，且亦被應用於對我們爲可能的一切直覺底形式條件上的，只要當這**形式條件**亦是**先驗地**被給與的時〔案：此先驗地被給與的形式條件即指時間與空間說〕。

183

在這些普遍的法則下，判斷力是決定性的判斷力；因為判斷力所要作的事不過就是在特定法則下去作歸屬〔將特殊者歸屬於普遍者之下之歸屬〕。舉例言之，知性說：一切變化有其原因（普遍的自然法則）；超越的判斷力所要作的事不過就是在置於其前的「知性之概念」之下先驗地去供給歸屬之條件：此義，我們在同一物底諸決定相**承續**中見之。現在，對自然一般之作為可能經驗之一對象而言，「一切變化有其原因」這個法則被認知為**絕對地必然的**。但是，在此形式的**時間條件**以外，經驗認識底對象可依種種不同的路數而為「**被決定了的**」，或就我們所能先驗地判斷者而言，可依種種不同的路數而為「**可決定的**」，這樣，那些特殊分化了的自然在其作為諸自然物一般所共有的事以外，是更能夠依無限的多樣路數而為「**原因**」的；而這些繁多路數之模式中之每一模式必須依據一般原因之概念而有其各自的規律，此規律是一**法則**，因而它含有**必然性**：雖然由於我們的諸認知機能之本性與限制，我們完全**不能看到**這**必然性**。依此，在關於自然之純然地經驗的法則這方面，我們必須在自然界中思維一種無盡的**經驗法則底繁多性**之可能，但是這些經驗法則就我們的洞見而言，猶仍是**偶然的**，即是說，它們不能**先驗地**被認知。以此等等而論，我們評估那依照經驗法則而成的**自然之統一**為**偶然的**，並評估那**經驗底統一**〔即當作依照經驗法則而成的一個系統看的經驗之統一〕**之可能性**亦為**偶然的**。但是，現在，這樣一種統一乃是一個必須**必然地**被預設並被假定的統一，因為若非然者，我們定不能有經驗認知之於一全體經驗中之通貫的聯繫。因為自然之普遍的法則，雖然它確然在種類地說的事物之間，即當作**自然物一般**看的事物之間，供給出這樣一種通貫的連繫，但它卻不能各別地把事物當作**特殊的自然物**來為事物供給出這樣一種通貫的連繫。因此,**判斷力**是被迫著把如下所說之義採用之為一先驗的原則以為其自己之指導,即:那對人類的洞見而言,在諸特殊的(經驗的)自然法則中是**偶然的**者,卻仍然在此諸般自然法則之
184 綜和於一本自可能的經驗中含有**法則之統一性**——這統一性是深奧難測的,然而仍是可思議的,因為這樣的統一性無疑對我們而言是可能的:判斷力即被迫著把如此所說之義採用之為一**先驗的原則**以為其自己之指導。結果,因為在一綜和中的法則之統一性(此統一性在符合知性之一必然的目的中,即在符合知性之一需要或要求中,為我們所認知,雖然同時亦被確認為是偶然的:這樣的統一性)是被表象為**對象之合目的性**(在這裡說是**自然之合目的性**),是故這判斷力,即,在關於可能的(猶待被發見的)經驗法則下的事物只是**反省的**,這判斷力,它必須在關於可能的經驗法則中,依照一對我們的認知機能而言的「合目的性之原則」,來看待或思維自然。這合目的性之原則在上文所已述及的那些「**判斷力之格言**〔金言〕」中找到其表示。現在,「自然之合目的性」這一**超越的概念**既不是一「自然之概念」,亦不是一「自由之概念」,因為它並沒有把什麼東西**歸屬給對象**,即**歸屬給自然**,它但只表象一**獨特的模式**,我們必須依此模式去進行我們的對於自然之對象之**反省**,反省之以便去得到一通貫地相互連繫的經驗之全體。自然之合目的性這一超越的概念既只是表象我們之「反省自然對象」之一獨特模式,是故它只是**判斷力之一「主觀原則」**,即是說,是**判斷力之一「格言」**。為此之故,恰似「眷顧我們」的那幸運的機遇一樣,當我們遇見那純然經驗法則下的**系統性的統一**時,我們也會很欣慰而

高興（恰當地說實只是舒解缺無之困）：雖然在我們方面沒有任何能力去領悟或證明這樣的系統性的統一之**存在**，然而我們卻必須必然地要**去假定**這樣的統一之**當有**。

V.5 要想使我們自己確信對於擺在我們眼前的概念〔案：即自然之合目的性這一超越的概念〕所作的這個推證爲正確，並確信「假定這概念爲一**超越的認知原則**」這假定爲必然，這只要讓我們自己想想這工作之重大便可。我們必須從那「含有一或許無盡繁多的經驗法則」的**諸所與的自然之知覺**裡去形成一**有聯貫的經驗**，而此一問題是先驗地有其地位於我們的知性中的。我們的知性無疑是**先驗地**握有普遍的自然法則的，離開這些法則，自然必不能是一經驗之對象。但是知性，除其握有普遍的自然法則外，它復需要有另一種自然之秩序，即自然之在其**特殊規律**方面之秩序，這些特殊的規律只能**經驗地**爲知性所知，而且就知性而論，這些特殊的規律復又是**偶然的**。可是若無這些特殊的規律，我們決無法從一可能經驗一般之**普遍類比**進到一**特殊的類比**。既然如此，是故這些特殊規律必須被知性看成是「**法則**」，即看成是「**必然的**」（因爲非然者，這些特殊規律決不會形成一自然秩序），雖然**知性**並**不能夠去認知或洞見**到這些特殊規律之「**必然性**」。如是，雖然知性在關於這些自然事物（對象）中不能**先驗地**決定什麼事，然而它在追求這樣的所謂經驗法則中，它必須把一**先驗原則**放在對於這些自然事物（對象）之**一切反省之基礎地位**，從而便可有這結果，即：一可認知的自然秩序是依照那些經驗法則而爲可能的。這樣，一此類的**先驗原則**是被表示於以下的諸命題中，即：「在自然中存有一種可爲我們所理解的**類**與**種**間之隸屬關係；這些類中之每一類又可依一共同原 185

則而接近於其他類，這樣，從這一類過轉到其他類，並因而再過轉到更高的綱類，這種過轉便可是可能的；這樣說來，雖然『爲各種多樣變化的自然動作或效果去假定一同樣數目的各種多樣變化的因果關係』，這在開始時對於知性而言，看起來似乎是不可避免的，可是那些各種多樣變化的不同因果關係又可被還原到一少數的原則，而追求這少數的原則乃是我們的職責；如此等等者還有其他」：上說的那一種**先驗原則**即被表示於**如此等等的諸命題**〔諸陳說〕中。「自然之**適合**於我們的認知機能」**這種**「**適合性**」是先驗地爲**判斷力所預設**，其預設之也，是爲其依照經驗法則而**反省自然**而預設之。但是**知性**卻始終客觀地認這種「適合性」爲**偶然的**，那只是**判斷力**始把這種「適合性」當作**超越的合目的性**，即當作一種「關涉於**主體之認知機能**」的超越的**合目的性**，而歸屬給自然。因爲如果不是因爲有此預設，則我們定無依照經驗法則而來的自然之秩序，而結果亦必無爲這樣一種經驗，即「可使其**有效於**或**能對準**多樣性的經驗法則」這樣一種經驗，而備的指導線索，或說結果必無爲研究經驗法則而備的指導線索。

V.6 因爲以下之情形是完全可思議的，即：縱有依照普遍法則而來的自然事物之齊一性（無此齊一性，我們必不會有一般的經驗知識這種形態的知識），然而自然之經驗法則之各種多樣的變化，連同著其結果，仍然可以是如此之紛歧以至於使我們的知性**不可能**在自然中去發見一可理解的秩序，亦**不可能去把**自然之產品**區分**成綱類與種目，分之以便使我們自己把對於此一產品之「說明與理解」之原則利用之去說明與解釋另一產品，且**亦不可能**從手中如此混亂的材料（恰當地說來，實只是無窮地多樣形態的材料，且亦是不適合於我們的理解之能力的材料）**去造成**一個首尾一貫的經驗脈絡。

V.7 這樣說來，**判斷力**也為自然之可能性被裝備以**先驗原則**，但只是依一主觀的關注或考慮而被裝備以先驗的原則。藉賴著其如此被裝備，**判斷力**並非把一法則（當作 autonomy）[1]規劃給自然，而是把一法則（當作 heautonomy）而規劃給其自己，以指導其對於自然之反省。此所規劃給其自己的法則可以叫做是「**自然底特殊化之法則**」（自然底特殊化是就自然之經驗法則而論者）。 186 此法則不是一個先驗地被認知於自然中的法則，但**判斷力**卻在一**自然秩序**之興趣中採用了此法則。此所謂自然秩序乃即是可為我們的知性所認知的秩序，而且是在知性對於自然之普遍法則所作的區分中者——知性當其想把特殊法則底多樣性隸屬於自然之普遍法則時，它即對於自然之普遍法則作區分：**判斷力**即在這樣云云的一種**自然秩序之興趣**中採用了它所規劃給其自己的那法則。這樣，我們可以說：在對我們的認知機能而言的**合目的性原則之根據上，大自然**可以特殊化其**普遍的法則**，即是說，在對人類知性及對此人類知性之「必然地要為知覺所呈現給知性的特殊者尋找那普遍者，復又為那公共於每一種目（species）的多樣性尋找那原則底統一性中的連繫」這種**必然的尋找**之**功能**而言的那**適宜性之原則之根據**上，大自然可以**特殊化其普遍的法則**。可是我們雖可如此說，但當我們如此說時，我們卻並不能因如此說即可把一**法則規劃給自然**，復亦不能因如此說，我們即可因著觀察而從自然裡學**知了一個法則**，雖然這所說的合目的性原則可因此觀察之辦法而被確定。因為這合目的性原則並不是一**決定性的判斷力**之原則，但只是一反省性的判斷力之原則。一切所意想者是如此：不管在關涉於自然之普遍法則中自然之秩序與傾向是什麼，我們總歸必須要依據那**合目的性之原則**以及基於此原則上的諸格言而去徹底研究那自然之經驗性的法則，因爲只當那合目的性原則合用時，我們始能在我們的知性之使用於經驗中有任何前進，或得到知識。

〔**譯註①**〕：

heautonomy 是自律之爲自己而律——而立法，autonomy 是自律之爲別的而律——而立法。判斷力之立法是屬前者，知性與意志之立法是屬後者：如知性爲自然立法，意志爲行爲立法。

Ⅵ快樂之情與自然底合目的性之概念之相聯合

Ⅵ.1 我們思議「**自然之在其特殊法則之多樣性中**」可與「我們之需要爲此自然尋找**原則之普遍性**」**相諧和**，這所思議的**相諧和**，就我們的洞見之實而言，必須被認爲是**偶然的**，但卻又是我們的知性之要求上所**不可缺少的**，因而結果它必須被認爲是這樣一種**合目的性**，即經由此合目的性，自然可與我們的**目的**相一致，但這只當被指向於**知識**時始可說。知性之**普遍法則**，同樣也是自然之法則者，雖然發自知性之自發性，可是其對於「自然」爲**必然的**，恰如「運動律之可應用於物質」之爲**必然的**。這些普遍法則之起源並不須先以顧及我們的**認知機能**爲前提，蓋由於：只藉賴著這些普遍法則，我們始能獲得自然中事物底知識之意義之任何概念，並且亦由於：這些普遍法則是必然地應用於那「作爲我們的認知一般之對

187

象」的**自然**者。但是就我們所能見者而言，自然之在其**特殊法則**中之秩序，連同其特殊法則方面超越一切我們的理解能力的那至少是可能的那**繁富多樣的變化性**與**異質性**，事實上，必仍然與我們的這些理解能力**相稱**或**相對應**，這卻是**偶然的**。去找出這種自然之秩序是我們的知性方面之工作，知性之追踪這種自然秩序是以一種關注——「關注其自己所有的必然目的即『把一原則底統一性引入自然中』這必然的目的」之關注而追踪之。依是，此目的必須因著**判斷力**而被歸屬給自然，因爲在這裡並沒有法則能因著知性而被規定給自然。

Ⅵ.2 每一目的之達成被伴偶之以快樂之情。現在，這樣的達成既然對其條件而言須有一先驗的表象（就像在這裡對反省的判斷力一般而言須有一原則一樣），故快樂之情也爲一「先驗而對一切人有效」的根據所決定：而這復也只是因著把**對象**關涉到我們的**認知機能**而然。由於合目的性之概念在這裡，對於欲望機能無任何認定〔關涉〕，是故它完全不同於自然底**實踐的合目的性**。

Ⅵ.3 事實上，我們在我們自己心內實不能從「我們的知覺與那依照自然之普遍概念（範疇）而成的法則相一致」中找到絲毫快樂之情上的結果，因爲在知覺與自然之普遍法則這些事之情形中，知性只必然地遵守**其自己的本性之常度**而行事，而更無其他別有作用的意圖存於其中。但是，雖然如此，可是另一方面，「兩個或多個經驗的異質的自然法則在一個包括它們兩者的同一原則之下而被聯合起來」這一發見卻是一十分**可欣慰的愉快之根據**，甚至時常是**讚嘆之根據**，而這讚嘆復又是如此，即：縱使我們早已很熟習其對象，它亦不磨滅。當然，在自然之理解中，或在自然之區分爲綱類與種目這種區分之統一中(無此區分之統一，則經驗概念，即供給我們以自然之在其特殊法則方面之知識的那經驗概念，必不會是可能的)，我們不再注意任何**決定性的愉快**，這自是眞的。「可是愉快曾在適當過程中隨時出現過，而只因爲『若無此愉快即使最通常的經驗亦不可能』之故，所以它才逐漸與**單純的認知**混合在一起，而不復再惹起特殊的注意」，這也是確實的。依是，那「使我們在我們之對於自然之評估中注意於對我們的知性而言的**自然之合目的性**」的那**某種事**總是需要的，即是說：「**努力去**把自然之異質的法則，當可能時，帶到較高而仍總是經驗的法則之下」這**一種努力**總是需要的：需要之以便當碰到成功時，**愉快**便可在那些異質的法則之與我們的認知機能**相和順**中被感覺到，這所謂「**相和順**」(**相一致**)乃是被我們看成是純粹偶然的者。反乎此，設若我們預先被自然警告說：在稍稍超過最通常的經驗以外的研究上，我們一定會遭逢到自然之法則之這樣的一種**異質性**即如定會使自然之特殊法則**統一**於普遍的經驗法則之下對於我們的知性爲不可能這麼樣，則自然之表象必會全然使我們**不愉快**。因爲若自然是那麼樣，則這必與自然在其綱類中之主觀地**合目的特殊化之原則**相衝突，且與我們自己之在關於這方面的**反省判斷力**相衝突。

188

VI.4 但是判斷力底此種〔關於統一之〕預設，在對我們的認知機能而言的那個**自然之理想的合目的性**之通行範圍之問題上，是如此之**不決定**以至於：如果我們被告訴說一較徹底的或更擴大的自然之知識，由觀察而引生者，必終於會使我們和那「沒有人類知性能把它還原到一個簡單原則上去」的諸**法則之繁多性**相接頭，如果是如此云云，則我們自能使我們自己安於或忍順於〔或甘心曲從於〕這種思想。但是我們仍然也**更樂於**聽到旁人對我們提出這**希望**即：我們**愈密切地**〔內部地〕知道了自然之秘密，或我們**越能夠**將此所知的自然和那尚未被知於我們的外部成分**相比對**而和解，則我們將見自然在其原則方面**愈爲單純**，而我們的經驗**愈往前進**，我們亦將見自然在其經驗法則之顯明的異質性方面**愈爲諧和**。因爲我們的**判斷力**使以下所說成爲加於我們身上的**律令**，即：你要依據「自然之符合於我們的認知機能之原則」而進行。判斷力之以此爲加於我們身上的律令是當那原則向前擴張而不能決定是否有界限來限制它時而然的（原則擴張而不能決定其界限是因爲規律不是經由一決定性的判斷而被給予的）。因爲雖然在關於我們的認知機能之**理性的使用**中，「界限」可以確定地被決定，然而在**經驗的領域**中卻並不能有「界限之決定」是可能的。

Ⅶ 自然底合目的性之美學的表象

Ⅶ.1 那「在一對象之表象中純然是**主觀的**」者，即是說，那「構成此表象之**涉及主體**而**不涉及客體**」者便即是此表象之**美學的性格**。另一方面，那「在一對象之表象中服務於或有利於**對象之決定**（即服務於或有利於**知識**）」者便即是此表象之**邏輯的妥效性**。 189
在一感取底對象之認知中，涉及主體與涉及客體這兩面是聯合地呈現的。在外物之「感取表象」中，「我們所依以直覺外物」的那**空間之性質**是我的「**外物之表象**」之純然**主觀面者**（經由這主觀面，「**事物之在其自己**」之作爲**對象**是什麼，這是完全存而不決的），而亦正因那種**主觀面之關係**，所以那被直覺於空間中的對象也同時只當作一「現象」而被思。但是空間，不管其**純粹主觀的性質**，它總仍然是當作現象看的事物之知識之一**構成成分**。**感覺**（在此指外部的感覺言）亦同樣是表示我們的「外物之表象」之一純然主觀面者〔即是說，感覺亦同樣是一純然主觀面者〕，然而感覺之爲主觀面者卻是這樣一種主觀面，即恰當地說來，它只是外物之**材料**（通過這材料，所給予於我們的某物始具有**眞實的存在**），此恰如空間是「外物底直覺」之可能性之一**純然先驗的形式**；既然如此，感覺，縱然它是主觀面的東西，然而它亦被使用於外在對象之認知中。

Ⅶ.2 但是那「不能變成一認知之成素」的一個表象底主觀面卻正是與此一表象相連繫的**那快或不快**；因爲通過這快或不快，我於這表象底對象一無所認知，雖然這快或不快它很可以是某一認知或其他認知之作用之結果。現在，一物之**合目的性**，當其被表象於我們之對於此物之知覺中時，決無法是**對象自身之一性質**（因爲合目的性這類性質並不是一個可被覺知的性質），雖然它可以從事物之一認知中而被推斷出。因此，在如下所說那樣的合目的性中，即「這合目的性它先於一對象之認知而即存在，而且甚至不爲認知之目的去使用**一對象之表象**，此合目的性猶仍是直接地與此對象之表象相連繫」，這樣的合目的性中，我們有那「屬於此對象之表象」的**主觀性質**，此主觀性質不能夠變成一**知識之構成成分**。因此，我們只由於**對象之表象**直接地被伴偶以**愉快之情**之故，我們始把「**合目的的**」這個形容詞應用於對象上；而此被伴偶以愉快之情的表象其自身即是**合目的性**之一「**美學的表象**」。唯一的問題是這樣一種「合目的性之表象」究竟是否存在。

Ⅶ.3 如果愉快之情這愉快，它離開任何它所可有的**涉及於一概念**（爲一確定的認知之目的涉及於一概念）之涉及，而只與直覺底「**一個對象底形式**」**之攝取**相連繫，則這層意思並不能使表象可涉及於**對象**〔**客體**〕，但只使之可涉及於**主體**。在這樣情形中，愉快除只表示對象之符合於那「當其有所表現乃只有所表現於**反省判斷力**中」的**認知機能**外，它一無所表示。夫愉快既除只表示對象之符合於反省判斷力中的諸認知機能以外，它別無所表示，是故它亦只能表示對象之一**主觀的形式的合目的性**。因爲那種「不涉及概念」的想像力中的形式之攝取，它若無**反省判斷力**之作以下之比對，它決不能出現：即是說，若無**反省**判斷力之把那種「不涉及概念」的想像力所攝取的形式至少拿來和想像力之「將直覺關涉到概念」之能力相比對（縱使非有意地相比對），則那種「不涉及概念」的想像力中的形式之攝取決不能出現。〔案：此種攝取之出現只有在反省判斷力中始然。想像力將直覺關涉到概念即成功一確定的知識，此是決定的判斷力之所爲。想像力不涉及概念，則形式之攝取只涉及主體，此只在反省判斷力中始然。〕現在，如果在此比對中，作爲「先驗直覺之機能」的想像力，藉賴著一特定表象，非有意地〔非意匠設計地〕被致使和那作爲「概念之機能」的知性相一致，而且一愉快之情亦因其如此和知性相一致而遂被引起，如是，則對象必須被看成是對**反省判斷力**而言的「**合目的者**」。一個對反省判斷力而言的反省判斷是一個關於「對象之合目的性」的**美學判斷**，此一美學判斷並不依靠於任何現存的對象之概念，且亦並不供給一對象之概念。當**一對象之形式**（形式是對反於對象底表象之材料如感覺者），在純然「反省於對象」之反省動作中，不顧及

190

由對象而被得到的任何概念，而**被評估**爲這樣一個對象之表象中的一種**愉快之根據**時，則此種愉快亦被判斷成是必然地與此對象之表象相結合者，因而它亦不只是對「攝受此形式」的主體〔人〕而爲愉快，且亦對一切作判斷的「**人一般**」而爲愉快。如是，此對象便被名曰「美」；而「藉賴著這樣一種愉快(因而也具有普遍妥效性的愉快)而去下評判」這種下評判之機能便被名曰「**審美品味**」(taste)。因爲既然愉快之根據被使只處於對一般反省而言的「**對象之形式**」中，因而結果，並不處於「對象之任何**感覺**〔**材料**〕」中，且亦並不牽涉那「可以某事或他事爲目的」的任何概念，是故反省中的對象之表象(其條件是普遍地先驗有效者)是與什麼相諧和一致呢？曰：它乃正是與主體中的「判斷力之經驗使用一般」中的合法則性(此合法則性即想像與知性之**統一**)相諧和一致，而且單只與此中之合法則性相諧和一致，除此以外，別無其他。而因爲對象與主體之機能之此種相諧和一致是**偶然的**，是故它遂惹起或招致了就主體之**認知機能**而言的對象方面的「一種**合目的性**」之表象。

Ⅶ.4 現在，在這裡就存有一種愉快，此愉快就如同一切快與不快一樣，它不是經由「自由」概念之作用而被引起的(即是說，它不是經由藉賴著純粹理性而成的較高欲望機能底先行決定 antecedent determination 而被引起的)。如此樣的愉快，沒有**概念**能夠使我們去把它視爲**必然地**與一**對象之表象**相連繫。「這樣的愉快被認爲與此對象之表象相連繫」這一述說必須總是只通過「反省的知覺」始云然。結果，這一述說就像一切經驗判斷一樣，它是不

191

能夠去宣告「**客觀的必然性**」的，而且它亦是不能夠有要求於「**先**

驗的妥效性」的。但是，這樣一來，**審美判斷**事實上卻亦像每一其他經驗判斷一樣，它只要求於**有效於每一人**，而且此總是可能的，不管其「內在的偶然性」爲如何。關於此審美判斷，那唯一奇異的一點，或那很特別的一點，便是如下之所說，即：那「經由審美判斷而猶要求每一人皆有之，恰像眞是一謂詞而與對象之認知聯合於一起，而且要與對象之表象相連繫」者實並不是一**經驗的概念**，但只是一**愉快之情**（因而亦畢竟並不是一**概念**）。

Ⅶ.5 單個人的經驗判斷，舉例言之，如一個「在一水晶體中覺察一滴流動的水」的人之判斷，像這樣單個人的經驗判斷實正當地指望每一人皆見到這所述的事實，因爲這單個人的經驗判斷已依照一可能經驗一般底法則下的**決定性的判斷力**底普遍條件而被形成。同樣，一個「心中無任何概念，而只在單純地反省於一**對象之形式**中而感覺到愉快」的人也正當地要求於每一人之契合，雖然此判斷是經驗的而又是一單個人的判斷。因爲此**愉快之根據**是見之於「**反省判斷**」之雖**主觀**而卻是**普遍的**條件中，即是說，是見之於一**對象**（不管是自然之產品抑或是藝術之產品）之與**諸認知機能**（想像及知性）底相互關係之「**合目的性的諧和**」（final harmony）中（語中所謂諸認知機能乃是每一經驗的認知之所需要不可缺少者）。因此，審美品味判斷中的**愉快**無疑是依靠於一經驗的表象，它並不能**先驗地**被聯合到任何概念上（一個人不能**先驗地決定**什麼對象將是合於審美品味的或不合於審美品味的，一個人必須**去找出**那合於或不合於審美品味的對象）；如是，**愉快**之被使成爲此審美判斷之**決定根據**是但只藉賴著吾人之意識到它簡單地只基於「反省」上，並基於「此反省之與**對象知識一般**相諧和（在此相諧和上，對象之形式是合目的的)這相諧和之雖只主觀而卻普遍的條件」上，而然。

Ⅶ.6 此就是審美判斷之所以隸屬於一種「批判」〔衡定〕，即就審美判斷之可能性而言的一種「批判」〔衡定〕之故。因爲審美判斷底可能性預設一**先驗的原則**，然而這先驗的原則既不是對**知**
192 **性**而言的**認知原則**，亦不是對**意志**而言的**實踐原則**，因而它亦決無法是**先驗地決定性的原則**。

Ⅶ.7 但是，從對於事物(不管是自然物抑或是藝術品)底形式之**反省**而生起的愉快之感受不只表示**對象方面**的一種**合目的性**(所謂對象是指其依照自然之概念關聯於主體中的**反省判斷力**而言的，不只表示這樣說的對象方面的一種合目的性)，且反過來，它亦表示**主體方面**的一種**合目的性**，此乃在關於對象之**形式**或甚至**無形式**中回應自由之概念者。這樣說來，結果是如此，即：美學判斷它不只作爲一「**審美品味之判斷**」而涉及於「美」(beautiful)，且亦由於它是從一「**較高級的理智的情**」而發出者，是故它亦涉及於「崇高」(sublime)。因此，上說的「美學判斷力之批判」必須依此線索而分成兩主要部分。

Ⅷ 自然底合目的性之邏輯的表象

Ⅷ.1「合目的性」可依兩路被表象於一給與於經驗中的對象上。〔1〕其被表象於經驗中的對象上可以被使成爲視**純粹主觀者**而定。在此情形中，對象就其形式而論是被思量爲呈現於「**先於任何概念**而存在」的**攝取**(apprehension，apprehensio)中的；而

「對象之形式之與**諸認知機能相諧和**，相諧和以便爲一般認知去促成直覺與概念之相結合」，這層意思則是當作「對象底形式之一合目的性」而被表象的。要不然，則亦可另有一路，即〔2〕：合目的性底表象〔即被表象於經驗中的對象上的那合目的性之表象〕可被使成爲**視客觀者而定**，在此情形中，合目的性是被表象爲**對象之形式**之與**事物本身底可能性相諧和**，其如此被表象乃是依照那「含有此對象底形式之根據」的事物之一**先行概念**而然的。〔以上是表象合目的性之兩路。〕我們看出前一種合目的性之表象是基於「**愉快**」的，此愉快乃是在那「在對於對象底形式之**純然反省**中**直接被感到**」的愉快。但是後一種合目的性之表象，由於它並不把「**對象之形式**」關涉到**主體**之「有事於對象形式之攝取」的**諸認知機能**，但只「把對象之形式」關涉到一**特定概念**下的對象之**確定的認知**，由於是如此云云，是故它並無關於事物中的**快樂之情**，但只與知性以及知性之**對於事物之評估**有關。當一對象之概念已被給予，則判斷力之**功能**，依其爲認知而使用該概念而言，即**存於呈現或展現**（consists in presentation, exhibito）〔意即存於其提薦或呈現具體者之作用〕，即是說，**存於**在概念外**置放**一「相應於該概念」的**直覺**。在這裡，這種展現可以是如此，即：我們自己的想像力就是**任事的行動者**，此如在藝術之情形中，在這裡，我們是把那「我們將其擺在我們自己面前以爲一目的」的一個對象之一預想的概念予以實化而使其成爲眞實的。或不然，那展現亦可是如此，即：行動者可以是自然之在其技巧中，即是說是**巧妙之自然**（此如在有機體之情形中），此時我們是把自然解成我們自己所有的一個**目的之概念**，這樣解之，以便有助於我們之對於自然之產品之評估。在此情

193

形中，那被表象的並不是自然之於**事物之形式**方面之一**純然的合目的性**，乃是那當作一**自然目的**看的**產品之自身**。順此而言，**雖然**我們的這個概念，即「自然在其經驗的法則中於其形式面是主觀地合目的的」這個概念，決無法是一「**對象之概念**」，但只是判斷力之一原則（這原則是判斷力用之以便在自然之廣大的多樣性中去供給其自己以概念，這樣它或可能夠去了解其自己之方向而不至茫然無所歸），**雖是如此云云**，然而**在這裡**，卻又好像是依據一目的之類比，有一種「顧及我們的認知機能」之**顧及**或**關注**被歸屬給自然。因此，「**自然的美**」可以被看成是「形式的即純然主觀的合目的性之概念之呈現或具體展現」，而「**自然的目的**」則可以被看成是「一眞實的即客觀的合目的性之概念之呈現或具體展現」。自然的美，我們經由**審美品味**（taste）來評估之（即藉賴著愉快之情而**美學地**評估之）；自然的目的，我們經由**知性**與**理性**來評估之（即依照概念而**邏輯地**評估之）。

Ⅷ.2 判斷力之批判之區分成**美學的判斷力**之批判與**目的論的判斷力**之批判即是基於上說之考慮而作成的。第一部是意謂「因著快與不快之情而評估**形式的合目的性**（或不然名曰**主觀的合目的性**）」這種**評估之能**。第二部則是意謂「因著知性與理性而評估**眞實的合目的性**（亦曰**客觀的合目的性**）」這種**評估之能**。

Ⅷ.3 在判斷力之批判中，討論美學判斷力的那一部分是**本質地相干者**，因爲單只是那一部分它含有一個**原則**，此原則完全**先驗地**爲判斷力所引介，引介之以爲其反省自然之基礎。此一原則就是自然之「依其特殊的（經驗的）法則對我們的諸認知機能而言」的那「**形式的合目的性」之原則**——這一原則若無之，知性便不能覺得其自身在自然中**有歸宿**：然而爲什麼必有**自然之客觀的目的**，即是說，爲什麼事物只有作爲**自然的目的**才是可能的，這並無理由是**先驗地**可指派的，當然也不能有從那作爲經驗之一對象的自然之概念（不管依自然之普遍面而言的自然抑或依其特殊面而言的自然）而來的一個顯然可見的理由之可能性。但是，在「上面所說〔自然之形式的合目的性之〕超越的原則早已預備好知性去把一**目的之概念**應用於自然（至少是關於自然之形式中的自然）」以後，那只有這判斷力，即「其自身並不在**客觀目的**方面先驗地具有一原則」的那判斷力，它在現實地出現的（某些產品〔如有機體〕之）情形中包含有「**依理性之興趣**而使用**目的之概念**」之規律。 194

Ⅷ.4 如上說，我們實有一超越的原則，經由此超越的原則，**自然之合目的性**在其主觀的涉及——涉及於我們的**諸認知機能**之涉及中，可當作對於一物之形式之評估之原則而被表象於此物之形式中。此自不錯。可是如此說的這超越的原則是讓以下之問題爲完全不被決定的，即：「在**何處**並在**什麼情形**中，我們須依照**合目的性之原則**而不簡單地只依照**普遍的自然法則**去對於作爲一產品的對象作我們的評估」這問題爲完全不被決定的。那超越的原則它把這工作即「裁決此產品（依其形式而言的產品）之**契合於我們的諸認知機能**爲一審美品味之問題」之裁決工作轉讓給**美學判斷力**（審美品味之問題是這樣一種事，即美學判斷力之裁決之並不是因著與**概念**相諧和而裁決之，但只因著**情感**而裁決之）。另一方面，那**目的論地被使用的判斷力**它指定出這樣的一些決定的條件，即在這些決定的條件下，某物（例如一有機體）是依照「一自然之目的」之理念而被評估的。但是，這目的論地使用的判斷力**它不能**從自然之作爲一經驗之對象之概念裡去援引一個原則，援引之去把這目的論地使用的判斷力底**這權力**即「先驗地把**涉及目的歸給自然**，或甚至只不決定地從現實的經驗裡在這樣的產品之情形中**去假定這些目的**」**這權力**給予於這判斷力〔目的論地使用的者〕。這目的論地使用的判斷力之所以不能從作爲經驗對象之自然之概念裡去援引原則以給與其自己以如此這般云云之權力之理由是如此，即：要想能夠只是經驗地去認知某一對象中的**客觀的合目的性**，則許多特殊的經驗必須被集合起來，而且必須在這些特殊經驗底原則之統一下被檢查。目的論地使用的判斷力既然如上所云，因此，我們可說：**美學判斷力**是「依照一**規律**但不依照**概念**來作評估」這一種特殊的評估之機能。而**目的論的判斷力**則不是一特殊的機能，但只是**一般的反省的判斷力**，此反省的判斷力之進行，如其常在知解認知中之進行那樣，它總是依照**概念**(但在關涉於**某些自然之對象**中依照概念)，遵循一些**特殊的原則**，即一種「只是**反省的**而並不**決定對象**」的**判斷力**之**特殊的原則**，而進行。因此，就它的應用而言，它屬於哲學之**知解的**〔理論的〕**部分**，而依據它的**特殊原則**而言，(此等特殊原則不是**決定性的成素**，就像那些「屬於正辭斷義之主張 doctrine」的諸原則所須是者那樣)，它又必須形成本批判之一**特殊的**部分。另一方面，**美學的判斷力**對於其對象之認知並不貢獻什麼事。因此，它必須只被部署於「下判斷的主體以及此主體之諸知識機能」之**批判**中，只要當這些知識機能能夠具有先驗的原則時(不管這些知識機能之使用在此審美判斷以外之使用是什麼——是知解的使用抑或是實踐的使用)。這一種下判斷的主體以及此主體之諸知識機能之**批判**乃即是那「對於一切哲學之前奏」的一種**批判**：美學判斷力必須只被部署於**這樣一種批判**中。

Ⅸ 知性之立法與理性之立法這兩層立法藉賴著判斷力而有結合　195

Ⅸ.1 **知性**先驗地爲那「作爲一感取之對象」的**自然**規立法則，這樣，我們便可以在一可能經驗中對於自然有一知解的〔理論的〕知識。理性先驗地爲自由以及自由之**特種因果性**，即爲那在主體中作爲**超感觸者**，規立法則，這樣我們便可以有一純粹地實踐的知識。在這一層立法下的自然概念之界域以及在另一層立法下的自由概念之界域因著那使**超感觸者**與**現象**〔**感觸物**〕區以別的那巨大的鴻溝而截斷了那一切交互的影響，即「它們兩者各依其自己之原則可施之於另一方」的那交互的影響。自由之概念在關於「自然之知解的〔理論的〕認知」這方面不決定任何事；而自然之概念在關於「自由之實踐的法則」這方面亦同樣不決定任何事。如是，要想去架起一個「從此一界域過渡到另一界域」的橋樑，這並不是可能的。話雖如此，可是雖然依照自由之概念（以及此自由概念所含的實踐規律）而成的那「因果性之決定根據」在自然中並無地位，而感觸的東西也不能決定主體中之超感觸的東西，然而逆反過來卻是可能的（當然實不是在關於自然知識中可逆反過來，而是在關於那「由超感觸的東西而發生並與感觸的東西有關」的那後果中而可逆反過來。）〔案：意即：雖然自然中感觸性的東西不能決定自由中超感觸性的東西，然而由超感觸性的東西而產生的**後果**卻落在自然界而與感觸性的東西有關。〕實在說來，此所說逆反過來的那情形實函在經由自由而成的因果性之概念裏，此經由自由而成的因果性之**作用**，在其符合於自由之形式法則中，**產生結果於世界中**。但是「**原因**」這個字，在其應用於**超感觸的東西**上，只指表這樣**一個根據**，即：這根據它把自然中諸事物之因果性決定至這樣一個**結果**，即「既符合於自然事物之專有的**自然法則**，而同時復又與理性底法則之**形式原則**相吻合」這樣的結果。如此樣的根據，雖其可能性不可滲透，然而它仍然可以完全清除那「它被斷定要去捲入」的那矛盾之責難。①

①康德原註云：

在自然之因果性與經由自由而成的因果性這兩者間之完整的區分中的種種設想的矛盾之一便是被表示於以下的責難中者，即：當我說自然對於依照自由之法則（道德法則）而成的因果性以**阻礙**而對反之或以**贊助**而助成之時，我便即時承認了自然對於自由之影響。但是如果對於此中陳述之意義稍予以注意，則此種誤會是很容易避免的。抵阻或贊助〔促成〕並不存於**自然**與**自由**之間，但只存於作為現象的**自然**與作為感取世界中的現象的**自由之結果**之間。甚至自由底因果性（純粹而實踐的理性底因果性）也是隸屬於自由下的**那一個自然原因底因果性**（即那「被視為人，因而結果也就是說被視為**現象**」的**那個主體底因果性**），而且是這樣一種因果性，即此因果性底決定之根據是含在**智思物**中者，即是在**自由**下被思者，而其含在智思物中，在自由下被思，是依「不再可有進一步的解釋或另樣的解釋」之樣式而然（恰像是那**智思物**它形成自然之超感觸的基體之情形）。

Ⅸ.2 依照自由之概念而來的**結果**是「**終極目的**」（final end，最高善、圓善），此「終極目的」是應當實際存在著的（或說此「終極目的」之於感觸世界中之顯現是應當實際存在著的），而說到這一點，我們須於**自然**中預設該**目的底可能性**之條件（即是說，須於作爲感觸世界之一**存有**即作爲人的那**主體底自然或本性**中預設**該目的底可能性**之條件）。此條件之如此被預設是先驗地而且用不著顧及實踐之事而即爲**判斷力**所預設。**判斷力**這一機能，以其所有的「**自然之一合目的性**之概念」，它把那「**自然概念**」與「**自由概念**」間的**媒介概念**供給給我們——這一媒介概念使「從**純粹知解的〔知性之立法〕**轉到**純粹實踐的〔理性之立法〕**」爲可能，並使「從依照**自然之概念**而有的**合法則性**轉到依照**自由之概念**而有的**終極目的**」爲可能。因爲通過那個媒介概念，我們認識了那「只能在自然中且在與自然之法則相諧和中被實現」的那**終極目的**之可能性。〔案：此與註前之文原文爲一整段，因中間有一註文，故隔斷了，遂暫分開。〕 196

Ⅸ.3 **知性**，因著「其先驗地爲自然供給法則」之可能性，它對於這事實，即「自然只能當作現象爲我們所認知」這一事實供給一證明，而在其對此事供給一證明中，它復指點到自然有一「**超感性的基體**」；但此基體，知性讓其爲完全**不決定的**。**判斷力**，因著其依照自然之可能的特殊法則而成的「自然之評估之**先驗原則**」，它供給出這「超感性的基體」（即我們自身內的自然以及自身外的自然之超感性的基體），其所供給出的這超感性的基體乃是那具有

「通過**理智機能**而爲可決定」之「**可決定性**」者。但**理性**則因著其實踐法則**先驗地**給此超感性的基體以「**決定**」。這樣，**判斷力**遂使從**自然**概念之界域轉到**自由**概念之界域爲可能。

Ⅸ.4 關於一般說的諸心靈機能，視之爲高級的機能，即視之爲「含有一自律性」的機能者，**知性**是如此之一種機能，即：它是一個「爲**認知機能**(爲自然之知解的知識)而含有先驗的構造原則」之機能。**快與不快之情**則是爲判斷力所供給，此所謂判斷力是指其獨立不依於那些概念與感覺，即「它們涉及欲望機能之決定並因而能夠成爲直接地實踐的」那些概念與感覺而言者。對**欲望機能**而言，則有**理性**，此理性是實踐的，其爲實踐的是用不著任何快樂(不管是什麼起源的快樂)之媒介而即可爲實踐的，而且此理性復亦爲此欲望機能(當作一較高級機能看的欲望機能)決定「**終極目的**」，此「**終極目的**」同時也伴隨之以純理智的愉悅——愉悅於其對象之愉悅。此外，判斷力之「自然之合目的性」之概念是落在自然概念項目下的，但只作爲諸認知機能之**軌約原則**而落於自然概念項目下——雖然對於某些對象(屬自然界者或屬藝術品者)所作的那**美學判斷**(足以引起「自然之合目的性之概念」的那美學判斷)，在關涉於快與不快之情中，是一**構造原則**。諸認知機能之諧和一致含有愉快之根據。這樣的諸認知機能之「**自由活動**」〔**遊戲**〕中的那**自發性**使「自然之合目的性之概念」成爲一適宜的媒介鍊索藉以把「自然概念之界域」與「自由概念之界域」連繫起來(自由概念是就**自由概念之後果**而言的自由概念＊)，蓋以諸認知機能之諧和一致固含有愉快之根據，而同時它亦可促進心靈對於道德情感之感受也。下面的表列可以有便於通覽上述一切機能之系統

197

性的統一①：

心靈機能表	**認知機能表**
諸認知機能（知）	知　性
快與不快之感（情）	判斷力
欲望機能（意）	理　性
先驗原則	**應　用**
合法則性	自　然
合目的性	藝　術
終極目的（最高目的或最高善、圓善）	自　由

〔**譯註＊**〕：

案：原文及其他兩英譯，在「自由概念之界域」中之「自由概念」之後，皆有「就其後果而言」之片語，此片語中之「其」字是「自由概念」之代詞，故此片語是形容「自由概念」的，而 Meredith 之譯則將此片語列於「自然之合目的性之概念」之後，如是，則「其」字是代「合目的性之概念」的，而此片語亦是形容此「合目的性之概念」的，此則非是，故依原文及其他兩英譯把此片語列於「自由概念」之後而爲形容「自由概念」的。

〔**原註①**〕：

在純粹哲學裡，我所作的區分幾乎總是三分的，這被認爲有點可疑。但我之所以如此作，這是由於事實之本性而然的。如果一種區分須是先驗的，則它必須或是依照矛盾律而為分析的，此則總是二分的（quodlibet ens est aut A aut non A：any entity is either A or not A），或是綜和的。如果它是在綜和之情形中從先驗概念而被引生出（不像在數學中從「相應於概念」的先驗直覺而被引生出），則須接觸到綜和統一一般之所需要者，即需要有：(1)一個能制約之條件，(2)一個被條件所制約者，(3)由「被制約者」與「制約之者」之聯合而產生之第三概念，如是則區分必然是三分的。

第一部　美學判斷力之批判

（判斷力之表現爲美學判斷之批判）

第一分　美學判斷力之分析

203

〔判斷力之表現爲美學判斷之分析〕

第一卷　美之分析

審美品味之判斷之第一機要：第一相（質之機要：質相）

〔依一般判斷之質的功能而說審美判斷之質之機要：質相〕

這裡所依據的「審美品味」之定義是如此，即：審美品味是「評估〔或評判〕美」之機能。但是名一對象曰「美」時所需要的東西之發見必須有待於審美品味之判斷〔或品鑒判斷〕之分析。在我之尋求那些機要，即爲審美判斷力之在其反照時所應予注意的那些機要（moments）中，我是遵循著判斷之**邏輯功能**之指導而進行的。（因爲審美判斷總是**涉及於知性**的。）我首先把「質之機要」置於討論之下，因爲這是「關於美」的美學判斷所首先要顧及的。〔案：此原爲「審美品味」一詞之註文，今置於首以爲正文。〕

〔一般判斷之邏輯功能有四：一曰質之功能，二曰量之功能，三曰關係之功能，四曰程態之功能。依此，

Ｉ、依據一般判斷之質之功能而說審美判斷之**質之機要**，此爲

審美判斷之**第一機要**。

Ⅱ、依據一般判斷之量之功能而說審美判斷之**量之機要**，此爲審美判斷之**第二機要**。

Ⅲ、依據一般判斷之關係之功能而說審美判斷之**關係之機要**，此爲審判判斷之**第三機要**。

Ⅳ、依據一般判斷之程態之功能而說審美判斷之**程態之機要**，此爲審美判斷之**第四機要**。〕〔案：此爲譯者所補。又「機要」歷來譯爲「契機」，不甚可解。機要者重要關鍵或竅門之義。一般判斷之四種邏輯功能即是了解審美判斷之特性之機竅。通過每一機竅可以了解一相，故四機要亦可直接說爲四相。審美判斷之第一機要即第一相，即質之相也；第二機要，第二相，即量之相也；第三機要，第三相，即關係相也；第四機要，第四相，即程態相也。審美判斷之質相是說審美判斷之無任何利害關心或利害興趣者；其量相是說其「無待於概念」的普遍性；其關係相是說其「無目的」的合目的性；其程態相是說其「無待於概念」的主觀必然性。判斷之邏輯功能以及由此功能說範疇，此皆就知識說，有實義。今由之以說審美判斷之機要是虛用之以顯審美判斷之特性，無質、量、關係、程態之實義也。〕

§1　審美品味之判斷是美學的判斷

如果我們想去辨識任何東西是否是美，我們並不是藉賴著**知性**以認知爲目的把此任何東西之表象關涉到**對象**上去，但只藉賴著**想像**(或許在與知性相結合中活動著的想像)，我們把那事物之表象關涉到**主體**以及**主體**之「**快或不快之情**」。因此，審美判斷不是一認知的判斷，因而亦不是一邏輯的判斷，但只是一美學的判斷，此美學的判斷其意是如此，即它是這樣一個判斷，即其被決定以成爲一美學判斷之決定根據**除是主觀的外不能是別的**。每一表象之關涉皆可成爲客觀的，甚至感覺表象之關涉亦然（在感覺表象之關涉之情形中，此關涉指表一經驗表象中的眞實物）。唯一例外者便是**快或不快之情**。此快或不快之情於對象方面一無所指表，它但只是如此之一種情感，即此一情感乃即是主體自己所自然有之或感之者，而且亦即是主體自己之隨「其如何爲表象所影響」而自然有之或感之者。 204

以吾人之認知機能去理解一整齊而適用的建築物，不管這認知機能之表象模式是清楚的抑或是混暗的，這總是完全不同於以一種伴隨的「**愉悅之感覺**」去覺識此表象。在此後者之情形裡，表象是完全涉及**主體的**，且尤甚者，是完全涉及**主體之生活之情**的（在愉快或不愉快之情之名下涉及**主體之生活之情**），而此種涉及又形成一完全特別之**辨別之機能**與**評估之機能**之**基礎**，它對於知識是一無貢獻的。它所盡的一切只是去把主體中之特定表象拿來和心靈在其〔愉快或不愉快之〕狀態之情感中所意識到的「全部表象之機能」相比對。在一判斷中的諸特定表象可以是經驗的。因而亦可是美學的；但是經由以此等特定表象爲工具所宣告的那判斷，如若它把這些特定表象關涉到**對象**上去，則它便是**邏輯的判斷**。反之，設這些特定表象雖即使是理性的，但若在一判斷中它們只關涉到**主體**（關涉到**主體之情感**），如是，則「它們總是一些美學的表象」。〔依 Bernard 譯：「如是則**此判斷**總是**美學的判斷**」。〕

§2 決定審美判斷的那愉悅是獨立不依於一切「利害關心」者

一種愉悅(delight, Wohlgefallen),如若我們把它拿來和一對象底**眞實存在之表象**相連繫,則此愉悅被名曰**利害關心的愉悅**。因此,這樣的一種愉悅總是牽連及欲望〔意欲〕機能的,或是當作意欲機能之決定根據而牽連及之,或不然,則是當作和意欲機能之決定根據必然地相連繫者而牽連及之。現在,當問題是「某物是否是美」時,我們並不需要去知道我們或任何別人是否或能否和**事物之眞實存在**有關,但只須去知道我們依據純然的默會(直觀或反照)對於此事物形成的是什麼評估。如果有人問我:我是否認爲我眼前所見的皇宮爲美,則我或可回答說:我並不留意那種只令人張口呆看的東西。或不然,我也可用像伊洛喀的沙赫姆(Iroquois sachem 美洲土人酋長)那樣腔調作回答,此酋長曾說在巴黎沒有什麼東西比小吃店更足以使他喜悅。我甚至也可以更進一步而以盧騷式的氣力痛罵那些「浪費人民底血汗於這些奢侈無用的東西上」的大人物之浮華。或不然,最後,我也可以很容易勸我自己說:假若我身居於一無居民的荒島上,決不希望再回到人間,並且我也能因著一純然的願望而用魔術使這樣一座宮殿有存在,即使我能如此,我也不願勞神去作此等事,只要我有一茅舍在這裡它對於我是很夠舒適的即可。一切這些說法皆可承認,亦皆可贊許;只是這皆不是現在的論點。一個人所想去知道的一切只是:對象之純然的表象是否**合我的意**或**令我喜歡**,不管我對於此表象底對象之眞實存在是如何之不關心。這是很顯明的,即:要想說對象是**美的**,並且要

205

想去表示我有審美力，則一切皆依我所能給與於此表象的意義而定，而並不是依那「使我依待於對象之眞實存在」的**任何成素**而定。每一人皆必須承認：一個關於美的判斷若夾雜之以些微的利害關心，它便是偏傾而有所依的，而不是一純粹的審美判斷。一個人必不可有絲毫先入之見以偏愛於事物之**眞實存在**，但必須在這方面要保存完全的**不關心**，如若想在審美之事中盡評鑑家之本分。

此一命題是一最重要的命題，它只能用以下對比的辦法來說明，即把那顯現於審美判斷中的**純粹無利害關心**①的愉悅和那聯合到一利害關心的愉悅相對比，用這對比之辦法來說明。如果我同時也能確保除那種於下文即刻要被講到的利害關心外，再無別種利害關心時，尤其當該用那對比之法來說明。

〔**原註①**〕：在此，康德有註云：

於我們所愉悅的一個對象作一判斷，這所作之判斷可以完全是無利害關心的，但此無利害關心的判斷卻仍然又十分令人關心，即是說，此判斷不依靠於任何利害關心，但它卻產生一利害關心。一切純粹道德判斷即是這類判斷。但是，審美判斷其自身甚至亦並不建立任何利害關心，不管是那一種。惟在社會中要有審美力，這卻是令人關心的事。這一點將在後文說明之。

§3　愉悅於「適意」是伴之以「利害關心」者

凡感官覺得那在感覺中令人愉快者便是**適意的**〔案：如所謂賞

心悅目〕。此義即刻供給一方便的機會以便**評斥**「感覺」一詞所能有的雙重意義之流行的混擾，並把特殊的注意指引到這種混擾。一切愉悅(如所說的或所想的)其自身就是(一種快樂之)感覺。結206 果，每一令人愉悅的東西皆是適意的，而且亦即因其令人愉悅之故，它才是適意的——而依照此適意之不同的程度，或依照此適意之關聯於其他適意的感覺，它又可是有吸引力的，是嫵媚的，是美妙的，是可欣賞的，等等。但是如果此義已被許可，則決定「性好」的那些「感官之印象」，決定「意志」的那些「理性之原則」，或決定「判斷力」的那些純然默想或反照的「直覺之形式」，凡此等等在那「有關於它們之有效果於快樂之情」的每一東西中皆是**等價的**，因爲此必應即是一個人的狀況之感覺中的適意性；而由於在最後的審結中一切我們的機能之精巧嚴密的工作皆必須歸於實踐而且亦必須聯合於實踐以爲其目標，是故我們不能以那存於事物所許諾的愉快之辦法以外的任何其他評估「事物及事物之價值」之辦法來信任我們的機能。「此如何被達到」這在最後是不關重要的；而因爲手段之選擇在這裡是那唯一能有差異的事，是故人們實可互相責以愚蠢或不慎，但卻決不能互相責以卑下或邪惡；因爲他們每一人，依照其自己的看事物之路，盡皆追求同一目標，此同一目標對每一人而言即是所說之愉快。

當快或不快之情之一變形或具體樣相被名曰「感覺」時，這感覺一詞之意義完全不同於當我名「一物之表象」(即**經由**那「屬知識機能」的**接受性之感取**而成的那一物之表象)曰「感覺」時這感覺所有之意義。在此後一情形中，表象是涉及**對象的**，但在前一情形中，則表象只涉及**主體**，而且亦並不合用於任何**認知**，甚至並不合用於主體所由以認知其自己的那**認知**。

現在，依上說的界定，「感覺」這個字是用來去指示「感官感取之一**客觀的表象**」的；而要想去避免經常冒誤解之險，則我們將以「情感」這慣用之名來稱呼那「必須總是仍爲純粹主觀的，而且是絕對不能形成一**對象之表象**」的那種感覺。草地底綠色，當作感官感取底一個對象之知覺看，是屬於**客觀的感覺的**；但是此綠色底適意性則是屬於**主觀的感覺**（經由此主觀的感覺，無**對象**可被表象），即是說，它是屬於**情感**，通過此情感，對象被視爲是愉快之對象（此情感並不包含有對象之認知）。

現在，設對一對象作判斷，如若因此判斷，對象之適意性得以被肯定，如是，則此判斷於此對象表示一利害關心，這是甚爲明顯的，其爲顯明是由這事實，即「通過感覺，此對象可激起一對於同類對象的欲望」這事實，而可見；如此說來，結果是：愉快所預設的，不是關於對象之**單純的判斷**，而是**對象之眞實存在**之關聯於我的狀況，當我爲這樣一個對象所影響時。因此，我們對於適意不只說它令人**悅意**，而且說它令人**快樂**。我並不是給與它一單純的同意〔贊許〕，而是性好由它而引起，而當適意是屬最生動的形態時，一關於「**對象之特性**」的判斷是如此之完全無地位以至於那些只想享樂者（享樂是指示快樂底強度之詞）必欣然願意廢除一切判斷。 207

§4　愉悅於「善」是伴之以「利害關心」者

那「藉賴著理性只經由概念而令人愉悅」者便是善。我們名那「只作爲一工具而令人愉悅」者曰**對某事而爲善**（以其有用而爲善）；但是那「依其自己之故而令人愉悅」者，我們名之曰**其自身**

即是善。在這兩種情形裏，「一目的」之概念是被函蘊著的，結果，理性之關聯於意願（這關聯至少是可能的），因而一種對於一對象或行爲之存在之愉悅，是函蘊著的，這即是說，某種或他種利害關心是被函蘊著的。

要想認某物爲善，我必須總是要知道這對象所應是的是一種什麼事，即是說，我必須對於這對象有一概念。但是要想能夠使我去在**一物中看出美**，那一點知識卻並不是必要的。花、自由的素描、毫無目的地交錯著的線條（技術地名之曰簇葉者），凡此無任何**表意**，亦不依靠任何**確定的概念**，然而這些卻令人愉悅。**愉悅於美**必須依據於對於一對象之**反照**，此所反照之對象乃是先行於某一（非確定地決定的）概念者〔意即在有概念以前就有的〕。這樣說來「愉悅於美」亦不同於「〔愉悅於〕適意」，「〔愉悅於〕適意」完全基於感覺。

在好多情形中，無疑，「適意」與「善」是可互轉的詞語。人們常說：一切快樂（尤其經久的快樂）其本身自然是善的；此語幾乎等於說：「成爲常期地適意的」與「成爲善的」是同一的。但是顯而易見這說法只是可厭的「詞語之混擾」，因爲適當於這些詞語的那概念是很不能互換的。「適意」，如其爲適意而觀之，它只在 208 關聯於**感取**中表象對象。如此所說的適意，要想作爲意志之一對象，而被名曰善，則它必須首先通過一目的之概念而被置於理性底原則之下。但是當那**令人適意**的東西它同時亦被名曰**善**時，那**適意之關涉於愉悅**與**善之關涉於愉悅**是完全不同的，此義由以下之事實看來是十分顯明的。所謂以下之事實即是這事實，即：若就「善」而言關涉於愉悅，則問題總是是否這善是**間接地善**，抑或是**直接地**

善，即是說，它是以**有用而爲善**抑或是**在其自身即是善**；可是若就「**適意**」而言關涉於愉悅，則此問題決不會發生，因爲「適意」這字總是意謂那「直接地令人愉悅」的東西——而就我所名之曰「**美**」的東西而言**關涉於愉悅**，其情形亦正同於此。

甚至在日常言談裏，適意與善之間也有分別。對於一種以香料與其他作料來刺激口味的菜餚，我們可無遲疑說它是**適意的**，雖一直承認它並不是**善的**：因爲雖然它直接滿足感官的官覺，然而它間接地卻是不令人愉悅的，即是說，在先顧及後果的理性眼光中看來它是不令人愉悅的。甚至在我們之評估健康中，此同樣的分別也可以被查出。對於一切有健康的人，健康是直接地適意的，至少是消極地適意的，即是說，由於遠離一切身體的痛苦而爲適意的。但是，如果我們要想說它是善的，我們必須訴諸理性把它指引到**目的**上去，即是說，我們必須視健康爲一種狀態，這狀態足以使我們對於一切我們所必須去作的事皆有**精神相投的興會**。最後，就**幸福**而言，每一人皆相信：生活底快樂底最大綜集（就快樂之情之持久以及所估計之數而言的最大綜集）就值得一**眞正的善**之名，不，甚至值得**最高善**之名。但是理性卻亦反對此種想法。適意是享受。但是如果享受是唯一我們所要專心以求的，則關於爲我們獲得享受的那方法有所躊躇——考慮它是否**被動地**因著大自然之恩惠而被得到抑或是**自主地**並因著我們自己的雙手之工作而被得到，這必會是愚蠢的了。但是，若說「一個只爲享受而活著的人（不管他在這方面是如何的忙碌）在其眞實的存在中有任何內在而固有的價値」，則理性決難被說服使之認此說法爲是。縱使此人當他只爲享受而活著時，他也作爲一達到該目的的優異工具而服務於旁人（依他而觀一切人皆只意在於享受),而又有進者,他之服務於旁人是因爲通過同情心他可分享旁人的一切快樂而服務於旁人:縱使此人是如此云云,若說他之眞實存在便有一內在而固有的價值,則理性仍然不能被說服使之認此說法爲是。只有因著一個人所作的不注意於享樂,而只在完全的自由中,而且獨立不依於他被動地由大自然之手所能獲得者,他始能把一**絕對的價值**給予於他的**存在**,他的作爲一個人底**眞實存在**。幸福,連同著幸福方面一切過多的享樂,遠不足爲無條件的善。①

209

〔**原註①**〕:在此,康德有註云:

「**義不容辭於享樂**」〔享樂而是一義務〕是一**顯然的荒謬背理**。依是,要說有一設想的義務,義不容辭地去作那「以享樂爲目的」的一切行事,不管這享樂在思想中被提練(或被粉飾)成是如何之精神的,甚至說它是一神祕性的享樂,所謂天堂的享樂,這也總是同樣的荒謬背理。

但是,不管適意與善間這一切差異,它們雙方皆在一定不移地被伴偶一「利害關心於其對象」這方面卻是相合的。這不僅在適意方面(如§3所說),以及在間接地善方面,即是說,在有用者方面,是如此,且亦在那**絕對地善**以及由每一觀點觀之皆爲善的那種善,即**道德的善**方面亦是如此,道德的善隨身帶有**最高的利害關心**。因爲「善」是意志之對象,即是說,是一理性地被決定了的欲望機能之對象。但是「去意欲某物」,以及「於此某物之**存在**感到**愉悅**」,即是說「於此某物**感有興趣**」,這三語是同一意義的。

§5 三種各別不同的愉悅之比較

「適意」與「善」這兩者皆涉及欲望機能，因而「適意」伴隨之一感性地制約的愉悅（即因著刺激而來的愉悅），而「善」則伴隨之一純粹實踐的愉悅。無論屬「適意」的愉悅，或屬「善」的愉悅，這樣的愉悅皆不只因著**對象之表象**而被決定，且亦因著「主體」與「對象之眞實存在」間的**連繫之表象**而被決定。那不只是**對象**令人悅意，且亦是**對象之眞實存在**令人悅意。可是另一方面，審美判斷則簡單地說來，只是**靜觀默賞**的（contemplative），即是說，其爲判斷是這樣一種判斷，即它對於**一對象之存在**是不關心的〔淡漠的〕，它只裁決對象之性質如何與快或不快之情一致。但是甚至這種「靜觀默賞」其本身也不是**指向於概念**的；因爲審美判斷不是一認知的判斷（既不是一知解的判斷亦不是一實踐的判斷），因而復亦既不是**基於概念**的，也不是意在**指向於概念**的。

適意、美與善這三者指示表象對於快與不快之情的三種不同的關係，而快與不快之情乃是這樣一種情，即在關於此情中，我們區別不同的「**對象**」或不同的「**表象模式**」。又，那「指示我們於三者中之滿足」的那些相應的詞語也是不同的。適意是那使一人〔官能〕快樂者；美是那簡單地只使一人〔無關心地〕欣悅者；善則是那被尊重者（被讚許者），即是說，是那「一人置一客觀價值於其上」者。適意縱使就非理性的動物而言，亦是一有意義的要素；美之有意義是只對**人類**而有意義，即是說，只對那些「**是動物性的**同時**又是理性的**」諸存有而有意義（不是對那些「只當作**理性的存有**看，即只當作**睿智的存有**看」的諸存有而有意義，但只對那些「作 210

爲動物性的存有同時又作爲理性的存有」的諸存有而有意義);而善則是對每一**理性的存有一般**而爲善;此一命題只能在下文中得到其完整的證成與說明。關於這三種愉悅,審美之愉悅可以說是唯一**無利害關心**的愉悅而且亦是**自由的**愉悅;因爲在審美中,沒有任何**利害跂求心**,不管是感性的抑或是理性的,來強人同意什麼事。因此,我們可說:在所講到的三種情形中的愉悅便就是那關聯於**性好**(inclination)的愉悅,或關聯於**歡心寵愛**(Gunst: favour)的愉悅,或關聯於**尊敬**(respect)的愉悅。因爲寵愛歡心是唯一**自由的喜歡**。**性好**底一個對象,以及理性底法則所置於我們的欲望上的一個對象,皆不給我們以任何**自由**去把任何事轉成「**一快樂之對象**」。一切**利害關心**皆預設一**需要**或**渴望**,或喚起一需要或渴望;而由於它是「決定同意」的一個根據,是故它必剝奪了判斷對象時之**自由**(即不再允許對於對象作判斷時判斷之自由)。

就適意之情形中**性好**之趣向而論,人們皆說:饑餓是最好的調味品〔猶如中國所謂「饑者易爲食」〕;而具有健康食欲的人,只要是可吃的東西,他便覺得皆有味。結果,這樣的愉悅沒有審美之指示以便對於選擇說什麼事。只當人們已得到他們所需要的一切,我們始能說在一大群人中誰有**審美力**〔**美感**〕,誰無**審美力**。同樣,茲也可以有正當的習慣儀容(合道德的行動),而無德性;有溫文儒雅而無善意;有中規中矩的禮貌而無謙遜正直之誠實;等等。〔只當德性、善意、誠實,連同其所牽連及的道德興趣(道德的利害關心),皆不存在時,自由的審美品味始能在儀容,文雅、禮貌中顯現其自己。〕因爲當道德法則行令時,則關於一個人所必須去作的,客觀地說來,茲並無**自由選擇**之餘地;而在一個人所依以完成這些道德命令之路數中去表示**審美力**，或在評估他人完成這些命令所依之路數中去表示**審美力**，這是一「完全不同於那『表現一個人的心靈之**道德骨架**』之事」的事。因爲心靈之**道德骨架**含有一個命令，它並產生一種對於某物之需要，而**道德的審美**則只以愉悅之對象作**玩賞**〔**遊戲**〕，而並不眞誠地致力其自己於任何對象。

從第一機要而來的美之定義

211

審美是「**離開任何利害關心**，藉賴著一種愉悅或厭憎，而評估一『對象』或一『表象之模式』」這種評估之之能力。一種「離開任何利害關心」的愉悅之對象便被名曰「美」。

審美判斷之第二機要：第二相（量之機要：量相）

〔依一般判斷之量之功能而說審美判斷之量之機要：量相〕

§6　美是那「離開概念當作一普遍的愉悅之對象而被表象」者

美之此一定義是由上說之「美是一種離開任何利害關心的愉悅之對象」之定義而來者。因爲當任何人意識到其「愉悅於一對象」之愉悅在他是獨立不依於任何利害關心時，則他必不可避免地也要把這所愉悅之對象看成是這樣一個對象，即這對象它含有一「愉悅之根據」，此一根據是對**一切人**而言者，即一切人皆可據之以悅此對象。蓋**既由於**這愉悅並不基於主體之任何**性好**（或任何其他審愼的**利害關心**），但只這主體在關於「他所給與於對象」的喜歡中，他感到他自己是**完全自由的**，是故他找不到「其主觀的自我所可單獨與之發生關係」的那**個人的私自情況**以為其愉悅之**理由**。因此,他必須視這愉悅為基於那「他亦可預設之於任何其他人身上」者;而因此,他必須相信:他有理由要求每一人皆有一**同樣的愉悅**。依此,他於說及美的東西時,必將如此說及,即**儼若美眞是一對象之性質**,而這判斷亦儼若**眞是邏輯**的(因著對象之概念而形成一對象之認知),雖然它實只是**美學**的,而且它實亦只含有「對象底表象之只涉及於主體」。因為它仍帶有這類似於邏輯判斷之類似性,所以它始可被預設為對一切人而有效。但是此**一普遍性不能由概念而發出**。因為從**概念**裡茲並無過轉到快或不快之情之過轉(除在純粹實踐法則之情形中,但是實踐法則隨身帶有一種**利害關心**;而這一212 種利害關心卻並不能附著於純粹的審美之判斷)。結果是:審美判斷,連同著其伴隨的**遠離或解脫一切利害關心**之意識,它必須含有一種「對一切人有效」的**要求**,而且它含有這要求亦必須離開那**附著於對象**上的**普遍性**而含有之,那就是說,在審美判斷處,茲必須伴隨之一「要求於**主觀的普遍性**」之要求。

§7 藉賴上說之特徵比較美與適意及善

關於「適意」,每一人皆同意:人之這樣的判斷,即,「他把他的判斷基於一私人的情感上,而且他在他的判斷中陳說一對象使他喜歡〔滿意〕」,這樣的判斷是只被局限於他個人自己範圍內的。這樣說來,當他說加拿芮酒(Canary wine)是適意的時,如果有別人糾正這說法而提醒他說他應該這樣說,即:「這酒是**對於我**而為適意的」,則他不會認為這糾正有差錯。「對於我而適意」,此語不只應用於舌、顎、咽喉之品嘗,且亦應用於那就任何人而言可對眼或耳而爲適意的東西上。一紫羅蘭色對某人而言是柔和的，可愛的；而對另一人而言，則是無生氣的而且是無光彩的。某人喜歡管樂，另一人則喜歡絃樂。在這些方面，當旁人的判斷不同於我的時，以認定旁人的判斷爲不正確之觀念而去爭論之，爭論得好像兩判斷間的對反如同邏輯的對反那麼樣，這必是**愚蠢的**。因此，就適意而言，這公理是有效的，即：「每一人皆有其獨自的品味」（官覺底品味）。

美則是一完全不同的事。如果一個自誇其品鑒的人想以說「這對象（例如我們所見的建築物，一個人所穿的衣服，我們所聽的合奏，交給評論的詩篇等）**對於我**爲美」來證明其自己爲正當，這必正相反，會是**很可笑的**。因爲如果這對象只是使他個人喜歡〔滿意〕，則他必不名之曰「美」。好多事物對於他可有**魅力**與**適意性**——卻無人來管這閒事；但是當他把一物放在台架上而名之曰**美**時，則他實於一切他人皆要求其有同樣的愉悅。他不只是爲**他自己**作判斷，斷之曰美，而是**爲一切人**作判斷，斷之曰美，如是，他之說美儼若「美眞是事物之一特性」那樣而說之。這樣，他遂說「這物是美的」；而他之說它是美亦並非是這樣地說之，即「好像由於他曾多次見到旁人有這種同意，是故他遂可指望旁人亦同意其今次喜悅之判斷」：並非是這樣地說之，而實是這樣地說之，即如：「他實**要求**旁人皆有此同意」那樣而說之。如果這些人有異樣的判斷〔即不說此物是美〕，則他可責斥他們，而且他亦可不承認他們有他所仍可要求於他們的那審美品味，他仍可要求他們有那審美品味是如「他們所應當有的某物」那樣而要求其有之；言至此，人們不可以說：「每一人皆有其獨自的審美品味」。若這樣說，則此語 213

必等於說「畢竟並無像審美品味這樣的事」，此即等於說：「沒有美學判斷能夠作一正當的要求——要求於一切人皆同意」。

但是就在「適意」之情形中，我們也見到人們所形成的評估實表露人們中間有一「**通行的相契**」，此種相契引導我們信任某些人有審美力，而否認另一些人有審美力，而信任某人有無審美力，其有之或無之又不是把它當作一**官能的感覺**而有之或無之，而是在關於適意一般中把它當作一**批評的機能**〔**能力**〕而有之或無之。如下之人便是如此者，即：一個人他若知道如何以快樂（享受之快樂，通過一切官覺而成者）款待其客人以至於使人皆大歡喜，我們便說此人有**審美力**。〔**案：在中國大體說這人趣味不俗，或是漂亮人物**〕。但是這普遍性在這裡卻只依**比較相對的意義**而被了解；而所應用的規律像一切經驗的規律一樣，皆只是**一般性的**規律，而不是普遍性的規律——此普遍性的規律乃是對於美作品評的品鑒判斷所給與的或所要求去應承的。上說那人有審美力，這**審美力**乃是**社交方面**的一種判斷力，當其基於經驗的規律時。在關於善方面，「諸判斷亦皆正當地肯斷一對每一人有效的要求」，這自是眞的；但是善只**藉賴著一概念**始能被表象爲普遍愉悅底一個對象，此一情形，**適意**方面不如此，**美**方面亦不如此。

§8 在一審美判斷中愉悅之普遍性只被表象爲主觀的

見之於一審美品味之判斷中的那美學判斷底**普遍性**之特殊形式是一**很有意義的特徵**，其爲有意義的特徵確然不是對**邏輯學家**而言，而是對**超越的哲學家**而言。它要求著超越的哲學家費許多的辛勞去發現**它的根源**，但是轉而它也明朗了我們的**認知機能**之一特性，這一特性，若無此分析，必仍然不被知於我們。

首先，一個人必須把以下之義牢記於心，即：因著審美品味之判斷（品評「美的東西」所作的審美品味之判斷），愉悅於一對象之愉悅是被歸給**每一個人的**，然而卻又不須**基於一概念**而被歸給每一個人（若必須基於一概念而被歸給每一人，則所愉悅之對象必應是善者而不是美者）；又必須把這牢記於心，即：此「要求於普遍性」之要求是「我們所由以說一物為美」的那判斷之如此本質的一個因素以至於：設若此要求眞不呈現到心上來，則人們決想不到去使用「美」這一個詞語，但只成是這樣的，即那用不著概念而使人愉悅的每一東西此時必只被算作是「**適意的**」而已。因為在關於「適意者」中，每一人皆被允許有其自己之意見，而無人堅持旁人必同意其對於「適意者」之審美品味判斷，而此堅持旁人之同意卻是關於「美」之審美品味之判斷所必須總是如此者。關於適意者之審美品味，吾名之曰「**官覺底審美品味**」；關於美之審美品味，吾名之曰「**反照底審美品味**」。前者其下判斷只是私人的判斷，而後者之判斷則顯然地是屬一般有效性的判斷（公衆的判斷，有效於每一人者）。但此兩者皆同樣是對於一對象之**美學的**判斷（不是**實踐的**判斷）。所謂對於一對象之美學的判斷意即就一對象之表象之關聯於**快或不快之情**而對於此對象作美學的判斷〔作審美品味之判斷〕。現在，這似乎是很奇怪的，即：雖就**官覺之審美品味**而言，不單是經驗表明官覺的審美品味之判斷（即其於某物中的快或不快之判斷）不是普遍地有效的，且每一人皆情願忍住不把此官覺的審美品味之判斷之契合或同意責求旁人（儘管即使在這些判斷中亦有一般意見之廣泛的共感之時常現實的流行），然而**反照之審美品**

味，如經驗所敎告者，它雖時常要熬受這粗野的拒絕，即對於其要求美之判斷之普遍有效性之粗野的拒絕，可是(如其所實能者)它總能見到去形成那些「能夠要求此普遍性的同意」的判斷爲可能。**反照之審美品味**事實上它實對於其每一審美判斷要求每一人皆有這樣的同意。作這些審美判斷的人們並不**爭辯**這樣的要求之可能性，他們但只在特殊的情形中關於此審美判斷之機能或能力之正確應用不能達至互相契合之境而已。

在這裏，我們首先要指出：一不基於「對象之概念」(縱使這些概念只是經驗的)的普遍性決無法是**邏輯的**，但只是**美學的**，即是說，這種普遍性並不含有「判斷之任何客觀的量」〔或「任何客觀的判斷之量〕，但只含有如此之一個量，即這量只是判斷之主觀的量〔或說它但它只含有「一個只是主觀性的判斷之量」〕。對此種普遍性而言，我用「普遍認可的妥效性」(普遍的妥效性(Gemeingültigkeit, general validity)這個詞語去表示之，此一詞語並不指明「一表象之涉及於**認知機能**」之妥效性，但只指明「一表象之涉及於每一主體之**快或不快之情**」之妥效性。(但是這同一詞語215 也在邏輯的「判斷之量」上被應用，若我們對於「普遍認可的妥效性」加上「客觀的」一形容詞，這樣我們便可使它有別於那只是**主觀的普遍妥效性**，此**主觀的普遍妥效性**總是**美學的**。)

現在，一有**客觀普遍妥效性**的判斷也總是得到主觀的普遍妥效性，即是說，如果這判斷對那「被含在一特定概念下」的每一東西而言是有效的，則它也必對「藉賴著此特定概念而表象一對象」的一切人而言是有效的。但是，由一不基於任何概念的**主觀普遍妥效性**，即**美學的普遍妥效性**，卻沒有結論可被推到**邏輯的普遍妥效**

性；因爲那具有主觀普遍妥效性的判斷並無關涉於**對象**。但是正爲此之故，那被歸給一判斷的**美學的普遍性**也必須是一「**特種的普遍性**」，因爲此普遍性並不把「美之謂述」連繫到那「依其全部**邏輯範圍**而被理解」的**對象之概念**上，它但只把**此謂述**擴及到那「能作審美判斷」的**這下判斷的主體之全部範圍**。

依判斷之邏輯的量而言，則一切審美判斷皆是**單稱**的判斷。蓋因爲我既必須把一對象直接地呈現到我的快或不快之情，而我之如此呈現之又無概念之助，是故審美判斷不能有那「具有客觀普遍妥效性」的判斷之量。但是設以審美判斷底對象之獨個表象爲據，又因著比較，我們依照那「決定該審美判斷」的諸條件，把這對象之獨個表象轉成一個概念，如是，我們便能達到一邏輯地普遍的判斷。例如因著一審美判斷，我可描寫我正看到的玫瑰爲美。可是另一方面，「**玫瑰一般是美的**」這個判斷（由比較若干個獨個表象而成者）決不會再被宣布爲是一**純粹美學的判斷**，但只可被宣布爲是一基於美學判斷上的**邏輯判斷**。現在，「玫瑰是適意的」（適意於聞，聞起來很好聞）這個判斷無疑也是一美學的判斷，而且亦是一單稱的判斷，但是它卻不是一個審美品鑒之美學判斷，而只是一個官覺品嘗之美學判斷。因爲它和審美品鑒之美學判斷有此差異點，即：審美品鑒之美學判斷含有一**美學的普遍性之量**，即是說，它含有一對每一人有效這**美學的妥效性之量**，此不是在一個關於**適意物**的判斷中所能遇見的。那只是關於「善」之諸判斷始具有邏輯的而並非純然美學的普遍性，儘管它們亦足以決定對於一對象之愉悅；因爲那正是由於這些關於善之判斷包含有一對象之認知，所以它們在此對象上才是有效的，而亦正因此故，所以它們亦對每一人而有效。

在只由概念而形成一對象之評估中，一切美之表象盡成泡影。因此，茲不能有這麼一個規律，任何人可依之以被迫去承認任何物216 爲美。「一套衣服，一所房舍，或一枝花是否爲美」這乃是這樣一種事，即：在此事上，一個人拒絕讓其判斷爲任何**理由**或**原則所搖動**。我們需要以我們自己的眼來看一個對象，恰似我們的愉悅是依靠於感覺。但是，如果依據如此之所說，我們名一對象**爲美**，則我們實相信我們自己是以**普遍的聲音**來說話，並要求每一人底同聲贊同，然而卻沒有**私人的感覺**會對別人而爲**決定的**，除其只對觀察者及對**此觀察者**之喜悅而爲決定的外。

現在，在這裡，我們可以見到：在審美判斷中，除在關於「不爲**概念**所媒介」的愉悅中的一種**普遍的聲音**被設定外，再沒有什麼其他東西可被設定；結果也就是說，除只有一「能夠同時被認爲對每一人而有效」的美學判斷底**可能性**被設定外，再沒有什麼其他東西可被設定。審美判斷本身並不**設定每一人皆同意**(因爲那只是一邏輯地普遍的判斷始有資格去作這種設定，蓋因爲它能提出理由來)；審美判斷但只把此種同意**歸給**每一人，當作規律之一例而把它歸給每一個人，就此規律而言，審美判斷爲之尋求確定，但不是由**概念**爲之尋求確定，而是由他人之**同聲贊同**爲之尋求確定。因此，**普遍的聲音**只是一「理念」——研究其所基依的**根據**在此暫延後。一個自信在作審美判斷的人他事實上是否依照普遍的聲音這個「**理念**」而下判斷，這或可是一不確定的事；但是「此理念是那被默會於其判斷中者，因而結果，其判斷應是一審美之判斷」，這一點卻是被宣布了的：其被宣布是因著他使用「美」這一詞語而被宣布。他自己個人只能從其意識到屬於「適意」與「善」的每一東西可與那仍剩留給他的一種「愉悅」〔不關心的愉悅，愉悅於美之愉悅〕分別開這一方面而確定這一點〔即上所說因使用美這個詞語所宣布的那一點〕；他能如此確定這一點，而亦只爲其能如此確定之，他始可把「每一人同意」許諾給其自己。「每一人之同意」這一要求乃是那「在**這些條件**下他必亦有**理由**〔有保證〕去作之」的一個要求，設若他不時常違犯這些條件，也不因其違犯這些條件遂至作了一個錯誤的審美判斷。〔所謂**這些條件**即指能分別適意、善、美三種愉悅之不同等。〕

§9　在一審美判斷中，「快樂之情先於①對象之評估抑或對象之評估先於①快樂之情」一問題之研究

此問題之解決是審美批判之**關鍵**，因此值得認眞注意。

設若在一特定對象中的快樂是**先在的**，又設若此快樂之普遍的可傳通性是審美判斷所想去許諾給對象之表象的**那一切**，如是，則這樣的一種**相承的次第**必應是自相矛盾的。因爲此種快樂除其是「適意於官覺」之「適意之情」而外，它實一無所有，什麼也不是，因而依其本性而言，它所有的不過只是個人自己的私有**妥效性**，蓋由於它直接依靠於那表象，即「對象由之以被給予」的那表象，之故。 217

〔譯注①〕：

案：此依原文及其他兩英譯而譯。Meredith 譯如下：

「在一審美判斷中，快樂之情與對象之評判間之相對的先在性

之問題之研究」。案:此譯非是,故不從。

因此,那正是特定表象中心靈狀態易有的那「普遍的可被傳通」之「可傳通性」,作爲審美判斷之主觀條件,才必須是根本的,而且它必須以「快樂於對象」爲其後果。但是,除認知以及「附屬於認知」的表象可普遍地被傳通外,再沒有什麼東西能夠是普遍地被傳通的。因爲表象,只有當它是附屬於認知的,它才是**客觀的**,而亦「單只這表象是客觀的」這一點始給表象一**普遍的涉指點**,這一普遍的涉指點乃即是那「每一人底表象力所不能不與之相諧和」者。如是,如果關於「一表象之普遍的可傳通性」的那判斷,其**決定根據**須只是**主觀的**,即是說,須被思議爲獨立不依於任何**對象之概念**,則此**決定根據**除是一種**心靈狀態**外,不能是任何別的東西,這心靈狀態就是那「呈現其自己於諸表象力〔想像與知性〕之相互關係中」的心靈狀態,其呈現其自己於諸表象力之相互關係中是正當此**諸表象力**把一**特定表象**關涉到**認知一般**時。

因著此一特定表象而有遊戲活動的諸**認知力**〔諸表象力〕在這裏是從事於一**自由的**表演活動〔一自由的遊戲〕,因爲**沒有確定的概念**把它們限制於一特殊的認知規律上。因此,在此特定表象中的**心靈狀態**必須是這樣一種心靈狀態,即它是對認知一般而言的一特定表象中的**諸表象力底自由遊戲之感**中的一種心靈狀態。現在,一個對象所由以被給予的那一個表象,要想它可以成爲認知之根源,它須牽涉到**想像**以便把直覺之雜多集合於一起,又須牽涉到**知性**以便概念之統一性去把諸表象統一起來。諸**認知機能**底如上所說的那種**自由遊戲**之狀態(伴隨著「一對象所由以被給予」的一個表象者）必須容許有**普遍的可傳通性**。因爲所謂認知者就是**對象之決定**，所與的諸表象（任何人所有的）須與此對象之決定相一致。當作如此所說的**對象之決定**看的那**認知**便是那「對每一人有效」的唯**一表象路數或方式**（die einzige Vorstellungsart）。

因爲審美判斷中表象模式之**主觀的普遍可傳通性**是離開任何**確定概念**之預設而自存，是故它除是呈現於想像與知性之**自由遊戲活動**中的**心靈狀態**外不能是任何別的東西（所謂想像與知性是就其存在於相互諧和一致中，如認知一般所需要者那樣，而言）。因爲我們意識到此適宜於**認知一般**的**主觀關係**必須是對每一人而有效，因而亦必須是**普遍地可傳通**的，其爲對每一人而有效以及普遍地可傳通恰如任何**決定性的認知**那樣之爲對每一人而有效及普遍地可傳通，此決定性的認知總是基於那種主觀關係以爲其主觀條件的。 218

現在，對於一對象或對於「一對象所由以被給予」的那表象我們可有一種**純主觀的**（**美學的**）**評估**，此**純主觀的**（美學的）**評估**是**先於**「感快樂於對象」之**快樂**的，而且它亦是諸認知機能之諧和中此種感快樂於對象之快樂之**基礎**。又上說評估對象這種評估之主觀條件之普遍性亦形成那種愉悅，即「我們把它拿來與我們所名曰『美的』那對象之表象相連繫」的那種愉悅之普遍的主觀妥效性之**唯一基礎**。

「能去傳通一個人的心靈狀態」之傳通，縱使這所傳通的心靈狀態只存在於我們的諸認知機能之方面，這能去傳通之傳通亦伴隨之一快樂，這一事實乃是一很容易從「人類之自然的性癖於社交生活」而被證明的一種事實，即是說，是很容易經驗地而且心理學地被證明的一種事實。但是我們在這裡所想的是要求某種比這更多的東西。在一審美判斷中，爲我們所感到的快樂是當作「**必然的**」而可被要求於〔或被歸給於〕每一其他人者，這**恰像是**當我們說某物爲美時，這美是被看成是對象之一性質，這一對象之性質好像形成對象之依照概念而來的本有決定之部分一樣，雖然美離開其任何**關涉於主體之情**之關涉，以其自身而言，什麼也不是。但是此問題之討論必須等待我們已答覆了這問題即：「美學判斷是否以及如何是**先驗地可能的**」這問題後，才能從事。

眼下我們須從事於這較輕易的問題，即：在一審美判斷中，我們依什麼路數來意識到**認知力**之一交互的主觀的共同一致呢？這共同一致是**美學地**因著**感覺**以及我們的**純然內感**而存在呢？抑或是**理智地**因著「我們的有意活動以使諸認知力有表現」之**意識**而存在呢？

現在，如果這引起審美判斷的特定表象眞是一個**概念**，這概念它把知性與想像統一於對象之評估中以產生一對象之認知，如是，則此關係〔即諸認知力之交互一致之關係〕之意識必應是**理智的**(如《第一批判》所論及的判斷之**客觀圖式**中之所說)。但是若如此，則判斷必不是在關涉於**快與不快**中被設置，因而也決不會是一

219 **審美判斷**。但是現在，審美判斷其決定對象是獨立不依於**概念**，在關涉於「**愉悅**」及「**美**之謂述」中，而決定之。因此，說到此中諸認知力間的交互一致之關係之主觀的統一時，這統一除經由**感覺**之路以被知外，它決不能有他路去使其自己成爲被知的。刺激想像與知性這兩種機能而使之生動活潑以至於有這樣一種活動，即「這活動雖是**非決定性的**，然而幸虧有一特定表象故，它卻又是**諧和的**，即如屬於認知一般而爲認知一般所需要者那樣的一種諧和一致之活

動」：刺激之而使之生動活潑以至於有如是樣之活動者就正是上句所說的那**感覺**。那感覺之「普遍的可傳通性」即爲審美判斷所**設定**。當然，一客觀的關係只能被**思想**，但是這一客觀的關係，當就其條件而言，它是**主觀的**時，則它可以依其作用於心靈上之結果而**被感覺**，而在那「不基於任何概念」的關係之情形中（這關係之情形就**像表象力**對於一「認知機能一般」之關係之情形），則對於此關係之**覺識**，除那通過其「作用於心靈上所生之結果」之**感覺**而有的覺識外，不能有經由其他辦法而有的其他覺識是可能的，而所謂作用於心靈上所生之結果乃是這樣一種結果，即它是存於**想像**與**知性**這兩種心靈能力之**更爲靈巧的遊戲活動**中者（當此兩種心力因著其相互一致而被致使成爲生動活潑時）。一個這樣的表象，即「它是獨個而又獨立不依於與其他表象相比較，而既如此，然而它又與知性所一般關心的那普遍性所依以可能的諸條件相一致」這樣一個表象，就是那「把諸認知機能帶進那種**相稱而適當的一致**」的一個表象，所謂那種「相稱而適當的一致」就是我們爲一切認知所要求之者，而且因而也就是我們須視之爲對每一如此構造成的**存有**即如「藉賴著知性與感性相聯合而去作判斷」**這樣地構造成的存有**而爲有效者，也就是說，對**每一現實的人**而爲有效者。

從第二機要而來的美之定義

「美」是那**離開概念**而普遍地令人愉悅者

審美判斷之第三機要：第三相（關係之機要：關係相）

在審美判斷中被論及的目的關係之機要（目的關係相）

〔依一般判斷之關係之功能而說審美判斷之目的關係之機要：目的關係相〕

§10　合目的性一般

讓我們以超越的詞語（即不預設任何經驗的東西如快樂之情之類者）來界定「目的」之意義。一目的是一概念之**對象**，當此概念被視爲是**此對象**之**原因**（此對象底可能性之**眞實根據**）時；而一概念之在關涉於其對象中的**因果性**便是此概念之**合目的性**（finality, forma finalis）。如是，不管什麼地方，凡有以下之情形的地方，即：「不只一對象之認知只通過此**對象之概念**始被思爲是可能的，且即當作一結果看的對象自身（對象之**形式**或**眞實存在**）亦是只通過**此對象之概念**始被思爲是可能的」這種情形的地方，我們就在那地方想像一**目的**。在這裡，結果之表象就是結果底原因之決定根據，而且是領先於原因的。在關於一個「想保持其原有狀態之繼續」的主體之狀態中，一個表象底因果性之意識在這裡可以被說爲大體是去指示那被名曰「愉快」者；而「不快」則是這樣一種表象，即此表象它含有「把一些表象之狀態轉換成其反對面」這種轉換之之根據（即含有「阻礙或消除一些表象而令其不出現」這種阻礙之或消除之之根據）。

意欲機能，當其只通過或經由概念而爲可決定的時，即是說，當其依照一目的之表象而去動作時，它必即是所謂「意志」。但是一對象，或一心靈狀態，或甚至一動作，雖然這些東西的可能性並不**必然地**預設**一目的之表象**，然而這些東西仍可被說爲是「**合目的**」的，其被說爲是「合目的」的是只因爲「它們的可能性只有藉賴著於**我們方面**有一依照目的而成的**基本因果性之假設**而始爲可解釋以及可理解」之故而然，那就是說，是只因爲「它們的可能性只有藉賴著於**我們方面**有一這樣的**意志**，即那『依照某一規律之表象而已如此把這些東西**規定好**或**制定好**』這樣的**一個意志之假設**，而始爲可解釋以及可理解」之故而然。因此，當我們不把此「合目的性之形式」之原因**定位於意志**，然而我們卻只有因著把此合目的性之形式從一**意志**而引生出，始能使此合目的性之形式底可能性之說明對於我們自己爲可理解：當如此云云時，「合目的性」是很可以**離開一目的**而存在著的。現在，我們並不總是非用**理性底眼光**去看我們所觀察的東西不可（即是說，我們並不總是非依我們所觀察的東西之**可能性**去考慮我們所觀察的東西不可），這樣我們至少可以觀察一**形式底合目的性**，而且在對象中追踪此合目的性（雖只經由反省而在對象中追踪之），而卻用不著把此合目的性基於一個**目的**上（基於一個當作「合目的的聯繫」之**材料**看的目的上）。

§11　審美判斷底唯一基礎是一對象（或「表象此對象」之表象模式）底合目的性之形式　221

不管什麼時候，只要一目的被看成是愉悅之根源，則此目的總是表明一**利害關心**〔利害興趣〕以爲關於一快樂底對象之判斷之決定根據。因此，審美判斷不能基於**任何主觀的目的**，以此主觀的目的作爲其根據。但是任一**客觀目的**之表象，即任一依照「合目的的連繫」之原則而成的**對象自身底可能性**之表象，也不能決定審美判斷，結果也就是說，任何**善之概念**也不能決定**審美判斷**。因爲審美判斷是一美學的判斷而不是一認知的判斷，因而它亦並不能與任何自然本性之概念或任何對象之內在可能性或外在可能性（以此原因或彼原因而成者）之概念有關，它但只與**諸表象力**之當其爲一表象所決定時之**互相間之關係**有關。

現在，此諸表象力互相間之**關係**，若當一對象被**表徵**爲美時，它即現存著，則此時它便被伴偶之以**快樂之情**。此快樂是因著審美判斷而被宣布爲對每一人而有效；因此，一件隨表象而來的那「適意」其不能含有審美判斷之**決定根據**一如「對象之圓滿」之表象或「善之概念」之表象之不能含有審美判斷之**決定根據**。這樣說來，我們只剩下一對象之表象中的**主觀的合目的性**，而排除了任何目的（客觀的或主觀的）——因而結果也就是說，只剩下「一對象所由以被給予」的那表象中之**赤裸的合目的性之形式**（當我們意識及之時）。因爲單只這「排除了任何目的」的**主觀的合目的性**，即單只這**赤裸的合目的性之形式，始能構成這愉悅**，即「我們離開任何概念而評估之爲普遍地可傳通的」那種愉悅，因而也就是說，單只這主觀合目的性，即赤裸的合目的性之形式，始能形成**審美判斷**之**決定根據**。

§12　審美判斷基於先驗的根據上

先驗地去決定那作爲一結果的快或不快之情之與那作爲其原因的某種表象或其他表象（感覺或概念）之相連繫，這乃是完全不可能的；因爲那種連繫必是一因果關係，這因果關係（連同著經驗底對象）總是這麼樣一個關係，即它是只能**後天地**而且以**經驗之助**而被認知。在實踐理性之批判中，我們實曾從普遍的道德概念先驗地引生出「**尊敬之情**」來（作爲情感之一特殊變形看，尊敬之情嚴格

222

說來，並不和我們從經驗對象所得的快或不快相符合）。但是在那批判裏，我們能進而去跨越經驗之界限而求助於一種因果性，此所求助之因果性乃是基於主體之一**超感性的屬性**，即**自由之屬性**者。可是即在那批判裏，嚴格說來，我們也並不是從作爲原因的道德之觀念來推演出**此情感**〔尊敬之情〕，而是只由之來推演出**意志之決定**。但是那現存於依任何樣式而成的意志之任何決定中的**心靈狀態**其自身即刻即是一愉快之情，而且是同一於一愉快之情，因而它決不會是作爲一結果而由愉快之情而發出。如彼是由愉快之情而發出的結果，則如此之結果必須只在「作爲善之概念的道德概念先行於**因法則而成的意志之決定**」處始被假定著；因爲在「作爲善之概念的道德概念先於意志之決定而即存在」之情形中，要想從此只當作一純然認知看的道德概念引生出與此概念相連繫的愉快，那必應是徒然無效的。

現在，美學判斷中的愉快處於一相似的情況〔案：亦是對象之評判先於快樂之情而不是快樂之情先於對象之評判即美之決定〕：只是在美學判斷這裡，愉快只是**靜觀默賞**的（comtemplative），而且它於對象亦並不引起一利害關心之興趣；然而在道德判斷處，愉快卻是**實踐的**。伴隨著一個表象，即「一對象所由以被給予」的一個表象的「主體之諸認知機能之**遊戲活動**中的**純然形式的合目的性之意識**」**其自身**就是**愉快**，因爲它於「激發主體之諸認知能力而使之更生動而有生氣」方面含有**主體之活動性之決定根據**，因而也就是說，它於「**認知一般**而不限於一**決定的認知**」這方面含有一**內在的因果性**（**一合目的的內在因果性**），因而結果也就是說，它只含有**美學判斷**中的表象之**純然主觀的合目的性之形式**。此種愉快復亦無法是實踐的，它既不類那從**適意**之感性根據而生的快樂，復亦不類那從被表象的**善**之理智的根據而生的快樂。但它仍然含有一種內在固有的因果性，即「**保存**『表象自身之狀態』之**繼續**以及諸認知力之生動的從事之**繼續**」這種保存之之因果性，而其保存其繼續卻亦並無其他目的。我們**留住**於美之**靜觀默賞**中，因為此**靜觀默賞**足以加強其自身並重現其自身。這情形可類比(亦只是類比並非同一)於我們之在一對象之表象中流連於一種**魅力**，此一魅力乃即是那繼續不斷地引起注意的魅力，而此時心靈亦始終是被動的心靈。

223 §13 純粹審美判斷獨立不依於嫵媚與激情

每一**利害關心**或**任何趣向**皆可污染審美判斷並可將其無偏傾性自其身上剝奪下來。如果不使「**合目的性**」率領快樂之情以為其先導，就像理性之興趣那樣，但只把「合目的性」**植基於快樂之情**上，這尤其足以污染審美判斷並足以剝奪審美判斷之無偏傾性。把合目的性建基於快樂之情上，這是在美學判斷之判斷某事中時常發生的事，當其所判斷之某事使人快樂或痛苦時。因此，像這樣被影響了的那些判斷，它們或者根本不能要求於普遍有效的愉悅，或者不然的話，它們必須減輕它們的要求，即比照所討論的何類感覺進入審美之決定根據中而減輕或緩和它們的要求——要求於普遍有效的愉悅之要求。審美為其愉悅而要求增加一**嫵媚**(**魅力**)與**激情**之成素，這尚根本未自**野蠻**中掙脫出來，至於想採用此增益以為受贊許之尺度，這尤其未脫**蠻風**。

話雖如此，可是就美而言(恰當說來，美只應是**形式**之問題)，嫵媚時常並不單只是被算作是美學的普遍愉悅之補助品，而乃常是被信任爲內在而固有的**本自之美**，因而結果愉悅之「材料」遂被冒充作「形式」。此是一種誤解，此種誤解，就像那「仍有一點眞理成素以爲基礎」的許多其他誤解一樣，是可以因著對於這些概念予一謹愼的界定而被移除的。

一個「不被嫵媚與激情所影響，（雖然嫵媚與激情可以與美之愉悅聯合在一起），因而其決定根據亦只是形式底合目的性」這樣的審美判斷便是一**純粹的審美判斷**。

§14　例證〔說明美不依於嫵媚與激情〕

美學判斷，恰像知解理論的（邏輯的）判斷一樣，是可分成**經驗的**與**純粹的**兩種的。經驗的美學判斷是「**適意或不適意**所由以謂述一對象或一對象之表象模式」的那些判斷，而純粹的美學判斷則是「**美**所由以謂述一對象或一對象之表象模式」的那些判斷。〔另譯：經驗的美學判斷肯斷一對象或一對象之表象模式是適意或不適意的，而純粹的美學判斷則是肯斷一對象或一對象之表象模式是美的。〕前者是官覺之判斷（材質的美學判斷），而唯是後者才是審美判斷之當身（由於它們是形式的美學判斷故）。

因此，一審美判斷是只就其決定根據未曾污染之以純然經驗的愉悅而言，它才是純粹的。但是這樣一種污染，當**嫵媚**或**激情**在「某物所由以被說爲美」的判斷中有其一份時，它總是現存着的。　224

現在，在這裏，有許多虛假的辯訴又復發出來，這些虛假的辯訴它們甚至提出這說法，即：**嫵媚**不只是美之一必要的因素，且甚至其自身就足値美之名稱〔被稱爲美〕。一種單純的顏色，例如一塊草地之綠色，或一個單純的音調（不同於聲音或鬧聲者），如一提琴之音調，被好多人說爲其自身即是美，儘管這兩者似乎皆只依靠於表象之材料，換言之，皆只依靠於感覺，此感覺只足使它們兩者被名曰「適意的」。但是同時這也要被注意到，即：顏色之感覺以及音調之感覺，不管是那一種感覺，只當這些顏色音調之感覺是**純粹的**時，它們始有資格直接被視爲「美」。這是一個「即刻要歸到**這些感覺之形式**」的**決定**，而且這也是這些表象所有的唯一的一個「確然允許可普遍地被傳通」的決定。因爲我們不能假定**感覺底性質**在一切人處皆契合無間，而我們也很難視以下所說爲當然，即：「某一種顏色之適意或某一種樂器音調之適意，我們判斷之爲比另一種顏色或樂器音調之適意爲更可取者，在每一他人底評估中也同樣被認爲更可取」。〔意即我們不能把這說法視爲當然。〕

設隨同烏勒(Euler)，吾人假定說：顏色是以太之等時振動(律動)，就像音調是空氣之因著聲音而被使有振動，而最重要的，又假定說：心靈不單是因着感官而覺知聲音、顏色等之在刺激器官時之結果，且亦因着反省而覺知諸印象之有規律地變化其深淺之度之變化(因而結果亦覺知「不同的表象所依以被統一」的形式)：這所假定的說法，我決不懷疑。如是，如果作此假定時，則顏色與音調必不會**只是些感覺**。它們必完全即是諸多感覺之統一之諸**形式的決定**，而既如此，則它們甚至亦能被算作是**內在而眞正的美**。

但是「一單純的感覺模式」之**純淨性**意謂：其始終如一之齊一性並不爲任何外來的感覺所騷擾或打破。它只屬於**形式**；因爲我們可從這類的感覺模式之性質(從這類感覺模式所表象的什麼顏色或音調，如其有之)作抽象而把其所特有的性質——所特有的顏色與音調抽去之，只**剩下形式**。爲此之故，一切單純的顏色，當其是**純粹的**時，皆可被視爲是**美的**。組合的顏色無此利便，因爲，由於它 225 不是單純的，故無標準以評估它是否必被名曰純粹的或不純粹的。

但是說到美之被歸於對象（以對象之形式之故而被歸於對象），並假定說這被歸於對象的美能因着嫵媚而被升高，這卻是一通常的錯誤，而且是一「十分有害於眞正的，未曾被敗壞的，純粹無雜的審美」的錯誤。縱然如此，嫵媚實亦可被增加到美上，以便在一赤裸的愉悅之外，去把一對象之表象中之外來的興趣借與於心靈，而這樣便可鼓舞吾人去提倡審美以及審美之培養。尤其當審美尙在粗野無文之時，此義更可適用。但是這些**嫵媚**，如若它們被允許去強使它們自己作爲評估美之根據，則它們實是破壞了審美判斷。因爲它們遠不足以有貢獻於美，是故只當審美仍是不健全而未經訓練之時，它們始好像外來品一樣，可當作一寵物而被容許，而且只假定它們不侵犯那美的形式時，始可如此。

在繪畫中、雕刻中，事實上在一切造型藝術中，在建築與園藝中，就其是美術而論，**設計**〔**圖案**〕是重要者。在這裏，那對於審美爲基本的必要者並不是那在**感覺**中使人**快意**者，而只是那以其**形式**使人**愉悅**者。那「可以給草案以光彩」的顏色是屬於嫵媚方面者。顏色，順其自己之路〔依其本性〕，無疑可使對象在感覺上更爲生動，但它們卻並不能實使對象値得一看並實使之成爲美。實在說來，大半**美的形式**底要求把**顏色**限制之於一十分狹的範圍內，而即使當嫵媚是可允許的時，那亦只是這**美的形式**始足給**顏色**一光榮的地位。

一切官覺（外部官覺，間接地說內部官覺亦在內），其對象之形態（form）或是形象（figure），或是表演（play）。就「表演」這一形態而論，它或是形象底表演（形象是空間中的形象如模擬及舞蹈），或只是（時間中）感覺之變化。顏色底魅力，或樂器之適意的音調底魅力，是可以加在形象與表演上的；但是形象中的**設計**〔圖案〕與表演中的組合則構成純粹的審美判斷之恰當的對象〔設計與組合代表形式〕。「說純只是顏色與音調或說顏色與音調之**多樣性**以及其間的**對照**似乎亦有貢獻於美」這並不函蘊著說：「因爲其自身是**適意的**，所以它們於**愉悅於形式**以外又產生了一額外的愉悅並產生一個與愉悅於形式爲等價的愉悅。」說那句話的眞實意義倒是這樣的，即：顏色與音調等可以使這**形式**爲更淸楚地、226 確定地、完整地**可直覺的**，而此外，它們又因著它們的魅力刺激了表象，恰如它們激起了並且支持了那導向於「**對象本身**」的注意。

甚至在增加審美之愉悅中那被叫做**裝飾**者，即，那只是一附屬物，而並非對象之完整表象中的一內在而固具的構成成分者，也只藉賴著其**形式**始能增加審美之愉悅。此如圖畫之框架、雕像之披衣、宮殿之柱廊等便是如此之情形。但是如果裝飾其自身並不進入**美的形式**之組構中——如果它被引介進來只像一個金框，藉賴著其漂亮以便贏得對於圖畫之贊許——則它便被名曰**華藻**（finery），而且它剝奪了那**眞正的美**。

激情是如此之一種感覺，即在此感覺處，「一適意的情感可被產生，其被產生乃是只憑著一片刻的阻截，阻截後，繼之以生命力之更有力的迸發，而然」，似這樣云云的一種感覺的那激情是完全不合於美的。但是崇高（即激情之感與之相連繫的那崇高）則要求一異樣的評估標準，即與審美所依據者不同的那評估標準。如是，一純粹的審美判斷既不以**嫵媚**，亦不以**激情**，總之，一句話，決不以當作美學判斷之**材料**看的那**感覺**，來作爲它的決定根據。

§15　審美判斷是完全獨立不依於「圓滿之概念」的

客觀的合目的性只能因著「把雜多關涉到一確定的目的上」，因而也就是說，只能經由一概念，而被認知。單只此義便可使以下成爲清楚的，即：美是依據一「**純然形式的合目的性**」即一「『**離開一目的**』**的合目的性**」之根據而被評估者，如此被評估的美是全然**獨立不依**於善之表象的。因爲善之表象預設「一客觀的合目的性」，即是說，預設「對象之關涉於一確定的目的」。

客觀的合目的性它或是**外在的合目的性**，即**對象之功用性**（utility of object），或是**內在的合目的性**，即**對象之圓滿性**（perfection of object）。我們愉悅一對象，如因此愉悅故，我們稱一對象爲美，則此愉悅便不能夠基於**對象底功用性**之表象。這一點從前第一、第二兩機要看來，是甚爲顯明的。因爲那愉悅若基於對象底功用性之表象，則它便不會是對於一對象之**直接的愉悅**，但是須知此對於一對象之直接的愉悅是關於美之判斷之重要的條件。但是在一客觀的、內在的合目的性，即圓滿性中，我們有那更接近於美之謂詞者，因而許多有名的哲學家便主張說此圓滿性實可與美相轉換，雖然須服從這條件或限制，即：設若這是依一混同的樣式〔**大略的樣式**〕而被思時。在一審美之批判中，最重要的便是去裁決是否眞地可還原到**圓滿性**之概念。 227

爲評估客觀的合目的性，我們總是需要有「**一目的性**」**之概念**，而若這樣的合目的性不是一外在的合目的性（功用性），而是一內在的合目的性時，則我們復總是需要有「**一內在的目的**」之**概念**，此一內在目的之概念含有**對象底內在可能性**之**根據**。現在，一個目的一般說來便即是那「其概念可以被看成是**對象自身底可能性**之**根據**」者，既如此，是故要想於一物中去表象一**客觀的合目的性**，我們必須首先有「此物**須是何種物**」之概念。一物中之雜多之與**此何種物之概念**相契合（此何種物之概念是那供給雜多之綜和之規律者）是此物之**質的圓滿性**。量的圓滿性是完全不同於此者。**量的圓滿性**存於任何物之「如其爲其類中之一物」之**完整性**，它只是一量之概念（綜體性之概念）。在此情形下，「事物**須是什麼**」之問題是被看成是確定地被處置了的，我們只須問它是否有那「使其爲如此之一物」的**一切**所需要的東西。那在一物之表象中爲「**形式的**」者，即此一物之雜多之與**一種統一性**（即無關於「此統一性之須是什麼」的**那統一性**）相契合者，其自身對於**客觀的合目的性**並不供給我們以任何認知。蓋因爲那當作「**目的**」（一物須是什麼者）看的那「**統一性**」已被抽掉，是故除那**直覺著的**〔**直看著或觀照著的**〕主體之心靈中的「表象之**主觀的合目的性**」外便不再剩有什麼了。如此所說之情形它可給出或指示出主體所有的「**表象狀態**」之這樣一種**合目的性**，即在此種**合目的性**中，主體覺得其自己**十分安適**，即主體在其努力去把握一特定形式於想像中時，它覺得它自己於**此合目的性**中**十分安適**：上句所說的那情形單只指示或供給出主體所有的**表象狀態**之這樣**一種合目的性**而已，它並不指示或供給**任何對象之圓滿性**，因爲對象在這裡並不是「經由**任何概念**」而被思的〔原文及另兩譯：並不是「經由**一目的之概念**」而被思的。〕舉例言之，如果在一森林中，我遇見一塊草地，周圍環之以樹木，又如果我並不因而形成任何一目的之表象，如想它可被用來作土風舞，如是，則絕不會有**一點點圓滿概念之暗示**可以因著**純然的形式**而被給予。去設想一形式的**客觀的**合目的性，而這合目的性卻又**空無一目的**，即是說，設想一純然的**圓滿性之形式**而卻無**任何材料**或無「契合一致所關聯到」的那東西之**任何概念**（縱使已有了純然合法則性之一般概念），這是一**眞正的矛盾**。 228

現在，審美判斷是一美學判斷，即是說，它是一個基於**主觀的根據**上的判斷。沒有**概念**能是審美判斷底決定根據，因此，也決不會有一**確定目的之概念**能是審美判斷之決定根據。這樣說來，美，作爲一**形式的主觀的合目的性**，它絕不像一自稱是**形式的**，但卻又是**客觀的**合目的性那樣，會含有任何種對象底圓滿性之思想。說到美與善這兩概念間的差別，如你說這差別是這樣的，即它把它們兩者表象爲不同是只在其邏輯形式方面有不同，美只是一**含混的**圓滿性之概念，而善則是一**清楚地規定了的**圓滿性之概念，其他如內容及起源方面皆相同：像這樣來說明它們兩者間的差別實皆毫無用處，徒勞無益。因爲這樣說，兩者間必無特有的差異，而審美判斷必恰如一認知的判斷，其恰如一認知的判斷就像「某物所因以被說爲善」那樣一個判斷之爲一認知的判斷，這樣，就恰似一個街道上的人〔塗之人〕，當他說欺詐是不正當的時，他是把他的判斷基於含混的根據上，而哲學家則基其判斷於清楚的根據上，然而雙方實際上皆訴諸同一的理性原則。但是我早已說過，一美學判斷是完全**獨特的**一種判斷，它絕對不供給**對象之知識**（甚至連**含混的對象之知識**也不供給）。只有通過一邏輯判斷，我們始得有知識。另一方面，美學判斷則把「一對象所由以被給予」的那**表象**只關涉於「**主**

體」，而且它並不把「對象之性質」帶到我們的注意上〔並不使我們注意於「對象之性質」〕，它但只使我們注意於那「有事於對象」的表象力之決定中的「**合目的性的形式**」。一判斷之所以名爲美學的是因爲其決定根據不能是一「**概念**」，但只能是諸心力之**遊戲活動**中的「**諧和一致**(底內部感覺)**之情感**」，**當此諧和一致**是一只能被感到的東西時。另一方面，如果含混〔混闇〕的概念以及基於含混概念上的客觀判斷期欲被稱爲是**美學的**，則我們將見我們自己須具有一種「**因著官覺**而行判斷作用」的**知性**，或具有一種「因著概念而表象其對象」的官覺——此則純然是一矛盾之選擇。概念之機能，不管概念是**混闇的**抑或是**清明的**，總歸是知性(即知性是發概念之能)；而雖然知性(如在一切判斷中那樣)在審美判斷之作爲一美學判斷中亦有其作用，但其作用在這裏並不是一個229「用以認知對象」的機能之作用，而只是這樣一個機能之作用，即「它只被用來依照該審美判斷之關聯於**主體**以及主體之**內在情感**(用不著一概念)而即可決定該審美判斷以及該審美判斷之表象」這樣一個機能之作用，而且其爲一個如此樣的機能之作用之如此決定審美判斷及審美判斷之表象是只當該審美判斷是依照一**普遍規律**而爲可能時。

§16 一審美判斷，它若在一決定概念之條件下說一對象爲美，它便不是一純粹的審美判斷

有兩種美：或是**自在美**(free beauty, pulchritudo vaga)，或是**依待美**(pulchritudo adhaerens)。自在美不預設「對象須是什麼」之概念；依待美則須預設「對象須是什麼」之概念，並隨同此

概念，復預設一與之相合的「對象之圓滿性」。屬第一種美者被說爲是此物或彼物之自爲美（自身自在無待的美）；屬另一種美者，由於附屬於一概念（是有條件的美），故被歸給那「隸屬在一特殊目的之概念下」的對象。

花是自然界之「自在美」。除植物學家外，很少有人知道花之**眞正本性**，而即使是植物學家，雖然他在花中認知了植物之再生的器官，但當他使用其審美力以判斷花之美時，他並不注意此自然的目的〔即生殖之目的〕。因此，沒有任何種圓滿性，沒有內在的合目的性，即當作雜多底安排所關聯到的某種東西看的那內在的合目的性，居於此判斷之基礎地位以爲其根據。許多鳥（鸚鵡、蜂鳥、極樂鳥），許多甲殼貝類，都是**自身自在無待**的美，這樣的美並不是附屬於任何「就其目的而被規定」的對象上的，但只**自在地**而且**依其自己之故**而令人愉悅。這樣說來，希臘風格的設計、框架或糊牆紙上的葉飾等等，並無固具的意義；它們什麼也不表象——並無隸屬一確定概念下之對象——它們是**自在的美**。我們也可以把那在音樂中被名曰幻想曲者（無標題者），實在說來，把那一切「不被譜上以歌詞」的音樂，皆可算在這同一類裡。

在評估（只依照形式而評估）一**自在美**中，我們有純粹的審美判斷。在這裡，沒有任何目的之概念須被預設。這所無的目的乃是這樣的，即：雜多定須爲此目的而服務於特定對象〔依 Bernard 譯：乃是特定對象之雜多所適合之目的〕，因而這雜多也定須去表象此目的，此目的實是一如此之帶累，即它必只會限制這想像力之自由，即「這如其所是，在對於外部形式之默會中只自娛」的那想像力之自由。在純粹審美判斷這裡，決無任何這樣云云的目的之概 230

念須被預設。

但是人之美(在此項下包括男、女、小孩之美)、一匹馬之美，或一所建築物之美(如教堂、宮殿、兵工廠、夏日避暑所)，皆預設一目的之概念，此一目的之概念規定**事物必須是什麼**，因而結果也就是說，皆預設**事物底圓滿性**之概念；因此，它們皆只是**附屬的美**。現在，「要想去得有與美相聯的(感覺之)適意」，這正好是審美判斷之純淨性上的一個障礙(恰當說來，只**形式**與美有關)。適意與美相聯既如此，則「去把善與美相結合」亦如此，這也**損壞**了審美判斷之**純淨性**(所謂把善與美相結合，這所謂善乃即「雜多之依照事物之目的而對於事物本身爲善」之善)。

有好多直接悅目的東西可以被加到一建築物上，如果這建築物不是要備作教堂用。一個形體可以種種花飾以及輕鬆而有規則的線條來美化之，就像紐西蘭島人以其紋身之辦法來美化其自己一樣：假若我們要處理任何其他形體時，可以如此花飾之，但只人身之形體則除外。而人身之形體在這裏亦可是這樣一個形體，即其粗暴相可以被柔化而表示一更令人愉悅的面相者，只是如果他已成了一武夫，或也許他現在是一戰士，則除外，蓋武夫與戰士則須有一好勇鬥狠的樣子。

現在，在涉及那「決定一物之可能性」的內在目的中，愉悅於一物之「雜多」之愉悅是一基於一概念的愉悅，而愉悅於「美」之愉悅則卻是這樣的，即它不預設任何概念，但只直接地伴隨之以這表象，即「對象經由之以被給予(不是經由之以被思)」的那表象。現在，如果在關涉於愉悅於美之愉悅中審美判斷被弄成依靠於那含在前一種愉悅中的目的，即愉悅於一物之雜多這一種愉悅中的目的，就像一理性之判斷那麼樣，並且這審美判斷亦因而被置於一限制之下，如是，則此審美判斷便不再是一**自在**而**純粹**的審美判斷。

審美力可因著的**理智的愉悅**與**美感的愉悅**之相結合而得到增進，這自是眞的。因爲這樣，審美力可變成固定的；而雖然它不是普遍的，然而它卻能使規律在「關於一些確定的合目的」的對象中被規劃出來——爲它自己而被規劃出來〔**意即這樣審美力可使其自身有規律**〕。可是這樣一來，這些規律並不是審美之規律，但只是規律之用來建立**審美**與**理性**之合一，即建立**美**與**善**之合一。也可以說是這樣的一些規律，即由此等規律，美作爲一有意圖的工具變成有用的東西，即在關於善中而爲有用的東西。美之在關於善中而有用是爲以下之目的而有用，即：「它可以把那『自我保持而又屬主觀的普遍妥效性』的**心靈情調**帶到或隸屬到那『雖有客觀的普遍妥效性，然而卻只能因著堅決的努力而被保存』這樣的**思想模式**之支持與維持」：即爲此目的而有用。可是嚴格說來，即非圓滿因著美得利或有增進，亦非美因著圓滿而得利或有增進。眞理倒是這樣的，即：當我們藉賴著一概念把那「一對象所由以被給予」的**表象**拿來和這對象（即就其所應是者而言的那對象）相比較時，我們亦不得不就主體中之**感覺**來衡量這**表象**。因此，當諧和流行於兩種**心靈狀態**之間時，這便對於我們的表象力之**全部機能**造成一種好處。

231

在關於一「具有一**確定的內在目的**」的對象中，一審美判斷只當或是下判斷的人根本無此目的之概念，或是他在他的判斷中把那目的經由抽象而抽掉時，它才會是純粹的。但是在這種情形中，雖然這下判斷的人定必會置下一正確的審美判斷，因爲他必會評估這對象爲一**自在的美**，然而自另一人觀之，他仍然會被認爲是錯誤的，這另一人是這樣的，即他在對象之美中除見到一**依待的性質**外一無所見到(即他只看到**對象之目的**)。此另一人既如此，因此，那原下判斷的人必會爲他所責斥，責斥其審美〔品鑒〕爲虛假，雖然他們兩人，順其自己之路，必皆是正確地在作判斷：一人是依照他所已呈現於**其觀感前**〔眼前〕者而作判斷，而另一人則是依照那曾呈現於**其思想中**者而作判斷。此種區別能使我們解決評論家關於美之許多爭辯；因爲我們可以把以下之情形表明給他們，即：一邊是討論**自在美**者，另一邊是討論**依待美**者：討論自在美者作了一個純粹的審美判斷，討論依待美者則作了一個「有目的地被應用了」的審美判斷。

§17 美之理想

茲不能有客觀的審美規律，由此客觀的審美規律，**什麼是美**可以藉賴概念而被規定。因爲任何判斷之由這樣的根源，即「其決定根據是**主體之情感**，而不是一**對象**之**任何概念**」這樣的根源而成者，便是美學的判斷。去尋一個「藉賴確定概念而供給美之一普遍的判準」的**審美原則**，這乃是虛擲勞力之事；因爲那所尋求的是一不可能之事，而且是一本來矛盾的事。但是在愉悅或厭憎之感覺之普遍的可**傳通性**中(這一可傳通性也是離開**任何概念**而存在者)，即在一切時代一切民族關於某些對象之表象中的情感之**一致性**(當可能時)中，我們有「從植根很深而爲一切人所同分得的根據引生審美力」之經驗的判準，這樣，這經驗的判準可爲例證所確定，但實在說來，這經驗判準是很微弱的而且是很不足以升至爲一「假

232

定」之境〔另譯：而且對**概然**而言是很不足夠的〕。〔又語中「從……根據引生審美力」，這所謂根據不但是植根很深而爲一切人所同分得，而且它還是一切人於**評估形式**中相契合之基礎。我們有「從這樣的根據引生審美力」之經驗的判準。又「於**評估形式**中相契合」這所謂「形式」乃即是「在其下對象被給予於這一切人」的那形式。〕

爲此之故，某些屬審美品鑒的產品可被看成是**範例**。可是並不因此就意謂說：因著模倣旁人，審美力就可以被獲得。因爲審美力〔品鑒力〕必須是一根源的能力；而一個模倣一模型的人，雖表示了「相應於其成功」的技巧，然而只當他視其自己爲此模型[①]之一評判家時，他始展現了審美力。因此，那隨之而來者便是：最高的模型，審美底基型，只是一個理念，這理念，每一人必須產生之於其自己之意識中，而且依照此理念，他必須形成其對於那「作爲**審美之對象**或作爲**批評的審美之一範例**，或甚至作爲**普遍的審美本身之一範例**」的每一東西之評估。恰當說來，一個**理念**指表一理性之概念，而一**理想**則指表一「適合於理念」的**個體存在**之表象。因此，如此之審美之基型，即「實在說來，此基型實基於理性之一『最高度』之不決定的理念上，但是它不能藉賴**概念**而被表象，但只能被表象於一**個體的具體展現**中」，這樣的審美之基型可以更適當地被名曰「**美之理想**」。雖然在我們的所有物中，我們尚無此理想，然而我們仍可努力在我們生命內去產生此理想。但它必須只是一**想像**力之理想，蓋因爲它不基於**概念**，但只基於具體**展現**，而具體展現之機能則是**想像**力。現在，我們如何能達到這樣一個「美之理想」？它是先驗地被達成呢？抑或是經驗地被達成的？又，那一種美可容許為一**理想**?

〔**原註①**〕:關於「模型」,康德有註云:

關於語言藝術的審美模型必須以死語言與學者的語言來組成。就死語言說,它可以不遭受那「不可避免地要侵襲到活語言上來」的那些變化,那些變化可以使高尚的辭語變成卑下的,使通常的辭語變成陳舊的,並使新造的辭語在一短暫流行之後,變成作廢的;就學者的語言說,它可以確保有一「不受時尚底反覆無常之支配但卻有其自己之固定規律」的文法。

首先,我們須知:為之尋求一「理想」的那種美不能是一**自在而未決定**的美,但必須是一因著**客觀的合目的性**之概念而被規定了的美。因此,這美不能屬於一全然**純粹的審美判斷**之**對象**,它必須粘附於一個「多少是**理智的**」審美判斷上。換言之,在任何評估所依以被形成的根據處,如果要想有一「理想」被發見,則在那根據下必須存有依照**決定性的概念**而來的某種**理性之理念**,經由這理性之理念,那「居在對象之內在可能性之基礎地位」的**目的是先驗地被決定了的**。對於美的花,對於一套的傢具,或對於一處美的風景,說一「理想」,這是不可思議的。但是若想對於一「依待於確定目的」的美,例如一所美的居處、一棵美的樹、一處美的花園等等,去表象一「理想」,這亦可以是不可能的,其所以不可能大概是因為它們的目的不是經由它們的概念而充分地**被規定**以及充分地**被固定**,因此遂有這結果,即它們的合目的性幾乎**是完全自由的**,其為完全自由一如完全**未被決定的美**之為**自在美**之**自由**。只有那

「在其自身有其**眞實存在之目的**」者，那就是說，**只有人**，其自身始能夠經由理性去決定其目的，或這樣說亦可，即當人須由外在的知覺去引生其目的時，他仍然能夠將其如此引生之目的和那本質而普遍的目的相比較，並進而遂**美學地**宣告其如此引生之目的和那本質而普遍的目的相一致：——因此，在世界中的一切對象間，**只有人**始可允許爲一「**美之理想**」，恰如其人品中的人之爲人之人義（humanity），作爲一睿智體，始單獨可允許爲「**圓滿之理想**」。

這裏有兩種因素要被牽涉到。第一，玆存有**美學的型範性的理念**，此型範性的理念是（想像力底）一個**獨特的直覺**，它表象這型範，即「我們所由以判斷一人爲一特殊的動物種類之一分子」的那型範。第二，玆存有**理性之理念**。此理念討論人之爲人之諸目的，這些目的是就其能夠成爲感觸的表象而言者；此理念又可把這些目的轉成評估此人之爲人之「外部的形相」之一原則，通過此一原則，那些目的即可被顯露或被啓示於現象的結果中。型範性的理念必須從經驗中汲取它爲一特殊種類之動物之「**形相**」所需要的那些構成成分，需要之以便構造那「**形相**」。但是那形相之構造中的**最大的合目的性**，即那「可充作一普遍的型範以便對於所說特殊種類中之每一個體去形成一評估」的那**最大的合目的性**，也就是說，這**形像**，即「如其所是，它形成一意向性的基礎以爲大自然底技巧之根據，而且對於它，亦無個別的個體足以當之，只有種族之全體始足以當之」這樣的**形像**：如此云云的那形相之構造中的那**最大的合目的性**，即如此云云的那**形象**，它只在下判斷的主體〔人〕之理念中有其座位。可是這最大的合目的性即這形像，連同其一切比例，是一**美學的理念**，而即如其爲一美學的理念，它能夠**具體地**充分被展現於一**模型性的形像**中。現在，這是如何達成的呢？要想使這達成之過程〔經過〕多或少為可理解，（因為有誰能從大自然裏強探出大自然之全部祕密？）讓我們試作一心理學的說明。

234 這一點須注意，即：想像力在一完全不可理解之樣式中不僅能夠隨時地，甚至在好久以後，把概念之符號召喚回來，且亦能夠從一無窮數其他不同類的對象中，或甚至即從無窮數的同類對象中，去重現一對象之形像或形狀。又，如果心靈從事於比較時，則我們很可假定：想像力事實上能夠（雖不自覺）如其所是把一形象重疊在另一個形像上，並且能夠從若干同類的形像之一致中達到一平均的大略〔概要〕以充作一公共的標準。舉例言之，譬如說一個人已見到一千個充分長成的人。現在，如果這一個人他想去裁判這樣一種模範的尺寸，即那「可依據一比較的評估而為被決定了的」這樣一種模範的尺寸〔體形〕，如是，則我認為想像力可允許大量的形象（或許一千人全在內）去互相爭勝，而如果我可以把光學現象之類比用在這裡，則在這大量形象都聚在一起的空間中，並在以最大的顏色之集中所鮮明了的輪廓線之內的地方，一個人可得到一平均尺寸之知識，此一平均尺寸在高度與寬度兩方面皆同樣既遠離最大身材之極端，又遠離最小身材之極端；而此既非最大亦非最小的身材便是一美的人底身材〔體形〕。（此同樣結果亦能依一機械的樣式而被得到，即把一千人底尺寸皆拿來，把他們的高度尺寸加在一起，又把他們的廣度即肥瘦尺寸亦加在一起，然後各以千除之，即可得到平均的尺寸。）但是想像力之作此事則是藉賴著一影響於內感底器官上的力學結果，即由對於這樣的形相之經常的攝取而發生的那影響於內感器官上的力學結果，而為之。又，如果我們依同樣的路數爲我們的平均人尋求平均的頭，並爲此平均的頭尋求平均的鼻，等等，如是，則我們即於進行比較工作的國度裡得到那「處在一美的人之模範理念之基礎地位以爲其根據」的那體形。爲此之故，一個黑人必須必然地（在這些經驗的條件之下）有一不同於白人所有的形相之美之模範理念，而中國人所有的亦必不同於歐洲人所有的。一美的馬或狗（屬於一特種者）之模型亦如此論。此**模範理念**並不是從那些「作爲**確定的規律**而取自於經驗」的比例中而被引生出：倒反是這樣的，即，依照此模範理念，那爲吾人作評估而備的諸規律始首先成爲可能的。此**模範理念**是人所有的一切獨個的直覺（連同著其多樣的變化）間的居間者，即是說，它是全綱類〔全族類〕中之流通形象，大自然把這流通形像置之爲一**基型**，使之居於其一切產品中之那些屬同種目者之基礎地位以爲其根據，但大自然似乎決不能在獨個事例中去完全達到這**基型**。但是這**模範理念**遠不足以給出綱類〔族類〕中的**美之完整基型**。它只給出那「構成一切美之不可少的條件」的**形式**，因而結果亦就是說，它只給出綱類〔族類〕之〔心靈的〕展現中的**正確性**。它如有名的波萊克里圖斯（Polycletus）之「持戈者」（Doryphorus, Spearbearer）一樣，被名爲規律（rule）。（梅龍之母牛亦可同樣爲母牛類而被使用。）即爲此之故，它不能含有任何特別有特徵的東西；因爲若非然者，它便不會是綱類〔族類〕之模範理念。又，它的呈現令人愉悅，這並不是由於其美而然，但只因爲它不違反那條件，即「唯在其下，一屬於此類的任何東西始能成爲是美的」那條件，而然。呈現或具體展示只是學院地說來爲正確而已〔只是合於藝術規律而已〕。①

235

〔**原註①**〕:在此,康德有註云:

人們將見:一完全合規則的面孔,即一畫家爲求一模胎兒所注目以視之的一面孔,通常是一無表情的。這是因爲它無任何有特徵的東西,這樣,種族之理念倒可以在這面容上被表示出來,而並不是一個人底特質可以在這面容上被表示出來。那在此是特徵者之誇張,即違犯模範理念(種族之合目的性)的那誇張,被名曰**漫畫**〔**滑稽臉**〕。經驗亦表明:這些完全合規則的面孔,作爲一規律,只內在地指示一**平庸型的人**;這情形大概是因爲(如果一個人可以假定大自然在其外在形式中表示內在形式之比例時):當沒有心靈的性質超過那「構成一無有瑕疵的人所需要的」那比例時,便沒有什麼東西可依那「被名曰天才者」之路數而被期望。在天才中,大自然似乎離開了其所賦予諸心力之**慣常關係**而偏向某一**特殊的關係**。

但是**美之理想**仍然是某種不同於美之**模範理念**的東西。因爲理由早已被說過,美之理想只有在「人的形態」〔人身〕中被尋求。在此人的形態中,理想存於道德之表示,離開道德,對象必即刻不會普遍地而且積極地(不只消極地在一理論地正確的展現中)令人愉悅。那些「內部地支配人」的諸道德理念之可見的表示當然只能從經驗裡被汲引出來;可是此諸道德理念之與仁慈、純潔、毅力,或平靜等之結合〔仁慈、純潔等這一切乃是我們的理性在最高合目的性之理念中把它們拿來與道德地善相連繫者〕,如其所是,則可以當作內部者形於外之結果,而在**身體的表示**中被致使成爲**可見的**;而此種被致使成爲可見的**體現**即包含有**理性之純粹理念**與**偉大**

的想像力之**聯合**，其包含有這聯合是在那甚至會對於這聯合形成評估的人身上即含有之，且不要說那是**此聯合底呈現之作者**〔體現者〕，其能含有之，自不待言。這樣一種「**美之理想**」之正確性是因著其不允許任何感性的嫵媚與「愉悅於其對象」之愉悅相混雜而被致使成爲顯明的；雖然如此，然而這「美之理想」卻仍然允許我們去對於其**對象**感有一很大的**興趣或利害關心**。此一事實轉而表明：依照這樣一種標準而形成的**評判**決不能是**純粹地美學的**評判，並表明：依照一**美之理想**而形成的一個**判斷**亦決不能是一**單純的審美品味之判斷**。 236

從第三機要而來的美之定義

美是一對象中的合目的性之形式，其爲一對象中的合目的性之形式是只當「它**離開一目的之表象**而在此對象中被覺知」時始然①。

〔**原註①**〕：在此，康德有註云：

人們可援引以下之事例以反對此定義對於美所作之說明，即：茲有一些東西，我們在這些東西中看見一形式它適合於一目的，然而卻沒有**任何目的**在這些東西中被認知，例如那些常從陰森的古塚中被得到的石器，這些石器上有一個洞，好像可備一柄把用；**雖然**這些石器依其形狀而言，它們顯然指示一合目的性，而此合目的性之目的亦並不爲我們所知，然而它們卻**並不**因此之故即可被說爲是**美的**。〔此固然也。〕可是〔應知〕「它們之被視爲**藝術產品**」這一事實，即包含有一直接的承認，承認它們的形狀是被歸屬於某種或他種「**意圖**」的，而且是被歸屬於一「**決定的目的**」的。而亦即爲此故，在對於它們之靜觀默賞中亦並無什麼「**直接的愉悅**」之可言。可是另一方面，一枝花，例如一枝鬱金香，卻被看成是美的，因爲我們在對於此花之知覺中，遇見一種「合目的性」，此合**目的性**在我們之對於此花之評估中是並不涉及任何「**目的**」的。

審美判斷之第四機要：第四相（程態之機要：程態相）

「愉悅於對象」之程態之相或程態之機要

〔依一般判斷之程態之功能而說審美判斷之程態之相或程態之機要〕

§18 一審美判斷之程態相是什麼？（一審美判斷中的程態相之特性）

在每一表象之情形中，我可以肯斷說：快樂與表象（當作一認知看的表象）之綜和至少是「**可能的**」。關於我所名之曰「適意」者，我肯斷說：它是「**現實地**」致快樂於我者。但是在美之情形中，我們心中所有者卻是於美方面之「一**必然的**關涉於愉悅」。但是，此「必然的關涉於愉悅」之必然性是**特別的**一種必然性。**它不是一理論的〔知解的〕客觀必然性**，這理論的客觀必然性它必會讓我們**先驗地知道**每一人將於我們所名之曰「美」的那對象會感到有此愉悅：它不會是像這樣云云的一個理論的〔知解的〕客觀必然性。它復亦不是一**實踐的必然性**，在一實踐的必然性之情形中，感謝有一純粹理性意志之概念，在此一純粹理性意志之概念中，自由

237

的行動者被供給一規律，因有如此樣的一純粹理性意志之概念，是故此中之愉悅遂只是一客觀法則之「必然的後果」，而且它亦簡單地只意謂：一個人絕對應當（即無其他外來的意圖）依一定的路數而行。美方面之「必然的關涉於愉悅」之必然性亦決不會是這樣云云的一種實踐的必然性。可是由於它既是如「在一美學判斷中被思」那樣的一種必然性，是故它只能被名曰「範例」（exemplary）。換言之，它是一切人之**同意於**這樣一個判斷，即那「足以去例證一不能程式出來的普遍規律」這樣一個判斷，「同意於這樣一個判斷」這種**同意之必然性**。由於一美學判斷不是一客觀的或認知的判斷，是故這種同意之必然性不是可由確定概念而引生者，因而亦不是一邏輯判斷底必然之必然性（apodictic）。這種**同意之必然性**更也不是可由這樣的經驗之普遍性，即關於「某一對象之美」的諸判斷之完全契合一致，這種完全契合一致底經驗之普遍性，而推得出來者。因爲經驗很難爲此目的供給夠多的證據，離開這一點事實不說外，且復經驗判斷亦決不能爲這些〔**審美**〕**判斷底必然性**之概念供給任何基礎。

§19　歸給一審美判斷的主觀必然性是有條件的〔被制約了的〕

審美判斷嚴格要求每一人皆同意；而一人他若述說一物爲美，他即堅持：每一人皆**應當**把其贊同給與於所品評之對象，並且亦跟著述說此對象爲美。因此美學判斷中的「應當」，儘管下判斷時所需要的一切材料證據（data）皆一致，然而仍只是**有條件地**被宣布的。我們是要求每一其他人皆同意者，因爲我們備有一個公共於一切人的**根據**。又，我們必能信賴這種同意，設若我們能時常確保例案之正確的歸屬——歸屬於那「作爲**同意之規律**」的**根據**之下時。

§20 爲一審美判斷所推進或所肯斷的那必然性，其所以成其爲必然性之條件乃是「一共感」之理念

假若審美判斷(就像認知判斷那樣)具有一確定的**客觀原則**，則一個人，如若他在其判斷中遵循此原則，則他必爲其判斷要求**無條件的必然性**。復次，假若審美判斷**無任何原則**，就像純然的官覺品味之判斷那麼樣，則在這些審美判斷方面決無任何**必然性之思想**會進入一個人之頭腦中。這樣說來，審美判斷必須有一**主觀原則**，此主觀原則是這樣一個原則，即它只因著**情感**而不經由**概念**來決定什麼令人愉悅，什麼令人不愉悅，它雖只這樣決定，但卻又具有**普遍妥效性**。但是，這樣一個**主觀原則**只能被視爲是一「**共感**」(common sense)。此共感本質上不同於**共同的知解**(common understanding)，此共同的知解有時亦名曰"common sense"(sensus communis)，此可譯爲「共識」。因爲屬共同知解之判斷並不是一個因著**情感**而成的判斷，但只總是一個因著**概念**而成的判斷，雖然時常只在表象得含混不清的原則之**樣子**中。〔另譯：雖然通常只如因著表象得含混不清的原則而成者。〕

238

因此，審美判斷依靠於我們之預設一**共感**之存在。(但此並不可被認爲去意謂某種外部的感覺，但只意謂由我們的**諸認知力**之**自由遊戲**而發生出的結果。)我再重複一遍，只有在這樣一個**共感**底預設之下，我們始能去置下一審美判斷。

§21　我們有理由預設一共感嗎？

知識與判斷，連同隨之而來的可信度，必容許可**普遍地被傳通**；非然者，「與對象相對應」〔**或相應於對象**〕必不能歸給知識與判斷。知識與判斷必是一礫岩般之混雜物，只足以去構成諸表象力之純然的主觀遊戲，恰如懷疑論所主張者。但是如果「知識」容許有可傳通性，則我們的「**心靈狀態**」，即「諸認知力爲認知一般而被調節得恰好」的那「**樣式**」或「**路數**」，事實上，亦即那「**適合於**一種表象（一對象所由以被給與的表象）」的「相對的配稱比例」〔**即諸認知力間的相對的配稱比例，由此相對的配稱比例，知識便可成立**〕，亦必須容許其是普遍地可傳通的，因爲此點是認知活動底**主觀條件**，若無之，則當作一結果看的知識必不能發生。而當一特定對象，通過感性之介入，它使想像力作安排雜多之工作，而想像力又轉而使知性從事於把概念之統一性給與於想像力之安排：當如此云云時，則上說之心靈狀態，諸認知力之調節得諧和一致，以及其間之配稱比例等之普遍地可被傳通這一點便總是那現實上所經常出現者。但是，諸認知力底這種配置有一相對的配稱比例，此相對的配稱比例是不同於被給予的**對象間之差異**的。然無論如何，茲必須存有一種配置，在此配置中，此一內在的比例（即適合於以此機能促動另一機能的內在比例）在關於特定對象之知識一般中是最**適宜於想像**與**知性**這兩種心力的；而此一配置只能通過**情感**（而並非經由**概念**）而被決定。現在，**因爲**此配置本身必須容許其是普遍地可傳通的，因而關於此配置之**情感**（在一特定表象之情形中者）也必須容許其是普遍地可傳通的，而同時此一情感之普遍　239

的可傳通性復又須預設一**共感**〔或同感〕：**因爲**是如此云云，**是故**我們之假定此**共感**是很有根據的。又，在這裡，我們並不須依據心理學的觀察以立定我們的立場，我們但只假定一「共感」以爲我們的知識之普遍的可傳通性之必要條件，此一共感是被預設於**每一邏輯**以及**每一知識**之**原則**中者，只要那邏輯或知識之原則不是懷疑論的。

§22　被思於一審美判斷中的普遍同意之必然性是一主觀的必然性，這一主觀的必然性在一共感底預設之下被表象爲是客觀的

在一切我們由之以說某物爲美的判斷中，我們不容許別人有不同的意見，而在採取此立場中，我們並不把我們的判斷基於**概念**，但只基於我們的**情感**。依此，我們引出此一基本情感並不是當作一「**私情**」而引出之，但只當作一「**公感**」而引出之。現在，爲此目的，經驗不能被使成爲此種**共感**之根據，因爲共感是被用來去證成那些含有一「應當」的判斷者。「共感」這個主張並非說：每一人皆**將與我們的判斷一致**，它但只說：每一人皆**應當同意於我們的判斷**。在這裡，我提出我的審美判斷以爲共感之判斷之一例證，而且依此之故我把「範例性的妥效性」歸給我的審美判斷。因此，「共感」只是一理想的型範。以此「共感」作爲預設，則那「與此預設相合」的**判斷**，以及「愉悅於一被表示於該判斷中的對象」之**愉悅**，便可很正當地被轉成一「對每一人而言」的**規律**。因爲那「雖只是主觀的，然而卻猶可被假定爲是主觀地普遍的（被假定爲是一對每一人而言的必然的理念）」的那個原則，在那「有關於不同的

下判斷的主體之相契合」的東西中，實能像一客觀原則那樣，要求**普遍的同意**，設若我們眞能確保我們之在其下所作的歸屬——歸屬特殊者於其下之歸屬，爲正確時。

「共感」這一不決定的型範，事實上，是被我們所預設者；因爲這是因著我們之敢於作審美判斷而被表明者。但是這樣一個**共感**，事實上，它是當作經驗底可能性之一**構造原則**而存在著呢？抑或它是經由更高的理性原則當作一**軌約原則**而被形成，形成之以便首先想去爲較高的目的產生一共感呢？換言之，審美力是一自然而根源的機能或能力呢？抑或它只是那人爲的而爲我們所獲得的一種能力之觀念，既是所獲得的一種能力之觀念，如是，則審美判斷，連同其要求於普遍的同意，只不過是理性之一需要，需要之以便去產生這樣一種契合一致，審美力只是這樣的嗎？而所謂「應當」這一觀念，即「一切人之情感之與每一人之特殊情感相一致之客觀的必然性」這一義，它只指表「達到這些事中的無異議」之可能性嗎？而所謂審美判斷則只是爰證此原則之應用之一事例嗎？這些問題是我們**既不想去研究**亦**無法去研究**的問題。就眼前而論，我們只須去把審美機能化解成其**成素**，並且最後去把這些成素統一於一「**共感**」之觀念中，就可以了。 240

從第四機要而來的美之定義

美是那「離開一概念而被認爲是『一必然愉悅』之對象」者。

美學判斷力底分析之第一卷「美之分析」之一般的註說

由以上的分析而抽引出的結果最後是如此，即：任何東西皆可收歸於一審美力之概念，審美力是一評判的能力，由此評判的能力，一個對象是在關涉於想像力之**自由的合法則性**中被評估。現在，如果**想像力**在審美判斷中必須依其**自由**而被看待，則首先它不可被視爲**重現的**，如其在服從聯想法則中那樣，而是應被視爲**創生的**而且是發揮其自己之活動力的(被視爲是**隨意的可能直覺之形態之創發者** Urheberin：originator)。而雖然在一特定感官對象之攝取中，想像力被束縛於此對象之一確定形式上，言至此，想像力並不能享有自由的遊戲(如其在詩篇中所享有的那自由遊戲)，然而我們又很容易這樣想，即：這對象很可早已預先準備好把恰恰這樣 241 一種雜多之安排形式供給給想像力，就如想像力無拘無束地在與「合知性之法則」這**一般合法則性**相諧和中所自由**發出**的一樣。但是說想像力既是**自由**的又是**其自身自合法則**(即隨身帶有**自律性**)，這實是一矛盾。須知僅是**知性**提供法則。但是，如果想像力被迫著去遵循一確定法則所置下的程序，則「其產品之形式須是什麼」便是經由「**概念**」而被決定者；但是若這樣，則早已說過，此時之愉悅並不是**愉悅於美**，但只**愉悅於善**(愉悅於圓滿，雖只不過是形式的圓滿)，而判斷亦並不是由於審美力而成的一個判斷。因此，那能與「**自由地**合**知性之法則**」這**合法則性**(此亦被名曰**離開一目的的合目的性**)相一致者，那能與審美判斷之**特殊性格**相一致者，乃實只是這**無法則**的「**合法則性**」，只是想像力與知性之一「**主觀的相諧和**」而並無一**客觀的相諧和**(客觀的相諧和意謂表象須涉及一**確定的**「**對象之概念**」)。

現在，幾何學地合規則的圖形，如一圓形、一方形、一立體形，以及其他幾何圖形等，通常被**審美評論家**當作「美」之最單純而又無問題的例證提出來。而這些圖形之所以被名曰合規則的圖形乃是因爲表象它們之唯一樣式是經由把它們視作一決定概念底諸具體呈現而然，因著此一決定概念，一圖形有其規律，即有此決定概念爲它所規劃的那規律（只依照此規律，那圖形才是可能的）。因此，以下兩意見必有一個是錯的，即：或是那「把**美**歸給這樣的圖形」的評論家之裁斷是錯的，或是我們自己之裁斷，即「使那『離開或獨立不依於**任何概念**』的**合目的性**對於**美**爲必要」這一裁斷爲錯誤。

一個人必很少想一人必須有審美力始能更愉悅於圓形而卻不愉悅於亂畫的輪廓，更愉悅於等邊等角的四邊形而卻不愉悅傾斜，不規則，而不成形者。只需要有通常的理解即可保證有這樣一種偏愛而用不著有絲毫要求於**審美力**。如果已有了**某種意圖**，例如已有了這意圖，即：要想對於一塊土地之面積去作一評估，或想使分割的各部分間的互相關係以及各部分對於全體的關係爲可理解，如是，則合規則的圖形，以及那些最簡單的圖形，自是需要的；而此時之愉悅亦並不是直接地基於圖形之「**如何觸目**」，而是基於圖形之對於一切可能的意圖之「有何用」。房間有作成傾斜角度的牆壁，花園裡所設計的院地亦有傾斜的角度，甚至動物之體形中任何對稱之違犯（如獨眼者），一如建築之圖形中，或花床之圖形中任何對稱之違犯，凡此皆令人不愉悅，其所以令人不愉悅，是因爲其形相之邪惡〔彆扭不正〕，其爲邪惡不僅是依一實踐的路數，在關涉於事物之某種**確定的使用**中爲然，且亦對那「注意於一切可能的意圖」的**評估**爲然。可是就**審美判斷**而言，情形便不同。因爲，當審美判 242

斷是**純粹的**時，則審美判斷是把愉悅或厭憎直接地與對象之純然的**靜觀默賞**相結合，而無關於此**對象之用處**或**任何目的**。

那引導至「一對象之概念」的**規則性**事實上是「把對象**掌握**之爲一單個的表象，並且把對象之決定形式**給與於**雜多」這種「掌握」與「給與」之不可缺少的條件。此種掌握與給與之「決定」在關於知識中是一**目的**；而在此種關涉之連繫中，此種掌握與給與之決定又是一定不移地被伴偶之以愉悅的（此愉悅就如「伴隨任何目的甚至任何或然的目的之完成」者那樣的愉悅）。可是，在這裡，我們只有那「一心解決問題」之價值，而並無諸心力與那被名曰美者這兩者間之一自由而又非決定地合目的性的相酬應或相款洽。在此後一情形中，**知性服務於想像**，而在前一情形中，則**想像服務於知性**。

就「一物之可能之由於意圖設計而然者」而言，或，就一所建築物而言，或甚至就一個動物而言，其存於對稱中的合規則性必須表示那「伴同著其目的之概念」的**直覺之單一性**，而且這合規則性連同著這目的之概念亦是屬於認知的。但是，在那一切所意想的是諸表象力之自由遊戲之維持的地方（維持而須服從這條件，旣沒有什麼東西足以使知性有例外），如在有風致的花園中，在房間之裝飾中，在一切表示有很好的品鑒力的各種傢具中，等等，凡在此類地方，那有拘束不自然的合規則性則須盡可能被避免。這樣說來，庭園方面的英國風味，傢具方面的奇想風味，把想像力之自由幾乎推致至異想天開之境——即推致至這想法，即：在離開一切**規律之強制**中，那恰好的事例可被供給出來，在此恰好的事例處，審美力在想像力之**投影設計**中可把其圓滿性展現至充分之境。

一切生硬的合規則性（例如近乎數學的合規則性）本質上就是違反於「**審美**」的，因爲對於此種合規則性之默會不能供給我們以**持久的樂趣**。實在說來，當此合規則性既不特別意在於認知，亦不特別意在於某一確定的實踐目的，則我們衷心對之生厭倦。另一方面，任何東西它若能給想像以自由自在而又合目的的遊戲之餘地，則它對於我們總是新鮮的。我們決不會漸漸連看都不要看它。馬斯頓（Marsden）在其描寫蘇門答臘中，他指出：大自然之自由自在美若周圍環之以觀者，這些自由自在美對於他不再有什麼吸引力。另一方面，當他在森林中碰見一胡椒園，這胡椒園有平行的杙椿行列，杙椿上藤蘿植物纏繞著，如是，他覺得這胡椒園很有吸引力。由此，他推斷說：野生的，表面上十分不規則的美只對於一「飽看規則的美」的人作爲一種變化而始令人愉悅。但是他只須在其胡椒園中過一天作一試驗，他便可知：一旦合規則性能夠使知性把其自己置於其所經常需要的秩序相一致中，則對象便不再使他有興趣，反把令人討厭的拘束強制置於想像上。可是，另一方面，不受人工規律之強制的自然，而且是繁有變化的自然，她倒能對於他的審美力供給經常的食物〔營養〕。甚至那不能還原到音樂規律的鳥鳴，也看起來似乎比依照音樂藝術所規定的一切規律而歌唱的人類聲音要有更多的自由，因而在趣味上也更爲豐富。因爲我們不久會對於人類歌唱的聲音之時常而又冗長的重複漸漸生厭。不過在這裡，極可能是我們之同情於可愛的小鳥之快樂混爲其**鳴聲之美**了，因爲如果它的鳴聲準確地爲人所模倣（如有時夜鶯叫聲之所爲），則其鳴聲必甚刺耳而甚乏味。

243

又，「美的對象」須與「對象之美的景色」分別開（在對象之

美的景色處，遠距離常使我們看不清）。在對象之**美的景色**之情形中，審美力似乎並不太老釘著想像力在此視野裡所把握者，它反是較釘著想像力所接受的肆於**詩意的虛構**之激發，即是說，所接受的肆於**特殊的幻想**之激發，心靈以此特殊的幻想來自娛，好像它因著觸目的多樣變化而連續不斷地被鼓舞一樣。這恰像是當我們注視火焰之炎炎上升或一潺潺小溪流之遷流波動時之情形一樣，這兩者皆不是**美之事物**，但它們可以傳達一種**魅力**給想像，因為它們保持了想像之**自由的遊戲**。

244

第二卷　崇高〔莊嚴偉大〕之分析

§23　從「評估美」之能力轉到「評估崇高」之能力

美與崇高這兩者於此點上相合，即：它們兩者皆依其自己之故而令人愉悅。它們又在此點上相合，即：它們兩者皆既不預設一感官之判斷，亦不預設一邏輯地決定的判斷，但只預設一**反省之判斷**。因此，「愉悅於美與崇高」之愉悅既不是依靠於一感覺，如在「適意者」之情形處那樣，復亦不依靠於一確定的概念，如「愉悅於善」處之情形那樣，然而縱使如此，它亦**不決定地**涉及於概念〔或：它亦涉及於概念，雖其所涉及者是一不決定的概念〕。結果，「愉悅於美」與「愉悅於崇高」之愉悅是與純然的具體展現或具體展現之能力相連繫，而這樣，它便可以被認為是去表示一直覺中的具體展現之能力（即想像力）與那「屬於知性或理性」的概念之能力這兩者間之相諧和，這所謂相諧和其意即是「前者」，即作為具體展現之能力的「想像力」，可以有助於「後者」，即屬於知性或理性的「概念之能力」，意即是說，前者可以促進後者。因此，〔評估美與評估崇高〕這兩類判斷皆是**單稱的**，然而卻又皆宣稱對每一人而言是普遍地有效的，儘管它們的這種宣稱之要求只是指向於**快樂之情**而並不指向於任何**對象之知識**。

美與崇高雖有上說之相合，然而它們兩者間卻又有重要而顯著的差異。自然中之美是「對象之形式」之問題，而此即表示自然中之美是存於「限制」中；然而崇高〔莊嚴偉大〕卻是被發見於一甚至無形式之對象中，當此對象直接地含有「無限制之表象」時，或不然，當此對象經由其現存而激起或引起「無限制之表象」時。不管此對象直接地含有此無限制之表象或經由此對象之現存而引起此無限制之表象，總猶把「此對象之整體」之思想增加到此無限制之表象上。依此而言，美似乎被看成是**知性**之一「不決定的概念之展現」，而崇高〔莊嚴偉大〕則被看成是**理性**之一「不決定的概念之展現」。因此，在前一情形中，愉悅是伴隨之以「質」之表象的，而在此後一情形中，則愉悅是伴隨之以「量」之表象。復次，前一種愉悅在種類上十分不同於後一種愉悅。因爲美是直接地被伴隨之以生命底洋溢之情，因而遂亦與「嫵媚」以及「遊戲性的想像」相容。而另一方面，崇高之情是一種「間接發生」的快樂，它是經由「生命力之暫時抑制而即刻繼之以更有力的生命力之迸發」之情而產生，因此，它是一種「似乎在想像之事中並無遊戲但只有全然的最眞摯」的一種激情。因此，嫵媚對於它是最可厭的事；而且，由於心靈並不是簡單地只爲對象所**吸引**，且亦更替地爲對象所**拒斥**，是故崇高中之愉悅並不甚包含有積極的快樂如讚美或尊敬那樣，意即它只應被名曰一**消極的快樂**。

245

但是崇高與美間最重要而有關鍵性的**差別**確然是這一點，即：如所可允許者，如果我們在這裡把我們的注意力只限於**自然對象**中的**崇高**(因爲藝術之崇高總是爲「合於自然」之條件所限制)，如是，則我們可以見到：雖然**自然的美**(即如像**獨立自存**這樣的**自然之美**)傳達一**合目的性**於其形式中，其形式使這對象顯爲好像是預定爲**適宜於**我們的**判斷力**，這樣，這對象之自身遂可形成「我們的愉悅」底一個對象：雖然**自然之美**是如此云云，然而那「用不著任何精緻之思想，但只在我們的攝取中，即可引起**崇高之情**」的那東西，實在說來，在**形式**上，它可顯爲**違反**我們的判斷力之目的，顯是**不適宜**於我們的展現之機能，而且好像是對於想像力是一種**侵犯或冒犯**，然而卻正由於此故，它遂被判斷爲是**更崇高的**。

由此，我們即刻可以見出：如果我們名任何「自然之對象」曰崇高，則我們之表示是完全不正確的，雖然我們可以完全適當地名許多自然之對象曰「美」。因爲那「被攝取爲本質上違反於目的」的東西如何能以「讚許之辭語」去註說之呢？一切我們所能說者是這一點，即：**對象自己**就能**適合於**那「可發見於心中」的一種**崇高性**之具體的呈現。因爲崇高，依此字之嚴格意義而言，它不能被含於任何**感觸的形式**中，它但只有關於理性之**理念**。這些理性之理念，雖然對於它們沒有**適當的展現**是可能的，然而它們卻可以即因著那「允許有感觸的展現」的「不適當性」而被引起而且被召集於心中。這樣說來，爲暴風雨所鼓動的那大海洋不能被名曰「崇高」。它的景象是可怕的；而如果「視之可怕」這樣一種視之之**直覺**想要把心靈升舉到一點崇高之感，則一個人必須事先早已以**豐富的理念**來充實其心靈，因爲那時心靈已被誘導去放棄**感性**，而只把其自己專用於那「包含有較高的合目的性」的諸**理念**上。 246

自存的自然之美把「自然之技巧」顯露給我們，這自然之技巧表明自然爲一系統，這一系統乃是依照諸〔特殊〕法則而條理成者。所謂諸特殊法則之法則乃是這樣的法則，即這些法則之**原則**並不是可被發見於我們的全部**知性機能**底範圍之內者。此原則乃是一**合目的性之原則**。此一合目的性之原則須就**現象**而關聯於判斷力之使用；既如此，那所謂**現象**便不只被指派給那「被視爲無目的機械作用」的自然，且亦被指派給那「依照**藝術之類**比而被觀看」的自然。因此，此一合目的性之原則可以給出一眞實的擴張，當然，其給出一眞實的擴張並不是把此擴張給與於我們的關於「自然之對象」之知識，但只是把此擴張給與於我們的關於「自然本身」之想法(此即是說，自然之當作純然的機械作用看如何被放大到「自然之作爲藝術」之想法)，這一擴張實可引起關於「自然之作爲藝術」這樣一種形態底可能性之深入的研究。但是在那「我們習慣名之曰自然中之崇高」者中，茲並無任何事足以引至**特殊的客觀原則**以及那「與此特殊的客觀原則相應」的自然之形式或形態。夫既如此，如是逐至：當自然現出**偉大**與**威力**時，那實寧只是此自然之在其混沌中，或在其最粗野而又最無規律的錯亂失序與荒涼枯寂之中，它始主要地激起**崇高**之思想。因此，我們見到：自然中崇高之概念在涵義或後果方面遠不及自然之美之概念那麼重要而豐富。自然中崇高之概念大體並不在**自然本身**中現出任何**合目的性的東西**之**指示**，它但只在我們之對於自然之直覺之**可能的使用**中現出合目的性的東西之指示，這樣我們便可在**我們自身**內引起一「完全獨立不依於自然」的**合目的性**之**情感**。對自然中之美而言，我們必須尋求一根據在**我們自身以外**而爲**外在的**，但對崇高而言，一個人必須只在**我們自身內**以及在那「把崇高性引入自然之表象中」的**心靈態度內**尋求此根據。這是一十分需要的〔有決定性的〕基本評說。這一評說完全把崇高之思想和那「自然之合目的性」之思想分別開，並且使「崇高論」(theory of sublime)成爲自然之合目的性之美學的評估之一純然的**附錄**或**補遺**，因爲「崇高論」並不能給出自然中任何**特殊形式**之表象，它所含攝的只不過是想像力對於**其自己所有**

的表象所作的一「合目的性的使用」之另一開發。

§24　崇高之感之研究之區分　　247

在那涉及崇高之感的對象之美學的評估之機要〔契機〕之區分中，分析之進行所遵循的原則可同於審美判斷之分析中所遵循者。因爲由於關於崇高之判斷既是一個「屬於美學的反省判斷力」之判斷，是故「愉悅於崇高」之愉悅恰如「愉悅於美」之愉悅，它亦必須依崇高判斷之「量」，被表明爲是普遍地有效的；依崇高判斷之「質」，被表明爲是獨立不依於任何利害關心的；依崇高判斷之「關係」，被表明爲是一主觀的合目的性；而依崇高判斷之「程態」，則被表明爲是必然的。因此，在這裏，我們所用的方法將不歧異於前卷所用者，除論及以下一點外，即：在前卷那裏，美學判斷有關於**對象之形式**，我們開始於美學判斷之質之研究，而在本卷這裏，由於考慮那「屬於我們所名曰崇高」的「**無形式**」，是故我們遂開始於美學判斷之量之研究，以此量之研究作爲關於崇高之美學判斷之第一機要：就只這一點是方法之異於前卷者，其所以異於前卷之故，由上文§23看來，是顯明的。

但是，崇高之分析必應有一種區分，這一區分並不是美之分析之所需要者，此區分即是把崇高分成**數量地崇高**與**力學地崇高**。

〔何以故須如此區分？〕蓋以：當關於「美」之審美品味**預設**並**保持**「心靈於**平靜的靜觀默賞**中」時，崇高之感卻包含有一種「與對象之評估相結合」的**心靈之激動**以爲此崇高之感之主要的特徵。可是此心靈之激動須被評估爲是**主觀地合目的的**（因爲崇高令人愉悅）。因此，此心靈之激動，通過想像力，它或是關涉於**認知**

之機能，或是關涉於**意欲之機能**；但不管關涉於那一種機能，特定表象之合目的性是只就這兩種機能而被評估(其只就這兩種機能而被評估是離開任何目的或利害關心的)。依此而言，「關涉於認知機能」的那種心靈之激動將作為想像力之**數量的拍調**①而被歸屬於對象，而「關涉於意欲之機能」的那種心靈之激動則作為想像力之**力學的拍調**而被歸屬於對象。因此，我們遂有上面「表象一對象為崇高」這種表象之雙重模式。

〔**譯註①**〕：

「拍調」原文是"Stimmung"，此詞 Pluhar 譯為"attunement"(拍調)較合，Bernard 譯為"determination"(決定)非是，而 Meredith 則譯為"affection"，亦不違。

248 **A.數量地崇高**

§25 「崇高」一詞之界說

「崇高」是被給與於「絕對偉大者」之名〔是用以說「絕對偉大者」之名字〕。但是，是「偉大」與是一「有大小的量度」，這兩者是完全不同的概念。同理，無任何限制而只簡單地說「某物是偉大的」與說「某物是絕對地偉大」亦完全不同。「某物絕對偉大」是「超越一切比較」的偉大。然則肯斷說「任何東西是偉大的，或渺小的，或屬於居間的」，這種肯斷之意指是什麼呢？那所指述的不是一純粹的**知性之概念**，更不是一**感取之直覺**，亦同樣不會是一**理性之概念**，因爲它不含有任何認知之原則。因此，它必須是一「**判斷力之概念**」，或說它必須有其根源於一「判斷力之概念」中，而且它必須引介出表象（涉及判斷力的那表象）之一**主觀的合目的性**以爲此判斷力之基礎。設若衆多同質的東西聚合起來構成一物，如是，則我們可以即刻由此所構成之物本身來認知此所構成之物是一有大小的**量度**（magnitude: quantum）者。茲並無與他物相比較之必要。但是要去決定一物是**如何樣的大**，則這總是需要某種「其自身有量度」的別的東西以爲此一物之尺度。現在，因爲在量度之評估中，我們不只是去考慮衆多性（單位之數目），且亦必須去考慮那**作爲尺度的單位**之量度，又因爲此作爲尺度的單位之量度轉而又需要某種別的東西以爲其尺度以及其比較之標準，如此前進，無有已時，如是，我們見到：現象之量度之估計在一切情形中，總完全不可能供給我們以任何**絕對的量度**之概念，而實在說來，它只能供給一個「總是基於比較」的〔**相對的**〕**量度**。

現在，如果我無任何限制而肯斷說「任何東西是偉大的」，則我似乎並無什麼比較中的東西呈現於我心中，或至少亦可以說沒有什麼東西含有一客觀的尺度，因爲我這樣說時，我無意去決定「這對象是如何樣的偉大」。但是，若有比較，儘管比較之標準只是主觀的，我的判斷亦要求於**普遍的同意**；說「那個人是美的」，說「他是高大的」，這些判斷並不打算只對下判斷的人而說，它們就像**理論的判斷**那樣，它們要求每一人之同意。

現在，在一「無限制地〔**絕對地**〕把任何東西描寫爲偉大的」 249 這樣一個判斷中，我們不只是意謂說這對象有一量度，且亦意謂說「偉大」之被歸給於這對象是在許多同類的其他對象當中特優越一切而卓越地被歸給於此對象，雖卓越地被歸給於此對象，然而卻也並無此**卓越之度**之被決定。因此，一標準確然被置於判斷之基礎處，這被置於基礎處之標準被預設爲是一個「可被認爲對每一人爲同一」的一個標準，但是這同一標準只有效於對「偉大」作一**美學的評估**，而並不有效於對「偉大」作一**邏輯的評估**(作一**數學地決定的評估**)，因爲那標準只是一個「居於對於偉大作反省這**反省判斷**之基礎地位」的**主觀標準**。復次，這標準可以是**經驗的**，例如說我們所知道的人們之平均的大小之量，某種動物底平均的大小之量，或樹木、房子、山嶺等等底平均大小之量。或不然，這標準亦可以是一個**先驗地被給與**的標準，這先驗地被給與的標準，由於下判斷的主體〔人〕之缺陷之故，是被限制於「具體的展現之主觀條件」的，此如在實踐範圍內，一特殊的德行之級度，或一國家中國民的自由之級度以及正義或公正之級度；或在理論的〔知解的〕範圍內，一個試驗或測量之準確或不準確之級度，乃至其他等等先驗地給與的標準皆然。

現在，在這裡，這須注意，即：雖然我們無興趣於對象，即是說，**對象之眞實存在**可以是一「無關於我們」之事，然而對象之**純然的偉大**，甚至被視爲是**無形式**的那純然的偉大，仍然能夠去傳達一普遍地可傳通的愉悅，因而遂可以包含有我們的諸認知機能之使用中的一種**主觀的合目的性**之意識，不過這須記住，即：這愉悅並不是「**愉悅於對象**」之愉悅(因爲此時那對象很可是無形式的)，它但只依對比於那美之情形中之愉悅而言(在美之情形處，反省判斷見到它自己在關於認知一般中被置放於一合目的的關節上)，而實只是一種「愉悅於一『**影響想像力自身**』的擴大」之愉悅。〔原

文及其他兩英譯：而是一種「愉悅於想像力自身之擴大」之愉悅。〕

如果（如上說之所應記住者之限制），我們對於一對象無限制地說：「它是**偉大的**」，這並不是關於此對象之表象之一數學地決定的判斷，而但只是關於此對象之表象之一**純然反省的判斷**，這所反省地判斷的**對象之表象**對「**偉大之評估**中的諸認知機能之一特殊的使用」而言是**主觀地合目的的**，因而我們也總是以一種**尊敬**來伴隨這表象，正恰如我們以一種**輕蔑**來伴隨我們所絕對名之曰「渺小」者。復次，評估事物爲偉大或渺小的，這種事物之評估可擴展至每一事物，甚至擴展至每一事物之一切性質。這樣說來，我們甚至也名每一事物之「美」曰偉大的或渺小的。所以可如此名之理由是見於這事實，即：我們只能如判斷力之箴言之所指導者，須在直覺中呈現一物（結果也就是說，須感性地表象一物），因爲這一物須完全是一現象，因而也就是說，它須是一「量」。〔參看《第一批判》，直覺之公理：「每一直覺是一廣度量」。〕 250

但是，如果我們名任何物不僅是偉大的，且是無任何限制地偉大的，絕對地偉大的，而且在每一方面（超越一切比較）而爲偉大的，即是說，它是**崇高的〔莊嚴的〕**，則我們立刻覺知：對此物而言，去尋求一適當的標準於其自身以外，這並不是可允許的，但只應在其自身中尋求標準。它之爲偉大單只比較於其自己而爲偉大。因此，隨之而來者便是：崇高必不可在**自然之事物**中被尋求，但只應在**我們自己之觀念**中被尋求。但是要想去表明崇高處於這些觀念中之那一種觀念，這必須留給「推證」（deduction）去表明。〔見下§30。〕

以上崇高之界說也可依以下的路數而被表示：凡「與之相比，一切其他東西皆成渺小的」那種東西就是「崇高的」。在這裡，我們很容易看出：沒有什麼被給與於自然中的東西，不管我們判斷之爲如何大，它竟不可以被降低至無限小之層次，亦沒有什麼東西是如此之小，以至於在與某種更小的標準相比較中，它竟不可以在我們的想像上被放大到「世界之量度」或「世界之大」。望遠鏡在我們所能及的範圍內已供給豐富的材料於作第一種觀察中作證據，而顯微鏡則供給豐富的材料於作第二種觀察中作證據。因此，當依此立場而論，沒有什麼「能爲感官之一對象」的東西可被名曰「崇高」。但是確然正因爲在我們的想像力中有一種努力朝向著無限的進程而前進，而理性又要求絕對的整體以爲一眞實的理念，是故我們之評估感官世界中的事物底量度之能力不能夠達到此眞實的理念，而正是這方面之無能才喚醒我們心內的這一種**超感觸的能力之情感**；而正是爲了此超感觸的能力之情感，判斷力對於**特殊的對象**所自然地作成的那種「**使用**」才是絕對地偉大的，而並不是那感官之對象是絕對地偉大的。而對那「是絕對偉大」的**使用**而言，每一其他與之相對照的使用皆顯得是渺小的。結果，正是爲一「惹起反省判斷力之注意」的**特殊表象**所喚起的**這靈魂之傾向或拍調**(die Geistesstimmung)，它才可被名曰「崇高」，而並不是那**對象**可被名曰「崇高」。

因此，前文所說的界定「崇高」的那個程式尚可以爲如下之另一程式所補充，即：崇高乃是：「純然能夠去思」之**思能**即足證明**一心靈之能力**可以越過每一**感官之標準**。

§26　自然物底量度之評估需要於崇高之理念

251

經由數目之概念（或代數中此等數目概念之符號）而成的量度之評估是**數學的**，但是那在**純然的直覺**中（經由**眼看**）而成的量度之評估則是「**美學的**」〔**直感的**〕。現在，我們只能經由依靠於數目（或無論如何，藉賴著無限前進的數目系列所得的步步接近的測量）去得到「任何物如何大」之確定概念，蓋由於這些數目或測量之單位即是尺度故；依此而言，一切量度之**邏輯的評估**是**數學的評估**。但是，因爲尺度之量度須被假定爲是一已知的量，如果要想對於此一已知的量去形成一評估，我們必須又要求助於一些數目，這些數目爲其單位又捲入另一標準，因而結果也就是說，我們必須又要數學地前進，如是，我們決不能達到一**第一尺度**或**基本尺度**，因而我們也不能得到一特定量度之任何確定的概念。因此，**基本尺度**底量度之評估必須只存於**直接的掌握**，這一直接的掌握，我們只能得之於**直覺**中，而我們的想像力對於這直接的掌握所能供給的用處只能供給之於「去展現數目概念」之展現中：此即是說，一切自然對象底量度之評估，依**最後的憑恃**而言，是**美學的**或**直感的**（即是說，是**主觀地決定的**，而非**客觀地決定的**）。

現在，對量度之數學的評估而言，當然決無「最大的可能」（因爲數目之力量擴及於無限），但對美學的評估而言，確然實有「最大的可能」，而且對於這「最大的可能」，我這樣說，即：當它被認爲是一絕對的尺度，越乎此，沒有「更大者」是主觀地可能的（即是說，沒有更大者對下判斷的主體而言是可能的）時，則它便傳達「崇高」之理念，而且它喚起這樣的**激情**，即，「除當基本的美學尺度鮮明地呈現於想像力前能激起之外，否則，便沒有因著數目而成的『量度之數學的評估』能夠激起之」，這樣的激情。何以故如此？蓋因爲數學的評估只能呈現**相對的量度**，由於它與其他同類的量度相比較故，而美學的評估則**絕對地**呈現量度，當心靈能把握此量度於一**直覺**中時。

要想在想像力中直覺地領悟一「定量」以便能夠去使用此定量以爲一尺度，或爲「以數目評估量度」之單位，這便包含有此想像力之兩種作用：一是「攝受」（apprehension），另一是「綜攝」（comprehension）。「攝受」並不呈現有困難，因爲此攝受之歷程可以無限地前進而無底止；但是隨著「攝受」之步步前進，「綜攝」即變成在每一步上更爲困難，而且它不久即可達至其「最大度」，而此「最大度」便是量度之評估上的「美學地〔**直感地**〕最大的基本尺度」。因爲如果「攝受」已達至一定點，越過此一定點，那在「先前被攝取」的部分之情形中而成的「感觸直覺之表象」，當想像力進至其他部分之攝取時，即開始從想像力中消失過去，如是，則一邊所失之多少正如另一邊所得之多少。當「攝受」方面是如此云云時，而就「綜攝」而言，我們卻得到一「最大度」，想像力不能越過此「最大度」。

252

以上所說可以解明 Savary 在其記述埃及中的觀察。其觀察是如此，即：要想去得到金字塔底大小量度之充分的激情效果，我們必須不要**太靠近**，恰如我們亦必須不要太遠離。因爲若**太遠離**，則被攝取的部分之表象（石頭之階梯式的層層啣接）便變成模糊不清，而且於人之美學判斷方面亦並不能產生任何效果。但是若**太靠近**，則視力需要若干時間去完成從底層到頂層之攝取；但是在此時間之間距中，首先攝取的互相啣接的梯層大部分要在想像力攝取最後的梯層以前即已被忘記而消失，因而「綜攝」遂從未是完整的。這同一解明也可以充分地說明驚慌無措或有點糾纏不清的複雜困惑之情境，這一情境如一般所說，可以抓住參觀者在初入羅馬聖彼得大教堂時之心境。因爲在這裡，參觀者深深感到他的想像力不足以展現一如此之「整全」，即「想像力在其中達到其最大度」這樣的「整全」之理念，而當想像力力求擴張此最大度之限度而無效果時，想像力便退回於其自身，但即在如此退回中，它便陷於一「**激情的愉悅**」而爲其所驅使。

在現在，我並不想去處理這種激情的愉悅之根據。這激情的愉悅，如其所是，是與以下那樣一種表象相連繫的，即：我們於此表象中，至少可以期望有此種愉悅，即是說，此表象它可以讓我們覺得其自己之**不適當性**，因而結果也就是說，它讓我們覺得其自己之**主觀的不相稱性**（**不合目的**的**不相稱性**），即對我們的評估量度中的判斷力而言的主觀的不相稱性：那激情的愉悅是與這樣云云的一種表象相連繫的。我現在並不想處理與這樣云云的一種表象相連繫的那種激情的愉悅之根據。我但把我自己限於這評說，即：**如果**美學判斷須是純粹的（即不與任何「屬於理性」的目的論的判斷相混雜），**又如果**我們想去給出純粹的美學判斷之一適當的例證——適當於「美學判斷之批判」的那適當的例證，**則我們必不要**在**藝術作品**中，例如建築、雕像，以及類此者，這樣的藝術作品中，顯示崇高，因爲在這些藝術作品中，有一人類的目的決定此形式與量度；**我們也不要**在**自然之事物**中，即「在其概念中就含有一確定的目的，例如『一被認可的自然秩序』[①]中之動物即是此類即在其概念

253 中即含有一確定的目的」這樣的自然之事物中，顯示崇高；**我們但只**在只含有量度的**粗野的自然**中顯示崇高(而只在這樣的自然中顯示崇高是只當這樣的自然並不傳達任何**嫵媚**，亦不傳達任何「發自**現實的危險**」的**激情**時始云然)。何以故但只在此只含有量度的粗野的自然中顯示崇高呢？這是因為在此類之表象中，自然並不含有什麼是畸形怪狀者(也不含有那是堂皇富麗者或是恐怖者)，即並不含有這樣被攝取的量度，即這量度它可以被增加到任何所欲之級度，設若想像力能夠去掌握此量度於一整全中時。一個對象，當經由其大小之量度，它使那「構成其概念」的目的歸於挫敗而無效時，則它便是**畸形怪狀的**。龐然大物之「**巨大者**」純是如下那樣一個概念之展現，即這一概念就展現而言，它幾乎是太大，即是說，它幾乎大到很近乎那相對地畸形怪狀者。因為那「『經由一概念之展現而被達到』的那個目的是很難經由那就攝取之能力而言為太大」這樣一個對象之直覺去眞實化之。但是，一關於「**崇高**」的純粹判斷必須不要有任何「屬於對象以為此對象之決定根據」的**目的**，如果這關於崇高的純粹判斷要成為**美學的判斷**而且並未沾染之以任何**知性之判斷**或**理性之判斷**。

〔**譯註①**〕：

「一被認可的自然秩序」(a recognized natural order)，德文原文是"bekannte Naturbestimmung"，譯成中文是「人所熟知的自然定分」。「**自然定分**」在英文是難翻的，此譯為「自然秩序」，嫌鬆泛。Bernard 譯為「自然注定」(natural destination)，太著，不能達原意。Pluhar 在此隨文譯為「自然中之決定」（determination in nature），德文 Bestimmung 在他處如知性範疇所行處，是「決定」義，但在此如譯爲「決定」，則稱泛，譯爲「定分」，則可。「定分」即孟子所謂「分定故也」之分定。各種動物皆有其自然中之定分。

*　　　*　　　*　　　*

因爲凡離開利害關心，對於純然反省判斷力而爲一快樂之源的任何東西皆必須在其表象中含有一主觀的，而如其爲主觀的，又是一普遍地有效的合目的性，**但是又因爲**①在此崇高處，卻並無對象之形式之合目的性以爲此對象之評估之基礎，就像在美之情形處那樣，所以這問題便發生，即：在此崇高處，什麼是這**主觀的合目的性**呢？又，這主觀的合目的性如何可被規定爲一型範或標準以便在純然量度之評估中，又亦在「量度之評估被推至『我們的想像力在展現量度之概念中全然失敗而證明其不能勝任其工作』這一點」之情形中，去給出**普遍有效的愉悅之根據**呢？

〔**譯註①**〕：

原文是「但是雖然」，英譯亦如之，太迂曲。茲依第三英譯（Pluhar 譯）改。

在量度之表象所需要的單位之相續的集合中，想像力自可**無限地**前進而毫無阻礙，但是**知性**則藉賴著數目之概念以領導著想像力，這所藉賴的數目之概念，想像力必須爲之供給「**圖式**」（規模 schema）。這一種程序屬於**量度之邏輯的評估**，而即如其爲如此，所以無疑它亦是依照一目的之概念而成的某種「客觀地合目

的」的東西（此如一切測量皆是如此），但它卻不是任何「在美學
254 判斷上合目的或令人愉悅」的東西。又在此有意的〔**設計的**〕合目的性中，亦並無什麼東西足以迫使我們去加重「想像力之盡頭」之擔負，並去驅使想像力在其具體展現之工作中所能及者愈遠愈好，這樣便可去擴大尺度之量度，因而遂可盡其可能愈大愈好。因爲在經由**知性**而成的量度之評估中（即在算數學中），**不管**單位之綜攝推進至數目10（如在十進單位中者），抑或只推進至數目4（如在四階制中者）；**亦不管**量度之進一步的產生是經由「單位之相續的集聚」而被完成，**抑或不然**，如果量單位被給與於直覺中，量度進一步的產生是只依照一被採用的前進之原則，經由攝取，**逐步前進地**（**非綜攝地**）而被完成：不管怎麼樣，我們恰同樣地只進至一定點。在對於量度之此種**數學的評估**中，**知性**既盡其用又得其滿足，不管想像爲單位選擇一如此之量度，即對於此量度一個人於一瞥中即能收攝之，此如一尺或一英呎即是如此，不管想像力是選擇如此之量度，抑或不然，它選攝一德國里或甚至選擇地球之直徑，對此德國里或地球之直徑之「**攝取**」亦自是可能的，但是其在想像力之一直覺中之「**綜攝**」卻並不是可能的（即是說，它並不是因著**直覺的綜攝**而爲可能的，雖然它可以藉賴著一數目概念中之**邏輯的綜攝**而可能）。不管在一尺或一英呎之量度中，抑或在德國里或地球之直徑之量度中，在此兩種情形之任一情形裡，量度之**邏輯的評估**皆可**無限地**前進而無有可以禦之者。

但是，現在，心靈要傾聽於**理性之聲音**。這理性底聲音，它對一切所與的量度而言，甚至對那些「從未完整地被攝取，雖然在感觸的表象中當作完整地所與者而被評估」這樣的量度而言，它要求

「**綜體**」，因而結果也就是說，它要求一個整一的直覺中的「**綜攝**」，而且它亦要求一具體展現以回應上說的一切「前進地增加的數目系列」中之分子，而且它甚至亦並不使過去的空間時間之**無限**可以免除此要求，它不但不使之免除此要求，且亦使以下一點爲不可避免的，即使「視此通常理性之判斷中的**無限**爲完整地被給與者（完整地被給與於其綜體中者）」這一點爲不可避免的。

但是「無限」是絕對地（不只是比較地）偉大的。與此「無限」相比，一切其他「同屬量度（或同屬給與於直覺中的量度）」者相形之下皆是微小的。但是最重要的一點便是：「甚至能夠去思這無限爲一整全」這種純然的「思之」之能力也即指示一心靈之能力，這一心靈之能力乃是超越**每一感官**之標準者。因爲〔若用感官之標準去表象無限，則此〕感官之標準必應要求有一種綜攝可以給出一標準以爲一單位，這作爲標準的單位對於無限有一確定的比例可表之於數目中，但此實乃是不可能的。又，「甚至能去思這所與的無限而無矛盾」這種純然的思之之能力就是那「在人類心靈中要求一『其自身就是超感觸的』這樣的能力之存在」者。這所要求的「超感觸的能力」之理念（即其爲一**智思物**之理念）其自身是不允許我們對之有任何**直覺的**，雖對之無直覺，然而它卻被引出來以爲一**基體**，這基體乃即是那居於作爲純然現象的世界底直覺之基礎地位以爲其根據者。只有通過此所要求的超感觸的能力以及通過此能力之爲一如此云云的智思物之理念，那「感取世界」之無限，在量度之**純粹理智的評估中**，始能在一概念下**完整地被綜攝**，雖然在藉賴著數目概念而成的**數學的評估**中，那感取世界之無限卻決不能**完整地被思**。甚至那「能夠使**超感觸的直覺之無限性**之被視爲是給與了的(給與於其**智思的基體**中)」這種「能夠使之云云」之能力也超越了**每一感性**之標準,而且也是偉大到越過了一切比較,甚至越過了與數學評估之能力之相比較:當然,說這能力如此如此,這並不是從那「追求我們的知識能力之利益」的理論的〔知解的〕觀點而言的,這乃但只是把這能力視作**心靈之廣大**,這廣大的心靈它從另一觀點(即實踐的觀點)感覺到其自身有能力去越過**狹窄的感性**之藩籬。

因此,說自然是崇高的,其爲崇高是在其這樣的現象中,即如「此等現象之直覺能傳達現象之無限性之理念」這樣的現象中,而爲崇高的。〔案:此如《中庸》說「高明配天,博厚配地,悠久無疆」這樣的自然現象之直覺即爲崇高者。〕但是這只能通過「對象量度之評估中我們的想像力之最大的努力之**不足夠性**」始能發生。但是,現在,在量度之**數學的評估**之情形中,**想像力**是完全有能力去供給一尺度**合於**任何對象之所要求者。因爲**知性**之數目概念經由前進的綜和能使任何尺度**適當於**任何所與的量度。因此,這必須有一種「量度之**美學的評估**」,在此美學的評估中,我們即刻感到有「力求一綜攝」之努力,這所努力以求的「綜攝」它越過了這想像力,即「精神上掌握逐步**前進的攝取**於**一直覺之整全**中」之想像力。我們在此美學的評估中既感到有「力求一如此云云之綜攝」之努力,並同時連同此感,復亦知覺到此**想像力**,即「其逐步進程無界限以限之」的這**想像力**之在「爲量度之評估而掌握並使用一**基本尺度**」這方面之「**不勝任**」(可是**知性**於利用一基本尺度方面則毫無困難)。現在,自然之恰當而不可變的基本尺度便即是自然之「**絕對的整全**」,此一絕對整全,就自然之被視爲現象而言,即意謂一被綜攝的「**無限**」。但是，因爲此種基本尺度是一自相矛盾的概念，（由於一無底止的進程之絕對的綜體之不可能性之故而爲一自相矛盾的概念），是故隨之而來者便是：當一自然對象之量度是如此之大以至於想像力費其對於此量度之綜攝之全部能力亦徒然而無效時，這自然對象之量度便必須把我們的自然之概念帶到一如下那樣的**超感觸的基體**上，即這一超感觸的基體乃即是那居於「自然」以及「我們的思想能力」這兩者之基礎地方而爲其根據者。一如此樣的超感觸的基體，其爲偉大是那「越過每一感官之標準」的偉大。這樣說來，那並不是「對象」，而實是「賞鑑對象」的那「**心靈之色調**」〔**拍調或狀態**〕，它才是我們所須去評估之爲**崇高**者。 256

因此，恰如美學判斷力在其評估「**美**」中把自由遊戲中的**想像力**關涉到**知性**上，以便使這想像力和「知性之概念一般」相諧和（而卻並無這些知性概念之任何決定），所以美學判斷力亦於其評估一物爲「**崇高**」中，便將**想像力**關涉到**理性**上，以便使這想像力和「理性之理念」（非決定地表示的理性之理念）有主觀的相諧和，即是說，以便去誘導出一種「心靈之氣質或拍調」，這心靈之氣質或拍調乃是符合於**確定的**（**實踐的**）**理念**之影響於情感上所產生的那拍調者，而且它亦是與那樣所產生的拍調相容洽而共契者。

此義使這一點甚爲顯明，即：那**眞正的崇高**必須只在**下判斷**的**主體**〔人〕之**心靈**中被尋求，而並不是在這樣的**自然之對象**中，即在那「經由對之所形成的評估而引起此心靈之氣質或拍調」這樣的自然對象中，被尋求。眞正的崇高實並不是在這樣云云的**自然之對象中**被尋求，而但只必須在**下判斷的主體**〔人〕之**心靈中**被尋求。

有誰會將「崇高」一詞應用於這樣的無形狀的山叢，即「連同其冰塊之金字塔而互相淩駕高聳於荒野無序中」這樣無形狀的山叢呢？或又有誰會將此詞應用於那黑暗而有風暴的大海洋，或那類乎此者呢？〔案：意即我們不能說這樣云云的無形狀的山叢以及這樣云云的大海洋爲「崇高」〕。但只是在對於這樣無形狀的山叢以及這樣黑暗的大海洋之**默識**而卻並不注意其**形式**中，心靈乃將其自己縱肆於**想像**，並縱肆於這樣的**理性**，即這理性雖完全無任何確定目的，然而它卻與那想像力結合在一起，而且其與之結合在一起亦只是想擴大這想像力之眼界或意圖。夫心靈既如此，如是，它遂感覺到它自己有所升高，即在其自己所有的對於其自身之評估中，於見到盡**想像力之一切力量**仍不足以與**理性之理念**相齊等時，它遂感到它自己有所升高。

不管什麼時候，只要當我們的想像力所供給的實不是一更大的數目概念，而毋寧是一作爲尺度的大的單位（縮短數目系列的大尺度單位）時，則我們便在純然的直覺中得到了「**自然之數學地崇高**」之事例。經由人之高度而被評估的一棵樹無論如何總可爲評估一山之高度而供給一**標準**；設想此山是一英里高，如是，此山即能爲那「表示地球之直徑」的數目充作**單位**，這樣便可使地球之直徑成爲可直覺的；同樣，地球之直徑可以爲已知的太陽系充作**單位**；太陽系又可爲銀河系充作**單位**；而不可測度的一大群銀河星系，它們名曰「星雲」，而這些星雲多半轉而又形成另一些銀河星系，像這種情形的一大群銀河星系並不能提出任何界限之展望。現在，在對於這樣一種**不可測度的整全**之**美學的評估**中，崇高實並不存於數目之大，而實存於這事實，即：在我們的向前前進中，我們總是**比**

例地達至更大的**單位**〔我們前進的越遠，我們所達到的單位愈大。〕〔案：此即所謂「仰之彌高，鑽之彌堅」。顏子此語即顯示孔子之「崇高」。〕宇宙之系統的區分有助於此結果。因為宇宙之系統的區分把那自然中是大者表象為轉而又變成是小者；或更準確地說，宇宙之系統的區分把「我們的想像力」表象為無界限的，而隨此想像力之無界限，遂又把「自然」表象為在**理性之理念**面前沉沒於無意義而為毫不足道者，設若一旦理性之理念之適當而相應的展現被期圖時。 257

§27　崇高底評估中愉悅之性質

我們之無能去達到一個「對我們為一法則」的理念，這種無能之情感就是尊敬。現在，凡對於那「在一直覺之整全中被給與於我們」的任何現象之綜攝之理念即是這樣一個理念，即這一理念是因著理性之法則而被置定於我們身上的一個理念，而且這一理念它除認可**絕對整全**外，它並不認可任何其他確定的，普遍有效而又是不可變的**尺度**。但是我們的想像力，即使當它為了一直覺之整全中的所與的對象之必要的綜攝（因而也就是說，為了理性底理念之展現），盡了其極度之努力，它也表露了它的**限度**以及其不足夠之**無能**〔不勝任〕，但同時它仍然也表露了它的固有的「天職定分」，即「使其自己努力相應於那作為一法則的理念」之「天職定分」。因此，「自然中的崇高」之感就是**尊敬**我們自己之「**天職定分**」（vocation：Bestimmung）。關於這**尊敬**，我們是因著一種偷樑換柱而把它歸屬於一自然之對象（即是以對象之尊敬代替我們自身中人之為人之「**人義**」**之理念**之尊敬，即代替「**主體**」之尊敬）；

而此一尊敬之情，如其所是，它使「我們的諸認知機能之**理性的天職定分**[①]優越於那最大的感性之機能〔案：即想像力之直覺之最大的擴張〕」成爲**可直覺的**。

〔譯註①〕：

此依原文"Vernunftbestimmung unserer Erkenntnisvermögen"而譯。Meredith 譯此爲「我們的理性邊的諸認知機能」，他把"Vernunftbestimmung"（理性的天職定分）譯爲鬆泛的「理性邊」（on the rational side）。他於康德使用"Bestimmung"一詞有種種的隨文意譯。此處上語中「天職」（vocation）是實譯。§26中以「自然秩序」譯"Naturbestimmung"（自然定分）亦是虛泛的意譯。

因此，崇高之感立刻即是一**不快之感**，此不快之感是發生自量度之美學的評估中的想像力之**不適當於**去達到那經由理性而成的量度之評估；然而那崇高之感同時也立刻即是一種**豁醒了的快樂**，這豁醒了的快樂是發生自「即這最大的感性之機能之不適當性之判斷也實是與理性之理念相諧和」，當「力求達此理性之理念之努力」對於我們是一**法則**時。換言之，那正是這層意思，即：「在與理性之理念相比較中，我們定須把那『在作爲感官對象的自然中對於我們是偉大的』那任何東西看做是渺小的」這層意思，它才對於我們是一**法則**，是一**理性之法則**，這一理性之法則它適宜於使我們成爲「我們之分所應是者」；而不管是什麼東西，只要它使我們覺到或醒悟到我們的存有之此種**超感觸的天職定分**[①]之感，它即與那**理性**

之法則相諧和。現在，在對量度之評估而言的〔標準〕單位之展現 258
中的「想像力之最大的努力」其自身就含有一種「關涉於某種**絕對偉大的東西**」之關涉，因而也就是說，含有一種「關涉於**理性之法則**」之關涉，此所關涉之理性之法則即是**這法則**，即：「單只某種絕對偉大的東西始可被採用為『偉大者』之**最高尺度**」這一法則。因此，「每一感性之**標準**不足以為量度之**理性的評估**服務」這種**不足之感**之**內在的知覺**其自身即與理性之法則相諧和，而且這「不足之感」之內在知覺同時也即是一種不快〔痛苦〕，此不快使我們覺到或醒悟到「我們的存有之**超感觸的天職定分**①之感」，依照此超感觸的天職定分之感，「見到每一感性之標準皆達不到理性之理念」這乃是**合目的的**，因而也就是一種**快樂**。

〔**譯註①**〕：

「超感觸的天職定分」原文是“übersinnliche Bestimmung”Meredith又虛譯為「超感觸邊」，此則太泛。

在自然中的崇高之表象中，心靈覺其自己是處於**激動或顫動**中，而在關於「那是自然中之美的東西」之美學的判斷中，心靈是處於**閒靜的靜觀默賞**中。此崇高處之激動或顫動，特別在其開始時，是可以與一種**振動**相比較，即是說，與一種「經由同一對象而產生」的迅速變更的「**斥力與吸力**」相比較。對想像力而言的**超額過量點**（想像力在直覺底攝受中被驅迫向之而趨的那超額過量點）就好像是一個**深淵**，想像力怕喪失其自己於此深淵中。但是若對**理性之「超感觸者之理念」**而言，那「超額過量點」卻又不是**超額過**

量的，而卻是符合於法則的，因而它遂轉而成爲**吸力之源**，其爲吸力之源恰如其前此曾對**純然的感性**而言而又爲一種**斥力**〔排拒力〕。但是此崇高處的判斷之自身卻總是堅定地保持其美學的〔直感的〕性格，因爲它用不著基於任何**確定的對象之概念**，它只是經由**想像力**與**理性**之對比而表象想像力與理性這兩種心力之**主觀遊戲**爲諧和的。恰如在「美」之評估中，**想像力**與**知性**經由其協力合作而產生想像力與知性這兩種心力之**主觀的合目的性**，所以在此「崇高」處，**想像力**與**理性**則經由其**對反衝突**而產生想像力與理性這兩種心力之**主觀的合目的性**——那就是說，想像力與理性這兩者它們足以引起「我們確有一**純粹而自足的理性**或一**評估量度之能力**」之情感，而這所有的純粹而自足的理性或評估量度之能力，其「**優越性**」只能因著那「在感官對象底量度之展現中其自身是無邊無涯而渺茫無底止」的**這種機能**（即**想像力**這一機能）之不足夠性而被使成爲**直覺地顯明的**。

一空間之測量（當作攝取、領悟或理解看的測量）同時即是空間底一種描述，因而它亦就是想像活動中的一種「**客觀的運動**」，而且也就是一種「前進歷程」。另一方面，統一，非「思想底統一」，但只是「直覺底統一」，這種統一中的**雜多之綜攝**，因而也就是說，一瞥中的相續地被攝取**諸部分之綜攝**，這種綜攝乃是一種「逆返」〔不是前進而是逆返或回溯之逆返回溯〕，這一種逆反它

259 把想像力底前進歷程中的**時間條件**消除了，這樣，它便使「共在」〔前進歷程中諸部分同時共在之共在〕成爲**可直覺的**。因此，由於時間系列是內感之一條件並是一直覺之一條件，是故上說那種作爲一種「逆返」的綜攝便是想像力之一**主觀運動**，經由這一主觀的運

動，那逆返之綜攝便**冒犯了**那「內感」〔或「內感之直覺」〕。這一種**冒犯**，當想像力在一整一直覺中所綜攝的那**定額定量**越大時，它便必須**比例地**越爲顯著而明顯。因此，「**努力**在一單個直覺中**去爲**那『需要一點時間以攝取之』的量度得到一尺度」這種**努力**便是如下所說那樣一種**表象之模式**，即這一表象模式，若**主觀地**考慮之，它是**違反目的**的〔不合目的的〕，但若**客觀地**考慮之，它是量度之評估上之**所必要者**，因而它亦即是**合目的的**。在這裡，這同一冒犯，即那「曾通過想像力而作用於主體上」的那同一冒犯便對「**心靈之全天職本分**」[1]（whole province: ganze Bestimmung）而言被評估爲是**合目的的**。

〔**譯註①**〕：

案：此處，Meredith 又把「天職分定或定分」譯爲 “whole province”，“province” 在此取「本分」義：「全部本分」實即「全部天職本分」，此則爲實譯，很近乎原意矣。

「崇高之感」之性質，在關涉於那「形成美學評估」之能力中，是存於「其是一種不樂於一對象」之**不樂之感**，可是這一不樂之感同時卻猶被表象爲是合目的的。「其被表象爲合目的」這一表象之可能性乃是由以下之事實而引生出，即：「主體〔人〕之**無能**同時即洩露同一主體〔人〕之一**無限制的能力**之意識，而且心靈只能藉賴著那種**無能**而對於這一**無限制之能力**形成一美學的評估」：即由這所說之事實而引生那不樂之感之「被表象爲是合目的的」之可能性。

在量度之邏輯的評估之情形中，決不可能因著時間空間中感觸世界底事物之步步前進的測量而達到絕對綜體。這一不可能已被認知爲是一**客觀的不可能**，即是說，是「不可能去思**無限**爲所與」之不可能，而並非被認知爲單只是主觀的不可能，即只是一種「無能去把握之」之不可能；因爲在那裡，沒有什麼東西是依賴一整一直覺中的綜攝之結果以爲尺度者，但只是每一東西皆依靠一數目概念。但是在量度之一**美學的評估**中，數目概念必須放棄而不計，或須忍受一改變。對這樣的評估而言的那是合目的的唯一東西便即是在關涉於尺度單位中想像力方面之**綜攝**（這樣，「量度概念之相續的產生」這一法則之概念便因而被避免）。現在，如果一量度在一直覺中屬我們的**綜攝能力之極度的申展**，而數目量度（在關於這些數目量度中，我們意識到我們的能力之無界限性）又仍然爲一較大單位中的**美學綜攝**而復要求於想像力之再向前，如是，則吾人之心靈即有其**美學地**被封限於「界限範圍內」之感覺。縱有此封限之感，然而若想到了**想像力之不已的擴張**（這種擴張在適當於那「在我們的理性之能力中是無限制的」那東西上是必要的，即是說，它在適當於「絕對整全之理念」上是必要的），則那伴隨而起的**不快**，因而在我們的想像力中的那**合目的性之缺無**，仍然被表象爲對「理性之理念」以及對此等理念之「喚醒」（Erweckung）而言而爲**合目的的**。但是即在此路數中，**美學判斷其自身**對那作爲「**理念之源**」的理性而言，即是說，對那作爲「『使一切美學的綜攝爲渺小』這樣一種**理智的綜攝之源**」的理性而言，它是**主觀地合目的的**，而對象之被領悟爲「崇高」是伴同著一種快樂而被領悟爲崇高，這所伴同的一種快樂乃是這樣的，即其爲可能是只有通過一種

260

不快之媒介始爲可能。

B. 自然中之力學地崇高

§28　當作威力看的自然

威力是一種「能勝過大障礙」的力量。如果這意義的威力它也勝過那「其自身即有威力」的東西之抵阻，它便被名曰「支配力」（dominion：Gewalt）。自然若在一美學判斷中被思量爲「對於我們無支配力」的威力，則此自然便是「力學地崇高者」。

如果我們評估自然爲**力學地崇高者**，則此自然必須被表象爲是一「**畏懼之源**」（雖然反過來說，每一「是一畏懼之源」的對象，在我們的美學判斷中，是崇高者，這卻並不能成立）。因爲在形成一美學的評估中（在此並無概念存在著），那「勝過障礙」的優越力只能夠依照抵阻力之偉大而被評估。現在，不管什麼東西，只要它是我們所要努力去抵抗者，它便是一種「惡」，而如果我們不能發現我們的力量足以「相稱於**此『抵抗之』之工作**」[①]，那麼那所要努力去抵抗者便是一「**畏懼之對象**」。因此，美學判斷是只當自然被視爲是一**畏懼之對象**時，它始能認定自然爲一**威力**，因而始能認定自然爲**力學地崇高者**。

〔譯註①〕：

另兩譯爲：而如果我們不能發見我們的力量足以「**與所抵抗者相匹敵**」，那麼那所要努力去抵抗者便是一畏懼之對象。

但是，我們可以視一對象爲**可畏懼的**(fearful)，然而卻並未怕它。此即是說，如果我們的評估取這形式，即：我們只簡單地把「我們之想去抵抗一對象，然而卻又知一切抵抗必全然無效」之情形描寫給我們自己時，則我們即可視一對象爲可畏懼，然而卻並不怕它。因此，正直的人敬畏上帝然而卻不怕上帝，因爲他視「他之想去抵抗上帝以及抵抗一個人所需要的上帝之戒律」之情形並不使

261 他有什麼**焦慮不安**處。可是即在「其視抵抗上帝爲並非根本不可能」這樣的每一情形中，他卻認上帝爲一**須被敬畏者**。

一個人他若在驚怕之狀態中，他對於自然之「崇高」不能作出任何判斷，恰如他若爲**性好**與**嗜欲**所迷惑，他對於「美」不能作出任何判斷。一個在驚怕狀態中的人他對於「以怖慄充塞他〔使他怖慄〕」的那對象避而不看；而去愉悅那「嚴重地被感到」的恐怖，這也是不可能的。因此，由「一不安狀態之停止」而發生出的適意或快意便是一「**喜悅之狀態**」。但是此喜悅之狀態，即那「依靠於從危險中脫出」的那喜悅之狀態，是一種「伴之以『不再重蹈危險』的決心」的喜悅：事實上，我們並不願去回想我們在那危險之事上是如何樣的感覺——更不要說想去找一機會再去經驗那危險。

凸露、懸吊而險惡的岩石，堆積在天空、帶著閃電與雷聲的烏雲，火山爆發所帶來的猛烈的破壞，颶風所留下的蹂躪糜爛，以怒暴的力量洶湧上漲的無邊大海洋，一強烈的急流之高懸的瀑布，以及類此者等等，皆足使我們的抵抗力與它們的威力比較起來成爲無足輕重的瑣事。但是設若我們自己的處境是在安全無虞之時〔我們閒靜地靜觀默賞之〕，它們的〔那些驚心動魄的〕壯觀皆以其可畏懼性而更是有吸引力的；而我們也很容易去名這對象曰「**崇高的對**

象」，因爲它們把靈魂底力量升舉在庸俗底高度以上；而且我們也很容易在我們心內以發見另一種完全不同的抵抗力，這完全不同的另一種抵抗力給我們勇氣能夠冒著或面對著「自然之好像無所不能」而衡量我們自己。

〔**譯者案**〕：

《論語·鄉黨》云：「迅雷風烈必變。」《禮記．玉藻》云：「若有疾風、迅雷、甚雨，則必變；雖夜必興，衣服冠而坐。」意同於此段之所說。然而聖人肅然起敬而感之，而哲學家則有法度地表達之，夫康德已偉矣！

在自然之廣大無邊以及我們的能力不足夠——不足夠去採用一標準以配稱於**自然領域之量度之「美學的評估中」**，我們發見我們自己之限制。但是雖見我們自己之限制，然而我們同時也在我們的理性之能力中發見另一**非感性的標準**，此一非感性之標準它在其作爲單位中有那「**無限性**」之自身，而且在與之相比較中，自然中每一東西皆顯得渺小，因而它在我們的心靈中有一「優越於自然甚至廣大無邊的自然」之**優越性**。現在，即在此同一路數中，自然威力之不可抗拒性迫使我們（作爲自然存有的我們）去承認我們的身體之**無能**，但是同時它也**揭露**了一種能力，即「評估我們自己爲獨立不依於自然」這種評估之能力，因而它也發見一「優越於自然」之優越性，這一優越性乃是完全另一種自我保存之基礎，所謂完全另一種自我保存乃即是那「完全不同於那可被外力所攻擊而被使處於危險中的自我保存」之自我保存：那「優越於自然」之優越性即是

262 這樣一種特異的自我保存之基礎。此一特異的自我保存它從屈從中救住我們自己人格中的**人之爲人**之人義，縱使〔我們之〕作爲有死的人，我們須屈服於外在的暴力之侵犯。在此路數中，外在自然並不是當其**引起畏懼**時在我們的美學判斷中被評估爲崇高的，其被評估爲崇高的毋寧是因爲它責望我們的力量(不屬於自然的那一種力量)**須去視**那些「我們所慣常擔心」的事(即如俗世的財貨、健康、名譽、生命等**這些事**)爲渺小的，**而然**，因而**亦須去視**這外在自然之威力(在**這些事**中我們須服從之的那外在自然之威力)爲對於我們及我們的人格性並無以下所說那樣粗暴的統治權或支配權，**而然**，即：一旦我們的問題若變成是我們的最高原則之問題時，並變成是「我們之須去肯定**這些事**抑或去放棄**這些事**」之問題時，我們定須在此統治權面前鞠躬行禮：外在自然之威力對於我們及我們的人格性並無這樣云云的統治權。因此，在這裏，自然之被稱爲崇高是只因爲它把想像力升舉到這樣一些情形之展現，即在這些情形中，**心靈**能**使其自己**感到「其**自己的存有之本分**」〔其**天職定分**〕之固有的崇高，甚至使自己感到在自然以上。

把「我們自己」作如上那樣的評估，由以下之事實而觀，這並沒有失掉了什麼事，即：要想感到此種「靈魂鼓舞的愉悅」，我們必須見到我們自己爲**安全無危**的：即由此事實而觀，把「我們自己」作如上文所說那樣的評估，這並沒有失掉什麼事。由此一事實，那也似乎很可以這樣去辯說，即：由於並無危險中的**嚴重性**〔並無眞正的危險〕，所以我們的靈魂能力之崇高也同樣無什麼**嚴重性**〔同樣不是什麼眞正的崇高〕。因爲在這裡，所謂**愉悅**只有關於那揭露於這樣情形中的「我們的能力之**本分**」〔**天職定分**〕，只要當這能力有其根於我們的本性中，儘管這能力之發展與其表現仍然留待我們去努力，而且當作一種義不容辭之責成而留給我們去充盡之。這裡實有一種眞理，不管一個人向外申展其反省申展到很遠時，所可意識到的其現實存在的無能是如何。

無疑，此原則顯得有點過於牽強與難解，因而對一美學判斷而言，遂又顯得是過分而誇大（überschwenglich）。但是就我們之對於人們之觀察而言，卻證明不如此，正相反，這觀察證明：此原則實可以是最通常的判斷之基礎，雖然一個人並非常是意識到此原則之存在。因爲甚至對野人而言，那作爲最偉大的讚美之對象者是什麼呢？那是一個膽大無畏的人，此人不知道什麼叫畏懼，因此，他不屈服於危險，但只以充分的愼重，果斷地〔有丈夫氣地〕認眞去工作。即使當文明已達至一很高的頂點，茲仍然對於士兵戰士有此特殊的尊敬〔尊敬其勇敢〕；惟除勇敢外，對於此人還有進一步的要求，要求他也須顯示一切和平之德性，即如他須文雅，要有同情心，甚至對於其自己的人品要特別小心；所以如此，乃是因爲這理由，即：在這些和平之德性中，我們確認他的心靈是不受危險之恐嚇者。這樣，設將一政治家與一將軍相比，關於「誰值得特別尊敬」之問題，人們自可以如其所願來辯說；但是**美學判斷**之裁決則偏向於將軍，即將軍應受特別的尊敬。戰爭，設若它是有秩序地來進行，而且是以一種神聖的尊敬——尊敬公民之權利之尊敬，來進行，則其本身便有某種崇高的事存在，而且它只給那依這樣式來進行戰爭的那些民族以如下所說那樣一種心靈之性格，即：「他們所遭受而且能以堅忍不拔的勇氣所面對」的那些危險愈多，則他們就愈顯得崇高。另一方面，一長期的和平則只偏愛一純然的商業精神 263

之得勢，並隨此商業精神之得勢，遂偏向於一卑下的**自私**、**怯懦**、而且**柔弱無丈夫氣**，並傾向於使民族性格**墮落而低下**。

當以崇高論述威力時，崇高概念之此種疏解顯得與以下之事實不一致，即：我們慣常是在大風暴、暴風雨、地震，以及類乎此等者中，表象上帝為呈現其自己於其**憤怒**中，而同時也呈現其自己於其**崇高**中。而若在這裡，要想去想像我們的心靈優越於這些天威〔即大風暴等〕之災異，甚至好像亦優越於這樣的天威之有意的設計，這必會既是愚蠢又是蠻橫無禮〔或冒瀆有罪〕。在這裡，看起來，並非是我們**自己的本性之崇高之感**，而反是屈服、拜倒，以及一**完全無力之感**才更是那「構成心靈之拍調以適合於這樣的對象〔如大風暴等〕之顯現」者，而那**屈服**、**拜倒**，**完全無力之感**在此類自然現象之機緣上也更慣常地與這樣的對象之**理念**相聯合。在宗教一般中，拜倒、低首禮拜，伴之以悔恨、膽怯的態度與聲音，似乎在神面前是唯一適合的舉動，因而好多民族皆已習用之而且仍然遵守而奉行之。然而這種心靈之拍調並非內在而必然地包含於「宗教以及宗教之對象」底崇高性之理念中。一個「實際在恐懼狀態中」的人，他在其自身中找到其「所以是如此」之好的理由，因為他已意識到他以其罪惡的意向來違抗這樣一種威力，即那「為一種不可抗拒而又是正義的意志所指導」這樣的一種威力。像如此云云的這樣一個人，他遠不是存在於「贊美神性的偉大」的心靈格局中者。對神性的偉大而言，「**平靜的反省默識**」**之心情**以及一**完全自由的判斷**是需要的。一個人只有當他意識到他有一「正直而令上帝愉悅」的**意向**，那些天威之災異始可在其心中喚醒上帝這個存有之**崇高**之理念，因為那樣，他在其自身中看出了那「與上帝的意志諧和一致」的**意向之崇高**之存在，因而他遂升舉在這樣的自然災異之恐怖之上，而他亦不復在此自然災異中看到上帝發洩其憤怒之報復。即使是這樣的謙卑，即對於我們自己的缺點採取嚴格判斷之方式，（這些缺點，若以善意之意識觀之，它們很可在人性脆弱之根據上被掩飾過去），這樣的謙卑，它也是「心靈**自願地**去忍受悔恨自責之痛若以爲『漸漸有效地根除我們的缺點之原因』之方法」這種心靈之一**崇高的氣質**。在此路數中，宗教根本上是有別於迷信的。迷信在心靈中並建立不起**對於崇高之崇敬**，但只建立起對於有一切威力的存有之**恐怖**與**畏懼**。被恐嚇的人只見其自己須服從此有威力的存有之意志，但卻並沒有把適當的榮耀給與於此有威力的存有。由此，除乞求恩寵與奉承諂媚外，並沒有什麼其他事能發生出來，那就是說，由此並不能生出一「存於**善的生活**中」的宗教。 264

因此，當就「我們可變成能意識到我們之優越於我們自身內的自然，因而也優越於那『我們自身外而有影響於我們』的自然」這個限度而言時，則所謂「崇高」並不存於任何**自然之事物**，但只存於**我們自己之心靈**。不管什麼東西，凡在我們心內激起此「優越於自然」之情者，因而亦包括那「向我們的強力挑戰」的大自然之威力在內者（此大自然之威力亦可激起此情），皆可被名曰「崇高」，雖然這樣名之並不是很恰當的。而亦只有在此種我們心內的**崇高理念**之預設下，並且在關涉於此**崇高理念**中，我們始能達到那「在我們心內鼓舞起深深的尊敬」的那個「**神性的存有底崇高性**」**之理念**。我們之達到此神性的存有底崇高性之理念並不是經由此**神性存有**之在自然中的天威之表現而達到之，但只比較起來，更經由那「植根於我們心內」的那種「**無恐懼地**評估此自然天威」之**評估**

之能力而達到之，並經由那種「視我們的身分〔我們的天職定分〕為高舉在此自然天威之上」之「**視之」之能力**而達到之。

§29　關於自然中的崇高之判斷之程態

美的自然中佔有無數美的事物，關於這些美的事物，我們即刻可以把每一人對之所作的**審美判斷**視為與我們自己所作者相一致，而且我們也可以進而期望這種一致而並不見有什麼太過差錯處。但是在關於我們之對於自然中之「崇高」所作的判斷中，我們不能如此容易地保證他人之立刻承認。因為要想對於此等高度特出的自然對象作一判斷，不只是美學的判斷力需要有**高度的培養**，且即居於此美學判斷力之基礎地位的諸**認知能力**亦需要有高度的培養。

265　心靈之調節得適合於「崇高之感」需要設定「心靈之感受於理念」之**感受性**。因為確然即在**自然**之不能達到此等理念，因而只有在此種「感受於理念」之**感受性之預設**下以及「想像力之力求去使用**自然**作為理念之一**圖式**」這種**想像力之預設**下，這才有「不容許於感性而為感性所不及」的某種事之存在，但是這某種事縱使為感性所不及，然而它對於我們卻又有一種吸引力。像這樣云云的某種事乃實由「其為一種統治力」之事實而發生〔而成其為如此〕。這一種統治力乃是「理性運發之以統治感性」者。理性之所以運發此統治力以統治感性乃是為了把**此統治力**擴張到「理性自己之領域(實踐的領域)之所需要者」〔擴張到與理性自己之領域即實踐的領域相應和〕，並為了讓**此統治力**自我超越而可以通至於「**無限**」，此**無限**對感性而言乃是一深淵。事實上，設若無**道德理念**之開發，則那「幸虧有預先的教養，我們始名之曰崇高」的東西實只是作爲令人恐怖的東西來打擊**未有教養**的人。在自然之破壞之支配力所給的證據中，並在巨大的「自然之威力」中，（與此巨大的自然威力相比，人之自己的力量是渺小到毫無足道的），這未有教養的人將只是悲慘的痛苦，可怕的危險，窮困的災難等來圍繞著我們人類，而我們人類實是曾求其憐憫而終不可免而暴露於這些災難之前者。因此，如瑞士地質學家 Sassure 先生所記述，那頭腦簡單的，而大部分又是聰明的 Savoyard 的農民毫無遲疑地名一切愛雪山者曰傻瓜。有誰能告訴我們說：那位自然研究者的地質學家，如果他只認他所冒的那擺在其自己面前的危險，就如大多數旅行家所冒的危險一樣，只是**愛好新奇之危險**，則他必應是完全弄錯了的，抑或不然，有一天，他也能夠對於其所冒的危險給出一**驚心動魄**而**令人毛骨悚然**的記述：有誰能告訴我們說他只是如前那樣想呢？抑或他亦可如後這樣想呢？不過 Sassure 先生是想對於人類有所教導，而這卓越的人所實有的那些「靈魂鼓舞」的感覺以及其遊記之讀者之得到這些感覺皆是附帶地外加者。

「**文化教養**對自然中的崇高之判斷而言比對美之判斷而言更是必要的」這一事實並不函說：自然中的崇高之判斷根本上是文化教養之產品，並且是某種「依一多或少慣例的路數而被引介於社會中」的東西。並非如此，而乃實是這樣的，即：自然中崇高之判斷之基礎實存於**人性**中，而且事實上，實存於這樣的東西中，即這東西即刻連同「**共識**」，我們可期望每一人皆有之，而且可要求於每一人皆有之，即是說，自然中崇高之判斷之基礎實存於一**本有的性能**中，這本有的性能乃是對「感受實踐的理念」這種**感受之情感**而言的一種性能，即是說，是對「**道德情感**」而言的一種性能。

現在，這即是他人的關於崇高之判斷與我們自己的關於崇高之判斷雙方間**相契合底必然性之基礎**，這一**相契合底必然性**乃即是我們使我們自己的崇高之判斷之所函蘊者。因爲恰如一個人，如若當他對於一個「我們於其中看到美」的自然之對象形成一評估時，他是完全無欣賞力的〔意即全不覺其爲美〕，我們便以缺乏審美力來譏笑這一個人，所以我們也說一個人他若在我們所認爲崇高的東西之現存中而仍然無感應，則他便是無情感的。但是我們對於每一人皆要求其有此**審美力**與**情感**之兩者，並且設承認每一人皆有某程度

266 之文化教養，我們即信任其有此**審美力**與**情感**之兩者。我們之這樣要求與信任卻仍然有如下之差異，即：在「美」之情形中，因爲判斷力只把「想像〔力〕」關涉到作爲概念之機能的「**知性**」，所以我們使那要求〔與信任〕成爲一當然之事，而在「崇高」之情形中，因爲判斷力把「想像力」關涉到作爲理念之機能的「**理性**」，所以我們之要求與信任乃是在一**主觀的預設**下之要求與信任（但是我們相信我們之作此主觀的預設是有保證的），即是說，是在人之心靈中的**道德情感**之預設下之要求與信任。而依據此假定〔此預設〕，我們也把**必然性**歸給關於「崇高」之美學判斷。

在美學判斷之此種**程態相**中，即是說，在美學判斷之所認定的**必然性**中，即存在著那對「判斷力之批判」而言爲一最重要的契機〔機要〕者，〔即那是四要相中之一最重要的要相者〕。因爲此**程態相**確然即是那「使一先驗原則在美學判斷中成爲顯明的」者，而且它也把**美學判斷**升舉在經驗的心理學底範圍之外（否則在此心理學底範圍內，美學判斷必只被埋葬於喜悅與痛苦之情感中，只具著無意義的**更精緻的情感**之渾名而已），這樣，它便去把**美學判斷**，

並且幸虧有這些美學判斷，如是遂又去把**判斷力之自身**，置放於這類判斷中，即「一先驗原則之基礎是其顯著的特徵」這類判斷中，既如此顯著地標出其特徵，如是，遂又可把這些**美學判斷**引進於**超越的哲學**中。

關於美學的反省判斷之解釋之一般的註説

在關涉於快樂之情中，一對象須被認爲或是適意者，或是美者，或是崇高〔莊嚴偉大〕者，或是（絕對地）善者。

「**適意者**」，作爲欲望之動力看，總是屬於同類者，不管其來源是什麼，亦不管感官之對象以及客觀地視之的感覺，即涉及對象的感覺之表象是如何之差異。因此，在評估「適意者」之影響於心靈中，「適意者」之**繁多的魅力**（同時的或相續的）是唯一的相干者，而且好像也只有一大堆**適意的感覺**是相干者，因此，也只有經由此「適意者」之量，那「適意的感覺」始可被弄成可理解的。又此「適意者」決無法有貢獻於我們的**文化教養**，它但只屬於**純然的享樂**。同時，另一方面，「**美**」〔或美的東西〕則需要有一種「**對象之質**」之表象，此對象之**質**也可以成爲可**理解**的，而且它還可被還原於**概念**（雖然在美學判斷中，「**美**」並不可被還原於概念）；而且美亦可對我們有**陶養作用**，因爲它教導我們在快樂之情中去留意於**合目的性**。至於說到「**崇高**」〔莊嚴偉大〕，**它只存於一種**「**關係**」中，此關係是經由「自然底表象中之**感觸者**之可合用來作爲一**可能的超感觸的使用**」之**評估**而被展現：崇高〔莊嚴偉大〕只存於這樣被展現的一種**關係**中。最後，「**絕對地善**」，即「依照此善所激起的情感而主觀地被評估〔被判斷〕」的那絕對地善（即屬道德之情之對象的那道德的善），由於主體之諸能力可藉賴著一絕對有強制作用的法則之表象而爲可決定者之故，是故它主要地是經由一種**必然性之程態**而可特別地被彰顯出來（這所謂的一種必然性

267

之程態乃是基於先驗的概念上者，而且它不只包含著一種純然的要求，且亦包含著一種命令──「命令每一人去同意」之命令)。又「絕對地善」基本上亦並不屬於**美學判斷力**，但只屬於**純粹的理智的判斷力**。復次，它亦並不被歸屬於「自然」，但只被歸屬於「自由」，而其被歸屬於「自由」又是在一**決定判斷**中而並非在一只是**反省判斷**中被歸屬於「自由」。但是「一主體之藉賴著此自由之理念而為可決定」之**可決定性**，實在說來，尤其是這樣一個主體，即「這主體它能在其狀態之一變形之路數中感到感性方面之障礙，而同時它又能因著克服這些障礙而感到勝過了這些障礙」這樣一個**主體**之藉賴著此自由之理念而為可決定之**可決定性**，換言之，即當作**道德情感**看的這一**可決定性**，它仍然是甚為近乎**美學判斷力**以及此美學判斷力之**形式條件**的，因為它能被迫著去對於「由義務而行之行為之合法則性」作「**美學的表象**」，即是說，去把這「由義務而行的行為之合法則性」表象為「**崇高而莊嚴偉大的**」，或甚至表象為「**美的**」〔案：理學家甚能表現此意識〕，而這樣表象之卻亦並未喪失道德情感之純淨性。可是如果一個人使道德情感自然地與「**適意之感**」連繫在一起，則決不會不喪失道德情感之純淨性，即是說，若想不喪失道德情感之純淨性，這乃是一不可能的事。

由上面對於兩種美學判斷所作的解釋撮要出的純淨結果可以綜括為以下之簡單的界說：

「美」是那「只在對之所形成的**純然評估**中(因而也就是說，並不依照**知性之概念**而參之以任何**感官之感觸或感覺**)而即令人愉悅」者。由此，我們即刻可說：美必須離開一切利害關心而即令人愉悅。

「崇高」〔**莊嚴偉大**〕是那「經由其**對反於**『感官之興趣』而直接地令人愉悅」者。

這兩者作爲美學的普遍有效的評估之界說看，它們皆涉及**主觀的根據**。在「美」之情形中，這「涉及主觀根據」之涉及是涉及那些「屬感性」的根據，當這些感性根據在**靜觀默想的知性**上是**合目的的**時。在崇高〔**莊嚴偉大**〕之情形中，涉及主觀根據是當「在這些主觀根據之**對反於**感性中，這些主觀根據，正相反，其爲**合目的**是在涉及於**實踐理性之目的**中而爲**合目的的**」時：是當如此云云時，始涉及主觀根據。這兩者所涉及的主觀根據雖有此不同，但當它們兩者統一於同一主體中時，它們皆在涉及於**道德情感**中而爲**合目的的**。「美」讓我們離開任何利害關心**去愛某種事物**，甚至**去愛自然**；「崇高而莊嚴偉大」則讓我們甚至在**對反於**我們的（感觸的）興趣中而高度地去**尊敬某物**。

「崇高而莊嚴偉大」可以如此被敘述，即：它是一種自然之對象，此種自然對象之表象決定心靈使心靈去視「自然之高舉在我們所能及者之外」這種**高舉**爲等值於「**理念之展現**」。 268

凡理念，依字面的意義說，並依其邏輯的意義說，它們都是不能被展現的〔**不能具體地被呈現的**〕。但是如果我們爲了自然之直覺去放大我們的經濟的表象之能力（數量的或力學的經驗表象之能力），則理性，即那當作「有關於**絕對綜體之獨立性**」之機能看的理性，即不可避免地要前進一步而參與進來，而且要喚起心靈之努力（雖然是無益的）去使感官之表象爲適當於那**絕對綜體**者。這種心靈之努力，以及「理念之不可能藉賴著想像力而被達到」這種不可能被達到之感，其自身，在「心靈之**超感觸的本分**之興趣」中的

「想像力之使用」中，就是我們的心靈底**主觀合目的性**底一種展現，它並且亦迫使我們**主觀地**去思「**自然自身**」〔即依其綜體而言的那自然自身〕爲某種**超感觸的東西**之**展現**，而我們卻亦並未能**客觀地**去作成這種展現。

因爲我們很容易見到時間空間中的自然完全缺乏那無條件者，因而也完全缺乏那絕對地偉大者，可是這無條件者，這絕對偉大者，卻仍然是最通常的理性之所要求者。而經由此所要求者，我們也想起：我們只有事於當作現象看的自然，而此作爲現象的自然其本身必須被看成是「**自然之在其自己**」之一純然的展現，而此「**自然之在其自己**」即存在於**理性之理念**中。但是「自然之在其自己」這一「**超感觸者**之理念」，無疑，我們不能進一步決定之，因而我們也不能**認知**自然是它的展現，但只能**思維**自然是它的展現。像這樣云云的一個「超感觸者之理念」卻正是經由**一種對象之美學的評估**而在我們心中被喚醒，這一種對象之美學的評估可把想像力拉緊至其極度而儘量使用之之境，不管是在關於此**對象之數量的廣延**方面抑或是在關於此對象之超過吾人之心力以上以外的那**力學的威力**方面：正是經由這樣云云的「**一種對象之美學的評估**」，那超感觸者之理念即在我們心中被喚醒。因爲這**美學的評估**是基於一種「全然超越了自然之領域」的那心靈之**本分**〔**天職定分**〕之情感之上的，即是說，是基於**道德情感**之上的，就這種天職定分〔本分〕之情感即是道德情感說，對象之表象被評估爲是**主觀地合目的的**。

事實上，對自然中的「崇高莊嚴偉大」而言的一種情感，倘若它不與那相似於「道德情感」的心靈之態度〔拍調〕相聯合，它是很難被思的。而雖然於自然中之美方面的直接快樂也像崇高偉大方面那種情感一樣，預設而且培養一種**思想之坦蕩灑脫**自由解放，即是說，使我們的愉悅獨立不依於任何純然的感官之享受，雖然是如此云云，然而美這方面的直接快樂它仍然表象自由爲在**遊戲**中而不甚表象之爲表見一「**法則制定之功能**」者，此一法則制定之功能是人類道德性之**眞正的性格**，在此道德性之眞正性格處，理性須去把它的統治力或支配力置放於感性上〔意即理性須去駕馭感性〕。但是，在關於「崇高偉大」之美學判斷中，卻有這限制，即：此中駕馭感性之統治力是被表象爲經由那「作爲理性之一工具」的**想像力**之自身而盡其駕馭之用。 269

這樣說來，「愉悅於自然中之崇高偉大」之愉悅只是**消極的愉悅**（而愉悅於美之愉悅則是積極的愉悅），那就是說，它是如此之一種想像力之情感，即「此想像力在其依照一不同於其經驗使用之法則外的另樣法則而得到一合目的的決定中，因著其自己之動作而褫奪其自己之自由」，這樣云云的一種想像力之情感。在此路數中，此想像力得到一種**擴張**，並得到一種**力量**，此所得的一種力量是更大於其所**犧牲掉者**。但是此更大的力量之根據卻是隱蔽在那裡而不爲想像力所發現，而想像力卻只感到犧牲或喪失，以及此犧牲或喪失所隸屬的原因。當一個人注視群山之高聳於天際，注視於深谷以及此深谷中洶湧之狂流，或注視於引起憂鬱深思的那陰闇的荒野，以及其他等等時，那抓住此人的那幾乎等於恐怖的驚異，那虔誠的情感之敬畏與毛骨悚然之感覺，凡此一切，當我們保證我們的安全無虞時，它實不是**現實的敬畏之恐懼**。它實寧只是經由想像力而企圖去接近於此**敬畏之恐懼**，接近之以便我們可以**去感到此想像力之力量**，即在把那「由此想像力之力量所引起」的心靈之激動與此心靈之安靜平和相結合中感到**此想像力之力量**，而這樣，我們亦**感到**我們之凌駕於內部自然之上，因而亦凌駕於外部自然之上而控制之，只要當此內外自然於我們的幸福之感能有任何關係或影響時。因為想像力，在依照**聯想法則**而動中，它使我們的滿足狀態為依靠於**物理的條件**〔身體之狀況〕者。但是當此想像力依照判斷力之**圖式原則**而動時，(因而亦就是說，當其隸屬於**自由**時)，它同時即是理性以及理性之理念之一工具。但是即如其為理性以及理性之理念之一工具而言，它便即是一種**力量**，此力量能使我們去肯斷我們的獨立不依性以對反於那自然之影響，並能使去降低那在關於自然之影響中是偉大者，把它降至渺小者之層次，而這樣，我們便可把那絕對偉大的東西只定位於主體〔人〕之**固有的身分**〔**天職定分**〕中。對於美學判斷力的這種反省，即經由這種反省，美學判斷力把其自己提升到與理性相應或相當之點，雖然並無任何決定性的理性概念使然，像如此云云之**美學判斷力之反省**，恰正因著想像力即使在其最大的擴張中，它也不能**客觀地**與那作為理念之機能的**理性之要求**相應和，是故那反省仍然是那「當作**主觀地**合目的者看」的**對象**底一種表象。

在這裡，一般說來，我們必須留意那早已被論及者，即，在「繫屬於判斷力」的那**超越的美學**中，只存有**純粹美學判斷**之問題，除此之外，別無任何其他問題之可言。因此，我們並不須從那「須預設一目的之概念」的自然之美的對象或崇高的對象中取得我們的例證。因為若是這樣去取得例證，則合目的性必應或是**目的論的合目的性**，或是基於一對象之**純然的感覺**上(即基於喜悅或痛苦上)的**合目的性**，這樣一來，那合目的性若是目的論的合目的性，

270

則它便不是**美學的合目的性**，若是基於一對象之純然的感覺上的合目的性，則它便不會只是一**形式的合目的性**。這樣，如果名「繁星點點的**天空之壯觀景象**」曰崇高而莊嚴偉大者，則我們必不要把我們的對於此壯觀景象之評估基於任何如下所說那樣的**世界之概念**上，即這些世界爲許多理性存有（如人類）所居住，並且還連同著許多光明燦爛的星點，我們見這些星點爲充滿我們上面的天空者，且可視這些星點爲這些居有**理性存有**的世界之太陽，這些太陽在爲它們規劃好的軌道上運行，「爲它們規劃好軌道」之規劃是以最明智地顧及於目的之顧及而規劃之：我們必不可把我們的對於此壯觀景象之評估基於任何像如上那樣云云的**世界之概念**上。我們必須恰如我們眼之所目擊者那樣，視之爲一廣大而無所不包的**天蓋蒼穹**。只有在這樣一種表象下，我們始可去揭示那「純粹美學判斷所歸給此對象」的那種崇高之莊嚴偉大。同樣，關於大**海洋之景象**，我們必不可以「儲藏許多知識」的心靈（那些知識並不含在直接的直覺中）去視之，就像「我們慣常在思想中去表象之」那樣，例如說，去表象之爲一廣大的水產物之領域，或去表象之爲一巨大的儲水槽，水蒸氣可由之而引出，而這水蒸氣又帶著那有益於陸地的有水分的雲霧充滿天空，或不然，倘可去表象之爲這樣一種成分，即這成分無疑可使陸地與陸地分隔開，但同時它也可供給陸地間最大的商業交通之工具。我們必不可像這樣慣常的表象，以許多知識之心靈去視大海洋之景象，因爲在此路數中，除**目的論的判斷**外，我們得不到任何東西。是故我們不要這樣看，我們必須能夠去看出海洋中的莊嚴偉大，必須如詩人之所爲，依照那眼觀的印象所顯露者去看它，例如說，去視之爲一平靜中的**清明的水鏡**而只爲天空所圍繞

〔與天相鄰接〕，或設若它被騷動，去視之為一**陰沈險惡的深淵**，似要去掩沒一切以及去吞噬一切。我們必須這樣去視大海洋之景象始能看出大海洋的**莊嚴偉大**。這同樣的情形也被說為是**人的形相**中的莊嚴偉大者與美者。在人的形相處，說到判斷之決定根據，我們必不要訴諸為人類之一切四肢百體所服務的那些目的之概念，或讓這些四肢百體與這些目的相諧和一致以去影響我們的美學判斷(在此情形中，美學判斷不再是純粹的美學判斷)，雖然「這些四肢百體必不可與這些目的相衝突」這確然亦是美學的愉悅之一必要的條件。**美學的合目的性**是自由中的判斷力之**合法則性**。愉悅於對象依靠於這關涉，即「我們想去把它給與於想像力」的那關涉〔或另譯：依靠於我們如何去設想想像力之關涉於其對象〕，不過須服從這條件，即：這關涉必須維持心靈於一自由的活動中。如果，另一方面，有某種別的東西(不管它是「感覺」抑或是「知性之概念」)來決定這判斷，則無疑這判斷是可合法則的，但它卻不是一**自由判斷力之判斷**。

271

因此，要想說「**理智的美**」或**理智的莊嚴偉大**〔**崇高**〕，首先，第一點，這所用的詞語並不是完全正確的。因為美與崇高〔莊嚴偉大〕是**美學的表象模式**。假定我們只是純粹的**睿智存在**〔**純智體**〕，或者假定甚至在思想中把我們自己放在**純智體**這樣的地位中，則那些美學的表象模式必完全外於我們，與我們無關。第二點，雖然**理智的美**與**理智的崇高**〔莊嚴偉大〕作為一理智的道德愉悅之對象，在其不依於任何利害關心之限度內，是與美學的愉悅相容而並無違隔處，然而另一方面，在它們之與**美學的愉悅**相聯合之路數中，茲仍然有一種困難，因為它們的功能是要去**產生**一種興趣或利害關心，而依據「其展現須與愉悅於美學的評估相諧和一致」之假定，此所產生之興趣或利害關心只能藉賴著「在展現中與之相結合」的那一種**感官之興趣**而被作成。但是在此路數中，「**理智的合目的性**」必會**被侵犯**（**被傷害**），而且被弄成是**不純粹的**。

一純粹而無條件的理智的愉悅之對象便是道德法則之顯其力量，這力量乃即是「道德法則在我們身上所發揮以駕馭一切先行的既成的心靈之動力」的那種力量。現在，**因爲**只有通過犧牲，此力量始能使其自己美學地〔直感地〕被知於我們，（而此犧牲，雖在內部自由之關心中，它包含有某種東西之剝落，然而它轉而亦在我們心中顯露出**自由**這一**超感觸的能力**之一不可測度的深度，此一**超感觸的能力**之後果是超出感官之眼所見者之外的），是故此中之愉悅，若從涉及感性的**美學邊**來看，它是消極的，即是說，它是**對反於**這種利害關心的，但是若從**理智邊**來看，則它是積極的，而且是與一種利害關心相結合〔即和一種利害關心有密切關係〕。因此，隨之而來者便是：這理智的而根本上又是合目的的（道德的）善，若美學地評估之，它**並不可**被表象爲「**美**」，但只**必須**被表象爲「**崇高莊嚴而偉大**」，且連同著這結果，即「它實更引起一**尊敬之情**（鄙棄嫵媚的那尊敬之情），而不甚引起**令人起愛**之情或引起**向之傾心**之情」這結果，而**被表象**爲「**崇高莊嚴而偉大**」。因爲**人性**並非以其自己之固有的運動而即能與善相諧和而一致〔並非自發地與善相諧和而一致〕，但只藉賴著理性所表現的那駕馭感性的支配力，它始能與善相諧和而一致。又**逆反**於此道德的善而言之，我們所名曰外在自然中的崇高，或甚至內在自然中的崇高（如某種熱情等）者，它只是被表象爲是一種心靈之力量，即那「能夠使之藉賴著道德原則去克服此種或彼種感性之障礙」的這種心靈之力量，而且亦即由於其如此之被表象，它始引生出其利害關心。

272 關於此點，我必須稍加詳說。善之理念加上**情感**(affection)，這便是「**熱情**」(enthusiasm)。此種熱情之心態似乎是崇高而莊嚴偉大的，以至於遂有這常言，即：沒有偉大的事業能夠無此熱情之心態而可被達成。但是，現在一般所謂「情感」①總是盲目的，不管在其目的之選擇方面，抑或設想目的已為理性所供給，在此目的所依以被達成之路數方面，總皆是盲目的。因為情感是一種心靈的激動，經由此心靈的激動，「自由慎審之表現於基本原則以便依照此基本原則去決定一個人之自己」這便被弄成是不可能的。依此之故，它不能值得理性方面之任何愉悅。可是，依美學的觀點觀之，「熱情」卻總是崇高而偉大的，因為它是理念所喚起的一個人的力量之奮發(理念給心靈一種更強而且更持久的效應之原動力，即它把一種比感觸表象所供給的刺激遠為強大而且持久的效應之原動力給與於心靈)。但是(似乎是很奇怪)，即使免於情感之激者，即在一「堅強地遵守其不移的原則」的心靈中並無情感之激動這種心態者亦仍是崇高的，而且這崇高又是在一甚為優越的樣式中的崇高，因為它同時亦有純粹理性之愉悅在其旁邊。僅是這種心靈之特徵始可名曰「**高貴**」。但是「**高貴**」一詞語隨時也被應用於事物，例如，也可應用於建築，衣服，文學體裁，一個人之風度，以及其他等等，設若這些事物並不甚激起驚怪(「伴隨著超過期望的新奇之表象」的那種驚異之情)如驚嘆那樣(即如這樣一種驚怪，即「當新奇已變舊而驚怪仍不止」這樣一種驚怪)時。當諸理念在其具體展現中**非有意造作**地亦**非工巧地**與美學的愉悅諧和一致時，便有「高貴」一詞之應用於事物之情形。〔案：意即當諸理念與美學的愉悅諧和一致而至**雍容淡雅**之境時，即可說爲「高貴」。〕

〔**原註①**〕：

情感（affection）與情欲（passions）間有一特殊的差別。「情感」只關涉於有感而不麻木的「有情之感」（feeling）；而情欲則屬於欲望之能力，它們是一些**性好**（inclinations），這些性好阻礙選擇意志之可由原則而決定，並使其由原則而決定爲不可能。情感是衝動而魯莽的，且是不負責任的；情欲則是持久的而且是審思熟慮的。這樣說來，憤慨若以**激怒**出之，它便是「情感」；可是若以**毒恨之心**〔**報復之心**〕出之，它便是「情欲」。情欲無論如何決不能被名曰「崇高」；因爲當在「情感」之情形中，心靈之自由無疑被阻礙時，而在「情欲」之情形中，則是被取消。〔案：凡情欲必自私，爲氣質或感官之性好所驅使。康德說「**性好**」是劣義；非儒家「民之秉彝好是懿德」之「好」，此是屬理的，由所秉受之天常之義理之性而發。〕

每一**堅強型之情感**（即如那「激起我們的『克服每一抵抗』之力量之意識」的情感）皆是美學地崇高的，舉例來說，憤怒，甚至不顧死活的拼命（無望而蠻幹之暴怒，但非懦弱膽小的失望），即是此類之情感。另一方面，**疲弱型之情感**（此情感把抵抗之努力轉成一不樂而痛苦之事）並無什麼高貴處，雖然它可以算爲是有**感性**

層之美者。〔案：此如李後主〕。因此，「動情」（emotions）而可以達至一種「情感」之強力者是甚有差別的。我們有精神飽滿生氣勃勃的動情，我們也有溫和仁慈的動情。當溫和仁慈的「動情」達至一種「情感」時，它們很可轉成無價值而無用的。好鬧這種溫和仁慈的動情者名曰「**感傷**」（sentimentality）。一種「不要人來安慰」的同病相憐的憂傷，或一種「有關於想像的不幸」的同病相憐的憂傷（當我們允許我們的幻想欺騙我們以此想像的不幸爲現實的時，我們即審思熟慮地屈服於此想像的不幸），像這類的憂傷實可指示並產生一種溫文而雅但同時卻又是一種脆弱的靈魂，這**溫雅脆弱**的靈魂可於「**美的方面**」有所表明，而且無疑亦可被名曰「**空想的靈魂**」，但卻決不是「**熱情性的靈魂**」。傳奇小說，引人下淚的戲劇〔案：此尚不是眞正的悲劇〕，淺薄的說教等，皆是虛假地以所謂「高貴的情操」來作玩弄，但事實上實皆只使心魂衰弱，對於嚴格的義務訓令成爲痲木無感的，並且亦皆使心魂不能夠尊敬我們人格中的「人之爲人」之人義之價值以及人們之權利（此完全不同於人們之幸福），並且一般地說，亦皆使心魂根本不能有任何堅實不移的原則。甚至如**宗教的講說**，它亦只推舉畏縮奉承而卑微頹喪的「乞求恩寵」與「尋求眷顧」而廢棄我們自己的一切能力以爲不足以信任之以去抵抗我們自心內的罪惡，但卻並不推舉那有力的決心以去試想藉賴著那些「仍留給我們（雖然我們是可憐的罪人）」的力量去弄好我們的**性好**。還有那種**虛僞的謙恭**，經由這種謙恭，那自我貶抑，虛僞的哭訴悔改之做作，以及一純然被動的心靈格局這三者乃被視爲「我們所由以爲**最高存有**所接受」的唯一方法。像以上那樣云云的傳奇小說，引人下淚的戲劇，淺陋的說教，甚至像以上那樣云云的宗教講說，還有像以上那樣云云的虛僞的謙恭，凡此一切實皆不足以與那被認爲屬於「**心靈氣質之美**」的東西爲伍或相容，更不要說那「**心靈氣質之崇高**」了。

但是即使心靈之諸猛烈的激動（不管這些猛烈的激動在開導熏陶之名下而與宗教之理念相聯繫，抑或由於其只屬於文化者，遂與那些「含有社會興趣」的理念相聯繫），不管這些猛烈激動所可產生的想像力之緊張是如何，倘若它們在其後面不能留有一種**心靈之氣質或拍調**，在關於那隨身帶有「純粹理智的合目的性」的東西中（即在關於超感觸的東西中），有作用於心靈之強力與堅定（雖只是間接地有作用），則它們亦決無法要求於一**崇高展現**之榮譽。因爲在無此心靈之氣質或拍調下，一切這些激情皆只屬於〔內部生理的〕**運動**，我們在健康之興趣中歡迎此種運動。那隨著經由情緒之遊戲而被鼓動起來的興奮以後而來的**那令人適意的疲倦鬆懈**實是一種舒適狀態之享受，這一種舒適狀態乃是從「我們內部諸生命力之平衡之恢復」而發生者。此種舒適狀態之享受最後實不過只是東方 274 酒色鬼當其身體被按摩以及其肌肉與關節柔和地被輕壓與被扭擰時所尋求的鬆散；只不過有這差異，即在心靈之猛烈的激動中，那「引起激動」的原則主要是**內在的**，而在東方酒色鬼處，則激動之原則完全是**外在的**。這樣說來，好多人，當他只是喜悅於擺脫厭煩之情時，他卻相信他自己已爲一種「一無所有即無任何嘉言系統」的說教所開導，或想他自己已爲一種悲劇所改善。因此，崇高或莊嚴而偉大必須總是要涉及到「**思考方式**」，即是說，必須涉及到這樣的一些**格準**，即這些格準實可引導我們去給出我們的本性中之**理智方面**者，並可引導我們去給出那「優越於感性而凌駕乎其上」的那些**理性之理念**。

我們並無理由害怕：崇高之情，由那像「關於感觸性的東西全然是消極的」這樣一種**抽象的展現之模式**中，將會蒙受什麼損害。因爲雖然想像力，在它所能掌握到的感觸世界以外，無疑實未找到任何什麼事，可是「把感觸界的柵欄推開而置之於度外」這一種推開作用仍然可以給想像力以「無界限」之感；而那種「推開之移除」〔抽象〕遂亦即是對於「無限」的一種展現。即如此而觀之，這一對於「無限」之展現實不過只是一消極的展現，除此以外，它不能再有什麼，但即如此，它仍然擴大了我們的靈魂。猶太律法中，也許再沒有比以下之誡命爲更崇高者，即：「你不可把任何雕像，或天上地下任何物之肖像，作給你自己以便跪拜之或事奉之，云云」。惟此一誡命始能說明「猶太民族在其高尚而有道的時期，當與其他民族相比較時，對其宗教所感到」的那種「熱情」，或者說，唯此一誡命始能說明穆罕默德教所鼓舞的起的那種「驕傲」。這同一誡命在我們道德法則之表象方面以及在我們的本有的道德性能之表象方面亦同樣有效。我們若有以下之懼怕或憂慮，即：「如果我們把那『凡可推舉給感官』的每一東西之表象皆剝落掉，則在這剝落上面，必將只伴隨之以『冷酷而無生命』的**稱許**，而並非伴隨之以任何**動力**或伴隨之以任何**感動之情**」：我們若有這樣的懼怕或憂慮，則這將是一完全無道理的憂慮〔將是一完全錯誤的焦慮〕。正相反，反轉過來倒是眞的。因爲當不再有任何東西可與官能之眼相會合〔另譯：當官能之眼見不到任何更多的東西在其面前〕，而那無誤而又不可抹去的**道德理念**卻猶留下來佔有這場所之時，則這必寧可更需要對於一無邊想像力之熱情激昂予以調節而使之冷靜緩和以阻止其升至狂熱之境，倒反不必爲怕這些理念之無力，遂想以影像之助及幼稚的設計借給於這些理念以支持之。爲此 275 之故，許多政府遂樂於讓宗教充分地以影像與幼稚設計這些附屬品來裝備，想以此路數使其國民免於發散力量製造麻煩，但同時亦剝奪掉「他們之張大其越過其限定範圍〔**隨意由感性爲其所定下的範圍**〕」的那**精神的力量**，這樣，那些**附屬品**遂使其國民易於被處理，儼若他們只是被動的。

另一方面，對於「道德」之此種純粹、高舉，而只是消極的展現並不含有狂熱之可怕〔**狂熱之危險**〕。這所謂狂熱是妄想某種視野超過一切感性之界限，即是說，是依照原則而作夢（理性的狂叫）。「並無這樣的狂熱之可怕」是一種安全之保障，這一安全保障便是「道德」底展現之純粹消極的性格。因爲自由理念之不可測度性杜絕了一切積極的展現。但是道德法則是我們心內的決定之一足夠而根源的來源：如此，它決不允許我們去尋求一決定之根據在其自身以外。如果「熱情」可以相比於昏亂（精神錯亂 delirium），則「狂熱」便可以相比於癲狂（mania）。此中，癲狂最與崇高不相容，因爲它是「無謂地可笑的」（grüblerisch lächerlich）。在作爲一種「情感」看的熱情中，想像力是**無拘束的**；在作爲一種根深蒂固積重難返而又是伏竄性的「渴望之情」看的狂熱中，想像力是**無規則的**。**熱情**是一種流逝的偶發，即使最健康的知性也有時易變成拜倒於其下或迷惑於其中者；無規則的**狂熱**則是一種根傷的病〔**使知性不安或錯亂的病**〕。

「單純性」（無技巧的合目的性），如其所是，是自然之在崇高中之所採用的風格。它同時亦是道德之風格。道德是第二自然

(超感觸的自然);關於此第二自然,單只是其法則才是我們所知的,而我們之知此第二自然(道德)之法則也無須能夠去達至我們心內之一「**超感觸的機能**」**之直覺**[①]。這一超感觸的機能乃是那「含有此立法作用之根據」者[①]。

〔譯註①〕:

案:此一超感觸的機能,含有立法作用之根據者,即是「意志自由」之設準,設準云者即對之無「直覺」之謂。但對道德法則而言,我們必須設定「意志之自由」,由此「自由」而言意志之立法——自發自動地立道德法則,再由此立法作用進而言自律道德。依康德,我們只知道德法則是先驗的,而且是自律的,由此而必然地逼至意志自由,但對此「自由的意志之機能」,吾人對之卻並無一「直覺」,因爲我們的感觸直覺不能及之,而吾人又無純智的直覺故。是故自由意志只是一必然的設定,而不是一直覺,而在這裏,康德又說:我們之知道德法則(亦即第二自然之法則)亦用不著對此超感觸的機能即自由的意志有一直覺。此自是康德始終一貫之思理。

一進一步的註說是需要的,即:我們以「普遍的可傳通」之故而愉悅於美,亦同樣以此故而愉悅於崇高;「我們之以此故而愉悅於崇高」之愉悅不僅是簡單地有別於其他美學判斷,且亦因此故而獲得一社會中之興趣(在社會中,愉悅可有普遍的傳通)。但是,儘管如此,我們須注意這事實,即:「**孤立**於一切社會」是被視爲是某種**崇高**的事,設若此孤立是基於那「不顧一切感觸興趣」的理念之上者。成爲自足的，因而無有求於社會，然而卻用不著成爲**非社會的**，即是說，用不著避開社會〔所謂避人避世〕，這是某種接近於崇高的事。這一註說可應用於一切「勝過需要而不爲需要所支配」的卓越性者。另一方面，由「對於人之憎恨而厭世」而想去避人避世，或由「我們想像每一人皆反對我們而患怕人症」而想去避人避世，這一方是**嫌惡**，一方是**輕蔑**。但只尚有**另一種厭世**（如此名之很不恰當），傾向於此另一種厭世者乃是以漸漸年老而見之於許多精神正常的人，這另一種厭世，當善意進行時，無疑，它是很夠仁愛的，但由於長期而又可悲的經驗之結果，它是遠離了愛人而甚不悅於人類。我們在性癖於隱居者中，在渴望一退休的鄉村生活狀況中，或（大半是年輕人）在「能夠以小家庭在一世人所不知的荒島上過自己的生活（關於這荒島，小說家或魯濱遜漂流記之作者很知道如何去對之作美好的使用）」，這種幸福之夢想中，見到了這另一種厭世之證據。虛僞、忘恩、不義，以及對於這樣的目的，即「我們視之爲大事，而若圖謀之，則人又可把一切可想像的罪惡加於其同胞身上」這樣的目的，視作兒戲，凡此一切皆與「人們如果願意，他即可能而且實能」〔我欲仁斯仁至矣〕之理念是如此之相矛盾，並且與「我們之熱切地願望看到人們之改善而成爲較好者」是如此之相衝突，以至於：當我們不能有愛時，要想避免於恨，則去放棄或斷掉一切「與我們之同類爲伍」之喜悅，這看起來似乎只是一種些少的犧牲。此種犧牲甚少之**沮喪之悲傷**並不是指向於「**命運**所置於他人身上」的那些罪惡。悲傷若指向於命運所置於他人身上的罪惡，則它是一種「由**同情心**而發」的悲傷。上說之沮喪之悲傷並不是這樣的悲傷，它但只是一種「指向於那些『加在他

276

人身上』的罪惡」的悲傷，因此，此種沮喪之悲傷是基於那「含有原則問題」的反感或憎惡之上的一種悲傷。像這樣意義的沮喪悲傷，因爲它基於**理念**上，是故它是**崇高**的；而那「由同情心而發」的悲傷則只能算作是**美的悲傷**。既才智而又透徹徹底的瑞士地質學家 Sassure 在其阿爾卑斯山旅行之描寫中，對於 Bonhomme 山（法國東南部曾爲一公國的 Savoy 這地方的群山中之一山）作記述說：「這裏有過統治，這裏有過某種**乏味的悲傷**」〔另譯：「一種乏味的悲傷統治著這裏」〕。因此，他確知：除此**乏味的悲傷**外，那裏亦可有一種**令人感興趣的悲傷**，此如爲某一荒涼地方之景象所引起的那種悲傷，因爲這荒涼地方，人們可以樂於把他們自己隱遁於其中，因而對於外面世界可以不再有所聽聞，亦不再通曉於外面世界之俗務；但是，這一荒涼的地方亦必須尚不只是一「全然不可住但可爲人類供給一悲慘的隱遁所」這樣的一個地方。我把這一觀察〔註說〕只作一提醒，即：甚至**抑鬱憂悶**（但非令人沮喪氣餒的悲傷）也可以在**生動有力**的情緒中間佔一席地，設若它有其根於**道德理念**中時。但是，如果抑鬱憂悶是植基於**同情心**時，而即如其爲基於同情心，是故它遂亦是可愛的，如果它是如此云云，則它便只屬於**軟弱無力**的情緒。這一提醒足以令人注意於那「只有在『抑鬱憂悶有根於道德理念』之情形中的心靈氣質」才是**崇高的心靈氣質**。

277　適已完成的美學判斷之**超越的解釋**可以與那爲英人 Burke 以及爲我們德人中許多精明人物所作成的那**生理的解釋**相比較，這樣，我們便可看看關於美與崇高之純然經驗的解釋將會把我們帶至何處。Burke 值得被名曰此生理的解釋〔即經驗的解釋〕之討論法中之最早的首創者。他依據此路線作推斷說：「**崇高之情**是基於自我保存之衝動，並且是基於恐懼，即是說，基於一種痛苦，這一種痛苦，由於它尚不至於攪亂了身體之各部分，是故它可產生一些運動。這些運動，因爲它們滌清了一種危險而痲煩的拖累〔障礙〕之容器（不管是微細的或粗大的容器），是故它們能夠產生愉悅；但這所產生的愉悅尚不是快樂，但只是一種可悅的〔令人喜愛的〕**戰慄或抖顫**，一種**帶點抖顫**的**寧靜**」。他把美基於愛（他仍然會讓欲望離開這種愛：使這種愛不同於性愛的欲望）。他把基於「不同於欲望的愛」的美還原到「身體底**纖維組織**之鬆弛，懶散無力與軟弱，因而結果也就是說，還原到**快樂上**的一種柔化、一種溶解、一種疲倦，以及一種微薄，瀕於消滅而漸歸於溶化掉」。他經由事例來支持這種說明，其所經由之事例不只是這樣的事例，即在這些事例中，美感與崇高之感能夠因著**想像**與**知性**之相絜和而在我們心中被引起，且甚至亦經由這樣的事例，即在這些事例中，美感與崇高之感亦能夠當**想像**與**感覺**相結合時而被引起。作爲心理學的觀察，對於我們的心理現象底**這些分析**是極端精美的，而且這些分析亦爲經驗人類學底得意研究供給豐富的材料。且猶有進者，即除此以外，亦不能否認這事實，即：一切**我們自身**內的表象，不管**客觀地**說，它們只是感觸的東西，抑或完全是理智的東西，而**主觀地**說，它們卻仍然是與**滿意**或**痛苦**相聯合，不管這些滿意或是痛苦是如何之微細而覺察不到。（因爲這些表象盡皆有影響於生命之情感，而當這些表象之任一表象皆是主體〔個人〕之一變形時，則便沒有一個表象能是不相干的。）我們甚至亦必須承認：如伊璧鳩魯所主張，滿意與痛苦雖即由想像而發生，或甚至由知性之表象而發生，然而最後總歸皆是**肉體的**，因爲若離開任何身體器官之感覺，生命 278

必只是一「個人存在之意識」，而決不能包括有任何「如意」或「不如意」之感，即是說，決不能包含有諸生力之任何促進或阻礙之感。因爲心靈若單只是其自己，則它即是生命之一切(即是生命原則之自身)，而阻礙或促進則須在**心靈**外被尋求，然而它們卻猶存在於**人自身**中，結果也就是說，存在於「與人之身體相連繫」中。

但是如果我們把「愉悅於對象」全部而且完全皆歸於「對象通過魅力或激情」所供給的那滿意，則我們必不能要求任何他人皆同意於我們所作的美學判斷。因爲在美學判斷這種事中，每一人皆正當地單只商之於其人自己之情感。但假若如此，則一切審美之檢查審議皆須結束而停止。除非爲他人所供給的那**例證**，即當作他人的判斷之偶然一致之結果」看而爲他人所供給的那**例證**，被認爲是一種**命令**而命令我們亦同意之因而亦可來支配於我們。但是此原則，我們大抵必會感覺不愉快而厭之，而且我們亦必會訴諸我們的**自然的權利**，即我們之「可以把一判斷，當其只基於個人自己之**如意**之直接情感時，隸屬於我們自己之感官，而並不隸屬於他人之感官」之**自然權利**。

因此，如果審美判斷之含意，當我們品定此審美判斷爲一「有資格要求每一人之同意」之判斷時，它不能是**自我主義的有效性**〔**單對我自己**而有效〕，但必須自其**內部本性**而觀，它必然地被允許有一**複多性的妥效性**，即是說，它必須依據**審美自身之所是**(並不是依據他人之在其審美上所給的例證)，而必然地被允許有一**複多性的妥效性**〔**對大家**皆有效〕：如果一審美判斷之含意是如此云云時，則它必須基於某種**先驗的原則**上(不管這先驗原則是主觀的抑或是客觀的），而且亦並沒有「刺探那在心靈內繼續下去的諸變化之經驗法則」這種刺探之效果能夠於建立這樣一種先驗原則有所成功。因為那些**經驗法則**只能產生「我們如何去作判斷」之知識，但它們關於「我們應當如何去作判斷」，則並不能給我們一**命令**，更不能給我們像**無條件的命令**這樣的命令，而像無條件的命令這類的命令卻正是審美判斷之所預設，因為這些無條件的命令要求愉悅之被視為**直接地**與一表象相連繫。依此，雖然美學判斷之**經驗的解釋**可以是「朝向於累積材料以備一較高的研究」之第一步，但是此審美能力之**超越的解釋**卻仍然是可能的，並且這一超越的解釋形成**審美批判**之一本質的部分。因為設若審美能力不具有先驗原則，則我們決不可能對於他人之判斷去作評判，而關於他人的判斷之**稱許**或**譴責**亦不可能去作裁決，甚至不可能以一點點像是有權的樣子去對於它們作裁決。〔意即對於他人的判斷之稱許或譴責決無可能有絲毫權利去作裁決。〕美學判斷底分析之其餘部分首先含有：

純粹美學判斷之推證　　279

§30　對於在自然對象上所作的美學判斷之「推證」必不可指向於我們於自然中所名曰「崇高」者但只指向於「純美」

由於美學判斷是一「必須依靠於某種先驗原則」的判斷，是故「這美學判斷之要求於那對每一人而言的普遍妥效性」之要求實需要有一**推證**（即是說，實需要有一證成以證明其要求為合法）。而當愉悅或厭憎轉向「**對象之形式**」時，則此種推證即是那美學判斷之解釋以外所必須要作的一種事。關於自然中的「美」之審美品味之判斷即是屬於這種情形者〔即屬於愉悅於對象之形式者〕。因爲在這裡，**合目的性**有其基礎於**對象**以及**對象之外部形式**——雖然這合目的性並不指表「依照概念爲認知判斷之目的，將此對象**關涉到其他對象上**」之關涉，它但只一般地有關於「此對象之形式」之**領納**或**攝受**，只要當此形式證明它在吾人心中與「概念之機能」〔知性〕**相契合**並與「概念之具體展現之機能」〔想像〕**相契合**(這概念之具體展現之機能乃即是那同一於領納或攝受之機能者)。因此，就自然中之美而言，我們可以發出一些問題，這些問題乃是接觸到自然中**諸美的形式**之**此種合目的性之原因**者：例如以下之問題便是如此者，即：我們如何去解明自然爲何如此不吝地〔闊綽地〕**到處散布美**——甚至在海底深處亦散布美？(在這海底深處，美極少爲人眼所觸及，可是單只對人眼而言，美才是**合目的的**。)

但是如果我們對於自然中之「崇高」作一純粹無雜的美學判斷(所謂無雜即不雜之以圓滿之概念或客觀的合目的性之概念，因爲若雜之以如是之概念，這必使這判斷成爲目的論的判斷)，則這自然中之崇高很可被看成是完全**缺無形式**的，而縱然如此，它亦仍可被看成是一純粹愉悅之對象，而且它亦指示這特定表象之一主觀的合目的性。既然如此，則這問題便顯出，即：在關於此類美學判斷〔即關於崇高之美學判斷〕中所思者之解釋〔即崇高之解釋〕以外是否也需要我們去作一推證，即對於「此類判斷之要求於某一**主觀的先驗原則**」之要求去作一推證？

280 關於這問題，我們可有這答覆，即：自然中之「崇高」乃是不恰當地稱謂之者，而所謂崇高，嚴格言之，必須只應被歸給**思維之態度**〔**心靈之態度**〕，或寧說，只應被歸給那「在人性中作爲此心靈之態度之基礎」者。若不這樣歸屬，則就崇高而言，一對象之領納或攝受必是一無形式的對象之領納或攝受，而且是一與目的相衝突的對象之領納或攝受。這樣的對象之領納或攝受必只供給我們以如此之機緣，即「我們之可以意識到此心靈態度之基礎」之機緣；而這對象在此路數中，便自歸於一**主觀地合目的的使用**，但卻並不是**依其自己之故**並因爲其**形式**之故而**被評估**爲是**主觀地合目的的**。（它是所謂當作「**被接受者**」看的合目的的現象，而不是當作「**材料論據**」看的合目的的現象。）結果，我們對於自然中之**崇高之判斷**所給的**解釋**同時即是其**推證**。因爲在我們之對於此情形中的判斷力方面的「**反省之分析**」中，我們見到：在這些「崇高之判斷中」，實存在著諸認知機能底一種合目的的關係，此合目的的關係須先驗地居於「**目的之機能**（**意志**）」之基礎地位，因此，其自身即是**先驗地合目的的**。這樣說來，「此合目的的關係其自身是先驗地合目的的」這一義即刻就含有「這樣的判斷〔崇高之判斷〕之要求於普遍地必然的妥效性」這種要求之**推證**或證成，即「證成其爲合法」之**證成**。

因此，我們可以把我們的探求限制於「審美判斷之推證」之探求，即關於「自然事物之美」的判斷之推證之探求，而此種推證之探求將滿意地處理全部**審美判斷力**之問題。

§31　審美判斷底推證之方法

對於一特種判斷義不容辭地須去供給一「推證」，即須去供給

「一合法性之保證」，這只當這判斷要求於「**必然性**」時始發生。甚至當這判斷**要求主觀的普遍性**，即要求每一人之同意時，亦然。然而這所說之如此之判斷並不是一「認知的判斷」，但只是一特定對象中的快樂或不快樂之判斷，即是說，只是一**主觀合目的性**之認定，這所認定的主觀合目的性有一對每一人而有效的「通貫的妥效性」，而且由於這判斷是一審美品味之判斷，是故這所認定的主觀合目的性並不須基於事物之**任何概念**上。

現在，在適說之情形中，我們並不是要去處理一「認知之判斷」：我們既不是要去處理一理論的或知解的判斷，即基於「一自然一般」之概念（爲知性所供給的那「自然一般」之概念）上的知解判斷，復亦不是要去處理一（純粹的）實踐的判斷，即基於自由之理念（先驗地爲理性所給予的那自由之理念）上的實踐判斷。夫既如此，是故我們並非被請求要先驗地去證成那「表象一物之所實是者」這樣一種判斷之妥效性，復亦非被請求先驗地去證成這樣的判斷，即「茲有某事，我**應當**去作之以便去產生之」這樣一種判斷之妥效性。結果，如果就判斷力一般，我們要證明一單稱判斷，即

281 「表示一對象之形式底經驗表象之主觀合目的性」這樣的**一單稱判斷**之**普遍妥效性**時，我們所要作的那一切便是去說明：某物只在其**純然評估之形成**中（用不著感覺或概念）而即能令人愉悅，這如何是可能的，並去說明：任何一人之愉悅如何可以對每一人宣稱爲是一規律，恰如爲一認知一般之故而成的一對象之評估有其普遍的規律一樣。

現在，如果此普遍妥效性並不基於選票之收集以及來回問及旁人所有的感覺是何種感覺，但如其所是，只基於那「對於特定表象

中的快樂之情下判斷」的主體〔個人〕之自發，即是說，只基於主體〔個人〕自己之審美品味，雖即只基於個人自己之審美品味，然而卻也並不是由概念而引生出：如果此普遍妥效性是如此云云者，則隨之而來者便是如此，即：這樣一種判斷（事實上，即如審美判斷之所實是者這樣的判斷）便有一**雙重的**而亦是**邏輯的特殊性**。因爲第一，這樣的判斷先驗地有**普遍的妥效性**，但它卻並無**依照概念**而來的一種邏輯的普遍性，它但只有一**單稱判斷之普遍性**。第二，這樣的判斷有一**必然性**（此必然性必須不移地基於先驗的根據上），但這必然性卻是一種「並不基於**先驗的證明**上」的必然性，可是經由這樣的必然性之表象，這樣的判斷必有力去加強這同意，即「審美判斷所要求於每一人之贊同」的那同意。

此兩邏輯的特殊性足以區別一審美判斷與一切認知判斷之不同。如此樣的兩邏輯的特殊性之解明其自身將即足夠作爲此特異機能〔即審美機能〕之「推證」，設若我們在開始時抽掉判斷之一切內容，即是說，抽掉快樂之情，而只把「**美學判斷之形式**」拿來與那爲邏輯所規劃的**客觀判斷之形式**相比較時。現在，我們將試想以例證之助去說明並去顯示審美品味底這兩特異的特性。

§32　審美判斷之第一特殊性

審美判斷在關於愉悅（愉悅於美之愉悅）中決定其對象，而且是帶著一種要求——要求於每一人之同意或契合而決定其對象，如此決定其對象，恰像是這判斷眞是一客觀的判斷。

說「此花是美的」等於重複肯斷**花之自己**之恰當的要求——要求於每一人之愉悅。但是對於此**花之香味**之「適意」（agreeable-　282 ness)則不能給此花以如此之要求。一個人可以極喜愛於這香味，但是這香味卻給另一人以頭痛。花之美之愉悅與花之香味之適意這兩者間既有此差異，然則由此差異，我們便只假定「花之美須被認爲是**花自身**之一**特性**」嗎？除此以外，不能再有別的假定嗎？若只假定花之美是花自身之一特性，則花自身不能使其自己適應於各種不同的人以及此各種不同的人之各個不同的感官，但反之，這些人卻必須使他們自己適應於那花本身，如果這些人想對於花本身作任何判斷。但是**花之美**並不是**花本身**之一**特性**。

因爲審美判斷確然只存於此，即：一物之被名曰「美」只在關於「**那種造局**」[①]中始被名曰美，所謂「**那種造局**」乃是如此者，即在此種造局中，一物可使其自己適應於我們之「**攝取之或領悟之**」之方式〔即審美品味之方式〕：一物之被名曰美只在關於如此云云的「**那種造局**」中始被名曰美：而審美判斷固確然即存於此也。

〔**譯註①**〕：

「那種造局」，造局一詞德文原文是“Beschaffenheit”，康德行文多用此詞，其意是由如此這般之構造所呈現之徵象或性格，故英譯以「構造」(constitution)、性質(quality)、性格(character)、本性(nature)、徵象(characteristic)等字譯之；Meredith 在此譯爲「性質」(quality)，皆不能使文意明白，故參照德文譯爲「造局」。

此外，每一「要表明個人之審美品味」的判斷是被要求爲須是個人自己之一**獨立的判斷**。茲無需藉賴著經驗在別人的判斷當中暗自摸索，並從他人之愉悅於某一對象或厭憎某一對象而事先得到教訓。結果，此個人自己之獨立的審美品味判斷必須是先驗地被宣示，而並不可當作一種模倣而被宣示，蓋模倣須依賴於「一物所實際產生之以爲一事實」的那一般的快樂。但是一個人必會這樣想，即：一先驗的判斷必應包含有一認知上之對象之概念，而此一對象之概念即含有該認知之原則。可是在此你應知，審美品味之判斷卻並不基於**概念**，而亦決不是一**認知**，它但只是一**美學的判斷**。

因此，正以此故，一年輕的詩人不允許其自己被大衆底判斷或其朋友之判斷所勸告，勸告其不要相信「其詩是美的」。而縱使他曾聽從他們的勸告，他之聽從卻亦並不是因爲他現在已歸於一另樣的判斷〔已異樣地評判其詩〕，但只因爲，至少當論及其作品時，雖然全部大衆意見定有錯誤的品味，然而他依其渴望於被承認，他仍然可以找出好的理由使他自己適應於大衆的錯誤（甚至適應於大衆之反對其自己之判斷）。那只有以後，當其判斷力已被磨練得很銳利時，他始出於其自由意志以及出於自願而拋棄其前時之判斷——其如此之舉措恰像是處理那些關於他個人自己的「完全基於理性」的判斷一樣。審美品味只簡單地要求於「**自律**」。若使旁人之判斷成爲一個人自己的判斷之決定根據，這必會只是「**他律**」。

我們推舉並亦是正當地推舉古人作品爲模範，並且我們亦稱這些作品之作者爲古典的作者，恰像是他們構成作家間的一類有高貴風格的人，這一類有高貴風格的人領導著人們的道路，並因而給人們以法則。我們之如此推舉**似乎**是指示一**後天的「審美品味之來源」**，而且亦**似乎**是違反於每個人心中的「審美品味之自發自動的

283 **自律性**」。但是我們也正同樣**或可**說：古代的數學家，直至今日，是被看成是綜和方法中的圓滿的通貫性與典雅性之幾乎不可缺少的模範。我們也還或可說：我們之如此看的古代數學家實已證明理性在我們人的分上只是模倣的，並亦證明了理性實無力以最深的直覺，藉賴著概念之構造自行去產生嚴格的證明。如果每一個人皆總是以其自然狀態之粗野的天賦才能來從新開始，則我們人類的力量之使用（不管其如何自由），甚至我們人類的理性自身之使用（此理性自身必須從通常的**先驗根源**創發其一切判斷），必不能使其自己不纏夾於粗魯的試探中。夫既如此，是故對於我們人類的力量之使用以及我們人類的理性自身之使用，沒有一種使用不曾以旁人之使用置於其面前以爲一種警戒〔以爲其前車之鑒〕。可是這並不是說：前人只使追隨他們的那些後人只成爲一些模倣者，這但只是說：前人經由其方法，他們把他人置於「在其自身中去尋求原則」這種尋求之軌道上，並因而使他人去採用其**各自之道路**，其**各自之時常較好的道路**。在宗教處，無疑，每一人皆須由其自身引生其行爲之規律，蓋由於每一人自己仍須對其行爲負責，而當他犯錯時，他不能把咎責滑轉給作爲其師長或領導者的他人身上。宗教處既無疑是如此，是故**卽使**在宗教中，那在牧師或哲學家之門下所學得的**一般箴言**，或甚至由個人自己之資力所汲得的**一般箴言**，從未像「**德行或神聖**」**之範例**那樣有效，這「德行或神聖」之**範例**，如歷史所敘述者，它並不能廢除那「由自發而根源的（先驗的）**道德性之理念**而引出」的那「**德行之自律性**」，它亦不能把此德行之自律性改轉成一機械的模倣之歷程。那只是須涉及一「先行者」的「**遵循**」，而並不是那「**模倣**」，才是一範例性的作家之作品對於他人所可發散的一切影響力之「**恰當的表示**」，而此恰當的表示亦不過是意謂爲一創造性的作品而訴諸這同樣的資源，即「與那範例性的作家爲其諸般創造所曾訴諸的資源相同」這同樣的資源，而所謂從一個人的前輩而學，這所學得的亦不過是那有裨益於個人自己之利用這同樣的資源之方式或樣式而已。現在說到審美品味，恰因爲審美品味之判斷不能爲任何**概念**或**箴言**所決定，是故審美品味這機能便是一切機能或才能當中最有需於**範例**的那個機能，所謂最有需於範例，這所需之範例即是那「在文化進程中所曾使其自己久受尊敬」的東西之範例。這樣，這審美品味之機能便可避免一早期的陷入於粗野，且可不重歸於其最早時的努力之粗陋無文。

§33　審美判斷之第二特殊性　284

「證明」並無益於審美判斷之決定，而依此義而言，審美判斷之事恰像是它們只應是那種「簡單地說來只是主觀的」那種判斷。〔依原文及其他兩英譯，則如此：「審美判斷並不是因著**證明之根據**而爲**可決定的**，恰像是它只是**主觀的**。」〕

如果一個人不覺一所建築，一處風景，或一首詩爲美，如是，則**首先第一**，當其內心信念不變時，則他決不讓其自己因著百口皆高捧此詩或風景爲美而亦勉強發出一種稱讚。當然，他**可以**假裝著喜歡此詩或風景，因爲這樣，他或可不被認爲是缺乏美感的。他甚至**亦可以**懷疑他自己是否已經熟習於足夠數的特種對象而形成了其美感（恰像一個人，如其所信，他遠望某處實爲一樹林，而一切其他人卻皆視之爲一座城池，如是，他遂懷疑其自己之視力之判斷也許有問題）。但是儘管他可以如此，然而他卻淸楚地覺知到：他人的讚許實不能供給任何**有效的證明**以有利於美之評估。他承認：他人或可替他看而且替他觀察，並亦承認：好多人依**同一路數**所已見到者，「雖然他相信他不曾這樣見到」①，也仍可以爲一**理論的判斷**因而亦即爲一**邏輯的判斷之目的**，替他充作一足夠的**證明之根據**，但是那已使他人愉悅者卻決不能替他充作一**美學判斷之根據**。〔在美學判斷處〕旁人的判斷，雖不利於我們自己的判斷，無疑，卻可正當地使我們在關於「我們自己的判斷」方面有所疑懼〔使我們謹慎地檢查「我們自己的判斷」〕，但是它決不能使我們相信「我們自己的判斷」是錯的。因此，茲並無**經驗的證明根據**可以來強制或逼勒任何人的審美判斷。

〔譯注①〕：

此語依其他兩英譯置於此，Meredith 譯放在「足夠的證明之根據」後，故不通順。

其次、第二，依照確定規律而成的**先驗的證明**亦仍然不能決定那關於美的判斷。如果一個人把他的詩讀給我聽，或讓我去看一劇本，這詩或劇本，無論如何，總不能合乎我的審美品味，如是，設讓他引證巴獨（Batteux 法國美學家1713-1780）或來興（Lessing 德國戲劇家、美學家，1729-1781），或引證更古而更有名的審美評論家，連同這些評論家所置下的一切規律，作爲其詩之美之一證明；又設讓那特別使我不愉快的某幾段文字皆完全合乎美之規律（合乎「這些評論家所建立，而且亦是普遍地被承認」的美之規律）：縱使他如此援引，又縱使我特別不喜歡的那幾段文字皆完全合乎美之規律，我也不要聽你那些引證：我不要聽關於審美之事的**任何理由**或**任何論證**。我寧願去假設那些評論家所設的規律是錯的，或至少在審美之事上無任何的應用，而亦不願讓我的判斷為一**先驗的證明根據**所決定。何以故如此？蓋因為我的判斷實只是一**審美品味之判斷**，而並不是一「知性之判斷」，亦不是一「理性之判斷」。 285

此即是為什麼美學判斷之機能須被名曰「**審美品味**」之主要理由之一。因為一個人可以把一食品底一切成素一再數給我聽，並陳說每一成素正是我所喜歡的，如是，他進而又正當地推薦此食品之全部；儘管他如此，然而我卻充耳不聞這一切論證。我是以我的舌與口腭〔味覺〕來嘗這食品的，而我之下判斷是依照舌與口腭之裁決而下判斷，而並不是依照**普遍原則**而下判斷。

事實上，「審美品味之判斷」總是作為一關於對象的「單稱判斷」而被說出。知性能夠在對象所給的愉悅之觀點下，經由把對象拿來與他人之判斷相比對，而形成一普遍的判斷〔全稱判斷〕，如說：「**一切鬱金香是美的**」。但是那樣一來，那判斷便不是**一審美品味之判斷**，而但只是一**邏輯的判斷**，這邏輯的判斷它把「一對象之**關涉於**我們的審美品味」之**關涉**轉成一「屬於某種事物」的**謂述詞**。但是那只有「審美品味之判斷」才是我經由之以視一枝鬱金香為**美者**，即是說，我經由之以視我之「愉悅於此鬱金香」之愉悅為有**普遍妥效性者**。但是此審美品味判斷之**特殊性**是存於這事實，即：雖然這審美判斷只有**主觀的妥效性**，然而它卻仍然可以擴張其要求於每一人，它擴張其要求於每一人之為無**保留地**擴張恰如「如果它眞是一個『基於認知之根據而又能夠被證明而至於確定』的**客**

觀判斷，則它必自會那樣**無保留地**擴張」一樣。

§34 一客觀的審美品味之原則不是可能的

一審美品味之**原則**必應意謂一基本的前提，在此前提之條件下，一個人可以把一對象之概念作歸屬，歸屬已，然後經由一三段論法推出這論斷說：這對象是美的。但是，這樣去意謂一審美品味之原則是絕對不可能的。因爲我必須在對象之表象中直接感到快樂，我並不能經由任何證明之根據而被勸說使我相信那快樂。這樣說來，雖然評論家們，如休謨所說，他們比廚師更能花巧地說出好多道理，然而他們必須仍然分得這同樣的命運。他們不能爲其判斷之決定根據去指望於證明之力量，但只指望於主體對其自己之快與286 不快之狀態之**反省**，並指望於箴言與規律之**排拒**。

但是，茲有一事，依據此事，評論家們能去練習其敏銳，而且他們亦應當依據此事去練習其敏銳，因爲這樣練習了，他們便可以去糾正並擴張我們的審美判斷。但是這所據以訓練其敏銳之事並不是「展示此類美學判斷之決定根據於一普遍地可應用的程式中」之事，因爲這種展示之事是不可能的。這所據以訓練其敏銳之事但寧只是這些美學判斷中的「認知機能以及此等認知機能之**功能**」之**研究**，並亦是經由事例之分析，對於這些認知機能之「**相互的主觀合目的性**」之**說明**，這所說明的「相互的主觀合目的性」乃是這樣的，即它在一特定表象中所具有的那**形式**已在上面被表明爲足以去構成諸認知機能底「**對象之美**」者。評論家之「練習其敏銳」之事既如此，是故就一對象「所由以被給與」的表象而言，「審美品味之批判」其自身只是**主觀的**；即是說，它是如此之一種**技巧方法**或

學問，即「把那『不涉及先行的**感覺**與**概念**』的**特定表象**中的知性與想像間之**相互的關係**，因而結果也就是說，把知性與想像間之**協合一致**或**不協合一致，化歸成規律**」之**技巧方法**或**學問**，並且亦是「就知性與想像間之協和一致或不協合一致之**條件**而**決定**此種協合一致或不協合一致」之**技巧方法**或**學問**。如果它只是因著**事例**而說明此等化歸與此等決定，它是一種**技巧方法**（art：Kunst）；如果它由這些機能（作爲「知識機能一般」的機能）之**本性**中推演出這樣的**審美評估**之可能性，則它是一種**學問**（science：Wissenschaft）。我們在這裡所關心的只是這後一義，即當作「超越的批判」看的後一義。這後一義即學問義的「審美品味之批判」，其恰當的範圍即是審美品味底**主觀原則**（作爲判斷力之一**先驗原則**者）之「**開示**」與「**證成**」。若當作一技巧方法看，則此批判只注意於生理的（在此即是心理的）規律，因而結果亦即是說，只注意於經驗的規律，依照此等經驗的規律，審美可在現實事實中進行（而並不顧及此等經驗規律之可能性），而且只想於評估「審美之對象」中去應用此等經驗的規律。此當作一**技巧方法**看的「審美之批判」，它評論「**美術之產品**」；恰如當作**學問**看的「審美之批判」，它評論那「**評估美術產品**」之**能力**。

§35 審美品味之原則是「判斷力一般」之主觀原則

審美品味之判斷不同於邏輯的判斷，其不同是由於此，即：當一邏輯判斷把一表象歸屬於一對象之概念下時，而審美判斷卻並不能在一**概念**下作歸屬。因爲如果它能這樣作歸屬，則那必然而普遍的同意必能經由**證明**而被加強。但審美判斷卻亦有相似於邏輯判斷

處，即：審美判斷亦肯斷一**普遍性**與**必然性**；可是它所肯斷的這普
287 遍性與必然性卻並不是依照**對象之概念**而然者，因而那普遍性與必然性但只是**主觀的**普遍性與必然性。現在，一判斷中的諸概念構成此判斷之內容（即屬於「對象之認知」的內容）。但是審美判斷卻並不是因著概念而爲可決定的。因此，審美判斷只能在一「判斷一般」之**主觀的形式條件**中有其根據。一切判斷之主觀條件就是這「下判斷的能力」之自身，或說，就是這「判斷力」之自身。當在關涉於「一對象所經由以被給與」的那表象中使用此判斷力時，則此使用即需要兩種表象力之「**諧和的一致**」。這兩種表象力即是**想像力**與**知性**。想像力是對直覺以及直覺底雜多之綜攝或結合而言者，知性則是對概念而言者（概念即是當作「雜多之綜攝」底**統一表象**看的那概念）。現在，在這裏，由於沒有對象之概念居在判斷之基礎地位，是故這判斷在這裏只能存於**想像力自身**（在「一對象所由以被給與」的表象之情形中的想像力自身）**之歸屬於**這樣一個**條件**下，即那「能使知性一般從直覺進到概念」這樣一個**條件**下。那就是說，由於想像力之自由確然即存於「它用不著任何**概念**而即能作**圖式之活動**」這一事實，是故審美判斷必須基於這純然的感覺，即對於「自由中的想像力以及合法則的知性之交互地相鼓舞之鼓舞活動」這方面之純然的感覺。因此，審美判斷必須基於一種**情感**上，這情感它允許對象因著「**表象之合目的性**」而被評估，「表象」即是「一對象所由以被給與」的那表象，而這樣的表象之合目的性即是「自由遊戲中的諸認知機能之促進」的那合目的性。如是，那作爲一主觀判斷力的「**審美**」就含有一種「**歸屬之原則**」，不過這歸屬之原則並不是「把**直覺**歸屬於**概念**下」這種歸屬之原

則，但只是「把『**直覺或展現**』底**機能**，即**想像力**，歸屬於**概念底機能**即**知性**之下」這種歸屬之原則。可是把想像力歸屬於知性下這種歸屬是只當想像力在自由中這「**自由中的想像力**」與知性在合法則中這「**合法則的知性**」，這兩者**相諧和一致**時，才可作到。那作爲一主觀判斷力的審美即含有這樣一種歸屬之原則，即，「當自由中的想像力與合法則的知性相諧和一致時，即可把此自由中的想像力歸屬於這合法則的知性之下」**這種歸屬之原則**。

要想因審美判斷之**推證**而去發見此「合法性之根據」①（Rechtsgrund: ground of legitimacy，即審美判斷要求普遍性與必然性這要求之**合法性**之**根據**），我們只能利用這類判斷之「**形式的特殊性**」來作爲我們自己之指導，因而結果也就是說，我們只能利用這類判斷之「邏輯形式」之考慮來作爲我們自己之指導。

〔**譯註①**〕：

案：此依原文及其他兩英譯譯。Meredith 譯爲 " this title "，太簡略而晦，故不從。

§36　審美判斷之一推證之問題

要想去形成一認知的判斷，我們可以直接地把一「對象一般」之概念拿來與一對象之**知覺**相連繫，而那一對象一般之**經驗的謂詞**即含在該**知覺**中。在此路數中，一「屬於經驗」的判斷便可被產生出來。現在，此一「屬於經驗」的判斷是安置在直覺底雜多之綜和統一之**先驗概念**之基礎上的，而所謂「直覺底雜多」之直覺乃即是 288

那「能夠使**雜多**被思爲是一**對象之決定**」者。〔案:一對象有直覺之雜多以實之,此即是此對象得到一具體的決定,否則它只是一個抽象的對象,是並無直覺之雜多以實之或定之者。〕那所謂先驗的概念即是範疇,這些作爲範疇的先驗概念是需要有一「推證」的,而這種推證已被提供於《純粹理性之批判》中。那推證能夠使我們解答這問題,即:「先驗綜和的認知判斷如何是可能的」這問題。依此而言,此問題是有關於純粹知性以及此純粹知性之**理論的**〔知解的〕判斷之**先驗原則**的。

但是我們也可以直接地把一**快樂之情**(或不快之情)以及一種**愉悅**,即那「**伴隨**對象之表象而且**合用**於對象之表象,然而卻非對象之表象之一**謂詞**」的那種**愉悅**,拿來與一**知覺**相連繫。在此路數中,便有一判斷發生,這所發生的一種判斷乃是美學的判斷,而並非認知的判斷。現在,如果這樣一種美學的判斷不只是「官覺之判斷」,且是一**形式的「反省或反照之判斷」**(這一形式的「反省或反照之判斷」乃是那把此愉悅當作「必然的」而要求之於每一人者),如是,則某種東西必須居在此判斷之基礎地位以爲其**先驗的原則**。此先驗的原則,實在說來,可只是一**主觀的原則**(設若一客觀的原則對此類判斷而言,必應是不可能的時),可是縱使是如此,這先驗的原則亦需要有一推證以使「一美學判斷如何能要求於必然性」這一點爲可理解。現在,使「美學判斷要求於必然性爲可理解」這一點乃即是那「處在我們眼前所要從事的問題,即『審美判斷如何可能』之問題之基礎地位以爲根據」者。因此,此「審美判斷如何可能」之問題是有關於「美學判斷中的**純粹判斷力之先驗原則**」的問題。美學判斷並非是這樣的一些判斷,即如像「理論的

〔**知解的**〕判斷」那樣者。在像理論的〔**知解的**〕判斷那樣的判斷中，判斷力必須只在知性之客觀的概念下去作歸屬活動，而且它亦必須服從一個〔**其自身外的**〕法則。美學判斷並非是像這樣的者，它但只是這樣的一些判斷，即在此類判斷中，判斷力其自身**主觀地**就是對象，並亦同樣主觀地就是法則。

我們亦可把這問題這樣表示，即：今有一判斷，它只依據個人自己之於一對象（一「獨立不依於對象之概念」的對象）之快樂之情來評估這快樂為一種「可附屬於**一切他人**方面的同一對象之表象上」的快樂，而且它之這樣評估這快樂乃是先驗地這樣評估之，即是說，它用不著去等待或去看看他人是否亦有這同樣的心情，而即可如此評估之：今試問：這樣一種判斷如何是可能的？

審美判斷是**綜和的**，這是很容易看出的。因為審美判斷已走出**對象底概念**之外，甚至亦走出**對象底直覺**之外，而把那「根本不是一認知」的某種東西，即快樂之情（或不快樂之情），當作**謂詞**，而連接到那直覺上。但是，雖然這樣的**謂詞**（即這與表象相連繫的**個人的快樂之謂詞**）是**經驗的**，然而要想去見到：「當論及這所要求於**每一人**的同意時，那些審美判斷是**先驗的判斷**，或欲被看做是**先驗的判斷**」這一層，我們仍然只須在那「被包含於『表示這些審美判斷之要求』的**諸詞語**中」者見到之，而不須走得太遠而遠過於此者始能見到之。因此，《判斷力之批判》中的此一問題是超越哲學中「先驗綜和判斷如何可能」這一般問題之一部分。 289

§37　審美判斷中關於一對象所先驗地肯斷者那正是什麼呢？

「一對象之表象」與「一快樂之情」這兩者間之直接的綜和只能是一「內部知覺之事」，而且設若無多於此者要被指示出來〔**意即所要指示者不過只如此**〕，則那直接的綜和必只產生一純然的**經驗的判斷**。因爲我不能**先驗地**把一決定性的快或不快之情拿來與任何表象相連繫，除「我依賴理性中一先驗原則之基礎以去決定意志」之情形處可以有那種相連繫。但是在此後者之情形中，這（道德情感中的）快樂是「經由原則以決定意志」這種決定之後果。因此，它不能與審美中的快樂相比較。因爲那道德情感中的快樂需要有一決定性的法則之概念，而審美中的快樂則須直接地與那「先於任何概念」的**單純評估**相連繫。又，爲此同一理由，一切審美判斷皆是單稱判斷，因爲它們皆是把它們的「愉悅之謂語」聯合到一特定的單個經驗的表象上去，而並不是聯合到一概念上去。

因此，在一審美判斷中，那「對**判斷力**而先驗地被表象爲一**普遍的規律**，而且對每一人而先驗地被表象爲**妥效的**」者，並不是**快樂**，而是那「如其所是在心中被覺知爲與一對象之**純然評估**相結合」的**這種快樂之普遍的妥效性**。一判斷而若此，即：我之**覺知**並**評估**某一對象是以**快樂**而覺知之並評估之，如是，則這判斷便是一**經驗的判斷**。但是如果一判斷是這樣的，即它肯斷說：「我見得這對象是**美的**」，即是說，「我可以把那**愉悅**當作**必然的**而歸給每一人」，如是，則這判斷便是一**先驗的判斷**。

§38 審美判斷之推證

設承認在一純粹的審美判斷中，「愉悅於對象」是與此對象底形式之純然的評估相連繫，如是，則那「我們在心中所覺其須與對象之表相象相聯合」者沒有別的，不過就是對**判斷力**而言的對象之**主觀的合目的性**。現在，因為，在關於評估活動之形式規律中，**判斷力**，離開一切材料（不管是感覺或概念），只能**被指向於**判斷力之一般使用之**主觀的條件**（所謂「判斷力之一般使用」意即並不限於或應用於某一特殊的感官模式，亦不限於或應用於某一特殊的知性概念），因而也就是說，只能**被指向於**那種**主觀的因素**，即「我們預設之於一切人中」的那種主觀的因素（如一可能經驗一般所需要者那樣）：因為判斷力只能**被指向於**其使用方面之如此云云的主觀條件或因素，是故隨之而來者便是：「一個表象」與「判斷力底這些主觀條件」之**相一致**必須允許被假定為可以**先驗地有效於每一人**。換言之，我們有保證可以要求於每一人，在關於那些「有事於一感觸對象一般之評估」的諸**認知機能之關係**中，皆有**此快樂**或**此表象之主觀的合目的性**。①　290

〔**原註①**〕：

要想在對於一基於主觀根據的美學判斷要求普遍的同意中為正當而有理〔為合法〕，去作以下之兩假定便已足夠：⑴要假定：此美學判斷力之**主觀條件**，在那「有關於『為了認知一般而在判斷力處有活動表現』的諸**認知機能**〔如想像與知性〕**間的關係**」之事中，是於一切人為同一的。此點必須是真的。因為若不然，則人們必不能傳通他們的表象，甚至亦不能傳通他們的知識。⑵還要假定：此美學判斷力須只注意於「**此關係**」，（因而結果也就是說，須只注意於「判斷力之**形式條件**」），並且假定：此美學判斷力是**純粹的**，即是說，沒有夾雜之以「對象之概念」或夾雜之以「感覺」以爲其決定根據。如果在此第二假定這一點上有任何錯誤被造成，則這只能算是「一法則所給與於我們」的那權利之在一特殊情形上之**不正確的應用**，而並不是要廢除那**權利之自身**。

〔**譯者案**〕：

如此之推證固可説明美學判斷之要求於每一人皆同意，但問題是在：這是眞地在説美學判斷嗎？如此之説明眞能切於「美」以及美之「愉悅」嗎？光是「表象之主觀合目的性」以及判斷力之「主觀條件」（諸認知機能間諧和一致之關係）恐不足以切於美以及美之愉悅吧！根本上以「主觀合目的性」爲審美判斷之超越原則，這是太浮泛而並不眞切於美以及美之愉悅的。那裡或可有一種「快樂」，但不必是「愉悅於美」之快樂。詳見卷首之〈商榷〉文，讀者可覆看。

註說〔關於此推證之特點之説明〕

那使此**推證**是如此之容易者是這一點，即：它不須去證成一概念之客觀實在性〔如在知性範疇處之所爲者〕。因爲「美」不是一對象之概念，而審美判斷亦不是一認知的判斷。此推證所堅持的一切便只是這一點，即：我們有權去假定我們在我們自身中所見到的〔審美〕**判斷力**之**主觀條件**是**普遍地**呈現於**每一人**者，並進而又只是這一點，即：我們已正當地把**特定對象**〔案：即美之對象〕歸屬於此等主觀條件之下。「把特定對象歸屬於此等主觀條件之下」這

291

一點無疑須面對好多不可避免的困難，但這些困難卻並不影響**邏輯的判斷力**。（因爲在邏輯的判斷力處，作歸屬是在**概念**下作歸屬；而在美學的判斷力處，作歸屬卻是在那「互相諧和於被表象的對象之形式中」的**想像力**與**知性**間之**純然可感的感觸關係**下作歸屬，在此種情形中，作歸屬可以很容易地證明是**謬妄的**或**虛假的**。）雖然要面對好多不可避免的困難，但這決無礙於「〔**審美**〕**判斷力**指望於普遍同意」**這一要求**之**合法性**，這一要求實只如此之一要求，即它不過等於說：那「依據主觀根據而對每一人有效」的那**判斷活動之原則**是**正確的**。因爲說到那「有關於該原則下的歸屬之正確性」的困難與懷疑，這不過是對於一「**美學判斷一般**」方面的要求於此妥效性〔即對每一人有效的妥效性〕起懷疑，因而也就是說，對於說**原則本身**起懷疑，這種起懷疑也恰似**邏輯判斷力**在其原則下之歸屬也同樣可犯一些錯誤（雖不常犯且不易被引起），這些錯誤亦同樣能使**邏輯判斷力之原則**（客觀的原則）受懷疑。但是，如果問題是這樣的問題，即：「先驗地去假定**全部自然**是**審美之對象之綜集**這如何是可能的」這樣的問題，則這問題必應涉及**目的論**，因爲「自然一定展示一些形式對我們的**判斷力**而言是**合目的**的」這一點必應被視爲是「**自然之一目的**」（這所說的自然乃是「本質上屬於『**自然之概念**』」的那自然）。但是此一自然目的之假定之**正確性**仍然是**嚴重地可致疑的**，而「**自然之美**」之**現實存在**在經驗上卻是**昭然若揭**的〔明顯而無可疑的〕。

§39　一感覺之可傳通性

感覺，即當涉及知識時，作爲知覺中的「眞實者」（real）的那感覺，是被名曰「感官的感覺」，而此種感官的感覺之各別的特質似應可以被表象爲是依一**齊一的方式**而完全可傳通於他人者，設若我們假定每一人皆有一「相似於我們自己的感官」之感官。〔案：此即孟子所說「凡同類者舉相似也」〕。但是，此「設若」之設若，在一「感官感覺」之情形中，是一完全不可允許的預設。這樣說來，一個無香味之嗅覺的人不能有一此類的感覺可被傳通給他人，而縱使他無此缺憾，我們也仍然不能確定說：他確然可以由一枝花得到如我們所得的那同樣的感覺。在關於由同一感官對象之感覺而引生出的「適意或不適意」這方面，我們且進而必須考慮人們有**更多的差異**，而若要求說：「這樣一種對象中的快樂定須爲每一人所承認」，這是根本做不到的〔完全不可能的〕。此類快樂，292 由於它經由感官而進入心靈(因而我們之角色是一被動的角色)，是故它可以被名曰「**享樂之快樂**」。

另一方面，依行動之**道德性格之刻痕**而愉悅於此行動，這樣一種愉悅並不是一種享樂之快樂，但只是一種「**自我肯斷的活動性**」以及此自我肯斷的活動性之及得上或符合於「**其所應是者**之理念」(符合於「**其天職定分**之理念」die Idee seiner Bestimmung)的一種快樂。但是此種快樂之情，被名曰道德情感者，實有需於概念，且亦是一「合目的性」之呈現(不過這所呈現的「合目的性」不是一**自由隨意的**合目的性，但只是依照一**法則**的「合目的性」)。因此，此快樂之情〔道德的快樂之情，義理悅心之悅情〕是「只藉賴**理性**」①始允許可傳通，而如果這快樂之情對每一人而言皆須是同類者〔同質者〕，那麼，這快樂之情是只藉賴著「理性之**十分決定的實踐概念**」始允許可傳通。

〔譯註①〕：

案：「只藉賴著理性」是依原文及其他兩英譯譯。Meredith 譯爲「只經由理性之工具性」，這便不通。「工具性」一詞是妄加，完全多餘。

自然中之崇高〔莊嚴偉大〕中的快樂，或於自然中之崇高〔莊嚴偉大〕而感有快樂，由於這種快樂是一種「**理性化的默識**」之快樂，是故它亦要求「普遍的參與」，但縱然如此，它仍然預設另一種不同的情感，即是說，預設「我們的**超感觸的天職分定**」(über-sinnliche Bestimmung)之情感，這一種情感，不管它如何曖昧，它總有一**道德的基礎**。但是茲絕對無理由可使我去預設「他人將注意於此種快樂，並將在留心自然之粗野的偉大中感有一種愉悅」。(這一種愉悅確然不能被歸給自然方面，自然方面毋寧只使人恐怖。)縱然如此，由於顧及這事實，即：我們**應當**在每一適當的機會上去注意此種**道德的性向**或**性能**，這事實，是故我們仍然可以要求**每一人**有那種愉悅；但是我們之能要求於每一人有那種愉悅是只通過**道德法則**而爲之，而道德法則卻轉而又基於**理性之概念**。

另一方面，「美」中之快樂或於「美」中感有快樂，這一種快樂它既不是「**享樂之快樂**」，復亦不是一種「依照**法則**而有的**自發活動**〔**自肯活動**〕」之快樂，更亦不是一種「依照**理念**而有的一**理性化的默識**」之快樂，它但只是一純然反省之快樂。由於無任何**目的**或**原則**作爲一指導線索，是故此種於「美」中感有快樂之快樂是只藉賴著**想像力**(作爲直覺之機能)，但亦涉及**知性**(作爲概念之機能)，並通過**判斷力**之運作過程，來伴隨著一對象之**通常的攝取**

或**領納**。〔所謂「只藉賴著想像力，……通過判斷力之運作過程，來伴隨一對象之通常的攝取或領納。」〕此中之**判斷力**是這樣的判斷力，即它亦須被召來以便得到最**通常的經驗**。說到此，我們須注意，即在此「獲得最**通常經驗**」之情形中，判斷力之功能是指向於去覺知一「**經驗的客觀概念**」，而在美中之快樂之情形中(即在美學的評估模式中)，則判斷力之功能只指向於去覺知「表象之適當於使自由中的兩個知識機能〔想像力與知性〕從事於一種**諧和的(主觀地合目的的)**使用」，即是說，是指向於以快樂去感知那「**表象之主觀的意義**或**表象所產生之心靈狀態**」(Vorstellungs-zustand)。此種快樂必須必然地在**每一人**皆依靠於相同的條件，此蓋由於此等相同的條件是一認知一般底可能性之**主觀條件**，並亦

293 由於**審美**所需要的那些認知機能間的「**平衡相稱**」復亦是平常健全知性之所需要者，這所需要的「平衡相稱」，我們有理由預設其**存在於每一人**。而又復以此故，一個以「審美力」來作判斷的人，設若他對於此意識並未弄錯，亦未誤認**材質**爲**形式**，或誤認**嫵媚魅力**爲**美**，如是，他便能把**主觀合目的性**，即其「愉悅於對象」之**愉悅**，歸給每一人，且能預設其自己之情感是普遍地可傳通的情感，而這種預設復亦用不著「**概念之媒介**」而即可如此爲之。

§40 當作一種「共感」看的審美

「感」之名常被給與於「判斷力」，當那吸引注意者並不太是判斷力之**反省活動**而卻只是此判斷力之**結果**時。如是，我們遂說「眞理」之感、「禮節適當」之感、或「正義」之感等等。當然，我們知道，或至少很夠應當地去知道：「感」並不能成爲眞理、禮

節適當、正義等概念之眞正的**住所**、更不要說它有能力或有一點點能力去宣布「普遍的規律」。正相反，我們確知：一「屬於此類」的表象，不管它是眞理之表象、禮節適當之表象、美之表象、抑或是正義之表象，它從不能進入我們的思想，設若我們不能夠把我們自己提升在「感」之層次以上而至**較高的認知機能**之層次。「通常的人類知性」，只作爲健全（而未有訓練）的知性看，它是被視爲很難期望每一人皆可有「人類」之名的，因而這樣的知性若賦之以作「共識」解的「共感」之名，其得有此名之榮譽也是很可疑的；而且我們之賦之以作「共識」解的「共感」之名是依「共」字之通常意義而賦之（「共」字之通常意義實際上是有一雙重意義的，這不只在我們自己的語言中是如此，而且在其他語言中亦如此），而「共」字之這樣的通常意義，使「共」字等同於「流俗」，意即到處可以見到者，這樣一種「共」義或「流俗」義之性質決無法把「信譽」或「非凡之特異」授與於那具有此性質的人。

但是〔在這裡〕，所謂「共感」卻須被理解爲一通於衆的「**公感**」之**理念**，即是說，須被理解爲一「**評判能力**」之**理念**，此一評判能力乃是那「在其**反省活動**中（先驗地）清點每一他人之表象模式」者。這評判能力在其反省活動中先驗地清點〔點算〕每一他人之表象模式，其目的，如其所是，是在以「**集體的人類理性**」來衡量此評判能力所作之判斷，經由這樣的衡量，便可避免那「發自個人主觀的（而卻易被誤認爲客觀的）條件」的虛幻，這一種由「誤認主觀的條件爲客觀的條件」而發生的虛幻必會發散出一種偏見的影響——影響於評判能力所作之判斷。這種「以集體的人類理性來衡量評判能力所作之判斷」之工作是因著「以他人之**可能判斷**而不 294

必太著重於他人之**現實判斷**來衡量此評判能力所作之判斷」而完成，並因著「把我們自己放在每一他人之地位」而完成(所謂「我們自己」乃是當作「**一純然抽象之結果**」看的「我們之自己」，即從我們自己中抽掉那些「偶然地影響我們自己所有的評估」的諸限制，經過這種抽象後所剩下的「我們之自己」：即因著把經過這種抽象後的我們之自己放在他人之地位而完成那衡量之工作。)而這樣所完成的那衡量之工作復轉而又因著在我們的表象活動之**一般狀態**中盡可能不理**材料**之成素，即不理**感覺**之成素，而結成，且因著把注意只限制於「我們的表象或表象活動之一般狀態」之**形式的特徵**上而結成。現在，這看起來似乎是這樣的，即：此種「反省之運作」似乎太過矯揉造作而不自然以至於很難把它歸給我們所名之曰「共感」的那機能或能力。但是此一現象是只由於這「反省之運作」之表示是**抽象程式**中的表示而然。依此反省運作之自身而言，當一個人尋求一「想充作一普遍規律」的判斷〔如審美判斷〕時，最**自然的事**就是抽掉「**嫵媚**」與「**激情**」，除此以外，再沒有比這**更自然者**。

雖然以下的三個**通常人類知性**之格言在這裡恰當地說來，並不能算作「審美批判」之構成部分，然而它們卻仍然可以用來去說明「審美批判」之基本命題。那三個通常的人類知性之格言是如此，即：⑴要自己獨立地想；⑵要從每一他人之立場而想；⑶要總是一致地想。第一個格言是「**無成見的**思想」之格言，第二個格言是「**放大的**思想」之格言，第三個格言是「**一致的**思想」之格言。**第一個格言**是一「不可成爲被動的理性」之格言。專愛於(或性癖於)「被動的理性」，因而結果也就是說，專愛於「理性之**他**

律」，這被名曰「**偏見**」或「**成見**」。知性藉賴著其自己之本質的法則置下一些規律以爲自然之基礎。自然須服從這些規律。一切成見中最大的成見便是「幻想自然不須服從這樣的規律」。這種「幻想之成見」便即是「**迷信**」。從迷信得解放，便名曰「**開明**」①；因爲雖然「開明」一詞也應用於從**一般**偏見或成見而解放，然而迷信仍然特別地值得被名曰「成見」（一最大的成見）。因爲迷信使我們所陷入的那「盲目之情狀」〔那盲目性〕，甚至迷信所要求以爲一「義所當然」的那「盲目之情狀」〔那盲目性〕，它使「有需於爲他人所領導」，因而結果也就是說，使「理性之被動的狀態」，成爲特別地**顯著的**。關於那「屬於我們的思考方式」（die Denkungsart）的那**第二格言**〔即放大思想或寬大思想之格言〕，我們時常習於說一人爲「狹隘的人」（狹隘相反於寬大），這狹隘的人之才能缺乏其於任何**偉大**工作上的使用之所需要者（偉大尤其指含有**強度性**的偉大）。〔案：狹隘人之才能不能勝任或擔當大事，亦常不能化解繁劇之事，此等大事或繁劇之事皆是**強度者**，非**廣度者**。寬大心胸乃即「休休然如有容」那樣的心胸。〕但是在這裡，問題不是認知機能中之問題，但只是「思考方式」〔心靈習性〕之問題，即「對於認知機能作一**合目的的使用**」這樣的思考方式或心靈習性之問題。不管一個人的自然稟賦所擴及的範圍與程度是如何之小，如果他能使其自己**離開**或**遣除**其判斷之個人的**主觀條件**（這些主觀條件拘禁了好多人的心靈），並且能從一**普遍的觀點**來反省其自己之判斷（他只能因著把其自己之根據改轉到他人底觀點或把其自己放在他人底觀點上而決定這**普遍的觀點**）：如果他能如此云云，則這便仍然指示一個人有**寬大的心胸**。**第三格言**（即一

295

致的思想之格言，首尾一貫的思考方式之格言）是最難達到的格言，而且亦只能因著第一二兩格言之聯合，以及在「經常地注意於前兩格言這經常的注意已使一個人在遵守那兩格言中成爲**安適自在的**」之後，始可被達到。我們可以說：第一格言是**知性之格言**，第二格言是**判斷力之格言**，第三格言是**理性之格言**。

〔**原註①**〕：關於「開明」，康德有註云：

我們很易看出：開明作爲一「論題」雖然很容易，然而作爲一設定之「假設」或「提議」，則是很困難的，而且其**眞實化**〔**其完成**〕亦是很慢的〔遲來的〕。因爲「就一個人之理性而言，不要成爲被動的，但總應成爲自我立法的」，這對以下那樣一個人而言無疑是一很容易的事，即，這人他只想求合於其**本質的目的**，而並不想去知道那**超出其知性以外**的任何什麼事：若對這樣一個人而言，自是一很容易的事。但是，因爲「想望去知道知性以外的事」之趨勢是**很難避免的**，又因爲有好多人總是以充分的保證許諾我們說他們能夠滿足我們的好奇心，是故要想去把那「純然**消極的態度**」(構成**開明當身**的那消極態度)保存於或恢復於思考方式或心靈習性中，尤其特別地是保存於或恢復於「公衆的思考方式或心靈習性」中，這必應是十分困難的。〔案：此註之說「開明」甚特別，須注意。〕

以上所說通常人類知性之三格言云云是離題之閒話，隔斷了文氣。現在讓我再回到討論之線索，即當作「**共感**」看的審美問題之線索。現在我可以說：「審美」之可以被名曰一「共感」比「健全的知性」之可被名曰一「共感」〔共識〕是更恰當而合法的；而且我亦可說：美學的判斷力（非理智的判斷力）始能承受一公共於一切人的「共感」①之名，即是說，設若我們想去用「感」之一字代表一種結果，這結果乃只是那「純然反省所有之於心靈上」的一種結果，如是，則只有**美學的判斷力**（非理智的判斷力）始可承受「共感」之名；蓋因爲那樣時，我們意謂「感」是「快樂之情感」。我們甚至可以規定「**審美**」爲評估如下那樣一種東西之能力，即這東西它使我們的一特定表象中的**情感**用不著一**概念之媒介**而即成爲**普遍地可傳通的**：審美即是評估這樣云云的一種東西之能力。〔案：這樣云云的東西即是美也。美即可以使我們的某一特定表象中的情感用不著一概念之媒介而即成爲普遍地可傳通的。「審美」就是評估這樣的東西之能力。人人皆有這能力，故審美是一共感。〕

〔**原註①**〕：關於美學的判斷力始可名曰公共於一切人的「共感」，康德有註云：

「審美」可以被名曰一「**美學的共感**」（sensus communis aestheticus），而通常的人類知性則可被名曰一「**邏輯的共識**」（sensus communis logicus）

又，人之適宜於傳通其思想也需要有想像與知性間的一種關係，有之便可把直覺連繫到概念上，轉而又可把概念連繫到直覺上，如是，直覺與概念這兩者便可聯合統一於**認知**中。但是在這情

296 形中，想像與知性這兩種心力之契合是依照**法則**而然的，而且是在**確定概念之強制**下而然的。只有當「自由中的想像激起知性，而離開概念的知性又使想像進入規則性的表現」時，表象始能不當作「思想」而傳通其自己，而是當作「**心靈之一合目的的狀態之一內在情感**」而傳通其自己。

因此，審美是「**先驗地去評估**那『離開一概念之媒介而與一特定表象相連繫』的**情感**之**可傳通性**」這種評估之之能力。

現在，設想我們**能假定**：我們的情感〔快感〕之純然普遍的可傳通性必須隨身能爲我們帶來一種**興趣**，（但是這一**假定**①，我們無權從一純然反省判斷力之性格中去推出之以爲一結論），如是，則我們定可去說明：審美判斷中的**情感**如何可以如一種義務似的而要求於**每一人**皆同有之。

〔**譯註①**〕：

依原文及其他兩英譯，此處是一關係代詞，指「興趣」言，而 Meredith 譯則明標爲「假定」，似亦通。

§41 美中之經驗的興趣

上面已有好多證明表明「某物所經由以被宣布爲美」的那審美判斷必須不要有任何利害關心的興趣以爲其決定之根據。但由此並不能推斷說：在審美判斷一旦已被置定爲一純粹的美學判斷之後，一種興趣不能進入「與審美判斷相結合」之結合中。但是須知此種結合只能是**間接的結合**。那就是說，審美必須首先被表象爲與**某種**

別的東西相結合，如果那「伴隨一純然的反省——反省於一對象之反省」的愉悅是要允許進一步把**對象底眞實存在**中的一種**快樂**（即一切興趣皆須存於其中的那種快樂）拿來與此對象相結合時。因爲「『從可能的推斷到現實的』這一種推斷是無效的」①，這一應用於認知判斷的古語在美學判斷之情形中亦同樣成立。現在，上面所說的「某種別的東西」，它可以是某種**經驗的東西**，此如「恰當於人類本性」的一種**性好**便是，要不然，它亦可以是某種**理智的東西**，此如意志之一特性便是，經由意志之此一特性，意志便可**因著理性**而爲**先驗地可決定的**。不管是經驗的東西，抑或是理智的東西，此兩者皆含有**對象之存在**中的一種**愉悅**，因而皆能爲這樣一種興趣，即那「早已自行使人愉悅而無須顧及任何別的興趣」的東西中之興趣，置下基礎。

〔**譯註①**〕：

這古語是“a posse ad esse non valet consequentia”，譯成英文便是“an inference from possible to actual is invalid”（「從可能的推斷到現實的」這一種推斷是無效的）。

美中之**經驗的興趣**只存在於「**社會**」中。如果我們承認「衝向於社會」對人類而言是自然的事，又承認：「適合於社會」以及「傾向於社會」，即是說，「社交性」，對於當作一「意向於社會」的動物看的人之所需要者而言，是一**本質的特性**，因而也就是說，是一屬於「人之爲人」之人義（humanity）的一種**必要的特性**，如是，則我們不可避免地一定也要依照這一種**評估之能力**，即

297

「評估那凡『能使我們甚至把我們自己的情感亦能傳通於每一其他人者』」這一種**評估之能力**，來視審美，因而也就是說，我們一定也要視審美爲一種「促進每一人之**自然性好**之所追踪者」**這種促進之工具**或**手段**。

設有一人被放逐於一荒島上，除其自己外，更無一人可與商量。像這樣一個人他必既不會裝飾其自己，亦不會裝飾其茅舍，既不會尋求於花木，更不會栽植於花木，尋求或栽植之以便供其自己以種種裝飾。那只有在社會中，他始想到他不只是一人，且是一「依其自己種類之樣式」而精緻化了的人（如此之精緻化便是**文明**之開始）。因爲那種精緻化是對於如下所說那樣一個人所形成的一種評估，即此人他有「傳通其快樂於他人」的性好與才能，而且除非「其愉悅於一對象」之愉悅之情可以與他人共同地來分享，他決不會滿意於此對象：即對於如此樣一個人所形成的一種評估，即評估之爲一精緻化的人。又，「顧及普遍的可傳通性」這一種顧及是每一人所期望的事，而且亦是「要求每一他人皆同意之」的事，恰像它是人情性自身所裁定的**根源契約**之一部分。這樣說來，無疑，**首先**只是嫵媚好看的東西，例如紋身的顏色，或花卉、海殼，以及美麗的羽毛等，**然後**，在時間之長流中，又漸漸是**美的形式**或**式樣**（如見之於小皮船或穿戴中的美的形式或式樣），這些美的形式或式樣並不傳達「滿足」，即並不傳達「享受之愉悅」：不管是那些嫵媚好看的東西，抑或是那些美的形式或式樣，它們皆可變成社會中之重要的事，而且皆可吸引一很大的興趣。**最後終於**，當文明已達到其相當的高度時，它便使此傳通工作幾乎成爲**精緻的性好**之主要工作，而諸感覺之全部價值則是被放在此諸感覺之普遍的可傳通性之所達至之程度。依是，在此階段，縱使每一人於一對象所有的快樂是瑣碎不足取的，而且這快樂自身亦無顯著的利害關係〔即不能顯著地使人有興趣或引起人的興趣〕，然而「此快樂之普遍的可傳通性」之觀念仍然幾乎無限定地增大其價值。

但是，這種「因著**傾向於社會**而間接地附隨於美，因而結果亦就是說，是經驗的」那種興趣，在這裡，對於我們是沒有什麼重要性的。因爲我們所須注意者只是那**先驗地**（縱使只是間接地）有關於審美判斷者。因爲如果，甚至即在此**先驗式**的審美判斷中，一相聯而起的興趣定必洩露其自己，如是，則那審美亦必在我們的**評判能力**方面顯露出一種「從感官之享受轉到道德情感」之過轉。此義必應不只是意謂：我們定須提供審美之**合目的的使用**上之更有效果的指導，而且亦意謂：審美必應進而在一切立法所必須依靠的人類 298 **諸先驗能力**之連鎖中當作一**連鎖物**而被呈現。關於「經驗地感興趣於審美之對象以及感興趣於審美之自身」這種**經驗的興趣**固確然可以說至此〔亦只能說至此〕，即：因爲此經驗興趣中的審美是服從於**性好**的（不管這性好是如何之精緻，它仍然是性好），是故此經驗的興趣亦容易混雜之以一切其他**性好**與**激情**，這一切其他性好與激情在社會中可以達至其**最大的變化性**以及其**最高的程度**，而如果「感興趣於美」之美中之興趣基於這些性好與激情，則美中之興趣所供給的那「**從適意**過轉到**善**」之過轉不過是一十分**模糊的過轉**〔意即不能很明晰地過轉到善，與感性之愉悅幾無以異〕。但是，我們有理由去研究這問題，即：「從適意過轉到善」之過轉是否不仍然可以在**某樣式**中藉賴著**純淨性的審美**而被促進呢？

§42 美中之理智的興趣

有些人他們喜愛在「人之爲人」之**末後目的**（letzter Zweck）中，即在道德地善中，去看這一切活動之目標，即「人們因著其**本性之內在的傾向**而不容已地被推進至」的那一切活動之目標。這樣的人曾以最好的意向〔善意〕把「於美一般有興趣」這一層視爲「一善的道德品格」之一**標誌**或**記號**。但是，這樣的一些人也爲另一些人所反駁〔雙方背道而馳〕，這另一些人是訴諸或信賴以下之「經驗之事實」者，即：審美之事中的鑑賞家（virtuosi），由於他們時常是空洞無謂的，反覆無常〔無定見〕的，而且時常是耽溺於「有害的情欲」的〔不但時常如此，幾乎可說是一通例，大體皆然〕，是故他們幾乎很少有要求於「特別執著於道德原則處」，一般人尙可有此要求，而鑑賞家則常比一般人更少有之，即在他們看起來，道德原則並無特別優越處。因此，似乎不只是：「美之情感」特別不同於道德情感（事實上亦實如此），且亦是：「與美之情感相結合」的那**興趣**很難與道德興趣相配合，而且亦確然並不基於兩者間的**內在親和性**而與道德興趣相配合。〔案：意即美之興趣與道德興趣兩者間並無**內在的親和性**而可以使它們兩者相配合。〕

現在，我固願承認：「藝術之美」中的興趣（藝術之美亦包括「用於個人裝飾，因而亦用於虛榮誇飾」的那些**自然之美之技巧的使用**），對於**思考方式**或**心靈習性**（Denkungsart：a habit of mind）之黏附於道德地善或甚至傾心於道德地善，並不能給出任何證據。但是，另一方面，我也堅持：「於自然之美有一直接的興趣」（不只是在評估自然之美中有審美之品味），這總是一**善良靈**

魂之一標誌；並堅持：當此直接的興趣成為習慣時，此直接興趣至少指示「心靈之氣質」或「心緒性情」是偏愛於道德情感者，假若此心靈之氣質很容易地或自願而毫不勉強地將其自己與「自然之靜觀默賞」相聯合時。但是，我必須把以下一點謹記於心，即：在這裡，我只嚴格地想去涉及**自然**之「**美的形式**」，而且是把嫵媚〔魅力〕置於一邊而不顧（大自然慣常大量地把**嫵媚**拿來與**美的形式**相結合）；因為這些嫵媚魅力中之興趣雖無疑亦是**直接的**，然而它卻仍然是**經驗的**。〔因此之故，所以我必須只涉及美的形式而不顧那些與之相結合的**嫵媚**或**魅力**。〕 299

設有一人，單只是他以讚美與喜愛之心來注視或觀察一野花之**美的形式**，或一飛鳥，一小昆蟲等等之**美的形式**，且亦無意將其注視所得傳通給他人，他並且不願讓這山花，飛鳥，或小昆蟲等於大自然中逃脫他的注視〔意即失落於大自然中〕，甚至於其自己冒有某種災難〔不幸〕之險，（言至此，且對於他將亦無任何利益之遠景可得），他亦不願讓它們失落於大自然中：如這樣一個人始對於「**自然之美**」感有一**直接的興趣**，而事實上，亦即感有一**理智的興趣**〔**純智的興趣**〕。此即意謂：像這樣一個人，他不僅是愉悅於「**自然之形式**」方面之成果，且亦愉悅於「**自然之存在**」，而且其愉悅於「自然之存在」亦用不著任何感官上之嫵媚有分於其中而然，或說他亦用不著「將**任何目的**拿來與**自然之存在**相聯合」而即可愉悅於「**自然之存在**」。

但是，就此而論，以下是值得注意的，即：如果我們對於愛美的人施詭計，插一人造的假花木（看起來像是一自然的花木）於地上，並很技巧地把雕刻的鳥擱在花木的樹枝上，儼若眞鳥棲息於其上，又設這愛美的人已發覺他是如何受騙了，如是，則他先前於這些事所曾感有的那直接的興趣現在即刻消失了，雖然或許有另外一種不同的興趣，即「以這些事裝飾其房間以備他人之觀看」中的浮華虛榮之興趣，參與進來以代替原有之「直接的興趣」。事實是如此，即：我們的〔對於美之〕直覺與反省必須以「所說之美是**大自然之產品**」之思想來作為此直覺與反省兩者之相伴而起者；而此即是對於美所感有的「直接興趣」之基礎。若沒有這基礎，則我們或只剩下一赤裸的「品味判斷」而空無一切興趣，或不然，則剩下一品味判斷而只與一間接的興起，即「涉及社會」之興趣〔即經驗的興趣〕，相結合；此涉及社會之間接的興趣〔經驗的興趣〕對於「道德地善的**思考方式**或心靈習性」決供給不出任何**可信賴的指示**。

自然美優越於藝術美，甚至當在**形式**之觀點中，自然美為藝術美所勝過，自然美亦優越於藝術美，其優越於藝術美是在這一點，即：單只是**自然美**始能夠去豁醒一**直接的興趣**。就是這一點的優越性它才是與那「一切曾培養其**道德情感**」的人們之「精緻而有根據的思考方式心靈習性」相一致者。如果一個「其品味很夠正確而精緻地去判斷美術品」的人，他很容易放棄或離開這樣的屋舍，即他在此屋舍處，他可碰見那些「滿足於虛榮，或至少滿足於社會性的享樂」的美事，他放棄或離開這樣的屋舍，而使其自己轉向於**自然之美**，因而他可以在此自然之美處好像找到一種為其「從未完全展開」的一列想法中的靈魂而開的**盛宴**或**節筵**：如果有一個人是如此之云云，則我們將以**崇敬之心**視其選擇〔即其「捨虛榮之美轉向自然之美」之選擇〕，而且將信任其有一「美的靈魂」，而此美的靈魂，將沒有鑑定家或藝術收藏家由於「他於他的〔藝術〕對象所感有的那興趣」之故便能要求有之。現在，在這裡，〔我可以說〕，有〔自然美與藝術美〕這兩種對象，此兩種對象在**純然審美品味之判斷**中很難互相間爭得一優越性。然則，「使我們以這樣不同的估價來看這兩種對象」的那**顯著的差異點**是什麼呢？

我們有一種「純然美學的判斷」之**機能**或**能力**，這一機能或能力，它可以無**概念之助**而即能去評估形式，並且它亦可以在評估這些形式中去找到一種愉悅，即「我們同時能使之對於每一人可成為一**規律**」的那一種愉悅，而其找到如此之愉悅是既無須此**美學判斷**之基於一**興趣**上，亦無須此美學判斷之去產生一**興趣**。此外，另一方面，我們又有一種「**理智的判斷**」之機能或能力，即對實踐格言（即有資格去給出普遍法則的那些實踐格言）之純然形式而言的那一種「理智的判斷」之機能或能力，這一理智的判斷之機能或能力，它能決定一**先驗的愉悅**（即「我們能使之對於**每一人**成為一**法則**」的那先驗的愉悅），其決定如此之先驗的愉悅是用不著把**我們的判斷**基於**任何興趣**上的，雖然在這裡，我們的判斷可以**產生一興趣**。美學判斷中的快或不快被名曰**審美品味**中之快或不快；理智判斷中的快或不快則被名曰**道德情感**中之快或不快。

但是，現在，理性更進而有興趣於「理念之有**客觀實在性**」。（在我們的道德情感中，理性對這些理念產生一直接的興趣。對於這所說之理念之又有客觀實在性，理性更有興趣。）這就是說，以下一義更使理性有興趣，即；自然定須至少表明一痕跡，或給一暗示，暗示她在其自身中含有**某種根據**可以使我們去假定**自然之產品**與我們之**完全無關心的愉悅**這兩者間有一齊一的〔有規則的〕**諧和**

一致。(所謂「無關心的愉悅」乃即是那「我們**先驗地**認知它可以對每一人而爲一**法則**」的那種愉悅，而我們之如此認知之卻亦用不著去把它基於**任何證明**上而即可如此認知之。)既然如此，則理性對於某種這樣諧和一致的**自然方面之顯現**必須感有一**興趣**。因此，心靈不能於其反照或沉思默想**自然之美**時而同時又不覺有**所引起之興趣**。但是須知此所引起之興趣，依其**親屬關係**而言，乃是屬於**道德的**。因此，一個人，他若對於**自然之美感**有這樣的**道德性的興趣**。這只當他先前已把其興趣深置於「道德地善」之基礎中時，他

301 始能對於自然之美感有這樣道德性的興趣。在此根據上，倘使有一人於此，對此人而言，**自然之美**是**一直接興趣**之事，則我們有理由去假定〔在此人心中有〕一**善的道德意向**之存在(至少有一善的道德意向之**種子**之存在)。

我們可以說：在與我們的道德感情感之親屬關係之基礎上去解釋美學判斷，這種解釋似乎是對於一現象作了**過分的研究**，過分得很難被承認爲是那**密碼**之**眞正的解釋**。所謂**密碼**〔暗號〕，即是那「自然在其美的形式中所依以對我們**象徵地或隱喩地**有所說」的那密碼。〔案：意即：自然在其美的形式中以暗號或密碼之方式象徵地或隱喻地對我們有所說，可是若依據**道德情感**之基礎去解釋美學判斷，這似乎是對於一現象作了過分的研究，過分得很難被承認爲是這種**暗號或密碼**之「**眞正的解釋**」。〕但是，〔無論如何〕，首先，此種自然之美中的**直接的興趣**事實上並不是**通常而公共的**。它是**特屬於**那些「其思考方式心靈習性」早已訓練於善，或不然，也是最易於感受「這樣的訓練」的人們的。在此情況下，我們可想純粹的審美判斷與道德判斷間有一種**類比**：純粹審美判斷原是用不著

依靠**任何興趣**〔**利害關心**〕而即可給我們以「愉悅之情」的，而且同時也即可**先驗地**把此「愉悅之情」表象爲適當於**人類一般**者；而道德判斷亦原是由**概念**而能至乎此者：如是，這樣的純粹審美判斷在其與這樣的道德判斷間之**類比關係**中，它**堅守著這道德判斷**。它們兩者間這樣的類比關係是用不著任何「清晰、精緻、而愼審」的沉思默想而即可有助於一同樣相似的「直接興趣」的，即對於純粹審美判斷中的對象所感有的那直接興趣是和對於道德判斷中的對象所感有者一樣的：同爲一**直接的興趣**，不過有這一點差別，即：審美判斷中的興趣是**自由的**，而在道德判斷中，那興趣是「基於一**客觀法則**」的興趣。除此一點外，還存有我們對於自然之讚美：自然在其自己之產品中顯示其自己爲**藝術**，不是顯示其自己爲純然機遇之事，而是顯示其自己好像是依照一「法則指導」〔**一合法則**〕的安排而**意匠設計地**在活動著，並且顯示其自己爲沒有**任何目的**的「**合目的性**」。由於我們決不能在我們自己以外去發見那所無之目的，是故我們很自然地要在我們自身中去尋求此目的，而事實上，實即在那「構成我們的存在之**末後目的**」的東西中，即在我們的存有之「**道德本分**」中，去尋求此目的。（但是這樣一種**自然合目的性**底**可能性**之根據之研究將首先在**目的論**中被論及）。

「在純粹審美判斷中，『愉悅於**美的藝術**』之愉悅並不像那『愉悅於**美的自然**』之愉悅那樣，含有一直接的興趣」，這一事實亦可以很容易被說明。因爲**美的藝術**可有兩種情形：它或是模仿**美的自然**，模仿到竟至可以欺騙我們之境，因而遂可依〔**我們所誤認的**〕**自然之美**之性格而影響於我們；要不然，它或是一「顯然引向於我們的愉悅」的一種有意作成的藝術（意即「目的只在於我們的愉悅」的一種藝術)。但是，在此第二種情形中，「愉悅於此藝術產品」之愉悅固自是經由審美品味而直接地被引起，但在這裏那所引起的興趣卻不過只是「**間接地**對於那放在底層的**原因**感有興趣」這種間接的興趣，即是說，對於一藝術品感興趣只能夠是經由此藝術品之**目的**而使我們感興趣，而決不是依此藝術品之**自身**而使我們感興趣。我們或可說以下之情形亦是如此者，即，一自然之對象之只因著其美而使人感興趣是只當一道德理念被致使以這對象爲其伙

302 伴時〔是只當它與一道德理念相連繫時〕，它始如此。但是這樣，並不是那**對象自身**它使我們有直接興趣，反而寧只是美之本有的那「使**對象**有資格作爲**道德理念**之伙伴」的這種性格才使我們有直接興趣，因此，這一性格乃即是那「屬於美之本質」的一種性格。

那些「被覺得好像是時常與**美之形式**相混雜」的自然之美中的諸嬌美嫵媚大抵或是屬於(那「可以使有顏色」的)**光之變形**或是屬於(音調中的)**聲音之變形**。因爲這些嬌美嫵媚是那些唯一這樣的感覺，即這些感覺它們**不只**允許有一視聽上的感官之悅耳悅目之情感，**且亦**允許有「對於感官上的這些變形之形式作反省」這種**反省**上之情感，既有這反省上之情感，是故它們好像能體現一種語言，在此語言中，自然向我們說話，而且這語言似乎要有一**較高的意義**。這樣說來，百合花之白色似乎要把心靈配置於「天眞之理念」，而其他七種顏色，順從紅到紫之系列，則同樣似乎要把心靈配置於(1)紅：崇高之理念，(2)橘黃：勇氣之理念，(3)黃：坦白率眞之理念，(4)綠：親切厚道之理念，(5)藍：謙和之理念，(6)靛青：堅定之理念，(7)紫：柔和溫順之理念。小鳥之歌唱則表示喜悅，並表示自足於其存在。至少我們可把自然解釋爲如此，不管自然之意向

是否是如此。但是「美定須是**自然之美**」這一點總是「我們於美所感到」的那**興趣**之**不可缺少的必要者**，而且只要當我們意識到我們已被欺騙時，並當意識到那不是**自然之美**而只是**藝術品**時，那興趣便完全消逝而不見〔索然無味〕，所謂「完全消逝」乃是竟消逝到如此之起步，即審美品味不再能於此時見有任何東西是**美的**，且亦不能見到任何東西爲有**吸引人之魅力**者。吾人可問：詩人所更重視或更高度讚美者，即比其重視或讚美夜鶯之迷人而美妙的音調還要更加重視或更高度讚美者是什麼呢？所謂夜鶯之迷人而美妙的音調是僻遠叢林中，寧靜的夏夜裡，柔和的月光下的那夜鶯之迷人而美妙的音調：詩人固重視或讚美這種境況下的夜鶯之音調，但是他還有比這更加重視或更高度讚美者，這所更重視或更高度讚美者是什麼呢：於此時，我們試看這事例，即：「一快樂的客店主人如何施詭計於欣賞鄉村風光而住於其客店中的訪客」之事例，在此事例處，沒有像夜鶯音調這樣的歌唱家可被找到，如是這客店主人便施詭計以使訪客達至最大的滿意，這詭計便是以無賴少年藏於一叢林中，這少年他（以蘆笛或其口中之蘭草）知道如何去產生像夜鶯這樣的音調以至很相似於由夜鶯而發之**自然之音調**。但是當一個人一旦知道這完全是一種欺騙之時，則便沒有人肯再聽這**假夜鶯**之歌唱，即先前曾被視爲很有吸人之魅力的那夜鶯之歌唱，現在既知其爲假，是故無人肯再聽之。就夜鶯而言是如此，就其他任何鳥鳴而言，亦是如此。要想能使我們於**美本身**感有**一直接的興趣**，這必須是**自然**，或必須被我們誤認作是**自然**；而如果我們甚至可以要求**他人**於美亦感有這**同樣的直接興趣**時，這更是如此。而事實上，我們亦實應作此要求，因爲我們視那些「對於**美的自然**無**情感**而又專致力於飲食中的感官之享受」的人們之**思想方式**或**心靈習性**爲粗鄙而卑下。(在靜觀默賞**美的自然**中感受一**興趣**,這種感受,我們即以「情感」這字表示之:對於美的自然無**情感**而又專致力於口腹之慾之享受即表示粗鄙而卑下。)

§43 藝術一般

(1)「藝術」不同於「自然」即如「製造」(making: facere)不同於「動作或運作一般」(acting or operating in general: agere),而「藝術之產品或成果」不同於「自然之產品或成果」正如「作品」(work:opus)不同於運作之效果或結果(operation: effectus)。〔另譯:而藝術之產品或成果不同於自然之產品或成果正由於藝術之產品或成果是「作品」,而自然之產品或成果則是「運作之效果或結果」。〕

依法而言,那只有通過自由而成的那產品,即通過意志活動而成的那產品(意志活動以理性作爲其自己之基礎:通過這樣的意志活動而成的那產品),始應被名曰「藝術」。因爲雖然我們喜歡名蜜蜂所產生者(即蜜蜂之有規律地結成的蜂窩)曰藝術之產品,但是須知我們之這樣名之,僅只是依「**類比於藝術**」之**類比**而如此名之;那就是說,只要一旦我們覺得並沒有理性的愼思熟慮形成蜜蜂之辛勞之基礎,我們即可說:蜜蜂之產品只是**蜜蜂底本能之本性**之產品,而凡那「我們把它當作藝術而作歸屬」者,那只是把它歸屬於其「**創造者**」。〔藝術只應歸屬於藝術之「**創造者**」,不應歸屬於**自然的本能之本性**。〕

如果,如有時發生的,在通過「一泥炭地或一沼澤」之搜索中，我們忽然發見一片被砍開的木板，我們不能說這被砍開的木板是一自然之產品，但只能說它是一藝術之產品〔木工或人工技藝之產品〕。此藝術產品之產生的原因曾有一目的存於心中，那所發見的對象〔木板〕之形式即歸於於此目的〔即由於此目的而然〕。除此情形外，我們又可在「每一東西之現實性必須**先之以**此東西之**原因**中的**關於此東西之表象**或提薦（甚至即如在蜜蜂蜂房之情形中亦然），雖然這結果並不曾爲那**原因**所想及」這樣形成的每一東西中看出一種藝術。但是當任何事絕對地被名曰一「藝術之作品」時，要想去把它和一「自然產品」分別開，則它總是被理解成或被意謂爲是某種「屬於人」的作品〔案：意即是人爲的作品〕。

⑵作爲人類的技巧看的藝術也與科學不同（即如能力或才能不同於知識），正如一實踐的機能不同於一理論的〔知解的〕機能，復亦如技術不同於學理（測量術或查勘術不同於幾何學）。爲此之故，正當一個人只知那應當被作者，因而也就是說，正當一個人沒有其「所欲的結果之充分的知識」以外的任何更多的技能時〔即只當一個人只充分地熟知於其所欲的結果時〕，則一個人所能作者即不可被名曰「藝術」。只以下那種事始可屬於藝術，即縱使「對於此事有最完整的知識，然而卻並不表示一個人即有去作此事之**技巧**」，只這樣的事始可屬於藝術。坎坡（Peter Camper，荷蘭的解剖學家與自然主義者）很準確地描寫出最好的鞋必須如何被作成，然而無疑其自己卻不能夠製造出一雙鞋。① 304

〔原註①〕：關此，康德有註云：

在我家鄉裡，如果你向一普通人提出一問題就像哥倫布與其雞蛋之問題，這普通人便說：「在此問題中，那並無**藝術**可言，那只是**科學**之問題」：即是說，「如果你知道**如何去作**，你便**實能去作**」；而其如此說恰同於一切所謂魔術師〔玩把戲者〕之所說。可是另一方面，對走鋼索的人之**技巧**而言，你若用「**藝術**」之名以名之，他決不會有絲毫不安處。

(3)藝術又不同於「手工藝」。藝術名曰「自由的藝術」，而手工藝則名日「工業藝術」〔圖利的藝術〕。我們視自由的藝術爲某種這樣的事，即此事它只能證明「**合目的者**」(一種如意的成就)爲一種**遊戲**，即是說，視之爲一種「依其自己之故而爲**適意的**」事，但是我們視「工業藝術」爲勞工，即是說，視之爲一種職業，此職業，依其本身獨立看來，是令人不適意者(是苦工，賤役，令人討厭的工作)，而它之吸引人乃是只因著其所至之**結果**(即**工資**)而始然，因而結果亦就是說，它能是一**逼迫的安排**〔迫於不得已而被逼至的工作〕。「在技工藝同業公會之等級表中，我們是否把**手錶匠**算作藝術家，把**鐵匠**算作工藝者」，這總需要有一觀點不同於我們這裡所採用者，那就是說，需有一觀點考慮這些職業所必須必然地涉及的那「**才能之比例**」。又「在所謂七種自由藝術當中，是否有些只應被算作**科學**，不可以被包括在自由藝術中，又是否又有些實只類似**手工藝**」，關於這類問題，我在這裡並不想予以討論。但是，「以以下一點去提醒讀者」，這並非不對，即：在一切自由藝術中，某種**強迫性的東西**仍是需要的，或如普通所謂一種**機械性的東西**仍是需要的。若無這種機械性的東西〔即定規定法〕，那**靈魂**，即那「在藝術中必須是自由的，而又單只是它始能給作品以生命」的那**靈魂**，必會是虛浮無體的，而且必會消散而幻滅。（此如在詩詞作品中，必須有正確恰當而豐富的語言或辭彙，同樣亦必須有**作詩法**以及**韻律形式**：此皆詩詞中之強迫性或機械性者。）我之所以提醒這一點，是因為有好多新興學派之領導者皆相信：促進一自由藝術之最好方法便是去掃取**一切約束**，而且去把藝術從勞力辛苦中改轉成**純然的遊戲**。

§44　美術

對於「美」，並沒有一種「科學」〔學問〕，但只有一種「評判」〔衡定〕。復次，茲亦並沒有一種「**美的科學**」〔美的學問〕，但卻只有一種「**美的藝術**」。因為一關於「美」之科學必須科學地，即經由證明之方法，去決定是否一物須被視為美或不美； 305 因而結果也就是說，關於美之判斷，如果它是屬於科學的，則它必不會是一「審美品味」之判斷。至於說到一「**美的科學**」，即「一門學問，如其為一學問，它須是美的」，這根本是一「**無理之事或不可能之事**」（non-entity: Unding）。因為如果既視之為一學問或科學，則我們須要求有理由與證明，如是，則我們必應丟棄或脫掉那些**美麗的詞語**〔那些審美品味式的詞語 tasteful phrases, Bon-smots〕。那所以使吾人有「美的科學」這一流行的詞語者，無疑，不過是如下之所說，即：普通的觀察已很準確地注意到這事實，即：說到「美術」，依其充分的圓滿性而言，好多學問是需要的，例如需要有好多古代語言之知識，需要熟知於古典的作者，並需要熟知於歷史，熟知於蒐集古董〔古物古器〕，等等。因此，這些歷史性的學問，出於「它們形成美術方面之必要的預備與基礎工作」這一事實，並亦大部分由於「它們被認爲甚至須包含有美術產品（演說修辭術與詩詞）之知識」這一事實，是故它們經由**詞語之混擾**，遂實際上得到**美的科學**或**美的學問**之名稱。

如果一「適當於或符合於一**可能對象之認知**」的藝術，它只由於想去實現此可能對象之故，遂有那「達此目的所需要」的諸舉動，如是，則此一藝術便是「**機械的藝術**」。但是，如若**快樂之情感**是一藝術所直接意圖者，如是，則這藝術便名曰「**美學的藝術**」。美學的藝術或是「適意的藝術」（agreeable art），或是「美術」。如果藝術之目的是如此，即：快樂一定要伴之一些視作「**純然的感覺**」的表象，如是，則「適意的藝術」之名即可合用。但是，如果藝術之目的是如此，即快樂須伴之一些視作「**認知之模式**」的表象，如是，則「美術」之名即可合用。

「適意的藝術」是那些「只以純然的享樂爲其目標」的藝術。一切那些「能使一宴會喜悅」的風趣（charms）皆屬這類藝術，例如：有趣的故事，「能發動全座無拘無束而活潑交談」之藝術，或以戲謔與笑話而引起某種歡樂的氣氛：此皆屬「適意的藝術」。在這裡，如一般人所說，可有很多酒席筵前的閒談，無人想對於其所說要被人記錄下來，因爲那些閒談只是給出片刻之娛樂，而並不是要當作一持久的材料以備作爲「反省或繼續討論之主題」。（又「安排餐桌以備享樂」之藝術，或在大筵時，管絃樂隊之音樂，亦皆屬「適意藝術」一類者。大筵時之音樂是一離奇古怪的構想，它只意在作爲一「助成或鼓舞一舒適爽快的精神」的適意喧鬧而去影響人之心靈，而且它亦用不著絲毫注意於組合而只想去促進客人間自由輕鬆的交談。）此外，還有些其他遊戲，它們並不伴隨以任何

306

其他興趣，其使人有興趣只在使時間不被注意而即容易消磨過去。凡此類遊戲亦必須被包括在「適意藝術」中。

另一方面，美術是如此之一種表象，即它本質上即是**合目的的**一種表象，而且雖然它空無一特定的目的，然而它卻有「促進社會溝通之興趣中的**心力之陶養**」之效果。

一快樂之普遍的可傳通性即在此快樂之概念中就包含有這意思，即：快樂不是「發自純然感覺」的**享受之快樂**，而乃必須是**反省上**之快樂。因此，美學的藝術，作爲「美術」者，是一種「以**反省判斷**而不是以**器官感覺**爲其標準」的一種藝術。

§45　美術，當它同時看起來好像是「自然」時，它便是一種藝術

一美術產品必須被確認爲是**藝術**而不是**自然**。縱然如此，可是其形式中之**合目的性**卻必須恰正顯似爲不受任何**隨意規律**之約束，儼若它眞是一純然自然之產品。僅是那「不基於概念而即可普遍地可傳通」的**快樂**始基於我們的**諸認知機能之遊戲**中的「**自由之感**」上（那所說的遊戲，雖即是自由的，同時卻亦必須是**合目的的**）。自然，當它眞像是**藝術**時，它始成爲**美的**；而藝術之可被名曰**美術**，是只當我們意識到它是**藝術**然而卻猶**像是自然**時，它始能被名曰「美術」。

因爲不管我們是討論**自然之美**抑或是討論**藝術之美**，我們總可作以下之普遍陳述，即：「美」是在吾人對於她的**評估**中**令人愉悅**，而並不是在〔**五官**〕**感覺**中或**藉賴著一個概念**而令人愉悅。現在，藝術總是有一「想去產生某事」之決定性的意向。但是，假定

此想產生的「某事」若眞只是**純然的感覺**（某種只是主觀的東西），且意想被伴之以**快樂**，如是，則這樣的藝術產品，在我們之對於它的**評估**中，必應只是經由**官覺之感之媒介**而令人愉悅。另一方面，假定意向眞是一個「指向於一**決定性的對象**之產生」的意向，而且假定此種意向又眞是一個「須經由藝術而被達成」的意向，如是，則那想被產生出的**對象**必應只是**藉賴著一概念**而令人愉悅。但在以上這兩種情形中，藝術必應不是在對於它的**純然評估**中而令人愉悅，即是說，不是當作「**美術**」而令人愉悅，但只是當作「**機械的藝術**」而令人愉悅。

因此，美術產品中的「**合目的性**」，雖然它須是**有意的**，然而

307 它卻必須不要有「**是有意的**」之**樣子**〔不要看起來像是有意的〕；即是說，美術必須以「**自然之樣相**」來表現〔必須有自然之樣子，必須看起來像自然〕，雖然我們確知它是藝術。但是一藝術產品所依以「看起來**像自然**」的**那方式**或路數卻正是因著「符合於規律中有完全的嚴格性」而然也。吾人須知藝術產品須**嚴格地符合於規律**，蓋**規律之作用**即在其規定如何單是這產品始能是那藝術產品之所意想成爲者，即所應當是者。但是藝術產品之嚴格地符合於有如此作用之規律卻並無**辛苦勉強相**而只**自然地符合之**，其符合之亦並無**學院相**之表露，即是說，並無一痕跡**顯似**「藝術家之總有規律呈現於其眼前」之**樣子**，亦無一痕跡**顯似**「此規律之桎梏此藝術家之心力」之**樣子**。〔案：此節甚佳，即中國所謂「**妙手天成**」，無斧斲痕。〕

§46　美術是天才底藝術

天才是那「把規律給與於藝術」的天賦才能（自然的稟賦）。因爲才能，即那當作藝術家之一生而固有的產生能力看的才能，其自身是屬於「**自然**」的，是故我們可以這樣說：「天才」是生而固有的性能或心靈能力或創造能力（die angeborne Gemütsanlage：the innate mental aptitude：ingenium），通過此心靈能力或性能或創造能力，**自然**把規律給與於藝術。

不管此界說之情況爲如何，亦不管它是否只是隨意的，或是否適合於那通常與「天才」這字相聯合的那概念（這些問題將在下節中弄明白），以下一點在開始時總仍可先被表明，即：依照「天才」一字之通義，美術必須必然地被視爲是「天才底藝術」。

因爲每一種藝術皆預設有一些**規律**，這些規律被設置下來以爲基礎，這基礎首先能使一產品（如果這產品要被稱爲是藝術之產品）被表象爲是可能的。但是「美術之概念」不允許對於「美術產品之美」之**判斷**是由以下那樣的任何規律而引生出，即這規律有一概念以爲其決定根據，因而結果也就是說，這規律是依靠於「產品所依以爲可能」那**樣式**或**路數**之概念而成其爲規律：對於「美術產品之美」之判斷不允許是由如此樣的任何規律而引生出。結果，美術不能以其自己設計出〔**策劃出**〕或想出「它所依照以完成其產品」的那**規律**。話雖如此，但因爲一產品，倘若沒有一**先行的規律**以先之，它便決不能被允許被名曰藝術，因此隨之而來者便是：個人生命中的**自然**〔**本性或天賦才能**〕（且藉賴著個人生命中的**諸機能之諧和**）便能把**規律**給與於藝術，此即是說，**美術**，只有把它當作「**天才底藝術**」看，它才是可能的。

由此我們可以看出以下四點。

(1)**天才**是一種「產生那東西，即『沒有**決定性的**①規律可爲之而被給與』的那東西」之**才能**，而且它亦不是對那「依照某種規律而爲可學得」的東西而言的一種「**熟練之技能或敏捷之材幹**」(Geschicklichkeitsanlage)，因此，**根源性**〔創發性〕必須是「天才」這一才能之根本特性。

308

〔**譯註①**〕：

案：原文是「決定性的」(bestimmt)，Meredith 譯爲確定的(definite)，易有誤會，有時別處可，此處不可。

(2)由於茲亦可有根源的無意義〔荒謬胡鬧〕，是故天才之產品必須同時即是**模型**，即是說，必須即是**範例**；因而結果也就是說，雖然天才之產品其自身不是由模倣而引生出，然而它們卻必須可以爲他人所倣效，即是說，可以爲他人充作**評估之「標準或規律」**。〔蓋以其本身並非胡鬧故〕。

(3)天才不能**科學地**指出它如何產生其產品，但它卻可像自然那樣給出規律〔卻可給出規律像自然之所爲〕。因此，當一作者將一產品歸功於其**天才**時，他自己**並不知**此產品之觀念如何進到其頭腦中，他亦**並不是**在其「**隨高興時**或**有方法地**去發明或去設計出這樣的產品」之**能力**中有此產品，而且他亦並不是在這樣的箴言告誡中，即如「必會使他人亦**有辦法**去產生這同樣的產品」這樣的**箴言告誡**中，把那「有方法地設計這樣的產品」之**辦法**傳給他人。(因此，我們的“Genie”（鬼斧神工琦瑰之行）這個字大概即由拉丁“genius”（天才）一字而來。它是表示那作爲有特殊監護作用與指導作用的**神靈**在一個人之生時即已被給與於這個人。經由這特殊的監護神靈之**鼓舞**，那些根源的觀念或想法因而可以被得到。）

⑷大自然經由**天才**把規律規畫給**藝術**（並不是規畫給科學），其把規律規畫給藝術是只當藝術是**美術**〔不是機械藝術〕時始然。

§47　上節對於天才之說明之〔進一步的〕闡釋與確定

每一人皆同意天才與模倣精神間之完全對反。現在，因爲**學習**不過是模倣，是故那**學習之最大能力**，或那適合於作學生之適合性或適應能力，即如其爲如此之能力或適應能力而觀之，它無論如何大或無論如何適應，它仍然不等於**天才**。縱使一人編織其自己之思想與幻想，而不只是領悟他人之所已想，又縱使此人甚至能對於技藝與科學帶來新的增進，然而此並不足以供給一有效的理由可以使我們稱這樣一種頭腦（而且常是偉大的頭腦）爲一**天才**，以對反於那普通叫做「浮淺之徒」者。何以故？蓋因爲此人決不能比那「只是去學習與遵循一領導」的人所作者爲更多。因爲那在此路數中所完成者是某種「可被學習」的東西。因此，此某種可被學習的東西全處於「依照規律而成的『研究與反省』之自然途徑」中，因而它亦不能特別不同於那當作**勤勉勞作之成果**而被獲得者。〔所謂「勤勉勞作」乃是爲**模倣所支持**的那勤勉勞作。那被學習的東西不能特別不同於那當作**如此樣的**勤勉勞作之成果而被獲得者。〕這樣說來，牛頓在其「**自然哲學之原理**」這一不朽的著作中所陳述的一切皆可被學習，不管「去發見這一切」所需要的心靈是如何之偉大；

但是我們不能學習著依一**眞正的詩情**去寫詩〔我們不能學習著去寫
309 有興發作用的詩篇〕，不管一切詩的藝術之**箴言**是如何之周詳完整，亦不管詩的藝術之**模型**是如何之卓越優秀。理由是：牛頓從幾何學底首要原素到其最偉大而最深奧的發現這其間所採用的一切步驟或每一步驟皆是他所能使之成爲**直覺地顯明**的而且能使之成爲**容易去遵循**的，這不只對其自己而言爲如此，即對每一他人而言亦莫不如此。可是另一方面，沒有荷馬或魏蘭(Wieland 德國詩人)能夠表明他的那些觀念(在想像中同時又在思想中如此豐富的那些觀念)如何進入其頭腦中並如何集合於其頭腦中，此蓋因爲他自己不能知之，因而他亦不能告之於他人。因此，在科學之事中，最大的發明家其不同於最辛勞的模倣者與學習生只在**程度**上不同，但是他之不同於一個「在美術上有天分」的人是在種類上不同的。有好多偉大人物〔如科學發明家〕是**人類所深深感戴的**，而那些稟賦有美術才能的人卻是**大自然之選民**〔大自然之所特別眷顧者〕。我們說這兩類人之不同是**種類**之不同。我們之如此來比較他們兩方，這並不含有對於人類所深深感戴的那些偉大人物之輕視或貶視。科學方面之才能是爲「繼續追求或促進更大的知識圓滿，連同依於此知識圓滿上的那些實際的種種好處」而**培養成者**，而且同時亦爲「把這同樣的知識圓滿傳給他人」而**培養成者**。因此，科學家很可自誇有理由優越於那些「值得有被稱爲天才之榮譽」的人，因爲天才須達至這樣一個點，即「藝術必須使之成爲一個停止處」，這樣一個點。因爲茲有一被置於藝術上的極限，藝術不能超越此**極限**。此一極限大概好久以前即已**被達到**，而且不能進一步地**被擴張**。此外，這樣的藝術技巧亦不能**被傳通**，但需要從大自然之手直接賦與於每一個人，因而亦隨同個人之死亡而死亡，如是，遂等候有一天，大自然復又依同一路數而賦與於另一個人，這另一人所需要者只不過是一範例或一榜樣，以便使他所意識到的才能可依同樣的路線而工作。

如是，既然（作爲美術的）藝術之天賦才能必須供給**規律**，然則此所供給之規律必須是何種規律呢？它不能是一個「依一**公式**而被設下而又可以充作一**箴言**」的規律，蓋因爲若那樣，則關於美之判斷必應是依照**概念**而爲可決定的。那所供給之規律必須採集自**藝術家之表現**，即是說，必須採集自**藝術之產品**，這樣的規律，他人可以用之以使其自己之才能付諸考驗，這樣，便可讓這規律充作一模型，這模型不是爲「**模倣**」而有，但只是爲「**遵循**」而有。此如何可能是很難去說明的。藝術家的觀念〔**想法**〕在其弟子方面可以引起同樣的觀念〔**想法**〕，設若大自然以同樣的心力之比例供給或裝備其弟子時。爲此之故，美術底諸模型只是把此藝術傳給後代之工具。此一事不能只因著純然的描述而被作成，尤其不能依語言藝術之路線而被作成，且進而即在這些語言藝術中，只以下所說那樣的**諸模型**，即「古老而死去的語言（當作學者專家的語言而被保存下來的那些古老而死去的語言）就是**諸模型**得以留傳的媒介」這樣的**諸模型**，始能成爲**古典的模型**。 310

不管那「使只依靠於勤勉與學習的機械藝術不同於那作爲天才之藝術的美術」的那顯著的差異爲如何，天地間尚沒有如下所說那樣的美術，即在此美術中，某種機械性的東西，即「能夠在服從規律中被理解與被遵循」的某種**機械性**的東西，因而結果也就是說，某種**學院性的**東西，不構成藝術之本質的條件：天地間尚沒有如此所說這樣的美術，意即尙沒有美術不以某種可在服從規律中被理解與被遵循的**機械性**的東西爲其本質之條件的，因而結果也就是說，尙沒有美術不以某種**學院性**的東西爲其本質之條件的。因爲〔在每一種藝術中〕，作爲目的的某種東西之思想必須現存著，若不然，則其產品必不會被歸屬於一藝術，但只不過是一純然機遇之產品。但是一目的之完成或實現便能使**決定性的規律**成爲**必然的**，我們不能冒險去廢棄這些決定性的規律。現在，由於才能之原創性是造成天才性格之一本質因素(雖不是唯一的本質因素)，是故浮淺之輩遂幻想：他們對於其充分開發的天才所能給的最好的證據便是使其自己不受**一切學院的規律之約束**，因爲他們相信一個人在頑劣的馬背上比在一有訓練的馬背上更能顯出一較好的形相〔較勇敢的樣子〕。實則天才所能作的只不過是去爲美術之產品供給豐富的材料；而關於此材料之**精心處理**以及此材料之「**形式**」，則需要有一學院訓練的「才能」，這樣，此材料便可依那「能抵受判斷力之考驗」的那樣式而被使用。但是若說一人在那「落於最需要謹愼的理性研究之範圍內」的事中也想要像天才那樣去談論與下判斷，這卻是極端可笑的事。設有一江湖騙子於此，他把他自己包圍於一種雲霧中，在此雲霧中，我們可有充分想像之範圍以犧牲一切**批判機能**之使用：又設有一頭腦簡單的大衆於此，他想像他之不能淸楚地去認知並去領悟這深入之傑作是由於他之爲大量新的眞理所侵襲〔如許多新的眞理蜂擁而來逼攏到他身上來〕，和這些新的眞理相比對，那**逐步詳說**之**枝枝節節之瑣事**(由於對於基本原則之謹愼地衡量過的解釋與一學院式的考察而作成者)，在這頭腦簡單的大衆眼中看來，似乎只是**初學者**或**笨拙者**的**工作**。設有如上兩種人於此，一個人完全不能確知究竟是去譏笑那如上所說的江湖騙子呢？抑或是更去譏笑那如上所說的頭腦簡單的大衆呢？〔蓋前者固可笑，而後者亦同樣可笑也。〕

§48　天才之關聯於「審美品味」

311

對「評估美的對象之爲美」而言，所需要者是「審美品味」；但對「美術」而言，即是說，對「美的對象之產生」而言，則所需要者是「天才」。

如果我們認天才爲對美術而言的一種才能（「天才」一字之恰當意義即函蘊此義），又如果我們依此觀點把天才分析成一些能力，這些能力必須湊合起來去構成這樣一種對美術而言的才能，如果是如此云云，則在開始時準確地去決定「自然之美」與「藝術之美」這兩種美之間的差異，這必應是必然而不可避免的事。「評估自然之美」只需要**審美品味**。藝術之美，就其可能性而言，則需要有**天才**；在評估藝術之美這樣一種對象中，對於其可能性，我們亦必須應予以注意。

一自然之美是一**美的事物**；而藝術之美則是一物之一**美的表象**。

要想使我能去評估一**自然之美**之爲美，我並不須事前先有「此對象要成爲何種事物」之概念，即是說，我並不須去知此對象之**實際的目的性**是如何〔即並不須去知**其目的**是什麼〕，但只在離開任何目的之知識而去形成對於對象之評估中，只那**純然的形式**爲其自己之故而即令人愉悅。但是，如果對象被呈現爲是一「**藝術之產品**」，而即如其爲一藝術之產品，它又被宣布爲是**美的**，如是，則由於**藝術**總是預設一**目的**於原因中（以及於原因之因果關係中），是故「事物要想成爲是什麼」這「**成爲是什麼**」之概念必須居於事物之基礎地位以爲其基礎。又因爲「一物中之雜多之與此物之**內在性格**〔**內在決定**〕，即此物之**目的**，相契合」這種契合構成事物之**圓滿性**，是故在評估**藝術之美**中，事物之圓滿性也必須被考慮，可是在評估一**自然之美**之爲美中，這一點卻是完全不相干的。在對於一自然之對象，尤其對於一有生命的自然之對象，例如對於一人或一馬，形成一評估中，**客觀的合目的性**通常也要被考慮以便對於人或馬這些自然對象之美作判斷，這自是眞的；但是若要考慮到這一層，那「判斷這些自然對象之爲美」之判斷便因而也不再是**純粹地美學的判斷**，即是說，不再是一**純然的審美品味之判斷**。此時，自然不再「如其**好像是藝術**那樣」而被評估，但只在「它**實際上即是**
312 **藝術**（雖是**超人的藝術**）」這限度內而被評估；而此時**目的論的判斷**亦須充作**美學的判斷之基礎與條件例如當一個人說「那是一美婦人」時，此人實際上所想者實只是這意思，即：在此婦人之形相中，大自然**很卓越地把那些「呈現於女性中」的**諸目的**描畫出來。因爲一個人要想能夠使這對象，藉賴著一**邏輯地制約**的**美學判斷**，依上說的樣式，而被思想，則他必須把其觀點越出**純然的形式**之外而擴展到一個**概念**上去。

「美術證明其優越性」的那地方即在其對於那「在自然中必應爲醜或令人不悅」的事物所給的「美的描寫」中。蛇髮復仇的女神〔怨靈〕、疾病、戰爭之破壞〔劫後餘跡〕以及類似者等等，皆可（當作惡事）**很美地**被描寫，不，甚至**很美地**被表象於**圖畫**中。僅有一種醜惡不能「不破壞一切美學的愉悅，因而結果也就是說，不破壞藝術的美」而即可被表象爲符合於自然，此一醜惡便即是那「**引起厭惡**」〔引起令人惡心〕的東西。〔僅有一種醜惡，它若被表象爲符合於自然（與自然相一致），它便不能不破壞一切美學的愉悅或美感的愉悅，因而結果也就是說，不能不破壞藝術的美。此一醜惡便即是那「引起厭惡」（引起令人惡心）的東西。〕蓋以在此種「純基於想像」的奇特感覺中，對象是被表象爲好像是強要我們去**欣賞**它，然而我們卻仍然要強力去**抵禦**之，是故這對象之**藝術性的表象**不再是**有別於**我們的〔認知性的〕感覺中的**對象本身之本性**，因而它亦不可能再被視爲是「美的」。又，雕刻藝術，在其產品中，由於**藝術**幾乎與**自然**混而不分，是故它從其創作中排除了醜惡對象之直接的表象，反而卻只是例如藉賴著一種寓言或隱喻，或藉賴著那些「佩戴一令人喜悅的面具」的屬性，而許可對於「**死亡**」作一表象（作一美的特徵中的表象），或對於「**戰神**」作一表象（作一羅馬戰神 Mars 式的表象），因而也就是說，這只是通過理性方面的一種解釋而間接地作成的一種表象，而並不是對純粹美學的判斷力而言的一種表象。

對於「一對象之**美的表象**」，已說的夠多了。此一對象之美的表象，恰當地說來，只是「一概念底具體展示」之**形式**，而藉賴著這形式，一概念可以普遍地被傳通。但是，要想把這「**形式**」給與於美術之產品，則僅「**審美品味**」是需要的。藝術家，設他已因著從自然或藝術而來的種種例證而已訓練並糾正其**審美品味**時，則他即經由此審美品味而**控制其作品**，並且他又在好多而且時常很辛苦的**試探——試探著去滿足**其審美品味之後，他便找到了那「形式」，即「中其意」的那形式。因此，藝術家所找到而合其意的那

「**形式**」好像並不是一「**興會之事**」〔一儻來之物 a matter of inspiration: eine Sache der Eingebung〕，或心力之一**自由擺動之事**，但只是一緩慢而甚至是痛苦的**改進過程之事**，此一緩慢而痛苦的改313 進過程之事乃即是那「引向於去使那**形式**適合於藝術家的思想而卻亦並未損害那些心力底遊戲中之**自由**」者。

但是，審美品味只是一**評判的機能**，而不是一**產生的機能**；而即以此故，那「符合於此審美品味」的東西並不一定是美術之作品。它很可以**作爲**一個這樣的產品，即一個「遵循那些『可被學習而且必須嚴格被遵守』的確定規律」這樣的產品，而屬於「有用的藝術」與「機械的藝術」，甚至亦可屬於科學。但是那「給與於作品」的**令人愉悅的形式**卻只是「傳通之車乘」，而且它亦好像只是「呈現或展示此作品」之模式，在關於此模式中，一個人在某範圍內可仍是**自由的**，雖然在其他方面他仍須被繫縛於一**確定的目的**。這樣說來，我們要求：一套餐具，或甚至一道德論文，實在說來，一禮拜說教，皆必須具有此**美術之形式**，而卻並無其「像美術那樣」的被研究。但是一個人卻決不會依其具有**美術形式**之故，便名之曰「**美術之作品**」。但一首詩，一章樂曲，一畫廊，等等，卻必應放在**美術**項目下；因此，在一些**所謂**美術作品中，我們時常可以見到有**天才而無品味**，而在另一些**所謂**美術作品中，我們卻又見到**有品味而無天才**。

§49　構成天才的那些心靈能力

關於某些「至少有幾分可以被期望處於美術之地位」的產品，我們說它們是**無靈魂的**；縱使就審美品味說，在它們那裡，我們找不到有什麼可非議處，我們仍說它們是**無靈魂的**。一首詩可以很優美而文雅，然而卻無靈魂。一故事可以敘述得極精確而有法度，然而無靈魂。一喜慶節日上的講話可大體上是好的而同時又是華飾的，然而卻很可無靈魂。好多會談常常並非無敘談之娛，然而卻無靈魂、甚至關於一婦人，我們很可以說她是美麗而漂亮的，溫柔而和藹的，而又是極精緻而文雅的〔中規中矩的〕，然而卻就是無靈魂。然則在這裡，我們所謂「靈魂」是什麼意思呢？

美學意義的「靈魂」指表心靈中「使心靈實體有生氣」這「使有生氣之原則」（animating princple）。但是「此原則所經由以使心靈實體（靈魂）有生氣」的那東西〔即此原則為使心靈實體有生氣之故所使用的那材料〕卻是那「把**心力**注入於**一合目的的振動**」的東西，即使說，是那「把心力注入於一種**遊戲**」的東西，這「注入之心力」的遊戲乃即是那「要自我持續」的遊戲，而且這遊戲亦為其這樣的活動〔遊戲活動〕而加強那些心力。

現在，我的命題是如此，即：此「使心靈實體有生氣」的「使有生氣之原則」沒有別的，不過就是「**展現美學理念**」之**能力**。但是所謂「美學理念」，我意謂是那樣一種想像力上的表象，即這想像力上的表象它可以引起好多思想，但**卻無任何**確定思想即**無**任何確定概念足以與之相當，因而結果，這想像力上的表象遂是這樣的，即：任何語言**決不能**完全公正無偏頗地與之相適合，亦**決不能**使之成為完全可理解。我們很易看出：一美學理念是「理性所發的理念」〔理性所提供之理念〕之一**匹敵物**〔**類似物**〕，這一理性理念之匹敵物，倒轉過來，乃即是一個「沒有**直覺**（沒有**想像力上**的**表象**）能與之相適合」的一個概念。 314

想像力，當作一「產生性的認知機能」看的想像力，它好像是在由現實自然〔第一自然〕所供給給它的材料來創造另一自然〔第二自然〕上，是一十分有力的「動作者」。當經驗顯示太過平常時，想像力可以供給我們以「**餘興**」〔另譯：**我們可以想像力來保養或維持**我們自己，使我們自己**有餘興**：我們可用想像力以自娛〕；而且我們甚至可使用想像力去**重鑄經驗**，這重鑄經驗無疑是遵循那些「**基於類比**」的**諸法則**而爲之，但仍然也可遵循那些「在理性中有一較高地位」的**諸原則**而爲之（這些較高的原則對於我們也是很自然的，其爲自然恰像是知性在把握**經驗的自然**時所遵循的那些原則之爲自然）。經由想像力之如此作用，我們遂感到我們之不受「**聯想法則**」之束縛（聯想法則是繫屬於想像力之「經驗的使用」的），如是遂有這結果，即：**材料**雖可依照那**聯想法則**被我們從**自然**那裡**假借得來**，然而它卻可被我們作成某種別的東西，即作成那「**勝過自然**」的東西。

想像力底此等「表象」可被名曰「**理念**」。其所以可如此被名大部分固是因爲這些「表象」至少是盡力追求某種「處於經驗範圍以外」的東西，因而想漸漸去接近一種**理性上之概念**（即**純理智的理念**）之**展現**，這樣便可把一種**客觀實在性之樣相**（一種像是客觀實在性的實在性）給與於這些理性上之概念。想像力底此等表象之所以被名曰「理念」固大部分因爲如此理由。但是，另一方面，其所以可被名曰「理念」，還有這一最重要的理由，即：想像力底**此等表象**本是一些**內部的直覺**。對於這些內部的直覺，並沒有任何概念能夠完全適合於它們。詩人想把關於諸不可見的存有之「理性理念」，例如清淨福地〔天堂〕、地獄、永恆、創造〔開天闢地〕等

不可見的事之**理念**，皆想把它們詮表到感性上來，即皆使之成爲**可見的**，即皆予以**感觸性的表示**。或又關於那些「其事例可出現於經驗中」的事物，如死亡、忌妒，以及一切其他惡行，正亦如愛、名譽，以及類乎此者等，由於其越過經驗底範圍，是故詩人遂以**想像之助力**，即「倣效理性之展現，倣效那達至其極高限的理性之展現」這樣的想像之助力，把那些事具體化到感性上來，且以一種**完整性**把它們具體化到感性上來，而其所用之完整性乃即是「自然對之並不能供給出與之相平行者」的那完整性〔即「無事例可發見於自然中」的完整性〕。而事實上，確然亦正在詩的藝術中，那**美學理念之機能**或**能力**始能表明其自己於至極。但是，此美學理念之機能，若只依其自己之故而觀之〔只依其自身而觀之〕，恰當地說來，它不過就是一種（**想像力**之）**才能**。

事實上，我們亦可以把一種**想像力之表象**附繫於一個概念上，或置於一個概念之下，此所附繫於一概念上或置於一概念下的**想像力之表象**乃是「屬於**此概念之展現**」的一種表象，它不但是屬於「**此概念之展現**」，且亦只依其自己之故而引起如此豐富之思想即如「決不能依一確定概念而被理解」那樣豐富的思想，因而結果，它遂**美學地**把一種**無限制的擴張**給與於此概念之自身。現在，如果我們把如此云云的一種想像力之表象附繫於概念上或置於一概念下，則此**想像力**在這裡即展現一**創造性的活動**，而且它使「理智的理念之機能」（即理性）亦在**活動著**，此一機能之活動乃即是那「在一種**表象**之事例中，趨向於思想之擴張」的一種活動，其所趨向之思想之擴張雖無疑可切合於〔所展現的〕「對象之概念」，然而它卻越過了那「在**該表象**中所能把握到」的東西之外，或說它越

315

過了那「可清楚地被表示」的東西之外。

茲有如此樣的一些**形式**，即，這些形式並不構成一特定概念自身之展現，但只當作想像力之**附帶表象**(Nebenvorstellungen)看，它們表示那些「與此概念相連繫」的引出者〔表示此概念之所函蘊者〕，並表示此概念之關聯於其他概念。像這樣云云的**那些形式**可被名曰如下所說那樣一個對象之(美學的)屬性，即如「此對象之概念，當作理性之一理念看，是不能適當地被展現的」，這樣云云的一個對象之(**美學的**)**屬性**。依此路數而言，天神的鷹，連同鷹爪之閃光，即是偉大的天王之一屬性，而孔雀開屏則是天王之莊嚴的王后之一屬性。**這些屬性**它們並不(像**邏輯屬性**那樣)要去表象那「處於我們的『創造〔開天闢地〕之崇高與莊嚴』之概念中」的東西，它們但只想去表象某種別的東西，這所表象的某種別的東西可給想像力以刺激使其可以展布其自己於好多同類的表象上，這些同類的表象可以激起更多的思想，即比在一「為文字所決定」的概念中所允許表示者為更多的思想。這些**屬性**既如此，是故它們可供給一「**美學的理念**」，這一美學的理念足以充作「**邏輯展現**」的一種**代替物**而為上說的理性之理念效勞，不過它具有這**恰當的功能**，即它因著「為心靈展開一遠景，即『展望到一同類表象(超出其視界之外的廣大無邊的同類表象)之領域』之遠景，而使心靈有生氣」，這種「**使有生氣**」之**功能**。但不僅在「**屬性之名**〔**形容語**〕於其中經常被使用」的繪畫與雕刻之藝術處，美術始依如此路數而表現，即詩詞與美麗文體亦要完全從**對象之美學屬性**而引生出靈魂以使這方面的作品有生氣。(此中所謂**美學屬性**是這樣的，即它們與**邏輯屬性**手挽手相提攜以並行，而且它們亦給想像以動力以便使其可以把更多的思想帶進所從事之遊戲中，所謂更多是比「一概念中之所有」者，或比那「確定地被程式於語言中」者爲更多，而且這更多的思想縱使未發展出來，而暫潛伏在那裡，亦仍然是更多或豐富地蘊畜在那裡。）爲簡單之故，我必須把我自己只限於幾個少數的事例中。偉大的國王〔案：即菲烈大帝 Friedrich der Große〕在其自己的一首詩中這樣表示其自己，即：

讓我們跟生命分手時無悔恨亦無不平，
讓這世界背後充滿著我們的懿行。
這樣，太陽，以其每天的行程已經完成，
如是，他遂把一道更**柔和的清光**散布於天空；
而他經由**和風**所送達的那些**最後光線**
盡皆是他爲世界之公益所給與於斯世
的**最後喟嘆**。

316

當我們的偉大的國王寫此詩時，他甚至在生命之終結亦這樣閃爍著其「世界大同的情操」這一**理性之理念**，其閃爍著此一**理念**是以「一種屬性之助」而閃爍，這一種屬性乃是**想像力**把它附加到那大同之表象者，而且這一種屬性復又激起一大群感覺與附帶的表象，對於這一大群感覺與附帶表象，沒有表示之之詞語可被發見。（此中所說的「想像力」乃是國王在回憶「一已經過去的美麗的夏天底一切愉快之事」中的想像力，這一切快樂之事之回憶是因著一寧靜的晚上而被想起：是這樣想起的一夏天底愉快之事之回憶中的想像力：是這樣的想像力把那種助其閃爍大同理念的屬性附加到那大同之表象上，而且這附加到大同之表象上的屬性復又激起一大群無法表示的感覺與附帶的表象。)另一方面，甚至一**理智的概念**亦可倒轉過來對於一「感官之表象」充作一**屬性**，這樣便可用「超感觸者」之理念來使這感官之表象更有生氣；不過這只是因著那「主觀地附隨於那爲此目的而被使用的**超感觸者之意識**上」的**美學因素**而然。這樣，舉例來說，譬如某一詩人在其對於一美麗的清晨之描述中如此說：「太陽升起了，正如從**德性**中發出**和平**」。縱使我們只在**思想中**把我們自己置放於有德的人之地位，**這德之意識**亦在心靈中發散出許多**崇高之情**與**寧靜之情**，並且對於一幸福的未來給與一**無限的展望**〔遠景〕。這**無限的展望**是這樣的，即如「沒有一確定概念底範域內的辭語可完全達到之」那樣者①。

〔**原註①**〕：

埃及神話中女神埃西絲廟(Temple of Isis，Isis指當作母親看的大自然說)門額上有名的刻語云：「我即是一切存在者：凡現存在者，曾存在者，以及將要存在者皆即是我，無人能從我的面前揭起我的面紗〔而看清我的面目〕」。這刻語是最崇高的辭語，或許再沒有比這更爲崇高的說法者，或再沒有一種思想比這更爲崇高地被表示者〔比這思想表示得更爲崇高者〕。塞格奈(Segner德國物理學家與數學家)在其**自然哲學** Naturlehre)底標題頁上一富暗示性的插話中，使用此理念，以便去鼓舞或提醒其在那廟之門檻處的學生，那廟即是「他將要引導其學生進入之」的那個廟，引導其進入之是引導其以如此之神聖的敬畏之心而進入之，這一神聖的敬畏之心即如「將學生之心靈調適到嚴肅的注意之境」那樣的敬畏之心。〔塞格奈即要引導其學生以如此樣的敬畏之心進入那個廟——那個自然哲學之堂奧。〕

總之，**美學理念**是屬**想像力**的如此一種表象，即這一種表象乃是連繫到一特定概念上而與之相提攜以並行的，並且在想像力之自由使用中，復有如許多**部分的〔或偏面連帶的〕表象**與這一種表象結合於一起（所謂如許多部分或偏面連帶的表象乃是這樣的，即沒有「指示一確定概念」的詞語能夠為之而被發見出）：美學理念即是屬想像力的如此云云的一種表象。因此之故，想像力之如此云云的這樣一種表象〔表象美學理念之表象〕復是如此者，即這一表象它允許一個概念可因著好多不可名狀的東西而在思想中被補充，而這一表象中所有之**情感**亦可以使**諸認知機能**更加生動而活潑，並亦可把一種**精神（靈魂）**連繫於語言，這語言，如非然者，便只是一些**文字**而已。

那些「在某種關係中聯合起來以構成**天才**」的心力即是**想像與知性**。現在，**因為**想像，在其**認知方面**之使用中，它服從知性之拘束並服從「須與知性之概念相符合」之限制，可是**美學地**言之，「想像之越過其與概念之相契合而自然而自動地去為知性供給大量未開發的材料」這卻是在其自由中而為之，而對於這些未開發的材料，知性在其概念中是並不予以注意的，但是想像卻能使用這些材料，其使用之並非太**在認知**上而**客觀地使用之**，它但只較著重在為使諸認知機能生動活潑之故，而**主觀地使用之**，因而也可以說，它亦間接地為認知故而使用之：**由於**想像**在認知方面**與其在**美學方面**

317

有如上所說之不同，**是故**我們可以看出：**天才**，恰當地言之，即存於〔諸認知機能間的〕這樣**巧妙可喜而幸運的關係**中，即「科學不能教導吾人去知之，亦不能因著勤勉而去學習之」這樣**巧妙可喜而幸運的關係**中，但這巧妙可喜而幸運的關係**卻能**使一個人去爲一特定概念找出一些理念來，並此外，它**復能**使一個人去爲這些理念找出一種「表示」來，藉賴著這所出的表示，**主觀的心靈狀況**，即那「經由『作爲一概念之伴隨物』的諸理念而被引起」的那**主觀的心靈狀況**，可以**被傳通**給別人。此後一種「**復能**」之能〔即「能爲理念找出一種表示」之能〕恰當地言之，即是那被名曰「靈魂」者。因爲要想對於那「伴同一特殊表象」的心靈狀態中的**不可定說**〔**不可名狀**〕者去得到一種「表示」，並想去使所得到的那一種表示成爲普遍地可傳通的(不管這所得到的表示是**語言**中的**表示**抑或是**繪畫或雕塑**中的**表示**)，這總是一「需要有一種**能力**」的事，這所需要之能力即是「**把握**那快速而易逝**一瞬即過的想像之遊戲**」的能力，並且也是那「把這一瞬即過的想像之遊戲**統一**於一概念中」之能力，這所統一之於一概念之概念乃即是那「用不著任何規律之強制而即可被傳通」的那概念，而亦正因此故，這一概念是一**根源的原創性的概念**，它顯示一**新規律**，這所顯示之新規律不能從任何先行的原則或事例中而被推斷出。

經此分析以後，如果我們把上說的關於「那被名曰天下者」之解釋或說明(Erklärung)回顧一下，則我們可以見到以下四點：

(1)天才是一種藝術上之才能，不是科學方面的一種才能，在科學中，那清楚已知的諸規律必須負領導之責〔必須走在前面導夫先路〕，而且它們亦必須決定〔科學處理問題之處理〕程序。

(2)由於天才是藝術方面的一種才能，是故它須預設一確定的「**產品之概念**」以爲它的**目的**。因此，它預設知性〔知解力〕，此外，它還預設一種「材料之表象」，即是說，預設一種「直覺之表象」(雖這表象是一不決定的表象)，這所預設的「直覺之表象」乃是「概念之展現〔概念之具象化〕」之所需要者；天才既除預設知性外，還預設這樣一種「材料或直覺之表象」，是故它復因而亦預設「**想像力之關聯於知性**」。

(3)天才之顯示其自己並不太著重在一**確定概念之展現**中所投射的目的之達成，但卻毋寧較著重在**美學理念之描畫或表示**，這所描畫或表示的美學理念乃即是那些「含有大量材料以達成確定概念之展現中所投射的目的」的理念。結果，想像力之經由天才而被表象是在不受一切規律之指導中而被表象，但雖如此，那想像力卻仍是在**特定概念之展現**上作爲**合目的的想像力**而被表象。

(4)在「想像力」之與「知性之合法則性」之**自由的相諧和**中的那「**非被尋求**」且亦「**非意匠設計**」的**主觀合目的性**要預設這些機能(即想像與知性之機能)間的一種**比例**與**協合一致**，而這所預設的機能間的比例與協合一致不能因著任何**規律之遵守**而被完成(不管這規律是科學之規律抑或是機械模倣之規律)，但只能經由個人之**自然本性**〔**自然才能**〕而被產生。 318

依照上面所說那些預設，天才是諸認知機能底自由使用中一個人之自然稟賦之「**有示範作用的原創性**」(exemplary originality：

die musterhafte Originalität)。依此而言，一天才之產品(就此產品中那應可歸給天才而不應歸給可能的學習或學院式的教導者而言)便是一**範例**，其爲範例不是對**模倣**而言(若對模倣而言，這必意謂天才成分之喪失，而此亦恰即是作品之靈魂之喪失)，但須是爲另一天才所**遵循**。這另一天才乃是那範例所喚醒者，喚醒之使之感到其自己之**原創力**是如此之不受規律之強制以著力於其藝術，以至於一**新的規律**可因而爲藝術自身而被獲得，這如此被獲得的新規律便是那「表明一才能之可爲一範例」者。但是，因爲天才是大自然之一寵兒，因而他必須被視爲是一稀罕的現象，是故對其他頭腦聰明的人而言，他之爲範例可成立一**學派**，即是說，可成立一**有方法的教導**，這一有方法的教導是依照一些**規律**而成的，這一些規律，當情況許可時，是從這樣的天才之產品以及這些產品之特徵中而蒐集得來者。在其爲範例可成立一學派之限度內，美術對這些聰明人而言便是一**模倣之事**，而大自然通過一天才之媒介，遂可爲此模倣而產生規律。

但是當學者倣效每一事，甚至下及如下所說那樣許多**醜怪形狀**亦要倣效，即這些醜怪形狀，天才之必然地忍其保留下來是只因爲它們很難被移除，因爲若移除之，便很難不喪失**理念之力量**：甚至像這樣云云的一些醜怪之形狀亦要倣效，則這種模倣便只變成「學人樣的猿猴」(aping)。「有勇氣保留醜怪形狀」這種勇氣只在**一天才之情形**中始有功績或價値可言。某種表示中之大膽〔勇敢〕，以及一般言之，好多脫離常軌之舉動，是完全**適合於天才**的，但這畢竟不是一值得模倣之事。反之，它根本上總是保留一缺陷或汙點，這缺陷或汙點是一個人總想要去移除之的，但是天才卻好像是要爲這缺陷或汙點去**辯訴一特權**，其「辯訴之」之根據是如此，即：**步步留心的謹慎**必會破壞其靈魂之猛烈的熱情中的那**不可模倣的東西**：天才即根據這一義而被允許去爲那缺陷或汙點抗辯一特權。作風守舊的「**風格論**」（mannerism）是另一種摹擬，即是摹擬一種特色（原創性），只作如此之摹擬是爲的可使一個人盡可能離開模倣者之身分。可是雖自以爲不是模倣者，然而那「能使一個人同時成爲一榜樣」的那所**必須的才能**卻是不存在的。事實上，茲有兩種方式以安排一個人的思想以備說出來。一種方式被名曰「**風格**」（manner：Manier：modus aestheticus **美學模式**），另一種方式則被名曰「**方法**」（method：modus logicus **邏輯模式**）。這兩種方式間的差別是如此，即：前一種方式除概念之展現中的「**統一之感**」外並無其他標準可言，而後一種方式則是遵循「**確定的原則**」者。因此，對美術而言，只前一種方式才是可允許的。但是只當在一藝術產品中「將理念付諸實施」這種實施之樣式是意在**有獨特性**而並不是意在被使**適當於那理念**時，那**風格性**才可恰當地被歸屬於這藝術的產品。那虛飾，勉強，做作而不自然的體裁，意在使一個人**特異於衆**（然而**卻無靈魂**）者，像這樣的體裁〔風格〕恰像是這樣一個人之行動，即此人，如我們所說，他聽他自己在談話〔他喃喃自語〕，或者說他立在那裡不動或又到處走動，好像他在一舞台上被嚇得發呆一樣：像這樣云云的一個人之行動正乃經常不變地表露其是一**笨伯**（初學的人 ein Stümper：a tyro or bungler）。 319

§50 美術產品中審美品味與天才之結合

去問：「在美術之事中是否更著重於**有天才**抑或更著重於**有審美之品味**」，這等於去問：「在其中是否更依賴於**想像力**抑或更依賴於**判斷力**」。現在，想像力更使一藝術有資格被說爲「**有靈魂**」，而並不是使其有資格被名曰「**美術**」。那只有在關於**判斷力**中，美術之名始該被給與於一藝術。因此，隨之而來者便是：**判斷力**，由於其是不可缺少的條件，是故在評估藝術爲**美術**中，它至少是那「我們必須視之爲最重要」者。當論及「美」時，理念方面之**豐富**與**原創性**並不像「自由中之**想像力**定須與**知性之合法則性**諧和一致」那麼必要。因爲在無法則的自由中，想像力，無論如何豐富，其所產生者不過是無意義；可是另一方面，**判斷力**卻正是那「使想像力與知性諧和一致」的機能。

審美品味，就像一般**判斷力**一樣，是天才之訓練（或調節糾正）。它嚴格地修剪天才之雙翼，使其中規而中矩，或使其純正而雅緻；但同時它也給天才以指導，指導並控制其飛翔，這樣，它便可保持天才之「**合目的性**之性格」。它把一種**清晰**與**條理**引進〔天才之〕豐富的思想中，而在其如此引進中，它又把一種**穩定性**給與於諸理念，而且使這些理念適合於既持久而同時又是普遍的**稱許**，適合於爲他人所**遵循**，並適合於一種繼續前進的**文化陶養**。如是，當**審美品味**與**天才**這兩特性之利害關係在一產品中有衝突而須犧牲
320 點什麼事時，那麼這應犧牲的定當在天才一邊；而〔審美品味之〕判斷力，即那「在美術之事中將其裁決基於其自己所有之恰當原則上」的這〔審美品味之〕判斷力，它必將更易忍受「想像力之自由

與豐富」這一方面的**減少**，即其忍受這方面之減少比「**知性被危害**」更容易被忍受。〔意即審美品味之判斷力必將更偏於犧牲想像力之「自由與豐富」而不允許有任何事損害於知性。〕

因此，美術之所需要者是**想像力**、**知性之理解力**、**顯有靈魂之精神力**，與**審美力**，這四種能力①。

〔**原註①**〕：康德對此四種能力有註云：

想像力，知性之理解力，與顯有靈魂之精神力這三種能力首先是因著「審美品味」而被帶進聯合統一中。休謨，在其《英格蘭史》一書中，講到英國人，他告訴我們說：雖然英國人在其作品中關於他們所供給前三種**各別**考慮的「**特質**」〔案：即富有想像力、理解力，並特顯有靈魂之精神性，這**三種特質**〕之證據方面並不亞於世界上任何其他民族，然而在那「把三種特質聯合統一起來」的東西中〔案：即在**審美品味**這方面〕，英國人卻必須低首於其芳鄰法國人而甘拜下風。

*〔康德在其《對於美與崇高之觀察》一書§4中亦說：在此大陸上的諸民族中，我想義大利人，法國人，顯其特異於其他民族是因著他們的「美感」而然，而德國人，英國人，及西班牙人之顯其特異於其他民族則是因著他們的「崇高之感」而然。〕

§51　美術之區分

美，不管它是**自然之美**抑或是**藝術之美**，一般地說來，它總可以被說爲是「**美學理念之表示**」。不過須附帶有這條件，即：就藝術之美而言，此美學理念必須經由一**對象之概念之媒介**而被引起，而就自然之美而言，離開對象所要是的那東西之任何概念，而只對於一**特定直覺**作反省，這種純然的反省便足夠去喚醒並去傳達這**美學之理念**，即「對象〔客體〕被視爲是其表示」的那**美學之理念**。

依此，如果我們想對於美術作一區分，則我們爲此目的所能選擇的原則，至少試探地言之，不過是「**藝術**」與人們在言辭中所利用以有益於其自己的那「**表示之模式**」這兩者間所能有的「類比」①，除選擇此兩者間所能有的那類比以爲原則以外再沒有其他更爲方便的原則可供選擇。人們之所以在言辭中認爲那**表示之模式**最有利於其自己是因爲這表示之模式可使人們互相間可以相溝通，而且盡可能完整地相溝通。那就是說，不只是在關於人們自己的**概念**中相溝通，而且也在關於人們的**感覺**中相溝通。人們在言辭中所認爲最有利於其自己的那**表示之模式**即存於文字、姿勢、與音調之三者(即語音、手勢、與抑揚頓挫之音節這三者)單只是此三種「表示模式」之結合構成說話者之一完整的溝通。因爲思想、直覺、以及感覺這三者依此路數可以**同時地**並且**相續地**被傳達給他人。

〔**原註①**〕：康德關於依據那類比作區分，有註云：

讀者不要認爲這樣想的一種可能的美術之區分是一種愼審考慮的學說。它只是那「可被作成而且應當被作成」的種種想法之一。

321　因此，茲只有三種美術：言辭之藝術、造形的藝術、以及

「（當作**外部感官印象**看的）感覺」底遊戲之藝術。此種三分亦可安排成二分，這樣，美術必應被分成「**思想底表示**之藝術」與「**直覺底表示**之藝術」，而直覺底表示之藝術又可依照形式與材料（感覺）間的區別而再作副屬的區分。但是，在這種分法中，那必顯得太抽象，而依通常之想法，則可較少抽象。

(1)言辭之藝術即是**演說修辭術**（rhetoric, oratory）與**詩詞**。演說修辭術是「把一種嚴肅的**知性之事業**處理得好像是一種自由的想像之遊戲」之藝術；詩詞則是「把一種自由的想像之遊戲處理得好像是一種嚴肅的**知性之事業**」之藝術。

這樣說來，演說家宣布一嚴肅的事，而爲達成使其聽衆愉快之目的，他把這嚴肅的事處理得好像是一純然觀念之遊戲。詩人只許諾一使人愉快的觀念之遊戲，然而爲使**知性**在這裡仍可適用，則正恰像是「知性事業之促進曾是詩人之一意向」似的。感性與知性這兩種認知機能，雖然無疑互相間互不可缺少，然而若想沒有「強迫」且無「相互的減縮」，它們兩者是不容易被聯合起來的。像這樣云云的感性與知性，其**結合**與**諧和**，〔在美術處〕必須有「非意匠設計」之相，且亦必須有一「**自發自動的同時出現**」之相，若非然者，那便不是美術。爲此之故，那須被研究的東西以及那須辛苦勞作而焦心的事，在這裡，必須被避免。因爲美術必須依一**雙重意義**而爲一**自由的藝術**。即是說，由於其「**偉大性」之級度**不能被評估，被強求，或依一確定的標準而交付（paid for），是故它不僅依「相反於**契約的工作**〔承包工作〕」之意義而爲一自由的藝術，且亦依以下的意義而爲一自由的藝術，即：雖然心靈有所事事，然而其事事卻並無「**別有打算**，注意到**任何其他目的**」而然，雖不注意到**任何其他目的**，然而它亦仍然自有一種不依待於酬報的「**滿足之感**」與「**興趣盎然之感**」。

因此演說家給出某種他不曾許諾的事，即是說，他給出一種可以娛樂人的「**想像之遊戲**」。可是另一方面，在演說家處亦存有這樣的某種事，即在此某種事處，演說家不能及得上他的許諾，而那某種事卻又實是他所聲言的一種事，即是說，那某種事是「**知性**對於某一目的之先約定」的一種事。詩人與演說家之情形正相反，詩人的許諾是一種**較謙虛的許諾**，而純然**觀念之遊戲**是他對於我們所提出的一切，但是他卻又完成了某種事，他所完成的某種事是值得被使成為一嚴肅的工作，即是說，他使用**遊戲**去為**知性**供給食物，並且他因著**想像**去把**生命**給與於「知性之概念」。因此，實際上，演說家所作者**少於其所許諾者**，而詩人之所作者則**多於其所許諾者**。

(2)造形的藝術，或說「**理念之表示於感觸直覺中**」的藝術(這不是「藉賴著為語言文字所引起的那些純然想像之遊戲而表示理念」的那些藝術)，這種藝術或是「**感觸的眞實者**」之藝術或是「**感觸的相似者**」之藝術。前者名曰「**雕塑藝術**」，後者則名曰「**繪畫藝術**」。此兩者皆用空間中之圖形以表示理念：前者在**視覺**與**觸覺**上使圖形成為可識別的(雖然當論及觸覺時並未顧及美)，而後者則單在**視覺上**使圖形成為可識別的。**美學的理念**(**基型**或**根源的形象**)在想像力中是這兩種藝術之基本基礎；而那「構成**美學理念之表示**(構成**倣本**)」的**圖形**其被給與是依以下兩路而被給與，它或是依其體形的廣延(對象自身所依以存在之樣式)而被給與，或不然，則依照那「在視覺中形成其自己」的那圖畫而被給與

（即是說當其投射於一平面上時依照其顯現之相而被給與）。或換一個說法亦可，即：不管基型是什麼，總須於目的有所涉及，即或是涉及一**現實的目的**，或是只涉及一**相似於目的者**，這種**涉及**總可被置定於**反省**上以爲反省之條件。

雕刻與建築屬於雕塑藝術，此爲造形美術之第一種。雕刻藝術是這樣一種藝術，即它**形軀地**呈現事物之概念，恰如這些事物**可以存在於自然中**（雖然雕刻當作一種美術看，它把它的注意指向於美學的合目的性）。建築藝術是「呈現如下所說那樣的**事物**之概念」之藝術，即**這些事物**是只有通過藝術才是可能的，而且**這些事物底形式**之決定根據並不是**自然**，但只是一**隨意選取的目的**：建築藝術即是呈現這樣云云的**事物**之概念之藝術；而其呈現這樣的事物之概念既是爲了這選取的目的而呈現之，而同時又是以**美學的合目的性**之方式而呈現之。在建築藝術中，主要者是藝術對象之某種用處，而美學理念即限制於此用處，以此用處爲條件。在雕刻藝術中，純然的美學理念之表示是主要的意向。這樣說來，人之雕像、神之雕像、動物之雕像等等，皆屬於雕刻藝術；而廟宇、壯麗的公衆會所，或甚至居室、凱旋門、圓柱、陵墓等可作爲紀念遺跡者，皆屬於建築藝術，而事實上，一切家務用具（家具師之作品，以及其他等等凡可使用之事物）亦皆可列在建築藝術之名單內，其可列在內是依據這根據而然，即：產品之適宜於一**特殊的使用**是一建築藝術之作品中之**本質的要素**。另一方面，一塊雕刻，即只簡單地只爲**注視**而被作成者，而且只意在**爲其自己之故**而令人愉悅者，像這樣云云的一塊雕刻，作爲一**有形的或形體性的展現**（corporeal presentation），它只是一純然的自然之模倣，雖然在這雕刻藝術中，須注意於**美學理念**，因而在此藝術中，**感觸的眞實性**必不要走得甚遠以至於喪失其像是一**藝術品**並喪失其是一**自由隨意之產品**。

323 繪畫是造形藝術之第二類，它是在與理念之藝術性的巧妙的結合中呈現「感觸性的像似物」(感觸性的依稀彷彿者 sensuous semblance: Sinnenschein)。像如此云云的繪畫，我必應可把它分成兩類：一類是「自然之**美的描畫**」之繪畫，另一類是「自然產品之**美的安排布置**」之繪畫。第一類是繪畫之當身，第二類是造園藝術之繪畫。因爲自然之**美的描畫**只是給出「**形體廣延之像似物**」；而**造園藝術**則無疑是依照形體廣延之眞實者而給出形體廣延之像似物，當其如此給出形體廣延之像似物時，它是只給出有其他目的的「**功用與使用**之**像似物**」，這所云之其他目的乃即是那「形體廣延之形式之默識中的**想像之遊戲**」以外的那些**其他目的**[1]。依是，**造園藝術**只在同一繁多的事物，就如自然所呈現於我們眼前的那同一繁多的事物，如花、草、灌木、以及其他樹木，乃至流水、山坡、谿谷等、來裝飾我們的基地，只是這同一繁多的事物是**異樣地**而且是**遵守理念地**而被布置起來。但是，諸有形事物之美的安排布置也是一種「**只爲眼看**」的事物，恰如繪畫一樣**只爲眼看**，而**觸覺**則對於這樣的形式不能形成任何**直覺性的表象**。此外，我們可藉著懸掛物〔在中國如字畫〕，古物，以及一切美的傢具，來裝飾房間。這些裝飾物之作用只是爲的好看。我必應把這房間之裝飾列於廣義的繪畫藝術項下；同樣，有品味的婦人美裝之藝術，如以戒指、指環，或耳環，以及鼻煙盒等來裝飾自己的那種美裝之藝術，也同樣可以列在繪畫藝術項下。因爲一陳列有種種花的花壇，一陳列有種種裝飾品(甚至包括婦人的盛裝)的房間，都在一喜慶的聚會上造成一種圖畫，這一種圖畫，恰如依圖畫一詞之眞正意義而言的那些圖畫（非意在教歷史或教自然科學的那些圖畫）一樣，並無好看以外的其他作用，而這好看也只爲的是去照應那「以理念而成的自由遊戲」中的想像力，並且也爲的是使人可獨立不依於任何確定目的而主動地去從事於美學判斷。不管在這一切裝飾中的手工藝於機械邊是如何之千差萬別，亦不管所需要的各式各樣的技藝家是如何之繁 324 多，**審美判斷**當其評判那在此藝術中是美的東西時，它仍然是依同一路數而被決定，即是說，它被決定成是「**評判形式**」之判斷，其評判形式是不顧及**任何目的**的，而其所評判之**形式**即如「這些形式之依照其作用於想像力上之**結果**，單獨地或結合地呈現其自己於我們眼前」那樣的一些形式。但是，「經由類比，以言辭中的姿勢把造形藝術置於一公共項目之下」這種措施之證成是存於以下之事實，即：通過這些圖形，藝術家底靈魂可以爲他的思想之實體與性格供給一有形的表示，而且可以使**事物自身**好像是在模擬式的語言中說話。這是我們的幻想之一十分平常的遊戲，這一幻想之遊戲把一**靈魂**歸給無生命的事物，這「被歸給無生命的事物」的**靈魂**乃是適合於無生命的事物之「**形式**」的，而且這靈魂亦利用這些無生命的事物作爲**其代言人**。

〔**原註①**〕：關於造園藝術亦列於繪畫藝術中，康德有註云：「造園藝術，儘管它是物體地呈現其形式，它仍可被視爲是一種繪畫藝術」，這看起來似乎是很奇怪的事。但由於它是物體地從自然中（從樹木、灌木、草，以及至少根源上取自山林與田野的花卉）成其形式，是故它不是一種像雕塑藝術那樣的藝術。又，它所作成的安排布置亦並不是(像雕刻藝術那樣)爲任何**對象之概念**或任何**對象之目的之概念**所制約，但只爲默想活動中的想像力之**純然自由的遊戲**所制約。因此，它有點像似於單純的**美的繪畫**，這美的繪畫並無確定的題目或主題(但只藉賴着明暗作成大氣，陸地與水間之一種悅人的組合。)總之，以上所說從始至終，讀者須去衡量之爲一種「力求在一原則下去連繫各種美術」之努力，而不可衡量之爲一種積極而愼審的「**連繫之推論**」。所謂「力求在**一原則**下去連繫各種美術」，此中所謂「一原則」之原則，依現在所說的情形而觀，乃即是那遵循一種語言之類比而想成爲「美學理念底表示之原則」的那原則。

(3)「發自外部刺激」的那些感覺之**美的遊戲**，這遊戲縱然它是屬於**感覺的**，但它同時亦可是**普遍地可傳通的**。像這樣云云的「**感覺之美的遊戲」之藝術**只能**有關於**感覺所隸屬的感官之不同的張度之「**比例**」，即是說，只能**有關於**感覺所隸屬的感官之不同張度之「**景況卽音調或色調**」。依「感覺之美的遊戲之藝術」這個詞語之此種綜括的意義而言，此種藝術可以分成**視**與**聽**這兩種藝術性的或巧妙的「感覺之遊戲」，因而結果也就是說，可以分成「**音樂**」與「**顏色藝術**」這兩種。可是以下一點須注意，即：視與聽兩感官，在其「接受感覺以便經由此感覺以得外在對象之概念」以外，它們兩者復亦可允許有一**特別感覺**以與其各自所接受的感覺相聯合，關於此一特別感覺，我們不能決定其究竟是基於**感官**者抑或是基於**反省者**；而且這亦須注意，即：一感官之「接受此特別感覺」所成之

感性有時或可是缺無的，雖然這一感官在其他方面，且在那有關於其認知對象之用處方面，決不是有缺陷的，而乃實是特別敏銳的。換言之，我們不能**確定地肯斷**一**顏色**或一**音調**（一聲音）究竟是否只是一**適意的**〔**令人愉快的**〕**感覺**，抑或其自身亦可是感覺之一**美的遊戲**，既可是感覺之一美的遊戲，因而在其美學地被評估時，它們兩者，即如其爲感覺之一美的遊戲而觀之，遂亦可傳達一「愉悅於**其形式**」之愉悅。如果我們考慮**光波振動**之**速度**，**或聲音傳達**之**速度**（此兩種速度大概說來遠超過我們的任何能力，因此，我們遂不能於其兩者間「**時距**」**之知覺**形成一直接的評估），則我們一定要被引導去相信：只是那些振動之影響於我們身上的彈性部分所產生的**結果**才在感官上是**顯明的**，而那兩種振動間的**時距**並不在我們的評估中被注意，而且亦並不包含在我們的評估中，因而結果，一切能與顏色與音調相結合者乃只是它們兩者底**組合之**「**適意性**」，而並不是它們兩者底**組合之**「**美**」。但是另一方面，第一，讓我們考慮**音樂**中的那些振動間的**比例之數學性格**以及我們之關於此比例之**判斷**之**數學性格**，並讓我們由於合理的緣故，去對於顏色形成一種評估，依據類比，顏色乃**對比**於音樂之樂聲者。第二，讓我們想想那些罕有的人們之實例，即「雖有最好的視覺亦不能去分別顏色，雖有最敏銳的聽覺亦不能去區別音調」，這樣的人們之實例；雖有此罕有之例，可是對於有此視聽之能力的人們而言，一種「顏色或音調底級度之不同強度之情形」中的「**性質變化之知覺**」（不只是感覺級度之知覺）卻是甚爲**確定的**，其爲確定就如那些**可智思地**被區別開的**不同強度之數目**之爲確定的。設讓我們把一切皆謹記於心，如是則我們可以感到被迫著不是要去視**顏色**與**聲音**所供給的感覺爲一些純然的「**感官之印象**」,而是要去視之爲一群感覺之遊戲中的一種「**形式之評估**」之**結果**。但是,在音樂底基礎之評估中,此一意見或彼一意見所引起的**差異**必應在**音樂之定義**中發生這樣的**變化**,即這音樂它或即如我們所已作的,被解釋成是(通過聽覺而有的)諸感覺之「**美的遊戲**」,或不然,則被解釋成是「**適意感覺**」之遊戲。只有依照前一解釋,音樂始可完全被表象爲是一種**美術**;而依照後一解釋,它必應被表象(至少有幾分被表象)爲是一「**適意的藝術**」。

§52 在同一產品中諸美術之結合

演說修辭術可以在一**戲劇**中與此修辭術之主體〔演說者〕與客體〔聽眾〕之圖畫式的呈現〔展現〕相結合;就好像在一**歌唱**中詩與音樂之相結合;而歌唱復又與一**歌劇**中的圖畫式的呈現(舞台式的呈現)相結合;因而一曲音樂中的「感覺之遊戲」亦可以與一舞蹈中的「**舞蹈**人物之遊戲」相結合。甚至崇高莊嚴之情之呈現,只要當此情屬美術時,它亦可與一韵文歌唱的悲劇之美,一說教詩之美,或一聖樂之美相結合,而在如此之結合中,美術甚至更爲是「**藝術的**」。它是否亦更爲是「**美的**」,則在這些例子中,這是可疑的(因爲已注意及有好多種不同的愉悅互相交叉著)。又,在一326 切美術中,**本質的成分**即存於**形式**,這形式乃即是那「在觀察與評估上是**合目的的**」那形式。在此**合目的性的形式**處,快樂同時亦即是**教養**,而且它亦調節靈魂使靈魂傾向於「理念」,這樣,它便使靈魂可更多地感受於這同時是教養的快樂與娛樂。**感覺之材料**(如嫵媚魅力與激情)並不是本質的〔重要的〕。在此**感覺之材料**處,目的只是**享樂**，這享樂在其背後並沒有留下**理念**中的什麼事，而且這享樂使靈魂成爲**癡呆的**，使〔所享受的〕對象逐漸成爲可厭的〔索然無味的〕，使心靈不滿意於其自己且使其成爲壞脾氣的〔喜怒無常的〕，此蓋由於心靈意識到在理性底判斷中「**其傾向是邪惡的**」。

如果美術並不切近地或迂遠地與那「伴有自足的愉悅」的**道德理念**相結合，則上說感覺材料之激情與魅力以及其後果云云便是美術之終極命運，這命運即在等待著美術之向之而陷落。在此情形中，美術只可用作**消遣散悶**之**工具**。一個人越想利用這消遣散悶以驅散一個人的心靈之不滿足〔不安〕，便越感覺到這消遣散悶之必要，這樣，遂有這結果，即：一個人使其自己更加成爲**虧虛的**（unprofitable: unnützlich），而且更加不滿足於其自己。〔案：意即永遠焦燥不安，需要刺激。〕就上面首先所說的那層意思〔即美術之本質存於「合目的性的形式」處之快樂即是教養與靈魂之傾向於道德理念，這一層意思〕而言，**自然之美**一般說來，是**最有益的**，倘若一個人早先習於去觀察、評估並讚賞自然之美時。

§53　諸美術之美學價值之比較的評估

詩幾乎完全將其根源歸功於天才，而且是很少願意爲箴言或範例所領導。如此般的詩實居於一切藝術之首位。詩因著給想像力以自由而擴大吾人之心靈，並亦因著這辦法，即「從那『與一特定概念相諧和一致而猶仍封限於該特定概念之範圍內』的無邊繁多的**可能形式**當中，**供給出**一個形式使一種『沒有語言文字能完全與之相應』的豐富思想來與概念之展現連繫〔相伴隨〕」，這種從無邊可能形式當中供給出一如此之形式之**辦法**而擴大吾人之心靈，而經由如此般擴大吾人之心靈，如是，詩遂可**美學地〔直感地〕**上升至理念。詩因著以下之辦法，即「讓心靈感到其依照那些『自然自身所不能供給於對感性而言或對知性而言的經驗』中的**諸面相**而注視並評估那作爲現象的自然，這種注視並評估之能力爲自由、自發、而且獨立不依於自然之決定」**這辦法**而激勵或鼓舞了吾人之心靈，並因而**亦因著**「讓心靈感到其『爲了**超感觸者**而使用自然，並使用之以爲超感觸者的一種**圖式或規模**』這種使用自然之能力爲自由自發而獨立不依於自然之決定」**這辦法**而激勵或鼓舞了吾人之心靈。詩以「**依稀彷彿**」(semblance: Schein)作遊戲，這「依稀彷彿」是詩隨意所產生的，但不是當作一欺騙之工具而產生之；因爲詩所聲言的追求只是**一種遊戲**，但是，這遊戲乃是**知性**所利用者，並且知性亦是「**爲其自己之目的**」而使用這種遊戲。〔另譯：「亦是有目的地使用這種遊戲」。〕

327

〔指演說而言的〕**修辭術**(rhetoric)，當其被理解爲是意謂「說服之藝術」即是說，是意謂藉賴著一種美麗的「依稀彷彿」而成的「欺騙之藝術」(如演說術)，而並不只是言辭之卓越(口才與風格之卓越)：當其如此被理解時，它便是一種「**辯證術**」(dialectic)，此一辯證術有所借用於詩，其借用於詩只在人們衡量事物之前，借用之以去贏得人們之心靈站在演說人之一邊，並且去掠奪其判斷之自由。因此，演說修辭術即不能推薦於**法庭**，亦不能推薦於**講堂**。因爲當這些事，例如公民法，個人底權利，或持久的教訓，以及人心之決定至一正確的知識，與夫人之義務之忠誠的遵守，這些事與我們有關時，則無足取於**巧智與想像之充斥**，更無足取於說服人使之有偏見以偏愛於任何其他人。因爲雖然這樣的藝術有時能被指向於那些「本質上合法而又值得稱讚」的目的，然而若過分有誇奢以及專想說服人，這便對於人之**格言**與**情操**有**主觀的損害**，正因爲有這樣的主觀損害之故，所以這樣的藝術對**講堂**與**法庭**而言仍然是**可譴責的**，縱使客觀地說來，那樣雄辯誇奢的行爲或可是**合法的**。因爲只「去作那正當者」這並不足夠；我們定須只依據「其是正當的」而去實行之。〔案：只去作那正當者很可是貌襲而取，並不知何爲正當。〕又，這類單純易明的**人類關心之事**之概念，若支援之以生動活潑的說明，在不違犯理性底理念之表示中的「**言辭動聽**」之規律或「**適當合度**」之規律（一切合起來足以構成言辭之卓越者）之下，其自身即可發出一足夠的影響力，影響於人心以去排除那訴諸「說服或勸誘之機器」之必要，這所排除的「說服或勸誘之機器」，由於其同樣有利於在惡行與錯誤之事上作美好的曲解或藉口，是故它不能使人完全擺脫這潛伏的疑慮，即：「一個人很可以**藝術地被蒙混**」之疑慮。在《詩篇》中，每一事皆是**正直的**，而且是**光明正大的**。它表明：它只想去從事於以想像力來作那「使人娛樂」之遊戲，而且亦只在關於**形式**中去從事於一種諧和之工作，即「**與知性之法則**相諧和」之**諧和工作**；而且它亦並不想以**感觸性的展現**去**侵襲**並去**誘惑**知性①。

〔**原註①**〕：關於詩之此一特點，康德有註云：

我必須承認：一首美麗的詩總是給我以**純粹的愉悅**，而去閱讀一羅馬法庭的演說者之最好的講辭，或去閱讀一近代巴力門的爭辯者之最好的辯辭，或去閱讀一說教者之最好的講說辭，則總是混雜之以不愉快之感，即對於一「奸巧藝術」的不贊許這種不贊許所表示的**不愉快之感**，因爲這一奸巧藝術，它在重大之事上，就像機器一樣，知道如何去激動人去妄作判斷。這所妄作的判斷在安靜的反省下必喪失其一切力量。言辭底力量與文雅（此兩者連在一起構成**修辭術**）屬於**美術**，而演說術（oratory: ars oratoria），由於它是爲一個人自己之意圖在人們底弱點上玩把戲（不管這意圖在意向上或甚至在事實上是善的），是故它是不值得**尊敬的**。此外，在雅典與羅馬，演說術只當國家**急劇衰頹**，而眞正的愛國情操已成過去而不復存在之時，它才達到其最大的高度。一個人，他若淸楚地見到了事物之終局〔或結果〕，而且有控制豐富語言及純淨語言之力量，並且於呈現其理念中又具有豐富而有成效的想像力，而同時其心意又生動地依同情共鳴於那**眞正地善**者而轉動：一個人若是像這樣云云時，他才是一個**卓越的人**而且是一個**老練的演說家**（the "vir bonus dicendi peritus" = the "excellent man and expert speaker"）。這樣一個演說家沒有耍巧的藝術，但卻有很大的感動力，像塞西洛（Cicero）就是這樣一個演說家，雖然他並非總是忠於此理想。

〔案：以上兩段正文原文爲一整段，今方便分爲二，一說詩，一說演說術，而最後又歸於詩，故康德即順此又重加一註而續說演說術之駁雜。又案：中國有修辭學（修辭術），但卻並無演說術，尤其無就演說而說修辭術者。〕

在詩以後，如果我們慮及**魅力**以及**心靈的激動**時，則必應給那「比任何其他言辭藝術更近於詩，而且亦允許其與詩有自然的聯合」的那種藝術，即「**音調之藝術**」〔音樂與歌唱等〕，以第二地位，即次於詩之第二地位。因為雖然音調之藝術〔音樂、歌唱等〕只藉賴著「**無概念**的**純然感覺**」以說話或發音，而其如此之說話或發音亦並不像詩那樣留有任何東西以備反省，雖然音調之藝術是如此云云，然而它仍然千差萬別地激動人之心靈，而其如此般激動人之心靈雖然**轉瞬即逝**，然而它仍然具有**強度的結果**。 328

但是，它畢竟確然只比較**更屬一享樂之事**，而並不更屬於**一文化教養之事**（思想之遊戲偶然地為它所激起亦只是一多或少機械的聯想之結果），而在理性底眼光看來，它所有的價值亦**較少於**任何其他美術之所有者。因此，像一切其他享樂一樣，它要求**經常的變化**，而且它不能忍受**時常的重覆**，蓋若如此，則必引起厭倦也。它的那「允許有普遍的可傳通性」的魅力好像是基於以下之事實。即，每一語言中的辭語有一**與之相聯合的音調**以適合於其意義。〔依另兩譯：每一語言的辭語在其係絡中有「適合於其意義」的**音調**。〕那音調多或少指示「說話者或發音者**所依以被影響而動情**」的**一種模式**，而且它轉而又在聽者心中亦激起了**這同一種動情模式**，這樣，倒轉過來，這**同一種動情模式**又在聽者心中引起了那「在語言中以這樣一種音調而被表示」的**理念**。〔依原文及另兩譯：那音調多或少指示說話者或發音者底**一種情感**（Affekt），而且它轉而又在聽者心中亦激起了**這情感**，如是，倒轉過來，這情感又在聽者心中引起了那「在語言中以這樣一種音調而被表示」的理念。〕又，恰如抑揚頓挫好像是一種「對每一人而為可理解」的

「普遍性的**感覺之語言**」,所以**音調之藝術**〔音樂藝術〕其發揮此感覺之語言之全幅力量是完全依此語言之自己之故而發揮之,即是說,是把此感覺語言作爲一**動情之語言**而發揮其全幅力量,而且即依此路,依照聯想之法則,此音調藝術亦普遍地傳通了那些「自然地與此音調藝術相結合」的**美學理念**。但是,又因爲這些與音調藝術自然相結合的**美學理念**並不是一些概念或確定性的思想,所以這些感覺底**排列之形式**(**諧和**與**旋律**),由於它代替了**語言之形式**,是故它只意在想去表示一說不出的豐富思想之一**完整全體**之**美學理念**〔那所謂說不出的豐富思想乃即是那「符合於某一題目之尺度或標準」的思想,而所謂某一題目乃即是那「形成作品中之支配情感」的題目〕。其想「去表示一說不出的豐富思想之一完整全體之美學的理念」之意圖是藉賴著一種「感覺之諧和」中的**比例**而被完成(所謂「感覺之諧和」乃是那「可以在某種規律下**數學地**被產生」的一種諧和,因爲這諧和,在音調之情形中,它是基於「**同一時間**」中或「**齊一的時間之間距**」中的**空氣振動之數目關係**的,只要當這些音調是**同時地**或**相續地**被結合起來時)。雖然此**數學的形式**並不是藉賴著決定性的概念而被表象,然而一種**愉悅**,即「對於一群同時共生或鄰次而起的感覺之純然反省所能以之以配伴於此等感覺之遊戲,以爲**此遊戲之美**之**普遍妥效的條件**」的**那一種愉悅**,卻單單隸屬於此**數學形式**,而且亦唯有涉及此**數學形式**,那審美品味始能要求有一種權利**去預測**每一人之判斷。

329

但是**數學**確然並不絲毫有份於音樂所產生的**魅力**以及其所產生的**心靈之激動**。數學只是諸感覺印象之在其結合與變動中之**比例**之**不可缺少的條件**。諸感覺印象之結合與變動之**比例**能使我們去把握那些感覺印象於一起而不星散，並能使那些感覺印象不至互相抵觸或互相破壞，因而遂能讓那些感覺印象因著那些「與此**比例**相諧一」的情感，而**協力共謀**「**心靈之一連續不斷的運動**」**之產生**以及「心靈之**生動活潑化或敏銳化**」**之產生**，這樣，那些感覺印象遂亦可**協力共謀**一舒適愉快的**自我享樂**。

另一方面，如果我們因著美術所供給於心靈的教養〔陶養〕而評估美術之價值，又如果我們去採用諸機能之擴張，即那些「必須於判斷力中會合起來以去形成認知」的諸機能之擴張，以爲我們的標準，如是，則音樂由於其只是以感覺〔聽覺之感覺〕作遊戲，是故它於諸美術當中有**最低的**地位，恰如其同時於那些「在其令人適意上被評估爲有價值」的諸美術當中，它或許又有**最高**的地位。依此而觀，造形藝術遠勝於音樂。因爲在使想像力作「自由而又適合於知性」祕方遊戲表現中，諸造形藝術一直在進行一**嚴肅**的工作，蓋因爲它們作成一如此之產品，即此所作成之產品作爲一傳達工具〔車乘、媒介物〕實可服務於知性之概念，這一傳達工具是持久的，而且依其自己之故而投合於我們，如是，便達成那些知性概念與感性之相聯合，因而好像要去促進那些較高的認知機能之文雅。這兩種藝術採取完全不同的途徑。音樂是從感覺進到**不確定的理念**，而造形藝術則是從**確定的理念**進到感覺。造形藝術給一持久的印象，而音樂則給一轉瞬即逝的印象。想像力能招回那些持久的印象，並且能以那些持久的印象而自娛，可是那些轉瞬即逝的印象則或是完全消失而不見，或不然，如若它們經由想像力而不自覺地被重覆，則它們將更是**煩惱於我們者**，而不是**適意於我們者**。此外，音樂缺乏一種**禮貌**。因爲主要由於其工具之性格，是故它向外（通 330

過鄰居)擴散其影響力,擴散至一人所不欲的範圍,因而它好像變成是**強迫人的**,而且剝奪了音樂圈外他人的自由。訴諸視覺的藝術不至如此,因爲如果一個人不想接受這些藝術之刺激印象,他只須不看就是。音樂之情形幾乎與遠播香味的香料娛樂人之情形相同。一個人,他若從其口袋裡拽出其有香味的手帕,他對於一切周圍的人給與一**同樣的待遇**,不管那一切周圍的人喜歡或不喜歡你這樣待遇他;而且如果這一切人須要呼吸時,他迫使這一切人皆去參與這同樣享受〔享受這香味之待遇〕,而即此一點便使這習慣早已成爲過時的。①

〔**原註①**〕:

那些「在家庭祈禱時推薦讚美歌之歌唱」的人已忘記了「他們因著這樣喧鬧的崇拜(而且即因喧鬧故,一般說來,也即是因著法利賽式的僞善崇拜)所給與於大衆」的那種**煩惱之結果**,因爲他們迫使他們的鄰居或是**去參與這歌唱**而一起歌唱,或不然,便是迫使他們的鄰居**放棄其清靜的沈思冥想**。

在造形藝術中,我必應把**優先性**給與於**繪畫**:這一方面因爲繪畫是意匠設計之藝術,而即如其爲意匠設計之藝術,是故它亦是一切其他造形藝術之基礎;而另一方面,則又因爲繪畫更能透入於**理念之領域**,而在符合於理念中,它又比其他造形藝術更能把一**較大的擴張**給與於**直覺之領域**。

§54 註説〔關於遊戲、笑話、幽默等之略解〕

如我們時常所表示者,在那「只在對之所形成的評估中令人愉快」的東西與那「令人滿足」的東西（即在感覺中令人愉快的東西）這兩種東西之間存有一本質的差異。此後一種東西並不像前一種東西那樣，它是某種「我們不能要求於每一人皆有之」的東西。「滿足」〔感覺上令人愉快〕，縱使其原因是在**理念**中，它似乎也必總是存於人之全部生活之促進之感中，因而也就是說，也存於人之身體之幸福（即人之健康）之促進之感中。既如此，則當伊璧鳩魯說「歸根結底，一切滿足皆是身體的感覺」時，他並不算錯，他只是有一種誤解，即把**理智的愉悅**以及甚至**實踐的愉悅**也概括在「滿足」〔感覺上令人愉快〕之項目下，這便是其誤解。〔理智的甚至實踐的愉悅不能算在滿足（感覺上令人愉快）之項下。這是大有區別的。〕設將**此區別**謹記於心中，如是，則以下諸情形是很容易解釋的，即：一個人所感到的滿足很可能使他不愉快（此如一貧窮而善良的人之在其成爲一慈愛而吝嗇小氣的父親之後嗣時之喜悅），深深的痛苦仍然可以把快樂給與於感痛苦的人（此如一寡婦之哀悼其有功的丈夫之死亡），在滿足上亦可有快樂（此如科學追求中之滿足），一痛苦（例如恨、忌妒，以及渴望於報復）也可以於此痛苦之外更有一**不快樂**之根源。凡此等等皆可因著「感覺上令人愉快之滿足」有別於「理智的愉悅或實踐的愉悅」這種區別之謹記於心而容易被解釋。在這裡，愉悅或厭憎皆依靠於**理性**，而且是同於讚許或不讚許。另一方面，滿足與痛苦則只依待於**情感**，或依待於一**可能的幸福**或**不幸福**（不管其根源是什麼）之**展望**或**遠景**。 331

感覺之多變而自由的遊戲（非隨預先想好的計畫而來者）總是一「滿足之根源」，因爲它促進健康之感；而當依照理性作評估時，我們對於此遊戲之「**對象**」是否經驗到愉悅，或甚至對於此

「**滿足之自身**」是否經驗到愉悅，這是無關於緊要的。又，此種「滿足」可等於一種「情感」（affection），雖然我們並不感興趣〔利害關係〕於此**對象之自身**，或至少亦無一種利害關係可比例於或相稱於**此情感之級度**。我們可以把感覺之這種多變而自由的遊戲分為「機遇之遊戲」〔幸運之遊戲〕，「和聲之遊戲」〔音調之遊戲〕，以及「機智之遊戲」〔思想之遊戲〕。「**機遇之遊戲**」是需要有一**利害關心**之興趣的，不管這一**利害關心**之興趣是空虛無益的，抑或是自我圖謀的，但**它**總遠不是那「位於所採用的『取得或達成之』之**模式**中」的那種利害關心之興趣。「**和聲遊戲**」所需要的那一切便只是**感覺之變化**，每一感覺之變化皆有其**對於情感之關係**（雖然它尚未達至一情感之級度），而且亦皆可引起**美學的理念**。「**機智之遊戲**」只從判斷力中的**表象之變化**而發生，此表象之變化雖即未產生任何「傳達一利害關心之興趣」的思想，然而它卻能使心靈有生氣。

遊戲，在不求援任何「利害關心」之考慮下，能供給什麼樣的滿足，這是「一切我們的晚會可對之作見證」的一種事，因為設無遊戲，則一切晚會很難避免於平庸而乏味。但是在這裡，希望、恐332 懼、喜悅、憤怒，以及嘲笑之情感，如每一瞬刻變更其角色那樣，在遊戲中準定要有的，而且是如此之生動以至於如經由一內部的運動那樣，身體之**全部生機功能**似乎即被那內部運動之過程所推動，〔那所謂內部運動之過程即如因著一種所產生的「心靈之快活」而被證明者那樣的內部運動之過程，即被這樣云云的內部運動之過程所推動〕，雖然這樣被推動，然而卻並無一人在**利益**或**教訓**方面得到任何什麼事。但是因為「機遇〔幸運〕之遊戲」並不是一「**美的**

遊戲」，是故在這裡，我們可置諸不論。可是和聲或音調之遊戲（音樂）以及那「令人發笑」的遊戲卻是兩種「具有**美學理念**」的遊戲，或甚至亦是兩種「具有知性之表象」的遊戲，但經由這知性之表象，最後終歸並沒有什麼東西被思想。經由純然變化之力量，這兩種遊戲猶能去供給生動的滿足。此義可給一很好的清楚的證明，證明：這兩種遊戲之生動活潑的結果只是物理的〔身體的〕，儘管它是爲心靈之理念所激起，並證明：身體健康之感，由回應這遊戲的大小腸之運動而發生者，造成了那「被視爲是**如此之有精神**以及**如此之精緻**」的**有生氣的舞會**之全部滿足。〔案：括號內者依Bernard之英譯譯，Pluhar之英譯亦通順。Meredith之英譯造句彆扭不順，故不從。〕**並非**音調中或機智之閃發中的任何**諧和之評估**〔即那「連同著其美只充作一必要的傳達工具（車乘）」的諧和之評估〕是那構成我們所經驗到的「滿足」者，**反而倒是身體之被激起的生氣蓬勃的功能**，即「攪動大小腸與橫隔膜」的**情感**，總之，是那**身體健康之感**（我們只能在這樣的觸動上感覺到此健康之感），才是那構成我們所經驗到的「滿足」者，即構成那「我們在通過靈魂而能達到身體並在使用靈魂以爲身體之醫生時所經驗到」的那「滿足」者。

在音樂中，此種遊戲之經過是從身體的感覺進到美學的理念（此美學理念是情感之對象），然後，復又以聚集的強力，從此等美學的理念再回到身體的感覺。戲謔的笑話恰如音樂一樣，只應被算作是**適意的藝術**，而不應被算作是**美術**。在這樣云云戲謔笑話中，遊戲開始於思想，這些思想，當其尋求感觸的表示時，它們有事於身體之活動。在此種感觸的展現中，知性，由於找不到那所期望的，是故它忽然放鬆其掌握，這樣，此種鬆弛之結果有助於器官平衡之恢復，而且於健康上亦發出一有利的影響。

有某種荒誕的事(因而也就是說，有某種「知性於其中找不到愉悅」的事)必須呈現於那「足以引起衷心的捧腹大笑」的任何什麼事中。笑話是那「從一緊張的期望之忽然化歸於一無所有而發生出」的一種情感。知性確然不能高興此種化歸，但是此種化歸卻仍

333 然間接地是一**暫時十分生動的享樂**之根源。因而此種化歸之原因必須即存於表象之影響於身體以及此身體之反影響於心靈。又，此種交互影響不能依靠於此表象之**客觀地成爲一滿足之對象**(因爲我們如何能從一失望中引生出滿足？)但只必須基於這事實，即：那種化歸只是一純然的**表象之遊戲**，而即如其爲如此，是故它遂產生了身體底**生命力間之平衡**。

設有一人告訴以下之故事說：一印第安人在一英國人的餐桌上看見了一瓶打開了的啤酒，瓶中的啤酒轉成泡沫而流出瓶外。印第安人底重覆呼叫表示他的很大的驚訝。英國人問：何以如此之驚怪？印第安人說：我不驚怪酒流出來，但只驚怪你將如何把酒收回瓶裡去呢？我們**聞此而大笑**，而此語遂給我們以衷心的快樂。其給我們以快樂並不是因爲我們想我們自己或許比這無知的印第安人更爲聰明，也不是因爲我們的知性在這裏注意到任何其他愉悅底根據。其給我們以快樂實只是這一點，即：我們的期望之水泡擴展至充其極而忽然變成一無所有。又或設想以下一例，即：一富人之繼承人想準備一堂皇壯大的送殯的葬禮，但最後他卻埋怨說：在他看來，事情進行得並不順利，因爲(如他所說)「我給我的助哀的送殯人的錢愈多，可是他們看起來卻更喜悅而並無哀容。」我們**聞此**

而當場大笑，理由即在於我們有一期望忽然歸於一無所有。我們必須謹慎注意：此種化歸並不是「化歸成一期望的對象之積極的反面」之化歸（因爲那積極的反面也總是一種事，而這一種事可以時常是使我們痛苦的），而必須是一「化歸於一無所有」之化歸。因爲當一人因著詳細講述某一故事而引起很大的期望，而結局，此故事之不眞即刻對於我們變成是顯明的時，則我們於此故事上便被致使成爲不悅。舉例言之，一人之頭髮因過度的憂傷，可以在一夜之間變成白的：此故事即表示是如此情形者。另一方面，如果一滑稽人，他想去完成一故事，如是，他詳講一如下之商人的憂傷之詳情，即這商人帶著其商品之財富，在從印度回到歐洲的歸程上，因著暴風雨之逼迫〔壓力〕，遂不得不把他的一切貨品投置於船外，如是他極其憂傷，並且憂傷至即在此一夜之間，其**假髮**變成灰白的：如果一滑稽人說如此之故事，則我們可大笑而且很欣賞此故事。所以如此，這是因爲我們暫時**遊戲於我們自己的誤解**（在關於一對象或目標中遊戲於我們自己的誤解，此一對象或目標如在其他情形中，它便對於我們是不相干的，即在關於如此樣的一個對象或目標中遊戲於我們自己的誤解），或寧說是因爲我們**遊戲於**我們自己所追求的**理念**，並且是把這理念打來打去，恰像是打一個「要逃脫我的掌握」的球一樣，雖然我們只想去抓住這個球而且想牢牢地去握住這個球。在這裏，我們的滿足並不是因著「斥退一無賴或一呆瓜。」而被激起；因爲上面那以嚴肅之態度說的商人之故事必會甚至依其自己之故，即足以使滿座之人皆哈哈大笑；而「斥退一無賴或一呆瓜」那種事大抵說來實不值得一提。 334

那可注意者是這一點，即：在以上所說的那一切可笑的事例中，那些笑話必須含有某種「能夠暫時欺騙我們」的什麼事。因此，當表面的假象消滅而歸於虛無時，則心靈必即回顧以便重新去試此假象，因而經由一急速繼起的另一**緊張與鬆弛**，心靈便前後推拉而置於搖擺中。由於好似那縛緊繩索的東西之**突然折斷**所**忽然發生者**那樣（不是因著逐漸的鬆弛而發生者那樣），那上說的心靈之搖擺必須引起一**心靈之運動**並引起一與此心靈運動交感共鳴的**內部的身體器官之運動**。此種身體器官之運動是非有意地〔不自覺地〕連續下去的，而且它可以產生疲倦，但是即在此產生疲倦中，它亦可以供給休養生息（有益於健康的一種運動之結果）。

因爲設我們假定：某種身體器官是交感共鳴地與我們的一切思想相聯合，則我們很容易理解：「上面所涉及的那突然時而把心靈移轉到此一立場，時而又把心靈移轉到另一立場，移轉之以便能夠使心靈去默識其對象」，這種「突然的移轉心靈」之活動如何可以牽連「我們的大小腸底彈性部分」之一相應的交互更替的拉緊與放鬆，這一交互更替的拉緊與放鬆可以把其自身傳通到橫隔膜（恰像是怕癢的人所感覺者），在此傳通之過程中，肺臟以急速而繼起的間歇隔斷之作用發放出一些空氣，如是遂有一種有益於健康的運動。單只是這一種運動，（而並不是那心中所繼續進行者，那心中先行於此運動者），始是那「根底上一無所表象」的思想中的滿足之恰當的原因。福祿泰爾（Voltaire）曾說過：上天給與我們兩種事以補償生活中的許多苦惱，此兩種事便是「**希望**」與「**睡眠**」。他很可再加上**笑話**，只要在有睿智的人們中那「引起笑話」的方法眞是像在手邊那麼容易得到，而這笑話所需要的「機智」或「幽默之創造力」亦並不眞是那麼稀罕，就如那「在發明以下之事上是共同的」這樣的才能那麼稀罕。所謂如下之事即如這樣的事，即如神祕的玄想者之所為，那種「**碎人之腦**」的事，或如天才家之所為，那種「**碎人之頸**」的事，或如多情的小說家（甚至多情的道德學家）之所為，那種「**碎人之心**」的事：只要「引起笑話」的方法容易得到，而且笑話所需要的機智或幽默之創造力亦並不眞是**那麼稀罕**，即如像玄想家發明「碎人之腦」之事，或像天才家發明「碎人之頸」之事，或像多情的小說家或道德學家發明「碎人之心」之事，發明這類事所**共同需要的才能那麼稀罕**，則福祿泰爾便很可把「笑話」也列在那可以補償人生之苦惱之事中就如「希望」與「睡眠」這兩種一樣。

因此，如我所想，我們可以同意於伊璧鳩魯而說：一切滿足，甚至為那「激起美學理念」的概念所引起的那些滿足，皆是**動物性的感覺**，即是說，皆是**機體器官性的感覺**。因為由此同意，那「把我們升舉在滿足需要之上」的「尊敬道德理念」之**精神的情感**（此不是一種滿足，但只是一種**自我尊重**，一種我們生命中的「**人之為人**」之**人義**之**尊重**）並無絲毫損傷，不，甚至那較少高貴的**審美之情**也無絲毫損傷。 335

上面所說，「作為機體器官性的感覺之滿足」與「尊敬道德理念之精神的情感」這兩者之一相聯的結合，我們可發現之於「**天眞爛漫之質樸**（naiveté）。天眞爛漫之質樸是那「原是人性之自然者」的**坦直眞誠**之**爆發**，而且它亦是對反於那「已變成第二天性」的「偽裝自己」之**偽裝藝術**。我們笑話那「猶陌生於偽裝」的單純人，但是我們更喜歡那「使偽裝藝術挫敗」的天性之單純。我們期望通常的**人工造作**之慣例（Sitte），並期望細心熟慮地專想去作一

「**美麗的外觀**」(a fair show: schöner Schein);可是你瞧!天性〔自然〕以清白無染的天眞立於我們的眼前,我們亦完全未曾預備去碰到此天性自然,而「讓這天性自然裸露」的人也並不曾有意去顯露此天性自然。「在天性自然這裡,**美麗**而**虛假**的**外觀**(這樣的外觀它通常於我們的判斷中承擔有甚爲重大之作用)一閃即轉成虛無,因而遂至好似我們心中的欺詐狡頑是赤裸裸地暴露出來一樣」,這一層意思它在**兩相續而相反的方向**中喚起心靈之運動,同時它復以有益健康的運動來激動身體。但是,「那『無限地較好於任何被承認的慣例』的某種事,即是說,**心靈之純淨性**(或至少傾向於這樣純淨性的一種形跡或性能),這種事,並不曾於人性中完全變成絕跡的」這一點,它又把**嚴肅**與**尊敬**注入於此判斷力之遊戲中。但是**因爲**這種心靈之純淨泩只是暫時闖進的一種顯現,而化裝藝術之面罩不久又把這純淨性遮掩起來,**是故**有一種**惋惜之情**進入於上說的嚴肅與尊敬之情中。此惋惜之情是一種**柔和厚道之情**,此柔和厚道之情,由於它是遊戲的,是故它遂很容易地可與那種**親切和藹的笑聲**相結合,而事實上,這種柔和厚道之情也是經常地與那種親切和藹的笑聲相結合,而同時它又慣常去補償那「爲我們的歡樂供給食物〔養料〕的人之窘迫或爲難,即由「於遵循一般人們之樣式而顯得不聰明」而成的那種窘迫或爲難。而亦正由於這種**窘迫爲難**之故,一種「可使人成爲樸素」的藝術乃實是一種矛盾〔不通的事〕。但是在一虛構的**小說性的角色**中,去對於,「一天眞爛漫的質樸」作一**表象**,這是完全可能的,而且如藝術之爲一稀罕事,這種**表象**亦實是一種**美術**。我們切不可把「坦率開朗的單純性」與「天眞爛漫的質樸」相混擾,天質爛漫的質樸只是避免經由人工造作來破壞自然天性，其所以如此只因為天眞爛漫的質樸並無健全社會底**世俗慣例之觀念**。

「幽默情趣的風格」(humorous manner)亦可算作是這樣一種事，即「在其有生氣的影響中，它是很清楚地近似於那『因著笑話而被激起』的**滿足**」這種事。這種幽默情趣的風格屬於心靈之獨創力〔原創性〕，但並不屬於**美術之才能**。幽默(情趣 Laune)依一健全的意義而言，它意謂一種**才能**，這才能能夠把一個人自己隨意放在如此一種心靈之格式〔心靈之傾向〕中，即，在此心靈格式或心靈傾向中，每一東西是依據那「完全離開常軌」之路線而被評估，(即依據事物之一**顚倒觀點**而被評估)，但卻也是依據那「遵循某種原則」的路線而被評估，這所謂某種原則乃即是那「在這樣一種心理氣質之情形中是**理性的**」那種原則：即依據那「遵循這樣云云的某種理性原則」之路線而被評估。如若在某人處，這樣的**一變常態**之**變度**不是**一自由選擇**之事〔一個人他若**不自覺地**隸屬於這樣的變度〕，則此人便被說為是「**有幽默的人**」；但是，如果一個人能夠**自覺地**，而且是**有目的地**，(即為了「由一滑稽可笑的對比而引出一生動的展示」之目的)，去取用這種變度，則此人以及此人之言談方式便被說為是「**幽默的**」。但是，此種幽默情趣的風格是屬於**適意**或**快意**者，而並不是屬於**美術**者，因為**美術之對象**必須總是其自身即具有一顯明的內在價值，因而在其呈現中，它要求一種嚴肅性，如在評判美術對象中審美之所為。 336

第二分　美學判斷力之辯證

337

〔判斷力之表現爲作爲反省判斷的美學判斷之辯證〕

§ 55

說到一判斷力之成爲辯證的，首先這判斷力必須是推理化的〔必須是在推理程序中的〕；那就是說，這判斷力所有的**諸判斷**必須要求有普遍性①，而且其要求有普遍性必須是先驗地要求之，蓋因爲那所謂「辯證」即存於這要求有普遍性的諸判斷之對反中。因此，在感官之美學判斷（即關於適意或不適意之美學判斷）之不調和中，茲並無什麼辯證的事之可言。而當每一人只訴諸其私人自己之審美品味時，則即使審美品味底諸判斷間有衝突，這亦並不形成**審美品味之辯證**，蓋無人想使其私人自己之判斷可成爲一普遍的規律。因此，所剩留給我們的那唯一「可影響於〔或有關於〕審美品味」的那一個辯證之概念就是關於審美品味之**原則**的那「審美品味之**批判**」（非審美品味之**本身**）中的一個辯證之概念。因爲在這裡，依據「審美判斷一般」底可能性之**根據問題**而言，互相衝突的概念是自然地而且亦是不可避免地要顯現出來。因此，**超越的審美**

批判將含有那堪受「美學判斷力底辯證」之名的那一部分，其含有這一部分乃是**只當**「我們對於此美學判斷力底**原則**發見有背反，而此背反又足以使此美學判斷力之**合法性**為可疑，因而亦致使其**內在的可能性**為可疑」時，始然。

〔**原註①**〕：關於普遍性，康德有註云：

任何宣示有「**普遍性**」的判斷皆可被名曰一「**理性化**」的判斷(rationalizing judgemt: indicium ratiocinans)；因為只當其有普遍性，它始可充作一三段推理之**大前提**。另一方面，只有一個「被思為是一三段推理之**結論**，因而被思為有一**先驗基礎**」的判斷始可被名曰「**理性的判斷**」(rational judgement: indicium ratiocinatum)。

338 §56 「審美底背反」之表象

審美之**第一常言**是含在以下之命題中，即：「每一人皆有其自己之審美品味」。每一缺乏審美品味的人皆想在此命題之遮蓋下去使其自己免於譴責。「每一人皆有其自己之審美品味」，此語只是以下之說法之另一表示，即：審美判斷之**決定根據**只是**主觀的**(即只是喜悅或痛苦)，而此**審美判斷**之本身亦無權要求別人之必然的同意。

審美之**第二常言**是：「關於審美，茲並無爭辯可言」。即使那些「同意審美判斷有權去宣稱對每一人皆有效」的人們亦常依仗此常言。此常言等於說：縱使一審美判斷之決定根據是客觀的，然而這客觀的決定根據也不是可化歸於**決定的概念的**，因而就審美判斷本身而言，並沒有判決可以經由**證明**而被達到，雖然關於審美判斷之事很可以容許我們**去爭吵**，而我們也很可以**有權去爭吵**。因爲雖然**爭吵**（口角 contention，quarreling）與**爭辯**（辯說 dispute，controversy）有共同點，即皆意在使審美判斷可以**經由**其「**相互對反**」而得一致，並亦意在使審美判斷之成爲一致爲產生自「**相互對反**」者，雖然是如此云云，然而**爭吵**〔口角〕與**爭辯**〔辯說〕亦究有不同，其不同乃在爭辯〔辯說〕亦**希望**由**決定的概念**作爲證明之根據以達至「一致」之結果，因而它亦採用**客觀的概念**作爲審美判斷之根據。但是當這一點被認爲是**不可實踐的**時，則爭辯〔辯說〕亦同樣被認爲是不可能的〔絕對做不到的〕。

在此兩常言之間，顯見有一**居間的命題**是漏掉了。這居間的命題是一個「確然未成爲諺語」的命題，然而它卻存在於每一人的心靈之背後。此居間之命題即是：「關於審美，茲可以**有爭吵**（雖然這不是一**爭辯**或**辯說**）」。但是此一命題即含著上第一命題之**反對面**。因爲如若於一事，**爭吵**可以被允許，則這便必有一**和解之希望**。因此，一個人於判斷上必須夠有這樣的根據之**可恃**，即**這些根據**不只有一私人的有效性，因而亦不只是一些**主觀的根據**。而上面「每一人皆有其自己之審美品味」這個原則〔命題〕，卻正**直接地**對反於「關於審美茲可以有爭吵」這個命題的。

因此，審美之原則顯示以下之背反：

1.正題：審美判斷並不基於概念；蓋若基於概念，它必容許**有爭辯**（容許有「藉賴著**證明**」的**判決**）。

2.反題：審美判斷須基於概念；蓋若不基於概念，儘管有判斷

339 之差異，茲亦不能於此審美判斷之事中容許**有爭吵**（要求別人**必然同意**於此審美判斷）。

§57 審美底背反之解決

上列正反題兩原則實處於每一審美判斷之基礎地位，而且亦實只是前展示於分解部中的審美判斷之**兩特殊性**〔案：即§32與§33所說者〕。此兩原則之衝突除用以下之辦法以解消之外，是沒有其他解消之可能的。即，我們可指明：在這類判斷中使對象所涉及的**概念**在**美學判斷力**底那兩格準〔或兩原則〕中並不是依**同一意義**而被理解的；在我們的評估中，此雙重意義或雙重觀點就我們的**超越的判斷力**說是**必然的**；縱然如此，可是由此兩不同意義或觀點之彼此混擾而發生出的**假象**實乃是一**自然的幻象**，因而亦是一**不可避免的幻象**。對於上列兩原則之衝突，我們除如此指明以解消之外，實並沒有其他解消辦法之可能。

審美判斷必須涉及**某種概念**或**其他概念**，因爲若完全無所涉及於概念，則去要求於對每一人而言的必然的妥效性，這在審美判斷上，必應是絕對不可能的。但是，審美判斷並不是因此之故即須是依一概念而爲**可證明的**。因爲一概念它或者是**可決定的**，或者根本上既是**未被決定的**又是**不可決定的**。一個**知性底概念**，它若是藉賴著「從感觸直覺假借得來」的諸謂詞而爲可決定的，而那些假借得來的諸謂詞又能相應於該概念，則該概念便屬第一類之概念，即**可決定的概念**。但是**超感觸者**之超越的**理性之概念**〔案：即理念〕則屬第二類之概念，即屬不被決定而且亦是不可決定的概念。此不可決定的第二類之概念實居於感觸直覺之**基礎地位**，因而亦是不能夠再進而成爲**知解地〔理論地〕被決定的**。

現在，審美判斷實應用於感取或官覺之對象，但其應用於感取或官覺之對象並不是意在爲知性去決定一個關於此等對象之概念；因爲審美判斷不是一**認知的判斷**。因此，審美判斷是涉及決樂之情的一個單稱的「直覺表象」，而即如其爲如此，它遂只是一私人的判斷〔個人自己的判斷〕。而在此限度內，就其妥效性而言，它必應被限制於個人作判斷之判斷活動中：對象是**對於我**而爲一愉悅之對象，對於他人，它很可以不是一愉悅之對象；因此，每一人皆有其自己之審美品味。

縱然如此，審美判斷無疑在對象之表象方面（同時亦在主體方面）含有一**擴大的關涉**，此擴大的關涉是此類判斷之外延──「外延到對每一人爲必然」之外延──之基礎。此則必須必然地基於**某種概念**或**其他概念**始能有此，但是這**某一**或**其他概念**正如「不允許經由直覺而被決定」那樣一個概念，而且它亦不供給任何物之知識。因此，它亦是一個「對於審美判斷不供給**任何證明**」的概念。但是誰是這樣一個概念呢？曰：那處在客體〔即作爲感取之對象因而亦作爲現象的那客體〕之**基礎地位**（同時亦處在對審美之事而言的那作判斷的主體之**基礎地位**）的那「**超感觸者**之純然**純粹理性之概念**」就正是這樣的一個概念。因爲倘若這樣一個觀點不被採用，則決無法保住審美判斷之要求於普遍的妥效性。又，如果「形成這所需要的基礎」的那概念眞是一**知性之概念**（雖然只是一混擾的知性之概念，此如**圓滿**之概念，對應此圓滿之概念，美之感觸性的直覺或可被引用，引用之以回應此圓滿之概念），如是，則「去把審美判斷基於證明上」這必應根本上至少是可能的。但「把審美判斷

340

基於證明上」這是與正題相矛盾的。

但是，如果我作以下之陳說，即：審美判斷實依靠於一概念（即依靠一「對判斷力而言」的自然之**主觀的合目的性底一般根據之概念**），但是由這所依靠的自然之主觀合目的性底一般根據之概念，在關於對象中，沒有什麼東西能夠**被認知**，也沒有什麼東西能夠**被證明**，因爲此一概念其自身即是不可決定的，而且在知識上它也是無用的；它雖是「不可決定的而在知識上又是無用的」一個概念，然而藉賴著此一概念，審美判斷卻亦同時獲得了「對**每一人**有效」的妥效性（所謂妥效性無疑是就每一個人自己的判斷而言者，即就那當作「直接伴同此個人自己之直覺」的**單稱判斷**看的個人自己的判斷而言者），因爲此審美判斷之**決定根據**或許即處於那「可被視爲是人之爲人之人義之**超感觸的基體**」者之概念中：如果我作如上云云之陳說，則一切矛盾皆消失。①

〔譯註①〕：

案：此一陳說原文是一整句，中間用一分號。第三英譯如原文，而第一英譯及 Meredith 譯則於分號處用句點，因此分成兩句，不是如原文之一氣說。今如原文譯。

一背反之解決只依靠「兩表面衝突的命題事實上並不矛盾，而乃實可一起**共存**而**兩立**」這一義之可能性而然，雖然此兩命題中之**概念**底可能性之解明實超越了我們的認知能力之所及。「此一背反假象〔如同前兩《批判》中者然〕亦是**自然的**，而且對人類理性而言亦是**不可避免的**，以及雖然依據表面矛盾之解決，它不會再來誤引我們，然而它何以還要出現，而且它將永遠要出現」：凡此等等皆可依「共存而兩立」一義之思量而被使成爲可理解的。

因爲「一判斷之普遍妥效性所必須有之以爲其基礎」的那**概念**在兩相衝突的判斷中固是依同一意義而被理解，可是有兩個**相對反的謂詞**來謂述它。因此，正題必應這樣說：「審美判斷並不基於**決定的概念**上」；而反題則必應這樣說：「審美判斷實基於一**概念**，然而這所基於的一概念卻是一**不決定的概念**（即是說，是現象底**超感觸的基體**之概念）」；如是，在這正反兩判斷之間，必不會有衝突之可言。　341

除只移除審美之要求與反要求間之衝突外，我們實不能作任何事。「要想去提供一**決定性的客觀**的審美之原則，依照此原則，審美之諸判斷可以被引生，被考驗，以及被證明」，這乃是一絕對的不可能，因爲若那樣，則此諸判斷必不會是一審美之判斷。只有這**主觀原則**，即是說，只有我們心內的這**超感觸者**之**不決定的理念**，始能夠被指表爲是解開此審美機能之謎之唯一無二的獨特鑰匙。此審美機能之謎，自其**根源**而言，是隱藏而不爲我們所知的；而且亦無**其他辦法**使之爲更可理解。

這裡所展示以及所解答的背反是基於「審美」之**恰當的概念**上的，這恰當的概念即是把「審美」視爲是一純然反省的**美學判斷力**；而那兩個看起來似是相衝突的原則是依據「它們兩者可以**皆眞**」而被和解，而這樣和解便已足夠。**如果**另一方面，由於「處在審美判斷之基礎地位的那表象是單稱的」這一事實，如是，如某一部分人之所爲，審美之**決定根據**遂被理解爲是「**適意**」或「**快適**」〔案：此是**感性的**〕，或由於顧及審美之普遍妥效性，如另一部分人之所主張，遂又把審美之決定根據理解爲是「**圓滿性之原則**」〔案：此是一混擾的知性之概念〕，**又如果**審美之界定是比照這樣的或此或彼之理解而被作成，如是，則結果便是一絕對不可解決的「背反」，除非我們表明那當作**相反**看（**非**當作單純的**相矛盾**看）的**兩命題之皆假**。而「兩命題之皆假」必迫成這結論，即：每一命題所基依的概念是自相矛盾的概念。可是並非如此。如是，則以下所說是顯明的，即：美學判斷底背反之解除其所取之途徑與純粹知解理性底四背反之解決所遵循之途徑正相似；而這裏的背反與實踐理性中的背反，它們兩者皆逼迫我們（不管我們願意或不願意）去超出**感觸界底視野**之外，想在**超感觸界**去尋求一切**先驗機能底統一點**：因爲我們並無其他辦法可以使理性相諧和。

註說 I〔理性理念與美學理念之差異〕

在超越的哲學裏，我們常有機會區別「理念」與「知性之概念」之不同，這樣，去引出專詞以回應它們間的區別，這或可是有用的。如是，我想將不會有人發出異議以反對我的若干專詞之提議。理念，依此詞之最廣意義而言，它們是如下所說那樣的一些表象，即：這些表象是依照某一（主觀的或客觀的）原則而涉及一**對象**，其涉及一對象是在「其永不能成爲一對象之認知」之限度內而涉及之。如此最廣意義的諸理念，它們或是依照「諸認知機能（想像與知性）底相諧和」之一純然**主觀的原則**而涉及一「直覺」，如是，它們便被名曰「**美學的理念**」；如或不然，它們又可是依照一**客觀原則**而涉及一「概念」，然而它們卻永不能供給出其所涉及的概念之**對象之認知**，如是，它們遂被名曰「**理性之理念**」〔理性所提供之概念〕。在此後一情形中，那所涉及的概念是一「超離於經驗外」的「**超絕的概念**」，而即如其爲一超絕的概念，它遂不同於一「知性之概念」〔知性所提供的概念〕，對此知性之概念而言，一「適當地相應之」的經驗總可爲之而被提供出來，而即因此之故，此知性之概念遂被名曰「內在於經驗內」的「**內在概念**」。

一**美學的理念**不能成爲一認知，因爲它是一（想像力之）直覺，對此想像力之直覺，一適當〔切合〕的概念〔一相應的概念〕從不能被發見。一**理性之理念**〔理性所提供或形成的概念〕決不能成爲一認知，因爲它含有一「超感觸者之概念」，對此超感觸者之概念，一相稱的**直覺**從不能被給與。

現在，**美學的理念**，我想，可被名曰想像力之一**不可說明的**表象；而另一方面，理性之理念〔理性所提供或形成的概念〕則可被名曰理性之一**不可證驗的**概念。此兩種理念之產生被預設爲並非是全然無根據的，（依上面理念一般之說明），其產生是在遵守其所屬的諸認知機能底某些原則中而發生（在**美學理念**之情形中，理念之產生所遵守的原則是**主觀原則**，在**理性之理念**之情形中，理念之產生所遵守的原則是**客觀原則**）。

「知性之概念」其自身必須總是**可證驗的**（如果所謂證驗，就像解剖學中者那樣，是只依「**呈現或展現**之意義」而被理解）。換言之，那「回應這樣的概念」的對象總是能夠在**直覺**中被給與（直覺或是**純粹的直覺**或是**經驗的直覺**）；因爲只有依此路，那些知性之概念始能成爲知識。「量度」概念〔之對象〕可以**先驗地**被給與於**空間之直覺**中，例如被給與於一直線之直覺中，或其他圖形等之直覺中〔案：此等圖形之直覺即是所謂**純粹的直覺**〕。「原因」概念〔之對象〕可以**先驗地**被給與於物體之**不可入性**之直覺或**衝擊性之直覺**等等中。〔案：此等直覺亦是純粹的直覺。〕結果此兩概念又皆可以藉賴著一種「**經驗的直覺**」而被證實，那就是說，此兩概念之思想可以**被指陳**（被**證驗**，被**展示**）於一**事例**中；而去作到這一步這必須是可能的：因爲若作不到這一步，茲決不能確定思想之不空，即決不能確定思想之必有對象。〔即若作不到這一步，思想決定是空的，即決定無對象。〕

343 在邏輯中，「**可證驗的**」（demonstrable）或「**不可證驗的**」（indemonstrable）這兩個詞語通常是只在關於命題中被使用。一較好的命名必是去叫「可證驗的命題」爲只是**間接地確定的**命題，去叫「不可證驗的命題」爲**直接地確定的**命題。說到純粹哲學，也有這兩類命題，意即一類是能夠有「**證明**」（proof）的眞命題，另一類是不能夠有「**證明**」的眞命題。但是，純粹哲學，依其哲學之性格〔或作爲哲學〕而言，它雖然無疑能依先驗的根據而**證明**命題但它卻不能**證驗**之，除非我們想完全離開「證驗」一字之本意，此字之本意是使「證驗」（demonstrate: ostendere 實指，exhibere 展現）等值於在直覺中去給出概念之展現以爲此概念之陪襯（不管這樣給出是在一**證明**中給出或在一**界定**中給出）。〔所謂「在直覺中去給出概念之展現以爲此概念之陪襯」等於說「在直覺中去具體地展現一概念」。〕所謂在直覺中這樣去展現一概念，當這**直覺**是**先驗的**時，則此種「展現一概念」之展現即名曰「**概念之構造**」，但是即當這直覺是經驗的時，我們也仍然得到對象之**例證**〔**圖解**或**陳示**〕，藉賴著這種例證、圖解，或陳示，概念遂保有其**客觀的實在性**。這樣說來，一解剖學家，當他藉賴著對於眼睛這一器官之解剖而使這眼官之概念，即「他先前曾給與之以**辨解的說明**」的這眼官之概念，成爲**可直覺**的時，則他便被說爲是去**證驗**了這「**眼官**〔**之概念**〕」。

由以上，我們可推知：「一切現象一般」底**超感觸的基體**之**理性概念**，或甚至那處在我們的關涉於道德法則的選擇意志之基礎地位者之概念，即**超越的自由**之**理性概念**，皆即刻明確地是一**不可證驗的**概念，而且亦是一**理性之理念**，而所謂**德行**亦大體或有幾分是如此。因爲沒有什麼被給與於經驗中的東西，它在其自己就其性質而言，能相應於超越的自由之理性概念，而在德行之情形中，亦沒有關於「超越的自由之因果性」之**經驗的產品**能達至這程度，即「理性之理念規定之爲規律」的那種程度。

恰如「在**理性之理念**之情形中，想像力不能以其直覺達至特定的概念」，所以在一**美學理念**之情形中，知性亦不能以其概念達至那內部直覺之完整性，即「想像力接合之於特定表象」的那**內部直覺之完整性**。現在，因爲一想像力之表象之化歸於概念等値於給此想像力之表象以指數〔說明者〕，是故**美學的理念**可以說爲是（自由表現中的）想像力之一**不可說明**的表象。此後，我將有較詳地處理此類理念之機會。〔案：見下§58及§60首段文。〕現在，我把我自己局限於這解說，即：美學理念與理性理念這兩種理念皆必有其原則，「而且這些原則之**位置場所**，在兩種理念之情形中，皆必須是**理性**」〔而且這兩種理念皆必須在理性中有其原則〕——理性理念依靠於理性底使用之**客觀原則**，而美學理念則依靠於理性底使用之**主觀原則**。〔第一英譯：「理性理念必須在理性底使用之客觀原則中有其原則，而美學理念則必須在理性底使用之主觀原則中有 344

其原則」；第三英譯：「理性理念底原則必須是理性底使用之客觀原則，而美學理念底原則則必須是理性底使用之主觀原則。」〕

據此，**天才**也可被規定爲是「提供**美學理念**」之能力。同時，此亦足指明何故那「在天才之產品中給藝術〔作爲「美之產生」的藝術〕以**規律**」者正是個人底**天賦本性**(才性)，而不是一預定的目的。因爲「美」必不可依照**概念**而被評估，但只經由「想像力所依以被調節得與一般說的**概念機能**即知性相一致」的那**合目的的模式**而被評估；而**規律**與**箴言**亦因而不能爲那美術中的**美學的**而又是**無條件的合目的性**充作那必要的主觀標準。(那所謂「美術中的美學的合目的性」之**美術**就是那「有權要求令每一人皆愉快」的美術。規律與箴言不能爲這樣的美術中的美學的又是無條件的合目的性充作那必要的主觀標準。)那必要的**主觀標準**反而必須只在主體〔個人〕之**純然自然本性之本行範圍內**超越地所應涉及者中被尋求(此個人之純然本性之本行範圍超越地所應涉及者不能在規律或概念之下被理解)，那就是說，必須在一切主體〔個人〕之機能底**超感觸的基體**中被尋求(此超感觸的基體不可能經由任何知性之概念而達至)，因而結果也就是說，必須在那「爲我們的一切認知機能之諧和一致而形成**涉指點**」的那東西中**被尋求**(一切認知機能之諧和一致之產生是一**末後目的**，此一末後目的乃是我們的自然本性之「智思的基礎」即「超感觸的基體」之所置下者)。只有如上所說那樣，以下一點，即「一主觀而又普遍有效的原則先驗地處在那種合目的性，即『無客觀原則能爲之而被規定出』這種**合目的性**之基礎地位以爲**其基礎**」這一點，才是可能的。

註說 II〔綜論三種背反之大略〕

在這裡，自然地可有以下之重要的觀察，即：茲有三種純粹理性之背反，但這三種背反在以下一點上皆契合一致，即三者皆迫使理性去放棄「以感性之對象爲物自身」這一十分自然的假定〔若不是因爲有背反，這便成一十分自然的假定〕，並且既不以感性之對象爲物自身，如是，又迫使理性去置一**智思的基體**作爲感性對象之基礎（這一智思的基體是某種超感觸的東西，其概念只是一理念，且並不能供給恰當的知識）。若無這樣的背反，〔我們的〕理性決不能使其自己進至「去採用一如此嚴格地限制其**思辨領域**」之步驟，而且亦決不能使其自己去屈從這樣的犧牲，即那「包含有如此多的『若非然者便是一些十分燦爛動人的希望』之完全喪失」這樣的犧牲。因爲縱使現在，從**實踐的**觀點，理性可因著一比例地較廣的活動之範圍之展望而補償這些損失，可是它亦並非無以下之惋惜，即惋惜其要和那些希望斷絕關係，並惋惜其要擺脫那些舊繫縛，這種惋惜之痛苦。 345

所以有三種背反之理由是見之於這事實，即：茲有三種認知機能，即**知性**、**判斷力**，與**理性**是、此中每一認知機能，由於是一較高級的認知機能，是故它有其先驗的原則。因爲當理性對於這些原則之自身以及這些原則之使用作判斷時，它即在關於一切這些原則中，堅決不移地去爲那「特定有條件者」要求那「**無條件者**」。而那「無條件者」卻永不能被發見，除非感觸的東西，由於其不被視爲「本自屬於物自身」，故須被視爲是一純然的現象，而即如其爲一純然的現象，是故它須被使去依靠一作爲**物自身**的某種**超感觸的**

東西上(即內部自然與外部自然之**智思的基體**上)。如是,⑴對認知機能而言,在關於知性之理論的〔知解的〕使用之被帶至無條件者中,有一種「理性之背反」;⑵對快與不快之情而言,在關於判斷力之美學的使用中,有一種「理性之背反」;⑶對意欲機能而言,則在關於自我立法的理性之實踐的使用中,有一種「背反」。〔何以故如此?此蓋〕因為一切這些機能皆有其基本的先驗原則故,又因為由於遵循一不可避免的「理性之要求」之故,是故這些機能皆必須依照這些原則〔即其所有的基本的先驗原則〕能夠**無條件地**去判斷並去決定其對象故。

關於這些較高級的認知機能之背反,其中有兩種背反,即這些認知機能之知解的使用之背反以及其實踐使用之背反,這兩種背反,我們早已在別處表明了它們是不可避免的,「如果**此類判斷**〔案:即知解的判斷與實踐的判斷〕不**回顧到**那作為現象的特定對象之一**超感觸的基體**時」①;可是另一方面,我們也表明了若**回顧**到此**基體**時,它們即**能夠被解決**。現在,關於附隨於那「符合理性之要求」的判斷力之使用上的背反,以及這裏所給的關於此背反之解決,我們可以說:要想避免去面對此背反,那只有以下之兩途。〔Ⅰ〕我們可不承認有任何**先驗的原則**處在美學的審美判斷之基礎地位以為其基礎,結果是:一切要求於一普遍的「意見底一致」之必然性是一無根的事且是一空洞的假象,而一審美判斷只該在「它碰巧有許多人有同一意見」之限度內可被視為是正確的,而即使是這一點,事實上,也不是因為有一先驗原則被預定為處在此「意見相合」之背後以為根據,反之,卻是如味覺一樣,這只是因為個人

346 底偶然相似的機體組織而然。〔Ⅱ〕要不是如上那樣,則便有另一

條路可走，此即：我們定須去假定審美判斷事實上是一**僞裝的理性之判斷**，即關於**圓滿性**的**理性之判斷**（這圓滿性乃是被發現於一物中者，並且是被發見於此物之雜多之涉及一目的中者），因而結果審美判斷是只因那種混亂，即「在這裏纏繞我們的反省」的那種混亂之故而被名曰美學的判斷，雖然它根本上實只是一**目的論的判斷**。在此後一路之情形中，以**超越的理念**之助而成的背反之解決可以被宣布爲是不必要的而且是無用的，而審美之法則遂與感官之對象相融洽，這些感官之對象不是當作「純然的現象」看者，且甚至是當作「物之在其自己」看者。這兩條路之作爲逃避之計之如何令人不滿意已被表明於我們之解釋審美判斷之若干處。

〔譯註①〕：

案：此句依德文原文譯。「此類判斷」德文是“die gleichen Urteile”，實即指知解的判斷與實踐的判斷言，須注明；「不回顧到」中之「回顧」是“zurücksehen”。但此「回顧」一動詞大抵在英文不好如文直譯，故 Bernard 第一英譯意譯爲「關涉」，如是此句遂成：「如果此類判斷不關涉到那作爲現象的特定對象之一超感觸的基體時」。而第三英譯（Pluhar 譯）則另造句爲：「如果在我們的知解的與實踐的判斷中，我們不依靠或信賴那作爲現象的特定對象之一超感觸的基體〔之假定〕時。」而 Meredith 之第二英譯則造句類此而反更別扭，如是，其譯句似當如此，即：「如果在這樣的判斷中，沒有『認定』（cognisance）被理會爲是關於那『作爲現象的特定對象之一超感觸的基體』者時」。觀此三英譯，第一英譯最簡明而較切原義;第三英譯雖另造句,亦顯明。唯此 Meredith 譯則別扭而不顯明,故查德文原文,如文直譯,固甚顯明也。

但是,如果我們的「推證」(deduction)至少是以其在正確的路線上被作成而可被信任(縱使在一切其他細節方面不夠清楚),如是,便即有三個理念〔案:即**三種表明或三層意思的理念**〕可明白地突顯出來。首先第一,茲有一個「**一般性**而卻無**進一步規定**的**超感觸者**之作爲**自然之基體**」之理念;其次第二,復有「此**同一超感觸者**之作爲對我們的認知機能而言的**自然之主觀的合目的性之原則**」之理念;最後第三,復又有「此**同一超感觸者**之作爲自由底目的之原則以及作爲作爲此等目的之與道德範圍內的**自然**①相諧和之原則」之理念。

〔譯註①〕:

「自然」,原文是個 jener(代詞),Meredith 譯爲「自由」,重沓無義,Pluhar 譯爲「自然」,今從之。

§58 自然與藝術兩者底合目的性之觀念論是美學判斷力之獨特原則

首先,審美品味之原則或可被安置於兩立足處之或此或彼。因爲審美品味或可時常總是被說爲是依據一些經驗的決定根據去下判斷的,而這些決定根據既然是經驗的,是故它們也只是經由感性而後天地被給與的。如果不是這樣,則審美品味之原則也可以被許爲是依據一先驗的根據去下判斷。前一立場必應是審美批判之**經驗主**

義，而後一立場則是審美批判之**理性主義**。第一立場必消除那「足以使我們的愉悅之對象〔美〕不同於適意的東西」的那差別；而第二立場，則由於其假定審美判斷基於**決定性的概念**上，是故它必消除「愉悅之對象〔美〕不同於善」之差別。依此而言，「美」必使其世界中的「確認的地位」（locus standi）完全被否決，而所剩下以代之者沒有別的，不過只是一各別的名稱之尊嚴，這名稱或許只表示上說愉悅底一種混合。〔案：意即第一立場使愉悅於美與愉悅於適意或快意相混合，而第二立場則使愉悅於美混合爲愉悅於善。美總無獨立的確認地位。〕但是，我們已表明有這麼一愉悅底根據之存在，即此種愉悅底根據是**先驗的**，因而它能與理性主義底原則相一致，它雖可與理性主義底原則相一致，然而它卻不能經由**決定的概念**被把握。〔案：此種愉悅之根據即是「愉悅於美」之根據也。〕 347

對著以上的情形，我們可說：審美品味底原則之**理性主義**可有兩方式可取，即它或取「**合目的性底實在論**」之方式，或取「**合目的性底觀念論**」之方式。現在，由於一審美判斷不是一認知的判斷，又由於美就其自己而論，它並不是對象之一特性，是故審美原則之理性主義決不能寄託於這事實，即：「審美判斷中之**合目的性**是在思想中被視爲是**客觀的**」這一事實。換言之，審美判斷並不是**知解地**，因而亦不是**邏輯地**（儘管是只在一混擾的評估中之邏輯地）被指向於**對象之圓滿性**，但只是**美學地**被指向於「**想像力中的對象之表象**之與主體中的**判斷力一般之本質原則**之相諧和」。以此之故，審美判斷，以及審美判斷之**實在論**與其**觀念論**間之區別，縱使依理性主義之原則說，亦只能依靠於其**主觀的合目的性**，這主觀的合目的性是依以下兩路之此一路或彼一路而被解釋。解釋主觀的合目的性之兩路是如此，即：首先，第一路，這樣的主觀的合目的性是「與我們的判斷力相諧和」的一種諧和，這一種諧和是當作自然(或藝術)之一**現實的**(**有意的**)目的而被追求；要不然，其次，第二路，這主觀的合目的性只是一種附帶發生的或外加的**合目的性的諧和**，即「與我們的『關聯於**自然**以及關聯於自然之依照特殊法則而產生的**諸形式**』的那**判斷機能之需要**相諧和」這樣一種附帶發生的**合目的性的諧和**，而且這一種諧和是**獨立不依於一「目的」**的〔**無目的的**〕，且是**自發**而**偶然的**。

展現於有機世界中的**美的形式**一切皆可依自然之美學的合目的性之**實在論**邊而動人地作辯說，這樣地作辯說以便支持那似乎有理的假定，這似乎有理的假定是這樣的，即：在美之產生背後必須於產生之之原因中存有一**預想的理念**——那就是說，存有一**目的**，這目的它只在我們的想像力之興趣中有作用。花卉、果樹所開的花，甚至全部植物之形狀，各種動物底形構之美妙，這些就它們方面的任何功能之發露而言是不必要的，它們好像是只為我們的**審美**而被選出；而尤其是(野雞、甲殼動物、小昆蟲，甚至微至最普通的花草等方面的)色彩之排列中的**多樣性**與**諧和性**對於的眼看是如此之令人悅目以及如此之有魅力，但這種色彩排列之多樣性與諧和性，因其只有關於這些動植物之**純然赤裸的表面**，而且在這裡，甚至無論如何，亦並不影響這些動植物之**結構**(這結構很可是一種「對於這些動植物之內在目的有一必然的關係」的事)，是故它們看起來似乎是完全為**外觀**而被設計：以上所說的這一切情形對於這種說明方式，即「在顧全我們的美學判斷中假定**自然之現實的目的**」這一

348

種說明方式，給與一很大的重量。

可是另一方面，不僅是理性以其這樣的格言，即「在一切情形中，吩咐我們儘可能去避免任何不必要的原則之加多」這樣的格言〔案：此即奧坎刀之格言〕，來使其自己反對這種假定〔即上說「假定自然之現實的目的」之假定〕，而且我們也說**大自然**在**其自由的形成**中於各方面皆展現廣大的**機械性**的傾向——傾向於去產生各種形式，這些形式看起來似乎是爲我們的判斷力之美學的使用而被作成，其如此被作成是用不著供給絲毫的根據在大自然之**機械作用**以上以外還需要去假定任何其他東西，蓋因爲此機械作用，作爲純然的自然，它用不著基於任何**理念**而即能使**這些形式**對我們的判斷力而言是**合目的的**。但是上語中「自然之自由形成」在這裡卻是用來去指示這樣的一些東西，即如「根源上在一靜止狀態的流體中所成立者」這樣的一些東西，在這些東西處，某種構成成分（有時只是一些發熱素之成分）之飛散或分離讓餘下來者依據固體化去採取或攬取一確定的形狀或結構，這一確定的形狀或結構以質素之各別差異而有不同，但是就同一質素而言，那形狀或結構卻是定常而不可變的。但是在這裡，以下是認爲當然的，即：如流體之眞正意義之所需要者，流體中之質素是完全**融解了的**，而並不只是那些懸浮地停在那裡的**固體分子**之一**純然的混合物**。

如是，所謂「形成」是因著「一起發射」而發生，即是說，是經由一突然的凝固化而發生，並不是經由「從流體狀態漸轉至固定狀態」之漸轉而發生，但好像是經由一跳躍而發生。此種跳躍之轉化名曰「結晶化」。凍結的水供給出此一種形成之最常見的事例。在凍結的水處，結晶化之過程開始於一些直的冰形線〔冰柱〕。這些冰形線聯合在60°之稜角處，而其他冰形線也同樣在每一點上把它們自己黏著到那些原初的冰形線上，直至全部冰形線轉成冰而後止。但是當此結晶化之過程繼續進行時，冰線間的水分並不逐漸變成更爲黏性的，而是仍舊照樣完全爲流體的，好像它是在一十分較高的溫度中一樣，雖然它完全是冰冷的。那逃逸了的質素——那在凝固化之剎那中忽然跑走了〔忽然消失了〕的質素——是一可觀的「熱素量」。由於此一質素只是需要來去保持流體，是故它的消失讓這現存的冰並不絲毫更冷於那剎那前尚爲流體的水。

茲有許多屬結晶形的鹽類與礦石類，它們也同樣源自「在很少被了解的動力之影響下**化解成水**」的**某種土質的實體物**。許多礦物

349 之「結晶式的形狀或構造」(drusy configuration)，鉛礦底立體硫化物之「結晶式的形狀」，紅銀礦之「結晶式的形狀」，乃至其他等等，大概皆同樣形成於**水分**中，並且皆經由其分子之併發而形成於水分中，而其如此形成於水分中是依據「這些分子之因著某種或其他原因而被迫使去放棄此**流通媒介物**〔溶液水分〕而相互聯合統一於一**確定的外形**中」而然。

又，一切「因熱而成爲流體，又成爲固體以爲冷之結果」的那些實體物，當其被打開時，皆對於一確定的構造給以內在的證據，這樣，它們又暗示這推斷，即：要是沒有「它們自己的重量之抵觸」或「空氣之騷動」，則其外表必也會顯示其固有的各別形狀。此點已在某種金屬之情形中被觀察到。在金屬之情形處，一熔化的質量之**外表**已被凝固，但其**內裡**卻仍是流體，如是遂又由於內裏的仍爲流體部分者之撤銷，這便有內部剩下的部分之一未被騷亂的併發〔結晶化〕。有好多這類礦物的結晶體，例如坭石(spars)、

血石（hematite）、霰石（aragonite）等，它們時常呈現極美的形狀，就好像藝術設計出來的一樣；而 Antiparos 島底洞窟中的**暈輪**只是通過石膏層而濾過的**水分之產品**。

對一切現象，從全體來看，**流體狀態**是較古老於**固體狀態**的，而植物以及動物軀體是由**流體的滋養物**而建立起的，當此流體的滋養物是在未被騷動之形式時。在此未被騷動之情形中，明白地說來，**流體的滋養物**根本上是在遵守自然之一種根源的傾向，即「被指向於**目的**」的那**根源的傾向**（此傾向如在第Ⅱ部所指明的，必須不要經由**實在論之原則而美學地**被判斷，但須經由實在論之原則而**目的論地**被判斷）；但這流體的滋養物或許仍然是一直地也在遵循諸實體物底親和力之普遍法則中，所謂諸實體物乃是依其「併發」之路以及依其「自由地有所形成」之路而言之者。又，當一種由各種瓦斯而組成的「氣壓」受水分式的流體之影響，而這些流體由於溫度之降低復又和氣壓分離時，則這些流體即依與上說流體滋養物同樣之路數，產生雪形的形狀，此形狀乃是和氣壓之現實組和有別者。這些雪形的形狀時常是屬十分**藝術性**的現象者而又是屬**極美的**者。這樣說來，用不着毀壞「一組構體所由以被裁定」的那**目的論的原則**，我們仍然很容易思議：就花卉、鳥類羽毛、甲殼類等之在其**形狀**與**顏色**這兩方面之美而言，我們只說那可被歸屬給自然及自然之能力者即可。這可歸屬給自然及自然之能力者乃是這樣的，即它獨立不依於任何特殊的**指導目的**，依照化學的法則，藉賴着組構體所需要的實體物或質素之化學的整合，而即可在自由活動中**美學地**創生**合目的性的形式**。〔案：簡單言之，意即就此等之美而言，我們只說自然或造化之巧妙，即其創生合目的性的形式之巧妙能 350

力，即可。〕

但是，那事實，即「它明白地指明自然界之美中的合目的性底**觀念性**之原則是一個『我們自己總是不移地所依以理解我們的審美判斷中的立場』的原則，而且它禁止我們在顧全我們的表象力之爲一說明之原則中去求助於一**自然目的**之任何樣的**實在論**」這一事實乃實只是這事實，即：在我們的對於美之一般評估中，我們是尋求美之**先驗標準**於**我們自身**內，而且審美機能在關於任何東西是否是美或不美之判斷中**其自身**就是**立法的**。依據自然底合目的性之**實在論**之假定，決不能有如上所說者；因爲在假定自然底合目的性之實在論之情形中，我們關於我們所認爲「美」者定須要受教於自然，而審美判斷亦必要服從經驗的原則。〔這是決不可以的。〕蓋因爲在判斷美或不美這樣的評估中，問題並不是隨「自然是什麼」而轉，或甚至亦並不是隨「自然在一目的之路數中對我們是什麼」而轉，但只是隨「我們如何**領受自然**」而轉。就自然來說，如若它要對我們的愉悅而變造其形式，則這在自然方面必不可避免地要涵蘊**一客觀的合目的性**，而並不是一「基於自由中的想像力之遊戲上」的**主觀的合目的性**，在這樣主觀的合目的性處，那正是我們以**偏愛之心領受自然**，而不是自然表明**偏愛於我們**。自然供給我們一機會以去覺知一如下所說的那種**內在的合目的性**，即我們之「從事於自然之某種產品之評估」的**諸心力之關係**中的那種**內在的合目的性**，而實在說來，這樣一種合目的性，由於發自一**超感觸的基礎**，是故它須被宣布爲**必然的**，並且須被宣布爲是有**普遍妥效性**的。「自然之供給我們一機會以去覺知一如此云云之**內在的合目的性**」這一**自然之特性**並不能當作是**自然之目的**而屬於**自然**，或毋寧這樣說，即這一**自然之特性**不能被我們評估爲是「屬於自然」的一個**目的**。因爲若非然者，則那必應因着「涉及一『屬於自然』的目的」而被決定的那判斷必應是「**基於他律**」的判斷，而並不是如適合於一審美判斷者那樣，應是「**基於自律**而且是**自由的**」判斷。

合目的性底**觀念論**之原則在美術中是更淸楚地顯而易見的。因爲「感覺不能使我們去採用一美學的合目的性之實在論」這一點正是美術與美的自然所共同享有的一點。（感覺若能使我們去採用美學的合目的性之實在論，則這必會只使藝術成爲**適意或快意**的，而不能使之成爲**美的**。）但是又有另一點，即：「由美學的理念而發生的**愉悅**必不可被使依靠於**決定性的目的**之成功的造就（就像一種技藝之機械地被指向於其成果一樣），因此，結果甚至在**原則之理性論**之情形中，目的之**觀念性**才是基本的，而並不是目的之**實在性**是基本的」這另一點，其可被使在我們眼前成爲明朗的是因著以下之事實而然，即：美術，即如其爲美術而觀之，它必不可被視爲是**知性**與**科學**底一種產品，但須被看成是**天才**底一種產品，因此，它必須從**美學的理念**裡引出其規律，而美學的理念則正是本質地不同於「**決定性的目的之理性理念**」者。 351

恰如當作現象看的感官對象之**觀念性**①是說明這些對象之**形式**②即那「可允許有先驗的決定」的**形式**底**可能性**③之唯一之路，是故在評估自然之美與藝術之美中的那**合目的性之觀念論**也是這**唯一的假設**，依據此唯一的假設，一個批判始能說明那「對每一人皆要求有先驗的妥效性」的審美判斷底可能性（而用不著把表象於對象中的合目的性基於概念上）④。

〔譯註①〕:

案:「感官對象之觀念性」,此所謂觀念性是指超越的觀念性而言,意即作爲現象的感官對象若離開感性而自理性上言之,則它們什麼也不是,只是一空觀念,此爲現象之超越的(即超絕的)觀念性。同樣,時間、空間若離開感性而不應用於現象以爲現象之形式,這便也是時空之超越的(超絕的)觀念性。應用於感性爲其形式且爲感性對象即現象之形式,則這便是時空之經驗的實在性,也就是時空之眞實的可能性。現象(感官對象)只在感性中始有實在性(即經驗的實在性),若離開感性而只純理性地觀之,則現象即不成其爲現象,即無眞實的現象之可能。此即爲現象之超越的(超絕的)觀念性或觀念論。現象、時間、空間,此三者若離開感性,而認其有一超絕的實在性,這便成「超絕的實在論」,而超絕的實在論必函「經驗的觀念論」,此如笛卡爾之主張。康德與此正相反,他必否決此超絕的實在論,而只承認一超絕的觀念論,即只承認三者之超絕的觀念性。有此觀念性,始有眞實的現象;有眞實的現象始能有作爲其形式的時空之眞實的可能性,此即下注之所言。(關於超越的觀念性與經驗的實在性,詳見《第一批判》,亦詳見拙作《現象與物自身》。)

〔譯註②及③〕:

「感官對象(現象)之形式」,此形式即指時空言。此作爲現象之形式的時空可允許有「先驗的決定」,種種數學幾何的決定以及量的決定皆是其先驗的決定也。此種時空底可能性即其經驗的實在性只有靠現象之超越的觀念性始可說明也。故云：「感官對象（現象）之〔超越的〕觀念性是說明其允許有先驗的決定的形式（時空）底可能性（即經驗的實在性）之唯一之路。」

〔譯註④〕：

「審美判斷對每一人皆要求有先驗的妥效性」，此正文後有一括號附句以限之，此附句是如此，即：（然而卻用不著把表象於對象中的合目的性基於概念上）。意即它雖要求對每一人有效，然而卻用不著把合目的性基於概念上，它是基於**美學的理念**上，而不是基於**理性之理念**上。美學理念涉及目的是不能決定亦不可決定的**非決定性的目的**，此即是目的之**觀念性**，而不是目的之實在性。而理性理念之涉及目的是**決定性的目的**，此即是目的之**實在性**，即道德的目的是。此是實目的，而不是虛目的。「審美判斷要求對每一人有效」之所以可能是因其**超越的原則是合目的性之原則**故（依此而言「原則之理性主義」），但此中「合目的性」之目的是虛目的，非實目的，故亦非決定性的目的，因此只有目的之觀念性而無目的之實在性。蓋依據此「超越的合目的性之原則」而開發理念以成功審美判斷，這所開發之理念是**美學理念**，非**理性理念**故。故最後云：在評估自然之美或藝術之美中的那合目的性之**觀念論**是「**一批判**所依以說明那『要求對每一人有先驗的妥效性』的審美判斷底可能性」之**唯一假設**。

綜案：康德認為：現象底超越的觀念性是「說明現象底形式

(即允許有先驗的決定的時空形式)之**可能性**」之唯一路數,由此,我們可以比知:合目的性之觀念論是「說明『有先驗而普遍的妥效性』的**審美判斷**底可能性」之唯一假設。

此義,若不了解《第一批判》中所說的現象、時間、空間這三者之**超越的觀念性與經驗的實在性**,它簡直無法被了解。故須詳註如上。若不如此,縱使譯出來亦無用。

§59 作爲「道德底象徵」的美〔美是道德底象徵〕

要想證實我們的諸概念之**實在性,直覺**總是需要的。如果概念是經驗的,則所需要的直覺被名曰**事例**;如果概念是知性之純粹概念〔範疇〕,則所需求的直覺通常被名曰**圖式**(規模 schemata)。但是要想對於理性概念即**理念**要求一客觀實在性之證實,尤其是爲了客觀實在性之**知解的知識**而去要求理念之客觀實在性之證實,則所要求者是一不可能,因爲絕對地不能有那「適當於理念」的**直覺**可被給與。

一切眞實化(hypotyposis:或展示的呈現 presentation:拉丁 subiectio sub adspectum),即當作一種「有賴於感性」的展現看的眞實化,可有兩種方式。(1)當「相當於知性所掌握的概念」的那**直覺**是**先驗地**被給與時,則眞實化是**圖式性的**(schematic);(2)當概念是一個「只有理性能思之,而且無有感觸的直覺能相應之」的**概念**時,則眞實化是**象徵性的**或**符示性的**(symbolic)。眞實化只有此兩途,或(1)或(2)。在第二種情形裏,概念之被提供之以直覺是這樣地提供之,即:「處理此概念」的那判斷力之程序只是**類比**

於其在**圖式程序**中所遵守的那程序。換言之，那與概念相契合者只是此「**程序之規律**」，而不是「**直覺**」**之自身**。因此，契合只存在於「**反省之方式**」，而並不存在於其**內容**。

儘管現代邏輯學家採用“symbolic”（符號邏輯之「符號」）一字其意義是相反於一「直覺性的表象模式」〔即只用作「符號」義，而非具體的展現義〕，然而那是此字之錯誤的使用，而且破壞此字之眞正意義；因爲“symbolic”〔符示或象徵〕之本義只是一「直覺性的表象模式」。直覺性的表象模式，事實上，是可分成「**圖式性的**」直覺表象模式與「**符示或象徵性的**」直覺表象模式這 352 兩種的。這兩種「直覺的表象模式」皆表示「眞實化」，即皆表示「具體的呈現或展現」，而不只是一純然的「**記號**」（marks）。「記號」只是概念之**標籤**（designations：Bezeichnungen），這標籤是因著這辦法，即「伴之以感觸性的符號而卻與**對象之直覺**無任何內在的連繫」這辦法之幫助而助成。「記號」之唯一作用是依照想像之聯想法則而去供給一「召喚概念」之方法——是一純粹**主觀的作用**。這樣的記號它或是文字之「字」，或是「可見的符號」（代數的符號如 a, b, c 等，或甚至是模擬劇的符號），簡單地說來，只是用來作爲「概念之**表示**」。①

〔**原註①**〕：康德在此有註云：

知識之**直覺模式**必須與**辯解模式**相對反，並不與**符示或象徵模式**相對反。直覺模式有兩方式，它或是**圖式性**的，經由**證驗**（demonstration）而成者，或是**符示性或象徵性的**，此則只作爲一**表象**，即遵循一純然的**類比**而成的一種表象。

因此，一切「先驗概念所由以被給與一立足處」的那些直覺，它們或是「**圖式**」(規模 schemata)，或是「**符示**」(象徵 symbols)。圖式或規模會含概念之直接展現，而符示或象徵則含有概念之間接展現。圖式或規模其達成這種直接展現是**證驗地**達成之，而符示或象徵之達成間接的展現則是因著一種**類比之助**而達成之（為此類比，我們甚至求助於經驗的直覺），在那種類比中，判斷力表演了雙重作用：首先第一，它是在將概念應用於**感觸直覺之對象**中表現作用，然後，其次第二，它又在「將其『反省於感觸直覺』之純然**反省之規律**」應用於完全**另一不同之對象**中表現作用：關於這完全另一不同之對象，那感觸直覺之對象只是其**符示或象徵**。依此而言，一君主國當它為**憲法**所管治時，它被表象為是一有**生命的生機體**，可是當它為一個人的**絕對意志**所管治時，它便被表象為是一架**機器**(像一手磨機一樣)。

可是在這兩種情形中，其表象皆只是**象徵的**。因為在一專制國與一手磨機間，確然並無相似處，然而在「反省它們兩者以及反省它們兩者的因果性」這種**反省之規律**之間又確有其相似處。迄今為止，這種象徵的作用很少被分析過，然而如其所是，它是值得一較深的研究的。可是這仍不是要去詳論的問題。在語言中，我們有很多這樣**間接的呈現〔展現〕**，依據一類比而模成者，它們能夠使所說的「**辭語表示**」並不是去為**概念**含有適當的**圖式**，但只是去為**反省**而含有一種**象徵或符示**。這樣說來，如下這些字，如「基地」(支持物，基礎)，「依靠」(由基地上被建立而依靠於基地之依靠)，「流自某某」(而不是遵循某某)，「本體」(如陸克所說：偶然者之支持體)，以及無數的其他字，皆非是**圖式性的眞實**

化，但只是**象徵性的眞實化**，而且它們皆可表示概念，可是其表示概念皆用不著爲此目的而使用一直接的直覺而表示之，但只依據「類比於一個直覺」而描畫之，即依據「將『反省於一直覺之對象』之**反省**轉移到一完全不同的新概念上」之辦法而描畫之。（而所謂「轉移到一完全不同的新概念」，這一新概念乃是一個「沒有直覺能直接地相應之」的概念。）設想**知識**之名可被給與於那只等於一「**純然的表象之模式**」者（當「這樣名之」並不是「一對象自身是什麼」之一「**理論的〔知解的〕決定**」之原則，而但只是「對象之理念之對**我們**而言以及對**其合目的性的使用**而言之**應當是什麼**」之一「**實踐的決定**」之原則時，則這樣名之是完全可允許的）。如是，則一切我們的關於上帝的**知識**便就只是**象徵性的知識**；一個人他若以知性、意志等之特性（這些特性只確立其客觀實在性於此世界之人類中），把關於上帝之知識誤認爲是**圖式性的知識**，則他便陷於**擬人論**，此恰如：如果他完全放棄任何**直覺性的成素**，則他便又陷於**理神論**（deism），理神論關於上帝不供給任何知識，甚至從一實踐的觀點，亦不供給任何知識。〔**案：此即耶教之所以爲智神論（theism），而非理神論（deism）。因爲它不能完全放棄直覺性的成素，故常以智、意、愛等人類所有的特性而說神智、神意、神愛，然其如此說之，這並不是對於上帝作圖式性的了解，而只是作象徵式的了解。**〕

353

現在，我說：「美是道德地善者〔**道德的善**〕之象徵」，而且亦只有依「美是道德的善之象徵」之觀點（一「對每一人皆是很自然的」一個觀點，而且亦是一個「每一人要求他人皆服從之爲一義務」的觀點，只有依據如此樣的觀點），美始給我們以如此之快樂，即這快樂乃即是那「連同著一件隨的要求每一人皆同意」的一種快樂，而即在這快樂之基地上，我們的心靈始能意識到一種**高貴**與**上升**，上升在純然的感官之感受以上，即上升在「來自感官印象或刺激」的快樂之純然的感受之感性以上，並且亦始能評估他人之價值，即依據他人的判斷力之一同樣的格準之刻痕而評估他人之價值。說「美象徵道德的善」，此所象徵的那道德的善，如上節所指示，即是那智思者，即審美將其展望所擴及到的那「**智思者**」〔或審美所注目的那智思者〕。那就是說，這智思者即是那「使我們的較高級的諸認知機能成爲**共通一致而相諧和**」者；而且它亦即是這樣一種東西，即，若沒有了它，則純然的矛盾必會發生於「較高級的諸認知機能之本性」與「審美所提出的普遍同意之要求」這兩者之間。在審美這個機能中，判斷力並不見其自己要服從經驗法則之**他律**，就像它在對於事物之評估中之所爲——這就是說，在關於像「美」這樣一種純粹愉悅之對象中，判斷力給它自己以法則，恰如理性在關於意欲機能中之所爲。又，在這裡，既因主體內的此種內在的可能性〔即爲自己立法之可能性〕之故，又因一「與此內在可能性相諧和」的自然之外在可能性之故，判斷力在其自身內見到須涉及有**某種事物**於主體自身內及主體自身外，而此所涉及之某種事物既不是**自然**，亦不是自由，但卻又是與「自然及自由之根據或基地」相連繫，即與「**超感觸者**」相連繫——這超感觸者是這樣一種某物，即在此某物裡，理論的〔知解的〕機能是在一密切而又隱晦的樣式中與那實踐的機能結合而爲一。〔案：此超感觸的某物當即指「物之在其自己」而言。參看引論Ⅱ末三段文。〕我們將列出〔美與道德的善間的〕類比之若干點，然而同時謹愼地又不使〔它

們兩者間的〕差異點爲我們所忽略。

⑴「美」直接地使人愉快：其直接地使人愉快是只在**反省的直覺**中直接地使人愉快，並不像道德那樣，是在**道德底概念**中直接地使人愉快。 354

⑵「美」離開一切興趣〔**利害關心**〕使人愉快：「道德的善」中的快樂無疑是必然地與一興趣〔**利害關心**〕相連繫，但不與那「先於愉悅之判斷就已存在」的那種興趣相連繫，而是只與那「判斷自身首先使之有存在」的那種興趣相連繫。

⑶**想像力底自由**（因而也就是說，我們的想像機能之在關涉於其感受性之感性中之自由，或逕云我們的感受性之感性力之自由），在評估美中，是被表象爲與**知性之合法則性**相一致者：在道德的判斷中，**意志底自由**是被思爲「意志依照**理性之普遍法則**與其自身相諧和」。

⑷美之評估之**主觀原則**被表象爲是普遍的，即對每一人是有效的，但卻不可被表象爲因著任何**普遍的概念**而爲可認知的：道德之**客觀原則**也是被陳示爲是普遍的，即對一切個人以及同時亦對一切個人之一切行爲而爲有效的，而且此外，它亦被表象爲藉賴著一**普遍概念**而爲可認知的。爲此之故，道德判斷不只容許有決定的**構造原則**之可能，且亦只因著「採用這些構造原則以及此等構造原則之普遍性以爲其格言之根據」，它才是可能的。

甚至通常的理解也常注意於此種類比〔**美與道德的善間之類比**〕；而我們也時常把那些「好像是依靠於一**道德的評估之基礎**」的詞語應用於美的「自然對象」或「藝術對象」。我們稱建築物或樹木爲**莊嚴的**與**堂皇的**，或稱平原曠野爲**舒暢**〔**歡笑**〕的與**快樂**

的；甚至顏色亦被說爲天眞純潔的，優雅淑靜的，柔和親切的。何以故如此稱說？蓋因爲它們可以引起這樣一些感覺，即，這些感覺可含有某種事，這某種事可類比於道德判斷所產生的心靈狀態之意識。審美，好像用不著過強的跳躍，即可使「從感官底魅力轉到慣常的道德興趣」爲可能，因爲它表象自由中的想像力爲能夠聽從一對知性而言的「**合目的性的決定**」者，它並且教告我們，甚至在感官對象中，亦可去找出一「離開任何感官底魅力」的**自由愉悅**。

§60 附言審美之方法論

一種「批判」可分成成素論與方法論，這一種區分是一種「作355 爲一門學問之導論」的區分，但這一區分並不是可應用於「審美品味之批判」者。因爲茲並沒有且亦不能有關於「美」的一門學問，而「審美之判斷」亦並不是那「經由原則而爲可決定的」判斷。何以故如此？蓋因爲關於每一藝術中的**學問之成素**是一種「有待於藝術之對象底展示或呈現中的**眞理**」之事的，雖然這一種「有待於……中的眞理」之事確是美術之不可缺少的條件，然而這事之自身卻不是美術。〔案：此語中所謂「有待於某某中的**眞理**」之事，這所謂眞理之事意即屬「分解者」之事，蓋康德視分解者爲「眞理之邏輯」故。學問之成素有待於分解中之眞理，然而美術卻不是可以分解的，亦不是可有方法以報導的，是故「審美品味之批判」中無成素論與方法論之區分。〕因此，美術只有一「風格款式」(manner: modus)，但卻並沒有一「教導之方法」(a method of teaching: methodus)。〔案：此即中國所謂「詩有別才，非關學問」。〕教師必須能**具體地**描畫出或示範出學生想去達成者是什麼，以及這成就是如何被達成的；而「教師最後把其**處理程序**所歸化到」的那**普遍規律**之恰當的功能寧只是供給一方便的教本以便於學生心靈中**喚醒**此處理程序之主要的契機，而卻並不是把那些主要的契機**規劃給學生**。但是，縱使如此，我們也必須注意於**理想**，藝術必須不要忘記此理想，縱使藝術的幸運的努力很難有完全的成功以達此理想。只有因著激起學生的「符合於一特定概念」的**想像力**，並因著指出詞語遠不足以表達那「由於其是美學的，是故概念自身不能達到之」的那**理念**，且藉賴著**嚴厲的批評**，始可能去阻止學生使其不輕易即刻視置於其面前的**範例**爲卓越之**基型**，爲備其模倣之**模型**，而用不著再去服從任何其他較高的標準，或去服從其自己之批評的判斷。若學生而竟至輕易是如此，這必總歸於**天才**之熄滅，而隨**天才**之熄滅，**想像力**之在其合法則性中之**自由**亦隨而一同歸於熄滅，可是若無**此自由**，美術便不是可能的，甚至一個人自己之評估美術之一**正確的審美品味**亦不是可能的。

當想到美術底圓滿性之最高度時，一切美術之**前奏**〔初步預備〕並不存於**箴言**，但只存於諸**心靈力量之陶養**，這一種陶養是因著一健全的初步教育——教育於那通常被名曰「**人文學**」者，而被產生。那所以被名曰「人文學」的緣故大概是因爲「人情人性之人文性能」（humanity）一方面指表「普遍的同情之感」〔人間的互相感應之共鳴共感〕，而另一方面，則又指表那「能夠普遍地傳通人之最內部的自我〔人之最親切的內心者〕」之能力。這一種「同情之感」〔共感〕以及這一種「傳通人之最內部的自我〔人之最親切的內心者〕之能力」。乃是這樣的一些人之爲人之特性，即：它們兩者結合起來足以構成人類之適宜的社會精神〔適宜於群居的社交心〕，以與那狹窄的低等動物之生活區以別。曾有一個時代，有若干民族，在這些民族裡，主動的衝動是朝向著一個「爲法律所控制」的**社會生活**而趨（這一社會生活把一民族轉變成一持久的共同體），並和一些巨大的困難相博鬥，這些巨大的困難乃是因著「想把**自由**（因而亦是把平等）與那**拘束強制的力量**聯合統一起來」這種**困難的問題**而呈現出來。（那所謂拘束強制的力量應多半更是指「**尊敬**」之強制力與「**義務服從**」之強制力而言者，尙不是指「**恐懼**」之強制力而言者。）而這樣的時代，這樣的民族，它們首先發

356 見了共同體之較有文化的部分與較粗野的部分間的**理念**之相互的溝通，以及如何去把那較有文化的部分之**豐富性**與**精緻性**與那較粗野部分之**自然的單純性**與**根源性**間的**差異**溝通而諧和起來；在此路數中，那時代與那些民族想出了較高文化與樸實無華的自然之價值間的**中道**，這一中道，它亦爲審美品味，即那「作爲一『共同於一切人類』之美感」的那審美品味，形成那**眞正的標準**，即「沒有普遍規律可供給之」的那眞正標準。

任何未來的時代將很難廢除那些應有的「**模型**」。〔何以故？〕因爲「自然」將遠遠引退於背後，人們去自然益遠故。夫既如此，則由於沒有持久常住的**範例**可從過往時代裡被保留下來，所以終於一未來的時代必應很少有辦法在同一民族中，去形成這麼一個概念，即那「屬於最高文化」的「**法律指導性的約束或強制**」與那「感到其自己之固有價值」的「**一種自由的本性之力量與眞理性**」這兩者間之幸運的**聯合統一之概念**。〔案：此即今日之問題甚至所謂後現代化之問題，康德已預見之矣，此則益見文化教養之重要。〕

但是，在最後分析中，審美基本上就是一種評判的能力，這一評判的能力，它去評判那依據感官而成的**道德理念之感性的描寫**（其作此評判是「經由我們之對於道德理念與道德理念之感性的描寫作反省這反省中的某種類比之干與」而爲之）；而正是這種「對於道之感性的描寫」以及基於這種描寫上的那種「加深的感受」，即感受「道德理念所喚起的情感（道德情感）」之**感受**，才是那種快樂即「審美所宣布之爲對於人類一般皆有效而不只單對每一個人之私有情感有效」的**那種快樂之根源**。若明乎此，則以下便是很清楚的，即：爲「審美奠基」的那眞正的初步預備或前奏便是**道德理念之開發**以及**道德情感之培養**。因爲只當感受之感性與道德情感相諧和時，眞正的審美品味始能取有或**認定一確定不易的形式**。

譯者綜案：

此與解答背反時同一思路。審美判斷之普遍性與必然性必涉及道德理念（不可決定的理念）始可能，而此處亦說審美判斷之根源正是那對於**道德理念之感性的描寫**以及那基於此種描寫上的對於道德理念所喚起的**道德情感之加深的感受**。案此等於説：審美判斷之普遍性（審美的**快樂之情之普遍性**，「愉悅於美」之**愉悅之普遍性**）須依於概念，不過須知這概念是**一不可決定的概念**（**道德理念**），故其感性的展現不依於**圖式**，但依於**象徵**，象徵是**反省**上的一種表示法，反省中即有一種類比，由此類比，我們可説「美爲道德之象徵」：而此處則説審美之奠基有待於那「只可對之作**象徵性的展現**不可作**圖式性的展現**」的道德理念之開發以及此道德理念所喚起的道德情感之培養。

案：此種思路仍是將「美」超越而直接反省地掛鉤於道德理念。此想法太生硬迂腐而呆笨，故總不親切，亦不顯明。因爲它少了一迴環。我們須有一迴環，即：不能直接地與不可決定的道德理念掛鉤，須如此，即：既於目的論裡已有道德理念矣(即既已「立於禮」矣)，再進而須將此道德理念之「道德相」化掉(通過「無有作好無有作惡」之無之精神或無之妙用來將其化掉)，才是美感之所在，輕鬆灑脫舒暢自在之美感即在這裡出現。故美感之超越原則當是「無相原則」，而不是「合目的性原則」。無相原是目的論中的「道德相」化掉了以後的事：這是審美判斷之所意許的「超越原則」。這所意許的超越原則是相應審美判斷之爲反省判斷而非決定判斷而立的。因此，它亦與分析部中說審美判斷之無任何利害關心，不依賴於任何概念，亦無任何激情等相應。如是，審美判斷中之背反亦可根本不出現：決定判斷中有背反，反省判斷中無背反。夫既不依於任何概念矣，則審美判斷之普遍性與必然性根本不是由概念決定的，它們與任何概念無關。它們亦不須涉及不可決定的道德理念。它們須另作考慮。我們開始時依四類範疇說審美判斷之四機要，這只是藉賴四類範疇作機竅以明審美之四相，這只是虛用範疇以爲了解審美判斷之竅門，而不是實用範疇以去決定什麼事。審美判斷既不依任何概念，故其普遍性與必然性便沒有不如此之交替可能，此即其定然如此，必然如此，而沒有不如此之可諍處：其必然定然是直感之「如」之必然與定然，此中既無感性之波濤，亦無概念之波濤，只是純美直感之平平之如：「如」到處是一樣的：一如無二如，此即是審美判斷之普遍性。分析地講的純美之愉悅既如此，則如此之審美判斷之超越原則自當是「無相原則」，而分析中之第三相，即「無目的之合目的性」亦是多餘的（審美判斷自身中無任何目的，而以「合目的性」說美根本不相應）。如是，則分別說的美可作爲合一說的美之象徵，分別說的眞（科學之眞，俗諦之眞）可作爲合一說的眞（眞諦之眞，物自身身分的存在之絕對的眞）之象徵，分別說的善（道德）可以爲合一說的善（堯舜性之之善，天理流行之善，大而化之之善）之象徵。無相原則落實證成於眞美善合一說中之由「大而化之」之「化之」處說美。此是圓實無美相之美，故可爲分別說中有美相之美之超越原則，而有美相之美則是圓實無美相之美之象徵也。我們只可如此說，而不可勁直說「美爲善之象徵」，因爲此說並無定準，蘇東坡必反對之。只有「無相原則」可以消融蘇東坡之詩才中之「美」與程伊川之道德莊嚴意識中之「善」之衝突。請看卷首之〈商榷〉文。

牟宗三先生全集⑯

康德「判斷力之批判」(下)

牟宗三 譯註

譯者之言（下）

《判斷力之批判》下冊是「目的論的判斷力」之批判。此從§61節開始。此§61節可視作此目的論的批判之引論，以此引論為首節。Meredith 譯即作如此之安排。

此首節引論是從上冊審美判斷中之「主觀的合目的性」說起（關此我已詳論之於上冊），轉至此目的論的判斷中之「客觀的合目的性」。此目的論的判斷中之客觀的合目的性是指「材質的客觀合目的性」言，並不指「形式的客觀合目的性」（如幾何中者）言。此材質的客觀合目的性即指表一「自然目的」之概念。「自然目的」之提出乃是只對「反省判斷力」而言者，並非是對「決定性的判斷力」而言者，因而此自然目的之概念只可充作一軌約原則，而不可充作一構造原則。

討論此種「自然目的」者名曰「自然目的論」，此只適用於「有機物」。由此，遂展開「目的論的判斷力之分析」之全部。由此分析進而至「目的論的判斷力之辯證」，以明依機械法則而評估自然與依目的因之法則而評估自然之背反並非真是矛盾的對立，而只是一種辯證的假象，故可消解其背反而使之為並存。

目的論的判斷力之分析與辯證俱已講完，如是遂進至「目的論的判斷力之方法學」。此則主要地是明自然目的論的性格、作用與限制，即如何看那自然目的之概念。一般認爲此自然目的論可成爲一「自然神學」，即對於上帝之存在作一自然神學的證明。依康德，此實不能成一神學，乃只是進至神學之前奏或預備。要想進至一眞正的神學，則必須進至「道德的目的論」，而此道德的目的論只能成立一「道德的神學」，即對於上帝之存在作一道德的證明。依康德，我們只能有一「道德的神學」，對於上帝之存在作一「道德的證明」。至於歷來所有的存有論的證明、宇宙論的證明、自然神學的證明，皆不能成立。

依中國的傳統，主要地是儒家的傳統，我們並無神學可言，因此，類比地言之，我們只有一道德的形上學，即「踐仁知天，盡心知性知天」之全蘊。康德道德目的論中所說，儒家大體皆可接受。康德明說我們只有一「道德的神學」，而並無「神學的道德學」。關此，儒家尤其贊同。因此，我們只有一「道德的形上學」，而並無「形上學的道德學」。讀者若精熟儒家心性之學成德之敎之全蘊，自可對於康德有一恰當的和會。不但儒家與康德可和會，甚至道家之玄智玄理，乃至佛家識智對翻三德秘密藏，亦可與之相觀摩，如是，可見人類智慧之大通。

在自然目的論方面，中國以無嚴格的科學，故亦無嚴格的機械觀，因而於動植物處亦無嚴格的有機觀，而無論於機械作用處或於有機物處，以皆屬自然故，故皆以氣化觀之，至多於有機處以「氣化之巧妙」說之。無論怎樣巧妙，亦總有其機械性。不要說動植物，即使是人，若落於耳目之官的感性中，亦不免「物交物則引之而已矣」之機械性。因此，萬物相待而觀，你可提出「自然目的」

以觀之，但同樣亦可說「天地不仁，以萬物爲芻狗」。動物之本能固極巧妙，但豈不正以其是本能故，同時亦含有機械性？因此，依此態度而觀，倒反更見具體而活轉，而亦不違康德之批判。你說牛羊吃草，草爲牛羊而存在；虎狼吃牛羊，牛羊爲虎狼而存在，等等：像這種自然目的論只是隨便一說而已，豈能當眞的？

我將此下冊譯出，本亦想如上冊然，寫一長文將中國的道德的形上學與康德的道德的神學相比論，但以撰長文需有組織力，太費力氣，又以此〈目的論的判斷力之批判〉之思理較單純而顯豁，又以已有《圓善論》，故亦覺得不需再寫了，實即無精神無興趣再寫了（發動不起寫作之興會）。人到老了，只可隨便談談，提筆則很難。好在我隨譯文，到關節處總有案語以點示之。讀者反覆細讀譯文，並順所作之案語，自己去作疏導長文吧！

目　次

（上册）

(下册)

第二部　目的論的判斷力之批判

第一分　目的論的判斷力之分析

§61　（引論）自然中客觀的合目的性

我們並不須越至知識底可能性之批判的說明以外去尋找充分的　359
理由以便假定自然之在其特殊法則方面之一主觀的合目的性。〔案：依原文及其他兩英譯：「**我們依據超越的原則有很好的根據**去假定自然之在其特殊法則方面之一主觀的合目的性。」〕這所假定的「主觀的合目的性」是一「涉及〔自然之〕可理解性」（涉及對[①]**人之判斷力**而言的〔自然之〕可理解性）的那合目的性，而且它亦是那「涉及『把諸特殊的經驗統一成一聯貫的自然系統』這種統一之可能性」的那合目的性。這樣，在此聯貫的自然之系統中，我們可以進而預期許多自然產品中的**某些自然產品**之可能的存在，這某些自然產品是這樣的，即它們好像是放在那裡對於我們的**判斷力**有一十分**特別的關顧**，因此，它們遂含有一「特別**適合於**我們的判斷力」的**形態**。屬於此種形態的諸形態就是這樣的一些形態，即這些形態經由其統一性與異質性之結合，它們好像是足以去**加強**並足以去鼓舞那些心力，即「在判斷機能之運用中有其各自的表現」的那些心力，而即以此加強與鼓舞之故，這些形態遂被名曰「美的形態」。

〔譯註①〕:

原文有此「對」字。「對人之判斷力而言」是依原文譯。Meredith 譯無此「對」字,另造句,反多餘。

但是當作感取對象之集合體〔綜體〕看的那**普遍性**的「**自然之理念**」卻並不給我們以任何理由去假定:自然之事物可互相充作達至目的之手段,或去假定:自然事物之可能性只有因著「達至目的之手段」這樣一種因果性才能被使成爲完全可理解的。蓋因爲在上面所提到的**美的形態**之情形中,事物之表象是某種在我們自己心內的事,它可完全很容易地甚至**先驗地**被思爲是這樣一種表象,即它**很適宜於**並且**很方便於**我們去處置我們的諸認知機能至於一**內在而合目的的諧和之境**。但是當一些目的並不是我們自己所有的目的,甚至亦並不屬於自然而爲自然所有的一些目的(即我們並不把此自然理解成一**睿智的存有而有其目的**):當如此云云時,這便沒有理由先驗地去假定說:像這樣云云的一些目的,縱使它們不是我們自己所有的,亦不是自然所有的,可是它們仍可或應當去構成一**特種的因果性**,或至少仍可或應當去構成一**完全特別的自然秩序**。又有進者,像這樣云云的一些目的,其現實存在,除只依據一先行的「心靈的變戲法」之假定而被證明外,它亦不能經由經驗而被證明。這所謂「心靈的變戲法」乃是這樣的,即:這變戲法它只把一目的之概念**解成**事物之本性,而且由於它並不從「對象以及其由經驗所知於對象者」來引生出此一目的之概念,是故它之使用此一目

360

的之概念比較起來只在有便於**使自然對於我們爲可理解**，即因著類比於「我們的諸表象所依以有其內部連繫」的那一個主觀根據而使自然對於我們爲可理解，而並不在有便於從**客觀根據**來**認知自然**。

此外，客觀的合目的性，若當作「物理對象所依以可能」的原則看，它是遠不足以必然地接觸到自然之概念的，如是遂致它只是那「被引用來去表明自然以及此自然之形態之偶然性」的常見的例證而已。因此，當一飛鳥之構造被引用時，舉例言，如鳥骨之凹形的形構被引用時，以及鳥翼之位置便於飛行，鳥尾之位置便於掌舵定向等，被引用時，這皆告訴我們說：如果我們單看自然中的「有效因之關係」（因有效因而成的因果連繫 nexus effectivus），而不求助於一特種的因果關係，即，不求助於一特種的「目的因之關係」（因目的因而成的因果連繫 nexus finalis），則上所引用關於飛鳥之構造的那些情形皆是高度的偶然。此即意謂：自然，若視作純然是機械作用，則它實可依千百種不同的路數而形成其自己而決用不著去發見那種統一，即那「基於像目的因之關係這類原則上」的那種統一，因而也就是意謂：那只有在自然之概念以外，而不是在自然之概念以內，我們始可希望先驗地去發見些微基於目的因原則上的統一之根據。

但是，在「把目的論的評估應用於自然之研究」中，我們至少或然地是對的，但目的論的評估之應用於自然之研究只是爲的因著「類比於那『注意於目的』的因果性」這種類比之辦法而去把自然置於觀察與研究之原則下，而卻並不妄想經由這種類比之辦法而可以去**解明自然**。這樣說來，目的論的評估只是一種**反省判斷力**之評估，而並不是**決定判斷力**之評估。但是，目的所決定的那自然中的結合之概念與自然中的形態之概念，至少在自然之純然機械的因果性之法則所不及處，它或可是另一條「將自然之現象歸約成規律」的原則。因爲正當我們以「有關於對象」的因果性賦與於一對象之概念，好像這一具有所賦與的因果性的概念眞是被發見於自然中而不是被發見於我們自己身上者：正當我們是如此云云時，我們即是在提出一**目的論的根據**。或寧這樣說也許較好，即：正當我們依據「我們在我們自己身上所經驗」的**這種因果性之類比**把**對象之可能性**描畫或表象給我們自己，因而遂視自然爲**有其自己**之**技藝活動上**的**能力**者：正當我們是如此云云之時，我們即是在提出一**目的論的根據**。而如果我們不把這樣一種運作之模式歸給自然，則自然之因果性必須被看成是盲目的機械之作用。但自然之盲目的機械作用之因果性是完全不同於信任自然爲具有**意匠設計地活動著的原因的**，而自然亦可以被視爲是在遵循其**特殊法則**中隸屬於這種具有意匠設計地活動著的原因的。此後一義必是意謂：目的論不只是基於一**軌約的原則**上（這軌約的原則乃是那「指向於對於現象之單純的評估」的原則），且是實際地基於一**構造的原則**上，此構造的原則乃是那有利於「從自然產品之原因引生出自然產品」的那個原則：既這樣，則結果必是如此，即：一自然目的之概念不再是爲**反省判斷力**而存在，但只爲**決定判斷力**而存在。但是若是這樣，則自然目的之概念實並不特別地與**判斷力**相連繫，就像當作一「形式的主觀的合目的性」看的**美之概念**那樣。反之，這時，自然目的之概念必應是**理性之理念**，而且它必會把一種**新的因果性**引入於科學中，這一新的因果性乃是一種「我們一直只借之於我們自己而歸之於其他存有」的一種因果性，雖然我們並不想假定說：其他存有與我們自己這樣的存有是同樣地被構造成者〔是相似者，屬於同質者〕。

§62　純粹形式的客觀合目的性乃有別於「材質的客觀合目的性」者　362

一切依據一原則而被畫出的幾何圖形皆展現一**客觀的合目的性**，此**客觀的**合目的性有許多的指向而且是時常被稱賞的。此客觀的合目的性在圖形方面有便於因一簡單原則而解答好多問題，甚至有便於依無限多的路數而解答每一問題。在這裡，合目的性顯然是**客觀的**而且是**理智的合目的性**，並非單只是**主觀而美學的合目的性**。因爲這合目的性表示「圖形使其自己適合於許多設想的造形（Gestalten）之產生」之路數，而且它是經由**理性**而被認知的。但是此合目的性並不能使**對象自身**之概念爲可能，那就是說，我們並不能視對象自身只因爲它可以有求於〔或依靠於〕這樣的合目的性之使用而爲可能的。

在像圓圈這一簡單的圖形中，就存有解答許多問題之秘訣，這所解答的許多問題中之每一問題皆各別地要求有種種精細的資具〔種種儀器或準備〕，而我們似亦可說每一問題之解答，作爲那圖形之無限數的特出的特性之一，好像是**自然而來者**。〔自然：Meredith 譯爲「直接地」非是。〕例如，設已有了底線與對頂角，我們要構造一三角形。此問題是不決定的，即是說，它許有無窮數的解答。但圓圈這圖形卻擁有這無窮數的解答於一起，因爲一切三角形之幾何軌迹皆合乎此所給與之條件。又如兩條線相交，如是，這一條線底兩切段下的矩形等於另一條線底兩切段下的矩形。這問題之解答表面看來是很困難的。但是就像這樣的那一切線，即

363 「在一圓圈內相交，而此圓圈的周圍又通過這一切線之端點而形成」這樣的那一切線，它們皆直接地依此比例〔即上句所說兩矩形相等之比例〕而被分割。其他**曲線形**皆同樣暗示給我們以其他有用的解答，這些其他有用的解答從未在這些曲線形所依以被構造的那規律中被想到。一切**圓錐線**，當各別地用之或互相比較地用之時，不管它們的定義是如何之簡單，它們皆在那「為解答好多可能的問題而備」的原則中是有成果的。去看看這樣的熱誠，即「老幾何學家們用之以研究這樣的線形之此等特性，而從未讓其為**淺薄者**關於『這樣的知識之是否有用』所發的問題所困擾」這樣的熱誠，這實是一眞實的樂事。這樣說來，那些老幾何學家們遂不顧**地球之吸引律**為如何而即可研究**抛物線**之特性：地球之吸引律實可將其「應用於重體之彈射道」之情形指示給那些老幾何學家們，因為那些運動中之重體底引力之方向可以被視為平行於一抛物線之曲線形：地球之吸引律雖可如此云云，然而老幾何學家們卻可不顧這一切而自行研究抛物線之特性。那些老幾何學家們復又研究**橢圓形**之特性而並沒有**猜想到**一種引力也可以在天體中被發見，並且也**並不知道**管轄引力的那法則可以比照「距離於吸引點」之距離之不同而有變化〔更變其表現之方式〕，並亦不知那管轄引力之法則可使物體在自由運動中畫成此曲線形。雖然在一切這些辛勞中，老幾何學家們不經意地為後來者而工作，然而他們自己卻實是以一種**合目的性**而自娛，此合目的性雖即屬於事物之本性，然而他們卻能夠完全**先驗地**去呈現之為必然的。精於幾何學的柏拉圖，他曾以「事物之根源的構造之理念」而被激發，對此根源的構造之理念之發見而言，我們能廢棄一切經驗；他並以「心靈底能力之理念」而被激發，此心靈底能力之理念能使心靈去從諸眞實事物之超感觸的原則而引生出此等眞實事物之諧和（他以此等眞實事物去分類數目之特性，這數目之特性即是心靈所用之以遊戲於音樂中者）。他這樣被興發起來，如是，他遂超越了經驗之概念而上升到**理念**〔**理型**〕，這些理念看起來似乎只依「理智力與一切眞實事物之根源相交通之假定」始對於他而爲可解明的。這樣，無怪他將那無知於幾何的人從他的學園裡驅逐出去，蓋因爲他想：從居住於人類靈魂深處的**純粹直覺**，他就能引生出安納撒哥拉斯（Anaxagoras）由經驗之對象以及此等對象之有目的的結合所推斷出的一切。因爲那正是這樣一種東西之必然性，即「這東西雖表面看來好像是一個根源的屬性而屬於事物之本質的本性而無關於對我們有何用，然而它卻又是合目的的，而且同時它又形構得好像是有意地爲我們的使用而被設計出來似的」，這樣的一種東西之必然性，它才是我們之對於自然之最大的讚美之根源，這一讚美之根源並非甚外於我們而在我們自己之外，它實即位於我們自己的理性之內〔與其說是外在於我們自己之外，不如說是位於我們自己的理性之內：Nicht **sowohl** ausser uns, **als** in unserer eigenen Vernunft：not **so much** external to ourselves **as** seated in our reason〕。如果這種讚美，作爲一誤解之結果，易於逐漸上升而至狂熱盲信之度，則我們確然也可以恕而諒之而不必責之太甚也。 364

此種**理智的合目的性**，簡單地說，只是形式的，而非眞實的。換言之，它只是這樣一種合目的性，即它不函蘊有一目的爲其基礎，因此，它亦無需於「目的論」。即如其無需於目的論而觀之，它雖然是客觀的，並不是主觀的，像**美學的合目的性**那樣，然而它的可能性卻可很容易被理解，雖只依抽象的〔一般的〕路數而被理解。一圓圈之圖形是一直覺，知性依照一原則而決定之。此是這樣的一個原則，即「我隨便假定之而且使之成爲一基本概念」這樣的一個原則。如此樣的這個原則是應用於空間者，空間是直覺之一形式，這一直覺之形式亦同樣當作一表象而只在我們自己心內被發見，而且是先驗地被發見。那正是如此樣的應用於空間的**這個原則之統一性**它說明了那「由該圓形概念之構造而結成」的許多規律之統一。這些規律由許多可能的觀點展現**合目的性**，但是我們必不可把此合目的性基於一**目的**上，或依靠於**任何其他的說明**上。這是不同於在圍在一定界限的外物之複合體中去發見秩序與規則性，例如去發見那像花園中的樹木、花壇、人行道方面的秩序與規則性，這方面的秩序與規則性乃是這樣的，即，我不能期望由我依照某種「出自我自己的頭腦」的規律，所作成的空間之任何區劃，而先驗地去把這方面的秩序與規則性推演出來。因爲像花園中的林木、花壇、人行道這類東西是一些有**眞實存在的東西**（這些東西，要想成爲被認知的，它們必須是經驗地被給與的），而並不是那「依據一原則而先驗地被決定」的我自己心內的一種純然的表象。因此，這些有眞實存在的東西中的**合目的性**（經驗的合目的性）是**眞實的合目的性**，而由於是**眞實的合目的性**，是故它亦是那「依靠於**一目的之概念**」的合目的性。〔而亦正因此故，所以它亦得名曰材質的（非形式的）合目的性。〕

但是我們亦能十分容易地看出「讚美合目的性」之讚美之理由，而事實上，我們亦能很容易地視此讚美爲正當的，甚至當這被讚美的合目的性是被覺知於事物之本質的本性中時亦然。（所謂

「事物之本質的本性」，此中之事物乃即是這樣的事物，即「其概念是我們所能構造者」這樣的事物。）我們當知種種規律可由一共同原則而引生出統一，這樣引生出的種種規律之統一即可引起讚美。如此樣的種種規律一切皆是綜和性的，它們並不是由任何對象之概念，例如，由一圓形之概念，而被推出，但它們卻需要有**此對象**被給與直覺中。有對象被給與於直覺中，此義遂給那統一〔**種種規律之統一**〕以這現象，即此對象之諸規律並不同於我們的表象機能，它們實有一外在的根源。夫既給那統一以如此之現象，是故那統一遂恰像是**經驗的**一樣。因此，「對象之相應諧一於知性自己之特別有需於規律」這種**相應諧一之諧和**（Übereinstimmung）遂根本上顯出是**偶然的**，因而它亦只有藉賴著一個目的（一個「特別指向於其產生」的那目的），它才是可能的。現在，因爲這種**相應諧一之諧和**（Harmonie），不管一切所說的合目的性爲如何，它總不是經驗地被認知的，但只是先驗地被認知的，是故它亦正是那使我們確信以下之事實者，即：「空間，單只經由此空間之限制（即藉賴著依照一概念而活動著的想像所成的空間之限制），一對象始可能，這樣的空間，它並不是在我以外的事物之一性質，它但只是存在於我心內的一種純然的表象之模式」這一事實。因此，當我依照概念而畫一**圖形**時，或換言之，當我對於那外在地給與於我的東西形成我自己的**表象**時，不管那給與於我的東西其自己之固具本性是什麼，那實際發生的卻正是這一點，即：「我把這**合目的性引入於**那圖形中或那表象中」這一點。我不能由外在地給與於我的東西中引生出關於合目的性之經驗的教訓，因而結果，所謂**圖形**並不是這樣一個東西，即「我須爲之要求有任何『在我自己以外而處於對

365

象中』的**特殊目的**」這樣的東西〔案:意即我並不須爲之要求有一特殊目的處於外在的對象中〕。但是這種反省預設理性之一批判的使用,因此,它不能即時含在對於對象以及對象之特性之評估中。因此,此評估直接所暗示給我的那一切便是**異質的規律**(甚至就其固具的差異性而言的異質的規律)**之統一化於一個原則**中,這一個原則乃是這樣的,即:其眞理性我能先驗地認知之,而用不著爲此認知之目的去要求某種在我的概念以外的**特別的說明**,或較一般地言之,某種在我自己的先驗表象以外的特別的說明。現在,平常所謂「**驚異**」本是一種震撼或衝擊,這震撼或衝擊乃是心靈從「**一表象**以及經由此表象而被給與的**規律**這兩者之與心靈之現存的根本原則之準備之不相容」而感得者,因而這震撼或衝擊復又使一個人**懷疑**其自己之見解或**懷疑**一個人之評判力;但是「**讚美**」卻是這樣一種**驚異**,即這驚異它繼續不斷地再現,縱使上說之**懷疑**消失以後,它仍繼續不斷地再現。結果,讚美是「在當作現象看的事物之本質中去觀察上所提到的合目的性」這一種觀察之一十分自然的結果,言至此,對於這種讚美實並無什麼可反對者。因爲「上說的感觸直覺之形式(即空間)之與概念機能(即知性)相契合」這一種契合不只是未能解明爲什麼這相契合單只是**這樣的**而不是**那樣的**,且此外,它復又產生一種**心靈之擴張**,在此擴張裡,心靈得到了那處於這樣的感觸表象底範圍之外的**某種東西之存在**之**秘密之感**,而那種契合一致之終極根源或許即能被發見於那所秘感的某種東西之存在中,雖然這所秘感的某種東西之存在不被知於我們。當我們只論我們的先驗表象之**形式的合目的性**時,我們實亦無須去知道此**終極的根源**;但是甚至只簡單地這事實,即「我們被迫著依那個方向〔即

感觸表象外之方向〕去展望」這一簡單的事實亦可對那「迫使我們去作這樣的展望」的**對象**激起一**附帶的讚美**。

「美」之名是慣常地由於一種先驗的①**合目的性**的緣故而被給與於上所涉及的那些特性（即幾何圖形之特性兼及數目之特性），那些特性是在其於知識領域中的種種路數之使用上而具有那種先驗的合目的性。可是那些特性底構造之單純性不會引導我們去期望那種先驗的合目的性。如是，人們遂說及圓形之此一美的特性或彼一美的特性，這是依此一樣式〔**路數**〕或彼一樣式而被表露的。但是那並不是藉賴著**美學的欣賞**，我們始考慮這樣的特性爲**合目的的**。在這裡，並無一種「離開**概念**」的評估它使我們在我們的諸認知機能之自由遊戲中去注意一**純然主觀的合目的性**。正相反，那評估是一種依照**概念**而成的「**理智的評估**」，在此理智的評估中，我們很清楚地認知一「客觀的合目的性」，即是說，認知一適合於一切種目的（即一無限多的目的）的合目的性。上說此一美的特性或彼一美的特性，這些**美的特性**實寧可被名曰「數學圖形之相對的圓滿」，而不可被名曰「**數學圖形之美**」。恰當地說來，我們甚至也不能允許「**理智的美**」這個詞語：因爲，如果我允許此詞語，則「美」這個字必喪失其一切確定的意義，而「智性之愉悅」〔**純理智的愉悅**〕亦必喪失其「優越於感官之愉悅」之一切優越性。在這裡，「美」一詞可較好地被應用於所討論的**那些特性**之「**證明**」上；因爲在這裡，當作概念機能看的**知性**，以及當作「先驗地把這些概念具體地呈現出來而實化之」這實化之之機能看的**想像力**，皆得到一種「強化而令其鼓舞」之感（此強化鼓舞之感，加之以由理性而引出的準確性，便可被名曰**證明**方面之「精美雅致」）：〔**既**

366

如此，則自可於證明上說「美」〕因爲在此情形中，**愉悅**，雖然是基於概念上的，然而它至少亦是**主觀的**，可是「**圓滿**」卻包含著一種**客觀的愉悅**。

〔**譯註①**〕：

「先驗的」一詞，原文有，Meredith 譯漏掉，茲據補。

§63 自然之相對的合目的性乃有別於「自然之內在而固具的合目的性」者

茲只有一種情形，在上一種情形中，經驗把我們的**判斷力**引至**一客觀而實際的〔材質的〕合目的性**之概念，即是說，引至**一自然目的之概念**。此一情形是什麼情形呢？此即是：當某一原因對其結果所處之關係被檢查①**時**，而且**當**我們只有依據把「結果之**觀念**」引入因果原則中而且使之成爲因果性之根源並使之成爲「結果所依以可能的那基礎條件」，我們始能去看出此關係〔即原因對其結果所處之關係〕中之齊一性時：只當是如此云云之情形時，經驗始把我們的**判斷力**引至**一客觀而實際的合目的性**之概念，即是說，引至**一自然目的**之概念。現在，此情形可依兩路而被作成。〔第一〕，我們可直接視**結果**爲一「藝術產品」，或〔第二〕，我們可視**結果**爲其他可能的諸**自然存有**②〔自然中的**諸有生之物**〕爲其心中所有的藝術之意圖之故所可採用者〔即採用之以爲工具者〕。換言之，我們可把結果或視爲**一目的**，或視爲其他原因在追求目的中所用的一個**工具**。在此後一情形，即視結果爲工具之情形中，那**合目的性**被名曰**功利性**，當其有關於人類時；或亦可被名曰**適宜性**，當其有關於任何其他有生之物時。而在前一情形，即視結果爲目的之情形中，那合目的性，正相反，是一「**內在而固具的合目的性**」（intrinsic finality），此內在而固具的合目的性是屬於那當作一「**自然存有**」[②]看的事物之本身。

〔原註①〕：

純粹數學從不討論事物之眞實存在，但只討論事物之可能性，即是說，只討論一種「回應於事物之概念」的直覺之可能性。因此，它不能接觸到**因與果**之問題，因而結果也就是說，一切在數學那裡被觀察出的合目的性〔中之目的〕必須總是簡單地只被看成是**形式的目的**，而從不能被看成是一**自然的目的**。

〔譯註②〕：

「自然存有」，原文是"Naturwesen"（natural beings），Meredith譯爲「自然對象」（natural objects），或自然中之對象（object in nature），「對象」字非是。其他兩英譯皆如原文譯。自然存有意即自然的有生之物或自然中之有生之物。

例如，河流在其流程中帶著各種有益於植物底生長之泥土而下，它有時把這些泥土淤積於內陸，或有時淤積於河口。在某些海岸上，高漲的潮水把這沖積的泥土帶於陸地上，或把它順海岸邊而淤積之。這樣，肥沃的土壤便增加了（特別當人加助力去阻止退潮把碎岩又帶回去時爲然），而植物王國〔各種植物〕遂於以前魚類及甲殼類底居住處得到一生長地。這樣，自然本身已造成陸地方面的許多增加，而且仍然繼續在增加，雖然增加得很慢。現在，便發生這問題，即：這結果是否須被看成是自然方面的一個**目的**？因爲這結果對於人隱藏有利益。我說「對於人」，蓋因爲對於植物王國的利益不能被顧及，其所以不能被顧及是由於對反著陸地之得，茲有許多海產之失作爲「抵銷」。

或者我們可以舉這麼一個例子，即特殊的自然事物之適宜於作爲其他生物之工具之例子(設開始即假定其他生物爲目的)。例如，對松林而言，沒有比沙質土壤爲更好的土壤。現在，洪荒期的海水在其從陸地撤退以前，它就在我們的北部地區遺留下好多的沙土地帶。結果就是：在這種土壤上，一般說來，很不宜於任何種耕種，只廣大的松林能夠生長於其上，關於這些松林，我們常責備我們的祖先曾無故地毀壞之。現在，我們可以問：此原初的沙地之淤積是否曾是自然所懷有的一個「有利於可能的松林生長於其上」的目的。說到這裡，這是很清楚的，即：如果松林被假定爲是一自然的目的，則沙土亦必須被許可爲是一目的(雖只是一相對的目的)，而洪荒期的海灘以及海水之撤退轉而便成爲對沙土那一目的而言的一個手段；因爲在一合目的的連續底互相隸屬的分子之系列

368 中，每一居間的分子必須被看成是一目的(雖不是一最後的目的)，對此目的而言，其近因便作爲手段而存在著。同樣，如果家畜如牛馬等要存在於世界上，則地球上便須有青草；如果駱駝要吃得飽〔上臕〕，則含有碱質性的植物就須生長於沙漠中。又如狼、虎、獅子要存在，則上說吃草的動物或其他吃草的動物便須要多有。結果，基於**適宜性**上的**客觀合目的性**不是事物之一**內在的**客觀合目的性：恰像是沙地，當作單純的沙地看，不能被思議爲是其原

因（海水）之結果，除非我們使此原因〔海水〕傾向於〔意在於〕一個目的，而視此結果，即沙地，爲一「藝術產物」。基於適宜性上的客觀合目的性是一純然**相對的**合目的性，而就這樣的合目的性之被歸給事物本身而爲事物本身之所有而言，這樣的合目的性又只是偶然的合目的性；而雖然在上面所引用的事例中，各種草木或植物，依**其自己之權利**而論，須被評估爲自然之**有機的產物**，因而須被評估爲**藝術之事**〔案：即「天工開物」之**藝術之事**〕，然而在關聯於吃草之動物中，則它們須被看成是**純然的原料**〔案：即**飼料**，此則便是「天地不仁，以萬物爲芻狗」〕。

尤有進者，人之因果性中之自由能夠使人去把自然的事物適宜於人所懷有的目的。這些目的時常是愚蠢可笑的，此如當人使用飛鳥底華麗色彩的羽毛來裝飾其衣服，並使用有顏色的泥土或植物底漿液來描畫其自己之身體時，便是愚蠢可笑的。有時這些目的是合理的，此如當人使用馬便於乘騎，使用牛來耕田，便是合理的，或像米諾卡（Minorca）島上的人甚至用驢或豬來耕田，這也不能說是不合理。但是在這裡，我們甚至不能假定一相對的自然目的，所謂相對即是「相對於這樣的使用」之相對：不能假定一相對於這樣的使用之相對目的。因爲人的理性告訴人如何去把事物適宜於人的**隨意的**一時興起的念頭，人本身並不曾爲自然所注定，注定要有這些興起的念頭的。一切我們所能說的是：如果我們假定「人們定須生存在世界上」是我們所要企圖的，則至少那些生活資具也必不能缺少，蓋因爲若無一些生活資具，則人們便不能作爲動物而生存，甚至也不能作爲理性的動物（不管理性如何低）而生存。但是在這種情形中，對這樣的生存而言是不可缺少的那些自然物〔本身〕也必須同樣被看成自然之目的。

由上所說，我們很易見到：「對他而言的**外附的合目的性**(extrinsic finality)，即一物之適宜於他物之適宜性，其所依以被看成是一**外附的自然目的**」的那唯一條件便是：「一物或遠或近所適宜於」的「**那一物之存在**」其自身，並依其自己之權利，就是一

369 「**自然之目的**」。但是這一點從不能因著任何純然的自然之研究而被斷定。因此，隨之而來的便是：**相對的**合目的性，雖然依據一種假定，它可以指點到「自然的合目的性」，然而它卻並不保證任何「**絕對性的**目的論的判斷」。

在寒冷地區裡，雪保護種子免於受凍。通過雪車之使用，冰雪地亦有利於人類的來往交通。拉普蘭德島的人(Laplander)在這些寒冷地區裡，以動物，即馴鹿，來完成這種來往交通。馴鹿在一種乾枯的苔蘚裡找到足夠的食物以維生，這些乾枯的苔蘚就是牠們爲其自己從雪底下用爪去抓出來的。馴鹿本這樣可以維生，然而牠們卻甘於受馴養而無困難，而且毫不勉強地讓其自己被剝奪這自由，即「牠們大可以依之以自食其力」的那自由。對這些冰封區的其他居民而言，海洋於「供給動物」方面亦甚豐富，其所供給之動物反而可把燃料供應給居民，供應之以便燒暖其小屋。此外，茲又有這些動物所供應的食物與衣料，復又有木料，此木料好像是海洋本身單爲這些居民沖進來以便作爲其造屋之材料。現在，在這裡，我們有許多「自然之關聯於一目的」之可驚的會合，這一目的就是爲的成其爲格林蘭島人(Greenlanders)、拉普蘭德島人(Laplanders)、薩模奕島人(Samoyedes)、耶庫島人(Jakutes)之生活情形之目的，以及成爲其他類似者之生活情形之目的。但是我們

却不解人們為什麼一定要生活在這些地方。因此，**要說**「水氣依雪之形式而從大氣下降」這事實，以及「海洋有其潮流，這潮流把生長於較暖地帶的樹木沖進這些冰封區」這事實，以及「含有油量的海怪可在海洋裡被發見」這事實，**要說**這些事實**皆由於**有某種「有利於某些可憐人」之觀念居在背後來使一切這些自然產物會在一起，這必會是一十分冒險而隨意的肯斷。因為設若一切這些**功利目的**在自然方面皆不存在，這些**自然原因**之足以適合此種**生存之秩序**也必不會有什麼錯失。反之，若在我們這方面甚至去要求自然有這樣的一種能力或要求其有這樣一個目的，這亦必會看起來似乎是大膽而輕率的。因為除人類中**社會的統一**〔諧和團結〕之**極端缺乏**外，再沒有什麼東西能夠把人們分散到這樣**荒涼冷落的地區**裡。

§64　當作自然目的看的事物之特異的性格

當一物所由以有其起源的因果性必不可在自然之機械作用中被尋求，但只應在一個「其活動能力為概念所決定」這樣一種原因中 370 被尋求：當一物是如此云云時，則此一物之為可能便即是那只當作**一目的**看才為可能者。要想我們可以覺知一物只有依此路數才可能，那所需要者便只是這一點，即：此物之形式不是依據純粹自然法則而為可能者，即是說，不是依據這樣的法則，即如「我們只藉賴著那『應用於感取之對象』的**單獨知性**所能認知者」這樣的法則，而為可能者；但正相反，此物之形式只這樣才可能，即：在關於此物之原因與結果中，甚至要經驗地去知此物，此物之**形式**亦要預設「**理性之概念**」：只有依據此理性概念之預設，此物之形式才可能。在這裡，就目前任何經驗的自然法則而論，我們便有那「關聯於理性」的事物底形式之一**偶然性**。現在，理性在任何情形中，皆堅決主張去認知一自然產物底形式之**必然性**，甚至當理性只想去覺知那「含於此自然產物之產生中」的**條件**時，它亦堅持去認知此自然產物底形式之必然性。但是，在上面所提到的那冰島人生活情形中的自然事物之形式裡，理性卻不能得到此必然性。因此，上說那事物之形式之**偶然性**其自身就是一個「根據」，這根據使我們視事物之根源，恰因那偶然性之故，好像這樣的，即：此事物只有通過**理性**才可能。但是因果性，若這樣解釋之，它便變成「依照目的而活動」這種活動之機能，即是說，變成一「**意志之機能**」；而那對象，即那「被表象爲只由這樣一種意志而引生其可能性」的那對象，將只作爲一**目的**才可被表象爲是可能的。

設想一人曾來到一個在他看似是無人住的地方，並且設想他曾看見一個畫在沙地上的幾何圖形，例如說，一規則的六角形。當他反省而且想去得到那圖形底一個概念時，他的理性必會使他意識到（雖或模糊地意識到）：在此概念之產生中存有原則之統一。如是，他的理性必會禁止他去視沙地、鄰近的海水、風吹，或甚至動物連同動物之足印，這些他所熟悉的原因，或任何其他非理性的原因，作爲這樣一個六角形之形式之可能性之根據。因爲像六角形這一概念只有在理性中才可能，是故「巧遇這樣一個概念〔一個規則的六角形〕而偶然與之相遭遇」①之**偶然性**在他看起來必會顯是如此之無限地大〔如此之大或甚〕以至於恰像是在此概念之情形中畢竟並無「**自然法則**」之可言。因此，那必看起來是這樣的，即：六角形這樣一個結果底產生之原因決不能含在「**自然之純然的機械運作**」中，但正相反，六角形這樣一個對象，其概念由於是這樣一個概念，即「只有理性始能產生之，而且只有理性始能把對象拿來與之相比對」這樣一個概念，是故這樣一個概念它必須同樣亦就是那「唯一含有『產生此對象』的因果性」的概念。據此，對我們所設想的那一個人而言，那必看起來是這樣的，即：此結果〔即「六角形之產生」這一結果〕必是一個「無保留地須被看成是一**目的**（雖**不是一自然的目的**）」的結果。換言之，那人必應視此結果爲一**藝術之產品**（a product of art — vestigium hominis video）。

〔譯註①〕：

此依原文及其他兩英譯而譯。Meredith 譯爲「和這樣一個概念一致相合」不諦，且易引起誤會。

但是，當一物被認爲是一自然之產物時，如果即使其是一自然之產物，我們猶想評估其爲一**目的**，因而結果也就是說，評估其爲一**自然目的**，則某種較多一點的東西是需要的（如若不然，我們的評估或許會含有矛盾）。我暫時可以這樣說：如果一物它既是**其自己之原因**又是**其自己之結果**（雖這「既是又是」，其意義不同，即「是」字是在雙重意義中），則此物即作爲一**自然目的**而存在。因爲此「既是其自己之原因又是其自己之結果」之情形含有這樣一種因果性，這因果性，我們不能把它拿來和**純然的自然**之概念相聯合，除非我們使那**自然**基於一個「居在基礎地位」的**目的**上，但是這樣一來，那因果性固可被思而並無矛盾，然而它卻是不可理解的。在分析此種**自然目的之觀念**之構成因素以前，先讓我們用一例來說明其意義。 371

首先第一，一棵樹依照一常見的自然法則而產生另一棵樹。但是它所產生的那棵樹是屬於與其自己為同類者。因此，依其種類而言，它產生它自己。在此種類中，**由於**它時而為結果，時而為原因〔既一方為結果又一方為原因〕，繼續不斷地〔作為結果〕由其自己而被產生而同樣繼續不斷地亦〔作為原因而〕產生其自己，**是故**它是依種類之方式而保持其自己。

其次第二，一棵樹甚至亦作為一個體而自生其自己。我們只名這〔自生之〕結果為「生長」，這自不錯，但是「生長」在這裡是依這樣的意義而被了解，即：這意義它使「生長」完全不同於那依照機械法則而有的任何**增加**，而且它使「生長」為等值於「生出」或「生長成」（generation：Zeugung）（雖在另一名稱下）。植物它首先預備好它所消化的材料而賦給這材料一有特色的性質（這一性質是此植物以外的那自然之機械作用所不能供給者），而且此植物復又藉賴著一種材料而發展其自己，它所藉賴以發展其自己的那一種材料，依其組合的性格而言，實就是此植物自己之產物。因為，雖然就此植物由外邊自然所引生出的**構成成分**而言，此植物固必須被看成只是一「**引出物**」（educt：Edukt：由構成成分而引生出者），然而依此等構成成分之原料之分離與重新結合而言，我們卻在像植物這類**自然存有**方面發見一種根源的**選擇之能力**與**構造之能力**。所說植物這類自然存有，它是遠遠甚至無限地超過一切**藝術之努力**的。當藝術之努力企圖由其通過此類自然存有之分析所得的諸成素，或由自然為此類自然存有之營養所提供的材料，而重新去構造那些植物王國之產品時，你就可以見到這藝術之努力是遠不及那些自然物之**精巧**或**巧妙**的。說那些自然存有無限地遠遠超過藝術之努力，這豈不甚顯？

最後第三，一棵樹之某一部分之產生其自己也是依以下的方式而產生其自己，即：「某一部分之保存是交互地依待於其他部分之保存」，即依此方式而產生其自己。一個「從一棵樹之小枝上摘取下來而又被安置於另一棵樹之分枝上」的嫩芽它就在異幹上產生其自類者之生長，而一嫩枝被移接另一棵樹之枝幹上亦然。因此，甚至在同一棵樹之情形中，每一分枝或每一樹葉皆可被看成是移植或接種在這棵樹上的，因而結果也就是說，皆可被看成是一棵「有其自己之各別存在」的樹，這有其自己各別存在的樹只是把它自己附在另一棵樹上，而且是寄生地生存於這另一棵樹上。同時，樹葉固確然是樹之產物，但是它們轉而也可維持這棵樹之存在；因爲反覆落葉會使樹木枯死，而樹木之生長是依靠於樹葉之作用於樹幹上的。至於以下一類事，即：就植物生命底這些形式而言，在有損害的情況下，**當**對於鄰近部分之支持爲必要的那某一部分之缺乏經由其餘部分而被補給**時**，自然必有其歸於**自我救助**之道；還有，**當**由於某種有缺陷或有障礙的機遇之故，某些部分採用一完全新的形構以保存其現有的生長，因而遂產生一不規則的形式**時**，生長中遂有**畸形**或**歪形**出現：凡此等事，我只想在這裏順便這麼一提便可，雖然它們也是列在有機生命底形式之最可驚異的特性之內的。 372

§65　當作自然目的看的事物是有機體

當一物是一自然之產物，而既若此，然而卻又須被認知爲只有當作一**自然目的**看它才是可能的：當一物是如此云云時，則由前§64節所陳說的此種事物之性格而言，此物必須對其自己交互地或更替地處於**既爲因又爲果**之關係中。但是，此是一種有點「需要由一確定的概念來推究其所由來」的**不準確**且**不決定**的說法。

當因果連繫只藉賴著**知性**而被思時，則它是「構成一永遠不移地前進的因與果之系列」的一種連繫。那「作爲結果而預設其他事物爲其原因」的那些事物其自身不能轉而又是那作爲其原因的其他事物之原因。此種因果連繫被名曰「**有效因底因果連繫**」（connexion of efficient causes: nexus effectivus）。但是，另一方面，我們也能依照一**理性之概念**，即**目的之概念**，去思一因果連繫，這樣所思的因果連繫，如若視之爲一系列，則它固含有**後返的**依待，但亦同樣含有一**前進的**依待。這樣的因果連繫必是這樣一種連繫，即在此連繫中，那暫時被命名爲結果的東西，如若我們後返地看此系列時，縱然它是結果，它亦應該被說爲是原因，即該說爲是那種東西，即「它曾被說爲是其結果」的那種東西之原因。在實踐之事之領域中，即在藝術之領域中，我們很容易找到此類連繫之例子。這樣說來，一所房子確然是那當作租金而收得的銀錢之原因，可是，轉過來，此可能的收入之表象又是房子之建造之原因。此類因果連繫被名曰「**目的因之因果連繫**」（nexus finalis）。前有效因之因果連繫或可更適當地被名曰「**眞實原因之連繫**」，而此目的因之因果連繫則可更適當地被名曰「**理想原因之連繫**」，因爲以此種詞語之使用而觀，那必會即刻使吾人了解在此兩種因果性之外不能再有其他。

373 現在，被視爲一「自然目的」的一物之**第一所需要者**便是：此物之各部分之**存在**與**形式**之兩方面皆只有因著其關聯於**全體**而後可能。因爲此物其自身即是一目的，因而它亦是在如下所說那樣一個概念或理念之下而被理解，即：此概念或理念必須先驗地決定那一切須被含於此物之中者。但是當一物之可能性只有依此路數而被思時，則它簡單地說來，即是一**藝術品**。換言之，它是一**睿智因之產品**，此一睿智因不同於事物之材料或部分，而且它是這樣一個原因，即這個原因之因果性，在把各部分聚在一起而又把它們結合起來中，是經由此原因所有的一個「**全體**」**之理念**而被決定的，而所謂一「全體」之理念，此中之「全體」乃即是那經由此**理念**而被使成爲可能者，因而結果也就是說，它並不是那經由**外在的自然**而被使成爲可能者。

但是，如果一物是一自然之產物，而即在此性格中，縱然它是一自然之產物，然而它卻內在而固具地而又在其內在的可能性中要含有一「關聯於目的」之關聯，換言之，它只有作爲一**自然目的**而獨立不依於「外在的**理性的行動者**〔**理性的存有**〕」之**概念底因果性**，它才是可能的：如果一物是如此云云時，則**第二所需要者**便須被牽涉在內，此**第二所需要者**是如此，即：此物之各部分是因著「它們之交互地既是其自己的形式之原因又是其自己的形式之結果」這一方式而把它們自己結合成一「**整全之統一**」。因爲只有在此方式中，**整全之理念**才可能倒轉地或交互地轉而決定一切部分之形式與結合，而它之決定一切部分之形式與結合卻亦並不是作爲一**原因**〔**一睿智因**〕而決定之（因爲若這樣決定之，則這必使此物成爲一藝術品），但只作爲一**認知之基礎**而決定之，依此基礎，一切含在特定材料中的雜多之形式與結合之**系統性的統一**才對評估此物的人成爲**可認知的**。

依此，在這樣一個物體，即「依其固具的本性與內在的可能性而言，它須被評估為一**自然目的**」，這樣一個物體之情形中，我們所需要者是如下之所說，即：它的各部分必須在其集合的統一中，於其**形式**與**結合**這兩方面，皆同樣交互地彼此相生，而這樣，它們遂又因著其自己之因果性而產生一「**整全體**」，此一整全體之「**概念**」(在一如此之存有，即那「依照概念而具有一『適當於此一**整全體之產物**』的因果性」，這樣一個存有中)倒轉過來，又能依照一原則而成為該「整全體」之**原因**，這樣，遂有這結果，即：雖即「有效因底連繫」亦仍可被評估為是經由**目的因**而產生的一種**運作效果**。

在如此所說的一個自然產物中，每一部分皆被思為由於一切其餘部分之作用而得其存在，而且亦被思為「為其餘部分之故」而存在，並「為全體之故」而存在，即是說，每一部分皆是當作一**工具**

374 **或機件**(instrument or organ)而被思。但是，只如此說尚不夠，因為若只如此說，則每一部分可只是**人工藝術**之一工具，因此每一部分遂不過只有其「涉及一目的」的一般可能性。此既不夠，如是，反之，每一部分皆必須是產生其他部分之工具，結果，每一部分皆交互地產生其他部分。沒有人工藝術底工具能符合此義，但只**自然之工具**才能符合此義，所謂「**自然**」乃是這樣的自然，即：每一工具之材料皆由此**自然之資源**而引出，甚至人工藝術底工具之材料亦皆由此**自然之資源**而引出：只有**這樣的自然之工具**才能符合此義。只有在此義所表示的條件之下，而且亦只有依據此義所表示的條件，這樣一種自然產物始成為一**有機組織的存有**，而且成為一**自我組織的存有**，而即如其為一有機的與自我組織的存有，它始被名曰一**自然的目的**。

在一只手錶裡，每一部分是「其他部分之運動所由以成」之工具，但是這一個齒輪卻並不是其他齒輪之產生之**有效因**。每一部分確然是「爲另一部分之故」而存在，但它卻並不把它的存在歸功於那另一部分之作用。爲此之故，錶以及錶之形式之產生之原因也不是含在**材料之本性**中，但只處於手錶外的一個**存有**中，這一個存有〔人或工匠〕能依照「**一整全體**」之**理念**而活動，那「一整全體」乃是此存有之因果性所使之爲可能者。因此，手錶中的這一個齒輪並不因著利用外來的材料，或組織起外來的材料，而產生其他齒輪，而且此一手錶也更不因著如此之辦法而產生其他手錶。因此，手錶並不能自行恢復其被剝奪掉的那些部分；如果這些部分在原初的構造中即不存在，它也不能因著其餘部分之補助而修補這缺陷；它更也不能恢復其自己之偶然的失序。但是這一切是我們有理由所期望於**有機的自然者**。因此，一有機的存有並不是一純然的機器。因爲一機器只有**運動力**，而一有機的存有卻有內在而固具的**形構力**，而尤有進者，它又是這樣的，即如它更能把此形構力賦與於原無此力的材料，材料即是它所組織的那材料。因此，這種形構力是一自我傳播繁殖的形構力，它不能經由單獨的**運動能力**而被說明，那就是說，它不能經由**機械作用**而被說明。

但是當我們說有機產物中自然之能力爲**人工藝術之類似物**時，則我們對於自然以及此有機產物中自然之能力尙未說及其一半〔說的太少〕。因爲在此類似人工藝術品之情形裡，那呈現於我們心靈面前者乃是一個在自然外進行工作的**技藝者**（一有**理性的存有**）。可是，正相反，自然不是一個自然外的技藝者〔技匠〕，自然乃是這樣的，即：它組織它自己，而且它在其有機產物底每一種目中組織它自己，它組織它自己是遵循一簡單的模式的，這簡單的模式固確然是關於一般性的模式，然而縱然如此，它也允許有「在特殊環境下適合於去獲得**自我保存**」的那些**偏差或脫離常軌者**。如果我們說此不可滲透的特性是**類似於生命**者，即**生命之類似物**〔不是人工藝術之類似物〕，則我們或許更近於此不可滲透的特性之描述。但是，這樣一來，我們可有兩種情形：⑴或者我們定須去把一種「與物質之本質的本性相矛盾」的特性（**活物論**之**特性** hylozoism）賦與於物質（純然物質的物質）；⑵或不然，我們定須去把一「與物質相交通」的**外來原則**（一個**靈魂**）拿來與物質相聯合。但是，如

375 果這樣一種產物須是一自然產物，則要想去把一靈魂帶進來，我們定須去採用以下兩路之任一路，即：**或者**我們必須預設有機的物質爲這樣一個靈魂之工具，而這樣一個靈魂並不使有機的物質較爲更可理解一點，**或不然**，我們必須使靈魂成爲此結構之技匠〔營造者〕，在這樣情形下，我們必須把產物從（色體的）自然中撤離出來。依此，嚴格地說來，自然之有機作用決無什麼可以**類比**於我們所知的任何因果性的①。**自然的美**可以正當地被名曰「**藝術之類似物**」，因爲這美只在關於「**對象之外在直覺**」之**反省**中而被歸屬給對象，因而也就是說，只因爲對象之**表面形式**之故而被歸屬給對象。但是**內在而固有的自然的圓滿**，由於它爲那些「只有作爲**自然目的**才可能，因而只有被名曰**有機體**才可能」的諸事物所具有，是故它不是依據任何類比，類比於任何所知的物理的或自然的能力之類比，所可思議的，亦不是依據任何這樣的類比所可解明的，它甚至也不是依據任何類比於**人類藝術**這的確適宜的類比之提示所可思議與所可解明的，因爲我們人類自己依最廣的意義而言，也是自然

之一部分。〔案：依中國儒道兩家的傳統，只說這是**造化之妙**，並不作強探力索的類比，甚至**自然目的**一詞亦不用。〕

〔**原註①**〕：關於「自然之有機作用沒有我們所知的任何因果性可資類比」康德有註如下：

可是另一方面，我們可以使用一「類比於所說之直接的自然目的」之類比來表明某種聯合，但是這某種聯合常是被發見於**理念**中，而不是被發見於**事實**中。在最近所從事的「想把一偉大的民族轉形爲一個國家」這完整的轉形之情形中，「有機組織」這個字眼時常地亦很恰當地被用來去表明「法定權力」之憲法，甚至表明「全部國家」之憲法。因爲在此種全體中，確然沒有任何分子定須只是一純然的工具，但亦定須是一目的，而且，由於每一分子皆對於整體之可能性有其貢獻，是故他的地位與功能亦必須轉而爲那整體之**理念**所規定。

依此，「一物之內在地爲一自然目的」之概念既不是**知性之一構造概念**，復亦不是**理性**之一**構造概念**，它但只可以作爲一**軌約概念**而爲**反省判斷力**所使用，**用之**以便依照目的一般，因著一種與我們自己之因果性之疏遠而模糊的類比，來指導我們之「對於有機體這類對象作研究」這種研究之工作，並用之以爲「對於這類對象底最高根源作反省」這種反省之基礎。但是在用之以指導我們去研究有機體並用之以去反省有機體之最高根源之基礎中，那自然目的之概念並不能被用來去促進我們的**自然之知識**，或促進有機體那些對象底**最高根源之知識**，但正相反，它必須被封限於恰正是理性之同樣的實踐能力之職務內，在「與理性之實踐能力之職務相類比」之類比中，我們來考量所論的**合目的性**之原因。

因此，有機體是自然中唯一的如此樣的一些存有，即：這些存有，就其各別的存在而離開和其他事物之任何關係而論，它們只有當作**自然之目的**看才是可能的，否則它們絕不能被認爲是可能的。376 因此，那首先把一**客觀實在性**給與於一**自然之目的之概念**(不是給與於一實踐目的之概念)者正是這些**有機體**。這樣說來，這些有機體以對一目的論而言的基礎提供給自然科學，或換言之，它們把「依一**特殊原則**而評估其對象」這一評估之模式提供給科學。所謂「依一**特殊原則**而評估其對象」，此中所謂一**特殊原則**乃是這樣的，即：若不依之以評估自然科學之對象，而想去把它引介於自然科學中〔以爲一認知之實原則，由之而可以收到自然對象之實知識〕，那必應是絕對不可證明爲正當的，蓋因爲我們完全不能先驗地去覺知這樣一種因果性之可能性。〔正以此故，自然目的之概念既不是**知性**之一構造概念，亦不是**理性**之一構造概念，但只是**反省判斷力**上的一個**軌約概念**。〕

§66 「有機體中內在固具的合目的性所依以被評估」之原則

茲有一**原則**，述之足以界定所謂有機體是何意謂。此原則爲何？曰：此即：一有機的自然產物是一個「其中每一部分皆交互地**既爲目的又爲工具**〔手段〕」的產物。在這樣一個產物中，沒有什麼東西是徒然的，是無任何目的的，或須被歸給自然之一盲目的機械作用的。

採用此原則之機緣自必須由**經驗**而引生。（所謂經驗是這樣的經驗，即如「有方法地被安排而亦可被名曰觀察」的那經驗。）但是由於那原則謂述這樣的合目的性之**普遍性**與**必然性**之故，那原則又不能只基於經驗的根據上，而是必須有某種**先驗原則**居於基礎地位以爲其根據的。但此作爲根據的先驗原則可以只是一個**軌約原則**，而且它亦可只是這樣的，即：此所論之目的只處於那「作成評估」的**個人之理念**中，而並不處於任何**有效因**中。因此，上面開始所說的那個原則〔即可以界定有機體的那個原則〕可以被名曰**格準**，這格準即是那「用之以**評估**有機體之內在而固具的合目的性」的格準。

這是大家所知的事，即：解剖動植物的科學家們，他們**要想去研究**動植物的結構以及**想去看透這理由**，即「爲什麼動植物備有如此這般的諸部分」之理由，並**想去看透**這目的，即「動植物所爲之而備有如此這般的諸部分」之目的，並**想去看透**「爲什麼諸部分具有如此這般的位置與具有如此這般的相互的連繫」之理由，以及**想去看透**「爲什麼內在的形式確然是如其所是者」之理由：要想去看透此等等，他們便採用上說的**格準**而以之作爲絕對地必然的。如是，他們便說：「在這樣的有生之物之形式中，沒有什麼東西是徒然的」；他們並把此**格準**置於妥效性之穩固地位，其被置於妥效性之穩固地位同於「無偶然而生者」這個一切自然科學中之基本原則之被置於妥效性之穩固地位。事實上，科學家們完全不能擺脫此**目的論的原則**，正如其不能擺脫那個一般物理科學之原則。因爲恰如：此後者之放棄〔即物理科學之原則之放棄〕必會使科學家無任何經驗知識之可言，是故前者之放棄〔即目的論的原則之放棄〕亦必會使科學家們無任何線索可以助其對於某類自然事物之觀察，這所謂某類自然事物即是那「曾在**自然目的**之概念下被思」的那些事物。〔案：意即：若無目的論的原則，科學家們必無法觀察那「在有機體中當作自然目的看」的這類自然事物。〕

377 實在說來，此**自然目的**之概念實把理性引進一種事物之秩序為完全不同於「一純然的自然之機械作用」之秩序者，此一純然的機械作用在那種事物之秩序中不再表明為適當的。須有一個理念居於「〔像有機物這樣的〕自然產物底可能性」之基礎地位以為其根據。但是此理念是「屬表象方面」的一種**絕對的統一性**，而材料則是「屬事物方面」的一種**眾多性**，此則自不能供給「組合之確定的統一性」。因此，如果那種理念之統一性實足以充作〔像有機物〕這樣一種組合物底因果性之自然法則之先驗的決定根據，則**自然之目的**必須被致使去擴展到那「含在自然之〔有機〕產物中」的每一東西上。因為如果一旦我們把〔像有機物〕這樣一個結果提升在自然之盲目的機械作用之範圍以外，而又把它當作一整全體而關聯到**一超感觸的決定根據上**，則我們必須完全依據**目的論的原則**來評估這樣的結果。我們沒有理由假定〔像有機物〕這樣一種事物之形式仍是大部分依靠於盲目的機械作用的，因為以兩異質原則之這樣的混擾而觀，則每一評估事物的可靠規律必會喪失而無餘。

無疑，例如在一動物軀體之情形中，有好多部分可以依單純的機械法則，把它們當作**加添的合生物**（accretions）而說明之（此如皮、骨、髮等）。但是那「把適當的材料累積起來而修飾之，形構而鑄造之，而又把它安排在其恰當的地位中」的那**原因**卻必須總是**目的論地被評估**。因為軀體中的每一事必須被看成是**有機的**，而每一事在其對於一整全物之一定關係中其自身轉而又即是一「**機件**」（organ）。

§67　「自然一般所依以目的論地被評估爲一目的之系統」的原則

我們上面已說自然事物之「**外在或外附的合目的性**」（extrinsic finality, äussere Zweckmäßigkeit，**意即非內在而固具的合目的性，這種對他而言的外附的合目的性**）對於「視自然事物爲**自然之目的**以解明自然事物所以存在之理由」這一層並不能供給任何充分的證成，或說，對於「把自然事物之**偶然地合目的的結果**理念上視之爲『自然事物之依目的因之原則而有其所以存在』之根據」，這一義並不能供給任何充分的證成。如是，我們並不能因爲河流有利於內陸各國家的國際交通，遂即有權視河流爲**自然的目的**〔**目的在利交通**〕，或因爲高山含有河流之源泉並保有雪庫以維持旱季時河流之水流不斷，遂即有權視高山爲**自然之目的**〔**目的在使河水長流**〕，或因爲陸地之斜坡沖走許多積水而使國家乾旱，遂即有權視陸地之斜坡爲**自然之目的**〔**目的在沖走積水使國家乾旱**〕。因爲雖然地球表層之此種布置對於動植物王國之起源與維持是十分必要的，然而此種布置本質上它並不含有什麼東西其可能性必使我們感到不得不去訴求一依照目的而成的因果性。此義同樣適用於爲人所利用或所享用的植物，或適用於像駱駝、牛、馬、犬等這類動物，這些動物是可以依各種不同的方式而被使用的，它們有時可用作人所役使者，有時可用作人所賴以生存的食物，而大部分則被認爲是完全不可缺少的。像這樣的事物，即如「我們沒有理由**依其自** 378

己之權利而視之爲目的〔沒有理由去視之爲**其自身**即是一目的〕」這樣的事物，其外在關係只能**假然地**被評估爲合目的的。

我們一方可以因著一物之**內在形式**而評估一物爲一「自然的目的」，但另一方，也可以視此物之**眞實存在**爲「自然底一個目的」〔自然所有的一個目的，自然所追求的一個目的〕。這兩種看法之不同是有本質的區別的。要想去維持後一看法〔即「視一物之眞實存在爲自然底一個目的」這一看法〕，我們不只需要有「一可能的目的」之概念，且亦需要有「自然之**終極目的**」之知識。但「需要有自然之終極目的之知識」這一點即需要我們把自然關涉到某種**超感性**的東西上，而「關涉到某種超感性的東西上」這一種關涉是遠遠超過了我們對於自然所有的任何**目的論的知識的**；因爲要想去找出**自然本身底眞實存在**之**目的**，我們必須在自然以外去尋求。「一簡單的草葉之根源亦只有依目的之規律而可能」這一點，對我們人類的評判機能而言，已足以由此草葉之內在**形式**而被證明。但是設讓我們把此種考慮暫置於一邊而不顧，而只注意一物爲其他自然存有所安排之用處，如是，此即意謂我們暫捨棄內部有機組織之研究，而只注意於對於目的之**外部的適合**。這樣，我們看到牧草爲家畜所需要，需要之以爲其生存之資具，而家畜亦同樣爲人們所需要，需要之以爲生存之資具。但是我們看不出究竟爲什麼「人們事實上定須存在」是必然的。（這一問題並不是很容易回答的，如果我們心目中所有的人之樣本，譬如說，眞是像新荷蘭人那樣，或眞是像拉丁美洲島上的土人那樣。）這樣，我們便達不到任何**定然的目的**。正相反，一切這些適合〔即草適合於牛馬，牛馬適合於人等〕皆被使基於一個條件上，而這一條件須被遠移到一永遠須向後撤的視界。此一條件是一**不被制約的條件**，即它是那「作爲一**終極目的**」的一個事物之存在，而這一事物，即如其爲終極目的而觀之，它是完全處於「自然目的論的路線上的世界之研究」之外的。但是，這樣一來，這樣一個事物它甚至也不是一「自然目的」，因爲它（或其全類）並不可被視爲是一「自然之產物」。

因此，那只當物質是有機的時，那才必然地須有其作爲一**自然目的**之概念，蓋因爲這樣，此物質始有一「同時是特殊的而又是一自然之產物」之形式。但，言至此，此**自然目的**之概念必然地把我們引至「聚合的自然爲一『遵循目的之規律』的系統」之**理念**，而自然之全部機械作用則又須依據**理性之原則**而被隸屬於這個**理念**（或至少要想經由**理性之原則**①而考驗現象的自然，那自然之全部機械作用必須被隸屬於這個理念）。理性之原則是這樣一個原則，即「對理性而言，理性有資格去用之爲一**純然主觀的原則**，即爲一**格準**」這樣的一個原則。理性用之爲一格準，這格準是說：世界上每一東西皆適合於某物或其他東西；在世界中，沒有東西是**徒然的**；我們因著「自然在其有機的產物中所供給於我們」的事例，我們有理由，不，我們實被鼓勵著，從自然以及自然之法則中除去期望那是合目的的東西外，再無什麼可期望，當萬事萬物被看成是一整體時。　379

〔**譯註①**〕：

案：「經由理性之原則」，德文原文是“um daran”，daran是指前文之「理性」或「理性之原則」言。Meredith 譯爲「經由此理念」（by this idea）非是，Pluhar 譯爲「對著此理念」

(against this idea)亦非。蓋若指理念言，則隔的太遠，亦重沓不通故。Bernard 譯爲“in it”，此“it”亦當指前文之「理性」言，意即「在理性中」，若指理念言則照樣不通。蓋「在理性中考驗現象的自然」，始可將自然之全部機械作用隸屬於那個「理念」。若用知性或在知性中來研究自然，則自然只隸屬於範疇，並無所謂隸屬於「理念」也。

顯然，這作爲格準的**理性之原則**不是一個爲決定性的判斷力所應用的原則，但只是一個爲反省的判斷力所應用的原則；它是一**軌約的原則**，不是一**構造的原則**；而我們由此原則所得的那一切不過是那「在自然事物之研究中去指導我們作研究」的一個線索，這一線索引導我們去考慮這些自然事物是在關涉於一早已被給與了的**決定根據**〔即自然目的〕中，依照一新的**齊一性**〔一新的服從法則的秩序或新的法則統馭之秩序〕，而考慮之，而且它亦幫助我們依照另一不同〔於機械原則〕的原則，即**目的因之原則**，去擴大自然科學，而這樣去擴大之，卻亦並未干擾自然因果性底**機械作用**之原則，復次，此作爲格準的理性之原則對於這問題，即：「依照此目的因之原則而被評估的任何事物是否是一由**設計**而成的**自然之目的**」這一問題，是全然默默無言的：即是說，對於「草是否爲牛或羊而存在，而牛或羊或其他自然之事物是否爲人而存在」這問題是全然沈默無言的。我們甚至亦照樣依此觀點〔即依目的因之原則〕去考慮那**不悅於**我們的東西，以及那在特殊的關聯中**不合目的**的東西。這樣，舉例言之，一個人可以說：那在人之衣服中、頭髮中、或床舖裡困擾人的那些小惡蟲〔如臭蟲、虱子、跳蚤等〕，它們經由自然之一**聰明的安排〔準備〕**，很可激勵人趨向於清潔，這趨向於清潔其自身就是保存健康之一重要辦法。又如那些「使美洲荒野之地成爲如此困擾野人使之十分難耐」的諸蚊蟲以及刺螫人的其他小昆蟲亦很可以是一些刺激物，藉以**去驅策**這些原始野人去把沼澤之地排水放乾，並讓陽光透進那密不透風的密林裡，並且因著如此之作爲以及因著土壤之耕耘，**復又去使**這些原始野人之居處較爲更合衛生。甚至就人而言，那在其內在的有機組織方面顯似違反於自然者，當依此路而觀之時，它亦對於一目的論的事物秩序供給一使人感興趣的展望，有時甚至供給一有教訓性的展望。離開這樣目的因之原則，而單從一**物理觀點**而來的**純然物理的研究**決不能把我們引至那**目的論的「事物之秩序」**。有些人說：「生有條蟲」的人或牛、馬等動物，其有之也乃是把牠當作一種補償來修補其生命器官中的某種缺陷。現在，依同一路數，我可以問：作夢是否不可以被看成是適應目的的一種**自然之調節**呢？（我們的睡眠從未免於夢，雖然我們很少還記得我們所夢的是什麼。）因爲當身體底肌肉力量鬆弛時，作夢即可適合這目的，即「藉賴著想像力以及此想像力所發的最大活動而**內部地刺激生命器官**」這目的。（此中所謂「最大活動」，在此狀態中，一般說來，即是一種「上升至心理、生理的激動」的活動。）「作夢之適合『內部地刺激生命器官』之目的」這種情形看起來就是爲什麼**想像力**經常是在人們晚上塡滿肚子上床入睡時才更生動地有表現，其在此時有表現恰正當此種刺激力最爲人所需要之時。在此，我可以提示：若無此種**內部的刺激力**以及那「使我們埋怨我們的作夢」的**疲倦不安**，則睡眠，甚至在人之健康甚好之狀態中，亦必會等於**生命之完全熄滅**。（我們常埋怨因爲晚 380

上多夢，所以才疲倦不安，實則作夢或許很有治療作用。）

一旦自然之目的論的評估（爲有機存有中所實際呈現給我們的自然目的所支持者）已使我們有理由去形成「一廣大的自然目的之系統」之理念時，我們即可甚至由此觀點來看**自然之美**，這自然的美乃是「自然」之與「我們的『從事於把握與評估自然之現象』的**諸認知機能之自由遊戲表現**之」**相一致**。何以故我們能如此看這樣的自然之美呢？因爲我們若能有理由去形成一廣大的自然目的之系統之理念，則我們可以看**自然之美**爲**自然之一客觀**的合目的性，這所謂「自然」乃是「就其全部而言爲一系統，而吾人亦是其中之一分子」的那自然：自然之美就是**這樣意義的自然**之一客觀的合目的性。我們可以把**自然之美**視作自然所給與於我們的一種**偏愛**或特惠（favour）[①]。自然除把那有用的東西給與於我們外，它還大量地散發**美**與**魅力**（嫵媚 charms），而因此之故，我們喜愛自然，這恰如我們因爲自然之無邊廣大而以敬畏態度看自然，並且我們覺得我們自己因著這樣的靜觀默會而亦被使成爲高尚的：——恰如大自然已以其所懷有的確切意圖而豎立起並裝飾好其壯麗的舞台。

〔**原註①**〕：康德對所謂「偏愛或特惠」有註云：

前在美學判斷部〔§58〕節中曾有這樣的陳述，即：我們以偏愛或歡心看自然，因爲我們對於自然之「全然自由（無利害關心）」的**形式**感有愉悅。我何以如此說？因爲在那**純然審美之判斷**中，沒有考慮到此等**自然之美**所爲之存在的那任何目的是什麼，即沒有考慮到：是否這自然之美是要引起我們心中之快樂呢？抑或這些自然之美是全然無關於我們之有什麼目的呢？

但是在一**目的論的判斷**裏，我們要注意於這種關聯；而因此，我們遂能把這層意思，即「目的論的判斷被處置得因著展現如許多的**美的形式**而促進我們的教養」這一層意思，視爲「自然之特惠」。

本節底大意簡單地說來是如此：一旦我們在自然中已發見了一種能力能去致生這樣的產物，即這產物只有依照**目的因**之概念始能爲我們所思議：一旦我們是如此云云時，我們才算是更前進了一步。**縱使**這些產物（或就其自己而言者，或就其所處之關係不管是如何之合目的而言者）並不必然地要強使我們去超出盲目的有效因之機械作用之外而去尋求這些產物所依以可能的某種其他原則，**可是**這些產物也仍可正當地被評估爲**一目的系統**之**構成部分**。因爲我們所由以開始的那個理念乃是這樣一個理念，即：當我們考慮其基礎時，它早已引導我們越過感取界，而既越過感取界已，如是，則那超感觸的原則之**統一性**必須不要被視爲只對**某一類自然存有**而有效，但須被視爲對作爲一系統的那**自然之全體**亦同樣有效。 381

§68　「被視爲是自然科學之一固有原則」的「目的論之原則」

一門學問之原則可以是內在而固有於此門學問本身之內者，如是這些原則便可被名曰「**內屬的原則**」（domestic principles：principia domestica）。要不然，這些原則亦可以基於那「只能在此門學問之外被擔保」的概念上，如是這些原則便是一些「外來的原則」(foreign principles: principia peregrina)。含有外來原則的學問是把這學問底主張或義理基於一些輔助的命題〔Lemmata〕上，那就是說，它依據由另一種學問而來的信託。〔擔保作證〕而得到某種概念或其他概念，以及隨同此概念而得到某種有規則的程序之基礎。

每一門學問依其自己之權利而言，它們都是一系統；而若說在一門學問中，我們依照原則去構造，因而遂即技術地去進行，這並不是足夠的，我們且亦必須把此門學問當作一各別而獨立的大廈看而建築學地來從事於工作。我們必須視之爲一自存的整體，而並不能把它視爲另一大廈底耳房或一部分——雖然以後我們可以造一條「從這一大廈通到另一大廈」①的來回通路。

〔譯註①〕：

案：Meredith 譯爲「從這一部分通到另一部分」，含混不明。茲參考其他兩英譯改。「通路」是指兩大廈間的通路說，不指兩「部分」間的通路說。

因此，如果我們想因著「把上帝之概念引介於自然科學之繫絡裡以便使自然之合目的性爲可解明」這辦法來補充自然科學，而又如果既如此作已，我們又轉而用此合目的性來證明有一上帝存在，如是，則自然科學與神學這兩門學問之一切**內在而固具的堅實性**皆必被剝奪而無餘。這種從此一邊到另一邊的虛妄無實的來回交叉橫切必使這兩門學問皆陷於不確定之狀態中，因爲這樣一來，它們兩者的界限被弄成互相出入而重沓的。

「自然之目的」這個詞語其自身即足以排除這種混擾並足以阻止我們之把自然科學或把那「自然科學所供給之以便目的論地評估此科學之對象」的那**機緣或理由**拿來與**對於上帝之冥想**混在一起， 382 因而亦即是說，阻止我們之把它拿來與一**神學的推引**混在一起。若依據「不管我們如何說，最後終歸於要從一明智的宇宙之創造者引生出自然中的這些合目的性的形式」這個根據，那上說的「自然之目的」一詞語一定要與自然之安排中的「神的目的」之詞語相混擾，或此自然安排中的「神的目的」之詞語一定要矇混爲「更適宜於且更恰當於一信神者」之詞語，則這種混擾或矇混並不可被視爲是一無關緊要的無謂瑣事。正相反，我們必須謹嚴而謙虛地把我們自己限於辭語之恰如我們所知者之表示而不要有任何踰越，即是說，我們必須把我們自己限於「**自然之目的**」這一辭語之所表示而不要有任何踰越。因爲在我們達到「自然本身」底原因之問題以前，我們即在自然中以及在自然之產生過程之經過中找到這些合目的的產品之實例，這些合目的的產品是依照已知的經驗法則而被產生於自然中者。自然科學正是必須依照這些經驗法則而評估其對象，因而結果亦就是說，自然科學必須在其自身範圍之內依照〔自然〕目的之規律尋求這種因果性。因此，此自然科學必須不要爲了「想把以下那樣一個**物事**當作一個**內屬的原則**而引之於其自己之懷抱之內」之目的而越過其界限，所謂以下那樣一個物事乃是這樣一個物事，即：對於此一物事之概念，沒有經驗能夠與之相稱，而且我們亦只有在自然科學說其最後一句話之後〔即在自然科學之完整以後〕，我們始有資格去冒進至此物事：自然科學必須不要爲了引出這麼一個物事於自己之懷抱內以爲一內屬原則而越過其界限。

那些先驗地可證明的自然質性，因而也就是說，那些「依據普遍原則而無任何來自經驗之助而即可顯示其可能性」的自然質性，它們實可含有一技術性的合目的性。但是由於這些自然質性是絕對地必然的，是故它們不能被記入於**自然的目的論**裡。自然的目的論形成物理學之一部分，而且它是一「可用於物理學問題之解決」之方法。諸數學的類比與諸幾何的類比，以及還有諸普遍的機械法則，不管其中那表面看來完全不相連繫的諸規律之變化多端之可統一於一簡單的原則，這種統一是如何之奇妙以及如何之值得我們讚美，它們也決不能以此之故即可算作是物理學中的說明之目的論的根據。它們似乎可以應該在「**自然事物一般**」之**合目的性**之**普遍理論**裡被檢查或被考慮，但是若如此，則此普遍理論乃是一「應被派給**另一門學問**」的一種理論，即是說，是一「應被派給**形上學**」的一種理論。這一種理論必不會形成自然科學底一種內具而固有的原則。然而在**有機體**所呈現的**自然目的**之經驗的法則之情形中，去使用**目的論的評判**以為關於特類對象方面的自然科學之一原則，這卻不僅是可允許的，且甚至亦是不可避免的。

物理學要想嚴格地保持於其自己之範圍內，它可以完全不理

383 「自然目的是否是有意設計成的目的抑或是無意設計成的目的」之問題。要想去討論這個問題，這必干預了自己範圍外的事，即是說，干預了那屬形上學之事者。實則只如下所說便已足夠，即：茲存有一些對象，這些對象只有依據這樣的自然法則，即「若不因著採用**目的之觀念**為原則以思之，我們便不能有別法以思之」這樣的自然法則，它們始成為**可解明**的，而且這些對象，就其內在而固具的形式而論，並只以其內在關係而觀①，亦只有依上說之路數〔即

依經由那樣所思的自然法則以解之之路〕，它們才是**內部地**[①]**可認知的**：只這樣說便已足夠。在目的論裡，我們誠然說及自然**好像**自然之合目的性**眞是**一「**意匠設計**」之事。但是要想避免這一切嫌疑，即「些微擅自假定某種在物理學中全無地位的東西，即擅自假定一**超自然的原因**，以與我們的知識之來源相攪混」這一切嫌疑，則我們之涉及「**意匠設計**」乃實是依這路數而涉及之，即在這涉及之口氣中，我們是把這意匠設計歸之於**自然**，即是說，歸之於**物質**。但是說到歸之於物質，這決不可容有任何誤解，因爲，顯然，無人想把「意匠設計」（依此詞之恰當意義而言）歸之於**無生命的物質**。因此，我們的眞實意向是想去指示：「意匠設計」這個字，如這裡所用的，只指表一「**反省判斷力**」之原則，而不是指表一「**決定判斷力**」之原則，因而結果也就是說，我們的眞實意向並不是想去引出任何特別的因果根據，但只想因著「經由另一種研究法之增益來補充依機械法則而成的研究」之辦法去贊助理性之使用，這樣便可以去補充那依機械法則而成的研究之不足，這依機械法則而成的研究甚至當作一經驗研究之方法看亦不足夠，這經驗研究之方法是以自然之一切**特殊法則**爲其對象的。因此，當目的論被應用於物理學時，我們可完全正確地來說**自然之智慧**、**自然之節省**、**自然之深慮**，以及**自然之恩惠**。但是這樣說時，我們並未把自然轉成一**睿智的存有**，因爲若那樣，這必會是**荒謬背理的**；但我們同樣亦未敢想去把另一存有，一睿智的存有，置放在自然之上以爲自然之**建築師**，因爲若那樣，這必會是**誇奢無度的**〔專擅狂進的〕[②]。正相反，我們之這樣說之之唯一的意向是想在這樣說之中，依據類比於我們自己的理性之技術的使用中之因果性，去標明一種**自然的因**

果性，這樣標明之，是只想把那規律，即「某些自然產物所依以被研究」的那種規律，記存於心而已。

〔**譯註①**〕：

「內部地」，依原文"innerlich"(internally)譯，其他兩英譯皆如此譯。Meredith 譯則不如此，而將此字譯為「並只以其內在關係而觀」，置於「內在而固具的形式」句之後。

〔**原註②**〕：關於「誇奢無度〔專擅狂進〕」，康德有註云：德文"vermessen"(臆測，妄斷：presumptuous 專擅妄斷)是一好字，且極有意義。一個這樣的判斷，即「在此判斷中，我們忘記了去了解我們的知性能力之範圍之本幹」，這樣的一個判斷，它有時似甚謙和，然而它有時又擅斷得太多，而且又實是十分專擅妄斷的。有好多**設計**本實是想對於我們自己的精巧智力之個人的智慧有所榮崇，然而我們又常以這種設計使之居於萬物相生與相保之工作之基礎地位以為其根據。有好多判斷即是我們所依之以想經由這種辦法來抬高或頌揚神智的。這些我們所依以抬高神智的判斷就是屬於專擅妄斷這一類型的。

然則，為什麼目的論通常又不形成理論的自然科學之一特別部384 分，而卻當作一種**前奏**或**過渡**而被移交給或棄逐於**神學**呢？如此作乃為的是想使自然之機械面之研究密切地依順於這樣的東西，即「我們能使之如此其甚地可隸屬於我們的觀察或試驗以至於我們自己亦能像自然那樣產生之，或至少亦能依照那同樣的法則而產生之」這樣的東西。因爲我們之有完整的洞見是只完整地洞見到我們依照我們的概念所能作者或所能完成者。但是，想藉賴著**技藝**而去結成一「相似於有機組織（當作自然之一內在目的看的有機組織）」的呈現〔或產品〕，這卻是無限地遠超過我們的一切力量之外的。至於說到像「被認爲是**合目的的**」這樣的「**外在的自然調節或調配**」之事（例如風雨等），物理學實只研究其機械的作用，它完全不能去展示其**關涉於目的**，當這「**關涉於目的**」意在成爲一個「必然地附屬於一〔有目的的〕原因」的條件時。因爲此種〔有目的的因果〕連繫中的必然性並不接觸到事物本身**之構造**〔**本性**〕，但只完全跟我們的概念之結合而轉。

第二分　目的論的判斷力之辯證

§69　判斷力底背反之本性〔什麼是判斷力底一種背反？〕

決定性的判斷力並不具有任何「對象之概念所基依」的原則以為自己之各別的特性。〔另譯：決定性的判斷力並無其自己之原則以形成對象之概念之基礎。〕決定性的判斷力並不是一種自律〔一種自我立法的判斷力〕；因為它只是在作為原則的特定法則或概念之下作歸屬活動〔即將特殊者歸屬於普遍者之下之歸屬活動〕。恰正因為這個原故，它並不暴露於由內在而固有的背反而來的任何危險中，而且它亦並不冒其原則之衝突之危險。這樣說來，那「被表明要含有範疇下的歸屬之條件」的超越判斷力並不是獨立地**立法的**（nomothetic）。這超越的判斷力，它但只標列出**感觸直覺之條件**，在此條件下，一「作為一知性之法則」的特定概念可被供給以「實在性」，即是說，可被供給以「應用」。〔案：意即作為知性之法則的那些特定概念即範疇依據感觸直覺之條件始能有其實在性，即是說，始能有其**應用**。〕在履行此職務時，超越的判斷力決不會落於內部不一致之狀態中，至少在原則之事中，它決不會自身 385

不一致。

但是**反省的判斷力**卻必須在一尚未被給與的法則之下作歸屬活動。因此，反省的判斷力，事實上，它只具有「對於對象作反省」這種**反省上之原則**，對於此所反省之對象，客觀地說，我們是完全缺乏一法則或缺乏一對象之概念的，這所缺乏的法則或對象之概念乃即是那「足以充作一原則以覆及那來到我們面前的一切特殊事例」者。現在，由於認知機能而若離開原則，便沒有其可允許的任何使用，是故反省判斷力在其所反省之對象方面缺乏法則或缺乏對象之概念以爲原則之情形中，它必須是**其自身對於其自己**即是**一原則**。由於此種原則並不是客觀的，「且亦並不能去引出任何『對象底認知之基礎』爲足夠於『所需要的**歸屬活動之企圖或計畫**』者」①，是故它必須只用來充作我們的諸認知機能之「**合目的的使用**」之一**純然主觀的原則**，即是說，充作對於一**特種對象**作反省這**反身上之純然主觀的原則**。因此，反省判斷力有其可應用於此種情形〔即對於特種對象作反省之情形〕之格準，這些格準乃即是那事實上「對於想去得到一被發見於經驗中的自然法則」爲必要的那些格準，而且亦就是那事實上「被引導去幫助我們去達到概念甚至是理性之概念」的那些格準（只要當這些概念是絕對需要的，需要之以便只想去依自然之經驗法則而得知自然時）。即在反省判斷力底這些**必要的格準**之間，一種**衝突**可以發生，因而結果亦就是說，一種**背反**可以發生。此種衝突或背反之發生即供給「一種辯證」之基礎；而如果這些相互衝突的格準中之每一格準在我們的諸認知機能之本性中有其基礎，則此種辯證便可以被名曰「**一天然的辯證**」（a natural dialectic），而且此種辯證亦構成一**不可免的假象**，而

386

為怕這種假象欺騙我們而去揭露之並去解答之，這乃是批判哲學之義務。

〔譯註①〕：

案：此句，第一英譯譯為：「且亦不能供給對象底認知之根據以為足夠於『企圖』或『計畫』者」。此如文直譯，什麼「企圖」或「計畫」不明。此第二英譯加字為「所需要的歸屬活動之企圖或計畫」。而第三英譯則如此譯：「且亦不能為『**認知對象**』供給一**客觀地足夠的基礎**」。此則造句與前兩譯異，把那「企圖」或「計畫」（Absicht, purpose or design）字化掉了。

§70　此種背反之詮表

在處理那作為外部感取對象之「全部或綜集」的**自然**中，理性是能夠去信賴法則的，這些所信賴的法則，其中有些是為**知性自身**所**先驗地**規劃給**自然**者〔案：此即範疇所代表者〕，還有其他一些則是藉賴著出現於經驗中的經驗決定而能夠有無限定的伸展蔓延的〔案：此即諸特殊的經驗法則〕。對知性所先驗地規定的法則之應用而言，即是說，對**物質自然一般**底普遍法則之應用而言，判斷力是並不需要反省上之任何特殊的原則的；因為在那種普遍法則之應用處，判斷力是決定性的判斷力；其所以是決定性的，蓋由於有一**客觀原則**是因著知性而被供給於它者。但是在關於**特殊的法則**中（對於這些特殊的法則，我們惟有通過經驗始能熟知之），有如此繁多的差異性與異質性存在，如是遂致判斷力必須其自身對其自己即是一原則，甚至單只爲這目的，即「在自然之現象中想去追求一法則或想去找出一法則」之目的，判斷力亦必須其自身對其自己即是一原則。判斷力實需要有這樣一個原則以爲一指導線索，如果判斷力還想去希望有一套「基於一通貫的**自然之齊一性**上」的一致的經驗知識時，即是說，還想去希望有依照自然之經驗法則而來的**自然之統一**時。現在，由特殊法則底此種偶然的統一之事實而觀，很可以有這種情形出現，即：判斷力在其反省中是依據兩種格準而動作的，一種格準是判斷力從純然的知性而先驗地得到者，另一種格準則是爲特殊的經驗所提示，這特殊的經驗使理性有所表現，表現而爲依照一特殊的原則，對於「有形體的自然」以及此自然之法則去形成或去設立一種評估。這樣一來，那所出現的情形是如此，即：此兩種不同的格準似乎顯然不能夠在同一職務中行事（to run in the same harness：不能一起存在著 unable of existing together），因而遂有辯證現象發生，這辯證現象在判斷力底反省之原則上把判斷力投入於混亂中。

387

這樣的反省之第一格準是正題：一切「物質事物以及此物質事物之形式」之產生必須只依**機械法則**才可**被評估**爲是可能的。

第二格準是反題：物質自然底某些產物不能夠只依機械的法則才可**被評估**爲是可能的。（即是說，就**評估**這些產物而言，一完全另樣不同的因果性之法則是需要的，即**目的因之法則**是需要的。）

現在，如果這兩個「**研究方面的軌約原則**」被轉成**對象本身底可能性**之**構造原則**，則它們便可這樣被寫出：

正題：一切物質事物底產生是只依據機械法則而爲可能。

反題：有些物質事物底發生不是只依據機械法則而爲可能。

在此後一寫法中，當作決定性的判斷力之客觀原則看，它們兩者必會互相矛盾，這樣，其中之一必會必然地是假的。但是，若如此，則這必確然是一種背反，雖然不是判斷力底一種背反，而實是「理性底立法」中的一種衝突。但是理性是不能夠去證明此兩原則中之此一原則或彼一原則的，蓋由於它見到我們不能依據純然經驗的自然法則而可以有「事物底可能性之先驗的決定原則」的。

另一方面，若如開始所陳述那樣，注意到一反省判斷力之格準，則我們可以見到：它們兩者事實上並不含有任何矛盾。因爲如果我說：我必須依據純然的機械法則而**評估**物質自然中一切事件之可能性，因而也就是說，也必須如此而**評估**那被視作自然之產物的一切形式之可能性；如果我這樣說時，我並不因而就肯定說：這些事件以及這些形式只有依據此路而爲可能，即是說，必至於排除每一其他種因果性然後才可能。正相反，我那說法只意在去指明：我應當在一切時依照自然之單純的機械作用之原則去**反省**這些事物，因而結果也就是說，以那原則盡我之所能去推動我的研究，因爲我若不使那原則成爲研究之基礎，這便不能有眞正的「自然之知識」之可言。現在，此義並不阻礙第二條格準，當一適當的機緣爲此第二格準之使用而呈現其自己時，那就是說，在**某種自然形式**之情形中（以及在此等自然形式之例證上，**全部自然**之情形中），當我們**反省**此等自然形式時，我們可以遵循另一原則之途徑，此另一原則之途徑乃是從根上不同於經由自然之機械作用而成之說明者，即是說，我們可以遵循**目的因原則**之途徑。因爲在遵循目的因原則之路數中，那依照第一格準而來的反省並未被廢除。不但未被廢除，正 388

相反，我們且是被引導盡我們之所能繼續去從事那種反省〔那種依第一格準而來的反省〕。又，那種反省實亦並不曾肯斷說：那些**某種自然形式**，實不曾是依據自然之機械作用而可能的。它只是肯斷說：**人類理性**，由於其固執自然之機械作用之格準之故，並由於其依據這些機械路線而進行之故，它決不能為那「構成一**自然目的之特殊性格**」的東西去發見一點點基礎，不管它依機械之路對於其所有的自然法則之知識所作的增益有若何之多。此義使以下之問題為一有待討論而為未被決定的問題，即：「在自然本身之未知的**內部基礎**中，那現存於同一物中的**物理機械的連繫**與**合目的的連繫**這兩者是否不可以在一簡單原則中互相結合起來或貫通起來」這一問題是一有待討論而為未被決定的問題。那只由於我們的理性無法把它們兩者統一於這樣一個簡單的原則中，是故我們的**判斷力**仍然只是**反省的**，而不是**決定的**，那就是說，它是依據一主觀的根據而有所表現，而並不是依照事物之在其內在而固有的本性中之可能性之一客觀原則而有所表現，因而它遂被迫著去思議一完全不同於「自然之機械作用之原則」的原則以為自然中**某種形式底可能性**之根據。

§71　上說的背反之解答之前言

我們完全不能夠證明：有機的自然產物不可能經由單純的機械作用而被產生。因為我們不能看到特殊的自然法則之無限的繁多性之最初的內部根據（特殊的自然法則由於只是經驗地被知，是故對我們人類而言，它仍全是偶然的），因而我們也絕對不可能去達到自然之可能性之一內在而又一切充足的原則，即一個處於超感觸性的領域中的原則。可是，自然之產生的能力豈不可以對那些「我們評估之爲依照**目的之觀念**而被形成或被連繫起來」的東西爲足夠，一如其對那些「我們信其爲在自然方面只要求**機械作用**」的東西爲足夠？豈不可以如此乎？或不然，它可以是這樣的嗎？即：事實上，事物本身就是**眞正的自然的目的**（如我們所必須必然地評估之爲如此者），而如其爲眞正的自然的目的，它們又基於一完全不同的**根源的因果性**上，這另一完全不同的根源的因果性不能是**物質的自然**之事，亦不能是此物質的自然之**智思的基體**（intelligible substrate）之事，即是說，這另一完全不同的根源的因果性實是一**建築師式的知性之因果性**：難道那自然之產生的能力竟可以是這樣的嗎？以上所說的疑問是在表明：茲有些問題，我們的理性對之是絕對不能有任何消息的，蓋我們的理性在關於因果性之概念中是被限制得太狹了的，如若這因果性之概念須是先驗地被說明時。但是，「關聯於我們的諸認知機能而言，自然之純然的機械作用也不能對於有機體之產生供給出任何說明」，這也正是一不可爭辯地確實的事。因此，對**反省判斷力**而言，以下所說實是一完全健全的原則，不管這原則對決定性的判斷力而言是如何之一輕率而不可證明的原則。這原則是如此，即：對那依照**目的因**而成的清楚顯明的「事物之連繫」而言，我們必須思考一種因果性完全不同於機械作用，即是說，思考一依照**目的**而活動著的「世界原因」，即思考一「睿智因」（an intelligent cause）。在對**反省判斷力**而言之情形中，**此原則**實只是一純然判斷力之**格準**。它所含有的因果性之概念只是這麼一個**理念**，即對此理念，我們決無法承擔去許與一**實在性**，但只把它用來去指導一種**反省**，而這**反省**仍然容許任何有效的機械的說明，而亦決未脫離感取之世界。〔可是〕在對**決定性的判**

389

斷力而言之情形中，**那原則**必應是一**客觀的原則**。理性必會規劃此一客觀原則，而**判斷力**亦必須隸屬於此客觀原則，因而亦必會因此而決定其自己。但是在這種情形中，「**反省**」必會從感取之世界逸出而漂蕩於**超絕區域**中，而很可能錯誤地被引導而誤入於歧途。〔案：語中之「反省」原文是 sie，Meredith 明標爲「反省」，恐非。其他兩英譯則指「判斷力」言，是也。〕

因此，嚴格地物理的或機械的說明模式與目的論的、技藝式的說明模式，這兩種說明模式底格準間的一切背反之樣相〔實即假象〕皆基於我們之把**反省判斷力**之原則與**決定判斷力**之原則之相混擾。那**反省判斷力底原則**是對我們的理性之在關於特殊的經驗法則中之使用而言爲只是主觀地有效的，而那**決定判斷力**底原則卻須符合於知性所給與的法則，此所給與的法則或是普遍性的，或是特殊性的。此兩種判斷力之原則是不同的。這裏所說的一切背反之假象，除基於上說兩種判斷力底原則之相混擾外，亦基於上說那樣的「反省判斷力底原則」之**自律性**①被誤認爲上說那樣的「決定判斷力底原則」之**他律性**②。

〔**譯註①**〕：

案：語中所謂「反省判斷力底原則」之**自律性**，此自律性（autonomy）不簡單地只是自律性，依〈導言〉第 V 段而言，當該是“heautonomy”，意即「**自律之爲己而律**」。此字很少見，只見於〈導言〉V 段論反省判斷處。康德所雅言之自律（autonomy）是自律之「爲他而律」，如知性爲自然立法，自由意志爲行爲立法，即是此種「自律」，此與「自律之爲己而律」之單成反省判斷，不成決定判斷者不同。

〔譯註②〕：

案：「決定判斷力底原則」之**他律性**，于此說他律性，當該記住§69之首二句文：「**決定性的判斷力**並不具有任何『對象之概念所基依』的原則以爲其自己之各別的特性。決定性的判斷力並不是一種**自律**；因爲它只是在作爲原則的特定**法則**或**概念**之下作**歸屬活動**（即將特殊者歸屬於普遍者之下之歸屬活動）。」特定法則或概念即此處所說知性所給的普遍法則（範疇）或特殊法則（知性通過經驗所給與於我們者，這不是知性所先驗地自立者）。**純粹知性**就範疇言是立法的，故有**自律性**；但判斷力之判斷作用，在決定判斷力處，它只作歸屬活動以成決定判斷，其自身並不能自立原則，其原則皆由**知性**而來，故「決定性的判斷力並不是一種自律」，而此處亦說「決定判斷力底原則之他律性」。惟「反省判斷力底原則」才是反省判斷力自身所自律的，且是「自律之爲己而律」，並不是「自律之爲他而律」。

§72　處理自然之合目的性的種種系統

沒有人曾懷疑以下之原則之正確性，即：當我們判斷自然中的某些事物，即有機物及有機物之可能性這類事物時，我們必須注意於「**目的因**」之概念。這樣一個原則是明顯地必要的，縱使我們所需要的不過只是一個**指導線索**，需要之以便藉賴著觀察而習知於這些有機體之事物之性格，而用不著把一種研究掘深至這些有機體之

390 事物之**第一根源**。因此，問題只能是：這個原則是否只是主觀地有效的，即只是**判斷力**底一個**格準**，抑或是**自然之一客觀原則**。依據其是自然之一客觀原則而言，這必會在自然之機械作用以及此機械作用之力學法則以外，還有其他一型的因果性，即**目的因底因果性**，屬於自然，至於那些自然原因（即那些動力學的力量）則只作爲一些「居間的原因」而屈居於**那些目的因底因果性**之下。

現在，此一思辨問題是很可以沒有任何解答或解決的。因爲，如果我們在純然的自然知識底範圍之內以思辨來滿足我們自己，則上說的諸格準〔即機械作用之格準以及目的因之格準〕對人力所能及的自然之研究而言，是很綽綽有餘的，而且對探測自然之最深的秘密而言，它們亦仍是綽綽有餘的。既如此，〔何以還有那似乎無解答的思辨問題，即「有需於目的因之概念」這一原則究是**判斷力之一格準（主觀原則）**抑或是**自然之一客觀原則**，這一思辨問題呢？其所以然之故，〕那必是「**理性**」覺醒了某種疑慮，或必是如普通所說，「**自然**」給了我們一點暗示。如是，我們遂被迫著去想：我們豈不可以以此**目的因概念**之助，能夠去走出自然以外，而且在此諸目的因底系列之中去把自然連繫到**最高點**上去：豈不可以如此嗎？我們爲什麼不可以放棄或廢除自然之研究（雖未曾將此研究進至甚遠），或至少，爲什麼不可以暫時把此自然之研究放在一邊，而先想去發見：自然科學中的那個異鄉客，即**自然目的之概念**，將會把我們引至何處去：我們爲什麼不可以這樣呢？

現在，在此點上，上面所提到的那個**不可爭辯的格準**確然必會**被轉成**（übergehen： turned）一個「爲爭辯而展開一廣闊場所」之問題。因爲人們儘可以主張說：自然的合目的性之連繫即證明自然方面一**特種因果性**之存在。或不然，人們亦可以爭辯說：此種連繫，依其眞正的本性並依據客觀原則而論，正相反，實不是一特種的因果性，而實是同一於自然之機械作用，或與自然之機械作用基於**同一根據**上，雖然在好多自然產物之情形中，此**根據**時常被埋藏得太深，遂致我們的研究很難發見它。因此，如此所爭辯者，我們要想依據一類比，把自然的合目的性之連繫引介出來以爲自然之基礎，我們就要求助於或依靠於一**主觀的原則**，即依靠於**藝術〔技藝〕**，或依靠於**依理念而成的因果性**——這是一種方便，這種方便事實上證明在好多情形中是成功的，而在某種情形中又確然看起來似乎是失敗了的，但卻並沒有一種情形能使我們有理由去把一種完全不同於「那依照自然之純然的機械法則而成的因果性」的**運作模式**引介於自然科學中。現在，由於我們在自然之產物中所見到的**一目的之暗示**，我們遂想給與自然之程序或自然之因果運作以**技巧之名**；可是在給與之以技巧之名時，我們提議去把這技巧分成「有意設計的的技巧」（technica intentionalis）與「無意設計的技巧」（technica naturalis）。有意設計的技巧是想傳達這意思，即：自然之「經由目的因而有產生作用」這種有產生作用之能力必須被認 391
爲是一**特種因果性**；而無意設計的技巧則想傳達這意思，即：自然之此種有產生作用之能力在根底上是同一於自然之機械作用的，而「其與我們的人工技巧之概念以及此等概念之規律之偶然的相一致」這種一致只是我們之「評估自然之此種產生之能力」這種評估之一**主觀的條件**，然而它卻錯誤地被解釋成自然產生之一**特種模式**。

說及那些「依目的因之觀點而對於自然提供一種說明」的種種

系統時，一個人不能不覺察到：一切這些系統，無一例外，皆是**獨斷地**互相爭辯的。換言之，它們皆是關於**事物本身底可能性之客觀原則**有所爭辯，不管這可能性是一個「由於有意地活動著的原因而然」的可能性，抑或是一個「由於只是無意地活動著的原因而然」的可能性。它們並不是對於「只評判所說合目的產物之原因」這種**評判之主觀的格準**加以攻擊或辯難。在此種評判之主觀格準之情形中，**異類的原則**很可以**相和解**而並**不衝突**，但在事物本身底可能性之客觀原則之情形中，那**矛盾地相對反的原則**是互相宣告作廢的，而且它們是互相不一致的。

關於「自然之技巧」的諸系統，即是說，關於「自然之依目的之規律而有產生作用這有產生作用之力量」的諸系統，是有兩種的：一是「**自然目的底觀念論**」之系統，一是「**自然目的底實在論**」之系統。自然目的底**觀念論**之系統主張自然方面的**一切**合目的性皆是**非意匠設計的**(undesigned)；而自然目的底**實在論**之系統則主張某種合目的性，即**有機存有中的合目的性**，是**意匠設計的**(designed)。由實在論之說法，有一假然的後果可以被推斷出來，此即：自然之技巧，即在那「有關於自然之一切其他產物——其他『涉及全部自然』的產物」者中，亦同樣是**有意設計成的**，即是說，亦同樣是一個目的。

1.「合目的性」之**觀念論**(所謂「合目的性」，在這裏，我一直是理解爲「客觀的合目的性」，意即這客觀的合目的性之觀念論)，它或是自然產物之合目的性的形式中的**自然決定之偶然性**(accidentality)之觀念論，或是這種**自然決定之定命性**(fatality)之觀念論。自然決定之偶然性這一原則注目於物質之關聯於其形式之物理基礎，即注目於物質之關聯於力學法則；而自然決定之定命性這一原則則注目於物質之關聯於「物質自己與全部自然」之**超物理的基礎**（hyperphysical basis）。那被歸於伊壁鳩魯或第孟克里圖士的那**偶然性之系統**，依其文義的解釋而言，即是如此之顯明地背理的，所以這不需我們再有多說。另一方面，**定命性之系統**（斯頻諾薩被認爲是此系統之創始人），雖然就一切表面而言，它是甚爲古老的，然而它卻基於某種**超感觸**的東西上，因而對於此超感觸的東西，我們的洞見是不能去滲透之的。這一定命性之系統並不是很容易去反駁的，蓋由於其**根源的存有**之概念是完全不可理解的。但是以下這一點卻是甚爲清楚的，即：依此系統而言，世界中的**合目的性的連繫**必須被看成是「非意匠設計的」（undesigned）。 392
因爲，雖然這合目的性的連繫是由一**根源的存有**而引生，然而它卻並不由此根源的存有之**睿智**而引生，因而結果也就是說，它不是由此根源的存有方面的任何**意匠設計**而引生，但只由此根源的存有底**本性之必然性**以及那由此根源存有底本性而流出的「**世界統一**」（world-unity）**底本性之必然性**而引生。因此，那也是很清楚的，即：合目的性之**定命論**同時也即是一「合目的性之**觀念論**」。〔案：此所謂觀念論即「合目的性」是有名無實之意，「合目的性」只是一**空觀念**，並無**眞實義**。〕

2.自然底合目的性之**實在論**也同樣或是物理的〔自然的〕或是超物理的〔超自然的〕。物理的〔自然的〕實在論是把**自然目的**基於一有意設計地活動著的機能之類比上，即是說，基於物質底生命上——此生命或是內在而固具於此物質中者，或是經由一內部的有生氣的原則或「**世界靈魂**」而賦與於此物質者。此種物理的〔自然的〕實在論名曰「**活物論**」(hylozoism)。超物理的〔超自然的〕實在論則是由「**宇宙底根源的源泉**」而引生出**自然的目的**。此根源的源泉，超自然的實在論視之爲一**睿智的存有**，此睿智的存有以意匠設計而從事產生活動，或說祂本質上而且根本上即是一有生命的活的存有。此種超自然的實在論便即是「一神論」(theism智神論)①。

〔**原註①**〕：

由此，我們可以看出：就如在大部純粹理性底思辨之事中一樣，諸派哲學如何依「獨斷的肯斷」之路數，時常對於擺在其面前的問題試探每一可能的解答。這樣，在「自然之合目的性」之情形中，有時嘗試以無生命的物質〔案：即偶然論〕來解答，或又以無生命的上帝〔案：即定命論〕來解答，又有時則又嘗試以有生命的活物質〔活物論〕來解答，或不然，則又以有生命的活上帝〔一神論或智神論，此對理神論 deism 而言〕來解答。如是，所留給我們的事，如果這事是必要的，則除以下之工作外，再沒有什麼其他工作了，即：只須去廢棄那一切**客觀的肯斷**，並須去依「我們的**判斷**之關聯於我們的諸認知機能」而**批判地**衡量我們的判斷：只須如此爲之便可，再無其他事可作。經由如此之爲之，我們就可以爲那**合目的性**①之原則獲得一妥效性，此妥效性，如果不是獨斷的，它猶可是**一格準之妥效性**，而且它在我們的理性之可靠的使用上亦是足夠的。〔案：康德此註是對兩種觀念論與兩種實在論之總註。〕

〔譯註①〕：

案：此依第三英譯譯。康德原文是"ihrem"，Meredith譯此為"their"（它們的），當指那些**客觀肯斷之肯斷言**，第一英譯亦如此。惟第三英譯則明譯為「**那合目的性**」。此較通，故從之。

§73　上說諸系統，沒有一個系統能作其所聲言要作者

上說諸系統底目的是什麼呢？其目的是想去說明我們的關於自然之目的論的判斷。在作如此之說明時，那些系統採用了兩條路之此一路或彼一路。走第一路的一些系統，它們否決了諸目的論的判斷之眞理性，因而結果也就是說，它們描述諸目的論的判斷為「自然之觀念論」（把自然表象為一種**技巧**）。走另一路的其他系統則承認諸目的論的判斷之眞理性，並許諾去證明一種依照「目的因」之理念而成的自然之可能性。

1.那些為自然中的「目的因之**觀念論**」而辯護的諸系統分成兩類。一類確然是把一種依照力學法則的因果性給與於這些目的因之原則（自然事物由於那種因果性而得其合目的性的存在）。但是這 393 一類系統它否決了那種因果性有「**意向性**」（intentionality），即是說，它否決「此因果性是**意匠設計地**被決定至此，即被決定至其合目的性的產生」，或換言之，它否決「一個目的可以是原因」。此種說明即是伊壁鳩魯所採用的一種說明。它完全否決了而且廢除了「自然之技巧」與「自然之純然的機械作用」間之區別。**盲目的機遇**被承認為是一種說明，其為一說明不只是「那生出的產物之與我們的『目的之**概念**』相契合」這種契合之說明，因而結果也就是

說，不只是自然底技巧之說明，且甚至是「依力學法則而產生或展開」這種產生或展開底原因之決定之說明，因而結果也就是說，是這種產生或展開底機械作用之說明。因此，沒有什麼東西是被說明了的，甚至我們的目的論的判斷中的假象〔虛幻象〕也未被說明；既什麼也未被說明，如是遂致我們的目的論的判斷中的所謂「**觀念論**」也全然成爲「**無實義的**」(unsubstantiated 不能確立的)。〔案：意即無所謂觀念論，乃只是機械的、盲目的自然主義而已，焉有所謂「目的因」之義耶？「目的」之名已被解消了，故也無所謂「目的因之觀念論」矣。〕

斯頻諾薩，作爲兩類觀念論中其他一類觀念論之系統之代表，他想使我們免於去探究「自然目的」底可能性之根據，而且他亦想使我們去剝奪「自然目的」這個觀念之一切實在性。他如何能如此想呢？他是因著「根本不允許我們去把諸**自然目的**視爲一產物」這辦法而如此想。他以爲那些**自然目的**毋寧只是「附著於一**根源存有**中」的本有的偶然物而已。他說此根源存有是一切自然事物之基體(substrate)，而既如此，就這些自然事物而言，他並不要把一種**因果性**歸給那作爲自然事物之基體的根源存有，但只把一種「**自存性**」(subsistence)歸給它而已。如是，感謝此根源存有之無條件的必然性，並亦感謝那「作爲此根源存有之本有的偶然物(inherent accidents)」的一切自然事物之無條件的必然性，由於此兩者之無條件的必然性，斯頻諾薩實確保了這些自然形式有那「對一切合目的性爲必要」的那**根據之統一**，但是他雖確保了自然形式之有其根據底統一，然而他之至此卻亦損失了自然形式之**偶然性**。可是若無此偶然性，沒有「目的之統一」是可思議的。在取消此目的之統一中，他亦取消了一切**意匠設計**之痕迹，如是，他遂使「自然事物底**根源的根據**」喪失了一切**睿智性**（intelligence）。

但是斯頻諾薩主義，並未完成其所想完成者。它想對於它所不反對的「自然事物之合目的性的連繫」供給一種說明，而且簡單地說來，它只使我們涉及那「一切自然事物所原具於其中」的那**主詞**〔**即根源的存有**〕之「統一性」。但是即使我們承認世界上的諸存有〔即諸自然事物〕之**此種存在模式**（即「本具於一根源存有」之存在模式），這樣的「**存有論的統一**」也並不能即時是「目的之統一」，而且它亦決無法使此「目的之統一」爲可理解。「目的之統一」事實上完全是一**特種的統一**。它並不能從「一個主詞中的事物之連繫」而推出，或從「一個根源存有中的世界上的萬有之連繫」而推出。正相反，它倒顯然函蘊著對於一個具有睿智的原因之關涉。縱使一切事物眞被統一於一個**單純的主詞中**〔**一個作爲根源存有的單純本體中**〕，這樣的統一也必不會顯示一合目的性的關係，除非這些事物首先第一，須被理解成是作爲一原因的「本體」之**內在的結果**，其次第二，須被理解成是經由本體之**睿智**而爲此作爲原因的「本體」之結果。若無此兩個形式的條件，一切統一皆只是「**自然之必然性**」，而當此統一也同樣被歸給我們所表象爲互相外在的事物時，它便只是「**盲目的必然性**」。但是，如果經院學家所名曰「事物之**超越的圓滿**」者須被名曰一「自然的合目的性」，則我們所得的只是幼稚的文字遊戲，而不是概念〔義理〕。（所謂「事物之超越的圓滿」是依關涉於事物自己之**恰當的本質**而言的圓滿，依照這樣一種圓滿而言，一切事物於其自身中原有其「是此物而不是任何其他物」所需的一切要件：如果事物之這樣意義的「超 394

越的圓滿」被名曰「自然的合目的性」，則這只是幼稚的文字遊戲，而不是概念義理。)因爲如果一切事物皆必須被思爲是目的，則「成爲一物」與「成爲一目的」便即是同一的，這樣，歸根結底，便無什麼東西足以特別值得被表象爲是一「目的」者。

此義使這甚爲顯然，即：經由把我們之「自然的合目的性」之概念化解成「我們自己之原具於或附存於一無所不擁的存有(雖同時亦即是一單純的存有)」之意識，並經由在那無所不擁而同時又是單純的存有之統一性中去尋求合目的性之形式，斯頻諾薩必是想去主張「合目的性之**觀念論**」，而並不是想去主張「合目的性之**實在論**」。可是甚至這合目的性之觀念論，他亦不能去完成，因爲純然的**基體底統一**之表象決不能產生合目的性之觀念，即使這合目的性是一「**非意匠設計**」的合目的性。

2.那些「不只主張自然目的之**實在論**，且亦甚至想去解明之」的人，他們想他們能夠檢查出一**特種因果性**，即有意地運作著的原因之因果性。或至少他們想他們能夠去覺知這樣的因果性之可能性，因此倘若他們不曾覺知之，他們便不能開始著手試想去解明之。因爲甚至最勇敢大膽的假設也至少必須依靠於「此假設之**假定性的基礎**之可能性之爲**確實的**」，而此假定性的基礎之**概念**也必須能夠足以保證此假定性的基礎之**客觀實在性**。

但一有生命的活的物質之可能性是完全不可思議的。此概念自身即含有自相矛盾，蓋因無生命性、墮性，構成物質之本質的特徵。如是，如果賦有生命的一種物質之可能性，以及那被「看成是一個動物」的「一堆聚集的自然」之可能性，被用來支持**大宇宙**中的**自然之合目的性**之假設，則那種云云之可能性亦只能在其**經驗地**

顯現於**小宇宙**中的**自然之有機組織**中之限度內，極保留地被使用。此賦有生命的**物質之可能性**以及當作一動物看的**一聚自然之可能性**是決不能先驗地被覺知的。因此，如果有機存有中的自然之合目的性是想從「物質之生命」中被引生出，而又如果此「物質之生命」轉而又只能在有機存有中被認知，則這在說明中必存有一種可厭的循環，這樣，便沒有「物質之生命」底可能性之概念能夠離開有機的存有之經驗而被形成。因此，**活物論**（Hylozoism）並不能履行其所許諾者。 395

最後，**智神論**（theism）同樣不能獨斷地實化「自然目的之可能性」，以此可能性作爲「建立目的論」的一個秘訣（key）。但是智神論之說明自然目的之來源卻有勝過其他一切說法之好處，即：它因著把一種**睿智**歸屬給根源的存有，它可採取「從觀念論裡營救出自然之合目的性」之營救之最好模式，而且它亦爲自然之合目的性之產生引介出一種「**有意向性的因果性**」（an intentional causality: eine absichtliche Kausalität）。

因爲智神論必會首先在其證明「物質中的**目的之統一**不可能是自然之純機械作用之結果」這一點上證明得很成功，即證明到對**決定性的判斷力**而言甚爲足夠或甚爲滿意。如若不然，它無資格去把此「**目的之統一**」之根據確定地放在「自然以外」與「自然之上」。但是我們所能得到的至多也不過是只此而已，即：甚至即此**機械作用**之**首要**而**內部**的根據由於是越出我們的視界之外，非我們的諸認知機能所能見到，是故我們的諸認知機能之構造〔本性〕與範圍〔限制〕須是這樣的，即如它們無論如何，決不會讓我們以這想法，即「想在物質中去找出一**決定性的合目的的關係**之原則」之想法，來看物質。正相反，我們所有以「評估自然之產物爲自然目的」之方式，除訴諸一**最高的睿智體**以爲世界之原因外，我們再沒有其他可能的方式。但是「訴諸一最高睿智體以爲世界之原因」這一方式並不是**決定性的判斷力**之一根據，但只是**反省的判斷力**之一根據，而且它亦絕對不可能使我們有權去作任何客觀的肯斷。

§74 「斷定地或斷然地處理自然技巧之概念」之不可能性源自「自然目的之不可解性」

如果我們視一概念爲**含攝**在另一對象之概念之下(此另一對象之概念形成一理性之原則)，而且我們又依照此另一對象之概念而**決定**此一概念，如是，則縱使此一概念須被置於一經驗條件之下而受其制約，我們也是**斷定地**或**斷然地**處理此一概念。但是，如果我們只視一概念爲在關聯於我們的**諸認知機能**中而視之，因而結果也就是說，爲在關聯於「**思之**」之**主觀條件**中而視之，而關於此概念之**對象**〔**本身**〕卻並沒有想**去決定**什麼事，如是，則我們便只是**批判地**處理此概念。因此，一概念之**斷然性的處理**就是那「對決定性的判斷力而言爲有權威性的(爲**合法的 gesetzmäβig**)那處理，而一概念之**批判的處理**則是那「對反省的判斷力而言爲有權威性的〔**爲合法的**〕」那處理。

396 現在，當作一自然目的看的那一物其概念就是這麼一個概念，即：此概念它把自然歸屬在一種「只經由理性之助始爲可思」的那一種因果性之下，而它之如此去作歸屬亦是只爲「可以讓我們依據此種因果性之原則去**評判**那對象之所給與於經驗中者」之目的而作之：當作一自然目的看的一物其概念即是如此云云的一個概念。但是如果要想爲**決定性的判斷力**而**斷定地**或**斷然地**去使用如此云云的一個概念，則我們必須首先要確保此概念之**客觀實在性**，因爲若非然者，我們決不能去把任何自然事物歸屬在此概念之下。但是，當作一自然目的看的一物其概念確然是一個「經驗地受制約」的概念，即是說，是一個「只在給與於經驗中的某些條件之下才可能」的概念。它不是一個「抽離這些條件」的概念。正相反，它是只有〔在這些條件之下〕，依據「**評估**對象」中的**理性之原則**，才是可能的。由於此概念正是這樣一個原則〔即評估對象中的理性之原則〕，是故我們並沒有任何洞見可以見到此概念之**客觀實在性**，即是說，我們不能覺知到：有一個回應此概念的對象是可能的。我們不能**斷定地**或**斷然地**確立此概念；而我們亦並不知道：此概念是否是「一純然邏輯的虛構並是一客觀地空洞的概念」（conceptus ratiocinans），抑或是「一理性之概念，即是一『可供給一知識之基礎並可因著理性而被實化』的概念」（conceptus ratiocinatus）。因此，此概念並不能在**決定性的判斷力**方面**斷定地**或**斷然地**被處理。換言之，不只是去裁決「那些被視爲自然目的的自然之事物是否爲其產生需要有一完全**特種的因果性**，即需要有一**有意向性的因果性**」這問題，是不可能的，且甚至去問這一問題亦是完全失序的——不應被問的。因爲一自然目的之概念在關於其**客觀實在性**中是全然不能經由理性而爲可證明的，此即意謂：此一概念不是對**決定性的判斷力**而言的一個**構造性的概念**，但只是對**反省判斷力**而言的一個**軌約性的概念**。

「自然目的之概念〔之客觀實在性〕不是可證明的」這一點由以下之考慮觀之是很清楚的。自然目的之概念，由於其是一**自然產**

物之概念，是故它含有「**自然之必然性**」（Naturnotwendigkeit）。可是它同時在關涉於純然的諸〔**特殊的**〕**自然之法則**中，也包含有一相伴的對象之形式中的**偶然性**於那被視爲是一目的的同一**自然產物**之事物中。因此，如果它要想避免自相矛盾，則它在含有自然中的**事物底可能性之基礎**以外，必須進而亦含有**此自然**本身**底可能性之基礎**，並亦含有「此自然本身之**涉及**某種東西不是一經驗地可認知的自然物，即**涉及**某種超感觸的東西，因而亦即**涉及**那畢竟不是可爲我們所認知的東西」這種**涉及之基礎**。如若不然，則在判斷此自然目的之可能性時，我們定不須依照一「完全不同於自然機械作用之因果性」的特種因果性來評估此自然目的。依此，一物之作爲一自然目的這個概念對**決定性的判斷力**而言是**超絕的**（過分而誇奢的 überschwenglich：transcendent），如果它的對象是經由理性而被考量時；但是對**反省判斷力**而言，它在關於經驗之對象中卻很可是**內在的**（immanent）。因此，在決定性的判斷力方面，客觀實在性並不能爲此自然目的之概念而取得。依此，我們可以了解：一切這樣的諸系統，即「被設計出來而企圖去對於『自然目的之概念』以及對於『自然之作爲一整全而將其一致性與貫通性歸功於目的因』這一層意思，作**獨斷或斷然的處理**」的那些系統，何以皆不能經由其客觀的肯定或否定而裁決任何什麼事。因爲如果事物被歸屬在**一個只是或然的概念**之下，則附隨於此或然概念的綜和謂詞，例如在現在情形中，我們的事物之產生所假設的自然目的是否是「有意設計的」抑或是「無意設計的」，這「有意設計」與「無意設計」之謂詞〔**綜和謂詞**〕，其給出對象之判斷亦必同樣是一或然的判斷，不管其所給出的判斷是肯定的抑或是否定的，蓋因爲一個人並不知道他是否是在關於那是「某物」者作判斷，抑或是在關於那是「無物」者作判斷。一種經由目的，即經由技藝之目的，而成的因果性，這種因果性之概念確然有其客觀實在性，恰如依照自然之機械作用而成的因果性之概念有其客觀實在性。但是一遵循**目的之規律**而成的**自然因果性之概念**，尤其像那「完全不能在經驗中被給與於我們」這樣的**一個存有**（被視爲是**自然之根源**這樣的一個存有）之**概念**，雖然它確然可以無自相矛盾而被思，然而對「斷然性的決定肯斷」而言，它卻是無用的。何以故如此？蓋由於這樣的因果性之概念或這樣的存有之概念是不能夠經由經驗而被引出的，此外，它對經驗底可能性而言又是不必要的，是故茲並沒有什麼東西能對於其客觀實在性可給出任何保證。但是，縱使其客觀實在性能夠被保證，我又如何便能把那「確定地被置定爲是**神藝之產物**」的事物算作是自然之產物呢？正當自然不能依其自己之法則而產生像神藝之產物這樣的產物之時，我們才被迫使去訴諸一「不同於自然」的原因。可是正當如此之時，我又如何便能把那「確定地被置定爲是神藝之產物」的事物算作是自然之產物呢？〔案：意即：因自然之無能去產生像神藝之產物這樣的事物，所以才迫使我們去訴諸一超自然的原因，但不能因此便可以把屬於「超自然的原因」的神藝之產物算作是自然之產物。故有文中之問語。〕

§75　自然之一客觀的合目的性之概念是對「反省判斷力」而言的一個批判性的理性之原則

如上所說固不錯，可是若說：某些自然事物之產生，或甚至全部自然之產生，是只有通過一個「依照意匠設計而決定其自己於活動」這樣一個**原因**之動作，才是可能的：若這樣說，這是**一會事**；而若說：就我的**認知機能**之**特殊構造**〔本性〕而言，我之能判斷那398 些自然事物之可能性以及那些自然事物之產生之可能性之唯一的辦法便就是經由以下之辦法而判斷之，即經由「爲那些自然事物之可能性以及其產生之可能性之目的而去思議一個原因它是**意匠設計地**在工作著，因而結果也就是說，去思議一個存有它的產生力是類比於一**知性**〔一睿智體〕之**因果性**者」這辦法而判斷之：若是如此說，這又完全是另一會事。在前一種說法之情形中，我是想去**確定對象**方面之某種事〔想對於對象有所確定〕，而且我也被迫著要去證明我所假定的一個概念之「**客觀的實在性**」。而在後一種說法之情形中，理性所決定者只是我的**諸認知機能之使用**，即是說，理性只比照諸認知機能之特殊性格並且比照那些爲此諸認知機能之範圍與限度這兩方面所置定的本質的條件，來決定我的諸認知機能之使用。因此，那第一種說法之原則是對**決定性的判斷力**而言的一個**客觀原則**；而第二種說法之原則則是只對**反省判斷力**而言的一個**主觀原則**，因而結果也就是說，它只是理性所規定的一個「屬於反省判斷力」的**格準**(maxim)。

事實上，如果我們想以孜孜不倦的觀察來從事自然之有機產物之研究，我們便不能避免「採用**意匠設計之概念**以爲基礎」之必然性。因此，我們在此意匠設計之概念中有一**格準**，此格準對於我們的理性之經驗的使用乃是絕對地必要的。但是，對自然〔之有機產物〕之研究而言的這樣一個引導線索一旦被採用，而其應用亦一旦被證實，則這便是顯然的，即：我們至少亦要必須在**自然全體**方面試一試這一「判斷力之格準」，因爲有好多自然之法則可依照此格準之指導而被發見出來；若不這樣去試，則以我們之對於自然之機械作用之洞見之限制之故，那些自然法則必仍然隱藏在那裡而永不爲我們所發見。可是在關於此一「判斷力之格準」之在**自然全體**方面之使用中，此格準固是有用的，但它卻並不是不可缺少的。因爲「**自然全體**」並不是當作有機物而被給與於我們者。（有機物之有機一詞是依上所指派給它的嚴格意義而言者。）另一方面，在關於那些「只能被評估爲是依其**恰如此而不如彼**之樣式而意匠設計地被形成」的諸自然產物方面，上面所說的那反省判斷力之格準是本質地必要的，如果不爲其他目的，但只想去得到這些自然產物底內在而固有的性格之經驗的知識時。因爲甚至「即思想這些自然產物爲**有機物**」之**思想**其自身也是不可能的，倘若我們不把「思想這些自然產物之產生爲經由**意匠設計**而成者」之**思想**拿來與之相聯時。〔案：意即：若不把這些自然產物思之爲經由意匠設計而成者，則甚至思之爲有機物亦不可能。此即表示有機物之觀念必須與意匠設計之觀念相連繫。〕

現在，凡「一物之『眞實存在或形式』底可能性須被表象爲服從一**目的**之條件」的地方，那地方就存在著依自然法則而來的**事物之偶然性**之概念不可分離地與事物之概念連繫於一起。爲此之故，那些自然事物，即如「我們只視之爲**目的**，它們才可能」，這樣的諸自然事物，它們就構成**宇宙底偶然性**之主要的證明。對一般人來說，和對哲學家來說一樣，那些當作**目的**看的自然事物也是**宇宙偶然性**之「依靠於並源於一世界外的存有」之一有效的論據，而且更亦是其依靠於並源於這樣一個存有，即「前文所說的合目的性的形 399

式表明其須是一**睿智體**」這樣的一個存有之一有效的論據。這樣說來,那些當作目的看的自然事物可以指示出:目的論必須注意於一種**神學**以便對於其研究作一完整的回應。

但是,設想目的論已被帶至最高的圓滿之頂點,那麼,它最後將會證明什麼呢?例如,它能證明這樣一個睿智的存有眞實地存在著嗎?不,它決不能;它所能證明的不過是這一點,即:依照我們的諸認知機能之構造〔本性〕,因而又在使經驗接觸到理性之最高原則中,我們若不想像有一最高原因它**意匠設計地**在運作著,我們便絕對不可能去形成像現在這樣一個世界底可能性之任何概念。因此,我們不能夠**客觀地**去把「茲存在著一睿智的根源存有」之命題予以實化。正相反,我們只能爲「我們的判斷力之在其**反省自然目的**中之使用」而**主觀地**去實化此命題,蓋此所反省的**諸自然目的**只能夠依一最高原因之有意向的因果性之原則而**被思**,除此以外,它們不能依任何其他原則而被思。

設若我們想從目的論的根據**獨斷地**或客觀斷定地去建立「茲存在著一睿智的根源存有」這個**大前提**,則我們一定要糾纏於許多不可解的困難中。因爲那樣一來,這些〔「建立之」之〕推論必應須爲以下之**正題**(thesis)所支持,即:「世界中有機的存有除因著一意匠設計地運作著的原因而可能外,決不會因著別樣的原因而可能」。但是,我們說那些推論須爲這**正題**(thesis)所支持,我們是想說以下一層意思嗎?即:只有因著遵循**目的**之觀念,我們始能把我們的研究推進至這些事物(這些有機的存有)之因果連繫,而且始能認知這個因果連繫所展現的**合法則性**(Gesetzmaßigkeit);既只有因著遵循目的之觀念,我們始能如此云云,所以我們也有資格去假定：對**每一**或**任何會思維**而且**能認知**的存有而言，這「遵循目的之觀念」之遵循，作為一**必要的條件**，因而也就是說，作為一個「亦繫屬於**對象客體**，而並非只繫屬於**主體**，即並非只繫屬於**我們人類自己**」的條件，也同樣地有效。我們是想說這層意思嗎？因為這似是一不可免的主張，所以我們定須預備去採取這種主張。但是在支持這樣一種主張中，我們從未成功過。因為嚴格說來，我們並不能**察知**自然中的目的是有意設計成的。我們只是把此目的之概念**解成**〔客觀的〕事實，即把那「只作為一指導線索以指導我們的判斷力去反省自然產物」這樣一個目的之概念解成〔客觀的〕事實。因此，這些〔所謂自然〕目的並未經由**對象**〔**客體**〕而被給與於我們。我們甚至亦不可能先驗地去保證這樣的目的之概念之適合性，如果這概念被認為具有客觀的實在性時。因此，開頭作為一大前提的那個命題，即「茲存在著一睿智的存有」這個命題，原只是基於主觀條件的一個命題，即只是「基於那『適合於我們的諸認知機能』的反省判斷力之條件」的一個命題。至於所說那個正題則是越出這個基於主觀條件的命題之外的。因此，由此正題，我們絕對得不到什麼事。如果此基於主觀條件的一個命題在**客觀的詞語**中被表示為是**獨斷地**（或客觀斷定地）有效的，則此命題必應這樣寫，即：「**茲存在著一上帝**」可是那「對我們人類而言是可允許的」那一切卻正是如下所說這**狹窄的**〔有限制的〕**定則**（formula），即：我們必須引用合目的性，甚至必須引用之以為我們的對於許多自然事物底內在可能性之知識之基礎，可是，我們除把所引用的這樣的合目的性以及一般言之世界本身表象為一**睿智的原因**即**上帝**之**產物**外，我們不能**思議**這樣的合目的性以及這世界 400

本身，或說我們不能使這樣的合目的性以及這世界本身對於我們爲**可理解**。

「茲有一睿智的根源存有」這個命題，如其所是，它實只基於我們的判斷力之一不可缺少地必要的**格準**上。現在設想如此樣的這個命題，從每一人類的觀點觀之，是完全令人滿意的，並且對我們把我們的理性所能作的任何使用，不管是思辨的使用抑或是實踐的使用，而言，亦同樣是完全令人滿意的，如是，則我亦定想去知道：從我們之不能證明此命題之「對較高級的存有亦有效」之有效性而言，我們將忍受什麼損失，即是說，從我們之不能依**純粹的客觀根據**去實化此命題而言(不幸這樣地去實化之是超出我們之所能至者之外的)，我們將忍受什麼損失。我意那是完全確定的，即：若只注意於自然之機械性的原則，則我們決不能得到「有機的存有以及此有機的存有之內在可能性」之一充分的知識，至於想去說明它們，這更作不到。實在說來，這是如此之確定以至於我們可以很有信心地肯斷說：「甚至去懷有任何想去如此爲之(即依機械原則去得有機物之知識並想去說明之)之思想」，這對我們人類而言亦是荒謬背理的，或「甚至去希望可有另一個牛頓有一天忽然出現，他甚至使一莖草葉之創生也可以依自然法則(即「無意匠設計以安排之」的那自然法則)而爲可理解的」，這對我們人類而言亦同樣是荒謬悖理的。我們必須絕對否決人們之可有此種識見。然則我們想去思以下一層意思嗎？即：如果我們眞能夠去滲透那「自然所依以特殊化其常見的普遍法則」的原則時，則有機物底可能性之**根源**，即那「足以充分說明這些有機物之**起源**而用不著依賴於一種意匠設計以明之」這樣的**根源**，決不能見其永埋葬於自然之秘密中而終可發見之：我們是想去思這層意思嗎？這層意思在我們分上，必會轉而又是一十分專擅的判斷。因爲我們如何能去希望關於這一點得到任何知識呢？當問題之關鍵要看「**純粹理性之判斷**」[①]而定時，**概率**是完全退而無用的〔不足數的〕。因此，關於這個問題，即關於「是否有一任何**意匠設計地**活動著的存有立於我們所恰當地名之曰『自然目的』者之後面以爲一世界之原因，因而亦就是說，以爲一世界之創造者」這問題，我們對之是不能作任何**客觀的判斷的**，不管這判斷是肯定的抑或是否定的。雖然如此，可是以下一點是甚爲確定的，即：如果我們應當去依據**我們自己之本性**所允許我們去看到者來形成我們的判斷，即是說，應當去服從「**我們的理性之條件**與**限制**」來形成我們的判斷，則我們完全能夠去把這樣的自然目的之可能性只歸給一**睿智的存有**，即除歸給一睿智的存有外，我們不能把它歸給任何其他根源。只此便已符合我們的**反省判斷力之格準**，因而也就是說，便已符合於這樣一個主觀的根據，即此根據，縱使它是主觀的，然而它卻**很難根絕**地**牢固**於人之族類中。　401

〔**譯註①**〕：

案：「純粹理性之判斷」意即由純粹理性所形成的諸判斷，此則不同於由知性而成者，故下§76「註說」即由說明**知性與理性**之不同開端。

§76　註說〔關於人類知性與理性之特殊性等之說明〕

以下之通覽實是超越哲學中一值得詳說的通覽，但是在這裡，它只能當作一說明的旁文，不能當作主要論證中的一段正文，而被引介進來。

理性是一原則之機能，而無條件者是其所意在之終極目標。另一方面，**知性**則是理性之所處理者，但總只在那必須被給與的某一條件下爲理性所處理。可是，若無知性之概念(客觀的實在性必須被給與於此知性之概念)，理性亦不能作成任何客觀的(綜和的)判斷。理性，它若作爲理論的〔知解的〕理性，它是絕對無其自己之任何**構造性的原則**的。正相反，它的原則只是**軌約性**的。那是很容易被覺知的，即一旦理性進而越過了知性之所追蹤及者，它便變成**超絕的**(transcendent)。它只在**理念**中展現其自己(理念作爲軌約原則確然有一基礎)，但卻並不在客觀地有效的**概念**中展現其自己。但是，知性，即那「不能與理性並駕齊驅，然而要想在關於對象中給出妥效性，它卻猶是需要的」這樣的知性，它把這些理念之妥效性限制於**下判斷的主體**，雖這主體是廣汎意義的主體，因爲它須包含有「屬於人之族類」的那一切主體。換言之，知性把這些理念之妥效性限制於如下所說的情狀或條件，即：從我們人類的**知識機能之本性**而觀，或甚至以最廣義的詞語說，依照我們**爲我們自己所能形成的**「一有限的睿智存有一般」之能力之任何概念而言，「我們人類的知識機能必須被思議爲是如此之樣式，而不能被思議爲不如此而有別樣者」①。這樣說的情狀或條件並不含有肯斷說：「必須如此而不能不如此」這樣的判斷之基礎乃處於對象中〔即依對象而然者〕。我們將提出若干例證，這些例證，雖然它們確然既甚重要又太困難，以至於在這裏很難即刻把它們當作一些已被證明的命題強加在讀者身上，然而它們卻可給讀者某些資料以備**反省**，並且它們亦可說明我們的注意在這裏所特別留心的那些事情是什麼。

〔譯註①〕：

案：此語，康德原文是「沒有什麼別樣者可被思或必須被思」（nicht anders als so könne und musse gedacht werden）。第一英譯（Bernard 譯）即依原文直譯爲："nothing else can or must be thought"（沒有什麼別樣者能夠被思或必須被思）。此指什麼說呢？即指「我們人類的知識機能之本性」說，或更一般地指「一有限的睿智存有一般之能力」說。即在這本性或能力方面，「沒有什麼別樣者可被思或必須被思」。故第二英譯（Meredith 譯），則將原文補以主詞"it"而改爲正說："it must be conceived to be so and cannot be conceived otherwise."（它必須被思議爲是如此而不能被思議爲有別樣）。此中之 it（它）即指「我們人類的知識機能之本性」說。人類的知識機能之本性即是如此這般的感性、如此這般的知性、如此這般的理性，或更一般言之，即是如「一有限的睿智存有一般之能力」那樣者。我們的能力是一有限的睿智存有之能力：我們的感性所發的直覺只能是感觸的直覺，以時空爲其形式條件，我們不能有純智的直覺；我們的知性只能是辯解的（依邏輯程序而曲折以行的），而不能是直覺的，我們的直覺只能是感觸的，而不能是純智的；而我們的理性（理論理性）則常順感性、知性之所及而力求完整以越過吾人之感性與知性，因而常提出一些無經驗對象與之相應的理念。我們的能力既只是如此，故有此處所云知性把理性之理念底妥效性限制於下判斷的主體云云。下文所引述之例證即在說明此義。人類的知識機能只能被思爲是這樣而不能有別樣。而第三英譯(Pluhar 譯)則譯爲「**all thinking** must be **like this** and cannot be **otherwise**.」(一切思維必須如此樣而不能有別樣),此則失其義矣。他把"nicht anders"(nothing else)改成「一切思維」,把"gedacht werden"(be thought or be conceived 被思)這被動語氣的動詞改成"must be like this and cannot be otherwise",皆甚誤。

人類知性不能避免這**必然性**,即「於事物底**可能性**與**現實性**之間必然要去引出一種區別」這種必然性。這種「必然性」之理由是存於我們自己之自我以及存於我們的**諸認知機能之本性**。如果不是「供給概念」的**知性**與「供給『相應於概念』的對象」的**感觸直覺**這兩種完全異質的因素乃是我們的諸認知機能之運用之所必要者,

402 則便不會有這樣的區別(即「可能的」與「現實的」間之區別)之可言。這意思是說:如果我們的知性是**直覺的**〔案:意即不是**辨解的**〕,則除那是現實的這樣的對象外,便不會有任何其他別樣的對象之可言。如是,則所謂**概念**,即「只指向於一對象之可能性」的那概念,以及所謂**感觸直覺**,即那「可以把某物給與於我們但並不因而即可以讓我們去認知某物爲一對象」這樣的感觸直覺,必皆不會有存在。現在,我們於「只是可能的」與「現實的」間所引出的那全部區別是基於這事實,即:**可能性**是指表在關涉於我們的概念中,一般言之,在關涉於我們的思考能力中,去安排一物之表象之地位,而**現實性**則指表離開此概念而安置一物**於其自身**中(安置一

物**於其直接的自我存在**中）依此，「可能的」與「現實的」間之區別乃只是「對**人類知性**而言的主觀地有效的」一種區別。這區別是由這事實而發生，即：縱使某物並不存在，我們猶可總是給此某物一地位於我們的思想中，或這樣說：如果茲有某物，我們對此某物並無概念，可是我們猶可想像此某物是被給與了的。因此，去說：「事物之不是現實的而可以是可能的」，又說：「因而由純然的可能性，沒有關於現實性的任何結論可以被引出」，這兩說法實是去陳說了兩命題之只對人類理性而有效，但卻並沒有因著這樣的有效便可證明可能與現實之區別亦存於**事物之本身**。這層意見，即：「『可能與現實之區別亦存於**事物之本身**』這種推斷並不能由所陳說的對人類理性有效的那兩命題而推出」，這層意思，以及隨之還有這另一層，即：「雖然這兩個對人類理性有效的命題，當我們的認知機能在其服從感觸條件中亦有事於感取之對象時，它們確然甚至在這感取之**對象**上亦是有效的，然而它們卻並不在『**事物一般**』上亦是有效的」，這另一層意思：這所說的兩層意思，當我們注意於理性之要求時，是甚爲顯然的。因爲理性從未撤消其對於我們之挑戰而永遠要求我們去採用或假定那以**無條件的必然性**而存在著的**某物**或**他物**以爲根源的根據，在此根源的根據中，可能性與現實性間不再需要有任何差異，而我們的**知性**亦絕對無概念以回應此**理念**〔此作爲根源的根據的某物之理念〕，那就是說，我們的知性不能有方法去把任何這樣的事物表象給其自己，或說我們的知性不能有方法對於這樣的事物底存在模式去形成任何概念。因爲如果知性**思維**此某物（不管如何想），則此物總只被表象爲是**可能的**。如果知性意識到此某物爲給與於**直覺**中者，則此某物便是**現實的**，且亦無任何可能性之思想可進入於此情形中。因此，一絕對**必然存有**之概念，雖然無疑它可以是**理性**之一不可缺少的**理念**，然而對**人類知性**而言，它卻是一可達到的或然概念。縱然如此，此一絕對必然存有之概念對**我們的諸認知機能**之依照**其特殊的構造**〔本性〕而成的**使用**而言卻是甚爲有效的；結果也就是說，它對**對象**〔客體〕而言，並不是有效的，而即如其「非對對象有效」所意謂者，它亦並不是對每一**有認知作用的存有**而言爲有效。「因爲我不能把這意思，即『思想與直覺是兩個不同的條件，每一有認知作用的存有皆須服從此兩不同的條件以運用其認知機能』這層意思**視爲當然**，因而也不能把這意思，即『事物〔本身〕**有**一可能性與現實性〔之區別〕』這層意思視爲當然」。〔案：此語，Bernard 與 Pluhar 依原文直譯爲：因爲我不能在每一這樣有認知作用的存有中**皆預設**思想與直覺爲**其認知機能底運用**之兩個不同的條件，因而結果也就是說，我也不能**預設**思想與直覺爲**事物之可能性**與**現實性**之兩個不同的條

403 件。〕一種如此之**知性**，即「可能性與現實性之區別不曾進入其認知之模式」的**那種知性**〔案：此即如神知之知性或一無限存有之知性，即**直覺的知性**〕可因著以下之陳說而表示其自己，即：一切我所知的對象皆是「**是**」，即皆是「**存在著**」〔案：意即皆**如如存在**〕；而那「不曾存在」的一些對象之**可能性**，換言之，這一些對象之**偶然性**，即「假設其要存在」這要存在的那些對象之**偶然性**〔案：亦即亦**可不存在**：對象之要**存在**而**可不存在**便是此對象之**偶然性**〕，因而也就是說，那「必應被置於與此偶然性相對比而區以別」的那**必然性**〔案：「一物之『不存在』是不可能的」便即是此物之**必然性**，此與「一物之要存在而可不存在」之**偶然性**相對

反〕，這樣說的**可能性**或**偶然性**，以及這樣說的**必然性**，必皆不會進入於這樣一個存有〔案：即「有直覺的知性」的無限存有〕之表象中。但是那「使我們的知性連同其概念很難與理性相頡頏或相匹敵」的那一點，簡單地說來，就是這一點，即：如這東西，即「理性所視之爲對象之本質者〔爲屬於對象者〕並所採用之爲原則者」的那東西，對我們人類的知性而言，卻是**超絕的東西**，即是說，在人類知性底知識之主觀條件之下，它是**不可能的東西**。如是，在此種情況下，以下之格準總是有效的，即：一旦關於對象之知識超過了**知性**之能力，我們必須總是依照那些「必然地附屬於我們的人性」的**主觀條件**，在此人性底諸認知機能之運用中，去思議那些對象。而如果在此樣式中所作成的諸判斷不能成爲**構造性的原則**以去決定對象之性格（就超絕的概念所言，所作成的判斷必須是如此），那麼，這所作成的諸判斷猶可仍是**軌約性的原則**，此軌約性的原則之功能是**內在的**〔意即不是**超絕的**〕，而且是**可信賴的**，而且這些軌約性的原則亦最適宜於人類的觀點。

我們已知：在自然之理論的〔知解的〕研究中，理性必須假定自然之根源的根據之一**無條件的必然性**之理念。同樣，在實踐範圍內，理性亦必須（在關於自然中）預設其自己之**無條件的因果性**，換言之，必須預設其自己之**自由**，因爲它意識到其自己之道德的命令。但是現在，在這裡，那當作義務看的行動之**客觀的必然性**是被視爲**對反於**那「當作一事件看的行動所會有之」的**那種事**①（**derjenigen**）者，設若此當作事件看的行動之根源置於自然中而並不置於「自由」或「理性之因果性」中時。因此，那「道德地說來有絕對必然性」的行動，若**自然地**說來或**物理地**說來，它卻完全是「**偶然的**」者（即是說，我們確知那應當必然地須發生者卻時常並不發生）。因此，那很清楚，即：說「道德法則必須被表象爲命令，而符合於道德法則的行動必須被表象爲義務」，以及說「理性之表示此必然性並不因著『是』（存在）或『發生』而表示之，但只因著一個『應當是』（責成）而表示之」：凡此等等正皆只是從我們的實踐機能之主觀性格而發出者。如果理性以及其因果性被認爲是獨立不依於感性，即是說，被認爲可以免於「其應用於自然中之對象」之主觀條件之限制，因而結果也就是說，被認爲是一個

404 「完全與道德法則相諧和」的**智思界中的一個原因**：如果理性以及其因果性被認爲是如此云云時，則決不會有如上所說之情形發生。因爲在智思界裏，決不會有「責成你應當爲」與「爲」之間的差異，或說，決不會有關於那「通過我們的行動而可能」這可能者的**實踐法則**與關於那「我們所使之成爲現實的」這現實者的**理論法則**〔知解法則〕之間的差異。但是，雖然這樣一個智思界，即「在其中每一東西之爲現實的是只因著這單純的事實，即：『由於它是某種善的事，是故它是可能的』這單純的事實而爲現實的」這樣一個智思界，對我們人類而言是一**超絕的概念**（如自由本身作爲智思界之形式條件亦是一超絕的概念），然而它卻實有其恰當的作用。因爲，雖然由於是超絕的，它在想作爲一**構造原則**以去決定一對象以及此對象之客觀實在性上是無用的，然而它猶可充作一**普遍性的軌約原則**。何以故？此蓋由於「我們一方也有感觸性的本性與能力」之特殊性格而然，此特殊性格使那**智思界之概念**對我們人類而言是**有效的**；而當我們依我們的理性之特殊性格而想像或表象此智思界之概念時，則此智思界之概念又對那些「無論如何總受制於此感取

界」的一切**有限的睿智存有**而言是有效的。即由於是如此云云，所以那智思界之概念猶可充作一普遍性的軌約原則。但是**此原則**並不能**客觀地決定**那「作爲一種因果性之一形式」的**自由之本性**：它依照自由之理念把行動之規律改轉成對每一人而言的**命令**，這一改轉並無較低之妥效性，即比「如果它曾**客觀地去決定**那種自由之本性」時爲較低之妥效性。

〔**譯註①**〕：

案：「那種事」，德文原文是"derjenigen"，Meredith 譯爲"that which"，是當作事件看的行動之所具有者，這「所具有者」指什麼說呢？即指下句所說的「**偶然性**」說。當作義務看的行動之「**客觀的必然性**」是與這「**偶然性**」相對反的。Bernard 與 Pluhar 兩人之英譯俱直譯之爲"necessity"。然則那個"derjenigen"是指客觀必然性之「必然性」說，意即當作義務看的行動之「**客觀必然性**」是對反於當作事件看的行動所有的「那種必然性」。但當作事件看的行動那裡有什麼必然性？下句明明說它完全是**偶然的**。故知那兩英譯是錯的，因於義理不通故。Meredith 譯爲"that which"猶含混，但順英文習慣，亦可指那「必然性」說，但這卻是不通的。故查德文原文而虛譯爲「那種事」，即意指下句所說的「偶然性」那種事說。

同樣，關於我們眼前之情形〔即自然目的之問題〕，如果不對我們人類知性之形態而言，我們定找不出自然之機械作用與自然之技巧巧妙(即自然之合目的的連繫)間之區別。我們人類知性〔之運用〕必須從普遍的進到特殊的。因此,在關於特殊者中,**判斷力**不能確知有任何「合目的性」,或因而結果也就是說,它不能作出任何**決定性的判斷**,除非它有一普遍的原則,它能把那特殊者歸屬於此普遍原則之下。但是那特殊者,依其本性而言,在關涉於普遍者中,即含有某種偶然性的東西。可是理性猶要求:「在自然之諸特殊法則之融合(Verbindung: combination)中將亦有**統一性**,因而結果亦就是說,將亦有**合法則性**」;而「從普遍的法則先驗地引生出特殊的法則(就其偶然性的內容而言的特殊法則)」,這並不是經由對於**對象之概念**作任何**決定**而可能的。現在,上說偶然者方面之「合法則性」被名曰「合目的性」。因此,從而可知:自然產物中「**自然之合目的性之概念**」雖然它並不能接觸到**對象之決定**,然而它對「人類判斷力之在關涉於自然中」而言卻是一**必要的概念**。因此,對判斷力之使用而言,它是理性之一**主觀原則**,而且若視之爲**軌約原則**,而不視之爲**構造原則**,則它又是一個,「對我們**人類的判斷力**而言爲**必然地有效**」的原則,其爲必然地有效好像它眞是一個**客觀原則**似的。

405 **§77 人類知性之特殊性使一自然目的之概念對我們爲可能〔經由人類知性之特殊性,一自然目的之概念可對我們爲可能〕**

在上面的註說中,我們已表示了那些「屬於我們的認知機能(甚至較高級的認知機能)」的特點,關於這些特點,我們很容易被誤引去把它們視作**客觀的謂述**而轉移到**事物本身**上去。但是,這些特點實是有關於這樣的一些理念，即對於這些理念，沒有與之相應的對象能被給與於經驗中，因而這些理念只能在追蹤經驗或尾隨經驗中充作**軌約原則**。一自然目的之概念，就一個像此自然目的這樣一個**謂詞**底可能性之**根源**而論，無疑也同樣只能在追蹤經驗中充作軌約原則。像自然目的這樣一個謂詞底可能性之根源，這一種根源只能算是一個「理念」。但是，「可歸屬給此根源」的那結果，即產物本身，卻是那被給與於自然中者，而一自然因果性之概念，若被認為是一「依照目的而動作」的**存有**之「因果性」，則這便似乎是要去把一自然目的之**理念**改轉成一**構造性的目的論的原則**。即在此改轉處，便存有此自然目的之理念與一切其他理念間的一個差異點。

但這差異點存於這事實，即：所論自然目的之理念，其為理性之原則並不是對**知性**之使用而言者，而乃是對**判斷力**之使用而言者，因而結果也就是說，它是只對「**知性一般**之**應用於**可能的經驗對象」而言的一個原則；「而且即在此應用處」①，依此原則所作成的判斷亦不能是**決定性的判斷**，但只能是**反省的判斷**。結果也就是說，在此應用處，雖然對象固確然可以被給與於經驗中，然而它卻甚至不能**依照理念**而**決定地被判斷**（不要說完全適當地或相應地被判斷），它但只能被使成為一個**反省底對象**。

〔**譯註①**〕：

案：此依德文原文“und zwar da, wo”而譯。

因此，這差異點正亦有關於「**我們的**（人類的）知性之關聯於我們的**判斷力之在其反省**於自然事物中」之特殊點。但是，如果確係如此，則在這裡，我們必須有一「不同於人類知性」的**可能知性之理念**作基礎。(在《純粹理性之批判》中，已有一相似的函義。如果我們人類的直覺須被認爲是特別的一種直覺，即是說，是一種「對象在其面前只能算作現象」的直覺，則我們非要把「另一種可能形態的直覺之思想」呈現於我們心靈上不可。)如果不是如此，則我們必不能有**這陳述**，即：某種自然產物，由我們人類知性之特殊的構造〔本性〕觀之，必須被我們思量爲是**意匠設計地**產生出者，並必須被我們思量爲是一**目的**者(如果我們去思議其產生之可能性時)。〔今我們可有**此陳述**，這必由於我們已有一不同於人類知性的可能知性之理念作基礎而然。〕而我們之可因那不同於人類知性的可能知性之理念作基礎而有**此陳述**卻亦用不著此陳述含有任何這樣的要求，即要求說：事實上，茲必須有一現存的特殊原因，在此特殊的原因中，一目的之表象可充作**決定根據**，或因而亦即用不著此陳述含有任何這樣的肯斷，即關於一種「不同於人類知性」的知性之力量之肯斷。那就是說，**那陳述**並不否決以下之想法，即：一**不同於**(**較高於**)人類知性的知性，它或可能夠甚至在**自然之機械作用**中，即是說，即在那「不須**積極地**假定一知性爲其原因」的那種因果連繫之機械關係中，去發見這樣的自然產物〔即被視爲自然目的的自然產物〕底可能性之根源。

406

因此，我們在這裏所關切的事就是我們的知性對於判斷力所能有的那種關係〔案：意即：就是我們的知性如何關聯於判斷力〕。事實上，我們要去考察這種關係乃爲的是想在我們的知性之構造〔本性〕中〔即在其判斷力之關於特殊者中〕去找出一種**偶然性之**

成素，「這樣，我們便可把在考察這關係中所找得的這偶然性之成素當作是『我們自己的知性之與其他可能的知性相對比時』之一**特殊性**而注意之。」〔依 Pluhar 之英譯當如此：「這樣，我們便可對於這特殊性，即如那『足以使我們的知性與其他可能的知性區別開』的那種特殊性，予以注意。」〕〔案：意即我們的知性之不同於其他可能的知性之特點即在其**判斷力之關涉於特殊者**時有一種偶然性之成素存在；這是我們的知性之本性注定要有的。可是要注意，這不是說我們的知性本身之特性是偶然的。見下文即明。〕

這種**偶然性**是很自然地出現於**特殊者**中，這特殊者乃即是「**判斷力**想把它置於知性底概念〔即範疇〕所提供的**普遍者**之下」的那東西。因爲這**特殊者**並不是爲我們人類知性底普遍者所決定的東西。雖然諸不同的事物可以在一公共的特徵中相契合，然而它們所依以呈現到我們的知覺上的那千差萬別的樣式卻是**偶然的**。我們的知性是一「概念之機能」。此即意謂：它是一**辨解的知性**（discursive understanding），對這種辨解的知性而言，那「在自然中被給與於此種知性而又能被置於此種知性之概念下」的**特殊者之性格**與**變化**卻必確然是**偶然的**。但是現在，**直覺**也是知識中的一個因素〔案：原文是：直覺也是屬於知識的〕，而「**直覺之完全的自發性**」這一種機能必應是一「不同於感性而又完全獨立不依於感性」的**認知機能**。因此，這樣一種認知機能必應是依知性一詞之最廣義而言的一種**知性**。這樣說來，我們也能夠想像一種「直覺的**知性**」（消極地或簡單地說，只是一種「**不是辨解的**」**知性**），這直覺的知性並不從普遍的進到特殊的，因而又進到個體物，就像我們的知性以其概念所爲者那樣。這樣一種**直覺的知性**必不會經驗到〔**遭遇**

到〕上說的那種**偶然性**，即「阻礙自然與知性在那服從特殊法則的自然產物中相一致」的那偶然性。但正是這**偶然性**它使「去把自然之繁多性化歸到知識之統一性」這種化歸成爲我們的知性上**十分困難**的事。我們的知性只能通過**自然的特點**之與我們的**概念機能**相諧和(一**最偶然的一致**)而完成這種化歸之工作。但是一**直覺的知性**卻並無這樣的工作去作。

依此，我們的知性，在關於判斷力中，其**處境**是很特別的。因
407 爲在經由知性而成的認知中，特殊者並不爲普遍者所決定。因此，特殊者亦並不能單由普遍者而被引生出。但是在自然之繁多性中，而且通過概念與法則之媒介，此特殊者須與普遍者相一致，以便其可被歸屬於普遍者之下。但在適所說的情況之下，此種一致必須是**十分偶然的**，「而且它之存在著亦必須是用不著任何決定性的原則以指導我們的判斷力而即存在著的」〔依原文及其他兩英譯：「而且對判斷力而言，它亦必須是沒有決定性的原則的」。〕

縱然如此，可是我們至少猶能夠去思議自然中的事物與判斷力間這樣的一種一致之可能性，這一種一致，我們表象之爲**偶然的**，因而結果也就是說，我們之可表象之爲**可能的**是只當藉賴著一個「可以指引到其產生」的**目的**始可表象之爲可能的。但是若如此作，我們必須同時也要想像一種「不同於我們的知性」的**另一種知性**，關涉到這**另一種知性**(不僅關涉到之而已，且亦更用不著開始於先把一「目的」歸屬給此另一種知性)，我們就可把「上說的諸特殊的自然法則與我們的判斷力間之一致」表象爲是**必然的**。可是「諸特殊的自然法則與我們的判斷力間之一致」，這種**一致**，若對**我們的知性**而言，其爲**可思議**是只當「目的」被引介進來作爲一

「結成連繫」的居間媒介項時，始為**可思議**的。

事實上，以下所說是我們的知性之一**顯著的**特徵，即：在我們的知性所成的認知中，例如在其對於一產物之原因之認知中，我們的知性是從**分解的普遍者**進到**特殊者**，或換言之，是從**概念**進到**特定的經驗直覺**。因此，在此過程中，我們的知性在關於特殊者之繁多性中是決定不了什麼事的。正相反，我們的知性必須等待經驗直覺（設想「其對象是一自然產物」的那經驗直覺）之歸屬於概念下，去為判斷力供給此決定，它始可在關於特殊者之繁多性中有所決定。但是現在，我們亦能夠去形成這麼一種知性之概念，即：此知性由於其不是像我們的知性那樣之為**辨解的**，而但只是**直覺的**，是故它是從**綜和的普遍者**（或說從「一全體之作為一全體」之直覺）進到**特殊者**，那就是說，從**全體**進到**部分**。要想使一確定形式之全體為可能，部分之綜和中的一種**偶然性**並不為這樣一種知性或這樣一種知性之對於全體之表象所函蘊。但是那偶然性卻正是我們的知性之所需要的〔案：意即所要遭遇的〕。我們的知性必須從這樣的部分（即那些當作普遍地被思議的原則或根據看的部分）進到那些千差萬別的可能形式（即那些「須被歸屬在那些作為原則或根據的部分之下以為其後果」的諸各異的可能形式）。我們的知性之本性是這樣的，即：我們只能把自然中一**眞實的全體**視為諸部分底共發的力學力量之結果。既然如此，那麼，我們如何能不依那「可符合於我們辨解知性」的一種樣式去把「**全體之可能性**」表象為依靠於部分呢？難道我們竟可以遵循**直覺的知性**或**原型的知性**（archetypal understanding）之標準之所規定者而去把那些「依其**形態**與**結合**而言」的諸**部分之可能性**表象為依靠於全體嗎？所說我們的知性之特殊性並不允許我們依「全體含有部分底連繫底可能性之根源」之路數去作那上兩問語中之事。那兩問語中之事(即「不把全體之可能性表象為依待於部分,而卻想把部分之可能性表象為依待於全體」這種事)在辨解型的知識中必會是**自相矛盾的**。但是「一全體之表象可以含有該全體底形式底可能性之根源以及該形式所包含的諸部分底連繫底可能性之根源」,這乃是我們〔之能表象部分之可能性為依待於全體者〕的唯一這道路。但是現在,在這種情形中〔即「全體之表象可含有云云」之情形中〕,全體必應是一**結果**或一**產物**,此**結果或產物之表象**是被看成是此結果或此產物底可能性之**原因**的。但是,這樣一個原因,即其決定根據只是其結果之表象,這樣一個原因,其產物是被名曰「目的」的。因此,隨之而來者便是:「我們之一定要把自然之產物表象為是依照一種『不同於物質之自然法則之因果性』的因果性而為可能者,即是說,是只依照**目的**以及**目的因**而為可能者」,這只是從我們的知性之特殊性格而流出的一個後果。同樣,我們也說明了這事實,即:此原則〔即「依照目的因表象自然產物」之原則〕並未觸及「這樣的**事物自身**,即使被視為現象,這作為現象的**事物自身**,如何可依此產生之模式而為可能」之問題,它但只有關於那「對我們的知性為可能者」**這樣的事物之評估**。依此而觀,我們同時也見到為什麼有以下之情形,即:**在自然科學**中,我們是很不以「藉賴一種依照目的而成的因果性所作的一種自然產物之說明」為滿足的。因為在這樣一種說明中,一切我們所尋求的乃是一種對於自然產物之**評估**,這一種評估是適合於我們的**評判機能**或**反省判斷力**,而並不是為了**決定性的判斷力**而可適合於**事物之本身**者。在這裡,那也完全不必要去證明：像「在決定性的判斷力上適合於事物本身」這樣的一種「原型知性」（intellectus archetypus）是可能的。只要能表明以下之所說便已足夠，即：我們是**因著**以我們之「需要有影像或形像」[①]的**辨解知性**（即**倣本知性** intellectus ectypus）來與那**原型知性**相對比，**並因著**注意到此種辨解知性之本性中之〔所遭遇的那種〕[②]**偶然性**，而**被引至**那**原型知性之理念**，而且此原型知性之理念亦並不含有什麼自相矛盾處：只要能表明如此所說之義便已足夠。

〔譯註①〕：

我們的辨解知性是倣本知性，不是原型知性，故需要有影像或形象（image: Bild），始能接觸於具體現象，如範疇之有需於圖式（或規模 schema），始能落實。故 Pluhar 之英譯於此作註云：「原型知性必應呈現根源物（物之在其自己）；我們人類的倣本知性則以『得自於我們的感性直覺』的那些影像或形象（知覺）之助，來呈現那些根源物底派生物（物之作爲現象者）」。案：原型知性即是直覺的知性。由兩種知性、兩種直覺之對比，以明人類知性之特殊性，即在人類知性處，我們必遭遇偶然者，因而亦必涉及一目的；又在此人類知性處，全體爲依待於部分者，而非部分爲依待於全體者。此等思理皆甚爲精微而且玄妙，必須正視而精思，而且必須精熟儒、釋、道三教玄微之理境始能透澈明白，始知康德之玄言爲不虛。

〔譯註②〕：

案：此爲譯者所增加，原文及三英譯皆無，他們皆只是「此種辨解知性之偶然性」。須知這不是說辨解知性有偶然性，乃是說人類的辨解的知性於特殊法則所管轄的種種特殊形態的現象方面一定要遭逢到一種偶然性，因而必涉及一目的(自然目的)始能期望其可以會通而歸於一。若不加上那幾個字，人必誤會成人類的辨解知性可以是偶然的，因而可有其偶然性，這便不通。

現在，當我們考慮一「物質的整全體」，並依照其形式〔或形態〕視此物質的整全體爲「由諸部分以及諸部分之力量與諸部分自身集聚成之能力(包括由原有的部分之互相合作的活動而引介進來的任何外來的材料以爲部分在內)而結成」的一個產物時，則我們在此路數中所表象給我們自己者便即是「此整全體之一**機械的產生**」。但由此觀點而觀一整全體之產生，我們便誘導不出一當作「目的」看的整全體之概念，這一當作「目的」看的整全體須是這樣一個整全體，即這一整全體之內在而固具的可能性顯然須預設一**整全體之理念**以爲諸部分之本性與活動之所依據者。但如此樣的當作一「目的」看的整全體便即是「我們對於一**有機體**所必須形成」的一種表象。但如適所已表明者，我們並不可由此便歸結說：一有機體之**機械的產生**便是不可能的。因爲若這樣說，這必等於說：「在雜多之絜和中去形成這樣一種統一之表象而又**無須去**使**此統一之理念**以爲此統一之產生之原因，即**無須去**表象此產生爲**有意設計成者**」這一層意思爲對於**任何知性**而言是**不可能的**，或換言之，是**自相矛盾**的。可是同時，如果我們有權去視「**物質的存有**」爲「**物之在其自己**」，則此層意思便是我們事實上所必要去推出的一個結

409

論。因爲在視「物質的存有」爲「物之在其自己」之情形中，那「構成諸自然形構底可能性之基礎」的統一性必應只是**空間之統一性**。但空間並不是事物底產生之一**眞實的根據**。空間只是事物之**形式條件**——雖然由這事實，即：「沒有空間中之部分能被決定，除其在關聯於空間之全體中（因此，空間全體之表象是處在部分底可能性之基礎地位而爲其根據）」這一事實而觀之，空間實**有點相似**於我們所要尋求的那眞實根據。但是空間既不是事物之眞實根據，如是，則以下所說之一點便至少是可能的，即：「去視物質世界爲**一純然的現象**，並去思考某種『不是一現象』的東西，即去思考一『**物之在其自己**』，以爲此物質世界之基體」這一層意思便至少是可能的。而我們也可以把此基體基於一「與之相應」的**智的直覺**上，雖然這智的直覺不是我們所有的那一種直覺。這樣說來，對自然而言，且對「我們自己也形成其中之一部分」的那自然而言，一「**超感觸的眞實根據**」必可被獲得，雖不爲我們所可知。因此，那「在此種『作爲一感取之對象』的自然中爲**必然的**」每一東西，我們定可依照**機械法則**而評估之。但是諸法則之**一致**與**統一**以及這些特殊法則之應有的諸附屬形態之**一致**與**統一**，我們必須認它們在關於機械法則中是**偶然的事**。此等偶然的一致與統一之事乃實是作爲一「**理性之對象**」而存在於「自然」中者，此**自然**乃即是「依其完整性而爲一系統」的那**自然**。我們對於如此樣的那些偶然的一致與統一之事也一定要依照**目的論的法則**而考慮之。這樣說來，我們一定要依據兩種原則而評估自然。**機械的說明模式**必不會爲**目的論的說明模式**所排拒，儼若兩種原則爲互相矛盾者。

又，依兩原則以評估自然，此義供給我們以洞見，見到那「我們無疑或可很容易獨立地去猜測之，但我們卻必覺得很難確定地去肯斷之或去證明之」的那東西。此義實把以下之義表明給我們，即：雖然展現合目性的那些自然產物之一**機械的引生之原則**是與**目的論的原則**相一致，然而它卻決無法使我們去廢除這目的論的原則。我們可以把已知或待發見的**一切機械的產生之法則**應用到「我們評估之為一自然目的」的東西上去，即是說，應用到一有機的存有上去，我們甚至也可希望在這樣的研究中，有很好的進展，但是對這樣一種產物〔即有機物〕之可能性而言，即對經由目的而成的因果性之可能性而言，我們卻決不能不訴諸一完全不同的另樣的**產生之根源**。要想希望由一**機械的原因**去了解有機物之產生，甚至去了解一片草葉之產生，這對人類理性而言，或對任何「性質上相似於我們人類理性，不管在程度上又如何勝過我們人類理性」的其他410 **有限理性**而言，是完全不可能的。因為**如果**判斷力見到：因與果之**目的論的連繫**，對「像有機物如一片草葉」這樣一個對象之可能性而言，即使只對「想在經驗底指導下研究這樣的對象之可能性」而言，是**完全不可缺少的**，又**如果**像這樣一個根據，即那「涉及於目的而對於當作現象看的外在對象而言又是足夠的或適當的」這樣一個根據，全然逃避了我們而不為我們所發見，因而雖即此根據是處於自然中，我們被迫著也要在自然之**超感觸的基體**中去尋求此根據(可是我們對於這超感觸的基體卻又無任何可能的洞見以悟入之)：**如果**是如此云云，則想要在**自然本身之手**裡去得到任何說明以便去說明那「展現合目的性」的**任何結合**，這必對我們人類而言是**絕對不可能的**。這樣，依我們人類的知識機能之本性而言，「去在一作為世界之原因的**根源知性**中尋求此合目的性之**終極根據**」，這便成爲是必要的了。

§78　物質之普遍的機械作用之原則與自然之技巧巧妙中的目的論的原則之相聯合

「要謹記著自然於其諸產物中之**機械作用**，而在說明此諸產物中要對於這機械作用作適當的考慮」，這對於理性是無盡地重要的，因爲若離開機械作用之原則，便沒有任何「見到事物之本性」的洞見可被得到。**縱使**同意有一最高的建築師依「事物從開始以來所依以有存在」的那樣式而**已直接地創造出**自然之種種形態，或**已預先決定了**那些「在其演化經過中很有規律地皆符合於同一類型」的東西：**縱使**是如此，這對於我們的自然之知識亦不能有絲毫推進。理由是如此，即：我們完全無所知於「最高存有所依以活動」的那樣式，亦無所知於最高存有所有的那些理念，即「自然萬有底可能性之原則被設想爲含於其中」的那些理念，因而我們亦不能經由**從上而下**，即**先天地**，由這最高存有來說明自然。另一方面，**如果由於**要依靠那合目的性，即「如我們所信，那被發見於經驗底對象之形式中」的那合目的性，**是故**我們一定要**從下而上**，即**後天地**，由這些經驗對象之形式開始，**並由於**要想去說明這樣的合目的性，**是故**我們一定要訴諸一「依照目的而活動」的原因：**如果**是如此云云，則我們的說明，簡單地言之，必應只是**套套邏輯的**〔同語重複之分析的〕。這樣一來，我們只是以詞語欺弄理性，更不要說這事實，即：當由於訴諸這種說明，我們遂失落於**超絕界**，因而遂又越出自然科學底追求以外而迷失正途時，理性便不自覺地被誘惑而誤入於**詩意的誇奢**，而這詩意的誇奢乃正是理性之卓越的天職所要去阻止的。

411 另一方面,「在自然之產物中不要忽略**目的之原則**」,這亦同樣是理性之一**必要的格言**。因爲雖然**目的之原則**並不能使「這樣的自然產物所依以有其起源」的那模式對於我們爲更可理解,然而對「自然底特殊法則之研究」而言,它卻是一**啓發性的原則**(a heuristic principle)。**縱使**以下所說已被了解,其在自然底特殊法則之研究上足爲一啓發性的原則,這一點亦仍然是眞的。所謂以下所說乃即是如此者,即:由於我們把我們自己嚴格地限制於「**自然目的**」這個詞語,是故甚至當這樣的自然產物顯明地顯示一**有意設計成的合目的性的統一**時,我們亦並不想爲了「解明自然本身」這種解明之意圖去對於此「目的之原則」作任何使用,那就是說,在說及自然目的時,我們亦並不想越過**自然之界限**以追求那些產物底可能性之根源。**縱使**此義已被了解,那目的之原則在自然底特殊法則之研究上足爲一啓發性的原則,這一點亦仍然是眞的。但是,因爲那些作爲「自然目的」的產物底可能性之問題遲早總須被碰見,所以去爲之思議一**特種因果性**(不能被發見於自然中的一種因果性),這乃是必要的,其爲必要亦恰如去允許「自然原因之機械活動有其特殊的類型」之爲必要。因爲在「物質經由機械作用所能產生」的那些東西以外,我們總須承認有**千差萬別的形態**之不同;光只承認尚不足,這種承認且必須因著某種原因之**自發性**而被補充(這某種原因既有其自發性,是以它不能是物質),因爲此種有自發性之原因若不存在,則沒有理由可以爲那些千差萬別的不同形態而被指定出來以明其何以故是如此。當然,理性在其採取「以某種原因之自發性作補充」這一步以前,它必須有其應有之警戒,而且亦決不要想去說明**每一自然之技巧**皆爲**目的論的**。所謂自然之技巧意即自然之形構能力，此一形構能力，像在有規則地構成物體之情形中所表現的那樣，它實對**我們的純然的領悟力**（apprehension）而展現了結構之合目的性。雖即如此，理性亦應警戒其自己，不要想對於每一自然之技巧，即每一如此樣的自然之形構能力皆作目的論的說明。正相反，理性必須應繼續去視這樣的技巧爲依據純然的機械原則而可能者。但是若因而竟至於「**去排除目的論的原則**，並想總是去保持**純然的機械原則**，甚至當理性在其研究『諸自然形態所依以因著其原因而被使成爲可能』的那樣式中，見到：關涉於**另一類型的因果性**這樣一種性格之**合目的性**是不可否決地顯然的時，也仍然要去排除目的論的原則，並想去保持純然的機械性的原則」，這也同樣是**不科學的**。這種不科學的態度不可避免地要使理性轉成那些「只是腦筋之蜘蛛網而且是完全不可思議」的諸自然能力間的一種**流浪的探險隊**，這恰如那「不注意自然之機械作用」的純然**目的論的說明模式**之使理性成爲**空想的**一樣。

此兩原則並不能夠當作兩個「有利於由他物以說明此一物或推演此一物」的**對等並列的原則或眞理**而聯合地被應用於自然中之同一事物。換言之，此兩原則並不是依如此之路數，當作**斷定性的**與**構造性的原則**而**被聯合起來**以供給出**決定性的判斷力**方面的悟入於自然之洞見。舉例言之，如果我設想：蠅的幼蟲〔蛆〕被看成是物質之**純然機械作用**之一產物，即是說，被看成是一如下那樣的一種**新的形構過程**之一產物，即「一自體物當其成素是處在其解體後那樣的結局時，它便可只因著其自己之無他助的資源而把這產物生出來」這樣意義的新的形構過程之產物；如果我設想蠅之蛆蟲被看成

是如此樣的一種**新的形構過程**〔實即一純然的機械作用〕之一產物
412 時，我便不能再轉回來而由當作一「依目的而活動著」的因果性看的同一自體物而引生出這同一產物。反之，如果我設想此產物是一**自然目的**時，那麼，我便**不能**再信賴其**機械的產生**，或採用此**機械的產生**為一**構造原則**以便在關於此產物之可能性中評估此產物，因而這樣遂以為可把這兩原則聯合統一起來。因為在此兩原則中，每一說明模式皆排拒另一說明模式。縱使設想：客觀地說來，這樣一個產物底可能性之雙方的根據皆基於一簡單的基礎上（設若此基礎不曾是我們所已想及者），那兩種說明模式亦是互相排拒的。那「使以上所說在評估自然中作為被遵循的原則的那**一對原則底相容性**為可能」的那一個原則，它必須是被置於那「處在此兩者之外（因而結果也就是說，處在自然之可能的經驗表象之外），而雖處在其外，然而卻猶含有自然底表象之根據」的那個東西中。換言之，它必須是被置於**超感觸的東西**中，而那兩種說明模式之每一模式皆必須關涉於此超感觸的東西。現在，我們對於此超感觸的東西所能有的那**唯一概念**便是這樣一個根據，即「使依照經驗法則評估自然為可能」這樣**一個根據之不決定的概念**。越乎此，我們不能再前進一步：我們不能經由任何**謂詞**更進一步地來決定此根據之概念。因此，隨之而來者便是：那兩原則之聯合諧一不能基於這樣一個**說明**之基礎，即那**詳盡地**去展示「一產物如何依照特定法則而可能，因而遂可去滿足**決定性的判斷力**」這樣一個**說明之基礎**上，但只基於那「為反省判斷力而闡明此可能性」這一**簡單的闡釋**之**基礎**上。因為所謂「說明」是意謂由一原則而來的引申或推演，因此，此一原則必須能夠**清楚地被認知**並能**清楚地被詳明**。現在，自然底機械作用之原則以及自然之依照目的而成的因果性之原則，當此兩原則應用於同一自然產物時，它們兩者必須在一簡單的較高原則中聯合於一起，而且亦必須從此較高原則中流出以此較高原則作爲它們兩者的共同根據，因爲如果不如此，則它們兩者必不能一致地〔並存地〕進入於同一的自然之觀察中。現在我們說此一簡單的較高原則乃是客觀地公共於那兩原則者，因而我們又說此一較高原則復亦足以證成自然研究中諸格言之聯合（所謂諸格言乃即是那些依待於此較高原則的格言）。但是，如果如此說的這一簡單的較高原則是這樣一種原則，即：雖然它可以被指述，然而它卻決不能在所發生的特殊情形中的使用上**確定地被認知**或**清楚地被詳明**：如果那一簡單的較高原則是如此樣的一種原則，則便沒有**說明**能夠從這樣一種原則中被抽引出。換言之，茲不能有一「依那兩異質的原則而可能」的一個自然產物底可能性之清楚而確定的**引申**或**推演**。現在，那「一方既公共於機械的引生，一方又公共於目的論的引生」的那個原則是屬**超感觸界**者，我們必須把它引介出來作爲自然之基礎（自然乃即當作現象看的那自然）。但是，關於此屬超感觸界的原則，我們不能從一理論的〔知解的〕觀點去形成一點點積極而決定性的概念。因此，依此超感觸界者之作爲原則，自然在其**特殊法則**中**如何**能對我們**構成一系統**，而此一系統又是這麼一個系統，即「它既能夠依據『由**自然原因**而產生』之原則而被認知爲可能，又能依據『由**目的因**而產生』之原則而被認知爲可能」這麼一個系統：自然在其特殊法則中如何能構成這麼一個系統，這是一種「不允許有**任何說明**」的事。一切我們所能說的是如此，即：如果自然之對象呈現其自己，其可能性，除非我們亦依賴**目的論的原則**以思 413

之，否則它亦不能夠依據**機械作用之原則**而為我們所思議（機械作用之原則在自然存有上總有一要求〔要求於被應用之要求〕）：如果自然之對象之可能性是如此云云之情形，則以下之情形亦須被假定，即：我們可以極有信心地遵循**兩原則**之線索（即比照「自然產物之可能性由**此一原則**或**彼一原則**而對於我們的知性為可認知」之義）來研究自然法則，而我們之這樣來研究自然法則卻亦並沒有為那「發生在『我們的自然之評估所依以被形成』的原則間」的似是而非的衝突所困擾。因為我們至少可以保證有這兩原則被消融於一簡單的原則中之可能性，甚至客觀地說，亦可以保證其被消融於一簡單原則中之可能性，蓋因為此兩原則是處理**現象**的，而現象則預設一**超感觸的根據**〔案：即預設一屬**超感觸界**者以為根據〕。

由上我們已知：自然之**機械作用**之原則以及自然之**目的論的技巧或意匠設計的技巧**之原則，由於它們兩者皆有關於同一產物以及此同一產物之可能性，是故它們兩者亦同樣皆可以隸屬於一公共的**較高的自然之原則**（這所謂「自然之原則」，此中之「自然」是特殊法則中的自然）。縱然如此，由於此一較高的自然之原則是**超絕的**，是故我們的知性之狹小的能力是這樣的，即：上說之隸屬並不能使我們去把這兩原則聯合統一於**同一自然產物之說明**中，即使如在有機體之情形中當一產物之內在可能性只有藉賴著一種依照目的而成的因果性始為**可理解的**時，亦然。因此，〔在此有機體之情形處〕我們必須緊守著上面所給的那**目的論底原則**之陳述。這樣，我們說：依照我們人類知性底構造〔本性〕而言，除那些「經由設計而活動著」的原因外，沒有任何其他原因可被採用以為自然中**有機存有**底可能性之根據，而自然之純機械作用則是完全不足以去說明這些自然之產物的；而我們又可加說這層意思，即：此適所說者亦並不意想在關於這些有機物自身之可能性中，經由那目的論之原則去**決定**任何什麼事。

我們的意思是說：此目的論之原則只是**反省性的判斷力**之格準，並非是**決定性的判斷力**之格準。因此，此目的論之原則只是主觀地對我們人類而言是有效的，並不是客觀地要去解明**這類事物本身**底可能性〔另兩譯：並不是客觀地對這類事物本身底可能性而言是有效的〕，在這類事物本身處，兩種產生方式很可一致地由同一根據而發〔另兩譯：很可在同一根據中被聯合起來〕。復次，除非目的論地思議的產生方式爲一相伴而起的〔共在的〕自然之機械作用之概念所補充，否則像有機物這類的產物決不能被評估爲是一**自然之產物**。因此，我們見到：上說的格準〔即反省性的判斷力之格準〕直接地包含有：「兩種原則之聯合於作爲自然目的的事物之評估中」之必然性。但是，此種聯合並不是指向於要以此一原則，全部地或部分地，代替另一原則。因爲在那「至少被我們視爲只有因著**意匠設計**始可能」的那種東西之範圍內，**機械作用**不能被假定；而在那「依照機械作用而被認知爲**必然的**」那種東西之範圍內，則那**偶然性**，即像「需要一目的以爲其決定根據」這樣的**偶然性**亦不能被假定。正相反，我們只能將此一原則隸屬於另一原則，即是說，使**機械作用**隸屬於**設計的技巧**。而依據自然底合目的性之超越原則而論，這是很容易被作成的。 414

因爲當**目的**被思爲某種事物底可能性之根源時，手段〔工具〕也必須被假定。現在，一個工具底「有效因果性之法則」，以其本身而論，它很可不需要有任何「預設一目的」的東西，因而結果也就是說，它很可既是**機械的**，但又尚可是一有意設計成的結果底一個「**從屬因**」或「**次要因**」(subordinate cause)。因此，設若我們只注意有機的自然產物，尤且設若我們爲這樣的產物底無盡繁多所激勵，我們至少依一可允許的假設，在那遵循特殊法則的諸自然原因之連繫中，**繼續不斷地去採用**「意匠設計」之原則以爲關於「自然全體」即關於「世界」的反省判斷力之普遍原則：設若我們是如此云云時，則我們便能很容易地想像自然底產生過程中**機械法則**與**目的論的法則**之一廣大無邊的甚至普遍的**互相連繫**。在這裡，我們對於這樣的產生過程所依以被評估的那兩種原則既未予以**混擾**，亦未予以**換位**〔對調或以此代彼〕。因爲，在一目的論的評估中，縱使物質所**自取**①之形式被評估爲只經由「意匠設計」而可能，然而**物質本身**，就其本性而論，則仍可以依照機械法則，當作一種工具，而被隸屬於那所表象的**目的**。同時，因爲此兩原則底相容性之基礎既不存於此原則，亦不存於彼原則，既不存於機械作用，亦不存於合目的連繫，但只存於「我們對之一無所知」的那自然之**超感觸的基體**，因爲是如此云云，是故對我們人類理性而言，「表象有機體這樣的對象底可能性」之兩種模式是並不可混融而爲一的。正相反，對於這樣的對象底可能性，我們除只依**目的因底連繫**評估之爲基於一**最高的知性**外，我們不能有別法以評估之。這樣說來，目的論的說明模式是決無法被損害或被消除的。

〔**譯註①**〕：

案：「物質所自取之形式」，自取，德文是“annimmt”，相應的英文字是“assumes”，但這字在德在英俱有不同的意義。若主詞是人，則一般譯爲假定、認定、擅定、擅取、採取、採用、承攬，等義，隨文而定。若主詞是物，則不能以此等字譯之，蓋物或物質無所謂假定也。故此字隨文亦有顯出、帶有、具有等義。今隨文譯爲「自取」。自取，出自莊子，〈齊物論〉云：「夫吹萬不同，咸其自取也，怒〔努〕者其誰耶」。夫吹萬不同，皆是它們各自取其如是這般不同的形態（形式），努發而使之如此者其誰耶？此暗示自然如此，此即莊子所謂天籟。道家並不評估此吹萬不同爲經由「意匠設計」而然者，並不依目的因之連繫評估之爲基於一最高的知性者。儒家亦並不如此推想，並不視有機物爲自然目的而由意匠設計而然者，雖即如康德所云，如此視之只是反省地視之，這亦並不必要。但儒家卻很可以把天地萬物（吹萬不同）皆道德形上學地視之爲天命道體之所創生，而以氣化完成之，此中即含有兩原則之共存，而目的原則之應用處則只以氣化之巧妙視之，而並不以自然目的視之。此見中國傳統與康德所繼承而批判地處理之的西方傳統有所不同，而亦有可相通處。中國的智慧傳統並未像西方那樣的執實。在氣化宇宙中，因無科學的機械觀，故亦無嚴格的有機觀，然「氣化」一詞兩面俱通，固甚妙也。

但是，「自然之機械作用，作爲一種工具，其貢獻於自然中之每一合目的的意匠設計者有多少」這是一**未決**的問題，而且對我們人類的理性而言，這總必須永遠仍是一**未決**的問題。又，由於注意到上面所提到的自然一般底可能性之智思的原則〔案：即超感觸的 415

根據〕之故，我們甚至可以假定說：自然在一切方面皆依據兩種普遍地相諧和的法則，即物理法則與目的因之法則，而可能，雖然我們完全不能見到**如何**是如此。因此，我們也不知：「對我們爲可能」的那機械的說明模式究可以深入到如何遠。①只以下一點是確定的，即：不管在使用此機械的說明模式中我們可有多少成功，此機械的說明模式必須總是對那些「我們一旦確認之爲自然目的」的事物而言仍然是不適當的〔不足夠的〕。因此，依我們的知性之本性而言，我們必須把這樣的機械根據盡皆隸屬於一目的論的原則。

〔**譯注①**〕：

案：此句說得鬆了。其實當該這樣說：凡現象範圍內，空間所表象範疇所決定的**物質**方面皆可用機械的說明模式以盡之。即使在有機物方面，此方式不足夠、不適當，這也不是很嚴格的、絕對的，因爲那**自然目的**之觀念，**目的論的說明模式**，也只是**反省判斷**上的，不是**決定判斷**上的，即也不是客觀地很嚴格的、絕對的。案：此當依中國的「氣化宇宙」之觀點以疏通之。「氣化」，粗者通機械，精者通有機。通有機則巧妙，方便地以自然目的說之，非實說也。

現在，這裡即存有一「**合法的權源**」，而由於在我們的理性之理論的〔知解的〕使用上，依據機械作用之原則之線索而成的自然研究之重要之故，這裡同時亦即存有一「**職責之源**」。〔意思是說：〕我們〔**有權**〕**可以**而且〔**職分上**〕**一定要**依據機械的線索，盡我們的力量之所及(而且當把我們的力量限於此種研究之追求中時；我們亦不可能去指定我們的力量之界限），去說明**一切產物**以及**自然之事件**，甚至亦說明**最合目的的產物與事件**。但在如此說明時，我們也必須不要忽視這事實，即：在這些自然產物與事件中，有這麼一些產物與事件，即「除在**一理性底目的之概念**下，我們甚至不能把它們付諸研究」這麼樣的一些產物與事件。如果我們顧及我們的理性之**本質的特性**，不管那些機械的原因爲如何，我們被迫著在最後不得不把上句所說那麼樣的一些產物與事件隸屬於那依照**目的**而成的因果性。

附錄〔此兩字爲二版所加〕
目的論的判斷力之方法學

〔判斷力之表現爲目的論的判斷之方法學〕

§79 目的論是否必須被視爲自然科學之一支

每一門學問必須在完整的學問之大全中有其一定的位置。如果這門學問是一哲學的學問，則其位置必須或在**理論分**（**知解分**）中被指派給它，或在**實踐分**中被指派給它。又，如果這門學問的地位存在於**理論分**中，則被派給它的那位置**必須或存在於**自然科學中（當這門學問考論那「可爲經驗之對象」的事物時，則其如此被派給之位置是其恰當的位置），因而結果也就是說，必須存在於物理學、心理學，或宇宙學中，**或不然則便必須**存在於神學中（神學被看成是世界底根源之學，而所謂世界乃即是那當作一切經驗底對象之綜集看的那世界）。

現在，這問題便發生，即：目的論應得什麼位置？它是恰當地所謂自然科學中之一支呢？抑或是神學中之一支？它必須或是此一學問中之一支，或是另一學問中之一支；因爲沒有一門學問可屬於「從這一門學問過轉到另一門學問」這種過轉者。何以故？蓋因爲過轉只指表系統之**關節**或**組織**，並不指表系統中之一位置。

「雖然對於目的論在神學處所可作的使用是很重要的，然而它卻並不形成神學底一構成部分」，這是甚爲顯然的。因爲目的論底對象是自然的產物以及自然產物之原因；而雖然目的論之指點此原因可以指點到那當作一處在自然以外並以上的根據看的原因，即是說，可以指點到那當作一**神性的創造者**看的原因，然而其如此指點並不是爲**決定性的判斷力**而如此指點。它只在那「從事於通覽自然或默識自然」的**反省判斷力**之興趣中指點到此種原因，其指點到此種原因之目的乃是想望在一「適宜於我們人類知性」的樣式中，藉賴著**這樣一個根據之理念**，作爲一**軌約原則**，來指導我們的對於世界中的事物之**評估**。

417 但是目的論似乎同樣也不能去形成自然科學之一部分。因爲自然科學是爲「指派物理結果底客觀根據」之目的而需要有**決定性的原則**，而並非只需要**反省性的原則**。又，事實上，**自然之理論**，即經由有效因而成的**自然現象之機械的說明**，也決無法因著「依照目的之互相關係而考慮現象」之辦法而得到什麼好處或助益。自然在其產物中皆可「安排上一自然之目的」。①只要當這些所安排的自然目的依照目的論的概念形成一系統時，則這種安排①嚴格地說來，實只屬於一種**自然之描述**，這一自然之描述乃是遵循一特殊的指導線索而成者。在這種描述中，理性實作了美好的工作，而這美好的工作，從各種觀點來看，是富有「實踐的合目的性」的一種工作。但是關於「這些〔自然目的之〕形式或形態底起源與內在可能性」這一點，理性在那種描述中所作的美好工作卻並沒給出什麼消息或知識。可是這一點卻正是理論的〔知解的〕自然科學所特別關心者。

〔譯註①〕：

案：此依原文譯，Meredith 譯非是，故不從。

因此，目的論，依一門學問之形式而言，它畢竟不是一種**主張**（正辭斷義 doctrine），但只是一種**批判**，且是一特殊的認知機能（即判斷力）之批判。但是，它實含有先驗的原則，而就其含有先驗原則而言，它能去詳明而且事實上亦必須去詳明那方法，即「自然所由以必須依照**目的因**之原則而被判斷」的那方法。依此而言，目的論底**方法學**至少在那被採用於理論的〔知解的〕自然科學中的程序這一方面發揮了消極的影響。同時它亦影響了此門學問〔即目的論這門學問〕對於神學所可有的那種形而上的關係，當此門學問被視作是對於神學的一種**預備**或**前奏**時。

§80　在一物之被視爲一自然目的者之說明中機械原則必須隸屬於目的論的原則

「我們之意想只依單純的機械線索來對於一切自然產物作說明」這種意想之權利其自身是完全無限制的。但是我們的知性，當其依「自然目的」之形式而有事於事物時，其性格實只如此，即：我們之「由單獨的機械說明之辦法來應付一切要求」之能力不僅是十分有限的，而且亦是被環圍在很清楚地標識了的界限之內的。因爲經由「只採用機械說明之辦法」的那判斷力之原則，沒有什麼事能在「說明**自然目的**」之路數中可被完成。爲此之故，我們的對於那當作自然目的看這樣的產物之**評估**「必須**同時總是**要被隸屬於一

目的論的原則」[①]。

〔譯註①〕:

案:此依德文原文譯。依 Meredith 之英譯,當爲:「必須在**一切時**要被隸屬於一**協力共存的**目的論的原則」(a **concurrent** teleological principle)。此固亦可。Bernard 之英譯如康德原文。Pluhar 之英譯則爲:「**必須總是**要被隸屬於一目的論的原則」,「同時」(zugleich)一詞則被略去,亦可。

418 因此,茲實有理由,而且實在說來,茲實有功績,去爲「說明自然產物」之故而追求自然之機械的作用(只要當如此作而有或然的成就時);而且如果我們要放棄此企圖,則事實上決不是依據「沿此機械作用之途徑去見到自然之合目的性,這**根本**不可能」之根據而放棄之,乃實只依據「沿此機械作用之途徑去見到自然之合目的性,這只**對我們人類**而言是不可能的」之根據而放棄之。因爲要想沿此研究之途徑〔線索〕去見到自然之合目的性,我們定需要有一種**直覺**不同於我們的**感觸直覺**,而且亦定需要對於如下那樣的「自然之智思的基體」,即「甚至由之我們即能表明現象之在其特殊法則中之機械作用之理由或根據」這樣的「自然之智思的基體」,有一**決定性的知識**。但是要有一「不同於感觸直覺」的直覺並要對於如如上說那樣的一個智思的基體有一決定性的知識,這乃完全越過我們的能力之外者。

因此,「當**自然目的**之概念應用於事物(如在有機存有之情形中)」已毫無疑問地被建立起時,如果自然主義者不想白費氣力,則他必須在形成對於這些事物之評估中要承認某種**根源的有機組織**或**其他有機組織**以爲基本。他必須考慮：此根源的或其他有機組織其自身即爲「產生其他有機形式」之目的而利用上說之機械作用，或爲「由已有的結構而想開展出新的結構」之故而利用上說之機械作用（但是所謂利用機械作用開展出新的結構，這新的結構卻總是**由**所說之**自然目的**而發出，或**依照**所說之**自然目的**而發出）。

「去應用一比較解剖學，並去詳歷廣大的諸有機存有之創生，以便去看看是否在此廣大的創生中不可發見一點系統之痕跡，實即是否不可發見一點遵守一發生學的原則而成的系統之痕跡」，這乃實是可稱讚的事〔很好的事〕。因爲若非然者，我們定須以**純然的評判性的原則**爲滿足（此評判性的原則實不能告訴我們什麼事足以對於有機存有之產生給出任何洞見），而且定須在失望中去放棄一切要求——「要求洞見到此有機存有領域中之**本性**」之要求。當我們考慮如許多的動物種類在一**共同模式**中相契合時（此一共同模式顯然好像不只是爲這些動物底骨骼之結構之基礎，且亦是這些動物之其餘部分底布置之基礎），並且當我們在這裡見到那根源的設計之可驚的單純性時（那單純的根源設計曾因著這一肢體之縮短與另一肢體之加長，這一部分之退縮與另一部分之發達，而能夠產生如此繁多的種目之變化），這便在心靈上發出一線希望之光（不管這光如何薄弱），即希望：自然底**機械作用之原則**（無此原則，不能有自然科學）猶能使我們在**有機生命**之情形中去達到某種說明之程度〔去完成某種事〕。不管這些〔有機生命之〕形式間有若何差異，此諸形式間之類比似乎是依照一**共同的類型**而被產生出來，如此被產生出來的諸形式間之類比加強了這猜測，即：此諸形式由於從一**公共的雙親**而傳下來，是故遂有一現實的親屬關係。關於這層意思，我們可以依「此一動物種類之**漸近似**於另一動物種類」這種**逐漸近似**而追蹤之，可以從「目的之原則在其中似乎最能被眞實化」的那些東西中而追蹤之，即是說，我們可以從人回到水螅（polyp 水產小動物），再從水螅甚至回到苔蘚（mosses）與地衣（lichens），而最後再回到**最低級**而**可覺察**到的**自然之階段**，而追蹤之。而在此最低級而可覺察到的自然之階段處，我們達到了**粗糙的物質**；而全部自然之技巧似乎即是**由**這粗糙的物質以及此物質依照機械法則（相似於物質在形成結晶體中之活動所依的法則）所發散出的力量**而被發展成**，而這樣被發展成的全部自然之技巧在有機存有之情形中對於我們是如此之不可理解以至於我們遂覺不得不在其說明上想像一**全然不同的另一原則**〔**即不同於機械原則的目的論的原則**〕。

419

在這裡，自然之考古學家**直可以回到**自然之最早期的變革時所留下的痕跡，而且由於訴諸一切其關於自然之機械作用所知者或所能猜測者之故，他**復可以去追尋**那有生之物底偉大族系之起源（因爲如果上面所提到的那一致地貫通的親和性要有任何基礎，這些有生之物必須被描畫爲一個族系）。他能設想：**母土之子宮**當其開始孕育時，就像一巨大的動物一樣，它從其混沌的狀態生出有生之物（這些有生之物之形式並不甚表現合目的性），而這些有生之物復能生出其他有生之物（這些其他有生之物更能圓滿地使其自己適應於其本土的環境以及其互相間的關係），直至此子宮，由於變成硬固而骨化或僵化，是故遂把其產生限制於確定的種目，不可能再有進一步的變形，而當有成果的形構力之運作已停止時，則形式之複多性遂如其所是而被固定化而不可復變。可是，雖然如此，那自然之考古學家卻仍然終於被迫著把那「爲了這些生命形式而適當地被構造起」的有機體或有機組織歸屬給**此普遍共同的母親**，因爲倘若不如此作歸屬，則動植物王國之產物之**合目的性的形式**底可能性是完全不可思議的①。但是，當他這樣把這一切都歸屬給此共同的母親時，他只是已把這說明之根據更向後退回一步而已。他不能自以爲已使動植物兩王國之起源獨立不依於**目的因**之條件而即爲可理解。 420

〔**原註①**〕：康德在此有註云：

如此作歸屬這一種假設可以說爲是理性方面的一種大膽的冒險；而且大概言之，很少人不曾發生有此種想法，即使最敏銳的科學家間，亦很少不曾有之。因爲像「異生」（generatio aequivoca）這種產生不能被說是背理的。所謂「異生」，其意就是「由粗糙的非有機的物質而生出一種有機的存有」這種產生。可是這樣的「異生」仍然是最廣義的「同生」（generatio univoca），因爲它只函蘊說：某種有機物是從某種別的仍是有機的東西而生出，雖然在「有機存有類」範圍內，此某種別的有機的東西**在種目上**是不同於其所生出者。此情形必好像我們所想像的這情形，即：某種**水產動物**把它們自己逐漸轉化成**沼地動物**，而經過若干世代後，又從沼地動物逐漸轉化成**陸地動物**。依單純平易的理想之判斷而言，此情形並無什麼先驗的自相矛盾處。只不過經驗尚未給出此種情形之例證而已。正相反，就經驗之所及而言，我們所知的一切產生是「**同質的產**

生」(generatio homonyma)。一切產生不只是「同生」(此同生對反於由一非有機的本體而生之「異生」),而且它還產生這樣一種產物,即此產物在其有機組織中是十分類似於那產生之者;而在我們的經驗之範圍內,一「**異質的產生**」(generatio heteronyma)從未被發見於任何處。〔案:此即所謂龍生龍,鳳生鳳,雞蛋從未生出石頭來。普通所謂「異生」實只是最廣義的「同生」,只不過常轉化成同類下的不同的種目而已。〕

甚至就有機種類底某些個體所偶然經歷的變化而言,當我們見到如此變化了的性格被遺傳下來而且被吸納於生殖力中時,我們只能這樣評估說:這偶然變化了的性格實只是那「原存於種族中而以族類之保存爲目的」的一種**有目的的能力**〔性能〕之因緣湊巧的發展而已;我們除這樣評估之外,我們不能對它們形成其他更爲貼切而講得通的評估。因爲在一有機的存有之完整的內部的**合目的性**中,此有機存有之同類的產生是與以下所說之情形〔原則〕密切地相連繫的,即:凡被吸納於此有機存有之生殖力中者實皆應在這樣一個目的之系統中屬於此有機存有之**未發展出的本有性能**之一:決無什麼既被吸納於此有機存有之生殖力中而又不在一目的之系統中隸屬於此有機存有之未發展出的本有性能之一者。一旦我們離開此原則,我們便不能確然知道眼前被發見於一「**種目**」中的那形式之許多構成成分是否不可以同樣是偶然的而且同樣是無目的的起源的,而且如下所說這樣一個目的論之原則,即「在被保存於種族之繁衍中的一個有機存有中,沒有什麼東西應須被評估爲空無目的的的」這樣一個目的論之原則，必會被弄成是不可信賴的，而且它只能對原始的雙親〔如亞當、夏娃〕而言才有效，而我們的知識卻並不能追返到這種原始的雙親。

有些人覺得在一切這樣的自然目的之情形中必須採用一**目的論的評判之原則**，即是說，必須去採用一**建築性的知性**。在回答這些人的這種想法中，休謨發出這異議，即：一個人可以同樣很公平地去問：這樣一種建築性的知性其自身又如何是可能的？休謨發此疑問，其意是說：一個人可以問：「在同時具有理智能力與執行能力這樣一種知性之概念中預設有許多能力與特性，而這些能力與特性在一個存有中一定又有這樣一種目的論的協和一致」，這如何是可能的呢？但是在如此發問中這並無什麼意義可言〔實是空洞無謂的〕。因為問題是一個關於「含有目的而且亦只有藉賴著目的而始為可理解」這樣的一物之起源之問題，而纏繞著這個問題的那全部困難是基於這樣的要求，即：「在此產物中的互相外在地存在著的**種種成素底綜和之根源**中要求統一」這種要求。因為如果這**根源**被安排於一「被視為是一單純本體」的產生性的原因之知性中，則上說那個問題，當作一目的論的問題看，是早已充分地**被解答了的**；而如果這**原因**是只在**物質**中被尋求（物質是當作許多互相外在地存在著的實體物之一集合體看的物質，如果原因是只在這樣意義的物質中被尋求），則此物質底諸複雜結構之內在而固具地合目的性的形式上所需要的那「原則之統一」是完全不存在的。而所謂「物質之專制」（autocracy of matter），即那些「依我們的知性而言，只當作目的看始為可思議的」諸產物中的這「物質之專制」，實是一無意義的詞語。 421

以此故，遂有以下之情形，即：有些人他們想尋求物質之客觀地合目的的形式底可能性之一最高的根據，然而他們卻不同意把一種知性歸給此最高的根據，如是，他們遂想使「世界全體」或者成爲一**無所不包的本體**（泛神論），或不然，則使「世界全體」成爲由那些「附著於一簡單的單純本體中」的**許多決定**而成的一個**複合體**（斯頻諾薩主義），此一想法只是前一想法之較爲更確定的形式。這些人的目的是想由此本體中引申出一切合目的性所預設的那「根源之統一」。而事實上，幸虧他們有一單純本體這一純粹存有論的概念，是故他們實在也做了某種事以滿足所說的問題中之此一條件，即在關涉於一目的中所函蘊的那〔根源底〕統一這個條件。但是他們在另一條件之問題上卻並沒有作什麼事，這所謂另一條件即是這一種關聯，即「本體之關聯於其當作一目的看的後果」之關聯，這一種關聯即是那「把問題所要求的那更爲準確的決定給與於他們的存有論的根據」者。他們對於這樣一種關聯之問題卻並沒有說出什麼事，因此，他們遂無法回答此全問題。復次，就我們的**知性**而言，那全問題除依據以下所說之條件外，它仍然是絕對不可解答的。第一，**事物之根源**必須被我們描畫爲一**單純的本體**。其次，第二，作爲一單純的本體，此**本體之屬性**，即在此本體之關聯於那些「以彼爲根源」的諸自然形式之特殊性格（即合目的性的統一之性格）中此**本體之屬性**，必須被描畫爲一**睿智的本體之屬性**。最後，第三，「此睿智的本體之關聯於諸自然形式」之**關聯**必須被描畫爲**因果性之關聯**，其所以須如此被描畫是由於**偶然性**而然，偶然性乃即是我們在那「我們想像其爲可能是只當作一目的看才可能」的那每一東西中所見到的那偶然性。

§81　機械作用與目的論的原則相聯合此目的論的原則乃即是「我們所用以說明那『被視爲是一自然之產物』的自然目的」者

由前我們已見到：自然之機械作用並不足以使我們去思議一有機存有之可能性，而依此機械作用之根源而言，此機械作用必須被隸屬於一個「經由意匠設計而活動著」的原因，或至少我們的認知機能之類型是這樣性質的，即它使我們必須思議此機械作用爲如此被隸屬者。但是一有機存有這類的存有之**純然目的論的根源**亦同樣很少能夠使我們去把此有機存有既考慮並評估之爲一個**目的**，同時又考慮並評估之爲一**自然之產物**。我們必須進一步把自然之機械作用當作如下所說那樣一個**原因**底**一種工具**而使之與那目的論的根源相聯合：所謂如下所說那樣一個原因即是這樣一個原因，即它一方面依**意匠設計**而活動著，而同時另一方面它又**默識一個目的**，而自然即被隸屬於這個目的，甚至機械法則中的自然亦被隸屬於這個目的：我們必須把**自然之機械作用**當作是如此般的**一個原因**底**一種工具**而使之與那**目的論的根源**相聯合。自然之在其普遍的合法則性中之因果性是**一種因果性**〔即知性依因果範疇所知的那機械的因果性〕，而由這樣一個理念，即「它把自然限制於一特殊的形式，而自然，如其爲自然，卻決無法是此特殊形式之根源」這麼一個理念所領有的那因果性又是**另一種因果性**〔即由意志目的而來的實踐的因果性〕。這兩種**完全不同型的因果性**之如上所說那樣的聯合起來底可能性是某種我們的理性所不能理解的事。因爲這種聯合底可能性〔之根據〕是處在自然之**超感觸的基體**中，關於這超感觸的基

422

體，我們對於它不能夠去作任何較確定的肯定，我們只可說它是一「自身潛存的實有」〔一在其自己的存有〕，關於此實有或存有，我們只知其現象。可是，縱然如此，以下所說那個原則仍然有其充分而不被減少的力量，即：凡「我們所假定之以形成**現象性的自然之部分**並假定之是**自然之產物**」的那每一東西皆必須依據**機械法則**而被思為與**自然**相連繫。因為，若離開此種機械的因果性，則諸有機的存有，雖然它們是**自然之目的**，然而卻決不會是**自然之產物**。

現在，設我們已採用了有機存有底產生之目的論的原則（我們實不能不採用），如是，則我們可以把這些有機存有之內在地合目的性的形式之基礎或者放在原因之「隨機適時論」（機會論 occasionalism）上，或者放在原因之「預先前定論」（預定諧和論 pre-establishment）上。依照「隨機適時之機會論」而言，世界之最高原因必會在每一受精孕育之**機會**上，蓋上其**理念之印記**，直接地把有機性的形構供給給那些「在產生過程中相聯合」的交合實體。依據「預先前定之系統」而言，那最高原因必只以**內在而本有的能力**賦給其智慧之〔所創造的〕原始產物，藉賴著這所創造原始產物之所賦得的內在而本有的能力，一有機存有自可隨類而產生另一有機存有，而族類遂亦得保存其繼續的存在，而同時諸個體之消失永遠可以通過那「同時從事於此等個體之解體」的一種自然之動作而得補償。如果有機存有之產生之隨機適時之機會論被假定，則產生過程中一切自然之合作必完全喪失而無餘，而在判定此類產物之可能性中，亦必無「餘地」為**理性之運用**而保留。如是，我們自可說：沒有人，他若想對於哲學要作一點什麼事，他將會採用「隨機適時之機會論」這種說法的。

423

又，「預先前定論」也可以任取其兩形態中之任一形態。這樣，它可以把每一「從其自類之一分子而生出」的有機存有或視作其自類之一分子之「引出物」（educt），或視作其自類之一分子之「產生物」（product）。那視產生出的存有爲「引出物」的說法被名曰「個體先成說」（system of individual preformation），或有時亦名曰「演化說」（theory of evolution）；而那視產生出的存有爲「產生物」的說法則被名曰「新生論」（system of epigenesis）。此新生論亦可名曰「種類先成說」（system of generic preformation），因爲它在關於那「必應是原始雙親之所稟賦」的那內在的合目的性的傾向中，視雙親之生產力，因而也就是說，視「種目」之專有形態，仍爲事實上已經先成了的。依據此「種類先成說」之說法，那與之相對反的「個體先成說」也可以更適當地被名曰「內包說」（theory of involution 或「套入說」theory of encasement）。

「演化說」底提倡者使一切個體皆脫離「自然之形構力」，其所以如此，目的是在想從「創造者」之手裡直接地把一切個體引生出來，可是，他們尙不至冒險依據機會論之假設去描畫個體之出現，以至遂使受精孕育（impregnation）成爲一種無謂的例行儀式，這例行儀式是只當「世界底一個最高的睿智的原因已決心直接以其自己之手去形成一個胎兒而只把養育胎兒之工作付託給母親」時便被舉行。他們尙不至採取如是之機會論，他們必會聲言歸依於「先成說」；因而有機存有這樣的形態之**超自然的起源**是否被允許是在**世界歷程之開始**時起作用，抑或是在**世界歷程之經過中**起作用，這似乎並非是一不相干之事。他們固**看不到**以下一點，即：事實上，全數**超自然的設計**必會爲**機緣**所引起的創造活動所省免(如果一個在世界開始時已形成的胚胎須從自然之破壞力中被保存下來，而且又須通過長久的年代保存得很好而無傷害，直至其有發展之時爲止，如果是如此云云，則那種隨緣的創造活動必是必要而不可缺少的)，而且他們同樣又亦看不到以下一點，即：一不可計數地更大數目的**先成物**必會被創造出來，即比那**注定被發展出來**者之數目爲更大者要被創造出來，而一切這些更大數被創造出來的先成物必會是如此之多的創造物以至於它們被弄成是多餘的而且是徒然無益的。他們雖有這些見不到處，可是他們必會願意讓自然在這些運作中擔任某種角色，庶不至滑入純粹十足的超自然學(hyper-physic)，這純粹十足的超自然學可以廢除自然主義式的路線上的一切說明。當然，他們在其超自然方面仍然毫不搖動；如是遂至即使在流產中〔**在未成形中，在畸形中，在不可能認定有自然之目的處**〕，他們也會發見一可驚的合目的性，儘管這合目的性不過只是一無意義的合目的性，只可忽然使植物學家智窮才盡，不知所措，並且使他以讚嘆之心屈膝：驚嘆造化之妙而已。但是，他們卻絕對

424 不可能去使混血之產生與**先成說**相調和，他們只能被迫著去承認有一種「指向於目的」的**進一步而額外的形構力**歸給男性之種子，對於這男性之種子，在其他非混血之產生之情形中，他們是只承認其有「充作胚胎之第一營養工具」之機械特性，除此以外，他們不會再承認其有任何其他特性。可是，當他們討論同類者之兩性之完整產物時，卻並不會把此進一步而額外的指向於目的的形構力給與於雙親中之男性一面或女性一面。

另一方面，就反乎「演化說」之提倡而宣稱「新生說」者而

言，縱使我們在「支持新生說底宣稱者之說法」中的經驗證據之事上見不到新生說底宣傳者方面的巨大好處，可是理性仍然很強烈地在證明之前早就對於新生說底宣稱者之說明路數懷有好感，有所偏愛。因爲說到事物〔自然事物〕，雖即其起源之可能性只能依照目的之因果性而被表象，可是至少在關於這些事物之產生過程之連續中〔在關於這些事物之繁殖中〕，新生說卻仍然視自然自身爲產生的，而並不是視之爲只是展開某事者。〔案：第一譯：「視自然爲其自身是產生者（self-producing），而並非只視之爲其自身是展開者（self-evolving）」。第三譯：「視自然爲其自身是產生那些事物者，而並不是視之爲只是展開那些事物者」。〕這樣，新生說，在稍稍使用一點超自然者之情形下，它把「根源性的開始」以後的那一切步驟之說明皆付託於自然。但是，它關於這「根源性的開始」避免有所決定，這「根源性的開始」問題乃是那使一切物理學底企圖皆歸失敗者，不管物理學所採用的原因之連鎖是什麼。

在與此新生說相連繫中，沒有人能比 Blumenbach 先生作出更有價值的服務。他在建立此說之應用之正確原則方面（關此，大部分是因著他對於此說之原則之過分自由的使用予以適當的限制而然），以及他在此說之證明之貢獻方面，皆曾作出很有價值的服務，無有能超過之者。他使「**有機的物質實體**」作爲這些形構之自然說明之起點。因爲去設想「粗糙的物質，服從機械法則者，根源上即是其自己之建築師」，並設想「生命能從那無生命者之本性裏而發出，而物質亦能自發地採用一自我維持的合目的性之形式」，他很正當地宣稱這是違反於理性的。但同時，他亦把一不可決定但亦無誤的功能留給**自然之機械作用**，即依此自然之機械作用之隸屬於這一不可測度的「最初而基本的有機組織之原則」之下而把那不可決定而亦無誤的功能留給自然之機械作用。在這裏所需要的那物質之能力,他在一有機體之情形中名之曰「**形構的衝動**」(formative impulse),這一形構的衝動乃是對反於那普遍地處於物質中的那種**純然機械的形構力**者,而且亦可說是處在上述的那一不可測度的「最初而基本的有機組織之原則」之**較高的指導與方向**之下者。

425 §82 有機體底外在關係中之目的論的系統

所謂「**外在的合目的性**」,我意是如此之一種合目的性,即在此合目的性處,自然中之一物之服務於另一物就如手段之服務於一目的。現在,甚至如這樣的事物,即如「它們並不具有任何**內在的合目的性**,而且它們的可能性亦並不預設任何東西,例如像地、水、風、火一類的東西」,這樣的事物,它們仍然可以**外在地**很適合於目的,即是說,它們仍然可以在**關聯於其他存有中**適合於目的。但是,這樣一來,其所關聯的那些其他存有必須總是**有機的**,即必須總是一**自然目的**,因爲如若它們不是一**自然目的**,則「外在地關聯之」的那些事物必不能被認爲是**手段**。這樣說來,地、水、風、火不能被看成是**山之隆起**之手段。因爲**內在地**說,山自身中並不含有什麼東西它要求山之可能性須有一依照目的而成的根源或根據。因此,山之原因從不能涉及這樣一種根源之問題,而且亦從不能在一「有用於這樣的根源之說明」的**手段之謂述**下被表象。

「外在的合目的性」這一概念是完全不同於「內在的合目的性之概念」的。內在的合目的性之概念是與一個「無關於其現實性自身是否是一目的」的對象之可能性相連繫的。在一有機體之情形中，我們可以進一步問：此有機體之存在是爲什麼目的而存在？但是在「我們於其中只承認自然底機械作用之單純結果」這樣的事物之情形中，我們很難這樣去追問。理由是如此，即：在**有機體**之情形中，我們早已把一「依照目的而成」的因果性，即把一**創造性的知性**，描畫給我們自己，以去說明這些有機體之**內在的合目的性**，並且亦把創造性的知性這一主動的機能關涉到其決定的根據，即關涉到有意的設計。茲僅有唯一的一種外在的合目的性，它密切地與有機組織之內在的合目的性相連繫。此唯一的一種外在的合目的性並不須發問這問題，即「如此有機地組織起來的自然所必須爲之而存在的那個**背後未說出的目的**是什麼」之問題，可是它雖不必發問此問題，然而它卻實處於「手段對於一目的」之外在關係中。此即是意在繁殖種族而處於互相關係中的兩性之有機組織。因爲在這裡，恰如在個體之情形中，我仍總是可以問：這樣一對男女性爲什麼必然要存在？答覆是如此，即：在此一對中，我們有那「首先形成一有機地組織起的全體」所需之配偶，雖然此有機地組織起的全體〔如家庭〕並不是一**單一物體**中的「組織起的全體」。

現在，當我們問「一物之存在是爲什麼目的而存在」時，答覆有兩方式，可任取其一。一個答覆可以這樣說，即：一物之存在或產生對於一有意設計地活動著的原因無任何關係〔即毫不涉及有意活動著的原因〕。依是，其起源總是被理解爲由自然之機械作用而引生。或不然，另一個答覆則可以這樣說，即：一物之存在，由於它是一偶然的自然物之存在，是故它大約須有某種「含有意匠設計」的根據以作基礎。而這一思想是我們很難使之與「一物之爲一　426

有機組織者之概念」分開的。因爲由於我們被迫著去把一物之內在的可能性基於**目的因之因果性**與一「作爲此因果性之基礎」的**理念**上，是故我們不能不想「此產物之眞實存在亦是一目的」。因爲當一結果之表象同時亦即是這樣一個根據，即「它能把一睿智的有效因決定至有產生此結果之作用」這樣一個根據時，則如此被表象的結果即被叫做是一個目的。因此，在這裡，我們可有以下或此或彼之兩種說法：⑴或者我們可以這樣說，即：這樣一種自然存有之眞實存在之目的是**內在於此自然存有之自身**，即是說，此目的不只是一目的，且亦是一「**終極目的**」(final end 此時亦可譯作終成目的)；⑵要不然，或者我們也可以這樣說，即：「**終極目的**」是在此自然存有之外而處於另一其他存有中，即是說，此自然存有之眞實存在，適合於目的者，並不是其自身是一「**終極目的**」，但只就其存在而言，它必然地同樣也是一「**手段**」。

但是，如果我們審閱自然之全體，我們並不能在自然之作爲自然中發見任何存有它能夠要求其自己成爲創造之「終極目的」之優越性。事實上，我們甚至可以先驗地證明：那「或可作爲自然之**現實相對等級中一末後目的**[①] (ein letzter Zweck) 並賦之以我們所可選擇的任何可思議的性質或特徵」者，依其爲一自然物之性格而言，它卻仍然決不能是一「終極目的」(a final end： ein Endzweck)。

〔譯註①〕：

案：「末後目的」，德文原文是"letzter Zweck"，三英譯俱譯爲"ultimate end"，此非是。蓋"ultimate end"意同於

"final end"，英文是很難有分別的。但德文一是"letzter Zweck"相當於英文之"last end"，last（最後的）是現實的時間過程中的比較語，如說昨天爲"last day"，到了明天，今天又是last day了，但英文使用中，"ultimate"並無現實時間中的相對比較意。故依德文原文譯爲「末後目的」，前加「現實相對等級」以限制之，如是遂成如文之所譯，非照英文之ultimate而譯也。又「終極目的」（final end, Endzweck），康德在這裡泛說兩種。後§83及§84則指最高善言，此則不能在自然中被發見。

設若一注意於植物王國，我們起初先以其幾乎向外傳播其自己於每一土壤上的那無邊的多產而可被誘導去作如此想，即：此植物王國須被視爲是一**純然機械作用之產物**（此機械作用乃即是大自然在其於礦物王國中之諸般形構裡所展現者）。但是，設若對大自然之難以形容地**巧妙的有機組織**有了更切近的知識時，則我們便覺得不可懷有此想法，而我們亦覺得必須去問：這些有**生機的植物之形態**究爲什麼目的而存在？設若我們答覆說：它們是爲動物王國而存在（此動物王國是以植物而儲備其生計之資具，以有如此之生計資具，動物王國始能以這樣多的種類之變化而散布於地面上），那麼又有問題可以發生，即：這些吃草動物又爲什麼目的而存在？對此問題之答覆必會是這樣的，即：吃草動物〔如牛、羊等〕爲肉食動物而存在，肉食動物只能靠那其自身有動物生命者而活著。最後，我們達到這個問題，即：這些肉食動物以及前面所說的諸自然王國，其目的與意圖又是什麼呢？〔它們又爲什麼而存在呢？它們所適合的又是什麼呢?〕我們說:它們爲人而存在,它們的目的就在適合於人並在適合於「人之睿智教告人對於這些生命形態所安排到」的那**種種用處**。在這裡,人是地球上的創造物之「**最後一級的**
427 **目的**」(der letzte Zweck)①,因爲人是地球上唯一「能夠去形成一目的之概念」的存有,並且也是唯一「能夠由有目的地形成的諸事物之集合體,經由其理性之助,而去構成一目的之系統」的存有。

〔**譯註①**〕:

此就德文"der letzte Zweck"譯,不就英譯之"ultimate end"譯。因爲"ultimate"一字太重故,非現實相對比較級中的「最後」之意。

我們也可以遵循林奈爵士(the chevalier Linné)之想法而採取表面看起來是相反的途徑。如是,我們可以說:吃草動物之存在是爲「制止植物王國之過多的生長」之目的而存在,由於這過多的生長,遂使該王國中其他許多「種目」之植物窒息而死。〔如野草過多、五穀不生等等,如是遂需吃草動物以食之。〕肉食動物之存在是爲限制吃草動物之貪婪濫食而存在。而最後,人之存在之目的是如此,即:由於人之追捕肉食動物〔野獸〕並減少其數目,如是自然之生產力與破壞力間的一種平衡遂可以被確立。但是,這樣說來,依此想法,好多人在某種關係中可以被尊重爲目的,然而在另一種關係中他又可轉而算作是手段或工具。

如果我們在繁多的大地上的生命之各別形態中,並在這些各別形態之作為這樣的諸存有，即，它們皆具有一「適合於目的」的結構這樣的諸存有，在這些各別形態之作為如此云云的諸存有間的互相外在關係中，去採用一**客觀的合目的性之原則**，如是，則我們只有進而如下那樣去想像才合理，即：在這些互相外在的關係中亦有一種有機的組織，並且亦有一種遵循目的因而成的全部自然王國之系統。但是，在這裡，經驗似乎證明在這樣想像中理性之格言為虛妄，就自然之**最後一級之目的**而言尤其如此。縱然如此，可是這**最後一級之目的**對於這樣一個系統〔即遵循目的因而成的全部自然王國之系統〕之可能性而言是**必要的**，而且我們亦只能把這**最後一級的目的**放在人身上。〔最後一級的目的雖即如此云云，可是就如此云云的**最後一級之目的**而言，經驗仍證明那理性之格言為虛妄。〕因為說到使人為最後一級的目的，若就人是許多動物種目中之一**種目**而言，人之受自然之破壞力而消滅同於其受自然之生產力而產生，自然並不特別使人更可免除自然之破壞力，自然亦同樣不能使人免於自然之生產力〔即人固為自然所破壞，但亦同樣為自然所產生〕，而且毫無例外，自然亦使每一東西皆服從自然力之機械作用而無任何目的可言。

在一個「為世上全部合目的性的自然存有而條理成」的系統中，那須特別備好的第一件事必應即是這些自然存有之住處即故土〔根據地〕，或「這些自然存有想發旺」所依據的那成素〔如金、木、水、火、土之類〕。但是，一切有機產物底此種基礎條件之本性之更詳盡的知識除表明那些「全然無設計意圖而活動著」的原因外，並除表明那些「事實上只傾向於形態、秩序以及目的之破壞而並不適合於去促進此等之創生」的原因外，實並不表明任何其他原因之痕跡。陸地與海洋不只含有那「既襲擊它們兩者又襲擊它們兩者的一切生態之產物」的那猛烈的原始洪荒時代的災害之紀念物〔遺痕〕，而且它們兩者本身的全部結構（即陸地之地層結構與海洋之海岸線之結構）亦具有在「混沌狀態中運轉著」的那一種大自然之狂暴而壓倒一切的力量之結果之現象。不管陸地之形狀、隆起與傾斜，現在看起來是如何之巧妙地適合於由空氣而來的雨水之吸收，適合於各地層（宜於種種產物的各地層）間所噴出的泉水之地下渠道，而且適合於江河之流動〔彎彎曲曲地流動〕，然而若對於這地形，其隆起與傾斜等，有一密切的研究，則這研究最後不過表明：這隆起與傾斜等簡單地只是這樣的結果，即部分是由火山的爆發而成，部分是由洪水氾濫，甚至是由海水之侵入而成。不但此原初地形之初成是如此，即其後來之轉形，伴隨之其原初有機產物之消失，更特別是如此①。現在，如果一切這些有生之物之住處（即陸地之窪處與海洋之深處）只不過指點到一完全無意圖設計的**機械作用之產生**，除此以外，再無所指點，那麼，我們如何能夠或有何權利去爲這些有生之物去要求或去主張〔肯斷〕另一不同的根源呢？縱使人類，像自然之劫後餘跡之最詳細的考察所想去證明的，在 Camper 之判斷中，似乎並不曾包括在這樣的變革中，然而人之依靠於地上其餘有生之物是如此之甚以至於：如果「自然之機械作用之力量足以侵及或操縱一切其他有生之物而無疑」這一點被承認，則人亦必須被視爲是包括在此機械作用之範圍之內者，雖然人之智力至少大部分可以使他免於這機械作用之破壞〔另譯：使他從那些浩劫中逃脫出來成爲劫後之餘生〕。

428

〔原註①〕：康德在此有註云：

「自然史」這一名稱，照字義看，即是地球底過去狀況或古代狀況之記述。既然這一名稱業已被使用，如是，如果它要繼續被使用，用之以表示對於自然之描述，則我們可以用「自然之考古學」（archaeology of nature）一名以代之。「自然之考古學」是對反於「藝術之考古學」而言的。對於「地球之過去或古代狀況之記述或說明」這種事，雖然我們不敢希望有任何確定性，然而我們卻很有根據去猜測。「殘存的化石」（fossil remains）必應是「自然考古學」之對象，恰如粗糙雕刻的石頭，以及類乎此者，必應是「藝術考古學」之對象，因爲在「地球論」之名下，在此考古學一門中，考察工作是事實上經常地被作成了的，（雖如我們所料想，只是緩慢地被作成），是故此「自然考古學」之名並不是被給與於「自然之一純粹幻想的研究」，而實是被給與於一種「自然本身邀請並召集我們去從事之」的研究。

但是此種論證似乎超出其所想證明者之外。因爲此論證似乎不只想去證明：人不能夠是**自然之「最後一級的目的」**（letzter Zweck），或依同一理由，它似乎亦不只想去證明：地球上的自然底有機物之聚合亦不能是一**目的之系統**，它且想去證明：甚至以前曾被認爲是「自然目的」的那些自然之產物亦只有**自然之機械作用**之起源，除此以外，再不能有任何其他種之起源。

可是，這樣一來，我們必須謹記上面對於「有機的自然存有之機械的產生之原則與目的論的產生之原則這兩者間的背反」所給的

429

解答之結果。如我們在那解答之結果中所見的，那兩種原則，在關於**形構性的自然**以及此自然之**諸特殊的法則**中，只是**反省判斷力**之原則，至於這形構性的自然以及其諸特殊的法則間之系統性的相關之所以然的那關鍵性的**鑰匙**卻並不是我們所能有的。那兩種原則關於那些有機存有之依其自己之內在本性而言的**起源問題**是不能告訴我們什麼確定性的東西的。那兩種原則只肯斷說：依我們的知性與我們的理性之本性而言，在此類有機存有之情形中，我們除依「**目的因**」之指導去思議這起源問題外，我們不能有別法以思議之。在我們之努力依機械的路線去說明這些有機存有中，極度可能的堅忍，不，甚至一勇敢而大膽的冒險，是可允許的。不只是可允許，我們甚至爲理性所召請，召請我們去這樣堅忍與冒險，雖然我們明知若用這樣機械的說明，我們決不能有所成。這不能有所成，不是因爲在「機械的產生」與「起源之依據乎目的者」這兩者間存有一種**內在的不一致性**，而實只由於那些「含在我們的知性之特殊的形態與限制中」的**主觀理由**之故也。最後，在那背反之解答中，我們已見到：「描畫自然底可能性」底**兩種模式之融洽**可以很容易地處於外部自然與內部自然之**超感觸的原則**中。因爲「基於**目的因**」的那表象模式只是我們的理性底運用之一主觀條件。其爲理性底運用之一主觀的條件是當如下之情形時才如此，即：當理性不只想去知道對於那只當作現象而被排列的對象所形成的**適當之評估**，且亦專想或決心想去把這些現象，連同其原則，關涉到其**超感觸的基體**上，這樣，理性便可認出或看出這些現象所依以有其統一的那些**特殊法則**[1]之可能性，這些**特殊法則**除藉賴著**目的**而被表象外，是不可能經由別法爲心靈所表象的(關於目的，我們的理性也有超感觸型的目的之例證）：只當理性是如此云云時，那「基於**目的因**」的**表象模式**才是我們的理性底運用之一主觀的條件。

〔**譯註①**〕：

案：康德原文只是 Gesetze，英譯皆譯為 certain laws（某些法則），實即指諸**特殊法則**而言。法則之由知性範疇而來者為自然之普遍法則，此則不需要藉目的而被表象。

§83　作為一「目的論的系統」的自然之**最後一級的目的**

在上節中，我們已表明：設注意於理性之原則，則在反省判斷力上（自然不是在決定判斷力上）有充分根據使我們去評估人不只評估之為一自然目的，就像我們評估一切其他有機存有為自然目的那麼樣，且須評估之為這樣一個存有，即：人在地球上是自然之**最後一級的目的**，並且在關聯於人中，一切其他自然物可組成一目的之系統。現在，再問：人自身內的目的，而這目的，如其為一目的，又是想藉賴著人之與自然之相連繫而被促進，人自身內之如此云云的這種目的又是什麼呢？如果此目的是某種「必須在人自身中被發見」的東西，那麼這目的必須或是這樣一種目的，即：人自身可以因著**自然**以及**自然之恩惠**而得滿足〔案：意即如人有天生的事事如意的好命，如佛有三十二相、八十種好，便是如此〕，或若不然，則它必須即是各種目的上的**性能**與**技巧**，人為其所欲達至的各種目的，他能使用其自身外的**自然**與其自身內的**自然**。前一種在人身上發見的「自然之目的」必即是人之**幸福**，而後一種在人身上發 430

見的「自然之目的」則應是**文化教養**〔培育才能〕。

幸福之概念並不是「人多或少從其本能而抽出因而遂從其動物的本性而引生出」的一個概念。正相反，它是對於一種狀態的一種**純然的理念**，而這純然的理念乃是人想去使其現實的狀態在純粹地經驗的條件下成爲與之相合者（這「與之相合」乃是一不可能之事）。人自己想出這個**理念**，而且感謝人之知性以及此知性之與想像與感性之錯綜複雜的關係，人可依種種不同的路數而想這個**理念**，而且甚至時常改變其**想法**，其時常改變其想法是如此之甚，如是遂致：縱使**大自然**是完全服從人之選擇自由的意志，這**大自然**必亦**完全不能去採用**〔或得有〕任何確定，普遍而固定的法則，採用之以便經由這法則，她可使其自己適應於這變動不居的想法，因而遂使其自己可與每一人所隨便安置於眼前的目的相一致。但縱使我們想去把這**想法**還原到〔或減低到〕眞正的自然欲望之層面（在此層面中我們的族類是處在完全而基本的一致中），或試另一種想法，想去把**人之技巧**增加到〔或上升到〕最高的層面以完成人所想像的目的：縱使是如此云云，人所意謂的**幸福**以及那事實上構成人之特有的**最後一級的自然目的**（對反於**自由之目的**）者，亦從未爲人所達到。因爲人之自己的本性生來就不是可以停止於或滿足於任何享有或享樂者〔案：意即是貪得無厭者〕。人之本性旣如此，而外在的自然亦並不更把人作爲一特別的寵兒，或更偏愛於人遠過於一切其他動物，而特以人爲其仁慈之對象。因爲我們看到：在自然的破壞性的動作中，例如瘟疫、饑荒、洪水、嚴寒、來自大小動物的襲擊，以及一切這類的事，自然並不**特饒於人**，正如其並不特饒於任何其他動物。除此以外，那人之**內部自然傾向**〔如氣性、才性

一類之自然性向〕底不一致亦使人陷於其**自己所鬧出的**那進一步的不幸中，並且這自然性向之不一致又通過統治力量之壓迫、戰爭之野蠻，以及類此者，把人之同族類之其他成員迫使落到如此悲慘之境地，而同時人自己復又盡其所能，對於其族類去作毀滅之工作，如是遂致：縱使**外在自然**方面有極度的善意，此外**在自然所有之目的**（設想此目的被指向於我們族類之幸福）亦從未在一現世的自然之系統中被達到，蓋因爲我們自己之**內部的自然**〔我們自己之本性〕並不是能夠易有之的。因此，人永遠只不過是**自然目的之連鎖**中之一**環節**。在關於那些「自然似乎把人預先決定到之」的那許多目的中，人誠然是一**原則**或**基準**（蓋由於人使其自己爲一**原則**或**基準**〔意即依人自己之自然本性而言，人本來預先注定就有那些目的，因此人即是一原則或基準〕），但縱然如此，若對其餘環節底機械作用中的**合目的性之保存**而言，人卻仍然同樣也是一「**工具**」〔手段〕。人實有知性，因而結果亦實有一種能力去把其愼審選擇之目的置於其自己之前。人實是這樣一個存有。若把人視爲地球上〔世上〕唯一的這樣一個存有，則人確然是自然之**合格的主人**，而且設若我們視自然爲一**目的論的系統**，則人便是生而就是「自然之**最後一級的目的**」（der letzte Zweck der Natur）。但其爲自然之最後一級的目的總是依據如下之條件，即：他須有睿智與意志去把「對於**另一種目的**之關涉」給予於**自然**並給予於**他自己**，這所關涉到的**另一種目的**乃即是那「能夠是自足而獨立不依於自然」的目的，因而結果也就是說，是那「能夠是一**終極目的**」的目的。但是像「終極目的」（final end, Endzweck）這樣一種目的必不可在**自然**中被尋求。

431

但是，無論如何，我們究竟要把「自然之最後一級的目的」放在人身中的什麼地方呢？要想對於這一點有所發見，我們必須找出：在使人要想成爲一「**終極目的**」中所必須準備去作的事這一點上，自然所能供給於人者是什麼，並且我們亦必須使那「終極目的」與一切其他目的分別開，這所謂一切其他目的乃是這樣的，即：其可能性是基於那些「人只能期待之於自然之手」的條件上者。俗世的幸福即是屬於此類之目的。俗世的幸福其意是意謂：通過人之外在的自然或內在的自然而可獲得的那「一切可能的人類目的之綜集」。換言之，這俗世的幸福乃是人之一切俗世的目的之「物質的實體」（material substance），而且如果人把這俗世的目的轉成人之全部目的，則這俗世的目的便即是那「使人不可能去爲其自己之眞實存在置定一**終極目的**並亦不可能使其自己之眞實存在與那**終極目的**相諧和」者。因此，在人之一切自然目的當中，我們只剩有一**形式而主觀**的條件，即那「適宜於去設置目的於人之自己面前」的這主觀而形式的條件，而且這主觀而形式的條件在人之「決定其目的」之力量中，在人之依照其「自由目的一般之格言」而「使用自然爲一工具」之力量中，是**獨立不依於自然的**。在人之一切自然目的之當中，只剩下這麼一個主觀而形式的條件，這條件即是**自然**在關聯於那**處在自然之外**的「終極目的」中所能完成的一個條件，因而也就是說，是那「須被視爲是**自然之最後一級目的**」的一個條件。在一理性的存有中，一種「適宜於其自己所選擇的任何目的」這種**適宜能力**之產生，因而也就是說，一種「適宜於一存有之在其自由中」這種**適宜能力**之產生，便就是**文化教養**。因此，那「可以是**最後一級目的**而我們也有理由就人類而言去把它歸之於

自然」者便就只是這**文化教養**。人之個人的俗世幸福，以及如我們所可說，「人只是『制定非理性的外在自然中的秩序與諧和』的主要工具」這一純然的事實，皆須被排除，不可算作是自然之最後一級的目的。〔案：此最後一整句原文有括號以括之，是附註語。Meredith 譯刪去括號，作正文。〕

〔譯者案〕：

「終極目的」是處在自然之外，是屬自由者，是自由意志所決定之道德目的，是不在現實相對之等級中，如下§84所說，是不需要有其他目的為其可能性之條件，故曰「終極目的」。

現實的人是現實相對等級中自然目的之最後一級的目的，或亦可譯為自然之末後目的，這是屬自然者。中國人說「天地之性人為貴」。佛家亦說六道眾生以人為最好（最宜於成佛），故曰「人身難得」。今康德亦說人可以是「自然之最後一級或末後一級的目的」，但不是「終極目的」。如下§84所說，只有當人成為一道德的存有時，他始是一終極目的。現實的人只是「自然之末後一級的目的」。其可以成為末後一級的目的，是由於他的選擇目的之能力，他的成為是自由者之能力，那就是說，他的生命中之**文化力**；文化力基於他的自然性能，即人本性上是可教可化者，故此處亦說那「可以是最後一級目的而又可歸之於自然」者便就只是這「文化教養」。

但是，並不是每一文化教養形態皆能盡此**自然之末後目的**之任務。「**技藝技能**」之爲一種文化教養固確然是「適宜於促進一切種目的」之主要的主觀條件，然而它卻不足以有助於「意志之在其決定中〔之應如何被決定〕」以及「意志底目的之選擇」。但是如果一「適宜於目的」之適宜要有其充分的〔完整的〕意義時，那「意 432 志之在其決定中〔之應如何被決定〕」以及「意志底目的之選擇」卻是一本質的〔重要的〕因素。「充分適宜於目的」之充分適宜中之此一作爲本質因素的條件，即「意志決定中應如何被決定」以及「意志底目的之選擇」這一條件，它牽連及那「依**栽培培養**或**訓練**之路而可被名曰**文化教養**」者，因此它是一**消極**的條件。此一消極的條件存於意志之從感性欲望之專制中之解放，而因著那感性欲望之專制，在我們之粘著於某些自然事物中，我們被弄成不可能運用我們自己之選擇〔案：意即成爲感性欲望之奴隸而不能運用其意志選擇之自由〕。此情形，當我們讓我們自己爲衝動所束縛時，即發生。蓋那衝動是這樣的，即：自然用那種衝動只供給我們這情形，即：這些衝動可以充作引導線索以使我們**不忽略**或甚至亦**不損害**我們本性中之**動物成素**，雖然當我們的理性之目的作指揮時，我們尚有充分的自由去抽緊或去放鬆，去拉長或去縮短這些衝動。

技藝技能在人類中除因著人們間的「**不平等**」而被發展外，很難因著其他辦法而被發展。因爲大多數人依一不需要有特別藝術的機械路數而爲另一些人供給生活之必需品，如是遂使這另一些人有舒適安閑而便利的生活〔案：即有閒情逸致〕去盡力於科學與藝術這些不甚必要的文化部門。這些有安閑便利的人使大眾處於一生活急迫受壓抑之狀況中，終日辛苦工作，很少享樂，雖然在時間之經過中，好多屬於較高階級之文化也可以傳播到大衆身上。但是隨這種較高階級文化之前進，當致力於那多餘的東西開始有害於那必要的東西時，這較高階級文化之前進之頂點便被名曰「奢侈」，如是遂使諸多不幸在大衆方面與較高階級方面皆同樣地在增加。就下層階段而言，這些不幸是因著從外來的支配力量〔殘酷無情的侵犯〕而發生；就上層階級而言，這些不幸是從內部的不滿足之種子〔貪婪不知足〕而發生。但是這顯明的悲慘是與人類中**自然性向**〔**或性能**〕之發展相連繫的，而爲自然本身所追求的那目的〔雖然這不是我們的目的〕也因這自然性向〔性能〕之發展而被達到。自然所依以能達到它的這個〔眞實目的〕的那個形式條件便就是一種憲法之存在，這憲法足以規約人間之相互關係，如是，那因著個人互相衝突而來的自由之濫用便可爲一位於一整體中的合法權威所對反〔所制衡〕；而那合法的權威所位處的那個整體或整全體便被名曰一「市民共同體」。因爲只有在這樣一種憲法中，那自然性向〔或性能〕之最大的發展始有其可能。此外，我們還需要有一「世界性的整全體」（a cosmopolitan whole），假定人們眞有一種聰明足以去發見這樣一種憲法〔即「組織世界整全體」的憲法〕，並且亦眞有一種智慧足以自願地去把其自己交付於這樣的憲法之約束〔即甘願受此憲法之約束〕。這世界的整全體必即是那「處在互相有損害之行之危險中」的一切國家間的一種體制。設無這體制，再加上野心、好權、貪婪，特別是有統治權者方面之貪婪所設置的障礙以阻止這樣的計畫底可能性之進行，如是，則戰爭便是不可避免的。戰爭之結局便是：有時有些國家使其自己分裂成或瓦解成一些較小的國家，有時某一個國家吞併了另一些較小的國家而且努力去把其自 433

己造成一個較大的國家。但是，縱使在人們方面，戰爭是一種無意識而盲目的舉動，爲不受約束的熱情所激起，然而在**極高智慧**〔案：意即上帝〕方面，它卻可是一種「深藏而或可有遠見」的企圖，企圖去爲那「管轄國家底自由」的一種「法律之統治」預備一條道路（如果不是**去建立**一條道路，至少尙可是**預備**一條道路），因而遂可使這些國家底統一依一個「建立於一道德的基礎上」的體制而被完成。而不管戰爭所害於人類的那可怖的災禍爲如何，以及在和平時代中，戰爭之經常準備所加諸人類的痛苦或甚至更大的痛苦爲如何，可是當一恆常不變的國民幸福底黎明之期望永遠後退於遼遠中時，戰爭卻猶是那「使有貢獻於文化的一切才能發展至最高度」之進一步的激勵。

現在，我們轉到**性好之訓練**（discipline of inclinations：die Disziplin der Neigungen）。在關於這些性好中，我們的「**自然裝備**」〔**自然的性向或性能**〕是十分合目的地適宜於我們之作爲一動物類之一目之本質的機能之完成，但是那些**性好**卻又是對於「我們的人之爲人之人義（humanity）底發展」的一種很大的障礙。〔因此，性好底訓練是文化教養上第二種需要。〕但是，在關於此文化教養上之第二需要中，就性好之爲「人之爲人」之人義之發展之障礙而言，我們又可見到：自然依據合目的的路線，努力於把一種**教育**給與於我們，其所給與於我們的那種教育可以開出一些較高的目的，即比自然本身所供給的目的〔自然目的〕爲較高的一些目的。當然，一種「精練到理想化之極」的**品味**〔案：精練至極，品味即可成爲**時風**〕，以及那「被視爲空虛無益〔虛榮浮誇〕之資糧」的科學中之**奢侈**〔案：意即所謂奇技淫巧，甚至競勝鬥富的博雅之學亦然〕，皆可引起一大堆不可滿足的性好，由於這些不可滿足的性好即可有一**佔上風之罪惡**作結果；而那精練至極的品味與那科學中之奢侈之把那佔上風之罪惡擴散到我們身上來，這亦自是一不可爭辯的事實。但是，當有這事實時，我們也不能不承認這自然之目的，即這目的它漸漸要去克服**那些**「較屬於我們的動物本性而且亦最有害於那『使我們可適合於我們的較高天職』的教育」的**性好**（即那些屬享樂的性好）**之粗野與暴戾**，而且它也漸漸去爲我們的人之爲人之**人義之發展**去開路。美術與科學，如果它們不能使人成爲**道德地較好的**，可是，由於它們可輸送或讓人有一種「可有普遍性的傳通」的快樂，並由於它們可引出社會中的文雅與精緻，是故它們尙可使人爲**有文明的**。這樣說來，美術與科學也甚能克服專橫暴虐的感官上之**性癖**，因而也能使人備好一種統治權，在此統治權中，唯**理性**始有支配力。同時，那時而因著自然，時而因著人之殘忍的自私而降臨到我們身上來的那些罪惡也可以喚醒靈魂之力量，434 並且給靈魂以強力與勇氣，使靈魂不屈服於那些罪惡之力量，而同時那些罪惡也可以在我們身上使一種「感到之感」，即「在我們的本性之深處，**感到**有一種『適合於較高目的』①的能力」這一種**感到之感**更爲生動活潑而敏銳。

〔**原註①**〕：關於「較高的目的」，康德有註云：

單只因著**我們所享樂者**（因著我們的一切性好底綜集之自然目的，即是說，因著**幸福**）而衡量的生命之價值是很容易去裁決的。這樣的生命之價值比一無所有還少。因爲有誰願意在**同一情況**下進入於生活呢？甚至有誰願意依照一**新的**、**自我設計的**

計畫(雖新，然卻必遵循自然之途徑)來從新在**同一情況**下進入於生活，如果這生活亦只是指向於享樂？我們在上面已經表明了：生命，當其依照目的而生活時，它從其所含有者中所接收到的那價值是什麼樣的價值。所謂「當其依照目的而生活」這所依照的目的乃是自然在我們身上所從事的那個目的〔案：即上文所謂**文化教養**〕，而且這目的乃存於「我們**所為者是什麼**」(what we do)，並不只存於「我們所享樂者是什麼」。但是，即在「我們所為者是什麼」之情形中，我們亦總只不過是達到一尚未決定的「**終極目的**」之手段。這樣說來，茲所剩下來而猶待注意者並沒有什麼其他任何東西，但只不過是「我們自己所指派給我們的生命」的那價值。不過這所指派給我們的生命的那價值不是因著那「我們只是為之」者而被指派給我們的生命，而是因著那「我們之為之乃是**為著一個目的**而為之」者而被指派給我們的生命，而這**所為著的那個目的**乃是如是之獨立不依於自然，如是，遂致：即**這自然本身之存在**亦只能是一個「隸屬於這樣被置定的條件下〔即「為著一個目的而為之」之條件下〕」的目的。〔案：意即自然本身之存在固亦是一目的，但其是一目的亦只是一「隸屬於終極目的下」的目的。我們之一切作為皆應為終極目的而為，而一切自然之存在亦皆為終極目的而存在。〕

§84 「世界底存在」(宇宙本身)之終極目的

一個「終極目的」(final end)是一個「並不需要有任何其他

目的為其可能性之條件」的目的。

如果自然之單純的機械作用被承認為是自然底合目的性之說明，則我們便不能問：世界中的事物為什麼目的而存在？因為依據這樣一種觀念論的系統〔說法〕，我們只須去考慮事物之物理的可能性即可，而若去把事物想像為目的，這必會只是純然空洞的詭辯。「我們是否要把作為目的這種事物關涉到偶然的**機遇**上去，抑或要把這種事物關涉到**盲目的必然性**上去」，像這樣的問題必皆是一無意義的問題。但是，如果我們設想世界中合目的性的連繫是眞實的，並且想為這合目的性的連繫而去假定一**特種的因果性**，即假定一種「依照意匠設計而活動著」的**原因之活動性**，如果是如此云云，則我們便不能**簡單地只停於以下**之問題，即：「世界中的事物即有機的存有，其所以有此一形態或彼一形態，或其經由自然而被置於和其他事物之此一關係或彼一關係中，是為著什麼目的而如此呢？」這個問題上。正相反，一旦我們已思議了如下那樣一種**知性**，即「**此知性**必須被視為是那些現實上被發見於事物中的**諸形態底可能性之原因**」這樣一種**知性**時，我們就必須要在此種**知性**中進而再去尋求一**客觀的根據**，此客觀的根據它能夠去決定這有產生性的知性，決定之而至於有此類結果之產生。這樣說來，此**客觀的根據**便就是那「**終極目的**」，而那些「有如此這般的形態與關係」的諸事物即為那**終極目的**而存在。

上面我已說過：終極目的是一「不為條件所制約」的目的；由於是如此，是故它亦不是一個「單憑**其理念，自然**就能夠實化之或產生之」的目的。我之所以這樣說，是因為：在**自然**中，並無一個東西，當作一感取之物看者，其「可發見於自然本身中」的**決定之**

435

根據不轉而又總是**被制約**的。這不只是對於外在的自然或物質的自然爲然，且對於內在的自然或有思維作用的自然〔即心靈之自然〕亦然。(當然如下一點須被理解，即：我只考慮那在我們心中者嚴格地是自然者。)但是，如若一物它是如下所說者，即「依據其客觀的性格，它之存在著是必然地要當作**一睿智因**之**終極目的**而存在著」，如若它是這樣一個物時，則它必須亦是如下一類物，即：在目的底秩序中，它簡單地只依靠於**其理念**，除此以外，它並不再進而依靠於任何其他條件。

現在，在世界中，我們惟有這麼一類存有，其因果性是目的論的，或說其因果性是被指向於「目的」的，而且這類存有他們同時也具有這樣的性格，即他們之爲其自己決定目的所依照的那**法則**是被他們自己表象爲「無條件而不依待於自然中之任何物而卻又在其自身即是必然的」者。屬於這一類存有的那存有就是「人」，但是這所謂「人」乃是被視爲是一「**智思物**」(noumenon)的人。這樣的人乃是如下所說那樣唯一的一個被造的自然物，即：它雖是一智思物，然而其特殊的客觀性格卻猶能使我們在其身上**去承認一超感觸的機能**(即其意志之自由)，並能使我們在他身上**去覺知**自由意志之因果性之法則與自由意志之**對象**，而這自由意志之對象乃即是「此自由意志一機能能夠把它當作**最高目的**(即世界中之**最高善**)而置之於其自己面前」者。

現在，在視之爲「一道德存有」的人之情形中，或在同樣視之爲一「道德存有」的世界中任何其他「理性的存有」之情形中，那是不許我們進而去問：「**他爲什麼目的而存在**」這個問題的。他的存在自身內在地就含有這**最高的目的**；只要他能夠，他便可以把全部自然隸屬於這**最高的目的**，或至少他必不可把他自己視爲是「隸屬於自然方面之任何勢力以對反於那**最高的目的**」的。現在，假定世界上的事物，就其眞實存在而言，是一些有所依待的存有，而即就其爲依待的存有而言，它們即有需於一最高的原因爲依照目的而活動者；假定是如此云云，那麼，「人」便就是**創造**之**終極目的**〔**即世界底存在或宇宙本身之終極目的**〕。因爲若無人，則互相隸屬的目的之連鎖必無最後的附著點。只有在人中，而且亦只有在人之作爲那「道德法則所可應用於其上」的個體存有中，我們始在關於目的中找到**無條件的立法作用**。因此，此**立法作用**就是那唯一能使人有資格成爲一**終極目的**者，這終極目的乃即是「全部自然所要目的論地隸屬到之者」①。 436

〔**原註①**〕：康德在此有註云：

「世界上理性存有之**幸福**成爲**自然之目的**」這或許是可能的，而如果這是可能的，則這必也是「**自然之最後一級**的目的」。「**自然**爲什麼一定不是這樣安排的」這至少不是先驗地顯明的，因爲就我們所能見到者而言，**幸福**是「自然藉賴著其機械作用所要去產生」的一個結果，這必應是完全可能的。但是，**道德**，或依照「隸屬於道德」的**目的**而成的那**因果性**卻是**自然原因**之一**絕對不可能的結果**〔案：意即等於說：依照道德目的而成的因果性卻絕對不可能是自然原因之一結果〕。因爲「決定依照道德目的而成的因果性決定之而至於有活動作用」的那原則是**超感性**的。因此，在目的之次序中，那「決定道德目的之因果性」的那**超感性的原則**是那「唯一可能在關於自然中是

絕對無條件」的一個原則，而且它亦是那「唯一使這樣的因果性之主體〔人〕有資格成爲**創造**〔世界底存在或宇宙本身〕之**終極目的**」的一個原則，而這終極目的乃即是「全部自然所要隸屬到之」的那個目的。另一方面，**幸福**，如在前節所已表明，它是要訴諸經驗之證據的，是故它遠不足以成爲「創造之終極目的」。夫即如此，若就人之優勝於其他被造物而言，幸福甚至亦不是一自然之目的。那或可永是這樣的，即：各個人將使幸福成爲其「**末後一級的主觀目的**」。但是，如果由於尋求「創造之**終極目的**」之故，我問：「人之定須存在之爲必然的是爲什麼目的而爲必然的呢？」這個問題時，那麼我的問題就要涉及一**客觀的最高目的**〔**即最高善**〕，就如最高的理性〔上帝〕爲其創造所應要求者。可是這樣一來，如果對於這問題，我們回答說：人定須必然地存在著，蓋這樣，人便可存在在那裏，最高原因可以施仁慈於其上；如果我們這樣回答，則我們便違反了那條件，即「人之理性甚至把人自己衷心所欲的幸福亦須隸屬之」的那個條件，即是說，違反了「幸福須與人自己之內在的道德立法相諧和」之條件。此即證明：**幸福**只能是一**受制約的目的**，因而亦即證明：只有作爲一**道德的存有**，人始能成爲「**創造**」〔世界底存在或宇宙本身〕之「**終極目的**」；而就人之存有之狀態而言，幸福只是那連繫到人之存有之狀態上的偶然之事〔附隨之事〕，這偶然附隨之事乃是當作這樣一種後果看者，即當作比例於「人之與那終極目的（作爲「人之存在之目的」的那終極目的）相諧和之度」這樣一種後果看者：幸福只是當作這樣一種後果而連繫到人之存有之狀態上的一種偶然附隨之事。

〔譯者案〕：

一般有機存有之爲一目的是一自然目的。現實的人亦屬於自然者，因此他當是「自然之最後一級的目的」；其所以可爲「自然之最後一級的目的」乃因其生命中之文化性，即有可教可化之自然性能。「人」雖現實上是「自然之最後一級的目的」，然而他卻不必能是「終極目的」（創造之終極目的）。

人之爲「創造之終極目的」是就人之爲一「智思物」（人之在其自己，人之物自身的身分）而言，這是不屬於現象，因而亦不屬於「自然」者，這乃是屬於「自由」者。故「終極目的」是就人之只可爲目的而不可作工具言，是不在現實相對比較之系列中者，是並無其他目的爲其可能之條件者，是不許問其「爲何目的而存在」者，故這樣的人之爲目的是終極目的。其所以可爲終極目的乃正因其自由意志之無條件的立法作用而然。唯此立法作用才使人有資格成爲一終極目的，一切相對的自然目的皆隸屬於此終極目的。因此，人之爲一終極目的即是人之應爲一道德的存有，即依其自由意志之無條件的立法作用，循其無條件的道德法則而行，而爲一道德的存有。

自由意志固有其立法作用，亦有其對象（目標），此目標籠統地說即是道德的善，確定地說即是「最高善」或「至善」（無條件的善乃至圓善）。此最高善亦曰「最高的目的」，此好像不同於「終極目的」。終極目的是就道德存有的人、理想的人而言。但下§87及§88中，康德又以最高的善(至善圓善)爲終極目的。最高的目的(最高善圓善)亦是作爲終極目的的人所應努力以體現之者。因此，這作爲終極目的的人其存在之爲必然亦正是爲這最高目的(最高善圓善)之故而爲必然的。因爲善乃至最高善圓善皆是這作爲終極目的的人之存在自身中所內在地含有者。因此，作爲道德存有的人之可以爲終極目的亦正因其自身中含有最高善圓善而然也，故終極目的亦正可以指最高善圓善言。

§85 自然神學(Physico-Theology)

自然神學是理性方面企圖從「自然之目的」(只能經驗地被知者)去推斷自然之最高原因以及此最高原因之屬性。一道德的神學(a moral theology)則應是企圖從自然中的理性存有之道德的目的(只能先驗地被知者)去推斷這最高的原因以及此最高原因之屬性。

自然神學天然地先於道德的神學〔案:意即:依自然次序而言，先有自然神學，然後始有道神德學〕因爲如果我們想由目的論的論證，從世界中的事物，去推斷一「世界之原因」，則我們必須先要有「自然之目的」〔自然之目的必須首先被給與〕。有了以437 後，我們即必須爲此等自然目的去尋求一「終極目的」，而此終極目的又迫使我們去尋求所說的最高原因底因果性之原則。

有許多自然的研究**能夠**，而且實在說來，亦**必須**依照目的論的原則而被處理，而用不著〔我們之乘機〕去研討至「我們在各種自然之產物中所碰到」的那「**合目的性的活動底可能性**」之**根據**〔**根源**〕。但是設若現在我們要想對於這根據〔根源〕有一概念，則我們實絕對無法在我們的純然**反省判斷力**底格言之外可有「能悟入此根據」的有效洞見。「那就是說」①〔依據我們的反省判斷力之格言〕②，只要一簡單的有機自然產物一旦被給與，則「**因著或隨著**我們的認知機能之構造或本性」③，我們對於有機的自然產物所能思議的那唯一根據便就是這樣一個根據，即此根據是一自然本身之原因（不管這所謂自然是全部自然抑或甚至只是自然之此特殊的部分），而且此根據亦可從一種**知性**去為這樣一種有機的自然產物引生出這必要的因果性。這是一個批判性的原則，這批判性的原則無疑在「自然物或自然物之根源」之說明中並不能使我們有絲毫推進。雖然如此，可是它能把這樣一種**遠景**展露給我們的視野，即：此**遠景**可以擴展至自然之水平以外，並且它亦可以指點到我們之或許能夠更切近地去決定一**根源的存有**之概念，此一根源存有之概念，若不如此去決定之，凡用別法決定之者皆是毫無結果。

〔譯註①〕：

案：此依原文譯，第一英譯如此譯。

〔譯註②〕：

此爲 Meredith 譯，今改爲增加語。

〔譯註③〕：

案：此依原文譯，第一英譯如此譯。Meredith 譯及第三英譯則譯爲：「則我們的認知機能之構造或本性是這樣的，即：……」案：此譯非是。

現在我說：不管**自然神學**①可推進至如何遠，它決不能揭露給我們任何關於「**創造之終極目的**」的什麼事；因爲它甚至從未開始去尋求一**終極目的**。這樣說來，自然神學無疑能證成一睿智的世界因之概念，不過它所證成的只是這樣一個概念，即此概念只是主觀地（即只在關聯於我們的認知機能之本性中）有效於「我們依照目的所能使之對於我們爲可理解」的那些事物底可能性之說明。可是自然神學既不能依一**知解的觀點**進一步地來決定此概念，復亦不能依一**實踐的觀點**進一步地來決定此概念。它的企圖達不到它所想的目的，即「去爲**神學**供給一基礎」之目的。就神學而言，此**自然神學**實仍不過只是一**自然的目的論**，除此以外，它不會再是任何別的事：因爲它所確認的那合目的性的連繫只被視爲（而且亦必須被視爲）是隸屬於自然條件者。結果，它決不能形成一種研究，去研究「自然本身爲之而存在」的那個〔**終極**〕**目的**，蓋因爲這樣一個目的乃是如此者，即其根源必須尋之於**自然**之外。可是那正是如此樣的終極目的之確定理念它才是這樣的一個**最高而睿智的世界因**之確定概念之所依靠者，因而結果也就是說，它才是一種**神學底**可能性之所依靠者。

〔**譯註①**〕：

案：康德原文及其他兩英譯皆爲「自然神學」（physico-theology：die Physiko-theologie），惟 Meredith 譯爲「自然目的論」（physico-teleology），此蓋筆誤也。

茲有一些問題，如：世界中的事物互相間有什麼用處？一物中的雜多〔各部分〕對於此物有什麼好處？設若我們承認被視爲目的的某些物應當存在，則每一東西皆合用於自然中之某一目的或其他目的。我們若不作如此之承認，則我們如何有資格去假定世界上沒有什麼東西是徒然的呢？一切這些問題皆意函著說：在關於我們的判斷力中，理性在其支配力之範圍內，關於「它所必應目的論地去評估之」的那對象底可能性之原則即是「把自然之機械作用隸屬於一**睿智的世界之創造者**之建築性的作用」之原則，除此以外，它再無其他原則；而那被指向於上面那些問題的「世界之目的論的通覽」實很卓越而華美地表演了其任務，而且足以使我有強烈的讚美。但因爲「用以去決定一**睿智的世界因**（視之爲最高的藝術家者）這樣一個概念」的那些**論據根據**（data），因而也就是說，那些**原則**，皆只是經驗的，是故這些論據根據或原則對於這睿智的世界因之屬性，除只允許我們去推斷其這樣的一些屬性，即「經驗把這些屬性揭露給我們而視之爲顯現於此**世界因**之運作所成之結果中者」這樣的一些屬性外，它們不能再允許我們去推斷出任何其他的屬性。但是由於經驗不能夠去把握那當作一系統看的集合的自然〔自然之全體〕，是故它必須要時常去爲那些「似乎與世界因之概念相衝突而且亦互相間有衝突」的論據尋找支持者。但是經驗卻決不能使我們越在自然之上而把我們升舉到自然底眞實存在之目的〔之決定〕處，或因而遂把我們升舉到那個最高的睿智體之一確定 438

的概念處，「縱使經驗地去通覽全部純粹自然面的完整系統」這種通覽眞是我們的力量之所能及，經驗也不能把我們升舉到那些地方去。

如果**自然神學**所想去解決的那個問題開始於一較低的線索〔從較低處著手，不要想那麼高〕，則那問題之解決似乎是一容易的事。如是，我們可以思維一睿智的存有，它有一些至高無比的屬性，而卻用不著爲建立一「與最大可能的目的相諧和」的自然界而充分去補足那些必要的屬性。不但可以如此思維，而且我們也可以很夠甚至過奢地把一神體之概念應用於一切如上那樣思維所描述之存有中之一個或多過一個上。又，**如果**我們把「因著隨意的增益而去補充一『證明之根據有缺陷』的學說或理論」這種**隨意補充**之事視爲無足輕重之瑣事而忽之，因而又**如果**當我們只有理由去假定**許多**圓滿時(請問對於我們什麼是許多？)我們卻認我們自己有資格去視一切**可能的圓滿**爲當然〔其實不可以〕：**如果**我們是如此云云時，則**自然目的論**便有一很有力的要求，要求於「去爲一神學供給基礎」之殊勳。但是茲有什麼東西它可以引導我們，而且更可說，它足以使我們有權，依此路去補充一「證明根據有缺陷」之學說呢？如果我們想要去指出那東西是什麼，則我們將要**徒然無效地**白在理性之**理論的**〔**知解的**〕**使用**之原則中去尋求任何「使我們有權」的根據。蓋因爲理性之理論的使用著重於要求這一點，即：爲了說明經驗底對象之目的，我們只可把那些屬性，即「我們爲對象底可能性而尋找之於經驗的根據中」的那些屬性，歸之於對象，除此以外，我們不可把其他更多的屬性歸之於對象。依據較精密的研究，我們一定可以**看出**：居於我們的程序所處分之事之基礎地位而爲其根據者乃是一**最高存有之理念**，此一最高存有之理念是基於理性之一「完全不同的使用」上，即基於理性之「實踐的使用」上者，而正是這個最高存有之理念，即「先驗地存於我們心中」的這個最高存有之**理念**它迫使我們去補充那在自然中爲自然目的論所供給的那些目的之一**根源的根據**之**有缺陷的表象**，並且它把這一根源根據之有缺陷的表象放大至一**神性之概念**而使之無缺陷。可是當我們**已看到**這一點時，我們卻決不可錯誤地想像說：「我們**已開展了這個理念**」，並且想像說：「用這個理念，藉賴著世界之物理知識中的**理性之知解的使用**，我們**已開展出**一種神學」。夫既不可錯誤地如此想，則更不可錯誤地想像說：「這樣，我們便已證明了**此理念之實在性**」。 439

古人想像衆神之間雖然在力量方面以及在意圖與性向方面有很大的差異，然而祂們盡皆不移地受制於人的樣式，即使統治諸神的那個元首神亦不例外。我們不能因古人對於諸神有如此之想法而深責之。因爲依據通覽自然中的事物之秩序與進行經過，古人固確然已發見足夠的理由去假定某種「不只機械作用」的東西以爲這些事物之秩序與進行經過之原因，並且去猜想在此世界之機械組織背後有某些較高原因方面的意匠設計之存在，關於這些較高的原因，古人只能思議之爲超人類的。但**因爲**他們又遭遇了善與惡，合目的與逆反合目的，這類事到處廣爲散佈著，至少就人之眼光看是如此，因而他們遂不能爲一個隨意的「一切皆圓滿的創造者之理念」之故而隨便假定說：茲有些神秘地明智而仁慈的目的（他們看不出這些目的有什麼證據）處在這一切明顯的相對反者之基礎地位而爲其根據：**因爲**他們是如此云云，**是故**他們的關於「最高的世界原因」之判斷很難不同於以前之判斷之所是而另有所是，即是說，只要他們很嚴格一貫地遵循理性之純知解的〔**理論的**〕使用之格言而進行，他們的關於「最高的世界原因」之判斷總不外是仍然如故的。又有一些人，他們曾是物理學家，而依其曾爲物理學家之性格，他們又想亦爲神學家。如是，這一些人遂想：他們必會因著考慮或酌量自然事物底原則之**絕對統一**而把一種充分的滿足給與於理性，而那「自然事物底原則之絕對統一」乃是理性藉賴著如下那樣一種「**存有之理念**」而要求之者，即：此一存有是**唯一的本體**，而那些自然事物底全部綜集則只作爲一些固有的**變形模式**(modes)而被含具於此唯一的本體中。雖然此本體必不會因著其睿智而爲世界之**原因**，可是它卻會是一個**主體**〔**主詞**〕，而世界中的諸存有方面的一切睿智必會具備或含具於此**主體**〔**主詞**〕中。因此，雖然此唯一本體決不會是一個「依照目的而產生萬物」的存有，然而它卻會是這樣一個存有，即在此存有中，一切事物(由於主體或主詞之統一，一切事物即是此主體或主詞之純然的諸決定)必須必然地依一合目的的樣式而互相連繫起來，雖然並無任何目的或意匠設計使然。這樣說來，這些亦想作神學家的物理學家們〔**自然學家們**〕遂引介出「**目的因之觀念論**」〔**目的因只是觀念並無實性之觀念論**〕，其引介出目的因之觀念是因著以下之辦法而作成，即：他們把那些「處在一合目的性的連繫中」的一大群實體物之統一(這是一種很難去推源尋流的一種統一)從一種「**因果地**依待於唯一本體」這種「**因果的依待之統一**」轉換成「固具於一唯一本體中」這種「**固具**之統一」。從「被含具而能附屬著」的**諸存有**邊看，此說法變成「**泛神論**」(pantheism)，而從那**唯一自存的主詞**之作爲一**根源的存有**

邊看，此說法經由一較後的發展，遂變成「**斯頻諾薩主義**」（Spinozism）。這樣，此說法，歸根結底，並未解決自然底合目的性之根源問題，它把這全部問題表象成一種無聊之空談，因爲這樣的**合目的性之概念**，由於剝奪了其一切**實在性**，遂被化歸成「**事物一般**之**普遍的存有論**之**概念**」這種單純的誤解。 440

因此，我們見到：一「神體」之概念，即如「使我們的**自然之目的論的評估**之要求可得滿足」的那「神體」（Deity）之概念，它決不能依照理性底使用之純然知解的〔理論的〕原則而被開展，可是這些理性使用之知解的原則卻正是**自然神學**所依靠的那些唯一的原則。因爲設若我們肯斷說：一切**目的論**在判斷力之於評估事物底**因果連繫**這一方面只是一種**虛妄**，而且又設若我們只想託庇於自然之純然機械作用這唯一的原則中，如是，則由於所謂自然不過只是那「能統一之」之本體所具有的**諸多變形或諸多決定**，是故自然對我們只顯爲**好像是**要去包含有一種「普遍的關聯目的」**似的**。〔其實無所謂目的也。〕如若不如此設想，而取另一種設想，即設想：我們不去採用這種「**目的因之觀念論**」，我們想對於這**特種因果性**去固守「實在論之原則」：如若如此設想時，則不管我們把**自然目的**基於好多個睿智的根源存有上，抑或把它只基於一個睿智的根源存有上，只要正當「我們見到我們自己除把實在論之概念建基於由世界中現實的『目的之連繫』而引出的**經驗原則**外，我們再沒有什麼其他東西可以把實在論之概念建基於其上」之時，我們便有以下之結果出現，即：一方面，我們不能不承認有「與合目的性的統一不一致」之事實，而自然亦可以呈現出許多事例以證明這種不一致之事實爲不虛，而另一方面，只要當我們緊守著「純然經驗使我們有理由去引出之」的那東西時，我們便決不能得到一簡單的**睿智原因**之一夠確定的概念，得到之以便去滿足任何種神學，不管這神學將有什麼用處，是知解地〔理論地〕有用的，抑或是實踐地有用的。

自然的目的論迫使我們去尋求一神學，這自是眞的。但是它本身不能產生一神學，不管我們把我們的自然之研究進行到如何遠，亦不管我們以「理性之理念」幫助完成那被發見於自然中的**目的之連繫**能完成到如何度(對物理或自然問題而言，所用之「理性之理念」必須是知解的或理論的「理性之理念」)。我們可以提出這合理的問題，即：如果關於所想的「**終極意圖**」，自然實並未而且亦實不能告訴我們以任何什麼事，那麼我們之把一切〔自然中的〕這些安排基於一偉大的而且對我們而言是不可測度的這麼一種睿智上，而且設想這麼一種睿智是依照諸種意圖而去安排此世界：我們之如此作爲，這有什麼用處呢？因爲若離開一「**終極的意圖**」，我們便不能去把這一切自然目的關聯到一個**公共點**，亦不能去形成一足夠的目的論的原則，以便去結合一已知的系統中的一切目的，或去構成**最高的睿智**這麼一個概念，構成之以便可以作爲這樣一種

441 〔有系統的〕自然之**原因**，即如「祂能對我們的判斷力之在其關於自然之目的論的反省中充作一個標準」這樣一種〔有系統的〕自然之**原因**。在以上「因爲」云云所說的情形中，我們一定有各式各樣的目的方面的一種**藝術性的**〔**技藝性的**〕**睿智**，這自是眞的，但卻並無一「**終極目的**」方面的「**智慧**」，但這智慧，恰當地說來，卻是那必須含有這樣的根據者，即「經由此根據，那技藝性的睿智可以被決定」這樣的根據者。我需要有一**終極目的**，而且亦只有純粹

理性始能先驗地提供此終極目的，因爲世界中的一切目的盡皆是經驗地被制約的，而且皆不能含有什麼是絕對地善的，但只能含有那對此偶然目的或對彼偶然目的而爲善。如果我要去評估自然爲一目的論的系統，則單只這樣一個**終極目的**始會教告我「我**如何**去思議自然之最高原因」，即教告我「我須把一些什麼屬性，並依何度把一些屬性，指派給此最高原因」，以及教告我「我**如何**去思議此最高原因之關聯於自然」。依是，若無一**終極目的**，則我有什麼自由或權力隨意去擴張那「基於我自己的一點世界之知識上」的這樣一個根源的睿智體〔根源的知性〕之有限制的概念，或隨意擴張我所有的「此根源存有之『**眞實化其諸多觀念**』之力量」之概念，或「此根源存有之『**意想**去眞實化其諸多觀念』之力量」之概念，等等，不惟隨意擴張之，且還要使它膨脹，膨脹到「一個全智而無限的存有」之理念：我有什麼自由或權力隨意去作如此之擴張與膨脹呢？假若我能夠**知解地**〔理論地〕去作此種擴張與膨脹，則我必應在**我自身**內預設有**無所不知的全智**能夠使我**去看到**自然之諸目的之全部系絡，而且此外，又能使我**去思議**一切其他可能的計畫或設計，而當與此一切其他可能的計畫或設計相比較時，眼前現存的這個設計，依據合理的根據，必應被評估爲是最好的一個設計。因爲若對於作爲**結果**的全部自然，乃至一切其他可能的設計與計畫，無此圓滿的知識，則我的理性之推理作用決不能達到**最高原因之確定概念**（此最高原因之確定概念只能被發見於在每一方面皆是無限的這樣一個睿智體之概念中，即是說，只能被發見於一**神體**之概念中），因而亦決不能爲**神學**去建立一個基礎。

因此，在**自然目的論**底一切可能的擴張之情形下，我們可以緊守著上面所陳說的原則而說：鑒於我們的認知機能之本性與原則，我們在關於那些「常見於我們而又展現合目的性」的諸自然之調節中，只能思議自然爲一種**睿智體**之產物，這一種睿智體乃即是自然所隸屬之的那一種睿智體。但是此一睿智體在自然之產物中以及在自然之作爲一整全之構造中，是否也可以有一**合目的的意圖**放在心中（若有，則那合目的的意圖必不會處於作爲感取界的自然中），這是自然之知解的〔理論的〕研究所從不能顯露之的一種事。正相反，不管我們的自然之知識是如何的多，以下之問題仍是一待決之問題，即：那個**最高原因**是否是自然之根源，這一根源是一個始終依照一**終極目的**而活動著的原因：那最高原因是否是自然之這樣一種根源呢？抑或那最高原因是否不寧可是這樣一種根源，即這一根源是藉賴著如此一睿智體而成，即這一**睿智體**是因著其**本性之單純的必然性**而被決定至有某些形式或形態之產生（經由類比於那「在442 低等動物中我們所名曰**技巧性的本能**」者而被決定至有某些形式或形態之產生）：是否不寧可是這樣一種根源呢？以上之問題，不管我們的自然之知識如何多，仍是不能裁決的。上兩問題中後一問題之說法〔案：此即斯頻諾薩式的定命論的說法〕甚至亦並不含有我們之可以把**智慧**歸給這樣的**睿智體**，至於這樣的智慧，即那「既是最高而又與那『爲保證此睿智體之產物之圓滿而需要之』的那一切特性相聯合」的那種智慧，更不能歸給這樣的睿智體。

依此，**自然神學**是一被誤解了的**自然目的論**。它除作爲神學之一種**預備**外，它對於神學並無任何別的用處，而亦只當它爲一「它所依賴」的進一步的原則補充時，它始能對那「作爲神學之預備」之目的爲足夠。但是如果依其自身而言，則如其名之所暗示，甚至作爲預備，它亦不是足夠的。

§86 道德的神學

茲有一判斷，即使是最普通的知性，當它反省世界中的事物之存在以及世界自身之眞實存在時，也覺得這判斷是不可抗拒的。這判斷便是這斷定，即：一切千差萬別的生命形態（儘管它們可與最偉大的技巧相協調並與極度變化多端的合目的的適應相連繫），以及甚至那「擁有這千差萬別的生命形態之各種系統」的那全部複合體，即這不很正確地被名曰「世界」者，這一切，如果**人類**，或一種**理性的存有**，不被發見於其中，則它們必應是無所爲而存在著〔即其存在必應不是爲什麼東西而存在〕。換言之，全部世界，若無人存在於其中，必會只是一純然的荒野、一徒然無謂者，且亦無**終極目的者**。〔話雖如此，〕但那並不是人之**認知機能**，即**知解的〔理論的〕理性**，它形成這「關涉點」，單只這關涉點始能把價值給與於世界中的每一其他東西之存在，這樣給與之，好像人之現存於世之意義只是意在世界上可有一個人能夠使世界成爲一**沉思默想**之對象似的。〔人之認知機能當然不能形成那「使世界中的每一東西之存在有其價值」之關涉點。〕蓋因爲如果此對於世界之**沉思默想**除**只照見**或**暴露**無**終極目的**的事物外，它一無所照見或暴露，則世界之存在便不能從「其**被認知**」這一事實而獲得一價值。世界之一**終極目的**必須被預設爲是這樣一個物事，即：關聯於此物事，對於世界之沉思默想其自身就可以有一價值。可是那並不是在關聯於快樂之情或此情之綜集中我們始能思考宇宙本身或世界之存在爲有一特定的**終極目的**者，那就是說，那並不是因著福利，因著享樂

(身體的享樂或心靈的享樂),總之,因著**幸福**,我們始看重那世界底存在之**絕對價值**。因爲「人,當其存在時,使幸福成爲其自己之**終極意圖**(final purpose: Endabsicht)」這一事實並不能供給我們以任何理由之概念以明人爲什麼一定要存在,亦供給不出人自己所具有的那任何價值之概念,對此價值概念而言,人之眞實存在必可被使成爲可愉悅於人者。〔案:意即這一事實亦供給不出人自身所具有的那「可使人之眞實存在爲可悅」的任何價值之概念。〕因此,要想我們可有一理性的根據去說明自然(當其被視爲是依照目的之原則而成的一個絕對整全時)爲什麼必須與人之幸福〔之條件〕①相一致,則人必須早已被預設爲是創造〔宇宙自身〕之**終極目的**。依此而論,那只有**意欲之機能**〔意志〕它才能給出這所需要的「**關涉點**」——不過須知,這所謂意欲機能不是那「使人依待於自然」(通過感性之衝動而依待於自然)的那個意欲機能,即是說,不是如下所說那樣的意欲機能,即在關於這意欲機能中,人之存在底價值是依靠於人所接受者或所享受者:不是這樣意義的意欲機能。正相反,人之存在底價值乃是這樣的價值,即這價值乃單只是人所能給與於其自己者,而且這價值亦正存於人之所爲者,正存於「人在意欲機能〔意志〕之**自由**中活動」所依靠的那**樣式**以及所據的那**原則**,這價值亦並不可被視爲是自然底連鎖中之一環節。換言之,一個**善的意志**乃正是人之存在所單因以能有一**絕對價值**者,而且在關聯於善的意志中,世界底存在始能有一**終極目的**。

〔**譯註①**〕:

案:此爲 Meredith 所補,原文無。看來此增補是多餘的。

健全的人類理性，只要一旦其反省是被引向於下面所發之問題而且被迫使來考慮下面所發之問題，則甚至其最平常的裁斷也與這判斷完全相一致，即：那只有作爲一**道德的存有**，人始能成爲創造「宇宙本身」之一**終極目的**。所謂下面所發之問題乃即是這問題，即人們可以問：如果一個人沒有一**善的意志**，則這一切，即如「他有許多才能，而且他甚至在此才能之使用上亦甚爲生動，因而他於社會而公共的生活上亦能發揮出一有用的影響力，因此，他在關涉於其自己之幸福狀態中以及在關涉於那對他人有好處的事情中，皆同樣有可觀的價值」：這一切又有什麼用呢？設從此人之內在的自我之觀點而觀之，此人實不足道，乃是一可鄙的人；而如果宇宙本身〔創造〕並非全然無**終極目的**，如是，則如上所說那樣一個人，雖然作爲人，他是創造之一分子，然而作爲**一壞的人**而居住在一服從道德法則之世界中，他卻必須在依照這些道德法則中，以「剝奪其自己之**主觀目的**，即剝奪其**幸福**」爲「其眞實存在所依以能與終極目的相一致」之唯一的條件。〔案：意即：只有在「剝奪其主觀目的，即剝奪其幸福」這條件下，他之眞實存在始能與終極目的相一致。〕

現在，**如果**我們在世界中找到一種「適合於目的」的秩序之事例，又**如果**，如理性不可免地所要求的那樣，我們把那些只屬**有條件**的目的隸屬到一個**無條件**而又是**最高的**目的上，即是說，隸屬到一個終極目的上，**如果**是如此云云，則我們首先很易看出：那樣，我們並不是要處理一個「**自然之目的**」包括在被視爲已存在的自然中，而是要處理「自然底**眞實存在**其目的何在」，自然是「連同其所包括的有秩序的適應或安排」的自然，是要處理這樣的自然其眞實存在有何目的。結果，我們看出：這所處理之問題是創造〔宇宙本身〕之「**最後一級目的**」之問題，更準確地說，是那**最高條件**之問題，即「只有在其下，一終極目的始能存在着」的那最高條件之問題，或換言之，這所處理之問題是一「**根據之問題**」，這一**根據**乃即是那「決定一最高睿智體，決定之而至於有世界中的萬有之產生」者。

444 如是，那只有作爲一**道德的存有**，我們始能承認人可爲創造〔宇宙本身〕之〔**終極**〕**目的**。因此，我們首先有一理由或至少有一根本條件，它可以使我們去視世界爲一「互相連繫的目的之一貫的全體」，並視爲一「**目的因**」之系統。現在，我們的理性之構造〔本性〕是如此，即：我們必然地要把**自然之目的**關涉到一個睿智的「世界因」。如是，最要者，我們要有一個「可應用於此種關涉」之原則，此原則能夠使我們**去思考自然**，並能使我們**去思考**那「被視爲是目的王國中的**最高根據**」的那個**第一因之種種屬性**，因而使我們能夠**去形成**此第一因之確定的概念。這不是那因著**自然目的論**而可被作成者，自然的目的論對於這樣一個根據，只能夠去暗示出一些模糊的〔無決定性的〕概念，正由於是模糊〔不決定〕，所以遂使這些概念在實踐的使用上是無用的，其爲無用亦如其在知解的〔理論的〕使用上之爲無用。

說到像以上這樣一個根源存有底因果性之確定原則時，我們將不只須把此根源存有看成是一個睿智體並看成是一個爲自然而立法者，且須把祂看成道德的目的王國中一位能立法的統治元首。在關聯於**最高善**(圓善 summum bonum)中，(只有在此統治元首底統治下最高善才可能，)即是說，在關聯於道德法則下的**諸理性存**

有之眞實存在中，我們將思議此根源的存有爲**無所不知者**（omniscient, all knowing），這樣，即使是我們之最內在的隱微的傾向或心情（這裡即藏有世界上理性存有之活動中的那顯著的道德價值），也不能逃避於祂而不爲祂所覺察。我們復亦將思議祂爲**無所不能的**（omnipotent, all mighty），這樣，祂可以能夠使**全部自然**適應於**最高的目的**〔與最高目的相一致〕；並思議之爲旣全善又盡公道，因爲這兩個屬性，它們兩者聯合起來形成智慧，足以構成這條件，即在此條件下，世界之一最高的原因能夠是道德法則下的「**最高的善**」[①]之根源。同樣，其餘的一些「**超越的屬性**」，例如**永恆、無所不在**（omnipresence）等（因爲善與正義是道德的屬性〔不屬超越的屬性〕），這一切在關聯於這樣一個**終極目的**中所被預設的屬性，將須皆被視爲是屬於此根源的存有者。這樣，**道德的目的論**遂補充了**自然目的論**之缺陷，而且它遂首先建立了一種神學。因爲**自然目的論**，如果不秘密地有所假借於道德目的論，而但只以嚴格的邏輯嚴緊而進行，由其自己之資源而無旁的東西來幫助，則它除建立一「**鬼神學**」（demonology）外，實不能建立任何事，而鬼神學〔對於超越的神體〕實不能有任何確定的概念。

〔譯註①〕：

案：康德原文是"höchsten Guts"（最高的善），Meredith譯爲「最大的善」（the greatest good），蓋是筆誤。又案：依康德，「最高的善」即是圓滿的善（圓善），而「最高目的」亦指此「最高的善」言。

但是，這原則，即「由於世界中的某些存有之『分定於道德目的』[①]（die moralische Zweckbestimmung）之故，它要把世界**關涉**到一個作爲神體的最高原因上」這個原則，並不能只因著**自然目的論的論證**之完成而建立此**關涉**，因而也就是說，並不能只因著必然地採用此**自然目的論的論證**以爲此**關涉**之基礎而建立此**關涉**。正相445 反，那個原則只能依賴其自己自身之資源，把我們的注意推進到**自然之目的**上，並迫使我們去研究那隱藏在自然之種種形態之背後的那不可理解地〔不可測度地〕偉大的藝術，這樣，我們便可把**自然目的**中的一種附帶的確證給與於純粹實踐理性所產生的那些理念。因爲「世界中諸〔理性〕存有須服從道德法則」這一概念即是一**先驗的原則**，人必須必然地依據此先驗原則來評估其自己。復次，如果茲有一**世界原因**，它意匠設計地活動著而且它又指向於一目的，則上面所提到的那**道德關涉**〔即「因世界中某些存有之分定於道德目的之故，世界須關涉到一作爲神體的最高原因」這種**道德關涉**〕必須必然地是一宇宙本身底可能性之條件，其必然地爲一宇宙本身底可能性之條件恰如物理法則所決定的那關係之必然地爲宇宙本身底可能性之條件。那就是說，設若這樣一個睿智的原因也有一**終極目的**，那道德關涉就必須恰如那「爲物理法則所決定」的關係一樣，也必然地爲宇宙本身底可能性之條件。「那道德關涉之爲宇宙本身可能性之條件」乃又是一**原則**，理性甚至先驗地視此一原則爲一個「在其目的論地評估事物之眞實存在上爲必要的」一個原則。如是，全部問題乃被化歸於此一問題，即：我們眞能有一「能夠滿足思辨理性或實踐理性」的根據去使「我們之把一**終極目的**歸給那依照目的而活動的最高原因爲正當」嗎？因爲以下所說的意思，即

「以我們的理性之主觀構造〔性格〕而斷，或甚至以我們對於其他存有底理性所能想像的任何事而斷，這樣的**終極目的**實不過就只是**人**，即作爲**服從道德法則**的人，除此而外，它不能再是任何別的東西」這層意思可以**先驗地**被認爲是十分確實者；然而我們卻完全不可能**先驗地**去認知自然秩序中的**諸自然目的**是什麼，而「想有任何種洞見去見到一自然不能離開**諸自然目的**而存在」，這尤其不可能。

〔譯註①〕：

康德原文“die moralische Zweckbestimmung”，直譯當爲「道德的目的性的決定」，Bernard 即如此譯。其實此當譯爲「分定於道德目的」，「分定」即孟子所謂「分定故也」之分定。世界上某些理性存有如人類其**本分**就是要**注定於道德的目的**，即成德之目的。此等組合字，在英文是很難翻的。Meredith 譯爲「道德的而且是目的論的表意」（moral and teleological significance），此則甚不達。而 Pluhar 則譯爲「**道德地注定於**一目的」（morally destined for a purpose），亦晦。

註說〔關於「道德的神學肯斷有一神體」之註說〕

試想像一個人正在其心靈被調節得合道德情感時之情形爲如何。如果他在美麗的自然環境中，安閑而平靜地欣賞其存在時，則他在其心內即**感覺到**有一種**需要**，需要**爲其存在**而**感謝**某一存有或其他。或在另一時，在同樣的心靈狀態中，他忽**覺得**他自己處於義務之壓力之中，這些義務乃是這樣的，即：他只能因著其屈服於一自願的犧牲，他始能盡此義務或想盡此義務；如果，他在其心內又**覺得**有**另一種需要**，需要在盡此義務中去完成**某種命令**並需要去服從一**最高的主宰**。或又在無心狀態中，他或可逸出義務之正軌，這樣，他雖不至使其自己要對他人負責，可是嚴厲自責之話語將落於一內部的耳官上，而他似乎聽到了一位「他向之申辯」的法官之聲音。總之，此時，他需要有一「**道德的睿智體**」。因爲他是爲一「目的」而存在著的，而此一「目的」即要求有一如此之「存有」，即，此一「**存有**」祂要以祂心中所想的那個「目的」或在符合於那個「目的」〔案：即終極目的〕中來造成他〔之爲人〕並造成這個世界。要想在以上所說的那些「感到」或「覺得」後面去爲其動力或激發力而進行探究，這是徒勞無功的事；因爲這些「覺得」或「感到」是直接地與最純粹的道德情感相連的，這些最純粹的道德情感便是**感謝**、**服從**與**愧恥而謙卑**(在應得的懲罰面前**屈服**)，凡此皆是「朝向於義務」的一種心靈性向之特殊的變形。正只是那「傾向於想去擴大其道德情感」的心靈，它才在這裡自願地想像一個「不存在於世界中」的**對象**〔案：即上帝〕，以便(如可能時)它好在這樣一個「對象」底眼光中去證明其忠實性。因此，去形成這樣一種表象，即那「爲一最高存有之眞實存在而描畫一純粹的道德需要」這樣一種表象，這至少是可能的(不但可能，而且此外，在我們的道德的思想習慣中即存有一種「去形成如此之表象」之基礎)，因著那種表象，我們的道德性即在強力上有所增進，或甚至至少在我們的表象方面可獲得一領域之擴大，那就是說，我們的道德性爲其運用而被給與了一**新的對象**。換言之，「去承認一**道德的立法者**離開世界而存在」這是可能的，而我們之去承認這樣一個道德的立法者是並沒有顧及**理論的**〔**知解的**〕**證明**而承認之，更也沒有顧及**自我利益**而承認之，但只依據一**純粹道德的根據**而承認之（這一道德根據雖當然只是主觀的，然而卻亦不受制於任何外來的影響），那就是說，但只依據那「唯爲其自己而立法」的那一種**純粹實踐理性之純然的推薦**而承認之。而「我們之這樣去承認一個道德的立法者」這樣的一種心情〔心靈傾向〕很可是**少見的**；或又並不能長久，但只**一瞬即過**而並無一常住不變的結果；或這樣的心情〔心靈傾向〕也很可是**一過即完**而並沒有用心去對於那如此朦朧出的對象〔道德的立法者〕給與一點簡單的思想以思之，並亦沒有想去把這朦朧出的對象化歸到淸楚的概念之痲煩。可是這樣的心情〔心靈傾向〕之根源是很明白的、不會弄錯的。其根源即是我們的本性中之本有的最初的**道德性能**，此一性能，作爲一主觀的原則，它將並不許我們在通覽或默識世界中以世界之通過自然原因所引生的那**合目的性**爲滿足，但卻引導我們去把一作爲基礎的**最高原因**引介入世界中，這一最高原因乃即是那依照道德法則而統治世界者。除以上所說者外，茲復有這事實，即：我們感覺到我們自己爲道德法則所督促，督促我們去爲一普遍的**最高目的**〔**即最高善**、**圓滿的善**〕而努力，然而同時我們卻又感覺到我們自己以及一切屬自然界者皆不可能去達到此**最高目的**。復次，那也只當我們爲此**最高目的**而努力時，我們始能判斷我們自己與一**睿智的世界原因**（〔最高的睿智體即神智體〕如其有之）之**終極目的**相諧和。這樣說來，如果我們沒有其他更好的理由以承認這個**最高的世界原因**，我們尚有一由實踐理性而引生出的純粹道德的根據以承認之（因爲如此承認之並無矛盾），承認之以便我們可以不冒「視這樣的努力〔即為最高目的而努力之努力〕在結果上為完全無謂之事，因而遂終於不作此努力，懈怠鬆弛，而讓它枯萎下去」之險。

447 讓我們重述我們在這裡因著以上的那些註說所想去傳達者。首先，雖然「**恐懼**」無疑可以能夠產生許多鬼神〔諸守護神〕，可是只有「**理性**」因著其道德原則始能去產生**上帝之概念**，而其產生此上帝之概念是不管有以下之情形的，即不管那「經常傳佈於那有關於『自然之目的論』者中」的那種**重大的無知**，並亦不管那**嚴重的懷疑**，這嚴重的懷疑乃是發自這困難者，即「因著一充分建立起的原則而難以去和解那自然所呈現的相互矛盾的現象」這困難者：不管自然目的論中那種**重大的無知**，亦不管那發生自這樣的困難的那種**嚴重的懷疑**，理性總能經由其道德的原則而去產生上帝之概念的。復次，人的存在之**內在的「道德注定」**①〔人的存在之內在的「**分定於道德目的**」〕可以補充自然知識之缺陷，其補充這方面之缺陷是因著指導我們去把一**最高原因**之思想連接到一切事物底存在之**終極目的**之思想上而補充之。而語中所謂一切事物底存在之**終極目的**，這**終極目的**乃是這樣一個目的，即「其原則只能從一道德的觀點來滿足理性」這樣一個目的；而所謂**最高原因**，這**最高原因**乃是被賦與以如此樣的一些屬性者，即因著這些屬性，那最高原因可以有力量把全部自然隸屬於那**簡單的意圖**〔**即意匠設計**〕上，並且它使那全部自然只為達成那簡單的意匠設計〔意圖〕之**工具**：人之存在之內在的道德注定〔內在的分定於道德目的〕即因著指導我們去把一如此樣的**最高原因**之思想連接到一切事物底存在之如彼樣的**終極目的**之思想上而補充自然知識之缺陷。換言之，人之存在之內在的**道德注定**〔內在的分定於道德目的〕實指導著我們去思考這**最高原因**爲一神體。

〔譯註①〕：

案：此譯原文「分定於道德目的」爲「道德注定」比前§86節末〔譯註①〕所示者較好。

§87　上帝底存在之道德的證明

我們有一**自然的目的論**，這自然的目的論爲我們的理論的〔知解的〕反省判斷力供給出充分的證據，供給之以便使我們能夠去承認一「睿智的世界原因」之存在。但是在我們之自身內，而且更可說，在一理性存有一般之概念中（所謂理性存有即是那「具有其因果性方面之自由」的存有），我們復亦發見一**道德的目的**論。但是由於我們自己之「關涉於一目的」（die Zweckbeziehung），連同支配此「關涉於目的」的法則，可以**先驗地**被決定，因而也就是說，可以被認知爲是**必然的**，是故道德的目的論並不有需於任何睿智的原因在我們自己之外以便去說明這內在而固具的合法則性，此正恰如我們在圖形之幾何特性中考慮那合目的性者（考慮那些幾何特性之適合於一切可能的技巧使用）並不需要我們在那些幾何特性之外去依賴或指望一**最高的知性**把此合目的性賦與於那些幾何特性。但是雖然如此，此道德的目的論之處理「吾人」卻是把「吾人」當作世界中之存有而處理之，因而也就是說，把「吾人」當作與世界中的其他事物相連繫的存有而處理之；而這些同一道德法則又皆囑咐我們去把我們的考慮轉到世界中的這些其它事物上，把這些其他事物或視之爲目的，或視之爲這樣的一些對象，即在關涉於這些對象中，我們自己便就是**終極目的**。如是，這道德的目的論是這樣的，即：它要處理「我們自己的因果性」之關涉於「目的」，或甚至關涉於我們在世界中所必須提出的那「終極目的」，以及處理那「潛存於世界與道德目的間」的交互關係，並還要處理「在外在條件下去眞實化那道德目的」之可能性(關於此事，沒有自然目的論能給我們任何指導)；要處理這些問題的那道德的目的論它要發出一個必然的問題。因爲我們必須問以下之問題，即：這道德的目的論是否眞迫使我們的理性的判斷(vernünftige Beurteilung)要**走出世界之外**而去在關於「自然之關聯於我們的存有之道德邊」中尋求**睿智的最高原則**，尋求之以便我們可以形成一**自然之表象**爲「能展現合目的性」者，其能展現此合目的性是亦在關聯於我們的內在的道德的立法以及此道德的立法之可能的眞實化中而展現之：這道德的目的論是否眞迫使我們的「理性的判斷」一定要如此云云嗎？這一必然的問題，我們必須要問。因此，茲確有一**道德的目的論**。這道德的目的論一方必然地與**自由之法理**(nomothetic)相連繫，一方又必然地與**自然之法理**相連繫，其必然地與此雙方之法理相連繫正恰如市民立法之必然地要與「行政權在什麼地方被尋求」之問題相連繫。事實上，在這裡，茲有與被發見於每一事物中的那連繫相同的連繫，所謂每一事物中之事物乃是這樣的者，即在此等事物中，理性要去對於那「只依照理念而可能」的某種**齊一的事物秩序之實現**指派一原則。在這裡，即有與那被發見於這樣云云的每一事物中的那連繫相同的連繫。如是，以下我們將首先去展示理性

448

如何由上說的**道德的目的論**以及其與**自然的目的論**之關係前進到**神學**。如此展示已，我們將對於「理性之如此前進或推論」之**可能性**以及**終局確實性**（有效性或說服力 Bündigkeit）作一些觀察或考查。

如果我們假定某些事物之存在，或甚至只假定事物之某種形態之存在，是偶然的，因而也就是說，是只有藉賴著某種其他東西以爲它們的原因，它們始成爲可能的，如果是如此云云，則我們可以或在**物理秩序**中或在**目的論的秩序**中，即是說，我們可以或照料**效應的連繫**或照料**合目的的連繫**，去尋求此種因果性之究極根源，因而也就是說，去尋找那有條件者之無條件的根據。換言之，我們可以問：誰是那**究極的有效因**，或我們可以問：什麼是這究極的有效因之**究極的目的**或**絕對無條件的目的**，即是說，可以問：一般言之，此究極有效因產生這些事物或產生其一切產物所爲的那個**終極目的**是什麼。在此後一問題中以下那些意思，即：「此原因能夠形成一種目的之表象，因而結果也就是說，此原因是一**睿智的存有**，或至少此原因必須被我們思議爲是依照『**一個睿智的存有**所具有的**諸法則**而活動著』者」，這些意思顯然已被認爲是當然的事了。

現在，設若我們遵循**目的論的秩序**，如是，則便有一**基本的原則**，對此基本原則，甚至最通常的人類睿智也不得不直接地承認之。那基本原則便即是此原則，即：如果實有要成爲一**終極目的**者，此成爲終極目的者乃是理性所必須先驗地指定者，如果是如此云云，則那成爲終極目的者只能是「在道德法則之下**服從道德法則**」[①]的人（或世界中任何**理性的存有**）。何以故如此？這是因爲以下的緣故而然（既因爲以下的緣故而然，故以下的緣故也是每一

449 個人所有的裁決），即：如果世界只由無生命的存有而組成，或甚至只部分地由「有生命的但卻是非理性的存有」而組成，則這樣一個世界底存在必不會有任何價值，因爲在這樣的世界中必不會有任何存有它對於「什麼是價值」會有絲毫概念。另一方面，如果世界中實存在著理性的存有，又如果雖即存在著理性的存有，然而這些理性的存有之理性卻只能夠在「自然對這些理性存有」所有之關係中，即是說，只能在「這些理性存有之**福利**」中，去安置「事物底存在之價值」，而並不能夠由根源處，即在這些理性存有之自由中，去爲這些理性存有自己獲得一種存在之價值，如是，則在世界中誠可有相對的目的，但卻並無絕對的目的，因爲此類理性的存有之存在必總仍然會空無一目的。但是，道德法則在一「無任何條件」的目的之形式中，因而結果也就是說，即在一**終極目的**之概念所需要的那形式或樣子中，去爲理性規定某種事，這乃正是道德法則之顯著的特徵。因此，單只像那「在目的之秩序中能夠是其自己之最高法則」這樣一種**理性之眞實存在**，換言之，單只那「在道德法則之下服從道德法則」[①]的**理性存有之眞實存在**，始眞能被視爲是一個世界底存在之**終極目的**。但是，如果不是如此，則便或者根本沒有任何目的存於那「作爲世界底存在之基礎」的原因中，或者即使有些目的存於那原因中，那些目的亦只能是一些無一**終極目的**的目的。

450

〔**原註①**〕：

我是審愼地說「在道德法則之下服從道德法則」這句話的。那作爲創造〔宇宙本身〕底**終極目的**者並不是「與道德法則一致」的人，那就是說，並不是在與道德法則相符合中，或合乎道德法則地生活著的人類。因爲若用這後一說法去表示終極目的，這所肯斷的必會多過我們所知的，那就是說，我們須要肯斷以下一點，即：「去保證人必總是符合於道德法則」乃正是在世界底創造者之力量之中者。但是要這樣肯斷，這就須預設一自由之概念並須預設一自然之概念（單只關於這自然之概念，我們始能思考一外在的創造者），這一自然之概念它亦函蘊著我們之有這樣一種**洞見**，即：「**洞見到**自然之超感觸的基體」之洞見以及**洞見到**「自然①之**同一於**那『因著通過自由而成的因果性』而被致使在世界中成爲可能者」之洞見。但是這樣一種洞見遠超過了我們的理性之洞見之所能及。那只是關於「在道德法則之下服從道德法則」的人，我們始能夠不越過我們的洞見底範圍之外而去肯定說：人之存在足可形成世界底**終極目的**。此一陳述也完全符合於人類理性之「在其由一道德的立場而反省世界之經過中」之裁決。我們相信：即使在邪惡者之情形中，我們也覺察了事物中的明智設計之痕跡，如果我們看到了反覆無常的荒唐罪犯在其未受「其惡行之公正懲罰」以前是不會死亡的時。依照我們的**自由因果性**之概念，善行或惡行皆依靠於我們自己，但是當我們想及管轄世界的**最高智慧**之所在處時，我們認爲那所在處即在於這事實，即：善惡行之緣由，以及隨善惡行而來的後果，皆是依照道德法則而被注定了的。恰當地說，上帝底光榮即存於善惡行之後果中〔存於善有善報惡有惡報之後果中〕，因此這上帝之光榮並非不適當地被神學家們名之曰創造〔造化或宇宙本身〕之**最後一級的目的**。

我們還要加說一點，即：當我們使用「創造(造化 creation：Schöpfung)這個字時，我們只是用之去意謂這裡所說者，即去意謂一**世界底存在之原因**，或去意謂**世界中的事物**即**諸自體物底存在**之原因。此亦就是此字底嚴格意義之所傳達者：「創造〔造化〕就是一個體物〔自體物〕之實現」(actuatio substantiae est creatio 意等於 creation is the actualization of a substance)。因此，此「創造〔造化〕」一字並不函蘊一個「**自由地活動著**因而亦是**睿智的**」這麼一個**原因**之假定。這樣一個**睿智的原因之存在**乃正是我們所想去證明之者。〔案：說創造或造化意指世界底存在之原因或萬物存在之原因，這存在之原因是**氣化意義的原因**，故不函說它是**自由活動著**的原因，亦不函說它是一**最高智體**意義的原因，此後者是超越的，須從道德目的入。創造(造化)之爲世界存在之原因既是氣化意義的原因，故此字亦簡單地只被譯爲「世界底存在」或「宇宙本身」，即氣化的世界或宇宙本身也。〕

〔**譯註①**〕：

案：「自然」一詞原文是個代詞 dessen，是 der, das 之所有格之代名詞，Bernard 及 Meredith 俱譯爲 "its"，是指前面「自然之超感觸基體」言，Pluhar 譯即明標爲「此基體」(this substrate)但若如此，則於義理不通。故此代詞當指「自然」(die Natur)而言，不指「超感觸的基本」(das übersinnliche Substrat)而言。說「洞見到自然之同一於自由因果性所使之在世界中成爲可能者」，這於義理是很通的，雖超過了吾人理性之能力。

道德法則是我們的自由之使用之形式的理性條件，而即如其爲形式的理性條件，它又獨立不依於任何「作爲其材質條件」的目的，而僅以其自己即可把其責成於我們者置於我們身上而使我們必須去爲之。但是它也爲我們規定一**終極目的**，而其規定之是先驗地規定之，並且它使「向終極目的之達成而努力」這一義成爲對於我們有責成作用者，即責成我們必須努力向之而趣也。此一終極目的即是「**至善**」（summun bonum 圓善），此至善，作爲**世界**中之**最高的善**，乃是通過自由而可能者①。

〔譯註①〕：

案：前§84末言**終極目的**是指作爲道德存有的人即理想的人而言，此處又以最高善（至善，隱指**圓滿的善**）爲終極目的。

案：前曾以最高善（至善圓善）爲**最高目的**。故此處言終極目的實當改爲最高目的，或實意指最高目的（至善、圓善）而言。

茲復有一**主觀的條件**，在此主觀條件下，人以及我們所能思議的每一**理性的有限存有**，在服從上說的道德法則中，能夠去把一「**終極目的**」〔案：當爲**最高目的即圓善**〕置於其自己面前。此主觀條件爲何？曰：即**幸福**是。結果，世界中**最高可能的物理的善**〔身體的善，人之存在方面之種種自然的相好〕，以及「須盡我們之所能，當作終極目的〔最高目的〕，而被促進」的這一最高可能的物理的善，便就是**幸福**，而這幸福又須服從「個人與道德之法則相諧和」這一客觀條件，而這客觀條件乃被視爲是「人之值得有幸福」的一個條件。

但是我們不能單因著我們的理性之機能去把終極目的〔最高目的圓善〕上的**兩種要素**〔德與福〕表象給我們自己；這裡所說的終極目的〔最高目的圓善〕乃即是道德法則所提薦給我們者，而此道德法則乃是只藉賴著自然原因而被**接合到**且亦**符合於**默想中的終極目的〔最高目的即圓善〕之理念者。我們不能單因著我們的**理性之機能**即可把如此所說的道德法則所提薦給我們的那終極目的〔最高目的，圓善〕之兩要素〔德與福〕表象給我們自己。依此，如果我們不把自然外的任何其他辦法底因果性帶進來而使之與我們的自由相聯合，則通過我們的力量之應用而成的這樣一個目的〔即最高目的，圓善〕之**實踐的必然性**之概念並不能與「這目的之達成或有效化底**物理的可能性**之**理論的**〔**知解的**〕**概念**」相諧和一致。

依此，我們必須假定一「道德的世界原因」，即假定「世界之創造者」，如果我們想要把一「符合於道德法則之所需要者」的**終極目的**〔**最高目的圓善**〕置於我們自己面前時。而只當「去把一終極目的〔**最高目的圓善**〕置於我們面前」是必要的時，則即在此限度內，即是說，即依此同樣程度與依此同樣的根據，「去假定一世界之創造者」這亦是必要的，或換言之，「茲存有一上帝」①這亦是必要的。

〔**原註①**〕：

此道德的論證並不想對於「上帝底存在」去供給一客觀地有效

的證明。它並不想對於懷疑上帝的人去證明說：「茲存有一上帝」；它但只對之而證明說：如果他想依一「與道德相一致」的樣式而思維，則他即必須採用「存有一上帝」這一命題之假定以為其實踐理性之一**格準**。復次，此道德論證亦並不想去肯定說：為了**道德之目的**，所以必須去假定「世界中一切理性存有之幸福皆應配稱於其德行」。正相反，那只是**因著或藉賴著道德**，這假定才被迫使成為必須的。結果，這道德的論證是**主觀地足夠的**，並且是對**道德的存有**而為足夠的。

關於上帝存在之這一道德的證明，我們很易給以邏輯緊嚴之形式。可是這一「容易給以邏輯緊嚴形式」的道德的證明並不函蘊著說：「『去假定上帝之存在』之為必然正如『去承認道德法則之妥效性』之為必然，因而，如果一個人，他若不能使其自己信服上帝底存在，他同樣亦可認定他自己可以免除道德法則所置定的那些責成你義不容辭的責任或義務」。那道德的證明決不函蘊這層意思。在不能使我們自己信服「上帝存在」之情形中，那必須被廢棄的一切便即是「世界中的終極目的〔**最高目的**〕之**預想圖謀**可以因著道德法則之追求而被完成」，即是說，「理性存有底幸福之諧和地與道德法則之追求相聯合以為世界中之**最高善**〔**圓善**〕」之預想圖謀必須被廢棄。每一理性存有必須繼續去承認其自己是確定不移地為道德的箴言〔訓誡〕所約束者，因為理性存有之道德法則是形式的並且是無條件地命令著的，這些道德法則是用不著去顧及任何目的的（即用不著顧及那「作為**意志之材料或內容**」的目的的）。但是，終極目的中之另一要素，如實踐理性所規定給世界中的理性存

451

有的那一要素，便即是深植於這些理性存有(依其本性而爲有限存有這樣的理性存有)心中的一個不可抗拒的目的〔案：即幸福這一個目的〕。理性只當其視此目的〔幸福這個目的〕爲以「服從道德法則爲不可侵犯的條件」時，而且只當其必只依此條件而使此目的〔幸福這個目的〕成爲普遍的時，它始贊助或鼓勵此目的〔幸福這個目的〕，否則它決不贊助或鼓勵之。這樣說來，理性實是使「符合於德」的福之推進成爲吾人之終極目的〔**最高目的**〕。在關於幸福中，就我們的力量之所能及，「去促進此終極目的」，這是道德法則所命令於我們者，不管此努力之成果可如何。義務之充盡存於最**眞摯的意志**之**形式**中，並不存於那「有貢獻於成就」的諸**居間的原因**中。

如是，設想有一個人，他一方面因著那一切甚被稱讚頌揚的思辨論證之脆弱而改變其信念，一方面又因著他在自然與道德界中所見到的那許多不規則的情形而改變其信念，因如此之改變，如是，他遂變成是確信這命題者，即：「茲並無上帝之存在」。縱然他不信有上帝之存在，然而如果如此之故，他遂想去視義務之法則〔即關於成立義務的那些道德法則〕爲只是空想的、無效的、非有責成性的，並想勇敢地決心去違犯這些義務之法則，如是，他在其自己之眼中必會是一無價值的人。設讓我們再設想這樣一個人他以後眞能使其自己信服他先前所曾懷疑過的眞理，即以後他不懷疑上帝存在，而信有上帝存在，設若一人旣已是如此矣，可是如果他仍執持上述之思考路數，則他必會仍舊是無價值者。只要就現實的行爲而論，縱使他盡其義務是如所能被欲的那樣而嚴格地盡之，可是其如

 此嚴格地盡之是從**恐懼**或意在**報賞**之立場而盡之，而對於義務卻並

無一內在的尊敬：如是，他仍然必會無價値〔不足道〕。反之，如果作爲一信有上帝的人，他遵守其義務是依照其**良心**，正直地而且無利害關心地遵守之，可是如果正在此時，他又如此試驗其自己，即：當他把「其突然能夠使其自己信服『茲並無上帝之存在』」之情形置於其眼前之時，他又可立刻相信其自己可以免受一切道德責成之束縛，〔而只由其良心即可自然地遵守其義務，〕如果他是如此云云，則「他的內在的道德心向之情況只能是**壞的**」。〔意即其內在的道德傾向是在一不好的或不健全的情況中，案：此須知康德所說的良心並不同於陽明所說之良知，參看拙譯《第二批判》附錄論良心處。〕

如是，讓我們再試想一正直的人，例如說像斯頻諾薩這樣的人，他思量他自己是堅決地相信「無上帝之存在」者，且亦是相信「無未來的生命」者（因爲在關於道德之目標中，亦有與此同樣的結果發生）。既然如此，那麼，他將如何評估其個人內在的「分定於目的」（Zweckbestimmung）這種分定呢？（這「分定於目的」之分定乃是由他在實踐中所崇敬的道德法則而引生出者）。他並不需要「法則之遵守（Befolgung）」①必帶給他以任何私人的好處，不管是今生的，抑或是來生的。正相反，他的意志是無利害關心地只去確立「神聖的法則把他的一切力量所指向之」的那種善〔即最高善，圓善〕。但是他在其努力中是受限制的。他誠可以期望去找出一個機會，這機會時或與那「他猶覺得他自己必須而且被迫著要去實化之」的那個目的〔即最高目的〕**協合一致**，但是他決不能期望在自然中去找出一**齊一的契合**，即一依照固定的規律（「回應其格言之所實是以及主觀地所必是」的那些固定的規律）而來的**始終**

一貫的契合，契合於那「他所必須要去實化之」的那個〔最高〕目的。欺騙、冒瀆，以及嫉妒將總是盛行而環繞著他，雖然他本人是正直的、和藹的，而且是仁慈的；而他在世界上所遇見的另一些正直的人，不管他們是如何之值得有幸福，將因著**自然**（不管你值得不值得有福的那**自然**）而致使遭受到虧乏、疾病，以及死非其時的死亡這一切的不幸，恰如世上其他動物之所遭遇。而這情形將繼續下去永遠是如此，**直至**有一廣大的墳墓把他們一切盡皆吞噬掉（正直的、不正直的，在墳墓中並無分別），而且把他們都擲回他們所從來的那無目的的「**物質混沌**」之深淵裡**而後已**（他們雖即能相信他們自己是創造或造化之終極目的，這亦無用，他們仍同歸於那無目的的物質混沌而後已）。這樣說來，這樣一個目的，即此正直的人，在其遵守[①]道德法則中，他所自會把它記在心裡而且應當把它記在心裡，這樣一個目的〔即圓善這一最高目的〕，必會確然被他所放棄而視之爲不可能者。**但是，或許他**決心仍然去忠於其內在的道德天職之呼喚，而且他亦不情願讓這**尊敬之情**，即「道德法則所由以直接鼓舞著他使他來服從這道德法則」的這尊敬之情，由於那「回應此尊敬之情底高度要求」的那一個**理想的終極目的**〔即最高目的即圓善〕之歸空之故，而被減弱下去。尊敬之情若一旦被減弱下去，則這不可免地要損害其道德情操，以此故，他不情願讓其尊敬之情被減弱。如果這一正直的人尙是如此樣的時，則他必須假定世界底道德的創造者之存在，即是說，他必須假定**上帝之存在**。由於此假定至少並不含有什麼本質上是自相矛盾的成分，所以此正直的人可以很容易地從一**實踐的觀點**來作此假定，那就是說，至少爲形成「道德地規定給他」的那個「**終極目的〔最高目的即圓善〕**底可能性」這一概念之故而去作此假定。

〔**譯註①**〕：

案：德文原文“Befolgung”是「遵守」的意思，Meredith譯為pursuit（追求），非是，故照改。

§88　道德的證明底妥效性之限制

純粹理性，即「被視為是一**實踐能力**」的那純粹理性，那就是說，「被視為是一種決定我們的『因著理念或純粹理性之概念而成的**因果性之純粹使用**（**自由使用** freien Gebrauch）』的能力」的那純粹理性，它不僅在其道德法則中具有一原則是我們的行為之**軌約原則**，而且藉賴著那道德法則，它同時復供給另外一個原則，此另外一個原則，從一主觀的觀點來看，乃是一**構造原則**。此一構造原則乃是被含於這樣一個**對象**之概念中者，即這**對象**乃是「只有理性始能思之」者，而且它是要通過我們的行為之符合於那道德法則而可被眞實化於世界中者。因此，服從道德法則中的**自由底使用**中的一個**終極目的**〔最高目的〕之理念有一**主觀實踐的實在性**。理性先驗地決定我們盡我們之所能去促進**最高善**。此最高善〔圓善〕是因著世界中理性存有之「**最大的福利**」與這些理念存有之「**成為善人之最高條件**」這兩方面之相聯合而形成，或換言之，它是因著普遍的幸福與**嚴格的德行**這兩方面之相聯合而形成。現在此**終極目的**〔最高目的即圓善〕底兩因素中之一因素之可能性，即幸福因素之可能性，是經驗地受制約的〔有條件的〕。這一因素之可能性是依靠於**自然**之如何被構成，即是說，它是依靠於**自然**是否與此**終極目的**〔最高目的〕相諧和。因此，從一知解的觀點而觀，它是或然的；而另一因素，即**德行**一因素（關於此因素，我們是獨立不依於自然之合作的），則是先驗地確保其可能，而且是斷然地確定的。依此，這事實，即：「我們有一終極目的〔最高目的〕先驗地擺在我們面前」這一事實，它並不能滿足世界中理性存有底終極目的〔最高目的〕之概念之客觀而知解的〔理論的〕實在性之一切需要的。這一終極目的之概念之客觀而知解的實在性還要有進一步的需要，即需要：**創造**〔造化〕，即**世界本身**，在關於**其眞實的存在**中，一定也要有一**終極目的**。〔案：創造、造化，或世界本身底終極目的，依前§84，即指作爲道德存有、智思物、人極之人而言者〕。假定我們眞能夠先驗地證明**世界本身**也有這樣一個目的〔終極目的〕，則這必可經由一客觀的實在性來補充終極目的〔最高目的即圓善這一目的〕之主觀的實在性。因爲如果**世界本身**有一**終極**的〔最高目的〕，則我們除把此終極目的思議之爲「必然地與我們的**道德能力**相諧和」外，我們不能有別法以思議之，而所謂「必然地與我們的道德能力相諧和」語中之**道德能力**即是那「唯一能使一目的之概念爲可能」的能力。但是現在，我們在世界中實見有那「確然是目的」者。事實上，**自然的目的論**到處展示有目的，其所展示之目的是如此之多，以至於：如果我們讓理性來指導我們的判斷，則我們終於有理由去假定「自然中決無什麼不曾有其目的者」，假定之以爲「研究自然」所依據的原則。但是在**自然本身**中，我們要想去尋找自然本身所有的**終極目的**〔最高目的〕，這卻是白費的。因此，恰如此**終極目的**之理念只處於**理性**中，是故那亦

454

只有在**理性的存有**中，這樣一個目的本身始能而且必須當作一**客觀的可能性**而被尋求。但是這些理性存有底實踐理性不只是指定此**終極目的**〔最高目的〕，且亦在關涉於那些條件，即「**世界本身**之**終極目的**〔最高目的〕只有在其下始能被思」的那些條件中，來決定此終極目的之概念。

現在，這問題便發生，即：依那「滿足純粹理性之知解的〔理論的〕需要」的樣式而去實化或去確立「世界本身之一終極目的之概念之客觀實在性」，這是不是可能的呢？此實不能對**決定性的判斷力**而必然地被作成。可是，對知解的〔理論的〕**反省判斷力之格言**而言，它豈不可以充分地被作成嗎？這是「所能要求於思辨哲學」之**最少的一點**，這最少的一點它藉賴著一簡單目的之理念去把道德的目的與自然的目的連繫起來。可是即使是這**最少的一點**也仍然遠多過思辨哲學所曾能完成者。

設讓我們從理論的〔知解的〕**反省判斷力**之原則〔或格言〕之立場來看這事。如是，對合目的性的自然產物而言，我們豈不是有理由去假定一最高的「**自然之原因**」，此一最高的「自然之原因」，在關於自然之實現中，其因果性，或說其創造之活動，必須被看成是特別不同於自然之機械作用之所需要者，或換言之，必須被看成是**一種知性底因果性**〔**一種睿智體底因果性**〕：我們豈不是有理由去假定一如此云云的一個最高的「自然之原因」嗎？如果我們實有理由去作如此之假定，則依據上面那個原則〔上面所說理論的反省判斷力之原則或格言〕，我們一定可以說：我們也充分有理由不只可以把流布於自然間的諸目的歸給此根源的存有〔此一最高的睿智體〕，且亦可以把一終極目的歸給此根源的存有〔此最高的審智體〕。以上所說固不足以合用於證明這樣一個根源的存有之存在，然而至少，如在自然目的論中的情形那樣，它實是一種論據，此一論據足以使我們相信：要想去使這樣一個世界底可能性對於我們自己爲可理解，我們必須不只要注意於諸目的〔即流布於自然間的諸目的〕，且亦必須把此世界底眞實存在歸屬到一個作爲其基礎的**終極目的**〔**最高目的**〕。

但是一終極目的，簡單地說來，只是我們的實踐理性底一個概念，而且它不能由任何經驗與料〔故實〕而被推斷出，推斷出之以便對於自然去形成一理論的〔知解的〕評估，不特不能如此，它且亦不能應用於自然之認知。此概念之唯一可能的使用是對那「依乎道德法則」的實踐理性而言；而世界本身之終極目的是世界之如此樣的構造即構造得與「我們只能依照法則而確定地詳列之」的那種東西相諧和，即是說，是構造得與「我們的實踐理性之只當其要成爲實踐的時」之終極目的相諧和。現在，藉賴著「以終極目的來吩咐或責成我們」的那道德法則，我們有理由，從一實踐的觀點，即是說，在我們的力量之指向於那終極目的之眞實化上，去假定這終極目的是**可能的**，或換言之，去假定這終極目的是**可實踐的**。因而結果也就是說，我們也有理由去假定「與這樣一種可能性相諧和」的這麼一種**事物之本性**，蓋因爲終極目的〔最高目的，圓善〕之可能性是隸屬於一個「不在我們的力量之內」的條件①的，而且若不是自然把那條件展示於我們手中，則那**終極目的之眞實化**是不可能的。因此，我們有一道德理由去假定：只要我們有一世界，我們也有世界之一終極目的。

〔譯註①〕：

案：「不在我們的力量之內」的那個條件即是「事物之存在」這一條件，即「幸福」是。幸福是屬「存在」邊事，「存在」不是我所能掌握的。事物之存在，即事物之本性，它若順適如意，它即是幸福。這樣，終極目的（最高目的，圓善）便有眞實化之可能。世界本身，一切造化，皆企向於圓滿，故以圓滿的善爲最高目的（終極目的）。

此尚不能使我們從道德的目的論推到一**神學**，即是說，推到一**道德的世界創造者之存在**，但只能推到世界之一**終極目的**，此一終極目的乃是依上說的樣式而被規定者。現在，要想去說明此世界，即是說，要想去說明「符合於一終極目的〔最高目的〕」的那些**事物之眞實存在**，第一，我們必須承認有一睿智的存有，第二，我們必須承認這一睿智的存有尚不只是一**睿智的存有**（如我們想去說明那些「我們被迫著去評估之爲目的」的事物時所已必須承認的那樣一個睿智的存有），且須同時作爲世界之創造者，祂亦是一**道德的存有**，因而結果也就是說：我們必須承認有一上帝。現在，我們可問：我們必須要這樣承認嗎？此種承認含有一進一步的推論，而此進一步的推論是有這樣性格的，即：我們見到它只是在爲這判斷力即「因著實踐理性之概念而行判斷」這種判斷力而作的推論，既如此，所以它亦只是爲**反省判斷力**而抽引出的推論，而並不是爲**決定性的判斷力**而抽引出的推論。就我們人類而言，**道德地實踐的理性**，從其原則而觀，本質上自不同於**技術地實踐的理性**。但是，當是如此之時，我們卻不能**自以爲**可以去見到：此種同樣的區別也必須在最高的世界原因之情形處可以合用，如果這最高的世界原因被假定為是一睿智體時，並**自以為**可以見到：在此最高原因方面，一特種的因果性是對**終極目的**而言為必要者，而且是不同於那簡單地只是對**自然目的**而言為必要者，或因此，遂**自以為**可以見到：在我們的終極目的中，我們不只有一**道德的根據**去承認那當作一結果看的「世界本身」之一終極目的，且亦有一**道德的存有**作為「世界本身之根源」。我們雖不可**自以為**有如此等等之識見，然而我們卻完全有資格去肯斷說：我們的理性能力之本性是這樣的，即：若無一「世界之創造者或統治者」(此一統治者亦是一道德的立法者)，我們便完全不可能去使那「關聯於道德法則以及此法則之對象，即如存在於此終極目的中那麼樣」的**一種合目的性之可能性**為可理解。〔案：這一句拆開譯便是如此：我們便完全不可能去使以下一種合目的性之可能性為對於我們自己為可理解者，所謂以下之一種合目的性乃是這樣一種合目的性，即此合目的性是「關聯於道德法則以及此法則之對象(終極目的)，即如存在於此終極目的中那麼樣」的一種合目的性。我們完全不可能使這麼一種合目的性之可能性為對於我們自己為可理解，設無一亦是一道德的立法者的世界之創造者或統治者。〕

456　因此，一最高的道德地立法的創造者之**現實性**是充分地單只為我們的理性之實踐的使用而被證明，其如此之被證明是用不著在關於此創造者本身之存在中**理論地**〔**知解地**〕去決定任何什麼事的。因為理性有一個「**目的**」〔案：即終極目的〕，此一目的是因著理性自己所有的特殊的立法作用而獨立不依於此理論的決定而即可被規定的。要想使此目的為可能，理性需要有一個「**理念**」〔案：即

「世界底創造者」之理念〕，此理念，對反省的判斷力而言，可充分地移除一種障礙，此所移除之障礙乃是由我們之**無能把**「理性自己之特殊的立法作用」帶至有結果之境（即由我們之**無能完成**此立法作用）**而發生**，當我們只有一自然的世界概念時。使終極目的可能的那世界底創造者之理念〔即上帝存在之理念〕即可移除由我們之無能而發生的障礙，是故即在此路數中，此世界創造者之理念〔上帝存在之理念〕便獲得一**實踐的實在性**，雖然對思辨知識而言，它沒有任何方法可以從一知解的觀點去爲其自己得到一實在性以便去說明「自然」或去決定「自然之最高原因」。對**理論的〔知解的〕反省判斷力**而言，一睿智的世界原因是因著自然的目的論由自然之目的而充分地被證明。對**實踐的反省判斷力**而言，道德的目的論藉賴著一終極目的之概念結成了同樣的結果（即亦充分地證明了一睿智而道德的世界原因之存在）。這裏所謂終極目的乃是此道德的目的論從一實踐的觀點所必須要把它歸給世界或造化者。當作世界之一道德的創造者看的上帝之理念之**客觀的實在性**自不能單因著自然的目的論而被實化〔被確立〕。縱然如此，可是當這些自然目的之知識與那道德目的之知識相聯合時，則那「指導我們去追求諸原則之統一（只要我們能如此作時）」的那純粹理性之格準便可把一可觀的重要性貸與於那些自然目的以便去加強那個理念（即作爲世界之道德的創造者的上帝之理念）之**實踐的實在性**：那個理念從一**理論的〔知解的〕觀點**來看，本早已在〔**反省的〕判斷力**上具有一種實在性，純粹理性之格言〔或格準〕便因著那個理念所已有的這種〔**理論地反省的〕判斷力**上的實在性而再貸與於這些自然目的以重要性以便強化那個理念之**實踐的實在性**。

就此而論，茲有兩點最須注意以便去阻止那最容易發生的誤解。第一點，最高存有底諸屬性只能依據一種**類比**而為我們所思議。因為當經驗不能指明有任何什麼與最高存有相似的東西時，我們如何能去研究此最高存有之本性呢？第二點，這**類比**復亦只能使我們去思議一最高的存有，而並不能使我們依一多或少知解的〔理論的〕樣式而去**認知**這最高的存有或去**謂述**這最高存有之諸屬性。因為這樣去認知或去謂述只能為了**決定性的判斷力**（當作我們的理性之能力之在其思辨方面看的**決定性的判斷力**）之故始可如此作，並且是為了去辨識此最高的世界原因之**內在而固具的本性**之故始可如此作。但在這裏與我們有關的那唯一問題卻是這問題，即：我們因著我們的認知機能之本性，對於這個最高的存有要形成一什麼概念呢？又是否我們為了一個目的之故而去承認這最高的存有之存在呢？所謂「為了一個目的」，這所為的一個目的乃是這樣的，即：「它是純粹實踐理性離開任何這樣的假定〔即最高存有之存在之假定〕，教我們盡我們的力量之所能去真實化之」的一個目的，而且同時我們也簡單地只想為那目的去取得一實踐的實在性，那就是說，只想能對那目的去視一意想的或期待的結果為可能：我們是否為了如此云云的一個目的之故而要去承認最高存有之存在呢？〔案：純粹實踐理性給我們規定一終極目的（最高目的，即圓善），並吩咐我們盡量去真實化之，使之不至為一空想，而我們同時也想為那終極目的去取得一**實踐的實在性**，也就是說，想視一意想的結果（即終極目的所示的福德一致之結果）為可能：我們是否要為了這樣一個終極目的之故而去承認最高存有之存在呢？我們在這裏所關心的唯一問題就是：依我們的認知機能之本性，對於這最高存有要形成一個什麼概念？並是否爲了如上所説那樣一個目的之故而去承認這最高存有之存在？〕上面所説那個最高存有之概念，對思辨理性而言，很可以是一**超絕的概念**。而「我們因著這超絕的概念所歸給那最高存有」的那些屬性，若客觀地使用之，也很可含有一潛伏的神人同形論〔擬人説〕。可是，在使用這些屬性中，我們心中所意想者並非是這樣的，即：「我們想因著涉及這些屬性而去決定那最高存有之本性」（那最高存有之本性乃是我們所不能達到的一種本性），而反是這樣的，即：「我們之使用這些屬性乃是想去用之以便去決定我們自己之自我〔即我們自己〕以及我們的意志」。我們可以依照對於一原因之結果所有之概念而名一原因，雖然我們之可以這樣名之是只在關於它與此結果所處之關係中而始可如此名之。而我們之可以如此名之，也並不因如此名之之故，便想因著我們對於那類原因所知的那些唯一的特性（必須經由經驗而被給與於我們的那些唯一特性）而去本質地規定那個原因之**內在而固具的本性**。舉例言之，我們可以於其他種種特性中間把一種運動力（vis locomotiva）之特性歸給**靈魂**，因爲身體的運動事實上是有的〔已發生了的〕，而此身體的運動之**原因**即處於身體運動之**心靈的表象中**〔案：即表象之爲靈魂之推動〕。但是我們之作此心靈的表象〔表象之爲靈魂之推動〕卻並沒有因此之故就想去把那「我們對之可有任何知識」的一種**力學的力量歸給靈魂**；而所謂力學的力量乃是因著吸引、緊壓、衝擊而發散出的一種力量，因而結果也就是説，乃是藉賴著一種運動而發散出的力量，而這種力量總預設一「在空間中有其廣延性」的存有。〔我們對於這樣的力學的力量是有物理學的知識的；我們不能把這樣的力量歸給靈魂，因爲靈魂不

457

是空間中一個有廣延的存有。因此，我們不能因著我們對於身體運動之原因作**心靈的表象**，表象之爲**靈魂之推動**，就說這靈魂之推動力也是一種「我們對之可有物理知識」的力學的力量。蓋若如此，則靈魂必是一「在空間中有廣延」的存有，此則與靈魂之本性相違。〕現在，依此同樣的方式，我們須假定**某種東西**它含有一必然的道德的終極目的底「**可能性**與**實踐的實在性或可實踐性**」之根據。但是依照由此某種東西所期望的結果之性格而言，我們可以思議此某種東西爲一明智的存有，這一明智的存有祂依照道德的法則來管理世界。而依照我們的認知能力之本性而言，我們又不能不去把這某種東西思議之爲「不同於自然」的**那些事物**之原因，這樣去思議之乃是只爲「要去表示那『超越一切我們的認知能力』的這個明智的存有對於**我們**的實踐理性底一個對象〔即終極目的或最高善〕所處之關係」之故。但是在這樣思議之之時，我們並不是想因如此思議之之故便想去把那「**習見於我們**」的那唯一的一種因果性，即因著**知性**並因著一種**意志**而成的那種因果性，**理論地**〔**知解地**〕歸屬給這個**明智的存有**。不僅如此，且甚至關於這**因果性**，即「我們在關於那『對我們而言爲一終極目的』的東西這方面思之爲存在於此明智的存有中」的那**因果性**，我們亦不想**客觀地**去使它與另一種**因果性**，即「在關於自然以及自然之種種合目的性模式這方面而亦思之爲存在於此明智的存有中」這一種因果性，區別開。〔案：意即我們並不想我們能**客觀地**把此兩種皆存於明智的存有中的因果性，一是對終極目的而言的因果性，一是對自然之種種合目的性的模式而言的因果性，區別開；即是說，就我們的反省判斷力而言我們只可以依我們的認知能力之本性，**主觀地**把它們兩者區別開（一屬道德的目的論，一屬自然的目的論），但我們不能從最高道德的睿智存有處**客觀地構造地**把它們兩者區別開。〕正相反，我們只認定我們能夠去承認此兩種因果性之分別爲對「我們的認知能力之如其所構成的本性那樣」而言的一個主觀地必要的區別，並且去承認之爲對反省判斷力而言爲有效者，並不對客觀地決定性的判斷力而言爲有效者。但是，一旦這問題接觸到實踐之事時，則如下所說的一種（愼審或智慧所遵循的）**軌約的原則**，即「此種軌約原則它指導我們去依照某種作爲一目的東西而活動，這作爲目的的某種東西，就我們的認知機能之本性而言，其可能性只能依**某一種樣式**而爲我們所思議」，像如此云云的這樣一種**軌約的原則**，亦可變成一**構造的原則**。換言之，此時，此一軌約的原則是**實踐地決定性的原則**，而即這實踐地決定性的原則，即這被視爲「我們所依以去評估事物之**客觀的可能性**」的這實踐地決定性的原則，卻決無法成爲一**理論地〔知解地〕決定性的原則**，或換言之，那實踐地決定性的原則並不函著說：我們的思維能力所承認的那唯一的一種可能性也可以成爲是「謂述**我們的思想之對象**」的一種可能性。正相反，那實踐地決定性的原則只是〔**理論地（知解地）**〕**反省性的判斷力**上的一個純然的軌約性的原則。 458

註說〔關於此道德的證明之註說〕

此道德的證明決不是一新發見的論證，至多是一新式的老證明。因爲當人的理性開始覺醒時，這道德證明之肧芽已存在於人之心靈中，而只隨著理性能力之不斷的培養而逐漸有其生長與發展。當人類開始反省到是與非時（即在人們之眼光尚猶漠視於自然之合目的性時，而且在人們利用自然而卻未曾想像到自然所有的慣常行程以外的任何其他事之存在時），一個不可免的判斷即必然地爲人們所觸及，此判斷即是：「一個人是否光明正大地活動著抑或虛僞地活動著，是否依法而動抑或依暴力而動」這決不會是一會事，縱使其臨終之時，至少就人眼前所能見及者而言，其德行並未使其受到報賞，其犯罪亦並未使其受到懲罰，「一個人是否依法而動抑或依暴力而動等等」亦決不會是一會事。那好像是人們已覺察到在人們心內有一種聲音說：「那必須有一種差別」。因此，茲亦必對於某種事有一隱伏的觀念（不管此觀念是如何的模糊），這某種事乃即是「人們覺得人們自己必須要去努力追求之」的一種事，而且是一種「如上所說德無善報，罪不受罰，這樣的結局必會完全與之不一致」的一種事，或者說，這某種事乃是這樣的一種事，即：「一旦人們視自然世界之行程爲唯一的事物之秩序時，人們必不能夠使人們心中所有的那『目的性的定向』（那分定於目的 Zweck-bestimmung）與之相融洽」的一種事。現在，人們可以形成種種粗略地想法以便去使那種不規則性成爲井井有條的，而這不規則性乃是一種遠比盲目的機遇更違反於人心者（有些人曾想使盲目的機遇成爲他們評估自然之基礎）。人們雖可形成如此種種不同之想法，然而其中卻只有唯一的一個原則，依據此唯一的一個原則，人們甚至能去思議「自然之與我們心內的道德法則相諧和」爲可能。此唯一的一個原則便即是「依照道德法則以管理世界」的這**一最高原因之原則**。因爲一在心內的**終極目的**，即是說置於人們面前以爲一義務的那**終極目的**，以及在吾人以外而又無終極目的的那自然（雖然終極目的須現實化於自然中而自然本身卻無終極目的），這兩者顯然存有一矛盾。我承認人們可以策劃出好多有關於「那個世界原因之內在本性」的荒誕背理的想法。但是在管理世界中，那「關涉於道德秩序」這一點卻總仍然保持其爲同一而不變，其保持其爲同一而不變即如其「可普遍地被理解，甚至最未受教導的理性亦可理解之」那樣保持其爲同一而不變，只要當這理性視其自己爲實踐的理性時，雖然思辨理性卻遠不足以與此實踐理性並駕而齊驅。又，大概言之，那首先對於「美」與「自然之目的」引起注意者多半即是這道德的興趣。道德興趣對於美與自然目的可引起注意，此所引起之**注意**必極適合於去加強上說的那個理念〔即最高的世界原因之理念〕，雖然它尙不能供給出此理念之基礎。此注意更不能〔轉而〕廢除此道德的興趣；因爲那只有在關聯於**終極目的**中，諸自然目的之研究始獲得那直接的興趣，這直接的興趣在「賦給自然」的讚賞中展現至極大度〔即大大地被展現〕而卻亦並沒有顧及任何可得的利益。 459

§89　道德論證之用處

「在關於一切我們的超感觸者之理念中，理性須限制於其實踐使用之條件」這一義，就有關於「上帝之理念」者而言，是有其顯明的用處的。因爲這一義可使「神學」不迷失其自己於「接神學」（theosophy）之雲霧中，即是說，不迷失其自己於那些「使理性混亂」的超絕概念中，或這樣說亦可，即：它可以使「神學」不沉沒於「鬼神學」（demonology）之深淵中，即不沉沒於「以神人同形之模式去表象最高存有」這種表象之之模式中。它亦可保持宗教使其不落於「巫術」（theurgy），這巫術乃是一種狂熱盲信的妄想，妄想：一種情感能由其他超感觸的存有傳通到我們身上來，並妄想：我們轉而又能把一種影響力發散到那些其他超感觸的存有身上去；同時，它亦可保持宗教使其不落於偶像之崇拜①(idolatry)，這偶像之崇拜乃是一種迷信的妄想，妄想一個人能使其自己不經由「衷心有道德法則於心中」之辦法，而經由其他方法，而可成爲一可爲最高存有所接受者。

〔原註①〕：關於偶像崇拜，康德有註云：

依一實踐的意義而言，一宗教決難免於偶像崇拜之污名，**只要**當它所賦給最高存有的**那些屬性**竟至於是如此，即：人所可作的任何事可被理解成其符合於上帝之意志是依據道德條件以外的任何其他一切足夠的條件而符合於上帝之意志，而並不是依據道德條件而符合於上帝之意志。因爲不管該概念〔即最高存有之概念〕之形成，從一理論的〔知解的〕觀點而言，是如何之純粹又是如何之可免於感性的形像而不受其影響，然而就上說那樣的一些屬性而言，從一實踐的觀點而觀之，該最高存有之概念仍是被表象成是一個**偶像者**，那就是說，上帝底意志之本性仍是**神人同形地被表象的**。

因爲**如果**那些「想對於感覺世界外的東西作論證」的人們之虛浮自大或專擅妄斷被允許可知解地〔理論地〕去決定什麼事，甚至去決定最小的一點事，因而遂自以爲可以被允許去擴大我們的知識；又**如果**任何虛妄自負可以被允許有照見「神性的本性之存在與性格」之慧光，照見「此神性的本性之睿智與意志」之慧光，照見

「其睿智與意志這兩者之法則」之慧光，以及照見「由其睿智與意志兩者而發出並有影響於世界的那些屬性」之慧光：如果是如此之云云，則我一定想去知道在什麼準確的定點上，一條界線可以爲如許多的理性之自負而畫出，畫出之以便去限制那些自負。因爲不管這樣的慧光從什麼根源而引生出，更多的慧光仍可被期待，如果，如這些自負之想法之所是者那樣〔或如這些自負人之所想者那樣〕，我們只須去絞盡腦汁或費盡心機以思之便可。只有依據某種原則，那界限始可被置下以限制這樣的要求；「只訴諸我們的這樣一種事實之經驗，即『一切種企圖迄今皆已失敗』這樣一種事實之經驗」，這並不足夠。因爲這樣一種事實並未否證一更好的結果之可能性。但是在此情形中，這唯一可能的原則便是以下兩原則之或此或彼。**一個原則**是承認：在關於超感觸的東西中，絕不能有什麼可以理論地〔知解地〕被決定的東西（除只經由純否定而決定之）；**另一個原則**是假定：在我們的理性中有一不知其如何巨大而又有啓發作用的那尚未開發的知識之寶庫存在，存在在那裡以爲我們及我們的子孫而保留下來。〔限制我們的虛妄自負的要求的那唯一可能的原則便是或是上說之前一原則，或是上說之後一原則。〕可是就宗教而論，即就道德之關聯於作爲立法者的上帝而論，那〔限制理性之理論的虛妄要求之〕結果必應是這樣的，即：設上帝之**理論的〔知解的〕知識**領先時，則道德必須要**符合於神學**。這樣，則將不只一最高存有方面的一種**外在而又隨意的立法作用**須被引進來以代替那**內在而必然的理性之立法作用**，且甚至在那外在而隨意的立法作用中，一切屬於「我們之洞見到神性的本性」這方面的缺陷必須要擴散到道德的箴規，而在此路數中，宗教必與道德分

460

了家而遠離了道德，而且變成墮落的或邪惡的〔即變壞了的〕。

現在，什麼是來生之希望？「去注意於終極目的」(此終極目的，在遵從道德法則之命令規則中，正是我們自己所要去完成之者)，並「去採用終極目的爲一指導線索，指導我們在我們的**分定**上去作理性之裁斷」(因而這一裁斷乃只是那「由一實踐的觀點來看始可被視爲是必然的或值得接受的」一種裁斷)，這自是我們所應有的作法。但是，如果我們不這樣去作，卻只想商諸我們的**理論**〔**知解**〕**知識之能力**，則在此問題上正有同樣的命數降臨於〔**理性的**〕**心理學**，就如在上面關於最高存有之情形中那降臨於**神學**者。那降臨於〔理性〕心理學的命數不過是對於我們的「思維的存有」〔案：即「靈魂不滅」之靈魂〕只提供一消極的〔負面的〕概念而已。它告訴我們說：沒有一個心靈之運作或內感之顯現能夠依據唯物論的線索而被說明；因而並告訴我們說：關於那**思維著**的東西〔**思維著的「我」**〕之獨自的本性，或關於人死後這思維著的我之人格性之繼續存在或不繼續存在之本性，沒有**擴張的**(**綜和的**)或**決定性**的判斷能夠可能地被作成，即能夠依據思辨的根據，經由我們的理論〔知解〕知識之能力，而可能地被作成。這樣說來，在這裏，凡事皆是由一「在實踐範圍內爲必然」的一個觀點而被留交給「我們的存在」之目的論的評估，並被留交給「我們的存在」之繼續之假定，以此假定作爲一終極目的之所需要的一個條件，而所謂終極目的乃是絕對地爲理性所置定給我們者。因此，在我們的消極的結果中，我們立刻見到有一種利得〔好處〕，而這利得初看無疑也即顯似爲是一種損失。因爲恰如神學決不能變爲「**接神學**」

461 (theosophy)，所以理性的心理學也決不能變爲「靈學」(pneu-

matology），即當作一種「可以擴大我們的知識」的學問來看的那「靈學」，而同時另一方面，理性的心理學也決不能有滑入任何種唯物論之危險。正相反，我們見到：那理性的心理學實只是一「內感之人類學」，即是說，實只是「我們的活著的思維的自我」底一種知識，並見到：依一理論的〔知解的〕認知之形式而言，那理性的心理學卻亦仍然只是**經驗的**。但是，若就我們的**永恆存在**之問題而論，理性心理學畢竟不是**一理論的〔知解的〕學問**。它基於道德的目的論之一簡單的推斷上，恰如其使用之全部的必然性起因於道德的目的論並起因於我們的實踐的天職〔或分定〕。

§90　上帝存在之目的論的證明中的確信或誠信之性格〔即此中之確信或誠信是何種意義的確信或誠信〕

不管一證明是由那須被證明者之直接的經驗呈現而引生出（此如因著對象之觀察或因著試驗而作的證明之情形便是如此），抑或是因著理性由原則而先驗地被引生出，其所基本地要求便是：它須不是誘勸（persuade），而須是令人信服（convince），或至少亦可以說是傾向於使人信服。換言之，論證或推斷一定不要簡單地只是同意（一純然的「似乎是」之樣子）之一主觀的或感性的根據，而須是客觀地有效的，並須是知識之一邏輯的根據。如果不是如此，則睿智〔知性〕是被欺瞞誘騙了的，而不是被使有確信的。一種「屬於欺瞞誘騙這類證明」的**虛幻性的證明**便是自然神學中所提出的一種證明。自然神學中所提出的證明或可是以最好的意向而被提出，然而卻是以有意地隱藏其弱點之路數而被提出。依照目的原則而成的自然事物底根源之全部證據是排列在我們眼前的，而這些證據之有利或好處則是由人類理性底純主觀根據而取得。人類理性是由其自己之固有運動〔其專有的特殊性癖〕而傾向於想以一個簡單的原則代替若干個原則，只要當它如此作而無矛盾時。又，當此原則只供給一個詞語對界定一概念爲必要，或許亦可供給好多詞語對界定一概念爲必要，如是，則此原則即可因著增加其他詞語來補充此一詞語或這些詞語，這樣，它便可因著一隨意的統合來完整起事物之概念。因爲當我們見到有如許多的自然產物把我們指點到一睿智的原因時，我們**很自然地**可問：我們一定不可以寧去設想一個簡單的睿智原因而不要去設想若干個這樣的原因嗎？既可自然地這樣問，**自然**亦可以問：爲什麼於此原因，我們一定要只停止於偉大的睿智、偉大的力量，等等處，而不更以「無所不知」、「無所不能」賦與之，以及總之爲什麼不更視之爲如此之一原因，即此一原因袘含有對一切可能的事物而言的無所不知、無所不能等「這樣的屬性之一充足的根源」呢？自然可以這樣問。既又自然亦可以這樣問已，那麼復亦**自然**可問：我們爲什麼不可以繼續前進，**不只是**把那對自然法則與自然產物而言爲必要的**那種睿智**歸屬給此一簡單的具有一切力量的根源存有，**且亦**把那「屬於一道德的世界原因」的**最高的道德而實踐的理性**歸屬給此一簡單的具有一切力量的根源存有：爲什麼不可以進而去作這樣的歸屬呢？這樣問亦是**自然而發的**。因爲經由對於概念〔即最高存有之概念〕之如此完整化，我們便有這樣一個原則，即它既適合於「洞見自然」之需要，復亦適合於「洞見道德智慧」之需要，因而亦無「絲毫有堅實意義」的異議可以提出來以反對這樣一個理念〔即上帝之理念〕之可能。現在，如果在此論證之經過中，鼓動心靈的那些道德的興發力被觸動，而

462

一種生動的興趣又以一切修辭雄辯之力量而給與了那些道德的興發力（那些道德的興發力完全值得承受那修辭雄辯之力量），如果是如此云云，如是，則一種誘勸，即關於「證明之客觀的足夠性」的一種誘勸遂即發生出來，而在大多數之情形中，只要當這一種誘勸被使用時，遂即甚至亦發生出一種親切的幻覺，這親切的幻覺是如此，即：它藐視證明之邏輯的嚴格性之任何考驗，而且事實上，它實厭惡而且反對邏輯的批評，好像這邏輯的批評是由某種邪惡不敬的疑慮而發出一樣。現在，只要我們只以大衆的方便作考慮，則便並無什麼可說，說之以去反對這一切。〔案：意即若只考慮大衆之方便，則這一切並無什麼可反對處。〕但是我們不能不而且一定要把這證明分析成此論證所含有的兩種**異質的成素**，即分析一種成素是屬於「**自然的目的論**」者，另一種成素是屬於「**道德的目的論**」者。因爲兩種成素之混擾可以使我們不能確知此證明之眞實部分在何處，或說不能使我們確知此證明必須**依何部分**或**依何樣式**而重新被形成，形成之以便使其妥效性可以能夠在最徹底的〔最嚴格的〕考查之下而被支持。縱使在若干點上，我們已被迫著去承認理性雖有所見但甚淺短而微薄，然而兩者之混擾總仍使我們不能有如上云云之確知。因此，哲學家見到：去揭露這種混擾所能產生的虛幻或幻覺（不管這幻覺是如何之有利），這乃是他的義不容辭之事，設若他甚至不曾注意到他所應歸功於誠實者是什麼。他必須把那是純然誘勸之事和那引至信服之事分別開（這兩種同意之模式不只是程度上有異，且在種類上亦不同），把它們分別開以便能夠公開地盡其一切之清楚〔十分清楚地〕去表象心靈在此證明中所採用之態度，並且能夠坦白地去把此證明交付給最嚴格的考驗。

現在，一個指向於「使人確信或信服」的證明可以是兩種中之任一種。它或是想去決定「對象之**依其自己而言**是什麼」，或不然，則是想去決定「對象之**對於我們人類而言**是什麼」，那就是說，是想依照「對象所依以必然被評估」的那理性的原則而去決定「對象之**對人一般**而言是什麼」。換言之，它或是一種「**依照眞理**」(according to the truth)而成的證明，或是「**依照人**」(according to man)而成的證明(所謂人是「人一般」之廣義的人)。在第一種情形中，證明是基於那「適當於**決定性的判斷力**」的原則者，而在第二種情形中，證明是只基於那「適當於**反省性的判斷力**」的原則者。在此基於「適當於反省性的判斷力」的原則之情形中，當一證明只基於**理論的**〔**知解的**〕原則時，則它決不能傾向於使人信服。但是如果它是基於理性之一**實踐的原則**(因而此一實踐的原則是一普遍而又必然的原則)，則它很可以要求**使人信服**，這使人信服乃是從一實踐的觀點觀之爲足夠者，即是說，這使人信服是足夠於一「**道德的信服**」者〔足夠於「**道德地使人信服**」者〕。但是如果一證明只使我們走在「**使人信服**」之路上，然而卻並沒有產生出使人信服，則此一證明便只是**傾向於使人信服**。這情形當一證明是如下所說時便出現，即：當一證明只包含有一些使人信服之客觀的根源，這些客觀的根源雖尙不足以產生確信，然而它們卻仍不屬判斷之主觀根據一類者〔主觀根據，即如其爲主觀而觀之，是只有用於勸服或誘勸者〕：當一證明是如此云云之時，則它便只是**傾向於使人信服**。

現在，那「建立一理論的〔知解的〕證明」的那一切論據或是(1)對那由邏輯地嚴格的三段推理而成的**證明**爲足夠；或如果不如此時，則(2)對那由**類比**而成的**推理**爲足夠；或如果甚至這樣的推理亦不存在，則仍然(3)對**或然的意見**爲足夠；或最後(4)對那至少只當作一**假設**看的「一純然可能的**說明之根源**之假定」爲足夠。現在，我肯斷：如果那想被證明的命題是關於「一根源的存有之眞實存在」的命題，這根源的存有是被視爲「上帝」一概念之具其完整的內容者，即是說，是被看成是世界之一「道德性的創造者」，因而結果也就是說，即在這樣一種路數中，那創造〔造化或宇宙本身〕之終極目的也即刻是由這「道德性的創造者」而被引生出：如果那須被證明的命題是關於「被視爲是如此云云」的上帝的那「根源存有之眞實存在」的命題，則「傾向於理論地〔知解地〕使人信服」的一切關於該命題之證明之**論據**無例外皆不足以去產生上說從最高級到最低級四種確信或誠信中任何一種**確信或誠信**（Fürwahrhalten）。〔案：此德文字當譯爲「確信」或「誠信」。Meredith 譯爲「保證」（assurance），Pluhar 譯爲 “assent”（同意），皆不諦當；Bernard 譯爲 “belief”（信念）則鬆泛，同於阿保特之譯《第二批判》之關於此詞者。〕

(1)關於有**嚴格的邏輯形式**的證明，即是說，「由普遍的進到特殊的」這種證明，《第一批判》〔《純粹理性之批判》〕已充分地表明其事之如何建立起。如若**一個存有**須被尋求於**自然**以外〔案：即超感觸的存有〕，則便沒有「相應於這樣一個存有之概念」的**直覺**對於我們是可能的。因此，只要當這樣一個存有之概念須經由**綜和的謂詞**而理論地〔知解地〕被決定時，則這樣一個存有之概念對我們而言總仍然是一**或然的概念**。因此，在這樣一個存有之概念處，對於此超感觸的存有，絕對不能有那「可以擴大一點我們的理論〔知解的〕知識之範圍」的認知。一超感觸的**存有**這一特殊的概念，它決不可能在任何方式中被歸屬於關於事物之本性的**諸普遍原則**之下，以便允許此特殊概念所示之**存有**可以由此等普遍原則而成
464 的推斷所決定。它何以不可能如此被歸屬？蓋因爲那些普遍原則只對那「作爲一感取之對象」的**自然**而言始有效。

⑵在兩個不相似的事物之情形中，我們可以因著「一物之類比於他物」這種**類比**①之方法而明顯地形成兩物中某一物之概念，而且甚至在「它們兩者所由以不相似」的那個異質點上，我們也可以經由這類比之方法而顯明地形成兩物中某一物之概念；但是從它們兩者所由以不相似處，我們不能依據類比法之力量作出任何「從這一個推到另一個」之**推斷**，即是說，我們不能把這兩者間各別不同的差異點從這一個**轉移**到另一個身上。這樣說來，依據物體之相互
465 吸引與斥拒中與動與反動間的對等法則之類比，我可以把由公民法所規制的國家之成員之社會關係描畫出來；但我不能把前者的**特別模式**，即物理的吸引與排拒之模式，轉移到這些成員間的社會關係上來，我也不能把前者的特別模式歸給公民，以去構成一個系統或體制名曰國家者。例此，根源存有底因果性，在其關聯於那些「被視爲是自然目的」的世界之事物中，可以完全恰當地依據一睿智體之類比而被思議，這所依據之睿智體乃被視爲是那些「我們所名曰藝術品」的**某些產物**〔案：即有機物〕底形式之根源者。因爲其可以依如此之類比而被思議是只有在我們的認知機能，當處理世界中之事物時，對於此根源存有之因果性之概念所要去作的理論的〔知解的〕使用或實踐的使用之興趣中，始能被作成。但是從這事實，即：「就世界中的諸存有而論，一種睿智必須被歸給這類結果之原

因，即那須被視爲是藝術品的這種結果之原因」這一事實，我們完全不能經由類比去推斷說：在關聯於自然中，我們在人方面所覺知的那因果性同樣也可以屬於那「完全不同於自然」的一種**存有**。〔何以故不能？〕蓋因這種類比已接觸到兩種原因間之準確的不相似處，即一種原因在關於其結果中是**感性地被制約者**〔**有條件者**〕，而另一種原因則是一**超感觸的根源存有**。這不相似性即被函蘊於這樣一個超感觸的存有之概念中，因而這顯著的特點〔即感性地被制約這一特點〕遂亦不能被轉移到這超感觸的根源存有身上。即在這事實，即「我需要只依據一知性之類比思議神之因果性」這一事實中，就存在著一種禁止，即禁止我去把依「知性」一字之恰當意義而言的這種知性歸給上帝②（這依「知性」一字之恰當意義而言的知性乃即是那只能知之於人方面的一種機能，除人以外，我們不能知之於任何其他存有，而人之爲存有乃是服從感性之條件者）。

〔**原註①**〕：於兩不相似者間作類比，關於此類比，康德有長註云：

依一質的意義而言的類比是存於根據與後果（因與果）間的關係之同一。不管那些「是同樣後果之根源」的諸事物或諸特性，就其自身而觀之（即離開因與果間之關係觀之），其各別的差異爲如何，只要當這樣的同一〔即因與果間的關係之同一〕潛存著，類比就存於這關係之同一中。這樣說來，當我們把低等動物之形構的運作拿來和人之形構運作相比較時，我們視低等動物底運作之情形中這樣的結果之**不被知的根源**爲可以與那爲人(即爲理性)所產生的相似的結果之**已知的根源**相比較,即是說,可以視之爲**理性之一類似物**(analogon)。以上之義是意謂:雖然低等動物底**形構力之根源**(我們名之曰**本能**)事實上依類而言自不同於**理性**,但是如若比較海獺與人類之構造工作,則海獺之**本能**之對於其結果與人之**理性**之對於其結果實處於一相似之關係中。我們自可如此想,但我們之可如此想並不能使我有理由去推斷說:因爲人對其所構造者而言,需要使用理性,所以海獺於其構造時亦必須有理性,而且名此「因此所以」之推斷曰由**類比**而成之**推斷**。我們雖無理由去作如此之推斷,然由低等動物方面相似的運作模式(我們不能直接地去覺知其根源),以之和人底運作模式(我們可直接意識到其根源)相比較,我們依據類比之強力,可以完全正確地去推斷說:低等動物,亦與人一樣,皆是依照**表象**(representation, Vorstellung:**擬想,提薦**)而活動,他們並不是機器,如笛卡爾所爭辯者;並亦可完全正確地去推斷說:儘管他們種類有異,可是他們皆是有生之物〔皆是眾生〕,而即如其爲有生之物,則一般言之,他們皆類似於人。那「使我們有權去作此推斷」的原則是存於這事實,即:我們確然有理由在此方面去把低等動物放在與人爲同類裡〔即同屬動物類〕,這確然所有之理由與「在人方面,當我們從**外部**看天下人並比較其活動時,去把天下人都放在彼此爲同類裡〔即同屬人類〕」之理由同。此中兩方面實有同一根據(par ratio)。同樣,最高的世界原因之因果性可以依據**知性之類比**而被思議,如果我們把其世界中的合目的性的產物拿來和人底形構工作相比較時；但是我們卻不能依據類比之強力去推斷這樣的人類屬性亦存於世界原因處〔意即我不能經由類比之強力去推斷說世界原因亦有這樣人類的屬性〕。因爲那「使這樣一種推理模式爲可能」的原則在此情形中並不存在，就是說，那「去把最高存有與人，在關聯於他們**各自的因果性**中，包括在**同一綱類裡**」的**根據之同一性**（paritas rationis = sameness of grounds）在這裡並不存在。世界中的萬有之因果性就像因著知性而成的因果性一樣，它總是**感性地被制約的**〔有條件的〕。這樣的萬有之因果性並不能被轉移到一個「除只是**事物一般之概念**外，並無與人共同的種類概念」的存有身上。〔案：意即：世界中的**萬有之因果性甚至人之因果性**並不能轉移到**最高存有**身上，因爲最高存有與人及世界中的萬有除籠統地對之可用「**事物一般之概念**」以說之外，並無**共同的種類概**念以包括之，即上帝這一最高存有並不在綱目類屬概念之關係中。〕

〔**原註②**〕：關於不准我把這知之於人的知性歸給上帝，康德有註云：

這於此根源存有之對於世界之關係之表象並不含有絲毫的損失，只要當論及此概念之理論的〔知解的〕或實踐的後果時。要想去研究此根源存有之**內在而固具的本性**乃是一種無意義的好奇，其爲無意義即如閑著無聊那樣無意義。

(3)先驗判斷中並無「意見」之可言。正相反，先驗判斷能使我們去認知某物為完全確定的，或若不然，則它們便不能給我們以任何認知。但是縱使我們所由以開始的那些特定的證明根據或前題是經驗的，即如在現在之情形中自然目的便是經驗的，那些經驗的前題或根據也不能幫助我們去形成任何「越過感覺界」的東西之意見，而對於這樣輕率鹵莽的判斷，我們也不能承認其可有絲毫要求於「**概然**」。因為**概然**是一種可能的確定性之一「分數」〔之一「幾分之幾」〕，這一可能的確定性之「分數」是分布到一特殊的根據系列之全部的(在一系列內的可能性之根據是與確定性底充足根據相比對的，就像一部分之與一全體相比對)。在這裡，只是可能性之幾分之幾之不充分的根據必須能夠逐漸增益其力量直至增益到充分之點而可以成為完全的或絕對的確定性之根據為止。但是一特殊系列內的這些根據，由於它們是同一判斷底確定性之決定根據，是故它們亦必須是屬於同一層序的。因為若不然，則它們必不能聚在一起形成一級度(Größe = grade，不當譯為 quantum 或 magnitude)，即如確定性所是之級度。既必須屬同一層序，則便不能說：此一根據因素處於可能經驗範圍之內，而另一根據因素則處於一切可能經驗之外。結果，由於那些只是經驗的證明根據或前題並不能引至任何超感觸的東西，是故便沒有什麼東西能夠補充這樣一個經驗系列之不圓滿。因此，在企圖從這樣一些經驗的根據或前題去達到超感觸者，或超感觸者之知識，這方面，並沒有一點點「逐漸接近於超感觸者」之接近可以出現；而結果也就是說，沒有**概然性**可以進入一關於超感觸者之判斷中，當這類判斷只基於由經驗而引出的論據時。

466

(4)如果**任何東西**想充作一**假設**以便去說明一特定現象之可能

性，則至少那所說的**任何東西**其**可能性**必須是完全確實的。在一假設之情形中，當我們放棄**現實存在之知識**時，我們便已很夠讓步了。（在一「當作**概然者**而被提出」的**意見**中，那現實存在之知識是被肯定了的。可是在假設之情形中，此中並無現實存在之知識，是故說此中當我們放棄現實存在之知識時，我們已很夠讓步了。）過此以往，我們不能再有屈讓。至少我們所使之以為一說明之基礎的那個東西之可能性必不可再對之有所懷疑，非然者，對於腦筋之空洞的虛構必不會有止境以止之。但是，如果我們想去假定一「依照積極的概念而被規定」的**超感觸的存有**之**可能性**時，這必會是認事物為當然而卻沒有任何東西可據〔意即這必會是一完全無根的假設〕，因為〔此時，於那超感觸的存有〕，當論及那「依靠於直覺」的成素時，對〔此超感觸的存有之〕認知為必要的那些條件，其中沒有一個是被給與了的。因此，那剩下來以為「此〔超感觸的存有之〕可能性之判準」的那一切便只是**矛盾之原則**，此矛盾之原則只能證明**思想**之可能性，而並不能證明**思想之對象本身**之可能性。〔案：此時，此所假設的超感觸的存有只有**形式的可能性**，而無**真實的可能性**。〕

純淨的結果是如此，即：就那作神看的**根源存有之存在**而言，或就那當作一不滅的靈魂看的**心靈本體之存在**而言，要想從一理論的〔知解的〕觀點去得到任何證明以便去產生一點點**確信**，這對人類理性而言是絕對不可能的事。對於此點，茲有一完全可理解的理由，蓋因為我們沒有可採用的材料去**規定**〔或決定〕超感觸者之理念。何以沒有可採用的材料？蓋因為我們要想得到材料，我們一定要從感覺世界中之事物來取得，而這樣得到的材料之性格必使這材料完全不適合於超感觸的事物。因此，在一切**決定**之缺無中，我們只剩下一「含有感覺世界之終極根據」的**非感觸的某物**之概念。此則並不能構成此某物之**內在本性**之**認知**，這樣的認知就是那「必會擴張此某物之概念」的認知。

467 §91 經由一實踐的信仰而產生的確信或誠信之性格〔即其所產生的確信或誠信是何種意義的確信或誠信〕

如果我們只注意於「某物所依以能**對我們**而成爲一個知識之對象(res cognoscibilis)」的那**樣式**，即是說，只注意於某物依照**我們的表象力之主觀性格**而成爲一個知識之對象：如果是如此云云時，則在此情形中，我們並不是要把我們的概念和對象相比對，而是要把我們的概念和「我們的諸認知機能」以及「此諸認知機能從一理論的〔知解的〕觀點或從一實踐的觀點對於一特定表象所作的使用」相比對。這樣說來，「某物是否是一可認知物」之問題是一個「並不觸及事物本身底可能性」之問題，但只是一個「觸及我們之關於事物的知識之可能性」之問題。

可認知的事物有三種：(1)是屬於意見者(matters of opinion：opinabile)；(2)是屬於事實者(matters of fact：scibile)；(3)是屬於信仰者(matters of faith：mere credibile)。

(1)純然理性底理念之對象，由於在理論知識方面完全不能呈現於任何可能的經驗中，是故即在此限度內，它們也是一些全然不可知的東西，因而結果也就是說，我們甚至對於它們也不能**形成**一個意見。因爲「要想先驗地去形成一意見」，這在此辭語之字面上就是背理的，而且也是直通至「純粹腦筋之虛構」之通路。因此，或者我們的先驗命題是**確實的**，或者它根本不含有任何「使人確信」之成分。因此，意見之事總是那「至少本是可能的」**一種經驗知識之對象**。換言之，意見之事總是「屬於感覺世界」的一些對象，不過由於我們人類所有的經驗知識之**程度**正是如其**所實是者**那麼樣〔**低淺而且粗俗**〕，是故關於「意見之事」這樣的一些對象的**一種經驗知識**在**我們人類**方面倒反是不可能的。這樣說來，近代物理學家所說的「以太」（ether），這是一種「滲透一切實體物而且完全遍行於一切實體物」的有彈性的、伸縮自如的流體，這樣的「以太」正是一純然**意見之事**，不過它在一切方面也總屬這類的事，即：如果我們的外部感覺很敏銳，敏銳至於最高度，則那樣的「以太」終可被覺知，但事實上其呈現卻決不能是任何觀察或實驗之題材。「去假定其他星球上有有理性的居民存在」這也是一**意見之事**；因爲如果我們得以更接近於這些星球（這是可能的事）〔例如近來得登陸月球，康德時尚不曾有〕，經驗必會裁決有理性的居民究竟是否存在〔例如近登月球，得見荒涼得很，並無居民存在〕；但是由於我們將決不能得以更接近於那些星球，是故說那些星球上可有有理性的居民存在，這總仍然是一意見之事。但是「若想去懷有這意見，即：在物質宇宙中存有純粹無身體的思維精靈，這意見」，這卻只是純然的妄想。我的意思是說：假定我們從我們的注意中，如我們所應可，開除掉那些「冒充爲這樣的精靈」的某種現象，而去懷有這樣的精靈存在於物質的宇宙中，這只是純然妄想之事。這樣的一種想法畢竟不是一「意見之事」，但只是一純粹而單純的**理念**。這純粹而單純的理念是那當「我們從一思維的存有中拿掉那一切是物質的東西而猶讓其保有其思想」時所剩下來者。但 468

是，當我們拿掉一切物質的東西時，思想（即我們只於人身上所知的那思想，即是說，只在與一身體相連繫中所知的那思想）是否仍然還可保留下來，這是我們所不能去裁決的一種事。像這樣一種事只是一虛構的**邏輯物**（ens rationis ratiocinantis：a fictitious logical entity），而並不是**理性上的一個物**（ens rationis ratiocinatae：a rational entity＝entity of reason）。就理性上的一個物而言，去實化「其概念之客觀實在性」，至少依一在理性之**實踐使用**上為充分這充分之樣式，充分地去實化「其概念之客觀實在性」，這無論如何是可能的。因為理性之實踐使用有其特殊而必然地確定的先驗原則，有這樣先驗原則的**理性之實踐的使用**它事實上是**要求**並**設定**那個概念的〔即「理性上的一個物」之概念的〕。

⑵如若概念底客觀實在性能夠被證明，則對應此類概念的那對象便是屬「**事實之事**」①者（matters of fact：res facti）。所謂「概念底客觀實在性能夠被證明」，此中所謂「證明」可因著純粹理性而被供給，如若不然，則亦可因著經驗而被供給；而在因著純粹理性而被供給之情形中，證明可有兩種情形，即：它或是從理性之理論的〔知解的〕故實（根據data）因著純粹理性而被供給，或是從理性之實踐的故實〔根據〕因著純粹理性而被供給：但不管是那種情形，總之，那證明必須藉賴著「相應於概念」的**直覺**而被作成。屬「事實之事」之例證是幾何量度之數學的特性，因為這些數學特性對於理性之理論的〔知解的〕使用而言，承認有〔或允許有〕**先驗的呈現的**。又，凡能因著經驗（不管是一個人自己之私人的經驗或為證據所支持的經驗）而被證實的事物或事物之特性皆亦同樣屬「事實之事」。但有一可注意之點，此即：茲有一理性之理

念，說來很奇怪，它須被發見於「事實之事」中，可是這一個理念，以其自身而言，是並不允許有任何**直覺**中之**呈現**的，因而結果也就是說，是並不允許對於其可能性有任何**理論的〔知解的〕證明**的。這一個理性之理念即是**自由之理念**。此理念之實在性是一特種因果性之實在性（這一特種因果性之概念，如果理論地或知解地考量之，它必應是一超絕的概念），而由於它是一**特種因果性**，是故它允許有藉賴著純粹理性之實踐法則而來的**證實**，而且這證實亦即是發生於「服從實踐法則」的**諸現實行動**中的那種證實，因而結果也就是說，發生於**經驗**中的那種證實。在一切純粹理性之理念中，此自由之理念是唯一的一個「其對象是屬事實之事而且亦必須被包括在事實之事（scibilia）當中」的理念。

〔原註①〕：關於「事實之事」一詞，康德有註云：

在這裡，我把一「事實之事」之概念擴展至此詞之常用意義之外，我想這擴展是正當的。因為當我們說及事物之關聯於我們的認知機能時，把此詞之意義限制於現實之經驗，這並不是必要的，而且實在說來，亦並不是可實行的，因為我們只需一純然**可能的經驗**即足使我們去說及事物之為一**確定知識**之**對象**，除此以外，我們再不需要有別的。

(3)如下所說這樣的一些對象，即「如果純粹實踐理性之被使用是如義務之所命令者那樣而被使用（即依遵守義務之方式而被使用），則這些對象即必須先驗地或當作**後果**而被思或當作**根據**而被思，但若對理性之理論的〔知解的〕使用而言，則這些對象卻只是 469

超絕的」：這樣云云的一些對象，它們實只是純粹的「**信仰之事**」。純屬這樣的信仰之事者，**最高善**〔圓滿的善〕便是其中之一。這最高善須通過**自由**而被眞實化於世界中。像最高善這樣的概念，其**客觀實在性**是不能夠在任何「對我們爲可能」的**經驗**中去證明之的，證明之，因而結果可以去滿足理性之理論的〔知解的〕使用之所需要者：是決不能作到這一步的。雖作不到這一步，但同時我們卻被囑咐去使用**此**概念以便通過純粹實踐理性在最好可能的路數中去眞實化那個目的〔即最高善這個終極目的〕，因而結果也就是說，**此概念之可能性**必須被假定。此被命令的**結果**〔意即被實踐理性所命令的最高善這個結果〕連同「**此結果之可能性**所依以可爲我們所思議」的那唯一的兩條件，即「**上帝之存在**」與「**靈魂之不滅**」這兩條件，一起皆屬「**信仰之事**」(matters of faith：res fidei)而且這三者〔即最高善這個結果與同使其可能的那兩條件〕也是一切對象中唯一可如此名之者①因爲雖然我們須相信那「我們只能因著證言由他人底經驗而學得」的東西，可是這相信卻並不使那如此被信得過的東西自身成爲一「信仰之事」，因爲就那些證人之一而言，那被信得過的東西已是其個人的經驗，並且已屬「事實之事」，或說它須被假定是屬「事實之事」者。此外，「經由歷史的相信之路去達到知識」這必須是可能的；而歷史與地理底對象，一般言之，就像「我們的認知機能之本性所至少可使之成爲一可能的知識之主題」的那每一東西一樣，皆須被歸於「事實之事」之一類，而不能被歸於「**信仰之事**」之一類。那只有**純粹理性之對象**才能夠是「信仰之事」，而即使是如此，這些純粹理性之對象也必須不要簡單地只被看成是**純粹思辨理性之對象**；因爲這樣視之亦並不能使它們**確定地**被算作是「對我們爲可能」的那種知識之「物項」（Sachen）或「對象」。它們實只是一些理念，即只是一些理性之概念，這些理念或概念之客觀實在性乃是不能理論地〔知解地〕被保證者。另一方面，那要爲我們所實化的那**最高的終極目的**（此一最高的終極目的即是那能使我們自己亦值得成爲一世界本身即造化之**終極目的**者）乃是一個「在實踐之事中對我們而言有其客觀實在性」的**理念**，因而它亦是一個「**物**」或「**對象**」。但是因爲我們不能從一理論的〔知解的〕觀點去爲此一最高的終極目的之概念〔即圓善之概念〕獲得客觀的實在性，是故那最高的終極目的之爲一個**物**或**對象**只是純粹理性方面一純然**信仰之物**或**信仰之對象**，正如上帝存在與靈魂不滅之亦屬信仰之物〔或信仰之對象〕。上帝存在與靈魂不滅，由於我們人類的理性之構造〔本性〕，它們兩者是這唯一的條件，即我們只有在此兩條件下始能去思議那依照道德法則而成的自由之使用所呈現之**結果**〔即最高的終極目的最高善之結果〕之**可能性**。但是信仰之事中的**確信**是一種從一純粹實踐觀點而來的**確信**。它是一種道德的信仰，這道德的信仰它對純粹理性的知識之爲**理論的〔知解的〕知識**而言是不能有所證明的〔是不能證明什麼的〕，但只對純粹理性的知識之爲**實踐的知識**而且是「指向於純粹理性之責成〔義務〕之充盡」的知識而言始能有所證明。這道德的信仰既不能擴張〔我們的〕思辨，亦不能擴張那「因著自私之原則而被驅使以赴」的那種愼審之實踐的規律。如果一切道德法則之**最高原則〔即自由〕**是一設準，則此一設準即包含有此最高原則之**最高目標**〔圓善，終極目的〕**之可能性**，因而結果也就是說，那兩條件，即「我們在其下能夠去思議最高目標之可能性」的那兩條件

470

〔即上帝之存在與靈魂之不滅這兩條件〕，遂亦必同樣是**被設定了的**。如此所說，這並不使兩條件之認識可以當作一種理論的〔知解的〕知識而可成爲關於那兩條件底**存在**與**本性**的任何**知識**或任何**意見**；它但使那兩條件之認識成爲一**純然的假定**，這一純然的假定是被限於**實踐之事**的，而且是爲了我們的理性之道德的使用，而在實踐的興趣中**被命令著要有的**。

〔原註①〕：關於「信仰之事」，康德有註云：

成爲一「信仰之事」並非使一物成爲一「信條」(article of faith)，如果所謂「信條」，我們意謂其是這樣的「信仰之事」，即如「一個人不能不**內心地**或**外表地**去承認之，因而也是一種不能進入於自然的神學的」這樣的信仰之事：〔如果所謂信條是這樣意義的信仰之事，則上帝存在與靈魂不滅以及圓善等之成爲一「信仰之事」便不是可作這樣意義的「信條」看的信仰之事。〕因爲它們既是一〔不可作信條看的〕信仰之事，是故它們不能像「事實之事」那樣，須依靠於理論的〔知解的〕證明，而且因此，此中之**確信**亦是一**自由的**〔不受拘束的〕**確信**，而且亦惟由於是一自由的確信，所以它才是一種與**主體之道德性**相容的一種**確信**。

假定我們好像有理似的去使**自然目的**〔自然目的論所大量地置於我們眼前的那些目的〕成爲一睿智的世界原因之一決定性的概念之基礎，則此一存有〔即睿智的世界原因這一存有〕之存在必不會是一「信仰之事」。蓋因爲此時，既然由於這存有之存在並不是爲了我們的義務之履行而被假定，但只為了「說明自然」之目的而被假定，是故這存有之存在，簡單地說來，只應是一種**意見或假設**，這意見或假設乃是最適合於我們的理性者。現在，這所說的自然目的論無論如何並不足以引至一決定性的上帝之概念。正相反，一決定性的上帝之概念只能見之於世界底一個道德性的創造者之概念中，因為只有此道德性的世界創造者之概念始能指定出**終極目的**，而我們也能把我們自己繫屬於這**終極目的**，我們之把我們自己繫屬於這終極目的是只當我們依照那「道德法則所規定給我們以為**終極目的**」者而生活時始然，因而結果也就是說，是只當我們依照那「道德法則所置於我們身上以為一義務」者而生活時，始然。因此，那只有因著關聯於我們的**義務之目標**〔**終極目的**〕，〔把上帝〕視為是「使我們的義務之**終極目的**〔最高善〕為可能」的條件，那上帝之概念始能在我們的**確信**中獲得其算為一「**信仰之事**」之特權。另一方面，此上帝之概念並不能使**義務之目的**〔終極目的：最高善〕作為「**事實之事**」而有效，因為雖然義務〔本身〕之**必然性**對實踐理性而言是完全**坦然明白的**，然而義務之**終極目的之達到**，當其完全非我們**所能掌握**時，只是在理性之實踐的使用之興趣中被假定，因而也就是說，它並不像**義務本身**那樣是實踐地必然的①。 471

〔**原註①**〕：關此，康德有註云：

我們為道德法則所吩咐去追求的那**終極目的**〔最高善，圓滿的善〕並不是**義務之基礎**。因為義務之基礎處於道德法則中，而這道德法則，由於是一形式的實踐原則，是故它定然地在指導者，而無關於意欲機能之**對象**〔意志之**材料或內容**〕，因而結果也就是說，無關於任何**目的**，不管是什麼目的。我們的行動之此種形式的性格，即行動之隸屬於普遍有效性之原則，乃是完全存於**我們自己的力量之中**者，單只這樣的「**行動之形式的性格**」始構成行動之內在的道德價值；而我們也能完全很容易地去抽掉那些目的之可能性或其不可實行性〔不可達成性〕，而這些雖可能而不可達成的目的乃即是我們被迫著依照道德法則而義不容辭地去推動之者。我們何以能很容易地把這樣的一些目的抽掉呢？因爲它們只形成我們的行動之**外在價值**，而並非是構成我們的行動之**內在而固有的道德價值**者。這樣說來，我們之不把它們放在考慮之內，把它們視作那完全**不處於我們自己力量之內**者，乃是爲的去集中我們的注意力於那**處於我們自己手中**者〔即我們所能掌握者〕。但是話雖如此，那心中所懷有的對象或目標（即促進一切理性存有之**終極目的**，即是說，促進那與義務相一致的幸福這個目標）卻總是經由義務之法則而被置定於我們身上者。但是思辨理性無論如何卻並不能覺知或見到那個目標之可實行性〔可達成性〕，不管我們從我們自己之自然力量之立場來考慮之，抑或從外在自然之合作之立場來考慮之。正相反，只要我們關於此點能夠去形成一理性的判斷〔即能夠理性地作判斷〕則**思辨理性**若離開「上帝存在」之假定及「靈魂不滅」之假定，它必須把這希望，即「去希望純然的自然，內在的或外在的，將由這樣純自然的原因產生一『屬於我們的善行』的這樣一種純自然的結果即**幸福**之結果」之**希望**，視爲一無根而無謂的期望，雖然是一好意的期望；而如果**思辨理性**關於視該希望為無根無謂者之判斷之**眞理性**能有**完全的確定性**，則它必須要去把道德法則本身視為我們的理性之在實踐之事方面之一純然的虛妄或幻想。但是思辨理性完全使其自己相信「道德法則本身從未是一妄想」，而那些理念，即「其對象處在自然之外」的那些理念又很可被思而並無矛盾。因此，為理性自己之實踐法則以及為此法則所置定的任務之故，因而也就是說，在道德的關心方面，思辨理性必須承認那些**理念**須是**眞實的**，這樣，它庶可不至陷於自相矛盾中。

當作「一種態度」〔一種主觀之情之狀態〕看，而不是當作「一種外表的動作」看的**信仰**乃是理性之在其確信那「非理論的〔知解的〕知識所能及」的東西之**眞實不虛**中之**道德的態度**。因此，「**信仰**是心靈之一堅定不移的持久性的原則，依照此原則，那『必須必然地被預設以為最高終極目的之所以可能之條件』的那兩個物事〔即上帝存在與靈魂不滅這兩者〕是依考慮『我們**義不容辭地去追求那個目的**』之事實而被假定為眞」[①]，而且儘管我們不能洞見到那個目的之可能性（雖同樣亦不能洞見其不可能性），那兩者亦必須被假定為眞。**信仰**，依此詞之坦然明白的意義而言，即是一種目的之達到之**確信**〔信心〕，而去推進此目的便是一**義務**，但「此目的之達成」卻是「其可能性是我們所不能覺知」的一種事，因而結果也就是說，「我們所唯一思之以為此目的之達成之條件」的那種東西〔上帝存在與靈魂不滅〕之可能性也是我們所不能覺知到〔洞見到或理解到〕的一種事。這樣說來，那「涉及特殊對象」

472

的**信仰**完全是一**道德之事**，設若這些特殊對象並不是**可能知識**之對象或**意見**之對象。在可能知識之對象或意見之對象之情形中，尤其在歷史之事情中，設若說信，那信只是或眞或妄而易欺紿之輕信，此則必須被名曰「**易受欺紿之輕信**」(credulity：Leichtgläubigkeit)，而不得被名曰**信仰**(faith：Glaube)。那涉及特殊對象而完全是一道德之事的信仰是一種**自由的確信**(ein freies Fürwahrhalten)，這自由的確信不是**這種任何事**，即「理論的〔知解的〕決定性的判斷之獨斷的證明能爲之而被發見出」的**這種任何事之確信**，也不是那「我們視之爲一責成之事」者之**確信**，而但只是那東西，即「在我們依照自由之法則所置於我們自己面前的那一目的之興趣中所必須假定之」的**那東西之確信**。但這並非意謂：信仰，即當作自由的確信或誠信看的信仰，是在一不充分的根據上而被採用，就像一「意見」在一不充分的根據上而被形成一樣。正相反，它是「有一理性中之基礎」者(所謂「有一理性中之基礎」之理性乃是「只在關聯於其實踐的使用中」之理性)，而且它也是有一「可滿足理性之意圖」的基礎者。若無此種信仰，當道德的態度〔道德的思維路數〕與理論的〔知解的〕理性相衝擊而不能滿足理論的理性之要求——要求於道德底對象〔目標：圓善：終極目的〕底可能性之證明時，則那道德的態度〔道德的思維路數〕便喪失其一切穩定性，而搖擺於實踐的命令與理論的〔知解的〕懷疑之間。「要成爲不輕信的人」就是要忠於「不信賴任何證言」這一格言者；但是一無信仰的人他否決上說兩理性理念〔上帝存在與靈魂不滅這兩理念〕之一切妥效性，因爲那兩理性底理念之實在性並無理論的〔知解的〕基礎。因此，這樣無信仰的人遂獨斷地作判斷而否認之。但是一獨斷的「無信仰」不能與那「管轄心靈態度」的**道德格言**相平行，因爲理性不能命令一個人去追求一個「被認爲一無所有只不過腦筋之一虛構」的〔終極〕目的。但是若就一**可疑的信仰**（a doubtful faith：Zweifelglaube 雜有懷疑的信仰）而言，則情形就不同。因爲就「可疑的信仰」而言，從思辨理性之根據而來的「**信服之缺無**」只是一種障礙，這一種障礙乃是這樣的，即：若對於思辨理性這一機能之範圍或限度有一批判的洞見，則這批判的洞見便可把這種障礙對於行爲所有的任何影響剝奪掉，而且它也可因著一高度的**實踐的確信〔誠信〕**而對這種障礙作種種修改或改正。 473

〔原註①〕：關於「信仰是心靈之一堅定不移的持久性的原則云云」一長句，康德有註云：

信仰是道德法則底**許諾**中的一種**信任**。不過這所謂「**許諾**」不可被視爲是包含在道德法則本身中的一種許諾，但只可被視爲是「我們把它輸入於道德法則中」的一種許諾，而且我們之把它輸入於道德法則中是依據道德地充足根據而爲之。因爲一**終極目的**，除理性亦**許諾**其可達到（雖以不確定之聲調許諾之）並同時使關於「我們的理性所能想像的這可達到性所依以可能」的那唯一條件之**確信**爲合法外，它不能爲任何理性之法則所命令。「**信仰**」這個字即表示以上所說之義；而「信仰一詞以及終極目的或最高善這一特殊的理念如何在道德哲學中可得到一地位」，這似乎是可疑的，因爲它們兩者是首先和基督教一起被介紹進來的，而且它們之被接受或許似乎只是基督教底語言之一諂媚的摹倣。但是,「此一奇異的宗教在其陳述之偉大的單純性中以更確定而且更純粹的道德學之概念(即比**道德學本身**①以前所曾供給者更遠爲確定而且更遠爲純粹的道德學之概念)來豐富哲學」這層意思並不是單在「信仰一詞以及終極目的之理念之在道德哲學中得到一地位」這一情形中爲然,即是說,這一情形並不是「此奇異的宗教於其中以某某云云來豐富哲學」之唯一的情形,但是,〔不管怎樣,〕一旦這些更確定、更純粹的道德概念被發見了,則它們即自由地爲理性所贊許,理性把它們當作如下所說這樣的一些概念而採用之,即:理性很能夠**卽由其自己**而很好地達到這些概念,而且它亦**可以**並**應當**去把這些概念引介出來〔案:意即理性很可把這些概念當作其自身固有之概念而採用之,它們並非是宗教語言之一諂媚的摹倣。〕

〔**譯註①**〕:

案:「道德學本身」,原文是"diese"(代詞)。第一英譯,Bernand 譯爲"it",似指「哲學」言;而第三英譯 Pluhar 即明標爲「哲學」,恐非。此第二英譯,Meredith 明標爲「道德學本身」,較妥。

如果我們想去更換哲學中某些錯誤的企圖而取代之,並且想去引介出一另樣不同的原則並想去爲此另樣不同的原則而得到影響力,則去看看那些錯誤的企圖如何並爲何注定要失敗,這是可以有很大的滿足或助益的。

上帝、自由以及靈魂不滅是這樣的一些問題，即此等問題之解決是形上學底一切**辛勞的預備**之所指向者，指向之以為這些辛勞的預備之最後而獨特的目標。現在，人們相信：關於「自由」之主張，其為必要只是對實踐哲學作為一**消極的條件**而為必要，而關於「上帝」之主張以及關於「靈魂底本性」之主張，由於是**理論的**〔**知解的**〕**哲學**之部分，則須獨立地而且各別地被證明。證明以後，上帝與靈魂不滅這兩概念中之任一概念皆須與道德法則（只有依據自由之條件才可能的那道德法則）所命令者相聯合，而一宗教也即依此路而被達成。但是我們即刻覺察到**這樣的企圖**是注定要失敗的。因為從「**事物一般**」之單純的存有論的概念，或從「**一必然存有底存在**」之單純的存有論的概念，我們絕對不能形成這樣一個根源存有之概念，即此根源存有之概念可經由那些「被給與於經驗中因而又有利於認知」的諸謂詞而被決定：我們絕不能形成這樣的一個根源存有之概念。但是，如果這根源存有之概念一定要基於自然之**物理的合目的性**〔即自然事物之**自然的合目的性**〕之經驗上，則這根源存有之概念轉而又決不能提供一證明以適當於道德，因而結果也就是說，決不能提供一證明以適當於關於上帝之認知。此正恰如從經驗而汲得的關於靈魂之知識（我們只能得之於今生）很少能夠供給出「靈魂之精神的本性與不滅的本性」之概念，因而結果也就是說，很少能夠供給出一個「滿足道德」的概念。神學與靈魂學（pneumatology）〔之問題〕，若視之為在經由一思辨理性所追求的學問之興趣中所形成的問題，則此兩門學問在其概念或函義方面，對一切我們的知識之機能而言，皆是**超絕的**，因此，此兩門學問皆不能藉賴著任何**經驗與料**或**經驗謂詞**而被建立。上帝與靈魂

（就其不滅性而言的靈魂）這兩個概念只能夠藉賴著如下所說那樣的謂詞而被規定，即這些謂詞雖然它們自己完全從一「**超感觸的根源**」而引生出其可能性，然而它們卻必須在經驗中證明其實在性，因為此是「它們能使一完全**超感觸的存有之認知**為可能」所依靠的唯一途徑。現在，那「須在人類理性中被發見」的那唯一的一個此類之概念〔案：即規定上帝與靈魂不滅兩概念的諸謂詞所由以引生出的那「超感觸的根源」一類之概念〕便就是**人之自由之概念**，即「服從**道德法則**而又在與道德法則相結合中服從**終極目的**〔即自由藉賴著這些法則所規定的終極目的〕」的那人之自由之概念。這些道德法則以及此終極目的使我們能夠把那些**特性**，即「含有〔**上帝一概念與靈魂一概念**〕**這兩者底可能性**之必要條件」的那些特性中之**前者之特性**，即「含有上帝一概念底可能性之必要條件」的特性〔即**道德性**〕，歸給**自然之創造者**，而把其中**後者之特性**，即「含有靈魂一概念底可能性之必要條件」的特性〔即**靈魂不滅性**〕，歸給人。這樣，只有由此**自由之理念**，我們始能涉及「上帝之真實存在」以及靈魂之本性即不滅性，非然者，上帝以及不滅的靈魂這兩個存有〔超感觸的存有〕必會完全被隱藏起來而不為我們所知。

474

因此，「企圖因著純然理論的〔知解的〕路線去達至上帝存在之證明與靈魂不滅之證明」這種企圖之失敗之根源是存於這事實，即：如果我們遵循自然概念之途徑去進行，則根本沒有超感觸者之知識是可能的。另一方面，當我們遵循道德之途徑，即是說，遵循自由概念之途徑，則證明所以成功之理由是因為由那「在道德中是根本的東西」的這超感觸者〔即如自由之理念便是超感觸者〕可以發出一確定的〔特種〕因果性之法則之故。藉賴著此特種因果性之法則，那超感觸者〔即自由之理念〕不只是爲**其他超感觸者**之知識供給材料，即是說，爲「道德的**終極目的**〔**圓滿的善**〕」之知識以及爲「此終極目的之可實行性〔可達成性〕之**條件**〔**即上帝存在與靈魂不滅**〕」之知識供給材料，而且它亦在行動中把其自己之**實在性**當作一「事實之事」而實化之。但是，即以此故，那亦不可能不由一**實踐的觀點**去〔爲上帝存在與靈魂不滅之證明〕供給有效的證據，而那實踐的觀點也正是宗教所需要的唯一的一個觀點。

「茲總尙有一事是十分可注意者」①，即：純粹理性有三個理念，此即上帝、自由與靈魂不滅是；在此三個理念中，**自由之理念**是唯一的一個有如下所說之特性那樣的一個超感觸者之概念，即：此一超感觸者之概念，由於它所函蘊的因果性之故，它經由其**自然**中可能的結果來證明其**自然**中客觀的實在性：自由之理念是唯一的一個有如此云云之特性這樣的一個超感觸者之概念。正因如此，那自由之理念遂使「其他兩個理念〔上帝與靈魂不滅兩理念〕與自然相連繫」爲可能，並亦使「此三個理念相互連繫起來以去形成一宗教」爲可能。這樣說來，我們自己自身內即具有一原則，此所具有之原則能夠決定**在我們自身內**的**超感觸者之理念**〔**即自由之理念**〕，而且即依我們自身內的超感觸者之理念，它復亦能夠決定**我們自身以外**的**超感觸者之理念**〔**即上帝之理念與靈魂不滅之理念**〕，這樣決定了，便可去構成一種知識，可是這所構成的一種知識只有從一**實踐的觀點**來看，它才是可能的。關於此事，純然的思辨哲學，即，甚至對於自由也只能給出一消極的概念，這樣的**純然思辨的哲學**，必須對之要絕望。結果，自由之概念，由於是一切不受制約的〔無條件的〕實踐法則之基礎概念，是故它能擴展理性，使理性超出**這範圍**，即「每一**自然概念**或**理論的**〔**知解的**〕**概念**仍然無望地所必須限制到之」的**那範圍**之外。

〔**譯註①**〕：

此依原文直譯。若依 Meredith 譯則如此：「在此全局之事所處之狀況中，茲有一事是十分可注意者。」

⊙ 619

關於目的論之一般註說 475

〔通註上帝存在之諸種證明，最後歸於道德的證明，成一道德的神學〕

道德的論證只證明「上帝之存在」是實踐的純粹理性上的「信仰之事」。如果我們問「此道德的論證該當如何與哲學中的其他論證相比併」，則這些其他論證之全部本錢之價值必可很容易地被評估。評估之結果是：在這裏，我們並無選擇之餘地，但只成這樣的，即：哲學，依其**理論的〔知解的〕**能力而言的哲學，它必須在面對公正無私的批判中自動地放棄其一切要求〔——「要求於那些理論的（知解的）論證」之要求〕。

哲學必須首先依據那屬「**事實之事**」者置下一切確信之基礎，要不然，那確信必會是完全無基礎的。因此，那「能發生於諸證明中」的唯一差異是這一點上，即：在由此「事實之事」而推出的後果中之**確信**是否是依理論的〔知解的〕認知上之**知識之形式**而基於「事實之事」，抑或是依實踐的認知上之**信仰之形式**而基於「事實之事」。一切「事實之事」或是屬於**自然之概念**，此自然之概念乃是「在那些『先於一切自然之概念而被給與或可被給與』的**感取之對象**中證明其實在性」的那種自然之概念；要不然，則或是屬於**自由之概念**，此自由之概念可因著**理性之因果性**而充分地實化其實在性，此理性之因果性即是那「關於感取世界中的某些結果方面」的一種因果性(所謂某些結果乃即是藉賴著那理性之因果性而可能的那些結果),這一種**理性之因果性**乃是「理性在道德法則中不可爭辯也要設定之」的一種因果性〔案:此即**意志之因果性**〕。現在,自然之概念(即「只屬於理論的或知解的認知」的自然之概念),它或是**形而上學的**而且完全是**先驗的自然之概念;或是物理的自然之概念**,此是後天的自然之概念,而且是「必然地只因著決定性的經驗而始爲可思議的」這樣的自然之概念。因此,形而上學的自然之概念〔即那「不須預設任何決定性的經驗」的自然之概念〕即是「存有論的自然之概念」。

現在,由一根源存有之概念而引出的「上帝存在」之**存有論的證明**可以取兩路線中任一路線而進行。它可以僅由那些「能使根源存有可以完全在思想中被規定」的諸存有論的謂詞開始,然後再由此等存有論的謂詞推斷此**根源存有**之絕對必然的存在。若不如此,它也可以由任何某物或他物底存在之絕對必然性開始,然後再由此某物或他物底存在之絕對必然性推斷那**根源存有**之諸謂述詞。因爲一根源的存有經由**本身之概念**(這樣它便可不是一被推出的存有)即可函蘊其存在之無條件的必然性(這樣這必然性便可被程式於心中而可爲我們所思議)並亦即可函蘊其完全經由其本身之概念而來的決定。現在,上面所說的那兩種需要〔案:即存有論地證明「上帝存在」需要兩路線之需要〕皆被設想爲須被發現於「一最高無比的眞實存有之存有論的理念」這一概念中。這樣,遂出現兩個形而上的論證〔案:即「存有論的論證」與「宇宙論的論證」這兩個論證〕。

那「基於自然之純粹形上的概念上」的證明(嚴格言之,此即

普遍所謂**存有論的證明**）是從**最高無比地眞實的存有之概念**開始 476
的，而且即由此概念來推斷此最高無比地眞實的存有之絕對必然的**眞實存在**，因而此論證遂是這樣的，即：倘若此最高眞實的存有不存在，則它必缺少一個**實在性**，即是說，必缺少一個**眞實的存在**之存在性。

另一種普通所謂「**形上宇宙論的證明**」（metaphysico-cosmological proof）則是由某物或他物底眞實存在之必然性開始（此則好像我必須一定要承認之，因爲有一種存在是在我自己的自我意識中被給與於我的），而即由此某物或他物底眞實存在之必然性而推斷出那**最高存有**或**根源存有**之**完整的決定**以爲一最高無比的眞實存有。因爲如所辯說的那樣，雖然凡有眞實存在的東西皆須在一切方面都是被決定了的，可是那絕對必然的東西，即是說，「我們須如其爲絕對必然者那樣而去認知之」的那個東西，因而結果也就是說，「我們須先驗地去認知之」的那個東西，卻必須即經由**其概念之自身**而完整地被決定；但是這樣的完整的決定只能在一最高無比的眞實存有之概念中被發見。

以上兩種證明之推斷中的詭辯並不須在這裏被揭露，因爲在別處早已被揭露過。〔案：即《純粹理性之批判·辯證部》關於上帝存在之證明處早已一一檢討過。〕現在在這裏一切我需要去說的便是：設讓這些證明以你所願的種種辯證的微妙去維護之，它們也從未能從學園中下降而可以進入於日常生活中，或能夠去散發絲毫影響力於平常健全的智力〔或知解〕上。

〔又〕我們〔亦〕可把一種證明基於這樣一個「自然之概念」上，即：此一自然之概念雖只能是經驗的，然而它卻猶想引我們去超出那「作爲感取對象之綜集」的自然之範圍之外。那「基於這樣一個自然之概念上」的一種證明只能是由「自然之目的」而引生出的一個證明。雖然自然目的之概念，無疑，不能先驗地被給與，但只能通過經驗而被給與，然而這一證明卻許諾「自然之根源的根據」這樣一個概念是我們所能思議的一切那些自然之根源的根據之概念中唯一的一個專屬**超感觸者**之概念，即是說，是那當作世界之原因看的一個**最高睿智體之概念**。而事實上，就反省判斷力之原則而論，即是說，就我們人類的認知機能〔能力〕而論，這一證明亦確實能作到此一步。但是現在，這一證明亦豈能把這樣一個概念，即「一最高的或獨立的睿智存有之概念當其進而復被理解爲一**上帝之概念**時，即是說，當其進而復被理解爲一**服從道德法則**的**世界創造者之概念**時，因而也就是說，當其進而復被理解爲對世界底存在之一**終極目的之理念**而言亦是充分地確定的一個概念時」，這樣一個概念，給與於我們嗎？這問題乃是這樣一個「一切事皆依之而轉」的問題，即：我們是否爲了我們的**全部自然知識之故**而去尋求一理論地〔知解地〕足夠的根源存有之概念呢？抑或是爲了**宗教**之故而去尋求一實踐的概念呢？

此一由「自然的目的論」而引生出的論證是很值得尊敬的。就說服力而言，論證之訴諸常人之睿智同於其訴諸最精緻的思想家；而萊瑪露斯（Reimarus）則因著努力於此種思想之路線而贏得一不477 朽的榮譽（他在其尚無人能超過之的作品中以其特有的深度與清晰來從事於此種思想之路線）。但是此證明所散發於**心靈**上的那種有力的影響力，特別所散發於「由理性之冷靜的判斷而發生」的一種「安然而完全自願的**同意**」上的那種有力的影響力，其根源是什麼呢？因爲那因著自然之諸般奇異的東西而產生的心靈之激動與升高很可歸之於**誘勸**（persuasion），而不足以算作**使人信服**。那麼那種散發於心靈上，散發於「安然而完全自願的同意」上的那有力的影響力，其**根源**究竟是什麼呢？諸自然之目的一切皆指點到世界原因中一不可測度的睿智：那有力的影響力之根源是這樣云云的**自然之目的**嗎？決不是！諸自然之目的必應是一不充分的根源，因爲它們不能滿足理性底需要或一探究的心靈之需要。因爲理性問：一切那些展示種種技巧形式〔種種巧妙形式〕的自然事物其存在是爲什麼目的而存在呢？並問：人自己究竟爲什麼目的而存在呢？考慮到人，我們不可免地要停止，因爲人是我們所能思議的「自然之**末後一級**的目的」〔佛家所謂人身難得〕。理性問：這樣意義的人其自己究爲什麼目的而存在呢？並問：此全部自然爲什麼要存在呢？而此全部自然之豐富而千變萬化的技巧之**終極目的**又是什麼呢？若提議說：那是爲著享樂，爲著被注視、被通覽、被讚賞，而被造成（事情若終於此，那亦不過等於一特種享樂而已），儼若享樂就是世界以及人本身存在在那裡之**末後**而又**終極**的目的：若只這樣說，這並不能滿足理性。因爲**個人的價值**（人只能把此個人的價值給與於其自己）是爲理性所預設的，預設之以爲這唯一的條件，即單依據此唯一的條件，人以及人的存在始能成爲一**終極目的**。在此個人的價值不存在之情形中（單只此個人的價值許有一確定的概念），光只**自然之目的**並不能處理〔滿意地回應〕我們的問題〔即上面理性所探問的那些問題〕。特別言之，光只這些自然目的，它們對於那當作**一切皆足的存有**看的**最高存有**（而亦正因其爲一切皆足的存有之故，是故遂可說它是一個獨特的而又最恰當地言之是一個最高的存有：對於這樣云云的**最高存有**)，不能供給任何**確定的概念**，而且對於這樣的**法則**，即「依照這些法則，那最高存有底睿智始是世界之原因」，這樣的**法則**，它們亦不能供給任何**確定的概念**。

因此，「自然目的論的證明之產生確信正恰如它亦是一神學的證明」這一層意思並不是由於「自然目的之使用，使用之以爲一最高睿智體之如許經驗的證據」而然。正相反，那正是這**道德的證據**它暗中滲進這證明之推理過程，這所滲進或混進之道德的證據乃正是那處於每一人之心靈中而且深深地影響每一人之心靈者。一個人並不能停止於這樣的存有，即「在自然之目的中以如此不可理解的技巧而顯示其自己」這樣的存有處，他須進而再去把一**終極目的**，因而結果也就是說，把**智慧**歸給此存有，然而光只這樣的自然目的之覺知並不能使人有資格去把一終極目的或智慧歸給那存有。這樣說來，這暗中混進的道德證據乃是關於自然目的論的證明之內在而固有的缺陷中之隨意補充的東西。因此，那實是只有道德的證明它才能產生一確信，而且就是這道德的證明之產生一確信也只是從「每一人在其心靈深處所同意」的那道德考慮之觀點來看才是如此。自然目的論的證明之唯一的功績是如此，即：它引導心靈在其通覽世界中去取用目的之途徑，並且即依此路數，它把心靈指引到一個睿智的「世界之創造者」。如是，在此點上，「道德的關涉於目的」以及「一道德的**立法者**與道德的**世界之創造者**」之理念，依一神學概念之形式而言者，好像完全自然地**從自然目的論的證據**中生長出一樣，雖然事實上，它們實純然只是一**外加**。

478

在這裏，這件事可以讓其停止於問題之通常的陳述。因爲當通常的健全的理性混融了兩個不同的原則而不分，而事實上實只從其中之一原則而引出其正確的結論時，則一般說來，它可以見到：如果此兩原則之分離需要很大的反省時，則「去把它們當作異質的原則而使之彼此分離開」這必應是困難的事。但是，此外，上帝存在之**道德的論證**，嚴格言之，並不只是**補充**自然目的論的證明以使其爲一完整的證明。它反而倒是一**另一不同的證明**，此另一不同的證明**補償了**「自然目的論的證明之想令人信服」之失敗。因爲自然目的論的論證其所能爲者事實上實不過只是在理性之評估自然中，以及在此自然之偶然而可讚美的秩序中（那只通過經驗而被知於我們的那可讚美的秩序中），指導理性，並且把理性之注意引導到一個「依照目的而動作，而且即如其爲依照目的而動作，因而亦是自然之根源」這麼一個原因上，對於這樣一個原因，我們因著我們的認知機能之本性必須思議之爲**睿智的**，而即在此路數中，它可以使理性**更易感受**到**道德證明之力量**。因爲那作爲「自然之根源」的那原因之概念所需要的那東西〔即所需要的那「**道德的**」一特性，在「睿智的」一特性外再加上「道德的」一特性，這所加的「道德的」一特性〕是本質上如此之不同於那「在自然概念中被發見而且在自然概念中被教導」的任何東西，如是，遂至於那原因之概念需要有一**特別的前提**與**證明**，這一特別的前提與證明乃是完全獨立不依於那自然目的論的證明者，此即是說，如果那根源存有之概念須特別規定之爲對於**神學**爲足夠者，而且對於那根源的存有之**被推斷的存在**亦爲足夠者，則那原因之概念即需要有一「完全獨立不依於自然目的論的證明」之一特別的前提與證明（即需要有一道德的證明以及此證明之根據）。道德的證明之證明上帝之存在當然是只當我們考慮理性之**實踐面**因而亦是不可少的一面時，它才能證明上帝之存在。因此，這樣的**道德的證明**，縱使我們在世界中碰不到自然目的論之材料，或只碰見自然目的論之模糊不顯的材料，它亦必仍然**繼續保有其全力**。我們能想像諸理性的存有〔如人類〕見其自己是處於這樣一種自然中，即此自然並不表明有機組織之痕跡，但只表明粗糙生硬的物質之一純然機械作用之結果；既見其自己處於這樣一種自然中，如是隨之，又去注意那些機械作用之結果，並去注意某些只是偶然地合目的的「形式與關係」之可變性〔即形式與關係之時而合目的又時而不合目的〕；既這樣見其自己，又這樣去注

479 意，如是，則我們必無理由去推斷一睿智的創造者。在這樣一種自然中，必不會有什麼東西足以去暗示一自然的目的論。可是雖然如此，然而理性，當其在這裏不能從**自然之概念**得到任何教導時，它猶可在**自由之概念**中，以及在基於自由之概念而來的**諸道德理念**中，去找到一個實踐上足夠的根據，由此實踐上足夠的根據，我們便可**去設定**根源存有之概念爲適當於那些道德理念者，即是說，設定這根源存有之概念爲一「神體」；不特此也，並可由此實踐上足夠的根據去設定「自然」(甚至亦包括我們自己的存在在內的那自然，〔實即設定**我們自己的存在**〕)爲一**終極目的**以回應自由以及自由之法則〔即自由意志所自立之法則〕：而我們之如此設定皆是在考慮實踐理性之不可缺少的命令中而爲之。但是，「在現實世界中，有**自然目的論**方面的**大量的材料**存在著以滿足此現實世界中的理性存有如人類」這一事實(雖不是一先行地必然的事)實可充作道德論證之一**可欲的證實**，只要當大自然能給出或顯示出**任何事**而可類比於**理性之理念**(在此情形中即**道德的理念**)時。因爲一「具有睿智」的最高存有之概念(此一概念對神學而言很不足夠〔因只

有睿智性而無**道德性**故〕）可以因著那辦法〔即「大量自然目的論的材料可充作道德的論證之可欲的證實」之辦法〕而獲得其「**對反省判斷力**而言為足夠」的**實在性**。但是此一「具有睿智」的最高存有之概念並不是所需要以為「**道德的證明」之基礎**者；而道德的證明亦不能被用來**去完整起自然目的論的證明**（此自然目的論的證明其自身實不能指點到**道德性**），而且它亦不能被用來去使**自然目的論的證明**，因著「把那『基於同一基本路線上』〔「基於一單一的原則上」〕的**推理行列連續進行下去**」之辦法，而成為一個**完整的證明**。像**自然**與**自由**這樣不同的兩個**異質的原則**只能產生兩種不同的**證明路線**，而「想從**自然**去引生出所要討論的證明〔即上帝存在之證明〕」這想法將見對那所欲被證明者而言是很不足夠的。

如果自然目的論的論證之前提對於所欲求的證明眞是足夠的，則結果必會使思辨理性甚感滿意。因為那些前提必應可供給一種希望以去產生一種「**知神學**」（theosophy： Theosophie）。所謂「知神學」就是關於「神的本性以及其存在」的一種「**理論的〔知解的〕知識**」之名稱，這一種理論的〔知解的〕知識足以使我們去說明世界底構造本性以及道德法則之「特別的範圍」（**道德法則之定分** die Bestimmung der sittlichen Gesetze）。同樣，如果〔理性的〕心理學足以使我們去達到一種「靈魂不滅之知識」，則它必會打開**靈魂學**（氣靈學或精靈學 pneumatology）之門而使之為可能，而這一種靈魂學亦必同樣可為理性所接受。但是不管你怎樣去奉承一種無謂的好奇心之虛榮，那兩種學問，即**知神學**與**靈魂學**，皆不能滿足理性在關於**理論**或**學說**方面之欲求，因為所謂**學說**或**理論**（theory）必須是基於「事物底本性之知識」上的。但是當那兩種學問皆基於道德的原則上，即是說，皆基於自由之原則上，因而亦皆適宜於**理性之實踐的使用**時，則它們兩者，**知神學**依神學（theology）之形式而言〔意即作爲神學〕，而**靈魂學**則依人類學（anthropology）之形式而言〔意即作爲人類學〕，是否不更可滿足此兩門學問之**最後的客觀意圖**，這便完全是另一不同之問題，而
480 對於這另一不同之問題，我們在這裡無須再進而更去論究之。

但是「自然目的論的論證何以不能達到那神學之所需」之理由是如此，即：此論證實不曾而且亦不能給出任何根源存有之概念對那神學之所需爲足夠地確定的。這樣一個根源存有之概念須完全從另一地區而引生出，或至少你必須從別處因著那是一**隨便增加者**而去補充這概念之缺陷。你從種種自然形態以及此種種自然形態之各種關係之偉大的**合目的性**來推斷一**睿智的**「世界原因」。但是此**睿智之程度**是什麼呢？顯然你不能假定說它是**最高可能的**睿智；因爲你若想這樣去假定，你必須要去看到：「一種更大的睿智，即此『你對之在世界中見有證據』的睿智爲更大，這樣一種更大的睿智是不可思議的」，而你之要去看到這一層這必意謂你想把「無所不知」歸給你自己。同樣，你可以從「世界之大」〔世界之量度〕推斷世界之創造者方面的一個十分偉大的力量。但是你要承認：這所謂十分偉大的力量之「偉大」對你的理解力而言只有比較的意義，同時你也要承認：**因爲**凡一切皆可能的東西，你不能皆知之，知之以便把它們拿來和那被知於你的「世界之量度」相比較，**是故**你不能從如此之小的一個世界量度之標準去推斷世界之創造者之「無所不能」。其他等等皆然。現在，此即表示這並不能把你帶到一個「適合於一神學」的根源存有之任何的〔決定的〕概念。因爲那

「適合於神學」的根源存有之確定概念〔決定概念〕只能見之於那些「與一睿智體〔一知性〕相聯合」的諸圓滿物底綜體之思想中，而對此綜體之思想而言，只**經驗的故實**（data）並不能給與你任何幫助。但是你若離開了這樣一個**決定性的概念**，你便不能作任何推理去推斷一**唯一的睿智的根源存有**；不管你的意圖怎麼樣，你只能作假定，假定這樣一個存有。現在，確然無疑，你自可很容易有自由去作一「隨意的增益」（因爲理性不能提出有效的反對不准你有這樣的自由），你有了這樣的自由，你便可說：當一個人遇見如許多的圓滿時，一個人也同樣可以假定一切圓滿皆可被聯合統一於一獨特的世界原因中；因爲理性實能夠把這樣一個確定性的原則既理論地〔知解地〕又實踐地**轉到**較好的利用。但是那樣轉用了後，你並不能把此根源存有之概念頌揚爲一個「你已把它證明了」的概念，因爲你只在理性之一較好的使用之興趣中假定了它。因此，爲了對於你的推理連鎖之終局性〔說服力〕投擲一懷疑，你便覺得有什麼了不起的嚴重冒犯之罪，爲了這設想的嚴重冒犯之罪，你便有哀傷或憤怒，你這一切〔多情的〕哀傷或無力的憤怒都只不過是無謂的自負或裝模作樣的做作而已。這些哀傷或憤怒必會深願我們相信：那關於「你的論證之有效性」的自由地表示了的懷疑是對於神聖的眞理發疑問；既深願我們這樣相信，如是，則在此相信之遮蓋下，你的論證之弱點便可被掩護過去而不爲我們所注意。

另一方面，道德的目的論之基礎並不比自然的目的論之基礎爲更弱，而事實上，由於它先驗地基於那些「與我們的理性不可分離」的原則上，是故它定須被視爲是處於一較好的地位中。像如此云云的**道德的目的論**，它可以引至一神學底可能性之所需要者，即 481

是說，它可以引至一個**確定的最高原因**之概念，這所謂確定的最高原因乃即是那當作一個「和道德法則相一致」的**世界原因**來看者，因而結果也就是說，它是可以當作一個「滿足我們的道德的終極目的」這樣一個**原因**來看者。現在，這如此云云的原因乃即是這樣一個原因，即其所需要之以爲「足以特徵化其作用」的那些**天然屬性**〔意即「作爲其本性之特徵」的那些屬性〕沒有什麼東西可以低次於無所不知、無所不能、無所不在……等等者。這些作爲其本性之特徵的天然屬性必須被思爲是「連接於那有無限性的**道德的終極目的**」的一些屬性，因而結果也就是說，它們必須被思爲是「足夠於或適當於那道德的終極目的」的一些屬性。這樣說來，唯道德的目的論始能供給那「適合於一神學」的**一個獨特的世界底創造者**之概念。

依此路數，神學也直接引至宗教，即是說，直接引至「確認我們的義務爲神的命令」之確認。因爲那只有「我們的義務之確認以及我們的義務之內容(即理性所吩咐給我們的那終極目的)之確認」才能夠去產生一確定的上帝之概念。因此，此一確定的上帝之概念從其根源上即不可分離地與「吾人之對上帝之義務」〔不同於對人之義務者〕相連繫的。另一面，縱使假定：因著追踪理論的〔知解的〕途徑，一個人能夠達到一確定的根源存有，即作爲單純的**世界之原因**這樣的一個確定的根源存有之概念，然而此後他亦必很難去有效地證明此一根源存有得具有其依照**道德法則**而成的**因果性**，而且或許設若他不訴諸隨意的增益，他亦根本不可能證明到此一根源存有得具有此種因果性。但是，如果這樣一種因果性之概念被略去了，則那個**所謂**神學的概念(jener **angeblich** theologische

Begriff）必不能形成一基礎以支持宗教。縱使一個宗教能依此等理論的〔知解的〕路線而被建立，可是在那「接觸到意向或情操」的東西中（此是宗教中本質的成素），依理論之路而建立起的宗教亦必實際上是一個「不可於那『於其中上帝之概念以及上帝存在之實踐的確信是由根本的道德性之理念而發者』這樣的宗教」之宗教。因爲**如果**世界創造者方面的全能、全知等是一些「從另一地區而給與於我們」的概念〔而不是從基本的道德性之理性而發者〕，而且既這樣，**又如果**我們把這些概念視爲當然，其被視爲當然只是爲的如是視之，我們便可以把我們的義務之概念應用於我們之對於這樣的創世主之關係上；**如果**是如此云云，則這些義務之概念必不可免地要顯示出強烈的被迫與迫降之跡象〔案：意即完全是被動的〕。可是如果不是這樣，則另一可能又怎樣呢？如果我們的眞正存有（我們的**天職，分定** Bestimmung）之**終極目的**是自由地，而且是藉賴著我們自己理性之箴言，因著對於道德法則之尊敬，而被描畫出來〔被表象出來〕，則又怎樣呢？既那樣被描畫出來〔被表象出來〕，如是，則我們便可把一個「與那終極目的相諧和並與那終極目的之完成相諧和」的〔最高〕**原因**接納於我們的道德遠景中，而 482 且我們是以**最深的敬意**來接納那〔最高〕**原因**於道德遠景中（這最深的敬意是完全不同於感性的不健全的**病態恐懼**的），而且我們亦**自願地**在那〔最高〕**原因**面前屈膝鞠躬[①]。

〔**原註①**〕：康德在此有註云：

對於「美」的讚美以及因著千變萬化的「自然目的」而引起的激情，這種**讚美**與**激情**是一反省的〔沈思的〕心靈所能感到之者，即在一睿智的世界底創作者之任何清晰的表象之前即能去感到之者〔意即對於睿智的世界底創造者未有清晰的表象以前，反省的心靈即能感到對於美之讚美以及那由千變萬物的自然之目的而引起的激情〕。這種讚美與激情對於「美」與「自然之目的」有某種「類似於一**宗教之情**」的東西。因此，「美」與「自然之目的」似乎根本上要因著那「類比於道德模式」的一種評判性的判斷之模式而去施作用於**道德情感**上〔即施作用於那「朝向不被知的原因而起感謝與崇敬」這種感謝與崇敬之道德之情上〕，**因而也就是說，它們要因著激起道德理念**而去影響於**心靈**。這樣說來，那正是「美」與「自然之目的」它們兩者始鼓舞起那種**讚美**，那種充滿著更多的興趣之讚美，即遠比「純然理論的〔知解的〕觀察所能產生的興趣」爲更多的興趣之讚美。

但是，畢竟需要有一神學，這對於我們究有什麼緊要呢？關於這一問題，顯然，那神學並不是對我們的**自然知識之擴張**或**正確**而言，或對任何**理論**或**學說**而言，爲必要。我們只因爲**宗教**之故始需要有神學，那就是說，只因爲我們的理性之實踐的使用，或換言之，道德的使用之故，始需要有神學，而且我們之這樣需要有神學是把神學當作一**主觀的必要**而需要之。現在，如果結果終於是如此，即：那「引至神學對象之一確定概念」的那唯一論證其自身即是一**道德的論證**，如是，則所有之結局看起來將不足爲奇。不但不足爲奇，而且還是這樣的，即：我們將亦**並不感到**經由此證明而產生的確信〔誠信〕無論如何達不到其所想的**終極意圖**〔或於其所想的終極意圖方面總有所不足〕，設若我們明白此種論證之證明上帝之存在是只依那「滿足我們的本性之道德面〔我們的道德本分〕」的路數而證明之時，即是說，是只從「一實踐的觀點」而證明之時。在這種證明裡，〔理論的（知解的）〕**思辨**無論如何並不能展現其力量，亦不能擴大其領域之邊界〔範圍〕。復次，這驚異，即對於「我們在這種證明裡肯斷一神學之可能性」這一事實有所驚異之驚異，以及這肯斷中的所謂矛盾，即那「與『**思辨理性之批判**關於範疇所說者』相矛盾」之矛盾，依據密切的檢查，皆將消失而不見。那**思辨理性**之批判〔即《第一批判》〕中〔關於範疇〕所說的是如此，即：範疇之產生知識是只當其應用於**感取之對象**時始能產生知識，而當其應用於**超感觸的東西**上，它們決無法產生知識。〔依道德的證明肯斷一神學並不與此義相矛盾。是故《第一批判》中雖有此說，〕但是以下一點點應該被覺察到，即：雖然在這裡〔即在肯斷其爲可能的神學處〕，範疇是上帝之知識而被使用，然而其如此被使用是只在實踐的意圖上而如此被使用，而並不是在理論的〔知解的〕意圖上而如此被使用，那就是說，它們並不指向於上帝之**內在而固具的**，爲我們所**不可測度的**「**本性**」上去。讓我們乘此機會對於上面所說《第一批判》中那個**主張之誤解**作一**了當**。那個主張是這樣的，即：它是十分必要的，但就盲目的獨斷主義者之因挫敗而感苦惱或失望而言，它亦可以使理性歸限於其恰當之範圍。我們即想乘此機會對於有如此作用的那個主張之誤解作一**了當**。要想達此**了當**之目標，我在這裡**附加以下之說明**。

483 如果我把**運動力**歸給一「物體」，因而藉賴著因果性之範疇而**去思議**這物體，如是，則我同時即藉賴著因果性之範疇而**去認知**這物體;那就是說,我是藉賴著那「在具體中當作一**感取之對象**而應用於這一物體上」者〔案:即藉賴著運動力〕去決定我所有的這作爲一「對象一般」的「物體」之概念。(那在具體中作爲一感取之對象而應用於這一物體上者〔案:即運動力〕便即是所說的〔因果〕關係底可能性之〔具體的〕條件。)這樣說來,設若我所歸給一物體的那動力學的「力」是拒斥之力,如是,則縱使我尚未在此一物體旁邊置放「其所向之以散發其拒斥力」的那另一物體,我也可以用一空間中之**地位**去謂述此一物體,進而用一種**廣延**或此物體自身所具有的**空間**去謂述此一物體,而且除此以外,以此物體之諸部分所有的驅退力塡滿此空間,即以**此空間之塡滿**來謂述此一物體,而且最後以管轄此空間之塡滿之**法則**來謂述此一物體,而所謂法則我意即是這法則,即:「諸部分中的拒斥力必須比例於**物體底廣延之增加而減少**,並比例於此物體之『以同樣的部分**且藉賴著**此同樣的部分之拒斥力』所塡滿的那**空間之擴大**而**減少**」這一法則。對於一動力學的「力」固可如此,可是另一方面,如果我形成一**超感觸的存有**之概念,以這超感觸的存有爲一最初的運動者(prime mover),而且隨而在考慮世界中之同樣的活動模式中,即是說,在考慮物質之運動中,去應用因果性之範疇:如果是如此云云,我必不可因此便想**去思議**那作爲「最初運動者」的超感觸的存有須存在於空間中的任何地方,或**去思議之**爲有廣延者,不,我甚至也不能**思議之**爲存在於時間中者,或**思議之**爲與其他存有爲共在者。夫既不可如此思議之,如是,我沒有任何種「思想方式」〔任何種「決定」,經由範疇而成的「決定」〕足以說明這條件,即那「由這『作爲根源』的超感觸的存有而引生出的運動所依以可能」的那條件。結果，由作爲最初運動者這樣一個原因之謂詞，我對於最初運動者這樣一個超感觸的存有得不到絲毫**具體的認知**：我只有那「含有世界中的運動之根源」這樣的某種東西之表象。而由於此作爲原因〔作爲世界中的運動之根源〕的「某物」對於那世界中的諸運動所處之關係並不能進而把那「屬於作爲原因的某物之構造〔本性〕」的任何東西給與於我，是故徒只這關係遂使此原因之概念完全成爲**空的**。何以故如此？理由是：用那「只能得到感取世界中的對象」的諸謂詞作開始，無疑，我可以由之進到那「必須含有此諸謂詞之〔超越的〕根源」的**某物**之**存在**，但是我卻不能由之進到這作爲一「超感觸的存有」的**某物之概念之決定**，即「排除那一切諸謂詞而超越於那一切諸謂詞以外」的那個**某物之概念之決定**。因此，如果我想藉賴著一「最初運動者」之概念而使「因果性」之範疇成爲決定的，則這絲毫不能有助於我之**去認知**「上帝是什麼」。但是如果我從**世界之秩序**開始，進而不只**去思議**超感觸的存有之因果性爲一最高的睿智體之因果性，且亦藉賴著此所討論的概念〔即最初運動者之概念〕之決定**去認知**此超感觸的存有之因果性：如果我是如此云云，則我或許將更順利一點；因爲這樣一來，那令人厭煩的**空間**與**廣延**之詞語便被除掉了。毫無疑問，呈現於世界中的那偉大的**合目的性**迫使我們去思議此合目的性有其最高的原因使之然，而此一最高原因之因果性有一睿智在其背後。但這決無法使我們有權去把這樣一種睿智**歸屬給**那個最高原因。（這樣，舉例言之，譬如：我們一定要思議上帝之「永恆性」爲在一切時間中的一種**存在**，因爲我們對於**純然的存在**除形成一量度之概念外，或換言之，除形成如持久或久歷（duration）這樣一個量度之概念外，我 484

們不能形成任何其他概念。同樣,我們須去思議神之「無所不在」為在一切地方中的一種存在,這樣思之以便在關於互相外在的事物中把**上帝之直接的現存性**說明給我們自己。但是我們之這樣去思上帝並沒有隨便去把這些「思想形式」或「決定」中之任何一種「思想形式」或「決定」歸屬給上帝以為所認知於上帝的某種東西。)如果我之決定**人之因果性**是在關於某些產品中(這某些產品只有因著涉及有意的合目的性始為可解釋的),經由**思議**「這因果性為〔由〕人方面的一種睿知〔而發的因果性〕」:經由如此之思議而決定之,我並不需停止在這裡〔停止在這思議之思想處〕,我且能夠把因果性這**謂詞**當作人之一**常見的屬性**而**歸屬給人**,我並且因著這樣地把它歸屬給人而同時亦即**認知了人**。因為我**知道**:〔在這裡,這有關的〕**諸直覺**皆是被給與於人之感取的,而且這些直覺也是藉賴著知性而被置於一概念之下的,因而也就是說,被置於一規律之下的;**我也知道**:此概念只含有公共的記號〔特徵〕,它讓特殊者被略去,因此,它只是辨解的(discursive);並且**我亦知道**:那些「足以使我們把諸表象置於一意識之一般形式下」的諸規律皆是為知性所給與,即在那些直覺〔被給與〕以前即已為知性所給與,如此等等,還有其他,皆所已知。〔案:凡此所知者皆見《第一批判·分析部》。〕依此,我把上說的因果性這屬性歸屬給人是把它當作這樣一個屬性,即「我因著這屬性而可以**認知**人」這樣一個屬性,而把它歸屬給人。但是現在假設我想去思議一超感觸的存有(上帝)為一種睿智,雖然當我要去運用我的理性之某些功能時,此設想不僅是可允許的,且亦是不可避免的,雖是如此云云,但我卻決無權利自以為我能把這一種**睿智**歸屬給那個超感觸的存有，而且因著這樣的歸屬，遂又自以爲可因著那存有底屬性之一而去**認知**那存有。因爲在超感觸的存有那種情形中，我必須略去上面所說的那一切條件，即「在其下我知道一種睿智」的那些條件〔案：即直覺與概念或範疇等條件〕。結果，那「只適用於人之決定」的**謂詞**是完全不可應用於一超感觸的對象的。因此，我們完全不可能藉賴著任何這樣確定的〔決定的〕因果性去認知「上帝是什麼」。不僅就因果性說是如此，就一切其他範疇說亦是如此。諸範疇，除非它們被應用於可能經驗底對象，否則，它們在那依**理論的**〔**知解的**〕**考慮**而言的知識上不能有任何表意可言。但是依據**一種知性之類比**，我甚至亦**能夠去形成**一超感觸的存有之概念（不，當我注意於某種其他方面之考慮時，我必須如此去形成之），但我並不因著這樣去形成之，我就想理論地〔知解地〕**去認知**那超感觸的存有。〔我之能夠而且必須這樣去形成之是表示：〕我須涉及**超感觸的存有**之**這樣一種因果性**之情形，即這**因果性**是有關於世界中之這樣一種**結果**者，即：**此結果**是牽連著或伴隨著那「是道德地必然的，但對有感性的衆生而言卻又是不可實現或達到的」這樣**一種目的**者。因爲在那種形成超感觸的存有之概念之情形中，一種關於「上帝及上帝之存在」之**知識**，即是說，一種**神學**，是因著那「只依照類比而思議之於上帝」的這種**因果性之屬性與決定**而爲可能的，而這一種**知識**之有其一切必要的實在性亦是在一**實踐的關係**中，且亦只在關於這種關係中，即是說，是在關聯於道德中，始能有之。因此，一「道德的神學」是完全可能的。因爲雖然「無有神學」的道德學確然可以與同其自己之規律**自行持續下去而自存**，然而「無有神學」的道德學卻不能與同其自己之規律所吩咐的那**終極**

485

目的自行持續下去而自存，除非在關於此終極目的中，此道德學把理性投擲於虛空中。但是一「神學的道德學」（純粹理性方面的神學的道德學）卻是不可能的，因爲假若**法則**是這樣的，即它們根源上不是爲理性自身所給與，而理性又不能致使「遵守法則」成爲一實踐的能力，則這樣的法則便不能是道德的。同樣，一「神學的物理學」〔神學的自然學〕必會是一畸形的怪物，因爲它不會提出任何自然之法則，但只能提出一最高意志之法令。而同時另一方面，一「自然的神學」，或恰當言之，一「自然目的論的神學」，卻至少能對於一**眞正的神學**充作一**預備**〔**前奏**〕，因爲藉賴著「自然目的」之研究（關於這些自然目的，自然目的論的神學呈現一豐富的供應），自然目的論的神學可以使吾人豁醒於一**終極目的**之理念，而此一終極目的之理念乃是**自然**所不能顯示者。結果，自然目的論的神學**能使**我們**感到**有需於如此之一種神學，即此一神學它一定可以規定上帝之概念爲足夠於理性之最高的實踐使用者，雖然那自然目的論的神學尙不能產生出這樣一種神學，亦不能找出那「足以支持這樣一種神學」的證據。

〔譯者案〕：

此最後所附加的一氣說下來的一段長文目的在說明《第一批判》中所表明的「範疇只應用於可能經驗之對象，並不可應用於超感觸的對象如上帝」之主張。因此，範疇不是理論地（知解地）認知「上帝是什麼」之條件，因而對於上帝亦不能有理論的（知解的）知識。由此遂結成：只有一「道德的神學」是可能的；而「自然目的論的神學」實不是一眞正的神學，只是此眞正的神學之預備或前奏。同時並表明「神學的道德學」之不可能，一如「神學的物理學」（神學的自然學）之不可能。

《牟宗三先生全集》總目

⑱ 認識心之批判（上）

⑲ 認識心之批判（下）

⑳ 智的直覺與中國哲學

㉑ 現象與物自身

㉒ 圓善論

㉓ 時代與感受

㉔ 時代與感受續編

㉕ 牟宗三先生早期文集（上）

㉖ 牟宗三先生早期文集（下） 牟宗三先生未刊遺稿

㉗ 牟宗三先生晚期文集

㉘ 人文講習錄 中國哲學的特質

㉙ 中國哲學十九講

㉚ 中西哲學之會通十四講 宋明儒學綜述 宋明理學演講錄 陸王一系之心性之學

㉛ 四因說演講錄 周易哲學演講錄

㉜ 五十自述 牟宗三先生學思年譜 國史擬傳 牟宗三先生著作編年目錄